1850 CENSUS, SOUTH CENTRAL KENTUCKY

Counties of Adair, Allen, Barren, Clinton, Cumberland and Monroe

VOLUME 1

By

**BYRON SISTLER, BARBARA SISTLER,
and SAMUEL SISTLER**

JANAWAY PUBLISHING, INC.
Santa Maria, California
2012

Notice

In many older books, foxing (or discoloration) occurs and, in some instances, print lightens with wear and age. Reprinted books, such as this, often duplicate these flaws, notwithstanding efforts to reduce or eliminate them. The pages of this reprint have been digitally enhanced and, where possible, the flaws eliminated in order to provide clarity of content and a pleasant reading experience.

Copyright © 1992, Byron Sistler & Associates, Inc.

Originally published:
Nashville, Tennessee 1992

Reprinted by:

Janaway Publishing, Inc.
732 Kelsey Ct.
Santa Maria, California 93454
(805) 925-1038
www.janawaygenealogy.com
2012

ISBN: 978-1-59641-168-5

Made in the United States of America

INTRODUCTION

The entries appear in the same order as on the original schedules. In general an entry comprises all members of a given household, except that any individuals whose surname differed from that of the household head are shown as a separate unit.

An asterisk (*) identifies each entry which does not consist of an entire household.

The symbol (B) identified black or mulatto individuals or families. If the (B) follows the first name in the entry it means the entire household is black. Where the household is mixed, each black person is separately identified with the (B).

The symbol (I) was supposed to identify Indians, but actually was used by the enumerators to represent various racial mixtures.

The number after each name is the person's age. The "Schedule Page" number is the stamped number in the upper right hand corner of every other page of the original schedules. The page following the numbered one assumes the same number.

Transcription for the six counties is followed by a full name index listing the first name of each entry--usually the household head. Page numbers referred to in the index are the Schedule page numbers, not the page numbers of this book.

County of residence is identified in the index by appropriate county symbols. They are as follows:

Adair	A	Clinton	CI
Allen	AL	Cumberland	CU
Barren	BA	Monroe	MN

As of this writing it is our intention to publish the entire 1850 census of Kentucky in a series of regional volumes, after the completion of which a single every name index for the entire state will be prepared. This index would show all names, not just household heads.

As always, we urge the researcher to refer back to the original schedules where possible, as there is important information on those schedules not contained in this book. Data such as occupation, real estate value and state of birth are all very meaningful, and a full genealogical search is not obtainable without this additional information.

The Sistlers

TABLE OF CONTENTS

Adair County 1

Allen County 51

Barren County 97

Clinton County 197

Cumberland County 225

Monroe County 261

INDEX 303

1850 Census Adair County Kentucky

Schedule Page 1

WHEAT, Milton P. 55, Rebecca 37, Henry 15, Ann M. 3, Wm. M. 2
HARDIN, Parker C. 48, Caroline J. 25, Chas. A. 14, P. W. 8 (m), Ben Lee 5
ATKINS, H. G. 40 (m), E. J. 37 (f), Jas. W. 14, M. J. 13 (f), Jos. A. 8, M. E. 5 (f)
MCBEATH, Geo. W. 39, D. T. 34 (f), E. R. 12 (f), Chas. A. 10, E. K. 8 (m), Joshua B. 4
MURREL, John D. 21, R. A. 21 (f), Wm. O. 25
BAKER, E. K. 49 (f), Saml. M. 21, Milly 28
FRAZER, Catharine A. 50*, Wm. E. 23, Thos. H. 20, Adaline 16
WHEAT, Sinclair 20*
MURCER, Andrew 30, M. J. 29 (f), M. C. 4 (f), M. S. 2 (f), M. A. 2/12 (f)
MURCER, Catharine 45, Nathaniel 20, M. J. 18 (f), Geo. H. 16
HARRIS, Josiah 41*, Sarah W. 33, Geo. L. 17, M. J. 16 (f), Josiah jr. 12, M. K. 11 (m), Jno. V. 10, Alfred L. 7, Chas. E. 5, P. J. 3 (m), E. T. 8/12 (f)
SKEEN, Hiram 21*
MONTGOMERY, Nathan 42*, Martha 31, Thos. W. 10, M. M. 7 (f), E. D. 5 (f), L. A. 3, J. B. 1 (m)
MURRY, Dorothy B. 15*
ROBERTSON, Wm. N. 28, S. S. 24 (f), L. F. 8 (f), E. A. 6 (f), A. T. 4 (m), J. M. 2 (m)
BARBEE, Wm. W. 65, Sarah 55, Mary 28, Sarah 23, E. J. 22 (f), M. D. 20 (f), L. M. 18 (f), John T. 17, A. R. 14 (m), S. F. 11 (f)
CANTERBERRY, McFarland 44, Mary 46
JOHNSTON, Jas. L. 36, Mary 36, N. J. 11 (f)
EUBANK, N. N. 37 (f), Jno. 20, Robt. C. 18, Jos. 14, Elizabeth 13, U. J. 11 (f), Richard 4

Schedule Page 2

WALKER, Wm. H. 28, Mary A. 26, E. E. 8 (f), A. S. 3 (m)
LOCKETT, Daniel 58, Mary L. 55, Alfred G. 27, David T. 25, Jeremiah W. 23, E. L. 19 (m), M. L. 16 (f), Asa P. 13, Elizabeth 48
BRIDGEWATER, Wm. P. 33, Elizabeth 22, E. 6 (f), M. A. 2 (f)
WHEAT, Willis 43*, Agness C. 38
COFFEY, Benjamin S. 19*, Joseph 17
MILLER, Clayton 52, Eudosia C. 42, H. C. 19 (m), Thos. E. 16, S. E. 11 (f), Jas. A. 8, P. C. 3 (f)
TURK, William H. 37, P. M. 28 (f), S. A. 8 (f), Wm. W. 7, E. J. 4 (f), M. E. 2 (f)
PITTMAN, Nancy T. 56, Jefferson 21, Elizabeth 19, Chas. 17, Asa A. 15
WHITE, Jas. B. 50*, Susan A. 46?, Jas. F. 13, A. P. 11 (m), S. T. 5 (f), L. S. 8/12 (m)
GRAHAM, M. F. 17 (f)*
WHEAT, Eli 45, Elizabeth 39, E. E. 17 (f), C. M. 20 (m), Jno. R. 9, S. S. 16 (f)
OVERTON, Wm. 47, Susanna 47, M. J. 24 (f), Jas. M. 22, P. A. 19 (f), E. T. 14 (m), S. C. 9 (f), E. F. 9 (f), Wm. M. V. 5
MURRELL, James 50, Willis E. 19, Louisa B. 16, A. B. 14 (f), M. J. 9 (f), Rufus 6, C. C. 3 (f)
BAIRD, Moses M. 32, Susan 19, M. E. 3 (f), Wm. F. 2, Saml. 1
STOTT, Benjamin S. 34, Martha 28, Simon 9, Dallas 7, Thos. M. 5, Robt. 2

Schedule Page 3

STOTTS, Oliver 30, E. 25 (f), H. T. 6 (m), C. W. 4 (m), J. E. 2 (m), R. G. 1 (m)
HOLODAY, Mariah 42*, Sarah A. 14, Zachariah 17, John W. 12

1850 Census Adair County Kentucky

CREEL, Elzy 30 (m)*
WAGGONER, R. M. 27 (m)*, Rozannah 28?
GARNETT, Mary A. P. 48, Robert 20, Kitty F. 18, James 16, William 13, Sarah 11, M. A. 9 (f)
ALLEN, John 75, Elizabeth 37, Elizabeth 15, S. A. 10 (f), H. C. 5 (m), Juliza A. 3
GIFFORD, James 48, Nancy A. 29, E. 12 (f), M. A. 11 (f), J. W. 9 (m), Jas. H. 7, Geo. A. 5, N. 3 (f), Jeremiah 6/12
MCLISTER, John 29, Sarah 23
AUTLE, Willis 38, Nancy 36, M. A. 17 (f), S. F. 13 (f), S. E. 6 (f), Robt. 4, Thos. M. 2
HAGEN, William 34, Levi 13, M. A. 7 (f)
BURBRIDGE, Catharine A. 45, Jeremiah 19, Robt. 14
FIELD, John F. 41, Emily 40, Jas. S. 12, John R. 11, L. J. 8 (f), Geo. A. 4, Thos. L. 1, John 73
FIELD, Wm. B. 43, Mary 20?, S. S. 8 (m), M. O. 6 (f), H. A. 3 (f)
MCCAIN, Robert M. 45*, N. W. 31 (f), M. J. 15 (f), O. H. 12 (m), Jos. W. 9, S. F. 7 (f), C. E. 6 (f), M. A. 2 (f), Jas. E. 5/12
NORVEL, Phebe 63*
HAYS, Nathan sr. 57, Reason 32, Sarah 31, Nathan 25, Powel 21, Jasper 18, Ripley 11, M. J. 9 (f), E. 6 (f), S. A. 4 (f), John D. 2

Schedule Page 4

WALKUP, John 45
BLAIR, John 24, E. A. 23 (f), Geo. D. 5, Wm. L. 3, L. M. B. 4/12 (f)
BLAIR, William 46, Lucy 44, Geo. W. 17, D. J. 18 (f), Wm. A. 15, Jas. B. 12, L. A. 10 (f), E. 7 (f), Jassee K. 3, Robt. J. 1
BIGGS, John 55, Jane 55, Malinda 30, M. A. 21 (f), L. W. 20 (f), A. L. 17 (m), A. A. 10 (m), M. F. 8 (f)
LEFTWICH, Robert 52, Catharine 46, M. A. 24 (f), C. A. 21 (f), J. E. 15 (f), Jno. W. 13, Jas. A. 11, Jassee 9, Catharine 7, Wm. B. 5
BLAIR, John M. 55, Sarah 54, John T. 24, A. W. 24 (m), Jas. 21, Jane 18, Geo. J. 16, Wm. E. 13, Sarah 11
WALKUP, Robt. 40*, E. J. 37 (f), John Saml. 16, N. J. 14 (f), M. 12 (m), C. O. 10 (m), H. K. 8 (m)
MCLISTER, A. J. 23 (m)*
PRIVETT, Wm. H. 23*
VAUGHN, Nelly 45, J. W? 11 (m), Jas. V. 9
WALKUP, Wm. 30, E. 27 (f), A. E. 6 (f), L. B. 4 (m), Wm. A. 3, M. F. 5/12 (m)
AARONS, Killun 36, E. 38 (f), L. 14 (f), E. 13 (f), M. 11 (f), Geo. 9, Jane 5, M. A. 4 (f), Eudosia 2
TAYLOR, Geo. W. 59, F. F. 59 (f), B. F. 18 (m), W. L. 17 (m), Geo. M. 25
BARDEN, Jos. 34, Penelopee 33, M. C. 9 (f), J. G. L. 8 (m), M. M. 5 (f), L. W. 2 (m)
WILLIAMS, Jas. C. 37, Sarah 30, L. C. 9 (m), James A 5, O. M. 3 (f)

Schedule Page 5

MCKNEELY, William 78*, E. 69 (f), Jane 32, B. A. 14 (f)
CUMPTON, Sarah 52*, John 23
MCKNEELY, Cyrus 30, Elziabeth 28, Eliza A. 5/12
WILKERSON, Meriot B. 31, Melissa A. 23, R. V. 3 (f), C. M. 9/12 (m)
WILKERSON, Thos. S. 30, Nancy 18

1850 Census Adair County Kentucky

WILKERSON, Jassee 53, Elizabeth 56, E. A. 23, J. A. 22, Jassee 20, A. J. 15 (m), D. J . 25 (m)
STAPLES, R. T. 45 (m), Catharine 43, Wm. F. 9, Zachariah M. 7, S. A. F. 5 (f), M. C. 4 (f), L. J. 3 (f), M. S. 2 (f), L. B. 10/12 (f)
SPARKS, Thos. 53, Sarah 55, Jas. 23, S. C. 19 (f), M. D. 14 (f)
LOY, Michael 30, Jane 31, N. M. 8 (f), Wm. C. 6, S. T. 3 (f), Jos. 6/12 (f)
HILL, William 28, M. A. 22 (f), Jas. T. 2, F. H. 1 (f)
SPARKS, Jos. A. 28*, Harriet 25, M. C. 2 (f), Jas. E. 6/12
REAMS, Obediah 44*
MORRISON, Geo. E. 34*
MORRISON, Lucy 60, William B. 32, Dorothy 18, Jas. S. 1, Saml. F. 22
BRINKLEY, Chas. 48, M. M. 36 (f), C. G. 20 (m), M. J. 16 (f), M. R. 13 (f), Jno. H. 12, A. S. 10 (f), J. W. 9 (m), J. H. 7 (m), R. 5 (f), Wm. M. 4, Thos. P. 1
SIMPSON, J. A. J. 33 (m)*, Sarah 24
WEST, S. M. 1 (f)*
HAYS, John 35, Jane 39, M. J. 10 (f), S. T. 8 (m), John W. 7, E. 4 (m), Jas. L. 2
STRANGE, Larkin A. 31, M. A. 25 (f), Shelby N. 5, S. E. 3 (f), S. A. 6/12 (m)

Schedule Page 6

GRANT, James 48, Sarah 42, H. 18 (m), Saml. 16, Ann 14, Wm. J. 8, James 6, Harriet 5, Eliza 5, Sarah 3
RAGLE, George 30, Lucinda 35, M. A. 10 (f), N. 6 (m), Robt. 4, N. J. 1 (f)
LOY, Martin 48, Mary 46, E. 20, K. 18, L. 15, M. J. 12 (f), S. E. 7 (f), B. F. 5 (m)
BROWN, Christopher 88
BROWN, Stephen 56, William 21, Matilda 12, Martha 10, L. 8 (f)
STRANGE, Abraham 42, Elizabeth 39, M. L. 16 (f), J. K. A. 14 (m), E. 12 (f), M. 9 (f), A. A. 7 (m), Lucey 5, Wm. O. A. A. 1
DAVIS, Ben S. 37, K. 28 (f), F. G. 11 (m), S. A. 9 (f), S. 7 (f), Saml. N. 6, William 5, L. E. 3/12 (f)
KING, Robt. 58 (B), Sarah 40, Dinah 20, C. 12 (m), H. 12 (m), Wm. 10, M. 8 (f), Robt. 4, O. 2 (m)
KING, Lewis 40 (B), Judah 32
MCLISTER, James 39, M. A. 32 (f), Jno. A. 3, Wm. O. 1
MCLISTER, Andrew 68, K. 58 (f), Rebecca 25, A. T. 19 (m), M. 15 (f)
WEST, Asa F. 24, Jane 25
STRANGE, A. A. 38 (m)*, Cela A. 32, J. H. A. 13 (m), Jas. L. A. 12, A. C. 10 (f), E. A. 6 (f), A. A. 4 (m), A. M. 1 (f)
BRADSHAW, William 27*
SPARKS, Mary 47, Rufus 20, O. E 18 (f), Saml. 14, M. C. 12 (f), A. R. 10 (m), P. M. 8 (f), S. M. 5 (f)

Schedule Page 7

FLOYD, James P. 41, Nancy 41, Saml. 18, Emiline 20, William A. 14, J. H. D. 12 (m), A. 11 (m), F. M. 8 (m)
COLLINS, Zachariah 28, C. A. 26 (f), M. 3 (f), L. 1 (m)
GRANT, Eli 37*, Frances 32, M. J. 9 (f), Jos. M. 7, Huldy 6, S. M. 3 (f), John M. 2, N. H . 5/12 (m), Michael 89, Jane 76, Mary 40
BRADSHAW, Gallatin 22*

1850 Census Adair County Kentucky

GRANT, John W. 41, Mary 42, S. J. 19 (f), Saml. 17, Thos. 15, Michael 14, John 11, H. K. 8 (f)
MCGLASSON, Jas. 78, Susanna 76, William C. 35, M. J. 12 (f), Jas. A. 10, M. A. 7 (f)
WHITEHEAD, C. M. 26 (m), Jane 36
MELSON, James 31, M. A. 37 (f), Jas. Jr. 6, Angenoma 4, M. E. 2 (f), E. 5/12 (f)
COE, Benjamin 31, M. J. 25 (f), W. M. 2 (m)
WHITESIDES, O. H. P. 36 (m), E. 35 (f), R. C. 12 (m), A. G. 9 (m), Wm. P. 6, H. P. 4 (m), Jno. D. 1
BARGER, Jno. 47, C. 45 (f), S. 19 (f), Jno. 17, Jas. 15, Sidney 13, Anny 10, B. 6 (f), William 3
KEATON, Irwin 43, Lucy 38, W. C. 20 (m), Jno. 19, Ellen 17, J. W. 14 (m), M. 12 (f), R. H. 10 (m), Sherwood 7, Proctor 3, R. S. 1 (f)
WARD, Josiah 42, Sarah 38, W. J. 16 (m), M. A. 14 (f), E. W. 10 (f), Emily 8, S. 5 (f), L. 3 (f), H. 3/12 (f)

Schedule Page 8

TURNER, Geo. 33, Julia A. 30, A. 10 (f), Thos. 6, Taylor 4, Louisa 1
TURNER, Thos. 75*, M. 63 (f)
BLACK, M. 55 (f)*
TURNER, Joseph 47, Susanna 46, D. B. 16 (m), M. S. 12 (f), Jos. A. 9, Thos. M. 7, Saml. J. 40? (4?)
MORRISON, Warfield 40, Mary 34, L. M. 11 (f), Jno. 9, M. 7 (m), Jas. 6, Ellen 3, L. 1 (f)
STRANGE, Lewis A. 40*, I. J. 30 (f), Jas. K. P. 6, M. V. 4 (f), E. J. 3/12 (f)
WATSON, Johnathan 13*, N. G. 8 (m)
STRANGE, A. A. 70 (m), E. 68 (f), Ellen 22
SIMPSON, James 54, Nancy 54, William 22, Jno. 19
CROMENES, Moses 35, Emily 32, E. 11 (f), A. 9 (f), William 8, S. 7 (f), Jno. 5, James 4, C. Q. 2 (m)
SIMPSON, Saml. 52, Sarah 46, D. M. 18 (f), A. P. 15 (m), N. J. 13 (f), J. S. 10 (f), J. H. 8 (m), S. J. 3 (f)
WATSON, Doctor 27, Frances 32
TURNER, Enoch 50, Martha 47, Jos. W. 21, Latitia 19, N. J. 17 (f), Jno. M. 13, A. E. 11 (f)
BRILEY, Geo. 38, Lucinda 33, Jno. M. 14, B. W. 9 (m), C. 10 (f), H. 7 (f), Geo. A. 3
KEATON, Jno. 38, R. 38 (f), Thos. 13, E. 12 (f), Rupa 10 (m), Robert 8, Jno. 6

Schedule Page 9

POWEL, Kelsoe 53, Oney 43, M. A. 19 (f), R. E. 17 (f), Jas. A. 15, Jno. W. 13, E. 11 (f), Jeptha 9, S. F. 7 (f)
WALKUP, O. G. 36 (m), M. C. 19 (f), Jos. M. 1
TURNER, Asa 3, R. 32 (f), J. N. 7 (m), Josh Bell 5, S. E. 2
WORKMAN, Christopher 49, Nancy 46, Mary 20, William 16, S. A. 14 (f), Jno. 12, R. 8 (f), Christopher 5
POLLY, William 60*, Jane 49, Wm. P. 23, M. H. 19 (m), B. F. 16 (m), Robert 13, Miley 10 (m), Geo. A. 8, E. J. 6 (f), Elizabeth 19
FLETCHER, Jos. 2 (f)*
VIGUS, Jourdon 36, S. J. 23 (f), E. F. 6 (f), A. J. 4 (f), Charles 1, Zacheus 77, Frances 55
LOY, Jacob 42, Jane L. 36, Scytha 16, M. J. 11 (f), M. S. 14 (f), E. H. 9 (f), Jas. M. 7 (f), Wm. B. 5, H. C. 2 (m), Lucy F. 3/12
FLETCHER, Andrew 49, S. A. 19, Jno. D. 18, E. J. 14 (f), M. E. 12 (f), John 2

1850 Census Adair County Kentucky

HARVEY, Micajah 42*, Mary 32
POWEL, John 17*
ELLIS, A---- 40 (f), Saml. M. 11
YOUNG, Robt. 55, Sarah 43, Joanna 20, S. F. 18 (f), N. M. 14 (m), W. A. 12 (m), Geo. W. 10, R. G. 7 (m), V. L. 4 (f)
EARLS, Meredith 61, Jane 57, Elijah 27, John 16
EDWARDS, James 52, Margaret 54, Andrew 25
EDWARDS, John 29, K. J. 24 (f), L. 4 (f), E. 2 (f), J. 10/12 (f)

Schedule Page 10

HALL, Geo. B. 40*, M. M. 37 (f), S. E. 18 (f), W. P. 17 (m), E. A. 15 (f), J. L. 13 (m), T. J. 11 (m), M. L. 7? (m), J. L. 5 (m), Geo. B. 2, B. F. 2/12 (m)
BRINKLEY, E. 22 (f)*
MCALARRY, E. 2 (f)*
NELL, James 40, Nancy 35, Felix J. 17, John 16, A. L. 15 (f), F. 12 (f), Geo. T. 9, Susan 7, Chesley 4, James B. 2, John 88
BURPOE, James 60*, Jane 60, Joseph 30, Sophrona 28, Thomas 24, George 23, Mary 20
ISAACS, Mary 62*
BENNETT, Alex 37*, Abby 39, Chas. H. 15, John W. 14, Geo. R. 12, A. 10 (m), A. E. 8 (f), M. E. 5 (f), Timoleon 2
MCALAREY, M. 63 (f)*
DILLINGHAM, Wm. 37*, Susanna 27, S. J. 11 (f), James E. 8, Wm. O. 7, M. A. 5 (f), Minerva 3, M. E. 6/12 (f)
HARMON, Otho 22*
WATSON, Sarah 19*
BURBRIDGE, Wm. 30, Mary 28, Martin 8, Ben 6, W. J. 4 (m), Henry 2
RICE, W. J. 26 (m), Angelina 23
LOY, Jerry 31, M. A. 26 (f)
BURBRIDGE, M. A. 23 (f), Harriet 4, S. C. 2 (f)
PARSONS, Sarah 49*
RICE, C. L. 14 (m)*, M. J. 16 (f)
LOY, M. J. 16 (f)*, M. C. 12 (f), S. H. 10 (f), M. S. 7 (f), F. E. 6 (f), W. F. 4 (m), A. E. 2 (f)
LOY, Sellers 25, Minerva 20, Matilda 4, Austin 3, Maney 1 (f), H. F. 4/12 (f)
LOY, Mary 71, William 50

Schedule Page 11

HARVEY, Piner Sr. 39, Susan 26, James T. 7, Geo. A. 4
WAGGENER, Simeons 44, R. 32 (f), P. L. 19 (m), E. 17 (f), W. W. 16 (m), R. M. C. 12 (m), B. S. 10 (m), Jas. A. 7, Geo. A. C. 5, Eliza J. 4, G. A. A. 1 (f), O. G. 2 (m)
NOEL, Wm. H. 29, M. J. 26 (f), Saml. E. 4, Jno. G. 3, P. E. 11/12 (f)
WHITE, Thos. 62, Sarah 58, Javan 34, Wm. B. 29, R. T. 27 (m), H. C. 22 (m), Sidney H. 19, Jno. A. 16
WHITE, Stephen 45, Mary 36, Silas 18, Rhue 15, Frank 13, Isabella 11, Patra 9, Edmund 6, M. E. 4 (f), Thos. 2, unnamed 4?/12 (f), Elizabeth 83
HURT, Joel 34, M. A. 29 (f), Geo. J. 7, M. F. 5 (f), M. J. 2 (f), Wm. S. 10/12
SIMS, Reuben 55, Mary 36, Andrew 21, E. 23 (f), H. 17 (m), James 15, F. 10 (f), M. A. 7 (f), M. L. 5 (f), Geo. A. 2

1850 Census Adair County Kentucky

BENNETT, Mary 54, Oliver 29, Young 27, Nancy 20, Naoma 17, M. A. 12 (f), Elizabeth 7
BENNETT, Elisha 25*, Elizabeth 25, James O. 5, P. A. 3 (f), H. O. 1 (m)
DOOLEY, Jassee 18*, F. 15 (f)
MALONE, Rewben 58 (B)
GILMER, Shedrick 50 (B), Maria 53
BAILEY, Calvin 34 (B), Lucey 49, Alfred 14
SIMPSON, Milton 27, Dicy 25
WHEAT, Zachariah 44, Laura 4

Schedule Page 12

DUDLEY, John 50, Nancy 31, J. H. 18, Lucinda 15, James 12, S. A. 11 (f), Elizabeth 9, N. E. 7 (f), J. N. 5 (m), A. 1 (m)
MCALARRY, M. D. 30 (m)*, Martha 21, Robt. 5, James 3
THOMAS, Chas. 13*
ROYSE, William 51, Mary 43, Manoah 20, John R. 18, Albert 16, Charlotte 14, V. 12 (m), A. 10 (f), E. 8 (f), S. 6 (m), C. 4 (f), M. 7/12 (f)
DEATON, John P. 34, N. W. 36 (f), S. A. 5 (f), P. W. 4 (f)
WHEELER, James M. 29*, Sarah M. 28, P. 7 (f), M. A. 6 (f), W. R. 4 (m), A. G. 10 (m)
PATTESON, Ann 63?*
ECKLES, H. L. 24 (m), S. J. 18 (f), M. H. 1 (f), E. L. 13 (m)
JANES, Thos. M. 40, M. J. 30 (f), Wm. B. 14, Watson 11, Albert 8, Lucetta 4, M. L. 1 (f)
PEEBLES, Elizabeth 52*, M. L. 22 (f), John A. 20, Corinna 13, R. R. 9 (m)
STONE, Mary 7*
GARNETT, Richard 24*, C. M . 29 (f), M. F. 3 (f)
TAYLOR, Chesley G. 32*
BRIDGEWATER, Henry 17*
PAGE, W. W. 40 (m), Sophia 39, John W. 15, Chas. R. 12, Virginia R. 6, E. B. 2 (f)
WILSON, H. W. 31 (m)*, A. A. 28 (f), S. A. 7 (f), Thos. T. 4
WHITE, Robert 20* (B)
EPPERSON, Mary 43*, Oliver 19
BRODEY, Vesta A. 8*
ELDER, James D. 34, N. E. 30 (f), John W. 7, M. E. 5 (f), Geo. C. 3, James B. 9/12
WALDEN, Jackson 34*, Mary 25, W. 10/12 (m)
MCKINNEY, Rainey 65*

Schedule Page 13

COWNOVER, P. F. 70 (m), Ann 54, Eliz. 30, Reuben R. 20, Susan 15, Robert 13
RUCKER, Reuben 78
GADBERRY, Jas. 30*, S. A. 29 (f), Jno. W. 6, E. H. 4 (f), M. J. 2 (f)
RAYBURN, Sarah 22*
COWNOVER, John Sr. 54, M. J. 37 (f), Robt. 3, M. A. 2 (f), Wm. 9/12
MORRISON, Eliz. 54*, Jas. 25
JOHNSTON, Martha 37*, O. B. 18 (m), A. E. 16 (f), Jas. M. 14, L. E. 13 (f), Jno. R. 11
HURT, Young E. 32, Susanah 35, Joan 7, L. C. 6 (m), E. M. 3 (f), J. W. 1 (m)
HASKINS, Robt. 53, S. A. 50 (f), Edward 25, Creed 22, Jas. 18, Phebe 14, Emmie 13, Eliz. 10, Amanda 8, P. R. 5 (f)
TILLMAN, J. R. 47*, Jane 36, N. J. 18 (f), Felix G. 16, Wm. B. 14, Jas. G. 12, M. M. 10 (f), E. C. 8 (f), Jno. 6, A. G. 4 (m), M. A. 2 (f)

1850 Census Adair County Kentucky

FLETCHER, Eliz. 76*
DOHONEY, Wm. R. 28, Esther 30, Jas. P. 5, N. J. 2 (f), M. E. 6/12 (f)
GILMER, Martha 60, Alex. 32, John 70 (B), Minny 70 (B)
STONE, Manoah 68, Charlotte 67
HURT, Wm. W. 64*, Nancy 41, M. W. 3 (f), M. L. 2 (f)
DAVIS, Saml. 7*
FAIRLEE, Henry 22, Sarah 22, J. E. 9/12 (f)
WHITE, Wm. 55, M. J. 28 (f), J. V. 4 (m), M. F. 2 (f), Wm. M. 1
HURT, Wm. B. 36, Sarah 23, Rufus 11, Pamela 10, Rebecca 4, Susanah 2, Jenetta 8/12

Schedule Page 14

MORRISON, Oliver O. 32, Amanda 29, M. E. 8 (f), V. S. 6 (f), E. C. 4 (f), Benhetta 1
STONE, Jenetta 49, Jesse 23, Wm. C. 20, John 17, A. H. 14 (m), Amanda 12
FLORA, Ja. 68*, Barbara 50, Geo. 33, Margaret 32, Nancy 24, S. A. 17 (f), Eliz. 14, Charlotte 13, Jas. V. 7
ELMANTALLOW, Jane 23*
EDWARDS, Wm. 23, Sophia 27, S. M. 2 (f), T. M. 5/12 (m)
MORRISON, Rebecca 65, Jos. 23, Eliz. 22, M. A. 8/12 (f), R. C. 21 (f)
MORRISON, Wm. L. 29, Nancy B. 32, H. Z. 6 (m), A. V. 4 (m), Geo. C. 2, Jas. O. 1
TAYLOR, Jere. 45, Ann 40, Matthew 13, Mary 11, Martha 8, Solicita 6, Jas. 3
STOTTS, Jas. 55, Ann 55, Mary A. 25, John 22, Ben 19, Eliz. 16, Matty 4 (m)
STOTTS, Wm. Jr. 32, M. A. 26 (f), Geo. W. 9, M. B. 6 (m), S. J. 4 (f), Robt. 1
STOTTS, Jas. A. 30, Amanda 24, J. G. 7 (m), Emily F. 5, M. A. 7/12 (f)
CURRY, N. W. 44 (m), Bassheba 35, Thos. B. 4, J. P. 3 (m)
CURRY, Micajah 45*
FLETCHER, Mary 38, R. E. 14 (m), Jas. 12, M. J. 10, Jalappa 2
HARVEY, John 52, Eliz. 53, Emaline 30, John 28, Robt. 26, Wm. 23, M. A. 20 (f), D. D. 17 (m), Andrew 15, B. W. 11 (m)
MCGINNIS, Green B. 35, Mary A. 33, M. J. 13 (f), N. S. 11 (f), M. A. 11 (f), W. A. 9 (m), Jno. C. 7, Jas. M. 4, E. G. 2 (m)

Schedule Page 15

SIMPSON, Mary 39, M. W. 9 (m)
LOVING, Jas. 60, Chris. 17, Geo. G. 15, Jno. 13, M. F. 11 (f), Wm. 4
TURNER, Wm. 78, Nancy 63, E. J. 27 (f), Jas. 25, W. S. 9 (m)
TURNER, Jno. 56*, Lorena 47, Margaret 17, Matthew 20, M. A. 15 (m), Martha 12, Jno. 5, Thos. 3
LEWIS, Lucilla 8/12*
LEWIS, John 40, Mary A. 23, Jane T. 3, Mary 2
LEWIS, Nancy 68*
POWELL, Geo. 17*
SANDERS, Louisa 14*
TURNER, Robet 27, F. J. 18 (f), Louisa J. 5/12
HARVEY, Saml. 53, Nancy 79, Esther 83
FLETCHER, Jno. C. 23, Eliz. 22
HARVEY, Milton 31, Amanda 21, Winfield J? 2, S? K. 1 (f)
HARVEY, J. Milton 25, N. J. 20 (f), C. S. 8/12 (m)

1850 Census Adair County Kentucky

EARLS, Wm. 25, Nancy M. 16
YATES, Jno. M. 43, Malinda 37, Jas. G. 21, Chas. W. 19, H. J. 17 (m), M. J. 15 (f), S. A. 13 (f), A. J. 40 (f), Wm. B. 7
HARVEY, Russell 43, Esther 40, Charlotte 17, Perry 16, Francis M. 14, Emaline 11, Russell 10, Wm. 8, Anderson 6, A. E. 3 (f), G. P. 11/12 (m)
HARVEY, Wm. 40, Margaret 37, M. J. 16 (f), Granville 14, Eliza 12, Matilda 10, Martha 8, Wm. H. 6, V. R. 2 (m)
HARVEY, Piner jr. 28?, S. J. 18, Simoleon 3, Taylor 1

Schedule Page 16

LEWIS, Daniel 49, Sanai 47 (f), John 21, Josiah 15, Mary 14, Sarah 12, Wilson 9, Jeremiah 6
LEWIS, Bery 37, Emerilla 8, Christopher 5, Taylor 3
KING, Edmond 65 (B), Bener 45 (f), E. J. 17 (f), Geo. 14, Jas. M. 11
TURNER, Geo. W. 40, Mary 32, N. A. 11 (f), E. 9 (f), Charl. 7 (f), Jno. M. 5, Jas. K. 3
TURNER, Green B. 33, S. A. 21 (f), M. J. 4 (f), Jas. W. 2, M. E. 1 (f)
HILL, John 25
LEWIS, Wilson 41, Mahala 35, Jas. S. 10, Daniel 8, W. B. 6 (m), N. A. 4 (f), M. F. 2 (f), S. M. 5/12 (f)
STRANGE, Damania A. 41, Lucilla 21, Archelaus A. 19, E. A. 15 (f), Wm. R. A. 13, J. L. K. 10 (m), Jos. A. 8 (f), M. G. B. A. 5 (f)
STRANGE, Levi A. 33*, E. P. 26 (f), B. B. A. 7 (m), Geo. A. 5, Houston A. 3, Cal. A. 1 (f)
KING, Nathan 18* (B)
PRIVETT, John A. 21*
CURRY, John 51, Eliz. 45, Jane 18, Andrew J. 16, Richd. 13, J. H. 11 (m), A. B. 7 (m), Mary 4
CURRY, Margaret 70*, Jane 29
HUNDLEY, Eliz 10*
ROSS, Willis 30, Lydia 40, R. A. 12 (f), M. J. 6 (f), R. S. 4 (f), Thos. M. 2
PATTERSON, Squire S. 29, Margaret 35, M. J. 7 (f), E. A. 5 (f), Jas. T. 3, Nath. N. 1
PATTERSON, John 73, S. A. 63 (f)
CARTER, Geo. W. 43, Mary 38, M. B. 17 (m), Jno. H. 15, S. H. 13 (f), E. C. 11 (f), N. M. 9 (m), S. J. 7 (f), V. F. 5 (m), Thos. J. 3

Schedule Page 17

PATTERSON, Barnett T. 34*, Permely 25, Helena 20
HUNLEY, James 24*
STOTTS, Francis M. 23, S. F. 25 (f), Oliver 2, Barnett 7/12
GRIDER, Frances 44, Milly 17, Docia 15, Martin 13
PETTY, Garton 50, Sarah 44, Andrew H. 18, S. W. 16 (m), Mary 15, Julia A. 13, Squire W. 10, Jas. C. 5
ROSS, Cornelius 56, Mary 50, John 21, Mary 19, Lucinda 17, Cornelius 15, Susanna 12, W. J. 6 (m)
ROSS, Hilton 28, Frances 25, M. J. 7/12 (f), Henry 26
COOK, James 46, Susannah 45, Lydia A. 19
EDWARDS, William 42, Nancy 50, John M. 20, Frances M. 16
ROYSE, Hiram 49, Jane 32, A. P. 7 (f), Geo. A. 6, H. T. 2 (m)
ROYSE, Solomon 86*, Sarah 80
TURNER, Sarah 24*

1850 Census Adair County Kentucky

ROYSE, John 44*, Elizabeth 44, Willm. P. 17, F. G. 15 (m), Jas. D. 14, M. A. 12 (f), S. W. 11 (m), B. L. 9 (m), John 6, Geo. A. 4
SIMPSON, Dorinda 20*
COOKSEY, John 26, Binda 51
CAMPBELL, Jas. W. 21, S. A. 22 (f), M. F. 2/12 (f), John H. 12
PAGE, Willis 27, Perlina 21, M. W. 2/12 (f)
REED, Philip 89, Mary 62, Geo. W. 17
REED, W. B. 25 (m), Martha 19
PATTERSON, Jas. M. 22, M. J. 21 (f)
WORKMAN, Peter 27, Matilda 29, Geo. P. 3, Juliza 1

Schedule Page 18

MCGINNIS, Anderson 31, Nancy 27, Feminine 10, Semantha 8, Luciller 4, Willm. J. 2
REED, Andrew 37, Sarah 30, M. M. 10 (f), Thos. B. 8
BRATCHER, Simeon 29, Jennetta 26, Willm. 1
STOTTS, Solomon 64, H. E. 28 (f), Milly E. 7, Hiram R. 5, Patria A. 3, N. J. 1 (f), Matilda 1
STOTTS, Ben 27, Mary 20, Mitchel 24
STOTTS, John 37, Minerva H. 24
STOTTS, Thomas 41, Ann E. 31, A. M. 11 (f), J. B. 9 (f), L. S. 8 (f), M. A. 5 (f)
WILSON, Andrew 48, W. A. 36 (f), S. A. 16 (f), M. N. 12 (f), John M. 10, Araminta 8, Juliza 4, Thos. S. 6, E. M. 2 (f)
WHEELER, Archalus 72, Catharine 62, Isabella 29, Mary 22
WHEELER, John B. 24, Emiline 19, S. J. 1 (f)
PATTESON, S. B. 29 (m), N. Y. 25 (f), M. E. 4 (f), Jno. M. 2, Jos. A. 4/12
PATTESON, Jackson 34, Charlotte 23, M. A. 32 (f), L. H. 9 (f), D. J. 7 (f)
BLAIR, Elsey 33*, E. J. 23 (f)
TURK, James 11*
BLAIR, Robert 22, Susan 17
BLAIR, Dicy 49, Jas. 17, Jno. 14, Thos. 8
BLAIR, Geo. 23*, Martha 22
BREEDING, H. S. 24 (m)*
WILSON, David 52, Frances 51, S. M. 21 (f), M. F. 10 (f), Jno. H. 9
REED, Immanuel 51, Mary 52, M. E. 16 (f), Sarah 24, N. J. 10 (f), V. S. 9 (f)
GRISSOM, Willm. G. 45*, Ben B. 19, A. E. 18 (f), S. K. 17 (f), L. M. 16 (f), S. B. F. 14 (m), Matilda 13, N. H. 10 (f), E. P. 8 (f), M. F. 3 (m)

Schedule Page 19

KING, Henry 28* (B)
WAGGENER, W. M. 38 (m), Ellen F. 25, S. E. 14 (f), P. J. 9 (f), J. A. 7 (f), N. M. 5 (f), E. M. 3 (f)
FORBES, Jas. 28*, Fendy 38 (f), James 15, L. C. 1 (m)
TRAYLOR, M. A. 13 (f)*, E. 10 (f), Mary 7
HUNLEY, Willm. 49, Salitha 28, Josiah 19, Willm 14
NELL, Dory 49 (m)*, Jane 49, Sarah 16, Geo. W. 13, Oliver G. 11, Jas. B. 9
HARVEY, Elizabeth 73*
GRISSOM, Franklin 40, L. N. 42 (f)
EWING, Robert 66, Jane 66

1850 Census Adair County Kentucky

EWING, Jas. F. 27*, M. M. 28 (f), M. H. 2 (f)
PERKINS, Willis 50*
GREEN, Nicholas 68*, Nancy 60
WHITE, Albert 27, Mary 26, W. S. 6 (m), John 5, M. M. 1 (f)
TURK, Noah 43, Ann B. 39, Ben K. 19, Noah G. 16, M. J. 14 (f), A. M. 12 (m), H. K. 10 (m), J. A. 8 (f), Martilia 6, R. J. 4 (m), Susanah 2, John C. 4/12
EARL, Obediah 40, Elizbth. 34, Elizbth 16, Caroline 11, Jno. W. 7, Louisa 6, Parthena 4, M. J. 2 (f)
MCKINNEY, Rainey C. 56, Jane 47, E. C. 30 (f), Wm. W. 26, Joseph 22, A. J. 20 (f), Chas. W. 17, S. C. 15 (f), James 13, James 13, Jno. C. 10, Geo. A. 7, Luvena J. 7, Jas. B. 1
CARTER, Peter 28, Parthena 27, M. E. 10 (f), Jno. M. 8, Ben 5, Willm. A. 3, Susanah 8/12

Schedule Page 20

CARTER, Benjamine 62, M. E. 60 (f), Ben 19, Luvena 11, Willm. 8
GRISSOM, John 29, Harriet B. 22, P.? S. 3 (m), N. E. 8/12 (f)
LACY, Henry 66*, Nancy 44, W. L. 5 (m), Naoma 3, Nancy 1
MOSEBY, Elisha 17*, Jas. 14, Jno. 14, Margaret 18
BREEDING, Robt. M. 31, Sarah 29, Willm M.? 8, Jas. E. 7, R. M. 5 (f), H. F. 4 (f), Geo. B. 2
MOSEBY, Cornelius 20, Susannah 22, Talitha J. 2
EWING, Andrew 80, Mary 76, Mariah 32, Patteson 31
WILLIAMS, Leroy 27, Elizabth. 36, S. A. 14 (f), W. N. 13 (m), M. N.? 12 (f), E. S. 10 (f), Jno. 6, Norman 4, Patsy 3
PATTESON, Bailus 45, Louisa 33, M. B. 14 (f), D. J. 8 (f), Jno. R. 6
TRAYLOR, Lavina 37*, Rachael 14, Jos. L. 11, Geo. A. 8, Jas. M. 5, Willm. L. 2
BREEDING, Jane 44*
ROBERTS, Willm. S. 22*
ESTES, Warfield 28, M. A. 33 (f), John W. 9, Jas. W. 7, Granville 5, M. J. 3 (f), Elizbth. 1
BLACKBURN, John 44, Margaret 37, Robert 18, John 15, M. A. 13 (f), Malvina 9, S. M. 5 (f), Susanna 3, Josiah 4/12
BIRD, Geo. 43, Sarah 39, Jas. R. 19, Jos. H. 14, Willm. J. 12, M. J. 10 (f), Emeline 7, G. S. 4 (m)
GRISSOM, Thos. J. 34, M. E. 26 (f), L. E. 8 (f), Simoleon 6, E. O. 5 (m), E. G. 3 (f), M. F. 1 (f)

Schedule Page 21

BREEDING, Geo. W. 41*, Lavina 36, Joseph A. 19, M. J. 13 (f), E. C. 7/12 (f)
SYMPSON, John C. 18*
ROACH, John 28, Eliz. 33, Marion 9 (f), Charlotte 7
BREEDING, Geo. 79*, P. L. 36 (f)
TURK, E. A. 15 (f)*, T. E. 9 (m), H. J. 6 (f)
JANES, John Jr. 30, Mary A. 31, M. J. C. 7 (f), H. N. O. 6 (m), M. E. 4 (f), Greenup 2
JESSEE, M. W. 33 (m), Nancy 22, M. E. 9 (m), C. W. 7 (m), Wm. 4, Paulina 3, S. A. 1 (f)
HAMILTON, Jas. H. 49*, Nancy 59, Jas. 22, Jno. 16, Thos. 90
RODGERS, James 24*, R. J. 20 (f)
HOPPER, Albert 33, Martha 44, Joseph M. 11, R. C. 8 (m), J. F. B. 6 (m)
COLEMAN, Polly 39, N. W. 65 (f), L. B. 15 (f), J. F. 14 (m), M. E. H. 11 (f), Wesley 9
REESE, David 58, Eliz. 50, Jacob 18, David 17, E. 12 (f)
ESTES, Yelverton 43, Lucy 45, S. E. 16 (f), J. H. 15 (m), Catharine 10
YATES, Jas. T. 25

1850 Census Adair County Kentucky

ROACH, David 56, Jane 53, Cath. 24, Nancy 22, Geo. W. 21, Elizabeth 20, William 18
HOPPER, Stephen 60, Mary 27, Nancy 17, Wm. H. 10, S. A. 8 (m), H. P. 6 (m), Merida 4
STEPHENS, Sherwood 34, Malinda 33, Joshua 12, Jos. 11, Morning 8, Matilda 7, L. J. 3 (f)

Schedule Page 22

STEPHENS, Mary 40, Eliz. 19, Lucy 7, A. J. 3 (m)
JANES, Thos. J. 44, Martha 40, Spencer 19, David 17, Jane 15, M. A. 14 (f), Rebecca 12, Martha 10, Nancy 8, Grace 6, Lavinia 5, Thos. C. 3, Jno. C. 1
ENGLAND, Elzy 37*, Frances 38, Wm. 12, Jas. 6, Danl. 4, Amos 2, John H. 3/12
ESCUE, Mary 74*
WALLACE, Mort. B. 24
SMITH, Jas. 48, Sarah 50, J. A. 23 (f), Jas. N. 22, Eliz. 16, Thos. 14
GILL, Chas. A. 38, E. A. 28 (f), R. F. 1 (f)
SCOTT, Thompson 55*, Eliz. 50, Miranda 23, Paschal 21, Jno. W. 19
COMPTON, Jos. 6*
COX, Jas. T. 31, Jenetta 29, Albert G. 9, Levi A. 7, E. H. 5 (f), M. M. 3 (f)
HAMEY, J. W. 22 (m), N. J. 22 (f), M. J. 2 (f), Geo. 6/12, C. C. 19 (m)
ROACH, Merida 35, Bernard 30, Jno. F. 11, E. J. 7 (f), N. E. 4 (f), Lucinda 3, W. A. 2 (m), S. E. 1 (f)
KELTNER, Wm. 44*, F. H. 20 (m), J. H. 18 (m), Wm. F. 17, L. A. 15 (f), J. R. 12 (m), R. O. 11 (m), M. J. 9 (f), Geo. A. 5, M. A. 4 (f)
WILLIS, Wm. 7*
KELTNER, Mary S. 18*
ESTES, Jno. G. 58, Jane 47
PENICK, Jesse 69*, M. L. 57 (f), Wm. S. 19, K. L. 16 (f)
THOMAS, U. G. 14 (m)*
NEWCOMB, Wm. H. 29, Nancy 29, M. W? 9 (f), N. E. 7 (f), M. F. 5 (f), J. P. 3 (m)

Schedule Page 23

WALKUP, Jno. A. 42, N. M. 33 (f), Jos. 13, L. A. B. 11 (f), M. N. 9 (f), V. A. W. 6 (m), E. M . 2 (f)
MARRS, Saml. W. 55, Susanah 52, Z. K. 17 (m)
GARMON, Saml. 52*, E. 48 (f), Geo. 23, E. A. 21 (f), Susan 19, Robt. 17, F. M. 15 (m), Mary 13, Saml. B. 10, Almarine 8
HIPKINS, Andrew 56*, Eliz. 38, Frances 1
CHEEK, Mary 39*, Geo. 12, F. J. 12 (m), Lusah 10
GARMON, Adam 26, L. A. 25 (f), S. R. 3 (m), M. E. 1 (f)
YATES, Jas. L. 26, E. A. 27 (f), J. C. 3 (m)
FRAZER, Lewis H. 29
SHIRLEY, J. W. 38 (m), M. J. 26 (f), E. F. 9 (f), M. M. 4 (f)
COFFEY, Zidner 40, Ann 41, Wm. 17, S. A. 15 (f), John T. 14, Ardena 12, Thos. 9, Eliz. 8, Sophia 6, Ellen 5, Robt. 7?, A. J. 4 (m), M. 1 (f)
TURNER, W. S. P. 31 (m), S. A. 31 (f), Jno. S. 10, A. J. 8 (f), Geo. B. 5, D. E. 3 (f), M. A. 1 (f)
HILL, Jas. M. 27, E. J. 23 (f), M. T. 8 (m)
BARRON, J. H. 32 (m), Martha 26, A. F. 6 (f), M. J. 8 (f), J. W. 5 (m), Sil M. 3 (m), C. C. 3 (m), S. E. 3/12 (f)
JESSE, J. J . 37 (m), Jane 35, W. T. 11 (m), Albert 9, Harrison 6, Abel 4, J. W. 1 (m)
ESTES, Thos. 43, Martha 51, J. H. 15 (m), P. T. 12 (m), M. H. 7 (m)

1850 Census Adair County Kentucky

Schedule Page 24

COOMER, Benj. 32, Susan 34, Louisa 7, Peyton 4, David 1, N. N. 7/12 (m)
BARNS, Wm. 47, Nancy 49, Nimrod 19, Mary 19, J. R. 16, Eliz. 13, Elijah 11, Lucy 9, Wm. P. 3
WALLACE, J. Y. 42 (m), C. W. 40 (f), E. G. 18 (f), M. G. 13 (m), T. A. 10 (m), J. C. 8 (f), M. M. 6 (f), S. P. 5 (f)
WHEAT, Z. D. 44 (m), A. M. 32 (f), Franses 73, Lucy 36?, F. E. O. 47 (f), J. C. 12 (m), F. R. 10 (f), H. L. 8 (f), Henrietta C. 5, Cassus W. 3, A. L. 7/12 (f)
KENNARD, S. H. 37 (m), Isaphroy 35, M. F. 15 (f), J. D. 13 (m), N. W. 11 (m), M. S. 9 (f), Jas. H. 7, S. L. 10/12 (f)
KENNARD, H. F. 35 (m), M. A. 18 (f)
GIBSON, Job 70*, Lydia 70
WOLCUT, Sarah 19*
GIBSON, Robt. 34, Louisa 33, Ekliabeth 12, J. M. 10 (m), R. A. 7 (f), J. J. 5 (m)
RODGERS, Wm. B. 45, Ann F. 45, E. K. 21 (f), F. B. 16 (m), J. R. 14 (m), S. J. R. 11 (f), S. P. 8 (f)
PATTESON, B. M. 28 (m), P. B. 19 (f), J. W. 8/12 (m)
BELL, S. C. 29 (m), Amena 29, N. G. 6 (m), E. E. 6 (f), E. W. 4? (m), S. M. 2 (f), W. J. 3/12 (m), S. C. 3/12 (m)
SCOTT, J. B. 45 (m), Jane 35, Esther 14, Letitia 11, Jean D. 9
ROWE, Wm. 22, Charlotte 21
STREET, Wm. 23, Sarah 21, M. E. 1 (f)
ROWE, John 40, Rebecca 35, Abner 16, Nancy 10, Rhoda 6, Mary 6, Jesse 2, Jane 3, Benj. 2/12

Schedule Page 25

HOPPER, Thos. 26, Esther 30, M. A. 8 (f), America 6, Wm. S. 4, L. 2 (m)
ROWE, Jas. 34, Nancy 41, Mahala 15, P. M. 13 (m), Sarah 12, Rhoda 11, J. W. 9 (m), Ezekiel 7, J. W. 4 (m), Charlotte 3
GRADY, Thos. M. 28, Pamelia 26, N. J. 9 (f), M. A. 7 (f), W. E. 4 (m)
STOTTS, Ruth 55*
SMITH, Lucy 70*, Thos. 81
GIBSON, Jas. 43, Lucy 34, Luvica 18, M. J. 16, Julius C. 14, Wm. 12, Lucy 10, J. R. 8, John 6, Robt. 3
RUPE, Wm. C. 31*, Nancy 28, Jane 12, SArah 10, Hulda 6, L. E. 3 (f), Jerome B. 1 (f)
MORRISON, J. R. 28*
BELL, Eliz. 51*, John 16, Jos. 14
CUNNINGHAM, Malinda 61*
LEFTWICH, S. G. 27*, Nancy 27, J. R. 2? (m)
MCKINSEY, Eli 47, Nancy 39, Jesse 18, Sarah 15, E. 13 (f), Emily 10, G. H. 8 (m), Panela 5, Wm. 9/12
MCKINSEY, Alexr. 21, Dicy 18
ROWE, A. H. 23 (m), E. E. 16 (f)
CHEATHAM, M. H. 36 (m)*, E. G. 26 (f), L. A. 10 (f), J. A. 8 (m), M. C. 6 (f), Susanah 4, E. H. 3 (f)
AIKER, Jas. 16*
FLETCHER, John Jr. 39, Paulina 37, M. J. 15 (f), Emily 12, Amanda 9, Geo. W. 6, Saml. B. 3

1850 Census Adair County Kentucky

Schedule Page 26

STOTTS, Wm. 65, Mary 61, G. C. 29 (m)
HURT, F. M. 23 (m), M. E. 20 (f), Presley 3, Edgar 1
DUDLEY, Wm. 90, Sarah 77
HUNTER, Josiah 45, N. J. 30 (f), W. E. 12 (m), B. F. 10 (m), R. B. 6 (f), H. C. 1 (f)
STONE, Wm. 33, Eliz. 26, Josephine 7, Geo. A. 5, Emma 4, Noah 1
JONES, Jonathan 28*, Eliz. 19, Jas. W. 4, E. 3? (f)
STEWART, Harriet 6*
KING, Nancy 55*
SQUIRES, Martin 40, E. 36 (f), N. J. 14 (f), Eliz. 16, M. T. 12 (m), M. Q. 10 (f), Jno. 8, Saml. E. 6, E. J. 4 (f)
STEWART, John 54, E. J. 46 (f), E. 24 (f), A. 22 (f), Wm. 19, M. A. 15 (f), Josephine 11, S. A. 7 (f)
TRIPLET, Lewis 29, F. A. 20 (f), Eugene 4, J. F. 3 (m)
MURRELL, Eliz. 64*, J. A. 37 (f), E. 35 (f), Geo. 32, Susan 23, Saml. 22
WILLIAMS, Louisa 26*, Alban J. 3
HUTCHERSON, Geo. 21*
KING, Edmund 24* (B), Beverly 26
BRADSHAW, Dolphus 30*, Cath. 20, W. R. 1 (m)
PERKINS, Nancy 16*
RICE, Green 39 (B), C. H. 13 (f)
TODD, Wm. 44*, Martha 40, E. A. 15 (f), N. T. 14 (f), E. W. 11 (f), R. W. 9 (m), H. A. 7 (m), J. D. 5 (m), A. G. 2 (m)
SIMPSON, Frank 23*
WALKUP, Mathew 70, M. J. 19 (m)
TODD, Wm. Jr. 23, Emily J. 24, Robt. 21
CRAVENS, Elijah 50, Julia 49, S. J. 22 (f), Eliz. 20, A. J. 19 (m), Ben B. 17, Julia A. 14, Malinda 11, Celicia 10, Frances 6

Schedule Page 27

POLLARD, Mahala 56, Jos. 3330, Benj. 27, John 25, Robt. 23, Isaac F. 20, Alex 17, Chas. W. 14
BRIDGEWATER, Wm. 55*, Mal. 51, Amanda 16, Jenetta 12, Geo. 29, Nancy 80
EWERS, Mary 76*
DOHONEY, N. B. 28 (m), Tetlitha 21, P. F. 5 (f), M. A. 4 (f), Geo. G. 1
SKEGGS, Thos. M. 43, Patha 40, Wm. T. 16, M. S. 12, Arobel 11, M. J. 8 (f), S. J. 6 (f), C. J. 4 (m), C. C. 2 (m)
INGRAM, Jese. 53*, Susana 52
CALDWELL, J. D. 11 (m)*
SKEGGS, W. C. 33 (m), Jane 23, J. M. 6 (m), R. J. 4 (m), Eliz. 2
MORRISON, John 65, Eliza 40, Ann P. 37, M. J. 33 (f), S. R. 30 (f)
DOHONEY, Chapman 51*, Margaret 37, Geo. 26, Frances 16, Benj. 14, J. C. 12 (m), Jas. K. 2, Harriet 4/12
NELSON, J. H. 7 (m), Cath. 9
TURNER, Jas. 64, Cath. 46, M. A. 21 (f), M. W. 18 (f), J. A. 14 (m), H. M. 12 (m), R.P. 10 (f), Susan 5, S. C. 1 (f), M. E. 10 (f)
CALDWELL, Jos. 37*, Caroline 35, J. W. 11 (m), L. V. 9 (m), W. E. 7 (m), L. J. 5 (f), M. L. 3 (f), M. L. 1 (f), Hannah 82

1850 Census Adair County Kentucky

PERGUSON, J. T. 19 (m)*
RODGERS, J. B. 79 (m), Mary 67
CALDWELL, Henry 45, N. J. 41 (f), Levi 19, Jackson 16, Preston 14, N. J. 12 (f), Sydney 11, W. W. 9 (m), Parthena 8, Araminta 6, Geo. A. 4

Schedule Page 28

DAWSON, Amanda 37, Julya 11, Milfred 8, Janetta 6, Sidney 4
STULTS, M. C. 33 (m)*, Mahala 28, Richd. 13, Daniel 9, John S. 5, A. E. 2 (f), Jane 17
MATTHEWS, H. B. 31 (m), Malinda 26, A. E. 5 (f), J. R. 3 (m), Wm. 1
COX, S. R. 33 (m)*, Si A. 25 (f), S. F. 11 (f), N. H. 11 (f), J. B. 6 (m), J. V. 4 (m), S. E. 3 (f), R. J. 13 (m)
GARRISON, A. D. 16 (f)*
KEMP, Wyatt 35, Mary 25, J. H. 11 (m), J. M. 9 (m), Willis 7, S. M. 5 (f), Geo. W. 4, Andrew J. 7/12, Jos. 3
ORR, John B. 54*, Hannah 41, Wm. B. 23
LANDES, Mary 16*
ORR, J. J. 25 (m), M. M. 17 (f), W. B. 1 (m)
TOWNSEND, Wm. Sr. 59*, Mary 60, J. A. 25 (m), E. L. 18 (f)
NIPP, Wm. 24*
REMRO, Wm. 26, Matilda 26, Saml. 3, Jno. 5/12
THOMAS, Wm. H. 46, Eliz. 42, Mary 15, Ermine 12
GRADY, Jas. 58 (B)
TROTT, Thos. 24, Susan A. 25, Jos. 3, S. C. 1 (f)
TOWNSEND, Wm. Jr. 28*, M. A. 24 (f), J. L. 5 (m), S. A. 2 (f), Wm. H. 7/12
VANCE, Abram 37*
BUTTON, C. C. 17 (m)*
TOWNSEND, H. C. 35 (m)*, M. M. 31 (f), J. W. 9 (m), M. C. 7 (m), Geo. A. 5, J. C. 1 (m)
HAMILTON, Jas. 26*
MCCARTA, J. J. 31 (m), L. A. 30 (f), S. J. 8 (f)

Schedule Page 29

DOHONEY, Rhody 53
BAYLEY, John 63, Elizbth. 61, Benjamine 43
MCCARNING, Thos. 36, Catharine 42, Sarah 40, Nancy 38
ENGLAND, Willm. 49, Edy 52, S. H. 21 (f), N. 19 (m)
HINDMAN, Saml. 39, Mary 33, Martha 8, Nancy 6, Geo. 4, Sarah 6/12
ACREE, N. K. 41 (m), F. J. 32 (f), Saml. 13, John 11, Mary L. 9, Junius 6, Willm. 4, Geo. A. 3/12
BOTTS, Henry 26, Manerva 18, W. S. 3/12
SOLOMON, Alexs. 42, M. J. 32 (f), John 17, Mary 13, P. D. 4 (f), Willm. S. 2
THOMAS, Henry 35, N. M. 35 (f)
SHARP, Buly A. 37*, Jas. R. 17, Geo. W. 14, M. A. 12 (f)
SIMPSON, Solomon 8*
MURRY, Thos. W. 41*, Almira L. 39, Araminta 7, Jno. E. 4, Garnett D. 1
MCGINNIS, Asa 21*
ATKERSON, William 51*, Nancy S. 53
CUMPTON, M. J. 8 (f)*

1850 Census Adair County Kentucky

BAYLEY, Major 63 (B), Jujudah 58
BUTLER, Willm. T. 42, L. A. 30 (f), Frances 10, Jas. 8, Richard 6, Martha 1
BUTLER, Creed F. 43, Elizbth 30, M. C. 18 (f), S. E. 16 (f), Saml. S. 9, L. J. 5 (f), Creed W. 3
LODGEN, James 25*, Jane 30, Edward 1
BUTLER, Martha 70*
THOMAS, Jas. 39, Elizbth. 38, Willm. M. 16, Chas. J. 14, A. W. 12 (m)
THOMAS, Nancy 60, M. M? 30 (f)
THOMAS, Hugh 42, M. H. 37, Willm. H. 18, Jas. B. 15, Jos. M. 14, Geo. A. 11, John W. 5

Schedule Page 30

DOUGLASS, Hugh J. 25*, Elizbth. 19, Jas. L. 9/12
SINCLAIR, Mary 16*
CARNS, Joseph 20*
ENGLAND, Timothy 39*, E. J. 30 (f), M. J. 17 (f), Willm. 11, Geo. P. 9, Chas. 7, Jno. 6, M. A. 3 (f), R. E. 2 (f)
PERRYMAN, Jas. H. 28*, Rhody 58
RICHARDSON, John J. 45*, Susan 40, R. J. 16, Gaines 14, E. F. 9 (m), S. S. 6 (m), Jno. M. 4, M. S. 2 (f)
WAID, Willm. 46*, Sintha 42, Archabel 19, M. E. 17 (f), S. J. 16 (m), R? M. 15 (f), Nathaiel 11, J. A. 9 (f), Jno. W. 7, Jas. H. 5, Andrew R. 2
GREEN, Hiram 31*, Margaret 33, Preston B. 10, M. A. 8 (f), William 6, E. J. 4 (f), Margaret 1
PERRYMAN, Lucinda 38*
MCCARNING, Hyugh 60, Elizbth. 25
HAYS, Robert 36, Nancy A. 40
BERNETT, Joshua 34*, S. E. 30 (f)
ROSE, James 10*
HOOD, Jessee 35*
RUCKER, Robertson 59, Elizabeth 46, Wm. D. 11, M. S. 6 (f)
MCPEAK, Isam 34, SArah 43, Hetta 12, Emirilla 10, Willm. 8, S. C. 5 (f), Jas. 2
ESTES, Harvey 25, E. A. 27 (f), Oathey 5, Jennetta 3, Willm. H. 2
SUDDATH, Daniel 56, Nancy 51, M. L. 26 (f), Julius A. 24, M. A. 22 (f), DAniel 17, M. L. 15 (f), Jno. W. 10
ATKINS, Esther 52, Jas. G. 21, Elizbth 17, Thompson 20, William 18, Robert 15, M. J. 13 (f), Geo. W. 10
DOHONEY, Joseph 38

Schedule Page 31

GAITHER, Nathan 64*, Martha 50, Margaret 24, Catharine 22, E. B. 31 (m), Emily 22, Nathan Jr. 15
ALLEN, Lucy 66*
WALKER, H. K. 50 (m), S. P. 40 (f), Saml. F. 19, Jno. 17, Eliz. 16, H. C. 10 (m)
GRISSOM, John 78, Emily 45, Matilda 38
WALKER, Eliz. 61, H. P. 35 (m), Elzy 27, Nancy 22, Saml. 17
FLOWERS, Jas. W. 30, Mary 28, S. H. 10 (f), J. L. 8 (m), N. J. 5 (f), A. A. 3 (f), Wm. P. 5/12
ROBERTSON, F. A. 40 (m), Eliz. 27, N. E. 8 (f), M. A. 6 (f), Wm. C. 3 (m)
WETHERED, D. G. 32 (m), Emily 18, Malvina 14, Thos. 10, Wm. 9, M. S. 9/12 (f)
FLOWERS, Thos. 61, Juniah 54, H. L. 30 (m), F. B. 21 (m), Geo. W. 19, Jas. D. 16, E. A. 13 (f)

1850 Census Adair County Kentucky

HAMILTON, Merit 49, Susanah 46, Jackson 23, P. A. 24 (f), M. J. 19 (f), America 17, M. L. 15 (f), N. C. 14 (f), Minerva 11, H. C. 9 (m)
BAILEY, Thos. T. 68*, Mary 50, Martha A. 34, Morris 24, Eliz. 22, Th. J. 19, Malinda J. 13
CABAL, Caroline 20*, Wm. 25
SHACKEFORD, P. D. 22 (m)*
BURRIS, Henry 18*
THOMAS, Wm. H. 36, M. A. 28 (f), E. H. 9 (f), J. W. 7 (m), Taylor 4, Jacob 1
MCGINNIS, Wm. M. 28, S. C. 31 (f), Junius Q. 3, Thos. E. 10/12, Malinda 64
DOOLEY, Paulina 31, Mary 32, Emiliza 12, Wm. R. 7, Pa. A. 5 (f), M. J. 2 (f), S. A. 15 (f), Mary 7, Eliz. 5, Angelina 2

Schedule Page 32

HUGHES, J. M. 29 (m), Hila A. 21, Hila A. 2
HUGHES, E. A. 51 (f)*, H. Q. 28 (m), Gabriel 19, M. C. 15 (f), Ann D. 12
TIBBS, D. M. 6 (m)*
CRAWLEY, W. M. 60 (m), M. A. 31 (f)
DUDLEY, Jas. 42*, Hester A. 28, M. A. 16 (f), W. H. 14 (m), C. 12 (m), L. G. 9 (m), S. J. 6 (f), H. C. 3/12 (m)
CORBIN, Geo. R. 14*, J. M. 12 (m), H. O. 9 (m)
DUDLEY, Alfred 16* (B), Leonard 8, Matilda 6, Martha 3, Moses 1
CAMPBELL, Jos. M. 23* (B)
LOCKETT, Solomon 46, July A. 41, D. A. 19 (m), Eliz. 17, Martha 15, S. F. 13 (m), A. S. 2 (f), W. W. 7 (m), J. A. 5 (m), Jno. A. 4/12
BOTTS, Thompson 64, Eliz. 44, M. J. C. 15 (f), Ann F. 13, Saml. T. 4, L. T. 7/12 (m)
DOHONY, Peyton 42, Mary 38, Eb. 17 (m), R. T. 15 (m), R. J. 13 (f), Hy. 11, H. A. 9 (f), Mary 7, M. 4 (f)
MOORE, Wm. 49, Mary 39, Wm. T. 17, S. L. 15 (f), J. F. 13 (f), Jenetta 12, E. T. 9 (f), J. M. 7 (m), Lucetta 5, Lucinda 3, Sarah 80, Cary A. 11 (m)
CRAWHORN, James 28, S. J. 25 (f), Robt. 4
MILLER, Dewit C. 41, Parthena 41, M. F. 15 (f), J. M. 13 (m), O. A. 6 (f), M. L. 5 (f), D. W. 3 (m)
FINN, Lewis 24*, N. J. 20 (f), M. J. 2 (f)
COLEMAN, Sally 50*

Schedule Page 33

BEARD, Chas. 37, Eliz. 35, Jno. R. 10, S. A. 7 (f), Z. T. 5 (m)
BEARD, Jno. 76*, Jeremiah 12 (f)
STULTS, Jeremiah 12 (f)*
RETHERFORD, Stephen 48, Louisa J. 32, S. 21 (f), M. A. 19 (f), Alex. 16, W. 14 (m), E. 13 (m), Saml. 11, M. 8 (f), Lena 6, Robt. 5, M. 4 (f), T. 2 (m), S. F. 8 (f)
RETHERFORD, Mary 65*, Nancy 40, Sarah 24?, Wm. 21, S. T. T. 15 (m), Delila 16
RODGERS, N. A. 7/12 (f)*, A. 11 (f)
BURRIS, Milly 35, V. 20 (f), M. 16 (f), M. A. 11 (f), S. E. 4 (f)
BURRIS, John 36*, M. 25 (f), A. A. 11 (m), W. R. 9 (m), J. W. 7 (m), M. E. 5 (f), S. T. 3 (f), P. M. 4/12 (f)
RETHERFORD, W. 10 (m)*
RODGERS, Isiah 29, Martha 27, H. 5 (f)

1850 Census Adair County Kentucky

CHASTEEN, Jo. 49, V. 52 (f), A. L. 19 (m), J. A. 17 (m)
FINN, Wm. 37, J. M. 39 (f), W. S. 12 (m), S. C. 11 (f), J. K. 9 (m), M. A. 8 (f), Geo. 6, E. F. 5 (f), Jno. 3, E. S. 1 (f)
CRAWHORN, Lucy 50, N. 26 (f), J. 18 (f), A. 20 (m), M. 17 (m), Jno. 14
FINN, Barnett 34, Mary 28, E. 12 (f), Peter 10, M. 9 (m), G. 6 (m), Wm. 3, Jo. 4/12 (m)
RUTLEDGE, W. W. 21 (m), Elijah 50, Ann 45, M. 20 (f), R. F. 13 (f), Tibb 10
FINN, Coleman 27, M. P. 24 (f), Eli C. 1

Schedule Page 34

CALDWELL, Jas. C. 21, M. J. 19 (f), E. D. 8/12 (f)
GARRISON, Greenville 31, Ann 25, S. J. 9 (f), M. F. 5 (f), Geo. W. 3, L. A. 1 (f)
PICKETT, Jeff. T. 27, M. A. 23 (f), K. A. 5 (f), S. E. 3 (f), C. L. 2 (m), J. W. 3/12 (f)
HANCOCK, J. M. 35 (m), M. 29 (f), Jno. W. 12, L. J. 11 (f), Wm. 9, M. A. 7 (f), James 5
FINN, Rhoda 66
RETHERFORD, Jno. 51, L. 21 (f)
FINN, Jno. 36, Rosanna 55, Jane 20
RUSH, John W. 19, Louisa P. 15
KEMP, Robt. W. 41, Lavinia 49, M. J. 17 (f), Geo. W. 11
PICKETT, Chas. 61, Jane 48, W. 21 (m), Sarah 22, Jno. 19, Wm. 15, Chas. 14, N. J. 12 (f), Mary 11, A. 10 (f), E. 8 (f)
RODGERS, Martha B. 46*, Wm. S. 20, Jno. 18, Dorinda F. 16, Jas. R. 12, Geo. S. 10
KEMP, J. R. 2 (m)*
RODGERS, S. G. 24 (m), E. W. 28 (f), Geo. T. 4, J. K. 3 (m), M. J. 28 (f)
RODGERS, Elly 27 (m)*, Peachy 30, M. T. 4 (f), Marietta 2, Eliz. 34
KEMP, M. 35 (f)*
RODGERS, Calvin M. 40, Letty 45, M. L. 16 (m), J. W. 16 (m), Alex. 13, H. T. 11 (m), E. J. 9 (f), E. S. 5 (m)
BLADES, Wlaker J. 63, Mary 60, Clara 22, Mary 20, Eliza 18, Sarah 17, John 28, Mary 19
BENNET, Solomon 36, Mary 63
BLAYDES, Dabney 36, Amanda 30, Stephen 13, Sophia 11, Burton 9, Jno. P. 7, Elizbth. 2

Schedule Page 35

BLAYDES, Madison 33, Elizbth. 34, Jas. 9, Geo. 8, Marion 6, H. C. 4 (m), Jno. W. L. 5/12
PRICE, Robt. W. 51, Nancy 46, Joseph 21, Levi J. 20, M. E. 18 (f), Martha 16, John 15, Porterfield 13, Thos. R. 11, Catharine 11, Lucy 9, Nancy 4
MOSS, Francis C. 49, N. F. 44 (f), Willm. R. 20, Philip A. 16, John W. 14, Lovina 12, Thos. J. 9, Rosaline 6, Martha 5, Sarah 2
MCKINNEY, Chas. 31, Emily 26, M. A. 11 (f), W. T. 7 (m)
MOSS, Patsy B. 65*
KEMP, Thos. 30*
ROSE, Mary 38*, L. A. 12 (f), John W. 8, Elizbth. 5
DOWEL, Thomas 20*, Sarah 15
KEAN, John H. 41, E. M. 32 (f), Jas. S. 14, M. E. 11 (f), Wm. R. 8, S. G. 6 (f), N. G. 4 (f), Jno. M. C. 1
CARR, Jas. W. 62*, Mary 58, Marion 23 (m)
KEAN, Mary 17*, James 10
PERRY, Edward 64*, Ann 50, Ward 20, Eli 18, M. A. 16 (f), Geo. 14, N. J. 12 (f), Sarah 9

- 17 -

1850 Census Adair County Kentucky

WALLACE, Benj. 17*
RICHARDS, Sidney B. 30, Sintha 33, S. D. 8 (f), M. E. 6 (f), Sidney B. 3 (m)
STEPHENS, Hial P. 23, M. E. 18 (f), Jenama C. 6/12
YATES, Isaac P. 22, Mary W. 22, M. E. 1 (f)
CARR, Jas. A. 30 (m)*, E. H. 24 (f), Jas. W. 3, Geo. E. 1

Schedule Page 36

WALLACE, Robt. 18*
STEPHENS, Elijah 53, Dicy 48, E. A. 18 (f), Cyrus 16, Jasper 14, Marion 10 (m), Manerva 12, Shelby 8, Alvin 5
BROWNING, Francis 80*, Sarah 27
SMITH, Elizabeth 41*, Mary 14, James C. 13, Sarah C. 11
BROWNING, James Y. 43, Julia 41, M. M. 11 (f), Jas. G. 4, L. J. 3/12 (f)
JOHNSTON, Jonathan 48*, E. R. 35 (f), Francis 12, James 10, Susan 7, John 5, Willm. 2
YATES, Susan 63*
JONES, James 22*
BARRET, Willm. H. 31*, M. W. 42 (m)
ISLER, Willm. 26, Susan 26, Elizbth. 3, Rachael 2, Martha 1
MASTERS, John 74
TRENT, Thos. 35*, Clarissa 28, Frances 13, Malinda 11 Nancy 9, Willm. 7, Louisa 3
MILLER, Marion 26 (m)*
PENDLETON, John H. 24, Mary 54
PENDLETON, Chesley 26, Eliza J. 24, John A. 7, Mary A. 4, Jas. H. 2
CUMPTON, John J. 41, N. J. 21 (f), Willm. R. 4
SHERLEY, Norman P. 26, Malinda H. 23, M. E. 2 (f), Ann M. 7/12
COFFEY, Martial L. 31, Jane 69, Eliza 33, E. J. 26 (f), L. C. 23 (f)
COATS, John 21, M. J. 18 (f)
KELTNER, John 45, Mary 35, S. R. 14 (f), H. E. 8 (f), E. V. 5 (f), Willm. R. 1
BENNETT, Willm. 23, E. J. 18 (f)
COOMER, Willm. R. 19, Delila 16
COOMER, George 41, Sirena 39, C. J. E. 13 (f), W. M. 11 (m), A. J. 10 (m), M. L. 7 (f), Geo. A. C. 4, Thos. J. 1, Willm. 80

Schedule Page 37

RUSSELL, Harvey 44, Margaret 35, E. J. 16 (f), E. A. 14 (f), Geo. B. 13, D. M. 11 (m), S. C. 9 (f), Jas. C. 6, H. N. 4 (m)
JONES, Richard 37, Selina 30, Asa S. 8, Dorinda 6, Hartwell B. 3
KEMP, John M. 27, Elizabeth 22, Geo. A. 5, M. A. 2 (m)
RODGERS, Starling C. 24, Catharine 21
KELTNER, Henry 28, Sarah A. 26, Jas. D. 1
RODGERS, Willm. S. 26*, M. M. 21 (f)
KEMP, Lucy 56*
COOMER, Leander 25, Nancy 22, Margaret 8, Jane 3, Jno. B. 1
TUTT, John 49, M. J. 44 (f), Thos. 18, Willm. 17, Harriet 11, Martha 5, Melvilla 3
KELTNER, Ephram 38, Nancy 36, Marion B. 12, Evan S. 7, John W. 5
PILE, Willm. A. 38, Elizabeth 41, Thos. 15, Asa 12, Agness 6, chas. 4, M. A. 2
KELTNER, Nancy 65

1850 Census Adair County Kentucky

RAINER, James 70*, Elizabeth 44, M. A. 23
JONES, Elizabeth 10*
RODGERS, Jackson H. 33, M. E. 23 (f), Jasper N. 4, M. M. 3 (f), Hester A. 1
LEFTWICK, Jas. T. 31, S. J. 27 (f), Jas. J. 10, M. F. 8 (f), K. D. 6 (m), M. H. 4 (f)
HINDMAN, Alexr. 36, M. A. 29 (f), Jas. R. 11, M. E. 9 (f), Willm. A. 7, A. R. 4 (f), M. C. 1 (f)
CRAIG, Joseph M. 25, Mary 18
RICHARDS, Samuel 28*, Rhody 20
BRADBERRY, Elizabeth 52*, Elkziabeth 18
DIDDLE, Benj. S. 33*, Mary A. 28, Vestiny 9, Willm. H. 6, S. E. 3 (f), Rebecca 60

Schedule Page 38

GRAHAM, Jno. N. 14*
CRAIG, Joseph 57, S. P. 46 (f), Jas. 22, Jos. R. 18, Robt. L. 15, Chas. H. 14, M. L. 8 (f)
VANCE, Willm. 48, E. M. 32 (f), Jno. C. 14, M. A. 12 (f), S. F. 10 (f), M. C. 8 (f), Willm. 6, Joseph 3
DONALDSON, Cornelius D. 28*
HARVEY, Daniel 55*, Mariah 53, Nancy 24, Martha 19, Mary 16, Alexr. 15, Ermine 13
FLETCHER, Silous 46, Martha 45, A. D. 21 (m), Louis 16, Elizabeth 15, Willm. 14, Robt. 13, Mary 9, July 7, Junius 4
BURGESS, Moses 24, Lucinda 20, Willm. H. 2
YOUNG, Geo. S. 45, Elizabeth 35, Mary 14, B. F. 12 (m), P. A. 10 (f), James 9, Edmond 5, Isaac 2
ATKINS, Jo G. 30, Perlina 26, M. J. 5 (f), E. A. 3 (f), M. W. 6/12 (f)
HENDERSON, Reuben 41, Emiline 34, M. A. 13 (f), Geo. W. J. 10, J. N. 8 (m), L. G. 6 (f), F. H. 4 (f)
NELSON, Pyrrhus 25, M. A. 13 (f)
SMITH, Wiott 24, Malissa 18
BAKER, Solomon 47*, Nancy 31, Thompson J. 23, Thos. E. 21, L. J. 10 (f), Elizabeth 73
SIMPSON, B. D. 10 (m)*, N. A. 5 (f)
PAGE, Chas. S. 29*, Jane 21, Ann 73
WILLIAMS, Joseph 27*
MOSS, Jno. W. 45*, Lucinda 44, S. C. 15 (f), N. J. 13 (f), Luan G. 9
PRICE, Tilford 22*
LASTLEY, John 14*
DEENER, Willm. 24, Frances 24

Schedule Page 39

WALKER, Lysander 34, S. H. 28 (f), H. R. 3 (m), Jane 42, Ann E. 37
NELL, George 56, Martha 34, Elizabeth 23, Martha 21, Jas. K. 9, Timothy F. 6, E. M. 4 (m), C. H. 1 (m)
DEATON, John P. 43, Nancy W. 34, Lucy A. 6, Permely W. 3
ELIOTT, Geo. C. 58, Cary 25, George 20
TUCKER, M. M. 28 (m), A. S. 28 (f), R. C. 9 (m), Jno. M. 7, S. A. E. 3 (f), M. V. 1 (f), C. A. 1 (f)
FLOWERS, Henry B. 60, Jas. H. 16, Geo. W. 12
TAYLOR, Jas. G. 36, Sarah 29, Willm. M. 8, Geo. O. 2, Jas. C. 3/12, Thos. C. 21
GRADY, Philip R. 25, S. C. 21 (f), J. C. S. 1 (m)

1850 Census Adair County Kentucky

CREEL, Cager 31*, Amanda A. 30, M. M. 10 (f), P. E. 8 (f), Thos. J. 5, Nancy J. 6/12
JANES, Franklin 17*
YATES, John B. 52, Nancy 48, M. B. 17 (f), C. C. 23 (m), Wm. W. 14, Chas. H. 12
HUGHS, Mary 49
ELIOTT, Alexr. Jr. 55, Melford 22, Mary 16, Alexr. F. 16, Geo. 14, Juliet 12, Olover 8
HUGHES, Blackmore 29, Elizabth. 25, Mary 8, E. J. 6 (f), M. E. 4 (f), W. S. Z. T. 3 (m)
HUGHES, Margaret 50, Dudley D. 23
GRADY, Willm. F. 47*, Jane 45, Caleb 21, Albert 16, K. L. 11 (f), Jno. H. 8, Willson P. 6
NELSON, Alexr. B. 55*
JANES, Willm. D. 22*
SILKEY, John 50, Telitha 45, Willm. 19, Martha 12
SILKEY, Joseph 22, Mary 19

Schedule Page 40

WILCOX, Noah 25, Elizabth. 20, S. J. 1 (f)
ELIOTT, Alexr. Sr. 88, Mary 72
CRAIG, Jas. B. 47*, M. E. 45 (f), Robt. 22, M. E. 16 (f), H. W. 14 (f), N. B. 8 (f), A. T. 6 (f), E. B. 5 (f), Jas. B. 3
NELSON, M. J. 17 (f)*
SEXTON, Willm. R. 33, M. A. 30 (f), A. H. 8 (f), W. W. 7 (m), E. P. 6 (f), M. J. 5 (f), Jas. W. 3, Geo B. 7/12
FLETCHER, Willm. 36, B. J. 30 (f), P. J. 13 (f), Jas. R. 11, L. C. 9 (f), E. C. 14 (f), D? M. 12 (f)
HAMILTON, John 45, Letty 33, D. H. 12 (m), Jno. H. 10, Willm. J. 7, A. J. 4 (f), L. E. 1 (f)
ENGLAND, Willm. H. 36, Martha 35, M. A. 7 (m), P. J. 6 (f), Jas. H. 5, J. A. 3 (m), Elsey 2, Willm. 6/12
JESSEE, Joseph 21, M. A. 24 (f), Jno. W. 2
WALKUP, Joseph B. 44, Joanna 41, Jas. W. 19, Jos. 17, M. A. 15 (f), John 13, M. S. 10 (f), M. E. B. 8 (f), Junius 2, John N. 26
JESSEE, Willm. 25
MCKINNEY, Jno. 35, P. W. 33 (f), E. T. 13 (m)
SPARKS, Willm. 30*, Lucinda 29, Emily 8, Chas. W. 6, Josiah 4
GIBSON, Louisa 21*
ESTES, Lewis 33*, C. A. 27 (f), Geo. M. D. 6, M. J. 4 (f), Jas. W. 1, Thos. 44
SPARKS, Josiah 24, E. A. 23 (f), Stephen D. 7/12
BERRY, Silous J. 29, Mary 32
WALBERT, Jno. S. 53*, Mary 51, Tima 15, Jas. M. 14, M. E. 12 (f)
WISDOM, L. R. 23*

Schedule Page 41

CUMPTEN, P. D. 6 (m)*
ROBERTS, Benj. 63, Susan 50, M. A. 26 (f), C. W. 21 (m), Jas. E. 17, B. D. 14 (m), N. M. 12 (f)
WILCOX, Benj. 51, Mary 25, Mary 5, Susan J. 3, Elizabeth 1
ENGLAND, Nathaniel 64, Mary 63
BERRY, Willm. 70, Mary 68
MOSEBY, Jessee 24, Mary 16, John W. 7/12
MCKINNEY, Geo. W. 26, M. J. 21, P. W. 1 (f), Martha 80, Franklin 30, Daniel 50

1850 Census Adair County Kentucky

ENGLAND, Saml. 22, Elizbth 22, Geo. A. 4, Wm. T. 2
MOSEBY, Willm. 30, Savannah 21, M. A. 5 (f), Micagah 1
PRENTISS, John 50, Dicy 40, Willm. 22, Anderson 19, Mildred 17, Berry 12, Joel 10, H. T. 7 (m), Jas. 5, Julia A. 3
SPARKS, Mathew 20*, Mary A. 24
MCNEELY, James 5*, E. J. 3 (f), M. A. 2 (f)
SCOTT, Albert 27*, A. J. 23 (f), Jas. T. 5/12
COOMER, E. A. 2 (f)*
SCOTT, Jas. 28, Helen 29, Jno. T. 5, P. M. 2 (f)
MCGLASSON, Jas. 39, M. D. 26 (f), Francis M. 11, Willm. T. 9, P. P. 8 (m)
JESSEE, Benj. 34*, Mary 30, A. J. 11 (f), S. A. 9 (f), Jas. W. 7, Louisa 5, Nancy 3
JANES, David 74*, Rebecca 70
JESSEE, Elizabeth A. 60, O. E. 10 (f)
JESSEE, William 46, Judah 50, Elizabth. 34, Jas. 23, M. F. 15 (f), Benj. 14, Robt. 40, L. A. 25 (f)
WALKUP, Latitia 60, Margaret 26, Rebecca 22, E. A. 24 (f), Jane 20

Schedule Page 42

EWING, Elizabeth 47, Leuiller 16, Jas. 13
MCNEELY, Elizabeth 70, Ann 30
BUTLER, Jas. A. 35, Susan 25, A. R. 10 (m), Alfred A. 8, Leslie C. 6, Chas. 1
BUTLER, Zidner 55*, Martha 70, Latitia 38, Elizabth. 36, Emilony A. 2
HUGHART, Rhody A. 32*
BUTLER, Robt. B. 30, Ellen 28, Jos. 5, Jas. 3, Juliza A. 6/12
GOWEN, Willm. 30, Amanda 27, Thos. 8, Eli 7, Gailen 5, S. A. 2 (f), Cornelia 1
COOMER, John 54, Nancy 47, Letta 27, Ammon 25, M. A. 20 (f), Jas. H. 5, M. A. 4 (f), Geo. A. 1
HOPPER, Geo. F. 28, Elizabeth 27, Jas. W. 6, Josiah 5, S. A. 3 (f), S. E. 1 (f)
HOPPER, Joseph 65
COOMER, Elijah 45, Mary 39, Chas. J. 13, Frederick 11, N. J. 8 (f), Margaret 6
WOODWARD, Julius 32, M. J. 22 (f), S. L. 2 (f), N. A. 1 (f)
FRAZER, Thos. A. R. 27, Jeremiah S. 22, Geo. W. 7/12
FRAZER, Willm. 61, Sarah 57, Susanna 18, Richard A. 22
YOUNG, Edmond 48 (B), Sophia 39, Geo. 19, Frances 17, Amanda 15, Nancy 13, Jessee 8, Edmond 6, Causerly? 2 (m), Frances 50
COLEMAN, John S. 45, Sarah 42, Ann M. 16, Jas. A. 8, V. D. 6 (f), Bazzel T. 4, Benj. C. 2, Leoma L. 7/12
CLARK, Harley 23, Sarah 25, Harley 5/12

Schedule Page 43

MCPHERSON, Willm. H. 29, Mary 36, Jno. 6, M. A. 3 (f)
MONTGOMERY, Cyrus C. 55, E. A. 42 (f)
PATTESON, Martitia 32, Sarah 61, M. J. 13 (f), Susarah 10, Susan C. 7, Ann R. 3, Jas. W. 1
REED, Jas. M. 34, Alvira 32, Thos. N. 7, A. J.? 4 (f), Willm. A. 1
GILMER, Annia 36 (B), C. J. M. 16 (f), Sarah A. 15, Harriet 12, P. E. 5 (f), W. W. 3 (m), Phoeba 7/12
REDMOND, Jas. 62, Jane 60, John N. 37, Aaron 34, Martha 38, Nancy 26, Matilda 24, Sarah 22, Willm. 19, Mary 16

1850 Census Adair County Kentucky

BULLINGTON, David J. 33, Mahuldy 28, Robt. 7, M. F. 2 (f), Francis 2
BOWEN, Patsy 70, Manerva 40
HAMILTON, Margaret 51, N. J. 30 (f), John 18, Willm. S. 15, Ann F. 14
RODES, John 48, Martha 38, Willm. 18, Mary 16, Thos. 14, Jessee 12, John 8, James 6, Matilda 5
WILLCUT, John 37, Mary 35, M. A. 16 (f), Lucinda 11, Jno. M. 9, Jos. B. 6, Wm. R. 4, R. E. 2 (m)
GIBSON, Elizabeth 42, Mary 10, Willm. 8, Calvan 3
DOOLIN, Mathew 39, Elizabeth 37, M. J. 18 (f), John F. 15, S. M. 8 (f), Louisa 6, Amanda 5, Willm. B. 3, Jas. M. 8/12
HOLLAND, Robert 57, Malinda 45, William 20, Frances 17, Ellen 15

Schedule Page 44

KENNARD, Mary 66, A. F. 32 (f), Paul G. 28
COLEMAN, Benj. S. 32, Lydia 34, S. E. 9 (f), Jas. B. 7, C. W. 5 (m), E. M. 3 (f), M. W. 1 (f)
WHEAT, Willm. O. 49, Nancy 49, Frances 22, Jas. W. 20, Willm. H. 18, Achilles A. 16, M. L. 13 (f), Lydia O. 11, Eli V. 7
HUGHART, Young 41, S. M. 19 (f), L. A. 18 (f), Jno. W. 16, E. J. 15 (f), S. F. 14 (f), Alexr. W. 10, L. E. 8 (f), E. A. 2 (f)
ESTES, Thos. H. 22*, A. S. 21 (f), M. F. 5 (f)
FRAYLEY, E. 24 (f)*, A. S. 21 (f)
ESTES, Jas. W. 26, Mary 25, M. F. 5 (f), Jno. B. 2
YORK, Armsted 75*, Joanna 74, Susan 36, Sophia 18
HILL, Susan F. 16*, Catharine 13
WALKUP, R. M. 36 (m)*, Louesa 35, H. P. 4 (f), L. B. 1 (f), Zachariah 21
HICKS, Elizabeth 60*
BRAGG, John R. 6*
BROWNING, Chas. 38, S. R. 29 (f), M. S. 13 (f), S. E. 11 (f), S. W. 9 (m), A. F. 7 (m), C. A. 4 (f), V. K.? 1 (f)
YATES, Mary C. 50*, Chas. J. 21, Robt. C. 19
CLARK, Thos. J. 41*
YATES, Alfred C. 23, Malinda 19, Willm. A. 2, Geo. W. 1
ESTES, Littleton 39, S. A. 39 (f), Jos. 14, A. J. 13 (f), P. D. 11 (m), E. M. 10 (f), M. T. 8 (m), Albert S. 7, Jno. W. 5, Littleton F. 1
PULLUM, Rhody 43, Jno. R. 23, Catharine 22, Jas. D. 17, S. F. 14 (f), S. A. 12 (f), Willm. H. 10, M. V. 4 (f), M. A. 1 (f)

Schedule Page 45

YATES, Willm. W. 21, E. J. 20 (f), M. E. 1 (f)
YATES, Rachael 65, H. J. 23 (m), Jas. H. 20, Jno. B. 18, J. N. 15 (m), Amanda 14
EASTON, Jas. B. 38, Frances 28, G.? K.? 12 (m), Thos. J. 7, M. E. 5 (f), S. H. 3 (f), Elizabth. 9/12
WILLIAMS, Mathew 49, Mary W. 43, Willm. 16, Lauretta 14, Joseph 12, Jas. 9, Mirum 7 (f), Richard 5, Mathew 3, Mary C. 6/12
TURNER, Hiram 39, L. W. 39 (f), M. J. 12 (f), Robt. C. 11, A. B. 9 (f), H. V. 4 (m)
PATTESON, Thos. W. 39*, S. A. 23 (f), Jno. T. 1
PACE, Joseph C. 21*

1850 Census Adair County Kentucky

GRISSOM, Thos. 76*, Nancy 71, Louisa 27, Thos. 25
CARTER, Mary A. 14*, Mahala R. 6
MORAN, Saml. 46, Mildred 42, Geo. B. 21, M. E. 18 (f), Jno. M. 16, Jas. M. 14, Agness M. 11, Esther 8, Willm. D. 6, Wesley 1, Matilda 36, Malissa 3
PEAK, Jessee 34, A. E. 34 (f), Jno. W. 6, Geo. H. 3, unnamed 6/12 (m)
PEAK, Jno. S. 37, Alvin 31, Catharine 9, Jas. N. 7, A. H. 5 (m), E. A. 3 (f), Jno. W. 1
PEAK, Elizabeth 50, Sarah 31, David A. 27, Jas. M. 27, Eliza 22, Jackson 20
HURT, Isaac 46, Charlotte 38, Leonard 21, Edward 19, Caroline 17, Willm. 16, Milton 14, Washington 12, J. W. 11 (m), Arley 9, Anguish 6, Fayette 5, Adam 4, Fountain 2, M. J. 10/12 (f)

Schedule Page 46

MOPPIN, William 69, Catharine 67, Willm. J. 22
MOPPIN, Willm. G. 32, Sarena 26, Jessee G. 7, L. J. 6 (m), Wm. G. 4, A. S. 1 (f)
SAMONS, Jas. D. 49, Elizabeth 44, Jno. H . 20, Margaret 17, Jas. M. 15, Thadeus 13, E. V. 11 (f), M. L. 9 (f), Jessee G. 4, M. A. M. 2 (f)
BOWCOCK, Hiram 38, Martha 38, Mathew G. 12, Jno. W. 7, S. A. 5 (f), H. K. 2 (m)
SCOTT, Daniel 58, Arabella 51, Jane 28, Willm. 25, Milton 17, Mary 16, Amanda 14, Harriet 12, Lucy 8
SCOTT, Jas. 30, Mary 26, Willm. 1
DUNCAN, Hiram 43, Elizabeth 35, Robt. 8, Willm. 6, Sarah 4, Jas. 2, M. J. 6/12 (f)
ANDERSON, Jno. 60, Jane 28, Jane 58, Woodford 19, Frances 15, John 9
GRISSOM, Elcaney 26, Manerva 23, Ann F. 3, Thos. D. 1
GRISSOM, Willis 45, Susanna 40, Thos. 17, Willm. H. 15, Harrison 13, M. A. 10 (f), Henrietta 8, S. F. 6 (f), P. E. 2 (m), M. J. 3/12 (f)
WALBERT, Jas. B. 48*, Margaret 44
TURNER, Jas. B. 25*
SHAW, Geo. W. 39, Mary 40, Geo. W. 10, Anguish 8, Jas. C. 6
CALAHAN, John 70, Mary 26, Margaret 24
CALAHAN, Garret 28, Tomindy 23, M. V. 5 (f), M. E. 3 (f), P. A. 10 (f), Jno. J. A. 10/12

Schedule Page 47

TROUGH, Christeener 54, Jas. R. 20, Emily 17, Milton S. 15, Jno. N. 12
WALBERT, David 24, Mary 30
JOHNSTON, David 40, Jinnetta 29, Jas. 11, Geo. 10, Daniel 6, Tyler 4, Sarah 2, J. Y. 8/12 (m)
HURT, Mary 46, Milton 24, Emily 22, Elsey 20, Selby 17, Jane 15
CAWTHON, David 23*, Emily 26, John C. 2, A. J. 10/12 (f)
WALBERT, Herrell 23*, E. J. 16 (f)
FRANKLIN, Richard 27, Mary 19, Lewis 7/12
CUMPTON, Fielden 47, Parthena 39, Willm. 19, Jas. W. 17, Elizabth. 15, Rutha 13, John 11, Thos. J. 9, Sarah 7, Susan 5, Charlotte 3, F. H. 1 (m)
SHAW, Joseph 40*, Dorothy 40
BACSTER, Jane 90*, Martha 44
JOHNSTON, Willm. P. 40, Jane 32, M. V. 15 (f), R. M. 11 (m), Jno. B. 9, Geo. W. 7, M.A. 6 (f), Elizabeth 4, D. S. 2 (m), Willm. A. 1
LLOYD, Willm. 21, Nancy 18
SHAW, Evan 40, M. A. 25 (f), Catharine 15, H. M. 12 (m), Jas. K. 5, A. N. 7/12 (m)

1850 Census Adair County Kentucky

COX, Elizbth. 66
BREEDING, Jas. H. 34, Nancy 32, E. A. 14 (f), Jas. A. 10, Willm. A. 8, A. J. 6 (m), Lalvina J. 4
COX, Jas. 689, Andrew J. 22, Mary A. 22, Jas. W. 5/12
CAWTHON, Martin B. 50, Nancy 45, Jala 26, M. E. 20 (f), D. E. 18 (m), N. A. 13 (f), Jno. 11, Eli 9

Schedule Page 48

SULLIVAN, Willm. 42*, Jane 47, Elizabth. 6
ASBERRY, Benj. D. 21*, Edy 17
BARRON, Elizabeth 60*, Silous M. 27
YOUNG, Allen 28*, S. J. 24 (f)
KING, Hiram 55*, Elizbth. 32, Geo. W. 27, Louisa 24
OWENSBY, Willm. 14*
HAMILTON, Edward 31, Malinda 27, M. J. 7 (f), Jas. 6, L. E. 4 (f), Virginia 2
HAMILTON, William 62, Mary 64, Willm. 22, Benj. 16, Susanna 29, Elizbth 25
BURRUS, Francis M. 20*, E. A. 17 (f)
KING, Nancy 25*, M. E. 4 (f), Jno. M. 3, Geo. M. 3/12
GRUBBS, D. J. 22 (m)*
DEMONBRUN, John F. 38, Sarah 35, Louisa J. 14, Jno. W. 12, Willm. L. 7, Felix M. 5, Jas. S. 3, Jos. Y. 4/12
DEMONBRUN, Willm. 29, Lacy G. 23, Jos. W. 6, M. C. 4 (f), E. J. 3 (f), E. G. 2 (m)
MOSEBY, Saml. 20, Lavina 22
WISDOM, Jas. 68, Mary C. 55, E. J. 17 (f), Willm. L. 14
WISDOM, Elijah 31*, M. J. 29 (f), W. M. 10 (f), A. M. 8 (f), Jas. W. 6, Jos. P. 4, S. M. 3 (f), C. C. 3 (f), Jno. W. 4/12
MOSEBY, Jno. D. 23*
ENGLAND, Geo. W. 34*, Nancy 36, Geo. H. Y. 9, M. B. 8 (m), Eliza J. 4, Thos. J. 1
BLANKENSHIP, Nancy 7*
JANES, Preston B. 43, M. K. 44 (f), M. A. 22 (f), E. E. 20 (f), N. W. 17 (f), S. J. 16 (f), R. S. 14 (f), M. B. 12 (f), L. M. 10 (m)
JANES, Littleberry 69, Gracy 66, A. J. 10 (m)
BUCKNER, Jeremiah 25, Margaret 40

Schedule Page 49

JANES, Thos. Sr. 62, Ann 24, A. J. 19 (m), Vina 16, F. M. 14 (m), Jno. S. 7, M. W. 5 (m)
BIGGS, Wm. M. G. 32, Nancy 30, Sini G. 9, M. A. M. 6 (f), Wm. A. 2
BREEDING, Jas. 46*, E. B. 43 (f), Geo. W. 20, R. P. 18 (m), Jno. C. 16, Jackson E. 13, David C. 11, S. A. 8 (f), M. S. 5 (f), Jas. A. 3, Saml. K. 4/12
MOSEBY, Waid 22*
BREEDING, Francis M. 23, Sarah 22, Junius 5/12
CURRY, Josiah T. 26, L. J. 19 (f), Geo. S. 4/12
ENGLAND, Milton 21, S. B. 17 (f)
BURGE, Hartwell 35, M. J. 32 (f), A. C. 12 (f), P. L. 10 (f), S. A. 8 (f), M. E. 6 (f), M. F. 4 (f), D. A. 1 (m)
BREEDING, John 38, Lucy 39, Mary M. 15
NUNN, Martin 28, Jane C. 25, E. S. 3 (f), Jas. W. 1
STOTTS, Alexr. 31, Martha 62, Rebecca 20, Thos. M. 18

1850 Census Adair County Kentucky

PRICE, Meridy 29, Frances 28, Chas. W. 6, M. J. 5 (f), Jno. T. 3, Frances 1
WHITE, Jno. C. Sr. 56, Lucinda L. 56, John C. Jr. 26, Thos. E. 23, Ben B. 17, M. J. 10 (f), Sarah A. 28, Ann E. 6, E. M. L. 5 (f)
JOHNSTON, John W. 41, E. A. 25 (f), Thos. H. 17, Jno. W. 15, Wm.E. 10, E. M. L. 10/12(m)
GILMER, Robt. 47*, Alfred 15, Lidia 33
CARLER, Wm. T. 7*, Chas. B. 5
STONE, John 46, Mary 45, Wm. D. 20, Uriah 18, S. R. 16 (m), Jno. A. 14, Jos. F. 11, Jas. H. 9, Winston 7, M. E. 1 (f)

Schedule Page 50

CREEL, Simeon 32, Margaret 30, Willm. F. 11, R. A. 9 (m), Jas. H. 5, M. E. 3 (f), Jno. E. 2
ROACH, Jas. A. 42, Elenor 44, M. A. 20 (f), T. 16 (f), Jeremiah H. 19, J. W. 14 (m), Simeon T. 7, R. E. 5 (f)
WALKER, Willm. L. 25, M. A. L. 23 (f), Hibernia 4, Jas. D. 2, M. E. 1 (f)
CARRINGTON, Ephram 55*, Nancy 40, Wiley 18, Emily 14, M. J. 11 (f), N. F. 8 (f)
HUGHS, Willm. T. 28*, L. A. 20 (f), Lavinaaa 1
FLETCHER, Jno. H. 52*, Malinda W. 36
HUGGARD, Solomon 33*, Elizabth. 18, Sarah 7
MONTGOMERY, Robt. M. 55*, Elizbth. 43, M. M. 24 (f), M. J. 22 (f), Jane 45
MCNEELY, Jno. 18*
BRAGG, Thos. M. 44, Hester 36, E. J. 16 (f), N. S. 15 (f), Wm. T. 13, Hester A. 11, M. E. 9 (f), Jas. M. 8, M. L. 5 (f), Geo. M. 3, H. E. 5/12 (m)
SEXTON, Jas. W. 24*, S. M. 28 (f), Silvus B. 3, Jas. G. 3
PABILO, Jos. Massilenia14*
GRIDER, Isabella 22*
SEXTON, Silous 47, Elizabth. 45
PHELPS, Joseph S. 42, Josepha 43, Cela 18, Benj. 16, Willm. 11, Jones 8, Elizabeth 5, Sarilda 3
HARVEY, Micajah 44*, Mary 36
POWELL, John 17*
FIELD, E. C. 36 (m)*, Elvira 25, Geo. S. 6, Willm. G. 4, Ann E. 2, Marietta 3/12
LEACH, Elijah 24*
TRABUE, Willm. 55*, Elizabth. 38, N. L. 17 (f), Mary A. 13, Allis 11, L. L. 7 (f), Matilda 2, Edward 2/12

Schedule Page 51

WATSON, H. J. 26 (f), Elizabeth 5
HUTCHERSON, James 25*
SKEIN, Warler 19*
BARBEE, John 20
PENICK, Quintis H. 25, S. B. 30 (f), E. F. 2 (f)
FIELD, S. B. 46 (m), Nancy 31, N. J. 15 (f)
NELSON, N. J. 15 (f)*
SPARKS, Jeremiah 42*, Jane 24, Margaret 17, Sarah A. 15, Mary 13, Gracy 11, Rachael 9, Jeremiah 6, Greenup 5, A. P. 2 (f)
ROSE, John 15*
MOORE, Geo. 57, Sarah 50, Jas. A. 26, S. A. 22 (f)
WHITE, Stephen 28, M. L. 28 (f), S. A. 6 (m), S. C. 5 (m), M. A. E. 4 (f), E. A. 3 (f), R. W. 2 (m)

1850 Census Adair County Kentucky

JOHNSTON, Thos. B. 76*, Sarah 57, Jas. L. 30, Diannah 24, M. A. 6 (f)
WORLER, Agness C. 17*
KENNARD, Elijah 36, Malinda 32, Ann W. 10, Elmore 8, Caswell 6, V. F. 4 (f), Cornelia 1
WILMORE, Jas. 47, Permely 49, Willm. A. 21, Jas. 19, Milton E. 15, Susan 12
TUTT, Richard 47, Sarah 47, Cyrus P. 20, Richard 18, Robt. 15, M. T. 11 (f), Willm. G. 9
TURK, Caleb P. 30, Ann 27, E. A. 10 (f), N. B. 8 (m), M. J. 6 (f), M. E. 4 (f), M. A. 2 (f), Sarah 5/12
TURK, Margaret 69*
ALLEN, Adaline 23*
LOVEALL, Absolum 26, Dicey A. 26, Jas. W. 6, Willm. A. 4, Jonathan 2
FLETCHER, Edward 23, Jane 20
DIDDLE, James 29, Mildred 24, Jno. A. 4, Geo. B. 2

Schedule Page 52

HUGHS, Absolum 24, Louisa 20, Jas. T. 3
WILSON, Jas. M. 23, M. J. 20 (f), Jno. H. 2
HUGHS, Turner 45, Nancy 43, Harvey 14, Martha 12, Willm. 9
WILCOX, Geo. W. 22, Elizabeth 17
JANES, Saml. 36*, E. W. 34 (f), Jas. O. 13, Zachariah 11, A. H. 9 (m), Alexr. 7, M. E. 2 (f)
PROCTOR, Caroline 17*
RUSSELL, Jas. L. 30, Catharine 22, M. J. 3 (f), David 10/12, Robt. 24
GOWEN, Frederick 53*, Nancy 52, Allen 20, Larkin 18, Elizabth. 15, Frederick 8
HIGNIGHT, Mary 40*
NELSON, Jos. 73*
WALKER, Lewis F. 32*, E. F. 28 (f), H. C. 6 (m), S. E. 4 (f), Jas. A. 1
SHADWICK, Willm. 28, Mary 25, Jno. 4, David 2, N. J. 1 (f)
COOMER, William 47, Luvisa 45, Bej. 21, Edmond 18, Jessee 14, M. J. 11 (f), Willm. 10, Lucinda 8, John 6, Geo. A. 4
CHILDERS, Royal 77*, Rachael 61, Martha 15
FIELD, John 23*, Eliza 17
MASSEE, Henry 40* (B)
RUSH, Margaret 48, Joshua 18, Geo. S. 12
RUSH, Ephram 22*, Sarah 17
LOVEALL, Stephen 20*, A. J. 15 (f)
LOVEALL, Jonathan 61, Ruth 49, Malinda 22, Dicy J. 16, Margaret 11, Elizabeth 8, Danl. D. 5
TARTAR, Alfred 42, Eliza 41, Jenetta 19, Catharine 16, M. A. 13 (f), Willm. C. 11, Jos. G. 9, H. H. 7 (m), R. M. 5 (m), F. M. 4 (m), Geo. A. 9/12, John 21, Anny 22

Schedule Page 53

ESTES, Jas. G. 51, Dilsy 43, Benj. P. 18, Jas. A. 16, Elizbth. 12, Ermine D. 10, Ellen 7, Edmona 3
PENDLETON, Abner 25, Nancy 27, M. J. 3 (f), Lucy B. 2
JEFFERS, Hetty 33, M. J. 21 (f), S. T. 19 (m), E. A. 16 (f), E. F. 14 (f), W. C. 12 (m), L. C. 9 (f), R. J. 7 (f)
BRAGG, James 40, E. E. 36 (f), L. J. 16 (f), Willm. E. 14, Jos. B. 12, Jas. C. 8, N. W. 6 (f), Ann F. 4, M. E. 2 (f), M. T. 7/12 (m), Marietta 7/12
MIRES, Saml. 25, Eliza 20, H. V. 3 (f), John 7/12

1850 Census Adair County Kentucky

YATES, Milton 45, M. E. 40 (f), F. J. 21 (f), E. E. 20 (f), Jas. H. 18, Jno. A. 16, Willm. T. 14, Nancy B. 11, H. P. 8 (m), Jos. H. 6
FENTON, Mary 57, Mary A. 27
SEXTON, Pinkney 29, Lucinda 27, M. F. 7 (f), Jno. F. 4, N. E. 2 (f), S. C. 6/12 (m)
CUMPTON, James 36, Sarah 32, Henry 10, Jasper 8, Peter 7, Riley 6, Gwinn 5, Achilles 2, Lewis 8/12
COATS, Olover 27, N. J. 28 f), N. G. 3 (f), Chas. E. 2
MILLS, Caleb W. 35, Malvina J. 28, M. E. 5, Jas. W. 4, Geo. A. 1
MILLS, Filmore 23, Mary 19, Chas. O. 2, Saraetta 8/12, Rachael 56, Jas. 23
SPARKS, Nancy 52 John 58, Lucinda 27, M. A. 22 (f), E. J. 17 (f), Harriet 15, Emiline 14, Amanda 11

Schedule Page 54

SHERLEY, George 66, Thos. 6
WILSON, Nathaniel 46, S. A. 34 (f), Bryant Y. 17, N. J. 8 (f), M. J. 4 (m), Thos. B. 1
WILSON, William 22, Lucy 26, Robt. D. 11, E. B. 8 (m), S. E. 2 (f), F. J. 2 (f)
SHERLEY, Henry 45 (B)
BROCK, Jno. 31, S. A. 28 (f), Joseph 1
BROCK, Hezekiah 56, Nancy 56, Susanna 30, Mary 25
CUMPTON, Bethel 45, July A. 40, Susanna 20, Willm. R. 18, Semantha E. 15, Lucy J. 13, Jas. A. 11, Jno. M. 9, N. J. 7 (m), M. C. 5 (f), Geo. C. 3, R. H. 1 (m)
SHERLEY, Richard W. 52, Mary 50, Jno. B. 18, Elizabeth 16, M. J. 10 (f), Ann 6, Geo. T. 25, M. H. 20 (f), Jas. H. 3, P. H. 1 (f)
WILSON, Willm. Sr. 50, Temperance C. 41, Nathl. 19, M. A. 17 (m), A. J. 15 (f), Willm. 13
WILSON, Susanna 77, M. C. 7 (f)
WILSON, Daniel 58, Lucinda 48, Jno. W. 19, Hester 17, Susanna 15, M. J. 13 (f), James S. 10
ROW, Thos. Sr. 69*, Sarah 60, Willm. 19
WILLIAMS, M. L. 10 (f)*
SEXTON, Jno. W. 22*, Sarah 17
ROW, Thos. K. 35*, Nancy 32, Willm. 7, M. A. 5 (f), Zackry T. 1
WILLIAMS, Geo. W. 13*
WILOBY, Jas. 40, Darcus 50
GRIDER, Mary 60, Elizabth. 38, Rutha 25, Isabelle 19, Eudosea 20, Frederick 17

Schedule Page 55

AKIN, Joseph 44, N. B. 40 (f), N. J. 12 (f), Jos. V. M. 8, J. E. 6 (f), Geo. R. 3 (m)
PRESTON, Otho 21, Louisa 17, M. E. 8/12 (f)
PRESTON, Eudosia 50, Susan 18
MOORE, James 55*, Sarah N. 56, M. M. 20 (f)
HAGEN, Eliza 33*
SCOTT, Moses T. 44, Mildred 44, Sarah S. 14, Jno. M. 12, Xeonphen 11, Socrates 10, M. T. 8 (m), E. B. 7 (f), Geo. A. 4, N. P. 2 (m)
WALKER, Moreau 42*, Suza 34, M. A. C. 8 (m)
ATKINS, Robt. 15*
TURK, Hiram K. 46, Nancy 50, H. K. 19 (m), Jas. 17, C. C. 14 (m), Saml. B. M. 9
WATSON, Stephen 58, Elizabeth 37, Rebecca 13, Margaret 5, Jas. G. 4, Stephen 3
HUGHS, Ambros 62 (B), Aggy 60

1850 Census Adair County Kentucky

STOTTS, John Jr. 40, Mary 36, Lewis 15, Elizabth. 11, Ben L. 9, Bramblet 6, M. E. 2 (f)
ROW, Abner 52, Nancy 45, Martha 24, E. A. 22 (f), S. J. 18 (f), Louisa 16, Malinda 14, Amanda 12, Mary 10, Geo. A. 5, Nancy 4, Ellender 2
ROW, John Jr. 22, Frances 23, Susan F. 7/12
DIXON, Jas. B. 28, Elizabth. 23, Jno. P. 5
DOOLEY, Isam B. 50, Dicy 48, M. F. 17 (f), Willm. 14, Stephen 12, America 9, Sarena G. 7
TAYLOR, Harvey 27*, Jane 26, S. A. 6 (f), Eviline 4
OWENS, Dolly 70*
ROW, Jesse 43, Lucinda 49, Mildred 19, Nancy 17, Dicy 15, Abner 11, Anthony 9, Martha 7, Emiline 6

Schedule Page 56

STONE, Stephen 40, Jane 72, Mary 36
BLANKENSHIP, Willm. 50, M. A. 25 (f), Wm. P. 8, Geo. W. 5, F. J. 4 (f), M. S. 8/12 (m), Benj. 8/12
JANES, Benj. 46, Susan 46, Willm. 20, Greenup 19, John 17, Amanda 14, Geo. 12, Alexr. 10, Benj. 8
BARNS, Willm. 70*, Elizabth. 48, Jefferson 14
ENGLAND, Daniel 18*
ENGLAND, Milton 22, Sarilda 18
ESCUE, Parthena 35*, Emily J. 10
JESSEE, Mary 44*
REECE, Geo. W. 29, Elizbth. 25, A. E. 6 (f), L. A. 4 (f), J. W. 3/12 (m), Willm. 22
ENGLAND, Daniel 24, Rebecca 24, Permely 5, Albert 3, Mary 6/12
ENGLAND, Alexr. 33, Sarah 26, Mary 7, Nancy 5, Elizabth. 3, Barbary 6/12
ENGLAND, James 44, Nancy 44, Sarah 17, Elizbth. 15, Levi 13, M. J. 10 (f), Mary 9, Jno. S. 8, Jas. M. 2
JANES, Spencer 46, Nancy 30, Thos. 19, Gracy 16, Silous 15, David 12, Andrew 10, S. A. 6 (f), N. J. 5 (f), Spencer 2
SPARKS, Willm. 44, Elizabth. 30, Bidy A. 18, Jas. R. 16, Mary 13, Susan 11, N. J. 9 (f), Willm. 6, Elizabeth 4, M. J. 6/12 (f), S. A. 6/12 (f)
SPARKS, Mathew 67*, Elizabth. 49
ROSE, Mary A. 17*
SPARKS, Willm. B. 29*, M. J. 30 (f), M. R. 7 (m), Silous B. 5, Nancy 4, M. R. 1 (f)

Schedule Page 57

WALKER, Thomas G. 30, M. A. 25 (f), S. C. 6 (m), M. A. 5 (m), M. D. 3 (m), M. E. 5/12 (f)
CHAMBERS, Allen 53, Sarah 42, Matilda 12, Willm. 9, Berry J. 8, E. P. V. 6 (f), Almarinda 5, Marseilles 4, E. C. 1 (f), Mary 4/12
TURNER, Ezekial 71, Sarah 63
TURNER, Charles 28, Manerva 25, S. J. 7 (f), Martha 5, Elizabth. 3
JANES, John 48, Vina 25, Sarah 13, Geo. A. 10, Margaret 4, Greenup 2
COFFEY, Sale 68*, Mary 60, Susan 17, Jno. A. 12
SIMPSON, James 30*, Mary 29, N. E. 7 (f), M. E. 5 (f), Robert 2
MOORE, Henry 47*, Nancy 44, Chas. 19, M. A. 14 (f), A. M. 11 (f), Geo. A. 8
NELSON, Geo. A. 8*, Jas. O. 35, E. J. 17
MILLER, Elizabeth 75*

1850 Census Adair County Kentucky

GILMER, John 70* (B)
CLARK, Thos. 20*

Schedule Page 59

CRAVENS, Timoleon 26*, Mary M. 23, Rebecca J. 1
WAGGONER, Elizth. 12*
SAUNDERS, Willm. H . 38, Mary G. 38, Mary A. P. 12
HANCOCK, Simon 75, Pamelia G. 30
JOHNSTON, James B. 32
MILLER, Gaither 30, Dorothy 26, John S. 8, Jeremiah O. 6, Juliett F. 5, James O. 3, Joseph J. 2
BAKER, William E. 23, Regina D. 22, Frances E. 8/12
EWING, George W. 26, Nancy J. 22, Robert 7, Ann L. 5, James 3
JONES, Robert L. 32, Dianna 24, Mary F. 8, Luther D. 6
BURTON, John D. 26
RUSSELL, James M. 41, Susan 35, Joseph 9, Catherine 7, Mary 5, Abner 2, Judith 61
MAYS, Henry 38, Sarah T. 36, Mary N? 16, George 5, Hannah 3, No Name 1 (f)
BURTON, Joseph 51, Mary J. 36, William J. 15, Edward H. 13, George H. 11, Mary L. 9,
    Isabella 7, Caroline S. 5, Pheebe E. 3, Simon H. 10/12
JOHNSTON, Stephen 31, L. V. 27
JOHNSTON, Lucy 100 (B)
MURRELL, John 47, Elizabeth W. 42, mary T. 19, Elizabeth 16, Joseph B. 14, M. H. T. 12 (f),
    Sophia E. 8, Euphelia 6, L. E. 4 (f), John E. 8/12
CHEATHAM, Elizabeth 66*, William 21
HANCOCK, Nancy E. 27*
CHEATHAM, Lucy 50 (B)
COATES, William S. 33, Nancy 32, James M. 11, A. E. 8 (f), F. A. 6 (f), M. L. 4 (f)
OWENS, Mary 67, Curran 44, H. N. 41 (m), William D. 33, Louisa B. 26
TRABUE, Benj. M. 22
PECK, George B. 36*, Mary W. 37, N. B. 7 (m), L. E. 5 (f)

Schedule Page 60

ROBINSON, S. E. 13 (f)*, M. W. 11 (f)
HANCOCK, George 37, John 14, William A. 12, Cicero 6, H. R. 4 (m), Montgomery 2
WHEELER, Harmon 21
WILLIS, Edmund 41, Nancy 37, S. A. B. 16 (f), A. G. 13 (m), H. F. 10 (f), H. P. 9 (m), J. P. 8
    (m), V. J. 6 (f), M. C. 4 (f), Willm. T. 10/12, Frances 82
SUDDARTH, Saml. G. 28
MONTGOMERY, Robert 58*, C. L. 53 (f), Mary 25, S. M. 20 (f), A. E. 16 (f), Robt. 14, C. J. 10
    (f)
CABLE, William 20*
HURT, Burrell 12*
MONTGOMERY, Quintillian 27
CUNDIFF, George W. 39, Martha 37, Richard 17, Abagail 13, john 10, M. F. 8 (f), George A. 5,
    S. A. 2 (f)
MONDAY, Wm. H. 21
FEESE, Samuel 35, Malinda 32, Lloyd W. 11, Frances M. 9, Sarah J. 7, E. R. 5 (m), J. W. 4 (m),
    Ann E. 1

1850 Census Adair County Kentucky

GILL, Harrison M. 64*, Clara 62, H. P. 32 (m)
GRAHAM, Jasper 14*
COFFEY, Robert T. 33, E. A. 28 (f), F. J. 9 (f), Joseph S. 6, Thomas M. 4, M. S. 2 (f), R. B. 4/12 (m)
GILLCRISS, Frances 60, Mary 23, Juliza 18
MILLER, Allen 59, Ann 59
HANCOCK, Creed T. 32
SHEPHERD, Milton 28, Amanda 25, M. L. 5, Araminta 3, M. A. 2 (f)
GILLCRISS, Willm. L. 27
SQUIRES, James 35
DEHONEY, Thos. R. 31, Susan 20, Milton 2
CHEEK, Silas 34, Nancy 28, S. A. 6 (f), L. C. 5 (f), W. S. 3 (m), Nancy J. 1
MILLER, Nathan 59, Rachael 58, Helen 33, Robert B. 32, Isabella 27, Elizabeth 20, L. A. 17 (f), Joseph H. 14

Schedule Page 61

CALHOUN, George W. 47, Finetta 45, J. S. 16 (m), W. L. 12 (m), E. A. 8 (f), J. N. 5 (m), Nancy 3, David T. 1
MONTGOMERY, Willm. B. 29, Louisa 24, Ulysses 3, James F. 1
HANCOCK, Oliver 32, Amanda 32, M. A. 5 (f), Amanda 3, No Name 1/12 (m)
COWNOVER, Andrew J. 35, Sarah J. 16, M. S. 12 (f), Levi 10, A. E. 8 (f), James K. 5, Samuel 3, F. C. 1 (f)
DOUGLASS, Sarah 49, Dominicus 1
OWENS, Hector O. F. 39
COWNOVER, David 58, Sarah 38, Francis M. 15, Thomas J. 13, M. J. 9 (f), Phoebe 6, Sarah 5, Geo. A. 1
MURRELL, Jessee 38, Clarissa 39, Albert 16, Hiram 14, M. J. 12 (f), E. A. 10 (f), C. H. 8 (m), S. E. 7 (f), Lavenia 6, John W. 5, Sarah E. 4, M. L. 2 (m)
MURRELL, Mary G. 71, James 26
NAYLOR, James 42, M. A. 41 (f), John M. 14, J. C. 12 (m), James P. 8, Ann M. 6, James M. 3
TAYLOR, Zachariah 29
OWENS, Margarett 50, Joshua 31, Samuel 16, M. F. 13 (f), A. D. 9 (f)
SIMMONS, J. B. 18 (m), E. L. 23 (f), M. J. 1 (f)
POWELL, Elzey 30, Genetta 24, J. C. 7 (m), B. F. 4 (m), S. H. 2 (m)
BROCKMAN, William 41, Nancy 40, John S. 15, William L. 13, S. A. 11 (f), Amanda 9, Zachh. 6, C. H. 4 (m), No Name 10/12 (f)

Schedule Page 62

ROBINSON, Mathew 37, Luzena 34, Delana 13, Gallatin 1, Ermine 9, Surilda 7, Sutira 6, Lawson 4, Melissa 3, No Name 3/12 (m)
POWELL, Benjamin 84, Elizth. 74
EPPERSON, William L. 35, Charlottee 29, C. E. 11 (f), M. T. 9 (f), M. M. 7 (m), W. F. 5 (m)
BURBIDGE, Sawney 67 (B)
HOLT, William 50, Elizabeth 32, M. E. 11 (f), Jeremiah 9, Luzena 7, Charlottee 5, M. J. 2 (f)
HOLT, Powell 52, Margarett 50, John 21, Mary A. 16, Rebecca J. 12
HOLT, Clinton 28, Mary 25, M. A. 10 (f), N. C. 8 (f), W. F. 5 (m), Mary S. 2
WHITE, Martin G. 33, Almira 42, Nicholas P. 19, S. M. 18 (f)

1850 Census Adair County Kentucky

SULLIVENT, John 25, Elizth. 30, Catherine 16, Mary E. 4, John M. 2/12
BRADSHAW, Isaiah 56, Sarah 51, Emeline 22, Sarah E. 17, Gideon 18
HURT, William B. 20, Maria E. 19
MILLER, James 44, Lavenia 42, G. W. 22 (m), R. C. 19 (m), Joseph 16, W. A. 14 (m), E. A. 8 (f)
NORTHORP, Solomon 19
COLLINS, William 32, Ann 27, N. J. 3 (m), C. P. 1 (m)
BRYANT, Charles 45, Harriett 42, S. A. 20 (f), Levi 17, William 15, Elizth. 12, M. J. 10 (f), Percilla 8, J. C. 5 (m), G. D. 2 (m)
BRYANT, David 43, Sarah 37, John 15, Jaspe 12, James 9, Peter 7, Thos. J. 5, Milton 3, M. A. 1 (f)

Schedule Page 63

BRADSHAW, Ashur 43, Mary 41, James 18, Caroline 16, Calphurnia 15, C. J. 12 (f), E. A. 10 (f), Marya 8, Willm. 4, M. T. 2 (f)
WHEAT, Samuel 49, Ann 44, L. B. 19 (m), M. A? 16 (f), R. A. 11 (m), V. C. 9 (m), Doctor H. 9, G. H. 7 (m), N. J. 7 (f), S. M. 1 (m)
FRANKLIN, Nathan I? 43, Eliza 22, David 17, George 15, John 10, Jacob 1
COLLINS, Edna 65, Nancy 32, Edna 27, Silas 15, M. J. 12 (f), E. J. 11 (f), john 8, Sarah 6, Isaac C. 5, L. A. 3 (f), Mary A. E. 7/12, Willm. O. 4/12
ANTLE, Henry 70, Lettitia 53, John 25, Louis 18, George 12
COLLINS, Thomas 40, Nancy 31, Wm. F. 15, Catherine 13, Elizabeth 12, Thomas 11, James 9, Timothy 7, Mary A. 5, John M. 1, Sidney 2
AARONS, Daniel 42, Martha 33, Luzena 17, Matilda 13, George 11, Surelda 5, Winston 4, Minerva 2
ASHLEY, John 56, Elizabeth 53, Mary 20, James M. 16, Minerva 13, Thomas 11, Adam 10, Sarah 7
MILLER, C. V.? 25 (m)*, Emily 22
AARONS, George 38*, Elizabeth 37, Demerris 16, Nathaniel 14, Catherine 10, Elizabeth 8, James K. P. 5, Geo. A. 4, Daniel 11/12

Schedule Page 64

MURRY, Sidney 28*, S. A. 26 (f), Elizabeth 3, Edward 6/12
MURRY, Joseph 55*, Mary 52, John E. 22, Frederick 19, C. H. 17 (m), Wm. D. 14?
JONES, Rachael 25*, R. K. 5 (m), J. W. 3 (m)
OWENS, Joel G. 36, Elizth. 32, Rebecca 15, Wm. L. 13, Ann 10, Phoebe 7, Elizabeth 3, Martha E. 11/12
COLLINS, Aaron 40, Catherine 15, Zachariah 20, Mary A. 18, Abraham 17, Frances 15, John 13, Louisa 11, Eliza J. 10, Catherine 8, Samuel 5, Rufus 4
WEST, Isaac 55, Nancy O. 33, Mary J. 13, Wasdhington 11, L. A. 9 (f)
MATNEY, George 34, Mary 33
TAYLOR, Charles 23, S. E. 20 (f)
STRANGE, John C? 46, Sarah 41, Elizabeth 19, E. S. 17, M. L. 16 (f), M. V. 14 (f), O. F. 12 (f), Georgeanna 10, Oliver 7, Mary W. 5
WATSON, Warren 24
VIGUS, William T? 24, V. J. 22 (f)
VIGUS, James 58?*, Susan 38?, M. C. 12 (f), Emma 10, James F.? 8, M. L. 6 (m), Willis 4, Thos. H. 2?

1850 Census Adair County Kentucky

MCCLAIN, Mary S. 19*, John W. 17
TAYLOR, Simon P. 28, Sarah M. 22, J. E. 5 (m), Eliza F. 3, L? S. 1 (f)
WILLIS, Paschal 26*, M. J. 26 (f), T. P. 7 (m), C. R. 5 (m), M. E. 3 (f), Edmund 1
PARISH, Almira 16*
STRANGE, Winston 31, M. J. 27 (f), E. J. 3 (f), A. A. A. 1 (m)
WILKINSON, G. G. 28 (m)*
WILLIS, Benjamin R. 35

Schedule Page 65

LEACH, Benjamin P. 26, O. 23 (f), J. S. 4 (m), A. J. 2 (f), S. E. 5/12 (f)
BOMER, Benjamin 75, Solicita 35
PARISH, Wm. D. 67, Minerva 46
SIMMONS, James 50, Jane 48, W. A. 13 (m), M. J. 10 (f), C. T? 5 (m)
MOURNING, Saml. 38*, Nancy 35, N. W. 12 (m), John S. 7, Joshua B. 5, W. H. 2 (m)
COFFEY, E. A. 20 (f)*
WAGGONER, Jane 60, Jane 24, Edmund 20, Adair 10, Catherine 8, Arthur 6, Thos. 5
MORRIS, James F. 27, Emeline 26, W. E. 4 (m), R. M. 2 (m)
MORRIS, Samuel 76, Sarah 68, Berry 20
BRYANT, Daniel 47, Priscilla 43, E. J. 16 (f), N. A. 15 (f), P. E. 14 (f), J. G. 11 (m), Susan 9, Clemantine 6, Wm. O. 4, Mary M. 3
MONTGOMERY, Wm. F. 32, Elkizth. 25, Ann J. 4, Scott 3, Dorinda 11/12
MONTGOMERY, Joel A. 24, A. J. 22 (f), Henry Q. 2
MONTGOMERY, James M. 22, M. D. 22 (f), Logan R. 2, Ann L. 1/12
YOUNG, George 67, Lavena 42, Nancy 45, Samuel 20, Malinda 18, Sarah 16, Mary 14, Elizabeth 12, Surena 10, George A. 8, Wm. H. 6, H. A. 4 (f), Zachariah F. 1
COWNOVER, Dominicus 63, Naomia 23
COWNOVER, John 39, Sarah 32, Stephen 14, William 13, Dominicus 11, Nancy A. 8, Saml. B. 4
MEDARIS, Moses 37, Martha 32, C. P. 4 (f), J. F. 3 (m), L. E. 4/12 (f)

Schedule Page 66

DENEER, William 58, Kaziah 48, Mary J. 16, Nancy 14, Susan 12, Charles 6, L. E. 4 (f), John J. 2
BRYANT, James 52, Ellen 47, Sarah A. 22, Mary 20, James 16, William 14, Elkzia 11, Ellen 10, Nancy 9, R. M. 7 (f), George A. 5
MASSIE, Elzey 24, Henrietta 25, Horace 1
YEISER, Adam 53, Susan 50, Susan 18, Cora 16, Martha 13, Adam 10, Mary 7
WHITE, John 47, Charlottee 42, Thos. B. 21, Cytha 19, Mary 17, Nancy 15, Milley C. 13, John W. 8, G? Z. 6 (m), Junius 2, William G. 1
MURRELL, William 38*, Sarah A. 35, George B. 5, Mary J. 3, William 2
BOSLEY, Robert 10*
MCELROY, Lytton 31, Mary 25, Elizabeth 5, Mary 3
MAIDEN, John 29
HENDRICKS, David G. 37*, Elizth. 27
MAIDEN, Abner 59*
HATCHER, James 49 (B)
PROWELL, James 75, Jane 28, Nancy 25, James 23, Margarett 16

1850 Census Adair County Kentucky

MONTGOMERY, Jas? 54, Sarah 49, Zach 24, Wm. 20, Joel R. 16, Sarah E. 14, M. A. 11, Charles A. 8
DICE, Benjamin 59, Mary 58, James 17, Mary 22, Martha 20, Charlottee 15
HARVEY, Adam 32?
SAUNDERS, Joel 39, Juliza 24, Rebecca 18, James 16, Louisa 14, Elizabeth 12, Mary 9, Milton 8, Joel? 5

Schedule Page 67

COLLINS, William 26*, Myra? 20?, Louisa S. 2?, Charles S. 1
MADORIS, Barbara 65?*
MCELROY, Francis 24, Mary 25, Priscilla 3, Sarah 1
ROUS?, S___ 48 (m), Nancy 40, Elizabeth? 13, E____ 7 (f), Nancy T. 5, _____ 3 (m), _____ 2 (f)
BEARD, Jefferson? 45, _____ 40 (f), P____ 13 (f), Henry? 11, Susan? 9, Catharine? 7, Eliza 5, A____ 3 (f), S. E. 1 (f)
PERGUSSON, Thos. 52, Elizth. 37, Martha 13, Juliett A. 9, Amanda E. 7, Thomas 6, Mary 5, R? W. 3 (m), H. M. 6/12 (m)
BRYANT, William 35, Sytha 24, Mary C. 9, George 7, Sarah J. 2
MURRELL?, Anderson 33, Lavena 27, Sarah 6, Nathan 5, Mary 3, Thuresa? 1
EDMONDS, Cecelia 50, James 19, Amanda 16, Catherine 13
STANTON, Isaac? 32, Elvira? 21, Mary 1
POWELL, Ella _____ 24, Catharine? 24?, John 5/12
POWELL, Elijah 46, Nancy 40, Milton 22, Rachael 17, George 16
ISAACS, John 56
COWNOVER, Levi 19, Elizabeth 23, Mary 1/12
ESQUE, William 46, Martha 40, Matilda 22, Mary 19, Sabetha 16, Charles W. 15, Daniel 13, Amos 10, Alexander 8, Amanda 7, Nancy 5, Elizabeth 4, James 1/12

Schedule Page 68

HARGIN, Wm. S.? 43, Lydia 17
COWNOVER, James 23, Martha 24, _____ 2 (m), Virgil 1
LEACH?, William 35, Mary 5, Thomas 3, Mathew 1
SAY?, George W. 36?, Mary 31, Mary 12, James 10, John 7, _____ 2 (f), _____ 5/12 (m)
MASSIE?, Charles 19?, _____ 17 (f), _____ 16 (m), _____ 14 (f), Eliza? 11, John? 9, _____ 6 (f), _____ 5? (m)
EDRINGTON, George 37, Martha? 35, James? 14, Elijah 10, _____ 8 (m), Martha A. 5, V. S. 3 (m), Sarah 5/12
JOHNSTON, James 45, Eliza 27?, John 9, Elizth. 1
LYON, Thomas 48, Ann C. 44, Isabella 25
LYON, Duncan 22, Elizabeth 17, Nancy? 15, John W. 12, Agnes 9, Amanda 7, Virginia 5, Lucy 1, Missouri? 1
MCMILLEN, John 17, Martha? 19, Will? 1
BEARD, Margaret 63
BEARD, John A. 38*, Colaria? 30
_____, Mary D. 1*
WATSON, George 31*, Caroline? 24?, Nancy 6, Geo. 4, Sarah E. 2
SUBLETT?, Nancy 18*

1850 Census Adair County Kentucky

BRIDGWATER, Saml. 44, Lewisa? 43, James 18, Elizth.? 15, Mary 7, Willm. 5, _____ 5/12? (f)
WATSON, John? 60, Eleanor 57
BEARD, Willm? 37, Lucy 31, Letha 10, William 2

Schedule Page 69

HARMON, Clayton 25, Margaret 22, Elliott 6/12
JONES, Thornton 36
HENDRICKSON, Levi 48, Elizth. 46, Thomas 22, James J. 20, Stephen 17, Benj. 16, John 14, Sarah J. 11, Mary A. 9, George 6, Shallo? 4 (m)
RODGERS, Benoni 35, Martha 23, Mary 72, James 6, Nancy R. 2
JONES, Green R. 37, Rachael 34, Margaret 14, Louisa 12, Nancy 10, Pamelia 9, William 7, Elizabeth 2, Rufus B. 2/12
RODGERS, James W. 25
PIKE, James 46, Ann 39, William 20, John E. 17, M. E. 14 (f), Aaron R. 10, James W. 8, Mary E. 4
SMITH, Henry 65, Rebecca 65, Jane 35, Mary 27
CUSHINBERRY, Virginia 35, James M. 17, Nancy 16, Milley 14, Willm. 10, Martha J. 8
GADBERRY, William 55, Esther 60, Andrew G. 24, Willm. M. 22, N. J. 21 (f), Surilda 16
WHITE, William 44, Jane 44, J. H. 8 (f), W. H. 7 (m), J. W. 5 (m)
MCDOWELL, James 24, Malinda 29, John W. 10, Elizth. 4, Sarah 7/12
SHERRELL, Granderson 44*, Elizabeth 35, Mary A. 18, James M. 17, Sarah L. 14, Samuel T. 10, Margarett E. 5, Granderson 4, A. T. 2 (m), L. J. 6/12 (f)
MARTIN, Joseph G. 16*
HUMPHRIES, Willm. 49, Elizth. 53, Silas 20, James 16, Martha 15, Nancy 12
KNIFFLEY, Sampson 32, Louisa 27, Sarah J. 5, Joseph G. 3

Schedule Page 70

JONES, Green W. 40, Caroline H. 32, Sarah E. 16, Matilda F. 14, William R. 13, P. M. 12 (f), Martha J. 7, James T. 6, E. C. 3, Mary 2
NEET, Jacob H. 27*, Martha 22, Archabald 9/12
WINFREY, Charles 14*, Dianna 11
ELLIS, Joel 56, Mary 47, Evan S. 24, Arena 21, S. T. 20 (f), Thomas 18, Emily C? 15, Joel W. 13, Elizabeth 12
STATON, James 38
MILLS, Edward C. 33
BEARD, John J. 26, Mary 21, E. F. 2 (f), S. A. 8/12 (f)
SMITH, John 65, Mary 56, Jane 24
BRYANT, John 23, Mary A. S. 16
DAVIS, Francis 44, Wilmoth 37, William 18, John 16, Nancy 13, Sarah 10, Francis 7, Sophia 4, Judith 2
ATKINSON, Willm. C. 40, Martha 37, Joshua 14, F. J. 12 (f), P. W. 9 (m), Levi H. 7, Sarah 6, William 5, John D. 4, Mary E. 2/12
BANKS, James A. 24, Frances 19, Thomas V. 2, Sarah E. 5/12
STEVENS, B. R. 33 (m), Elizabeth 26, James W. 10, Stanley G. 8, Thomas M. 6, John S. 3, Nancy E. 1/12
WORKMAN, John V. 25, Lovey 16

1850 Census Adair County Kentucky

WILKINSON, Thomas 27, S. E. 28 (f), Christopher 5, Newton 4
MERIDAY, Thomas 32, Sarah J. 33, Archld. 9, Martha J. 7, George A. 5, John W. 4, Benjn. 2, Isaac 5/12
CAMPBELL, John S. 40
HARRIS, Green 25 (B)
CAMPBELL, Joseph 32, Margarett 36

Schedule Page 71

HARDWICK, William 38, Elizth 28, Philip T. 9, Mry 4, Jerome 2
SMITH, John 34, Ludy 30, T. 13, Willm. H. 10, Alonzo 8, John M. 6, Nancy 4, Warren W. 2
EUBANKS, Edward 22, Mary J. 16
LUMPKINS, Abraham 50, R. C. 14 (f), Thos. W. 11
WINFREY, Reubin S. 47, Eda 41, Sarah L. 17, Frances M. 16, Archd. C. 14, Willm. H. 10, Mary F. 8
BOYER, Mary 43, Willm. 23, John A. 22, Parthenia 20, Joseph 19, David H. 16, James P. 15
NEET, John 72, A. 68 (f), Caroline 23, L. A. 20 (f)
SETTLES, Abraham 58, Jane C. 40
SMITH, John G. 71, Esther 60, S. A. 22 (f), Rebecca 18
SMITH, John C. 22, Mary 18
LOVEALL, William 33, Emily 27, Nicholas P. 10, John S. 8, Nancy J. 6, Mary E. 3, J. A. 9/12 (f)
LOVEALL, James 46, Nancy 39, Margarett R. 19, Naomi 17, Gideon 14, Jackson 12
JONES, Levi 63, Ann 60, Thomas 14, Sarah 25
JONES, Charles H. 26
JONES, Alexander 23
JONES, Elizabeth 62, Thomas J. 24, Charles F. 21
BRADSHAW, Seth 45, Sarah 43, Octavia 20, Cassander 19, Tarlton 18, Timoleon 16, Ann L. 13, Martha W. 5, Milly E. 2
JONES, Hiram 48, Nancy 34, Elizabeth 11
BURTON, Arta 56, Elizabeth 54, Peter 21, Zachariah 17, Mathew 16

Schedule Page 72

BURTON, James 34, Elizabeth 29, D. A. 9 (f), Louis 7, Richard 5, Mary E. 3
BURTON, John 34, Sarah F. 26
ALLEN, Benjamin 39, Margarett 43, Julia A. 14, David W. 11, Elizabeth 6
HOLT, Jackson 30, Niagara 25 (f), Arthena 5, Ermine 3, Amand 4/12
RICHARDS, Mary 36, Nancy 13, Elizabeth 1
HOLLIDAY, Joseph 45, Sarah J. 39, Nancy P. 21, Willm. F. 19, Catherine A. 16, Joseph Z. 15, Ermine 12, John H. 4, James 1, Martha 7
WILLIAMS, Bayless 50, Mary S. 48, Lucinda 21, William T. 19, Mary 16, Nancy 14, James 10, Charles 10, Matilda 7
MCELROY, Wm. B. 21, Mary E. 20
LEWIS, John B. 37, Emily 30, William A. 8, Elizabeth C. 5
HANCOCK, Perry 35, Ermine 13, William 11, Richard 9, George 7, Theodore 5
HANCOCK, Willm. M. 26
CHEEK, Thomas E. 24, Ann E. 24, Samuel R. 2, Sarah S. 1
WILLIS, Merry 60 (m)*, Jane 27, Mary 8, Charles W. 1

1850 Census Adair County Kentucky

BUTTRAM, Rachael 21*
CAFFEY, James 22*, Louisa 30, John D. 3, Margarett E. 1
MURRY, Mary J. 12*
SMITH, Joel 25*, Sarah Ann 16, Jeremiah G. 3/12
INGRAM, Benjamin 19*
NALLEY, William 50
MASSIE, Ellen 37 (B), Jefferson 3, Martha 2/12
WRIGHT, William 35, Elizabeth 25, Stephen 14, Sarah 6, Catherine 4, William A. 11/12
TERRILL, David D. 31, Lucy M. 27, Jackson M. 8

Schedule Page 73

INGRAM, Jeremiah 22, Sarah 27, Benjamin 20, Ellen F. 17, Isam G. 15
BEARD, Elijah 21, Nancy J. 20, no name 1/12 (f)
BEARD, Josiah 57, Diodema 58, James 18, Josiah 13
IRVINE, John 56, Lucy 57
HALSELL, Edward 44*, Elizabeth 68
WHEATLEY, Sarah 77*
CHEEK, Henry 48, Mary 36, Thomas H. 15, Louisa C. 14, Pamelia J.? 12, Victoria 10, Mary E. 6, Harriett J. 3
BAILEY, Hiram 50, Martha 36, Robert 18, Elizabeth 16, Eliza J. 14, Mary 12, Charles 9, Peterson 7, Edna 6, Quintillian 5, James A. 3
BRADSHAW, William 33, Judith A. 35, Willm. F. 10, Robert B. 8, Seth H. 6, Preston 4, Hector O. 1
SMITH, Mary N. 68, Elizabeth 45
HOOD, Jessee 38, Emily 30, Matilda 6, Thomas B. 3
SMITH, Maria 45, James 21, John P. 32, Frances 27, James O. 7, Hardin T. 5, Mary E. 3
PAGE, Robert 75
MORGAN, Reece 48, Caroline E. 50, Lydia A. 18, Robert 15, Elizabeth 15, Martha E. 12, Mary E. 7
MCCAFFERY, Simeon 27, Emily J. 20, Anganoma 1, James 1/12
IRVINE, Thomas J. 29, Emma 24, John W. 4
COFER, Hiram 40, Nancy 35, Lucilla 15, Sarah C. 12, Joseph 10, Robert H. 9, John H. 5, Frances A. 2
TERRY, Nathaniel 41, Lucinda 29, Joseph 9, Samuel S. 8, Welington 6, Peter __

Schedule Page 74

SMITH, Thomas J. 49, Eliza J. 30, Harriett 20, Mary O. 9, Thomas J. 7, Hugh W. 5
WALLACE, Richard 26, Rosanna 21, Mary E. 1
DAVIS, James N. 44, Jane 42, Elizabeth F. 14
HENDRICKSON, Michael 53, Nancy 49, Sarah 27, John 20, Ama 17, Joseph 12, Job 10, Lucinda 9, Lorina 6
BRIDGWATER, John F. 39, Elizabeth 38, Patrick H. 16, Nancy 12, Mary 10, Sarah 8, Amanda 6, Margarett 4, Laura 2
TAYLOR, Francis N. 40, Clarissa 33, F. A. 12 (m), P. W. 10 (m), Mary R. 8, A. D. 6 (m), Ann P. 3
PORTMAN, Osborne 43, F. G. 34 (f), L. A. J. 14 (f), N. B. 12 (m), James C. 10, Mary C. 10, Mary A. 6, George T. 2

1850 Census Adair County Kentucky

CUNNINGHAM, James 66, Lucinda 46, Sarah J. 22, Martha 20, Elizth. R. 17, Minerva 14, Nancy R. 13, Louisa M. 11, Clement P. 8, John R. 3
TUCKER, Spotswood D. 40, P. R. 37 (f), Milton 18, S. A. 17 (f), Nancy E. 12, Matilda F. 11, Nahman 8
HUMPHRIES, John 27, Caroline 27, James C. 4, Ann E. 2, Mary R. 12
LOVEALL, Stephen 73, Rebecca 54, Eudosia 20
BOOYER, Joseph 72, Barbara 68
KNIFFLEY, Philip 71, Elizabeth 65
NAPIER, Richard C. 30, Mary A. 27, James 16
NAPIER, Frances 52, Mary J. 14, Sarah F. 12, Joseph F. 8, Elizabeth 6, Sarah H. 3, John C. 2

Schedule Page 75

NAPIER, Patrick W. 22
DILLINGHAM, Champness 36, Florinda 28, Osborne 6, Mary L. 4, P. A. 11/12 (f)
NEET, David 56, Sarah 44, Margarett 20, Martha E. 16, William F. 14, Thomas P. 13, Mary E. 7, Rodolph 1
JONES, Philip A. 30, Elizabeth 40, James W. 11, John T. 8, George W. 6, Stephen 5, Philip 3, Charles H. 5/12
HENDRICKSON, Felix 32, Mary A. 28, Elizth. 11, Mary J. 9, Sarah C. 7, Nancy E. 5, Louisa 3, Salina 2
HANDLEY, George E. 24, Susan F. 20, Mary E. 8/12
POPPLEWELL, James D. 47, Lucina 27, Nancy J. 14, Elizabeth 13, Jacob 12, MIranda 6, Oliver W. 5
SANDERS, George 26
FERRELL, Robert B. 54, Elizabeth 48
JONES, Florinda 27, James W. 8, Reubin B. 6, Ann A. 4
SANDERS, James 64, Mary A. 51, Jane 25, Maria 24, Lucy 23, Mary 22, William 20
MONDAY, Minetree 65, Caroline 23, Jane 21, Maria 19
MONDAY, Minetree 17, Mary 15, William 19, Frances 13, Ellen 10, Margarett 6
JONES, Charles 64, Hannah 44
MONDAY, Mathew 31, Artamacy 30, Elizabeth 9, Nancy J. 6, Sarah A. 4, Charles C. 2, Eliza E. 3/12
WEATHERINGTON, Joseph 68*, Vincent 6
GOOD, Ellen 36*
CUNINGHAM, John 63*
WILKINSON, Sarah 60*
MONDAY, Charles H. 27
KNIFFLEY, Joseph 40*, Sarah 55, Eliza J. 16, Nancy E. 15, William 11, Mary 4, Philip H. 2

Schedule Page 76

CAMPBELL, Alexander 9*
DILLINGHAM, Champness 77
DILLINGHAM, James B. 39, Laura 36, Mary J. 14, M. E. 12 (f), V. J. 5 (f), Jessee P. 2, J. S. 4/12 (f)
HARDIN, Alexander jr. 46, Mary 40, John 19, Joseph 17, Dominicus 14, Levi 10, David 9, Elizabeth 7, Rhoda 5, Mary C. 2/12
WHITE, John 50

1850 Census Adair County Kentucky

WHITE, William 74, Lucinda 27
WILKINSON, Samuel 25
LAINHART, James W. 32, Nancy A. 28, John C. 6, William 3, Taswell 2
SMITH, James 27
ABELL, Cornelius 50, Treans 47 (f), Joseph 22, Elizabeth 17, Lucinda J. 16, Cornelius jr. 15, Michael 14, Samuel 12, Susan 10, Edwin 8, Emeline 7, Angeline 6
MARTIN, Hartwell 31, Sarah 29, Elizabeth 8, Louisa 6, Nancy 3, Sarah C. 1
WATSON, Archablad 33, Eliza 33, Sarah E. 9, Samuel B. 6, Ayolett B. 3, Margarett J. 1
CASKEY, Robert H. 29, Isabella 23
STATON, John C. 41
STATON, Joseph 75, Elizabeth 76, Robert J. 16, William E. 14, Elizabeth 10, Elijah 9, Mary 8, John 5
SANDERS, Thomas H. 31, Sarah 27, James 7, John 5, Elizabeth 4, Mahala 8/12
PEMBERTON, Sim 54 (B), Sarah 56, Melinda 24, Elizabeth 22
MCMURRY, Stephen 61 (B), Sarah 73
WEATHERINGTON, James 30, Anna 22, Henry 6, Joseph 4, John 2

Schedule Page 77

WEATHERINGTON, Willm. 35, Melinda 39, Mathias 13, Elizth. 12, James 10, Nancy 8, Susan 6, Henry 3, Mary 5/12
WEATHERINGTON, Richard 38, Mary 35, Martha 13, Elzey 16, Green 13, Marcella 11, Erbin 8, Achilles 5, Lovan 3, Joel 1
DOOLEY, Milton 22, Amanda 18, Sarah 3
MONDAY, Willm. H. 22
WHITE, Alfred C. 34* (B), Grace 18, Henry 14, Logan 12, Archabald 10, George A. 8, David A. 5, William 3
PORTMAN, Osborne 4/12* (B)
MCCALISTER, Samuel 42, Mary 35, John 14, Lenora 11, Amanda 9, Victoria 6, Alfred 5
MILLER, Madison 40, Elizabeth 38, Moses E. 12, Lucy A. 10, Theodore F. 5, Sylvester 1
CURRY, Benjamin 45, Kesiah 50
CURRY, Andrew J. 29, Lydia 19, James 17, Asia 12 (m)
CHEATHAM, Nicholas 21
KNIFFLEY, Reuben 61 (B), Emily 30
WATSON, Samuel 39, Elizabeth 38, Rebecca A. 17, Elizabeth 15, Mary J. 13, William J. 10, Benjamin F. 7, Eliza Ann 4
HUTCHINSON, Willis 47, Jane 45, Willm. 19, Willis 15, John 10
CUNDIFF, John 46, George 20, Mary 17, James T. 10
MURRY, Martha 44*
SHEPHERD, America 27*, James L. 10
MURRY, James P. 28
BUTLER, Shirley 35, Mary A. 25
PAGE, Shelton 34, Frances 32, Elizabeth 18, Mary E. 10, James R. 7, Margarett 5
PAGE, Miles C. 36, Eliza A. 31, John D. 12, Thomas H. 10, James 8, Nancy E. 5, Junius 2, Susetta D. 2/12

Schedule Page 78

THOMAS, Cluff S. 34
THOMAS, Lucinda 46*

1850 Census Adair County Kentucky

HENDRICKS, George 14*
HUBBARD, Jane 11*
HOOD, Karan H. 31, Washington 12, Margarett 10, William S. 7
MOURNING, John D. 28, Martha 22, Mary L. 1
CALLISON, Elizabeth 56, Charles 20, Phoebe 18, Margarett 16
TAYLOR, Frances 55, Sarah 24, Edward 22
HENDRICKSON, John 57, Ama 55
SINCLAIR, William 22*, Mary S. 22, Martha E. 4/12
CURRY, George A. 4*
HENDRICKSON, Rosanna 77
SMITH, Charity 47, Helen 23, John W. 22, Josephus 20, Myra 17, Mary M. 16, Washington 14, Robert 12, James 10, William 8
WILSON, Elijah 61, Nancy 50, Lucinda 22, Robert 21, Rachael 18, Harriett 16, William 35
WILSON, James 30, Theresa 21, Rebecca 6/12
TODD, Jane 75
EASTES, William 64, Jane 55, Elizabeth 21, George 17, Susan 11
BUTLER, Champness 50, Amanda 45, Nathaniel 22, Nelly 18, Edmund 17, John 15, William 13, Joshua 11, Sarah 9, Isaac 5, James 2, David 8/12
SHARP, Myra 20, Margaret M. 2
HOOD, Eliphalett 49, Calista 41, Jessee 18, Thomas 16, Joseph 15, Creed 13, Sarah A. 10, William 8, Elizabeth 7, Robert 5, John 1
SQUIRES, Winfield 28, Sarah M. 25, William 8, Lucian 5, George R. 1

Schedule Page 79

MONTGOMERY, Lockey 56, Francis 18, Susan 16
CUNDIFF, Perry 32, Louisa 31, John 11, Mortimer 9, Hannah 7
HANCOCK, Edward 52, Rebecca 55, Sophia 20, Hiram 18, Jerome 15
HANCOCK, James 22
HOLLIDAY, William 47, Mary 37, Henry 17, James 15, William 13, Catherine 11, Frances 8, John 6, Thomas 4, Anderson 2
REYNOLDS, James H. 29, Elizabeth 22, Susan 5, Mary J. 3, Ermine C. 5/12
REYNOLDS, Nancy 67, Elizabeth 34
POWELL, Nicholas 47, Mary 48, Aston 21, Willm. B. 19, Sarah A. 16, John 14, Milley Ann 13
BEAN, Joseph 47, Nancy 44, Susanna 19, David 17, Sarah J. 14, Nancy 11, William 9, Emily 8, Joseph 6, Myra 2
SULLIVAN, Elizabeth 50, Jane 30, William 19, Mary 5, Lewis 2
SULLIVAN, Samuel 22
BRIANT, Joseph 31, Phoebe 25, George A. 5, Mary L. 3
LEACH, Elizabeth 55*, Elijah 24, Susanna 25
POWELL, William 11*
BAILEY, Elzey 29, Mary 26, Alwilda 9, Isabella 8, William 7, Pleasant 5, John 4, Elzey 1
BAILEY, Louis 52, Sarah 52, Martha 27, George W. 21, Ibby A. 17, Archabald 16, Axy 14 (m), Clarissa 12, Lucy A. 9, Sarah E. 3

Schedule Page 80

POWELL, James 63, Frances 49, Elizabeth 20, Thompson 19, Amanda 16, Mary J. 13, Nelly 11, Zena 9, Jeremiah 7, Luvenia 5

1850 Census Adair County Kentucky

POWELL, Edley 25 (m)
LEACH, Mathew 63, Mary 50, Louisa 23, Charlottee 15, Samuel 13, Susan 12
LEACH, Samuel 58, Merida 52, Matilda 19, Samuel 13, Milley 10
LEACH, Jeremiah 29
LEACH, Mathew jr. 24
POWELL, Benjamin 25, Dice 27
WOMACK, John 28, Elvira 28, Dudley 4, Mary 3, Dedelia 2, Susan 1
LEACH, Elijah 23
BLAIR, John R. 45, Elizabeth 44, John 16, Hannah 15, Nancy 10
RAMBO, Jehu 23*, Susan 20
RICHARDS, James 9*
RAMBO, Elizabeth 60
DICE, Elijah K. 25, Narcissa 28, Parker H. 4, Mary E. 3, Jeremiah L. 7/12
RAMBO, Lytle 29*, Mary A. 24, Sarah A. 20
RICHARDS, Hannah 2*
GOODEN, John 66, Sarah 55, Winneford 20, Catherine 17, Henry 14, Henderson 12, Sarah 10, Pleasant 8, Lovatt 3
HAIL, Thomas 35, Rebecca 26, Mary 8, Elizabeth 1
HOLT, Allison 21, Surena 23, Nancy A. 3, Achilles 8/12
BAILEY, William sr. 76, Isabella 72
GRIDER, Isabella 29, Elizabeth 13, Lockey 11, Archabald 9, Simeon 6
BAILEY, William 32, Nancy 27, Louis 13, Isabella 11, William 8, Luvenia 6, Elizabeth 4, John O. 3
WOMACK, Westley 26*

Schedule Page 81

RICHARDS, Daniel 33, Nancy 32, Warner 8, Eliza J. 6, Joshua B. 4, Zachariah T. 2, Martha A. 3/12
RICHARDS, Aaron 27, Sarah 27, Amos 5, Charles W. 3, John G. 1
BLAIR, Thomas F. 25, Mary 21, Mary 4, Nancy J. 2
HILL, John 66, Milley 43
ACRE, Green 32, Nancy 33, William T. 8, Jacob T. 6, Elizabeth E. 3
CARTER, Elizabeth 78
COFFEY, Vilitha 41, Fielding 21, Isaac 19, Sally 17, Elizabeth 16, John 9, William V. 6
WOMACK, Jessee 55, Delila 47, Mehala 23, Harrison 21, William 15, Milton 12, Morgan 6
MURRELL, Nicholas 36, Catherine 30, Eliza J. 10, Willis G. 8, George E. 2
CURRY, Joseph 49, Kesiah 47, John M. 20, Sarah A. 18, Perry 16, Jackson 16, Myra E. 13, Ermine 11, Amanda 8, Jane 6, Martha B. 4
HOLT, Wahington 27, Melinda 28, Thomas 10, Sarah M. 8, Berry 6, Rhoda 5, Mary A. 4, Nancy T. 3
HOLT, Sarah 60
MCELROY, Francis 64, Rachael 50, Rachael A. 13, George W. 11, Henry C. 10, Solomon R. 8, Isabella A. 5
WEBB, James 39, Euridice Ann 36, Juliett 10, Howard 7, James P. 4
MCELROY, David 29, Martha 31, Marion 19 (m), John F. 5, Milley A. 3, David S. 8/12
MCELROY, William 21, Mary 20
COWNOVER, Levi 37, Mary 35, Sarah A. 8, William 6, Hiram 5, Dominicus 4, Nancy F. 3

1850 Census Adair County Kentucky

Schedule Page 82

COWNOVER, Peter 28, Sarah 28, Melinda 1
COWNOVER, David 32, Cintha A. 22, Nancy J. 2/12
BRIANT, Peter 50, Ann 48, David 21, Daniel 18, Elizabeth 16, Peter M. 14, John M. 10, Sarah 6
BRIANT, Charles 27, Mary A. 22, Joseph Z. 3, Alexander M. 1
BRIANT, Alexander 29, Melvina 29, Mary A. 4, Charles W. 3, Peter M. 10/12
FLOYD, James L. 24, Margaret A. 21, Elizabeth A. 2, David Z. 5/12
CALHOUN, James sr. 75, Esther 80, Nancy 44, Mary 23
LEACH, Elijah 37, Mary 60, Matilda 31, Malinda 29, Mary 18, Elizabeth 16, Malinda 4, Alena 1
SULLIVAN, James 27*, Appy 30, Jane 12, Mary 9, Sarah 6
WOMACK, Eliza 40*
LEACH, Mathew 23
FRANKUM, William 58, Magdaline 50, Mary 24, Elizabeth A. 22, Josiah 19, Martha 16, Lavenia 14, Carey 13 (m), Sarah 10, Rhoda 8
FRANKUM, Washington 28, Lucinda 27, Susan 4, Sarah 1
FRANKUM, Willm. 22, Elizabeth 20, Mary 2
JAMES, George 37, Sarah 22, Samuel F. 3, Barbara A. 1
GRIDER, Frederick 30, Martha E. 22
PERRYMAN, Richard 55
BRADSHAW, William 62, Rachael 47, Artemesius 23
BRADSHAW, Ann 84
WILLIAMS, Lucy 70, Aaron 31
WHEAT, Cyrus 24, Sarah 26, Clementia 5

Schedule Page 83

OLDACRE, Levi 25*, Elizabeth 30, Oliver 3/12
STAPP, Sarah 62*
POWELL, Mary 76, Walton 12, Elias 10
HAIL, John 42, Rebecca 25, Elizabeth 2
EPPERSON, Charles F. 33
EPPERSON, William 77, Charles 14
EPPERSON, John J. 26, Elizabeth 24, Patrick H. 6, Mary P. 4, Charles F. 2
SANDERS, Robert 36, Pelina 36, James 17, Chesley 13
EDRINGTON, Thomas 75, Judith 65
HARDEN, Joseph 32, Vernetta 27, James W. 5, Jackson W. 2, Littleton B. 3/12
HARTON, James 63
BAILEY, Nimrod 54, Elizabeth 54, Nathan 20, R. E. 18 (m), Elizabeth 14
BAULT, Cinthia V. 43, Jacob 20, Campbell 18, Sarah A. 16, William A. 14, Mary M. 12, John 10, Nimrod 8, George A. 6, Winfield S. 2
NELSON, John 49, Eliza 40, William L. 18, Mary A. 15
RODGERS, Joel 23
RAMSEY, Pleasant 31, Elizabeth 22
BROWNING, William D. 45, Cointha 33, John J. 15, Dan B. 7, William 2
WATSON, Joel 54*, Mary A. 41, Silas L. 17, Joel 15, Mary 10, Johnston 8, Flora A. 6, Amanda 4
HUMPHRIES, Nancy 12*, James 10, Mary 7

1850 Census Adair County Kentucky

BAULT, William 43, Elizabeth 40, John W. 16, Mary A. 15, Elizabeth 14, Margarett S. 12, Eliza J. 10, Catherine 8, Rachael 6, Sena 4, Sarah F. 2, Henry J. 3/12
BARNETT, Seton G. 31, Elizabeth 28, Rebecca A. 5, Mary J. 4, William 3, James W. 1

Schedule Page 84

SMITH, William 35, Margarett 34, George W. 18, William A. 15, Mary E. 12; James H. 8, John M. 5
CAVE, William D. 22, Cintha A. 17, Anna E. 5/12
CAVE, Anna 75, Bennett 14, Stephen 12, Mary J. 9, Abner H. 7
HUMPHRIES, Stephen 35, America 25, Elizth. 9, Sarah J. 4, Nancy F. 2, Robert 2/12
SMITH, Willm. T. 23, Jimima 21, Margarett 3, Prudence A. 2
RODGERS, Windle 29, Grace B. 24, Willm. W. 6, James A. 4, George W. 2, Robert M. 1
RODGERS, Josiah 56, Prudence 50, Robert 19, Harriett 15, Ann R. 12
RODGERS, Elizabeth 54*, Mary A. 16
BARNES, Mary E. 7*
PIKE, Thomas 47, Elizabeth 41, John R. 19, Sarah J. 15, Jeanna 13, Samuel F. 12, Elizabeth 10, Mary 8, Thomas H. 5, Jacob B. 3, William C. 1
EDRINGTON, Barrett 42, Jane 36, William 14, Sarah V. 12, Mary 16, Susan C. 10, Margarett J. 7, Eliza F. 2, Elizabeth A. 4/12
BROWN, Abraham 24
INGRAM, James 34, Susan B. 30, Henry B. 5, James J. 4, Harriett 2, Foster 8/12
BIGGS, Joseph 26, Martha 19
MANN, Thomas 74, Prudence 70, Ardena 23
MANN, John 26
EDRINGTON, John 43, Martha A. 42, William 19, Mary 17, Sarah 15, Benjamin 13, John 10, David 7, Creed 5, Martha 2

Schedule Page 85

STILLWELL, Elizabeth 69*, Sarah 40, Jemima 25, Elizabeth 23, Elizabeth 16, Mary F. 4
CAFFEY, Wayne 11*
RUSSELL, Henry 40, Martha 35, John R. 6, William H. 4
MURRELL, Willis 31, Nancy 24, John M. 5, Mary 3
MILLER, Willm. W. 35
JOHNSTON, William 43, Mary 32
BRIANT, William 53, Rhoda 50, Oliver P. 22, Perkins 19, Daniel M. 17, William 16, Valentine 13, Serena E. 9, Sarah J. 6
BRIANT, Milton 25
BRIANT, Joseph 29, Phoebe 25, George 5, Mary 2
BRIANT, James 26, Rachael 25, Milley A. 6, John W. 4, Rhoda J. 6/12
RUSSELL, Andrew J. 50, Elizabeth 52, Edward 20, Frances A. 18, Andrew K. 13, Elizabeth 11
RUSSELL, Timoleon 22
MILLER, Alexander 70, Frances 60, Nancy 30, Elizabeth 27, Joseph 20, Mary 16, Clarence 7
DAMRON, John S. 60*, Sarah A. 55, Elizabeth 19
WINNEFORD, Judith 89*
DAMRON, George M. 22, Elizabeth V. 16
MONDAY, William H. 21
WINFREY, Hamilton 29, Sarah 24, Logan 7, Priscilla 5, Judith 4, Joseph 2

1850 Census Adair County Kentucky

THOMAS, Nicholas 35, Mary A. 22, Joseph 3, Nelson 2
THOMAS, Nelson 31*, Rebecca 21
SINCLAIR, John 16*
THOMAS, Flemming 79, Mary 68
BANKS, Vandover 20
BREEDING, Willm. P. 47, Eliza 40, Willm. 15, Elizabeth 13, Nancy 12, John H. 7, Judith 5, Edwin 4, America 1

Schedule Page 86

HERBERT, Martha A. 35, Sarah F. 12, Jane B. 10, Martha M. 8, Nancy C. 6
LOVEALL, Malinda 31, William M. 8, Stephen J. 4
SMITH, Abba 39
CARNES, Mary 37, John S. 18, Esther E. 12, Jane 9
HARDIN, Singleton 39, Martha L. 34, James W. 15, Alexander 12
HARDIN, Alexander 65*, Jane 57
GRANT, Sarah J. 22*
HARDEN, Jackson 26, Malinda 18, Nancy J. 5/12
CURRY, Matilda 46, Mary A. 13, Elizabeth F. 10, Sarah A. 8, James N. 6
BROWNING, John S. 43*, Lucy 34, Ethan 2, Jason 7/12, Nancy 73
HANCOCK, Mary A. 10*, Samuel 2
BAULT, Jacob 40, Rhoda 37, Elizabeth 7, Almira 5
BROWNING, James 38
SINCLAIR, Joel 46
SINCLAIR, Alvira 27, Elizabeth 21, John A. 15, Mary S. 8, Joel P. 6, Margarett A. 4, Weyman 3, James P. 4/12
WATSON, Elizabeth 59*, William 18, Littleton M. 15
CURRY, Genetta 16*
WATSON, William 27, Sarah 25, Thomas Ward 2, Benjamin 3/12
BROWN, John A. 25, Annis 24, Franklin 8/12
ATKINSON, Robert 22, Elizabeth 21
MARTIN, James 23
HANCOCK, John 25, Martha 30, Sarah J. 2
MASSIE, Milley 32 (B), Melissa 4, Susan 2, Eliza 4/12
WHEELER, William 55, Mildred 52, William 19, Charles 17, Archabald 15
JONES, Josiah 29, Lockey 24, Albert 5, Asa 2
TUPMAN, William 58*, Nancy 33, Sarah A. 16
GRANT, William 15*

Schedule Page 87

TUPMAN, Joel 28, Harriett 18, Ellen M. 3, William 1
TUPMAN, John 36, Martha 31, Henrietta 10, Benjn. F. 8, Mary A. 6, Martha J. 4, Sarah E. 2
EAST, John 23
GRANT, Benjamin 29, Elizabeth E. 23, Preston 19, Rebecca E. 5, Mary E. 3
ORR, William 30, Nancy 30, Elizabeth 7, Mary M. 5, Rebecca S. 3, Robert H. 7/12
CALLISON, James 24, Louisa 24, George S. 3
SMITH, John 24, Nancy J. 24, George A. 2, Sarah M. 4/12
CURRY, William 39, Malinda 37, John R. 17, Samuel J. 15, Elizabeth A. 10, Sarah M. 8, Mary

1850 Census Adair County Kentucky

J. 5, Isaac C. 11/12
PENDLETON, John sr. 77*, Elizabeth 77, Elizabeth 42, Nancy 19
SINCLAIR, Martha 13*
SINCLAIR, William 23*, Mary S. 23, Martha E. 5/12
CURRY, George A. 4*
ARNOLD, William 24, Celicia 22, Cerina E. 4, Benjamin F. 2, John J. 4/12
JUDD, John J. 35, Sally 32, Suzannah 13, Mary M. 11, Ruth 10, Martha 9, Jackson M.V.B. 6, Stephen D. 4, McKay 2 (f), Melissa 6/12
ORR, Alexander 33, Burella A. 33, Cyntha A. 12, Louisa 11, Sarah J. 10
MARTIN, William 22, Surena 17, James H. 1
BREEDING, Lydia 45, George W. 20, John 16, Nancy 14, Otho 12, Lydia A. 10, Mary J. 8, Sarah A. 4
SALLIE, Jacob 48, Rhoda 45, Ellen 21, Frances 20, Ermine 19, James B. 18, Albert E. 16, Maria 14, Chrles M. 12, Willm. H. 11, Edward F. 9, Warren S. 7, Marshal O. 4

Schedule Page 88

WHEAT, George 47 (B)
STEWART, Martha 50 (B), Margaret S. 7
REYNOLDS, William 35, Martha 34, Joseph H. 10, Frances A. 8, John W. 5, Willm. E. 3, Mary K. 1
WHITE, Michael 47* (B), Rachael 41
STEEL, Kitty 90* (B)
WAGGONER, Wm. W. 57, Matilda 32, Mary A. 19, Frances E. 17, Willm. W. 14, Maria 7, Asa 5, Martha 4, no name 12 (f)
FERGUSSON, Virinda H. 35, Susan M. 18, Nancy M. 16, Robert 14
LYONS, Robert 39, Catherine G. 36, James D. 16, John T. 14, Nancy E. 13, William D. 10, Joseph E. 8, Mary A. 5, Thomas B. 3
GENTRY, Nathaniel 22, Martha A. 16
CURRY, Robert 24, Susan 25, Joseph G. 4
WILLIAMS, Warner W. 49, Martha L. 41, Andrew B. 15, Jeremiah 11
ROUSE, Henry W. 22, Sarah 19, William 12
PELLY, Colbert M. 40, Elizabeth 24, Nancy E. 7, Mary W. 5, Lydia A. 3, George T. 5/12
GOULD, Crichton 24
JONES, Philip F. 29, Nancy 30, Joanna E. 7, Lozann O. 3, Susan O. 9/12
HARMON, Louis 38, Susan 25, Willm. L. 6, George D. 4, Mary L. 2, Isaac C. 7/12
GUESSFORD, Joel 24*, Mary J. 23, Mary M. 3
HAMILTON, Mary 19*
PELLY, James 35, Nancy 30, David 13, Wiley 11, Pamelia 10, Mahaly 7, Richman 5, Nathaniel 4, Nancy E. 1

Schedule Page 89

GUESSFORD, Willm. D. 26*, Emily 28, John R. 3, Willm. M. 2, Ann G. 6/12
SMITH, Jane 69*
GUESSFORD, John 22, Cintha 22, Joshua 1
EVANS, James H. 26, Mary 51, Philip 31
CHRISTERSON, James 23, Lucy 18, Joanna 1
COX, William 35, Caroline 28, Walker 8, John 6, Elizabeth 1

1850 Census Adair County Kentucky

WHITE, Hiram 19
DAMRON, Robert W. 23*, Amanda F. 21
HART, Grundy 11*
STATON, William M. 30, Malinda 24, Emeline Q. 4, John C. 3, Elizabeth D. 1
STATON, Raney 45, Lucinda 35, Nancy 12, Mary 10, George 8, Lucretia 6, Lustley C. 4, Elizabeth 2, Lucy Ann 1
MONDAY, Noah J. 25
WILKINSON, Aston 33, Matilda 27, Mary 54
GUNN, Henry 46 (B), Margarett 44, Lufina 16, Lettitia 8, William 6, Susan 4
GREEN, Benjamin 25, Mary 18, Paton 31, Lucy A. 21, Elizabeth 5, Martha J. 3, no name 1/12 (f)
SHEPHERD, John 47, Alley 23, Linvill 22, Elizabeth 20, Nancy 19
GOWDY, James L. 30, Sarah M. 34, William T. 9, Josiah W. 6, Susan F. 4, John S. 2
MARTIN, Brice 45, Lydia 30, Elizabeth 24, Catherine M. 20, John 15, James 13, Luvenia 8, Surena 7, Goerge 2
MAYSE, Robert B. 51, Nancy 37, William B. 20, Margarett 14, Veronica 10, Berenicea 7, Adolphus 6, Abdallah 4 (f)

Schedule Page 90

DRAKE, Jackson 35*, Nancy 35, Sarah F. 10, Mathew 8, Thomas M. 6, Ann E. 3
FITZPATRICK, Pamelia 23*
DRAKE, Elizabeth 55*
ATKINSON, Florinda 13*
ELMONTALLER, Jacob 35, Nancy 28
ELMONTALLER, George 60, Sarah 50
PENDLETON, John jr. 55, Margarett 41, John W. 14, James S. 12, Samuel M. 11, Alfred L. 9, Richard B. 7, Peter P. 5, Elzy T. 2 (m)
PENDLETON, Samuel 39, Margarett 34, John W. 12, Granville W. 10, Sarah E. 9, James 6, Green 4, Parker H. 7/12
HARMON, Mary 58, Malinda 20, Mary 18
HARMON, William 38, Mary 28, Thomas 10, Milton 8, Robert 6, Martha E. 1
HARMON, William sr. 65, Sarah 48, Matilda 30, Otho 21, Samuel 16, Washington 12, Charles 9, Joseph 6
HARMON, Henry 23
WAMMACK, Mary 75
WHEAT, Vernon A. 31, Elizabeth B. 29, Mary L. 8, Nancy J. 6, Georgiana 4, Joshua 2, Louisa B. 1/12?
TURK, William 22*, Jane 18
GILLMORE, Thomas 20*
NAYLOR, Alexander 30, Sarah 72
BREEDING, Nathan 42, Elizabeth 40, Elizabeth F. 17, James C. 15, John A. 13, Jessee 11
THOMAS, Hardin 33, Mary A. 35, John D. 9, Mary M. 4, Burrill E. 3, J. A. 2 (f)
GRIFFON, Robert 83 (B)
MURRELL, Elijah M. 29, Mary J. 28, Logan L. 5, Albert 3, Sarah J. 1
JUDD, Robert 40, Malinda 37, John D. 18, Elizabeth C. 16, Jackson D. 14, Nancy J. 12, Joseph P. 10, Nathaniel A. 8, George W. 6, Ellen L. 4, Robert W. 2

1850 Census Adair County Kentucky

Schedule Page 91

DARNELL, John 45, Martha 42, Pamelia 19, Kesiack 17 (f), Franklin 14, John M. 12, Martha 10, Levi 8, Mary F. 6, Zachariah 4
SMITH, John 55, Elizabeth 22, John D. 21, Charles A. 15, Phoebe L. 13
CALHOUN, James 41, Elizabeth 43, S. E. 14 (f), Susanna 10, James N. 7, John A. 5
WHITE, Thompson 40, Elizabeth 44, James G. 13, Charles T. 11, George 9, Susanna 5, Joseph R. 3
WHITE, Nancy F. 1
HANCOCK, William 68, Elsy 60, William 28, Melinda 31
PAGE, James 62*, Susan 60, Sarah 32, Nicholas 20, Nancy 18, Jordan 16
BAILEY, Nancy 14*
MILLS, Jacob 57*, Mary 60
WHITTAKER, Nancy A. 16*
FROST, Nimrod B. 33, Mary F. 29, E. D. 2 (m), Elizabeth G. 6/12
MILLER, Lewis 70* (B)
CLIFTON, Jane 50* (B)
MURRELL, Margarett 42, John 19, Thomas 18, James 14, Milton 11, Catherine H. 8
REYNOLDS, Joseph 41*, Ermine 36
GRANT, Nancy 12*
MURRELL, Samuel H. 40
MURRELL, Josephine 20, Sherrod 10, Mary L. 6, Henrietta 5, John E. 3
PENDLETON, Joseph 49*, Sarah 52, Fanny F. 26
SINCLAIR, Anna 12*
FLORA, Wm. M. 4*, Alexander 2
WINFREY, Henry 47, Nancy 41, Matilda 20, William 18, H. J. 16 (f), Cintha 11
SANDERS, Thompson 46, Nancy 41, Minerva 18, Ira 16, Nancy E. 13, John H. 11, Mary E. 8, Thompson 5, Amanda 3

Schedule Page 92

BRYANT, Samuel 28, Mary 27, John W. 5, Daniel B. 4, James 2, H. J. 6/12 (f)
JUDD, Squire 54, Sarah 47, Marion 18, Sarah J. 16, Napoleon 14, Hamilton A. 12, William W. 10, Elizabeth 8, Winfield S. 2
HAYS, Peter 69 (B), Winney 40
SMITH, Wyatt 47*, Elizabeth S. 46, Myra E. 20, Elizabeth B. 14, Melvin C. 12, Mary L. 10, Ethan 7, Ann M. 2
BRAWNER, Nancy 85*
BRYANT, John 58, Hannah 50, John M. 20, Anna 15, Nancy 13, Rachael 10
CORBIN, James 25, Elizabeth 23, John Q. 2, Sarah J. 4/12
GRIMES, Obediah 45, Ann 38, Eveline 23, Lucinda 21, Marion 18, William 15, Elizabeth 13, Jane 11, Judith 9, Emily 7, Washington 6, Nathaniel 5, Wallace 2
MARTIN, Joseph 21, Rebecca 25, Joseph L. 51
DAMRON, Samuel 57, Nancy 44, Wilson N. 22, Elzey 20, Lucy A. 18, Sanderson 16, Mary 15, Judith 13, John 11, Sarah A. 9, Nancy J. 8, Samuel 7, Ann E. 5, Martha S. 4, George 3
TUCKER, Howard 29, Louisa J. 28, James 10
HARMON, John 35, Sarah 30, Mary 13, John 12, Nancy J. 10, Abby 8, William 2, James 5/12

1850 Census Adair County Kentucky

Schedule Page 93

THOMAS, Jefferson 39, Judith 26, P. M. M. 2 (f)
THOMAS, William 67, Nancy 70
WORKMAN, Thomas 37*, Susan 28, James 5, William 3, Samuel 2
COTTON, Stephen 22*
GUESSFORD, Joshua 65*, Nancy 55
HAMELTON, Vina 16*
HENINGS, Samuel 8*
WORKMAN, William 65, Mary 55, James 23
PELLY, Hickman 39*, Elizabeth 37, Nancy A. 18, Dovey F. 17, Martha J. 15, Susan F. 13, Elizabeth 10, Emily T. 7, Samuel W. 3
GOOD, William 14*, Alfred 12
GUYE, Benjamin F. 30*, Rebecca 69, Rebecca 21
BANKS, Elizabeth 10*
GUYE, John F. 45, Nancy 43, George G. 21, William F. 19, Elizabeth 17, Sarah 15, Hickman 12, Martin 11, Catherine 7, James 5, no name 1/12 (m)
BROWNING, A. D. 30 (m), Matilda 20, Nancy E. 1
BROCK, George 33, Lucy 36, Henry A. 9, Nancy J. 7, Elizabeth C. 5, Leonard T. 4, Westley L. 6/12
RUBERTS, Joseph 32, Susan 35, William 9, John R. 8, Benjamin 4, Mary 2
RUBERTS, William 48, Mary A. 20, George W. 18, Eli M. 17, Elizabeth 15, John W. 14, Thomas 11
RUBERTS, Samuel 45, Zylpha A. 35, Elizabeth 13, George 10, John 8, Benjamin 4, McGilva 2
SETTLES, Fouchie T. 25 (m)
THOMAS, Shelby 38, Susan 26, J. M. 4 (f), James C. 2
NEET, Jacob 60, Lydia 60, Lydia 22
WINFREY, Sims A. 50*, Margarett 48, Rudolph 23, Elisha T. 21, Margarett S. 19, Philip P. 17, Martha E. 15, Sarah A. 12, S. R. 9 (f)

Schedule Page 94

HARDIN, Sarah A. 12*
WHITE, Abrel 34, Genetta 26, Manson K. 4, Matilda E. 2
BREEDING, William 58, Nancy M. 50, John 17, William 15, Elizabeth J. 13
JUDD, Joseph 52, Nancy 42, Sarah E. 16, Cyrus 15, W. H. 14 (m), Rebecca J. 9
JUDD, Warner 27, Elizabeth 23, Lucilla 2, no name 1/12 (f)
JUDD, William 29, Parthena 25, Joseph H. 1
EVANS, Barbara 51, Thomas B. 21, Elizabeth 16
MARTIN, Mary 53, Milton 22, Nancy J. 16
REDMOND, Mary 62, John M. 22
REDMOND, Willm. H. 30, Elizabeth 29, Catherine 4, Mary A. 3, Elizabeth 2
DUNN, James 50, Mary A. 30, Serena 4, Elizabeth J. 2, Nancy A. 1
POWELL, Oliver 38, Nancy 27, Angeline 2, Mary F. 1
REDMOND, Thomas J. 42, Harriett 41, Uriah G. 19, John C. 17, Thomas W. 15, Mary E. 14, George D. 13, Harriett B. 12, Joseph S. 10, Alfred P. 8, Nancy D. 6, Collen M. 4, Levi B. 2, Z. A. 8/12 (m)
GRIEVER, Sarah 43, Bennett W. 16, William A. 14, Adaline 8, John M. 6
WHEELER, Elzey 23, Mary A. 18
EDMANTALLER, Sarah 40, Malinda 21, Emily 18, Rhoda 15, Sarah 13, Nancy 11, Julia A. 8, James 5

1850 Census Adair County Kentucky

Schedule Page 95

LOVEALL, Catherine 42, G. W. 21 (f), Susan 15, Martha 13, Emily 11, Mary J. 8, Stephen 5, John 2

LOVEALL, Micajah 52, Matilda 45, Nancy 27, Jackson 21, James M. 20, Minerva 18, Stephen 13, Alphena 11, Armilda 9

POWELL, William 41, Caroline 33, Sarah A. 19, Lucy J. 17, Mary 15, Oliver 13, Nancy B. 11, William 8, Luvenia 6, Peter 4, Charlottee 5/12

GRINDSTAFF, Jane 79, Diana 29, Furtiman 23 (f), Lorenzo 5

BURTON, William 36, Mary 35, Sophia 15, Gideon 11, Martha E. 8, John A. 5, Mahala 3, William H. 5/12

MCDANIEL, John C. 30, Mary 33, Lucinda 9, Sarah J. 7, Mathew F. 5, Elizabeth S. 3, Rhoda A. 8/12

HATCHER, Joshua 35, Harriett 30, Seldon 10, Junius 5, Ann L. 3, Elizabeth 1

HATCHER, Josiah 33, Benjamin 10

BRADSHAW, Albin 42, Mary 47, William 13, Mary A. 11, Louis 10, Albin 9, Helen 5

MORRIS, John 24*, Louisa 25, Joseph T. 3

STINSON, Nancy 50*

GRIFFIN, Bushrod 23

PERKINS, Willis 51, Cyntha 40, Mary A. 20, Pamelia 17, Nancy 14, Melvina 12, William H. 10, Eliza 6, M. J. 4 (f), Robert 11/12

PATTERSON, James 47, Elizabeth A. 41, Henry 17, Mary J. 15, Albert M. 12, Eliza 6

MURRY, Joshua 49, Nancy 47, Sarah W. 24, Allen 19, Mary J. 14, Elizabeth 13, William 10, Eliza M. 6

Schedule Page 96

BRADSHAW, Willm. A. 33, Cytha 28, Mary 20, John P. 14, Aaron W. 13, A. M. 10 (m), Mary E. 8, James M. 4, George W. 3, Parker H. 1, Joseph H. 2/12

BAULT, William 75, Margarett 72, Elizabeth 22, Elizabeth A. 21, Nancy 19, Mary 18

SMITH, Frances 40, Samuel 14

SMITH, Francis P. 30*, Elizabeth J. 40, Frances J. 3, William H. 1

BANKS, George L. 15*, Mary R. 14, Jacob 11, Samuel E. 10, Lucy A. 9

BANKS, Clement P. 51, Catherine 46, Martin 19, Benjamin 17, America 16, Samuel 14, Milton J. 13, Minerva 12, Mary J. 9, Clement 7, Matilda 4, John 8/12

ATKINSON, James M. 30

BOTTOMS, Abner 73, Elizabeth 63, Elias 27

BRIGHT, Goodwin 43

BOTTOMS, Micajah 32, Elizabeth 25, Lucinda E. 6, Thomas 4, William 1

LEE, Grissom 48, Salina 36, James T. 14, Sarah A. 10, Sarah E. 6, John P. 3

MCQUERTER, Richard 46, Elizabeth 40, Owen S. 20, John W. 18, James M. 15, Willm. J. 13, Logan S. 11, Elizabeth M. 8, Richard H. 6, Charles V. 4, Sarah F. 10/12

CHELF, James 30, Elizabeth 26, William J. 9, Mary M. 3, Philip J. 8/12

BELL, Jacob 40, Catherine 37, William T. 17, Elizabeth J. 15, Riall B. 14, Nancy F. 12, John J. 10, Mary A. 8, Florinda 6, James R. 4, George W. 4/12

1850 Census Adair County Kentucky

Schedule Page 97

CHELF, John 30*, Rhoda A. 31, Charlotte 11, Sarah E. 9, William P. 7, Hezikiah 5
BAILEY, Andrew J. 21*
ADAMS, Elizabeth R. 4*
SANDERS, John 41, Maria 36, James M. 16, George A. 14, John W. 13, Mary E. 11, Maria 9, A. W. 6 (m), Nancy 2
HARDIN, Enoch W. 34, Elizabeth 33, George A. 11, Martha E. 6, Richard V. 4
WHITE, William 74, Lucinda 36
BOTTOMS, William 24, Sarah A. 17, Elias S. 8/12
BOTTOMS, James 26, Julia A. 20, Martha J. 5/12
ROSS, Francis M. 42, Mary 30, Ann E. 2
PATTERSON, Thomas 30, Naomi 26, John 5, Elizabeth 4, James T. 3, Thomas 4/12
WHITE, Alfred 36, Lucy E. 37, Lydia 9, Emily J. 7, Susan M. 3, J. F. 1 (f)
WALKER, George 55*, Margarett 55, Margarett 13, Sarah 10
BEARD, Elizabeth 41, Minerva 14, George A. 12, John M. 10, Melissa M. 8, Mary E. 6
DRAKE, Edward 54, Mary 46, Joel T. 26, Benjamin 26, Elizabeth 12
GILPIN, Savil 31, Sarah 25, Martha F. 3, Fletcher C. 2, John W. 8/12
MONDAY, Christopher 64, Sarah 53, John 32, Mary 29, Hereford 27, William 21, Christopher 19, Sarah Q. 13, James 10
GOOD, Edward 40, Louisa 40, Franklin 19, Elizabeth 14, Samuel 12, John V. 10, Mary 6, Amanda F. 5, Melissa 1/12

Schedule Page 98

HARDWICK, John 65*, Rebecca 56, Mary A. 28, George 27, Louis 25, Nancy 19, Martha 16, Corintha 14, Franklin 13
COOLEY, Ermine 13*
HARDWICK, Philip 32, Nancy 27, John 4/12
FERRILL, Willm. A. 27*, Margarett 25, Robert A. 5, Mary E. 3
MILLS, Isaac 10*
CARTER, Thomas 17
CORBIN, James 69, Elizabeth 57, Elizabeth 16, Pinkney 14, Eliza 5
HENDRICKSON, William 30, Elizabeth 30, Erben G. 8, Joseph J. 3, Mary J. 1, Nancy 1
TRIPLETT, Thomas 51, Frances 35, Mary 20, Sarah A. 14, James H. 8, Milton 6, Charles 5, Emily J. 4, Adeline 3, George 2
WHITE, Thompson 35, Elizabeth 44, James G. 13, Charles T. 11, George 8, Lucary 5 (f), Nancy F. 1
SMILEY, William 41, Elizabeth 38, John 18, James 15, Robert 14, P. J. 10 (f), Elizabeth J. 9, Charlotte 1
BRYANT, Elizabeth 85, Sarah 45
ABREL, Fountain 44, Lucinda 45, Thompson 16, Frances 15, Nancy 12, Hamilton 8, De-Graftonreed 5
CORBIN, Louis 21, Naomi 19
ABREL, John 75, Elizabeth 60, John 24, Mary 22
JUDD, Lucy 44, Jordan 20, Delphi 19, Jessee W. 18, Manson 16, Nathan 14, Caroline 12, Huldy 9, Thomas 8, Sarah J. 6

1850 Census Adair County Kentucky

Schedule Page 99

LIGHT, Henry 40, Nancy 30, John S. 10, Mary J. 8, William H. 6, Nancy E. 2
WALKER, Benjamin 27
STEAGER, Machimas 43, Lucy A. 35, Robert B. 14, Frances T. 11, Emmet 10, Virginia 9,
    Mary 5, Ellen 3, J. C. 1 (f)
MADERIS, Elijah 40*, Mary S. 34, Mechi 16 (m)
HURT, Ermine 10*
JONES, Jordan 38, Sarah 34, Mary A. 16, A. C. 13 (f), Nancy J. 12, Florinda 6, Martha S. 3
WILLIAMS, William 48, Elizabeth 46, Charles 18, Robert D. 11, Samuel R. 9, Mary C. 7
WILLIAMS, Raleigh 23, Ann E. 20
HANCOCK, Burrill 37
CALDWELL, William 74*
WAGLEY, Eliza 46*, Mary 16
EAST, Joseph 57*, Nancy 43, George 12, James 10, Alexander 3
RODGERS, Martha 18*, Hiram F. 15
MORRISON, Martha 53, Ellen 30, Nancy 28, Julia A. 22, Caroline 20, Araminta 16
TIMBERLIC, Danl. 33, Elizabeth 29, Harriett 7, Catherine 5, John 4, Willm. R. 3, Joseph 11/12
CALDWELL, George A. 36
CALDWELL, Junius 30*
POOR, Thomas G. 20*
CALDWELL, Isaac 26
PATTERSON, Allen D. 50, Robert 20, Oliver 18, Louisa 13, Nancy 11
SINCLAIR, Mary 35*
FRANKUM, Hiram 60*, Joseph 54, Fielding 51

1850 Census Allen County Kentucky

Schedule Page 101

MULLIGAN, J. C. 55 (m), M. F. 51 (f), Sarah L. 23, Mary A. 21, Harriet A. 19, Thomas C. 11, Malissa 8
MCCAMPBELL, William A. 49, J. M. 47 (f), M. F. 13 (f), W. C. 10 (m), S. A. 8 (m)
FORD, Richard S. 53, Anne M. 44, C. 19 (f), W. D.? 17 (m), S. 10 (f), T. J. 6 (m), M. E. 3 (f)
WALKER, A. S. 39 (m), M. M. 34 (f), W. R. 16 (m), E. G. 15 (m), S. H. 14 (f), D. C. 12 (m), M. A. 10 (f), R. 9 (m), J. H. 7 (m), J. B. C. 5 (m), A. S. 2 (m), S.? 30? (f)
EVANS, James B. 42, S. H. 32 (f), A. E. 4 (f), J. F. 2 (f)
READ, T. A. 29 (m), M. F. 26 (f), B. E. 7 (m), A. A. 4 (f), J. C. 2 (m)
BROWN, D. B. 25 (m), S. H. 23 (m)
MITCHEL, H. C. 24 (m)*
HATLER, B. J. 20 (m)*
DRANE, Anthony 46*, F. 46 (f), J. R. 20 (m), M. T. 17 (f), W. A. 7 (m), Z. T. 5 (m)
ALEXANDER, C. H. 23 (m)*, E. A.? 22 (f)
TUCKER, C. H. 18 (m)*
MASON, J. H. 26 (m)*
DIXON, T. R. 19 (m)
BARLOW, J. J. 30 (m), P. A. 31 (f), M. A. 6 (f), J. R. 3 (f), J. R. 11/12 (m), Phebe 20 (f) (B)
WATERS, A. 35 (m)*, H. A. 33 (f), C. C. 6 (m), M. E. 1 (f)
JONES, Thomas H. 14*
CLARY, E. 56 (f)*
HAMMONS, J. E. 25 (f), James W. 3
DANCE, John E. 30*, S. 26 (f), E. P. 5 (f), W. E. 2 (m), Daniel B. 24
FOWLER, A. M. 9 (f)*
SETTLE, T. J. 33 (m)*, S. S. 26 (f), S. H. 6 (f), A. 4 (m), G. W. 41 (m)
WILLIAMSON, H. F.? 18 (m)*
TURNER, R. 15 (f)*
BROWN, C. A. 12 (m)*
THOMPSON, S. M. 30 (m), K. T. 24 (f), S. F. 7 (f), W. H. 6 (m), M. E. 4 (f), K. 1 (f)

Schedule Page 102

GARRISON, A. W. 30 (m)*, Z. E. 24 (f), M. M. 1 (f), S. S. 1/12 (m), Martha 62
MCTETERS?, S. B. 22 (m)*
ALEXANDER, T. J. 22 (m)*, J. 20 (m)
ANDERSON, J. F. 26 (m)*
GARRISON, Eli D. 43*, S. 33 (f), E. 12 (f), E. C. A. 7 (f), R. 5 (f)
ALEXANDER, S.? M. 20 (m)*, H. W.? 19 (m)
WADKINS, J. 11 (m)*
HAGAR, T.? J. 33 (m), H. 27 (f), G.? F.? 9 (m), J. T. 7 (m), S. D. 5 (m), N. J. 3 (f), J. W. 3/12 (m)
MULLIGAN, G.? M. 28 (m), M.? W. 19 (f), M. F. 5/12 (f)
HARVEY, C. F. 33 (m)*, M. W. 27 (f), M. J.? 10 (f), W.? M. 7 (m), E. __ 1 (m), E. W. 30 (f)
MCKENDREE, E. C. 16 (m)*, S. 52 (f)
LONG, T. E. 28 (m), M. E. 20 (f), U. 4/12 (m)
FALLIS, S. B. 34 (m), E. W. 25 (f), E. A. 3 (f), G. A. M. 1 (f)
LEE, N. W. 36 (f), A. F. 16 (f)
SWAIN, Joseph 45, M. 35 (f), S. A. 13 (f), M. E. 11 (f), R. J. 10 (f), F. S. 8 (f), M. M. 6 (f), J. 2 (f), S. E. 1 (f)

1850 Census Allen County Kentucky

FROGG, T. C. 28 (m), H.? E.? 24 (f), C. M. 2 (m), D. J. 19 (f)
THOMPSON, J. C. 36 (m)*, R. C. 21 (f), J. L. 2 (m), S. J.? 1 (f)
BOYERS?, W. __ 26 (m)*
KISTLER, C. W. 21 (m)*, Sally 58 (B)
MANSFIELD, G. W. 54 (m)*, F. W.? 55 (f), S. A. 22 (f), W. 20 (m), D.? 17 (f), __ __ 13 (m)
CARUTH, G. W. 8 (m)*, A.? 6 (m)
HARVEY, F. G. 35 (m), J. A. 33 (f), A. S. 6 (f), E. W. 4 (f), R. 2 (m), M. 65 (f), S. E. 20

Schedule Page 103

RAGSDALE, T. J. 23 (m)*
KIZER?, C. C. 21 (m), A. B. 19 (m)
EVANS, S. K. 29 (m), K.? T. 23 (f), A. J. 4 (m), G. E. 1 (m)
GRIGGS, Wm. 70*, E. 68 (f)
SWEARENGIN, S. 46 (m)*
WALKER, Mariah 48* (B)
HEETER?, J. W. 32 (m)*, A. E. 28 (f), A. W. 10 (m), S. M. 8 (f), S. E. 7 (f), T. F. 5 (m), M. J. 2 (f), K. 12 (m)
STONE, G. 10 (f)*
KENADA, D. L. 35 (f), N. D.? 18, S. 16 (m)
ANDERSON, M. 30 (f)*, A. P. 7 (m), K. F. 6 (f), E. T. 4 (f)
ROBERTSON, A. 22 (f)*, __ 19 (f)
BELL, J. E. 30 (m), M. A. L. 22 (f), D. F. 5 (m), N. E. 4 (f), S. J. 2 (f), M. A. 10/12 (m)
GRIGGS, A. 38 (m)*, J. S. 40 (f), J. M. 12 (f), G. W. 10 (m), C. S. 6 (m), E. J. 4 (f), A. H. 1 (m)
WELCH, S. 19 (m)*
FOSTER, R. J. 34 (m)*, M. E. 28 (f), M. J. 12 (f), J. S. 10 (m), M. G. 8 (m), T. G. 6 (m), G. A. 4 (f), T. S. S. 3 (f), Z. S. 11/12 (m)
SMITH, Robert 3*
EVANS, Wm. F. 44, D. R. 44 (f), R. B. 13 (m), W. T. 12 (m), J. C. 10 (m), J. G. 6 (m), C. A. 70 (f)

Schedule Page 104

WILSON, F. A. 27 (m), M. A. 26, J. M. 7 (m), R. A. 6 (f), N. S.? 4 (f), J. A. 2 (m)
HAUTZMAN, William 27, M. A. M. 7 (f)
HAUTZMAN, J. 26 (m), M. 31 (f), J. T.? 3 (f), S. E. 1 (f)
GILES, John 103*, M. 83 (f), S.? 24 (m), M. 13 (f)
LANCASTER, A. 6 (f)*
ANDERSON, Mark 50*, L.? 28 (f), G. W. 7 (m), P. 4 (f), Wm. 3/12
LANCASTER, P. 4 (f)*, J. H. 6 (m), R. 9 (f)
GILES, Eli 30*, E. __ 24 (f), W. W. 4 (m), J. A. 1 (m)
ASHLOCK?, J. B.? 30 (f)*
HARRISON, M. T. 34 (m)*, (4 illegible)
WAGGONER, S. 49 (m), M. 71 (f), A. A. 40 (m)
MCCLARY, R. 69 (m)*, M. 68 (f), N. 43 (f), _____ 26 (m)
DAVIS, A.? 35 (f)*, R. S. 11
FOSTER, J. W. 35 (m), W. 34 (m), A. W. 15 (m), M. K.? 13 (f), G. W. 11 (m), M. J.? 8 (f)
COLE, Wm. C. 25, N. 21 (f), M. A. 5 (f), A. 3 (f), Jasper 1
COLE, M. A. 56 (f), E. A. 40 (f)

1850 Census Allen County Kentucky

WILSON, Rebecca 26*, Joseph A. 18
ALEXANDER, A. W. 52 (m), J. S. 18 (m), M. J. 16 (f), J. R. 14 (m), D. M. P. 12 (m), G. M. 10 (m), Wm. M. 6
ALEXANDER, Noe? 50
ALEXANDER, Z. 26 (m), M. 23 (f), W. M. 6 (m), M. Q.? 4 (f), B. D. 4/12 (m)
COOPER, Wm. 39, M. 37 (f), J. P. 13 (m), M. E. 12 (f), L. M. 7 (f), S. R. 3 (f)
COLE, A. 25 (m), E. 23 (f), M. F. 4/12 (f), E.? 9 (f)

Schedule Page 105

MARKERUM, P.? 45 (m), F. 37 (f), J. 16 (f), J. 14 (f), E. 12 (f), J. W. 9 (m), Wm. 8 (m), J. A. 6 (m), S. 5 (m), L. 3 (f), E. 9/12 (m)
HOWEL, James 50, E. 48 (f), S. 26 (f), G.? 25 (f), J. 22 (m), M. 20 (f), ___ 18 (m), Rawleigh 16, __ 12 (m), B. 10 (m), F. 9 (m), W. 7 (m)
WILLIAMS, E.? 21 (m), F.? 33 (f), M. 17 (f), M. E. 6/12 (f)
COLE, Wm. 44*, F. 50 (f), Joel? 19, G. 15 (m), H. 13 (m), C. 11 (f), C. M. 5 (f)
VANCE, J.? 49 (m)*
CLIBURN, John 28*, M. 22 (f), M. 4 (f), M. A. 3 (f), J. D. 1 (m)
ABLES, __ A. 12 (f)*
JOHNSON, B. 54 (m)*, E.? 51 (f), M. 27 (f), M. 19 (f), __ 18 (m), E. 15 (f)
ALEXANDER, F.? M. 7 (m)*
HAYNES, S. B. 23 (m), M. J. 24 (f)
COLE, M. 67 (f)*, L. A. 27 (f)
MILLER, Wm. H. H. 9*, B. A. 7 (f)
TRAMEL, Daniel 24, Katherine 32, A. M. 3 (m), J. Taylor 1
HAUTZMAN, P. 33 (m)*, M. 36 (f), D. 14 (m), J. W. 8 (m), M. M. 6 (f), N. B. 4 (f), G. T. 9/12 (m)
TRAMEL, M. J. 16 (f)*
HAUTZMAN, Henry 64, N. 53 (f), M. 14 (f), H. M. 7 (m)
BOND, W. C. 17 (m), M. A. 20 (f)
DALTON, Wm. 62, W. 75 (f)
DALTON, Booker, 30, E. 27 (f), J. H. 6 (m), W. 4 (f), M. J. 4/12 (f)
SHULTZ, John 28*, J. 32 (f), T. 6 (m), W. F. 2 (f)

Schedule Page 106

BOND, B. T. 14 (m)*, J. H. 12 (m), M. 10 (m)
WAGGONER, W. 40 (m), M. 30 (f), W. P. 12 (m), A. Hall 10 (m), D. B.? 8 (m), M. A. S. 6 (f), F. A. 13 (m), P. P. 10/12 (m)
MITCHEL, Wm. 47, E. 53 (f), ___ 8 (f)
KELLY, John 35, E. 35 (f), H. J. 17 (m), T. 14 (m), M. 12 (f), S. 8 (m), N. E. 6 (f), M. E. 4 (f), Wm. 4/12
LLOYD, Stephen 43, M. 39 (f), D. M. 6 (m), M. 3 (f), J. 1 (m), M. 67 (f), J. L. 13 (m), N. 9 (f), G. W. 8 (m)
DALTON, Daniel 33, A. 28 (f), E. 10 (f), Wm. F.? 8, J. E. 6 (m), D. B. 4 (m), S.M.A.E.C. 7/12
WILSON, A. J. 39 (m), M. 38 (f), E. 18 (f), B. W. 17 (m), C. W. 14 (m), S. W. 10 (m), J. R. 8 (m), S. H.? 6 (f), W. W. 3 (m), M. E.? 1 (f)
HENTON, E. 29 (m), M.? 28 (f), F. 3 (f), E. 23 (m), A. 18 (m)
MCREYNOLDS, S. 30 (m), R. E.? 30 (f), J. M. 8 (m), S. M. 5 (f), L. E. 2 (f), U. D. 12 (m)

1850 Census Allen County Kentucky

ALEXANDER, M. 52 (m), N. 49 (f), M. J. 22 (f), M. K. 19 (f), C. G. 16 (m), U. C. W. 14 (f), J. E. 9 (m)
WILSON, J. Mc. 34 (m), J. A. 20 (f), A. J. 10 (f), E. M. 8 (f), S. F. 7 (f), T. H. 5 (m), M. A. 3 (f), J. F. 1 (m), Mary 18, J. B. 19 (m)
ALEXANDER, Dorcas 84, M. S. 54 (f), D. R. 42 (f), C. L. 14 (f)
SPEARS, Thompson 45, E. 38 (f), D. 21 (m), S. A. 20 (f), W. R. 18 (m), E. W. 14 (m), M. 12 (f), F. 6 (f), J. A. 3 (m), S. C. 8/12 (f)

Schedule Page 107

MCGUIRE, Owen 31*, K. 25 (f), M. 3 (f), S. A. 1 (f)
HAUTZMAN, __ 18 (f)*
ANDERSON, J. A. 19 (m), T.? J.? 18 (f)
LLOYS, Robert 22, Orpah 17
ALEXANDER, Silas 59, M.? 40 (f), M. M. 15 (f), J. G. 14 (m), W. F. 13 (m), C. G. 11 (m), J.? F. 8 (m), M. L. 6 (m), M. F. 4 (f)
FERRINGTON, C. 60 (f), __ 34 (f), __ 10 (f), __ 4 (f)
LLOYD, James 45, K. 55 (f), S. 17 (m), K. 20 (f), W.? 15 (f)
HAUTZMAN, A. 34 (f), M. A. 11 (f), W. __ 9 (m)
ANDERSON, John 40, E. 50 (f), S. P. 15 (m), M. 10 (f)
HEATH, W. 24 (m), S. 23 (f), R. R. 6/12 (m)
MAYHEW, M. 42 (m), E. F. 16 (f), W. D. 15 (m), J. W. 14 (m), H. A. 13 (m), A. J. 10 (f), G. W. 7 (m)
DURHAM, J. G. 37 (m)*, C. 36 (f), A. A. S. 13 (f), A. P. 10 (m), J. P. 37 (m)
GORE, J. C. 30 (m), M. 31 (f), J. B. 11 (m), Y.? D. 9 (m), D. C. 2 (m)
WEST, W. 29 (m), M. 32 (f), R. H. 9 (m), R.? A. P. 6 (f), J. W. 4 (f), P. W. 8/12 (m)
ANDERSON, Peter 69, Rachael 72
WELCH, Thomas 42, Lucinda 35, J. P. 11 (m), J. W. 9 (m), L. A. 6 (f), E. B. 5 (m), M. E. 3 (f), Vitula R. 1
REEVES, J. A. 30 (m), E. 32 (f), E. F. 6 (f), J. W. 2 (m), B. A. 17 (m)

Schedule Page 108

DALTON, Thomas 56, G. W. 53 (m), N. Ann 22, L. A. 19 (m), O. Q.? 18 (m)
WOLF, J. 49 (m), E. 25 (f), __ 22 (f), J. 20 (m), K. 19 (f), S. A. 16 (f), M. J. 14 (f), W. F. 17 (m), J. A. 12 (f), M. 10 (f), S. D.? 6 (m)
ANDERSON, R. C. 35 (m)*, E. 25 (f), A. 9 (f), J. H. 4/12 (m)
SARVER, M. 75 (f)*
GUY, L. 45 (m), M. 40 (f), E. 16 (m), A. K. 4 (f), L. D? 4/12 (f)
GARRISON, L. 33 (m), E? 33 (f), Z? M. 12 (m), S. M. 9 (f), M. J. 6 (f), R. 4 (m), J. L. 1 (m)
WILLIAMS, J. F. 25 (m), J. M. 28 (f), R. B. 3 (m), L? B. 2 (f)
WILLIAMS, G. 42 (m), M. 40 (f), S? P. 14 (f), H? J. 13 (m), M. E. 11 (f), S. R. 9 (f), N. M. 7 (f), T. H. 6 (m), S. E. 4 (m), W. W. 3 (m), M. B. 1 (f)
HARVEY, A. A. 42 (m), M. A. E. J. 31(f), D. A. 12 (m), J. G. 11 (m), J. T. 7 (m), G. W. 5 (m)
PULLIAM, R. F. 45 (m), Eveline 42, W. E. 24 (m), H. C. 19 (m), M. E. 17 (f), E. C. 15 (f), A. H. 13 (f), L. L. 11 (f), J. F. 7 (m), E. E. 5 (m), R. F. 2/12 (m)
FALLIS, R. S. 50 (m)*, P. 52 (f)
LEWIS, A. A. 25 (m)*, E. P. 28 (f), S. R. 1 (m)
REED, M. W. 19 (f)*, G. R. 2 (m)

1850 Census Allen County Kentucky

CLARK, E. N. B. 39 (m), L. A. 39 (f), J. R. 14 (m), M. A. 12 (f), J.A. 10 (f), E. G. 7 (f), J. 5 (m), S. 2 (f)
READ, E. D. F. 36 (m)*, E. 26 (f), M. W. 9 (f), C. B. 5 (m), B. 2 (m)

Schedule Page 109

STEWARD, J. M. 18 (m)*
WYGAL, A. 26 (m)*, E. 27 (f)
VEST, B. 80 (f)*
WALKER, William 58, S. 55 (f), D. M. 24 (f), M. S. 22 (f), Wm. H. 22, E. P. 16 (f), L. Y. 14 (f)
ANDERSON, A. 29 (m), L. 27 (f), P. A. -- 5 (f), M. J. E. 3 (f), K. -- 51 (f)
DOBBS, J. D. 27 (m), N. 19 (f), M. M. 2/12 (f)
WINEBRIMMER, Eli 50, E. 25 (f), H. M. 4 (m), -- 1 (m)
WINEBRIMMER, W. 26 (m), E. 23 (f), W. 2 (m), R. 4/12 (m)
WATSON, R. C. 53 53 (f), Rachael 24
ANDERSON, R. G. 33 (m)*, V. A. 33 (f), J. L. 10 (m), S. A. E. 8 (f), M. J. N. 7 (f), M. E. R. 5 (f)
GLOVER, K. 45 (f)* (B)
PARIS, R. H. 58 (m)*, M. A. 45 (f), A. S. 17 (m)
BARLOW, J. H. 34 (m)*, A. R. 9 (f), W. R. 7 (m), R. P. 4 (m), M. E. 10 (f)
PILAND, J. M. 33 (m), E. 8 (f), S. 4 (f), W. 1 (f)
READ, S. J. 42 (m)*, E. J. 31 (f), W. H. 9 (m), E. K? 7 (f), M. E. 2 (f), M. 75 (f)
HICKS, Thomas 60*
TIFFANY, W. C. 40 (m), H. 38 (f), W. C. 15 (m), M. M. 12 (f), M. E. 10 (f), O? P? 8 (f), J. U. 6 (m), J. B. 4 (m), S. A. 1 (f)
TIFFANY, C. 74 (f), R. A. 37 (f)
GATEWOOD, F. 43 (m), M. 41 (f), K. 21 (f), J. J. 19 (m), J. 17 (f), E. M. 14 (f), L. D. F. 12 (m), M. 10 (f), G. A. 7 (m), M. F. 5 (f), H. F. 3 (m), J. 1/12 (f)
PRUITT, A. 36 (m)*, E. 23 (f), Wm. R. 14, G. 11 (m), S? W. 7 (m), M. J. 1 (m)

Schedule Page 110

MCGUIRE, P. 16 (f)*
MANSFIELD, Wm. 45, M. R. 40 (f), J. O. 18 (m), T. S? 17 (m), W---- 15 (m), S. J. 12 (f), H. 10 (m), P. C. 8 (m), V. E. 5 (m), W. C? 3 (m)
WILSON, J. M. 24 (m), E? A. 20 (f), F. J. 10/12 (f)
TAPSCOT, Gorge A. 35, M. A. H. 28 (f), D. A. E. 8 (f), C. F. 6 (m), W. R. 4 (m), A. A. 2 (m)
WILKINS, Alexander 55, D. 56 (f), E. 18 (f), -- 15 (f), M. M. 12 (f), L. K. 9 (f)
MARKERUM, A. 58 (m), P. 42 (f), J? 22 (f), E. 21 (f), Wesley 20, M-- 19 (f), -- 17 (f), A. 15 (m), -- 14 (m), R? 15 (f), W. 11 (m), M. 7 (f), P. 8 (f), Thos? 6, H? 4 (m), -- 2 (f)
GAMM, H? P. 39 (m), Julina? 38, S. A. -- 16 (f), M. A. 14 (f), A. W. 12 (f), S? W. 10 (m), P. W. 8 (m), M. F? 6 (f), W. L. 4 (m), S. R. 1 (m)
RODDY, Thomas 30*, E. 27 (f), H. 5 (m)
WEATHERFORD, E. R. 25 (f)*
ASHFORD, B. 10 (f)*
BROWN, D. D. F. 14 (m)*
ANDERSON, D. R. 22 (m)*, M. H. 24 (f), S. J. 1 (f)
PURSELL, N. 58 (f)*
DEERING, W. 38 (m), S. H. 32 (f), S. J. 13 (f), M. F. 11 (f), R. A. 9 (f), D. W. 6 (m), M. H. 3 (f), Wm. M. 4/12

1850 Census Allen County Kentucky

Schedule Page 111

VENABLE, Joseph 36, S. 32 (f), Wm. H. H. 9, J. R. 6 (m), R. B. 3 (m), M. M. 8/12 (f)
MITCHEL, Willis 69, P. 52 (f), M. E. 22 (f), A. E. 20 (f), A. P. 16 (m), W. 8 (m)
GARRISON, C. A. 33 (m), J. 34 (f), T. M. 9 (m), M. 4 (f), S. 2 (m)
WADKINS, Tho. 23, S. A. 17 (f), J. M. 3/12 (m)
WADKINS, James 46, E. 42 (f), N. J. 14 (f), M. E. 11 (f), M. S. 8 (f), L. E. 4 (f), James 19
WADKINS, Larkin 21, P. 20 (f), J. W. 6/12 (m)
HAUTZMAN, H. 22 (m), Susan 18, J. W. 6/12 (m)
FROST, Anderson 29, F. 25 (f), N. S. 4 (f), S. E. 2 (f), C. L. 6/12 (f)
HINTON, Walker 51, M. 46 (f), W. P. 26 (m), W. W. 20 (m), J. F. 18 (m), L. H. 15 (f), E. P. 11 (m), M. R. 6 (f), A. T. 3 (m)
HAUTZMAN, Wm. 19, N. 22 (f)
FROST, J. 52 (m), M. 50 (f), Thomas 18, Joseph j4. 15
FROST, Jeremiah 25, S. 26 (f), J. F. 1 (m)
CROW, W. J. 22 (m), S. E. 22 (f)
FROST, Eli 39, K. 38 (f), S. A. 9 (f), J. S. 7 (m), T. 5 (f), Wm. 10/12
WADKINS, J. R. 27 (m), S. A. 21 (f), E. J. 3 (f), J. R. 11/12 (m)
COOPER, J. 49 (f), M. 15 (f), D. 13 (f), S. 10 (f)
COOPER, F. 20 (m), R. 26 (f)
WADKINS, S. D. 22 (m), P. A. 19 (f), J. A. 1 (m)
GARRISON, R. 25 (m), S. A. 23 (f), M. A. 2 (f), J. 2/12 (m)

Schedule Page 112

HARRIS, J. H. 44 (m), W. F. 21 (m), J. W. 18 (m), D. S. 16 (m), J. I. 13 (m), M. J. 11 (f), S. H. 6 (f), R. F. 9 (m), P. B. 3 (f), Elizabeth 81
DINWIDDIW, M. 29 (m)*, M. B. 26 (f), R. F. 3 (m)
POPE, Wesley 14*
HARRIS, Amos 60, M. Q. T. 20 (f), John A. 18, Wm. H. 17, G. W. 14 (m), C. C. 10 (m)
GARRISON, J. M. 62 (m), S. 57 (f), C. 21 (m), W. T. 19 (m), M. 6 (f)
JONES, J. 40 (m), S. J. 32 (f), M. S. 13 (f), J. A. 8 (m), Wm. P. 6, J. F. 4 (m), B. H. 1 (m)
JONES, Ambros 27*, M. 26 (f), S. L. 7 (f), B. A. 5 (m), R. T. 2 (f)
POPE, W. 17 (m)*
ANDERSON, J. D. 44 (m), E. 42 (f), J. W. 13 (m), M. J. 9 (f), S. A. 7 (m), J. R. 4 (m), E. A. 3 (f)
GOODMAN, L. B. 33 (m)*, M. A. 24 (f), John T. 4, J. E. 2 (f), C. 1/12 (f), C. A. 29 (f)
HATLER, E. 12 (f)*, B. K. 9 (f)
OAR, R. J. 24 (m)*
ANDERSON, P. W. 53 (m), J. 50 (f), S. 16 (f), S. J. 13 (f), J. E. 12 (m), P. W. 10 (m)
GARRISON, Hannah 23, Elizabeth J. 1
MARTIN, Joseph W. 40, A. E. 23 (f), J. W. 14 (m), W. R. 12 (m), P. T. 7 (m), O. A. 3 (f), W. W. 1/12 (m)
CROW, Joseph 42, N. N. 36 (f), M. A. P. 16 (m), M. F. 14 (f), C. F. 12 (f), R. J. E. 10 (m), S. F. 9 (f), H. A. 5 (f), A. J. S. L. 3 (f), B. T. 1 (m)
MARKCRUM, Wm. C. 31, S. 26 (f)
DUNCAN, A. 32 (m)*, E. F. 33 (m), R. 29 (m), Calvin 22

1850 Census Allen County Kentucky

Schedule Page 113

GLOVER, J. G. 14 (m)* (B), R. 13 (m)
LLOYD, Sally 32, L. V. 12 (f)
SARVER, H. R. 31 (m), M. 26 (f), P. S. 9/12 (f)
COLE, R. S. 22 (m), L. 20 (f), S. K. 4 (f), Wm. P. 1
MARTIN, J. C. 41 (m), S. 37 (f), P. D. 13 (m), N. R. 11 (f), J. B. 9 (m), L. T. 7 (f), P. J. 5 (f), J. G. 2 (m), G. E. 9/12 (f)
RICHARDS, N. 42 (f)*
WEST, Ailsey 27*, N. M. 2 (f), J. M. 1 (m)
RICHARDS, S. J. 31 (m), S. 29 (f), Wm. F. 10, F. H. 9 (f), J. M. 6 (m), S. E. 4 (f), E. J. W. 2 (m)
SHA, Thomas 47*, Nancy 34
WYGAL, S. E. 16 (f)*, A. M. 12 (f), H. F. 10 (m), A. 7 (f), J. K. P. 5 (m), R. F. 3 (m), A. K. 1 (f)
COOPER, Martin 26, E. 24 (f), E. 4 (m), S. E. 2 (f), P. S. 1 (f)
HOLEMAN, L. R. 30 (m), M. F. 24 (f), J. F. 3 (m), James M. 8/12
BRIGHT, James A. 32*, V. 26 (f), C. 38 (m), L. 36 (f)
CHISM, M. 14 (f)*
DAVIS, John 38, L. 38 (f), S. A. 12 (f), N. M. 10 (f), M. W. 6 (f), E. J. 3 (f)
CROW, J. W. 44 (m)*, N. W. 46 (f), J. N. 19 (m), J. W. 17 (m), S. A. 15 (f), D. M. D. 13 (m), L. A. 10 (m), E. D. 10 (m), R. F. 8 (m)
MARTIN, Mary 76*
HAUTZMAN, E. 23 (f)*
EVANS, Boyl? 47, L. 37 (f), D. 22 (f), N. 16 (f), S. 15 (f), R. A. 10 (f), C. 6 (f), J. 18 (m), J. S. 5 (m), Johnson 4, J. 9/12 (m)
BROWN, Alsey 59 (m)*, N. 52 (f), Thomas J. 23, Saml. B. 21, S. E. 16 (f), G. A. M. 14 (f)

Schedule Page 114

ALEXANDER, Celia G. 27*, Wm. C. 5
HATLER, F. M. 17 (m)*
THOMAS, Wesley 35*, D. P. 33 (f), B. W. D. 9 (m), J. W. 7 (m), W. J. 5 (m)
FOSTER, J. F. 7 (m)*
MCFARLAN, J. B. 22 (m), M. E. 18 (f), W. O. 10/12 (m)
EDMUNDS, R. W. 48 (m), S. A. 40 (f), M. E. 20 (f), E. C.? 12 (f), K. A. 10 (f), G. E. 8 (f), L. 4 (f), M. 1 (f)
HETER, Sebaston 38, L. 22 (f), A. 1 (f)
MAYHEW, H. 42 (m), M. 34 (f), A. 9 (f), A. E. 5 (f), J. A. 1 (m)
BROWN, Wm. A. 30*, S. H. 29 (f), Eugene S. 3, E. L. 1 (f)
FORSHEE, S. M. 15 (f)*
MEADOWS, J. 37 (m), E. 41 (f), W. 16 (m), M. H. 14 (m), J. J. 12 (m), J. F. 9 (m), F. P. 7 (m), J. W. 5 (m), L. A. 1 (f)
MCREYNOLDS, Robert 80*, S. B. 72 (f), O. D. 43 (F), R. Y. 41
ALEXANDER, J. F. 15 (m)*
LANCASTER, Tillitha 12*, R. H. 10 (m)
TUCKER, J. N. 23 (m), M. A. 19 (f)
FALLIS, G. 50 (m)*, E. 45 (f), S. M. 16 (m), M. 14 (f), E. H. 12 (f), H. P. 7 (f), E. C. 7 (f), M. J. 4 (f), J. W. 2 (m)
POPE, Gabriel R. 28* (B)
FOSTER, Booker A. 26, R. A. 25 (f)
FOSTER, Wm. 62, Jane 54, J. W. 30 (m), J. D. 22 (m), W. B. 16 (m), S. E. 14 (f)

1850 Census Allen County Kentucky

MAYHEW, W. 38 (m)*, R. 30 (f), M. F. 11 (f), J. E. 7 (m), E. M. 5 (f), G. A. 1 (f)
BURROWS, R. 64 (f)*
MAYHEW, Reason L. 84, Sally 74
DUFFER, Wm. 55, S. R. 49 (f), A. B. 19 (m), H. J. 15 (f), J. E. 12 (m), Richd. A. 5

Schedule Page 115

ANDERSON, Wm. P. 29, T. 26 (f), J. 6 (m), S. L. 4 (f), D. 3 (m)
DALTON, James 65*, H. 57 (f), S. J. 11 (f)
SIMMONS, Martin 22*
MITCHEL, George 41, M. 43 (f), M. 19 (f), E. J. 17 (f), J. N. 15 (m), B. L. 13 (m), M. 11 (f), E. E. 9 (f), W. E. 6 (m), R. S. 6/12 (m)
MITCHEL, J. W. 21 (m)*, E. 23 (f)
HOOTEN, Moses L. 21*
CLIBURN, M. H. 40 (m), E. S. 35 (f), B. P. 15 (m), P. W. 13 (f), S. A. 12 (f), S. E. 7 (f), R. E. 5 (m), D. R. 1 (m)
CARTER, Henry 22, Emily J. 17
SPEARS, Wm. 44, R. L. J. 22 (f), R. R. 21 (m), M. A. L. 19 (f), L. S. 14 (m), J. P. 13 (m), W. S. 10 (m), S. E. 8 (f), H. A. 7 (m), L. F. 5 (f), F. M. 3 (m)
BUCKHANNON, H. 69 (m)*, S. E. 67 (f)
HARMON, Adam 10*
WOOLEY, Alfred 30, S. 27 (f), T. 10 (m), M. F. 8 (f), M. E. 6 (f), B. S. 4 (m), J. 6/12 (m)
DALTON, C. W. 20 (m), E. 18 (f)
DODSON, Wm. 42*, E. 43 (f), Thomas W. 13, C. W. 12 (m), J. D. 9 (m)
GULLY, S. 24 (f)*
BROWN, R. 27 (m), A. 27 (f), T. A. 3 (f), M. E. 9/12 (f)
BROWN, Oliver 29, E. C. 29 (f), H.? A. 7 (f), H. W. 5 (m), W. A. 3 (m), M. A. 1 (f)
BROWN, H. 30 (m), A. 27 (f), E. F. 7 (f), W. H. 5 (m), J. W. 3 (m), H. T. 1 (m)
WEATHEREE, Wilson Y. 30
TRACEY, M. 30 (m), E. 32 (f), A. 13 (m), M. J. 10 (f), E. M. 7 (f), N. 5 (m), E. M. 2 (f)

Schedule Page 116

MAYHEW, R. L. 36 (m), S. 39 (f), E. A. 11 (m), A. B. 9 (m), James 7, H. W. 5 (m)
FRANCES, James A. 41, E. 36 (f), B. 17 (m), M. 14 (m), S. W. 10 (m), K.? A. 8 (f), M. O. 6 (f), E. 5 (m), Geo. W. 3
GIPSON, James D. 33, S. 40 (f), B. R. 12 (m), M. J. 10 (f), M. A. 8 (f), C. C. 4 (f), A. A. 1 (f)
COOPER, J. 22 (m), A. 34 (f), S. E. 6 (f), M. M. 2 (f), M. A. J. 6/12 (f)
TRACEY, Asa 27, S. 29 (f), J. R. T. 7 (m), S. A. 4 (f), S. F. 1 (f)
PARIS, R. G. 24 (m), H. N. 22 (f), J. R. 4 (m), M. A. 4/12 (f)
SEARS, F. T. 30 (m)*, Elizabeth C. 19, J. F. 1 (m)
PARIS, G. W. 16 (m)*
COLE, John 40*, Jane 38, E. C. 17 (f), M. C. 14 (f), U. S. 11 (m), J. S. 9 (f), F. H. 8 (f), R. P. 6 (m)
LLOYD, Judah 24 (f)*
DALTON, J. W. 34 (m), C. 26 (f), G. T. 8 (m), L. F. 4 (f)
WOLF, Leonard 49, James C. 24, W. A. 18 (m), N. M. 13 (f), R. E. 12 (f), M. J. 8 (f), S. W. 2 (m)
WOLF, Jacob 97, Sally 37

1850 Census Allen County Kentucky

COLE, Z. 49 (m), S. 49 (f), George 25, M. A. 28 (f), Joseph 18, Nancy 16, A. 12 (m), Tillitha 10, Cerina 10
COLE, Zacheus jr. 21, B. 24 (f), W. S. 10/12
FROST, Thomas 36, M. 35 (f), F. A. 16 (f), S. E. 13 (f), J. A. 11 (m), C. A. 8 (f), J. M. 5 (m), M. B. 2 (f)

Schedule Page 117

DOBBS, H. 29 (m), J. M. 20 (f), M. C. 11/12 (m)
FOSTER, A. S. 23 (m), M. A. 23 (m)
ONEAL, H. 36 (m), S. 35 (f), W. H. 14 (m), L. H. 12 (f), D. P. 9 (m), E. S. 8 (f), R. 5 (f), J. W. 3 (m), M. J. 1 (f)
FALLIS, Thomas O. T. 21*, M. J. 17 (f)
HAUTZMAN, R. 13 (f)*
CANE, Isaac 39, H. 37 (f), James D. 17, W. D. 15 (m), M. A. 13 (f), R. 9 (f)
CHARLTON, A. 50 (m), E. 42 (f), F. C. 19 (f), Solemon 17, Malvina 15
CHARLTON, John 24*
GRAVES, W. 19 (m)*, S. J. 15 (f)
BORDERS?, M. 25 (m), A. 26 (f)
BORDERS?, David 54, E. 53 (f), A. 23 (f), H. 16 (m), P. 13 (f), W. 11 (m)
HICKERSON, W. 37 (m), Nancy 40, S. 8 (f), G. 6 (m), E. 5 (f)
WALTON, Emanuel J. 22, E. 24 (f)
RIGGS, John 67, S. 70 (f), J. W. 23 (m), M. A. 19 (f)
SHILTON, Macky 55, L. 55 (f), P. 25 (f), S. 22 (f), Wm. 16, John 4
FISHBURN, J. 30 (m), C. A. 27 (f), R. F. 7 (m), G. T. 5 (m), N. S. 2 (f), D. B. 6/12 (m)
RIGGS, G. B. 27 (m), Katharine 22, J. 1/12 (m)
JONES, James 44*, S. A. 35 (f), W. P. 16 (m), S. A. 15 (m), R. A. 13 (m)
RICHARDS, P. A. 30 (f)*
BENNET, Joseph 57, E. 55 (f)
DOBBS, John 57, M. 31 (f), J. W. 20 (m), S. W. 15 (m), R. A. 13 (m), D. C. M. 7/12 (m)
ANDERSON, P. W. 25 (m), A. B. 21 (f), M. J. 1 (f), Ann 50

Schedule Page 118

HINTON, Bennet 29, Mary 24, Wm. P. 2/12
MALONE, C. 42 (m), A. 21 (f), E. A. 4 (f), W. P. 1 (m)
MURPHY, C. 55 (f), S. A. 19 (f), G. W. 17 (m), M. 12 (f)
WALKER, Ithema? H. 43*, R. 46 (f), A. H. 18 (f), F. 16 (f), S. J. 14 (f), Dick 12, R. L. 9 (f), M. C. 7 (f), M. A. T. 5 (f), J. F. 1 (m)
LOVEL, Elizabeth 76*
FOSTER, P. C. 24 (m), M. A. 24 (f)
GALVIN, John 31*, M. A. 30 (f)
DOBBS, E. 32 (f)*
TAYLOR, Jeremiah 8*
HINTON, James 36, Mary A. 30, W. 13 (m), S. R. 8 (f), U. P. 5 (m), W. F. 4 (m), E. H. 1 (m)
HINTON, Jeremiah 84*, E. 73 (f), Wm. 45
GEY?, Elizabeth 25*
HINTON, J. 39 (m), Virginia B. 36, H. D. 12 (m), E. A. 11 (f), M. J. 9 (f), J. F. 7 (f), J. L. 5 (m), V. M. 3 (m), J. B. 2 (m), P. A. 1/12 (f)

1850 Census Allen County Kentucky

MEADOW, L. W. 33 (m), L. M. 40 (f), W. E. 10 (m), S. J. 6 (f), J. C. 5 (m), M. F. 3 (f), S. A. 2 (f), S. A. 1/12 (f), Susan 29, S. W. 5 (m), Jane 38
SPAN, Solomon 41, M. 41 (f), J. W. 21 (m), L. P. 15 (m), S. W. 14 (m), W. F. 12 (m), P. A. 9 (m), P. E. 6 (f), N. H. 2 (f)
TRAVELSTED, F. 61 (m), M. 46 (f), J. 18 (m), W. 16 (m), A. 14 (m), E. 12 (m), E. 10 (m), R. 7 (f), J. 4 (m)
ABSHIRE, Wm. 40*, E. 38 (f), D. 13 (m)

Schedule Page 119

BORDERS, L. Abshire 16*
ABSHIRE, M. 30 (f) (B), J. 12 (m)
TRAVELSTED, B. 25 (m), E. 29 (f), Eve 7
COLE, James 59*, E. 60 (f), W. A. 33 (f), T. H. 32 (f), E. 30 (f)
SAILOR, Robert 12*
SPAN, N. 50 (f)*, H. 23 (f), J. 21 (m), G. 18 (m), L. 16 (m), E. 14 (f)
MIFLIN, P. 44 (f)*
CLINE, John 34*, E. 30 (f), M. 11 (f), J. J. 9 (m), E. 42 (f)
TRAVELSTED, M. E. 2 (f)*
GRAVES, John 29, M. 25 (f), A. 5 (m), G. 2 (m)
HINTON, Uriah 33, M. E. 31 (f), L. 8 (f), J. W. 5 (m), M. L. 3 (f), Y. D. 8/12 (m)
BANDY, M. 30 (f), J. P. 11 (m), M. E. 9 (f), A. A. 7 (f), R. A. 5 (m), J. C. 4 (m)
BANDY, B. O. 21 (m)*, M. 24 (f), S. P. 1 (m)
HUNTZMAN, E. A. 34 (f)*, J. 27 (f), C. 15 (f)
GRAVES, D. 50 (m), S. 55 (f), A. 20 (m), J. 18 (m), H. W. 13 (m), S. A. 7 (f)
BORDERS, Polly 50, N. 22 (f), W. A. 13 (m), J. W. 12 (m), P. J. 8 (f), J. H. 6 (m)
CLINE, George 26, A. J. 20 (f), P. A. 2 (f), E. F. 6/12 (f)
CLINE, Sarah 53, M. 20 (f), E. 17 (f), J. W. 14 (m), A. J. 10 (m)
OGLES, Mary 34, N. M. 13 (f), W. H. H. 10 (m)
GRAVES, H. 21 (m), M. 19 (f), M. J. 2 (f), T. F. 8/12 (f)
GRAVES, F. 60 (m)*, C. 55 (f), G. W. 21 (m), A. 18 (m), A. 15 (m), M. J. 13 (f)
MASON, L. 16 (f)*
BANDY, S. E. 24 (m), E. 25 (f), J. F. 2 (m), Wm. R. 4/12

Schedule Page 120

BANDY, Richd. 52, B. E. 12 (f)
MARKCRUM, P. 28 (m), S. 26 (f), E. 2 (f), M. E. 6/12 (f)
SNOW, J. 57 (f), Davis 31, M. M. 21 (f), V. 3/12 (f), J. D. 24 (m)
GRAVES, James 32, M. A. 27 (f), L. C. 10 (m), M. A. 8 (f), E. F. 6 (f), E. J. 4 (f), Wm. F. 2, J. N. 2/12 (m)
CLINE, M. 45 (m), N. 45 (f), M. 22 (f), H. C. 21 (m), G. 19 (m), D. 17 (f), S. C. 14 (f), A. 12 (m), A. 10 (f), M. J. 3 (f)
CLINE, John 65, C. 65 (f), F. 19 (f), C. 8 (f)
HICKERSON, A. 48 (m)*, M. 35 (f)
LUSTRE, M. 11 (f)*, E. 9 (f), Sarah 6
ANTHONY?, Elizabeth 79*
WILSON, S. 51 (f)*, E. A. 14 (m)
BORDERS, W. 25 (m), M. 27 (f), C. A. J. 9 (f)

1850 Census Allen County Kentucky

BRACKEN, Wm. 34, L. 32 (f), Wm. B. 7, G. B. 5 (m), M. K. 4 (f), George Ann 2/12
POTTS, James 21, L. 25 (f), S. 1 (m)
TRAVELSTEAD, John 42*, L. 39 (f), H. P. 17 (m), A. H. 15 (m), A. M. 13 (m), J. A. M. 10 (f)
DEBERRY, H. 74 (m)*
MAYHEW, James 50, N. 45 (f), E. 20 (f), W. 17 (m), L. 15 (f), M. 14 (f), P. 12 (f), J. 9 (m), E. 5 (m), N. 83 (f), E. 44 (f)
HINTON, P. 25 (m)*
BLANKENSHIP, E. M. 27 (f)*, E. 5 (m), M. J. 4 (f), J. P. 1 (m)
BRACKEN, Gran. C. 26, S. A. 25 (f), A. 1 (f)
BRACKEN, J. 30 (m), M. 23 (f), F. 24 (m)

Schedule Page 121

DEBERRY, Allen 53, E. 48 (f), N. J. 22 (f), W. 18 (m), A. 16 (m), Columbus 13
ANTHONY, Joseph 82*, M. 67 (f), L. 24 (m)
HUNT, Mary 19*
ANTHONY, Wm. F. 41*, Joseph G. 33, Joseph A. 18
DEBERRY, James 21*
ASHLEY, R. S. 27 (m)*
DINKINS, Wm. C. 34, L. 29 (f), M. A. 11 (f), J. H. 9 (m), T. N. 6 (m), E. J. 4 (f), M. G. 1 (m)
GAINES, B. J. 33 (m), R. E. 29 (f), A. J. 10 (f), R. E. 7 (f), S. E. 5 (f), W. H. 3 (m), Jennetta B. 1, James W. 27
MOORE, M. H. 55 (f)*, J. E. 31 (m)
SPEARS, C. A. 34 (m)*, M. E. 29 (f), M. S. 3 (f), A. A. 9/12 (m)
MEADOR, G. S. 22 (m)*
ANTHONY, George 46, N. 41 (f), B. F. 19 (m), J. F. 12 (m)
ALLEN, George 42, M. A. 35 (f), J. R. 11 (m), E. L. 7 (f), J. D. 5 (m), Thomas E. 3, C. D. 1 (f)
MING, R. W. 36 (m), S. B. 30 (f), S. M. 12 (f), W. H. 11 (m), A. T. 9 (f), E. R. 8 (f), L. R. 1 (m)
JOHNS, H. N. 45 (m), D. A. 26 (f), A. J. 6 (m), T. H. 2 (f), A. C. 5/12 (f)
HARRISON, W. G. 30 (m)*, E. 26 (f), L. J. 5 (f), M. J. 4 (f), T. M. 9/12 (m)
BORDEZ, David 13*
HARRISON, Thomas 52, M. 53 (f), H. 17 (f)
HARRISON, A. 63 (m), K. 61 (f), Aquilla 27, P. 28 (f), J. V. 21 (m), Z. 19 (f), T. L. 15 (m)
TRAVELSTEAD, Peter 28, E. 20, E. F. 4 (f), M. E. 2 (f), R. A. 1/12 (f)

Schedule Page 122

POGUE, Wm. 31, E. 35 (f), A. G. 7 (m), G. H. 5 (m)
CHANEY, W. B. 30 (m), S. J. 20 (f), W. H. 5 (m), D. E. 4 (f), S. A. 2 (f), I. 2/12 (m)
ANTHONY, H. S. 50 (m)*, E. 30 (f), W. H. 14 (m), R. D. 12 (m), M. E. 9 (f), A. E. 7 (f), M. F. 5 (f), G. S. 2 (m), E. D. 7/12 (m)
SHY, R. 25 (m)*
LOVELESS, Saml. 61*, C. 70 (f), S. J. 19 (f)
CROSS, D. 68 (f)*
COLVERT, R. W. 37 (m)*, R. 36 (f), W. S. 17 (m), J. F. 13 (m), A. J. 9 (m), G. W. 7 (m), N. E. 4/12 (f)
KELLY, H. 27 (m)*
MAYHEW, Reason A. 38, J. 38 (f), J. A. 15 (m), N. R. 13 (f), M. E. 11 (f), S. F. 9 (m), H. E. 7 (m), F. P. 5 (f), J. I. 2 (m), R. W. 7/12 (m)

1850 Census Allen County Kentucky

WOODCOCK, G. B. 36 (m)*, Mary 37, S. E. 13 (f), M. D. 10 (f), W. H. 7 (m), J. W. 5 (m), A. J. 3 (f), M. J. 2 (f), A. C. 3/12 (f)
MOOR, Wm. 23*
JOHNSON, Wm. 41*, L. 26 (f), S. B. 4 (m), A. J. 2 (f)
MITCHEL, Wm. 16*
FORSHEE, M. A. 20 (f)*
DEERING, M. N. 20 (m), F. M. 23 (f)
CENTER, Willis 64, R. 50 (f), E. 20 (f), M. A. 22 (m), M. 15 (f), N. T. 6 (m)
PILAND, Thomas 51, L. G. 43 (f), E. 19 (f), R. H. 16 (f), E. J. 14 (f), R. 8 (f), E. M. D. 4 (m), T. C. 5/12 (m)
ALEXANDER, , James M. 59, M. 45 (f), R. M. 23 (f), Wm. E. 17, M. H. 11 (m)
MITCHEL, H. S. Esq. 43, M. 39 (f), F. G. 21 (m), M. J. 19 (f), S. K. 17 (f), J. R. 14 (m), Wm. H. H. 12, T. W. 10 (m), L. W. 8 (f), H. C. 6 (m), D. B. 11/12 (m)

Schedule Page 123

PERRY, Aaron 31*, R. A. 28 (f), J. W. 7 (m)
RIGSBY, A. F. 13 (f)*
COLE, A. 50 (f)
HOWEL, William 49, C. 37 (f), S. 16 (f), James 14, Robert 11, R. 8 (m), J. Y. 5 (m), W. S. 2 (m), W. 13 (f)
JOHNSON, R. 32 (m), K. 23 (f), E. 8 (f), W. A. 4 (m), M. J. 3 (f)
DYSON, D. D. 45 (m)*, E. J. 23 (f), N. 20 (f), E. 16 (f), M. 13 (f), J. 1 (m)
HAWKINS, B. 12 (m)*
HENDERSON, J. 41 (m), M. H. 38 (f), E. 16 (f), Thomas 15, J. M. 10 (f), S. 9 (f), A. 6 (f), S. 3 (f), G. 6/12 (m)
COOK, A. 31 (m), M. 21 (f), M. B. 6 (m), A. 4 (m), S. 2 (f)
MILLER, D. 38 (m), N. 18 (f)
NAPIER, J. 39 (m), T. 36 (f), S. 15 (f), R. D. 12 (m), W. H. 9 (m), J. B. 7 (m), J. B. 5 (m), H? C. 3 (m), T. T. 9/12 (m)
TINSLEY, J. M. 30 (m)*, L. 33 (f), A. 2 (m)
CEGRAVES, M. 17 (m)*
RIGSBY, E. 15 (f)*
WADE, A. 25 (m), N. 25 (f), J. B. 5 (m), J. H. 2 (m), M. H. A. 4/12 (f)
HUGHS, James 42*, K. 26 (f), F. 18 (f), N. W. 16 (m), M. 13 (m), C. A. 10 9f), U. H. 7 (m)
RODDY, Wm. H. 7 (m)*
LYLES, Thomas H. 57, M. 57 (f), A. F. 21 (m), T. G. 17 (m), W. 15 (m), Quinton 13, M. E. 11 (f)

Schedule Page 124

SATTERFIELD, H. 39 (m), M. 37 (f), L. J. 19 (f), D. E. 17 (m), S. A. 13 (m), J. H. 11 (m), R. W. 9 (f), J. E. 7 (m), Elizabeth 4, H. C. 3 (f), M. E. 5/12
TAPSCOT, W. R. 27 (m), J. E. 18 (f)
HOOD, Pleasant 45*, M. 43 (f), J. J. 21 (m), N. J. 20 (f), Wm. M. 16, Tho. J. 14, M. E. 13 (f), R. S. 10 (m), M. F. 8 (f), T. 5 (m)
WEBB, N. 65 (f)*
MCREYNOLDS, John 52, A. 53 (f), J. 20 (m), J. 18 (m), E. 16 (m), J. 12 (m), P. W. 10 (m)
MARTIN, J. W. 58 (m), E. 57 (f), S. E. 19 (f), W. P. 17 (m), H. C. 15 (m)

1850 Census Allen County Kentucky

NOEL, Lucy 65, Saml. J. 34, O. P. 32 (m)
MILLER, Wm. 57, C.F.G.M.N. 61 (f), M. A. 24 (f), M. A. 19 (f)
MILLER, Wm. C. 22, E. J. 22 (f), S. F. 8/12 (f)
ALEXANDER, H. W. 23 (m)*, M E. 22 (f)
WILLIAMS, B. A. 13 (m)*
WILLIAMS, E. 52 (f), Nancy 10, S. W. 9 (m)
BAILY, Louisa 37, M. J. 16 (f), Wm. M. 14, M. C. 11 (f), E. C. 9 (f), T. E. 9 (f), H. P. 6 (m)
ALEXANDER, P. 60 (f)*, J. J. 20 (m)
ABLE, V. 45 (f)*
TEAL, Barsheba 59, Isaac H. 24, J. J. 20 (m), E. A. 18 (m)
FORSHE, Mary 47, J. 24 (f), M. M. 11 (f), C. F. 6/12 (m)
COLE, Wm. W. 27, F. 27 (f)
ROTEN, M. 69 (f)*
FORSHEE, R. 21 (f)*, M. A. 20 (f)
HUNTSMAN, B. C. 30 (m), M. 22 (f), F. M. 6 (m), M. 4 (f), R. C. 3 (m), M. E. 1 (f)
BEHELER, Saml. 50, S. 41 (f), G. W. 17 (m), M. J. 21 (f), A. 13 (f), J. W. 11 (m)_, L. 2 (f)

Schedule Page 125

NAPIER, Thomas 33, M. E. 29 (f), E. G. 10 (m), S. T. 7 (f), J. Z. 5 (m), F. W. 2 (m)
RAINY, John 50, P. 22 (m), P. 16 (f), N. 13 (m), John 12, M. 9 (f), D. 7 (m), D. S. 5 (m), S. 75 (f), S. 11 (f)
TRACEY, J. 33 (m), L. 36 (f), H. G. 11 (f), M? E. 9 (f), W. W. 6 (m), H. T. 3 (m), W. H. 1 (m)
DUGLASS, Anderson 37, M. 49 (f), M. 16 (f), John M. 13
PERDUE, J. 56 (m), L. 54 (f), E. 20 (f), James 16, S. 15 (f), R. H. 10 (m), H. 22 (m)
HAMMET, Willis G. 49, M. W. 32 (f), W. B. 13 (m), W. S. 11 (m), A. M. J. 8 (f), J. W. 6 (m), R. W. 4 (m), G. W. 2 (m)
SPEARS, Wm. 67, M. A. E. 30 (f), M. J. 5 (f), L. 3 (f), P. E. 1 (f)
BRADLEY, E. 51 (m)*, L. 46 (f), J B. 24 (m), J. 22 (m), Narcissa 18, James 16, E. 14 (m), A. 12 (f), N. 10 (f), G. 8 (m), C. J. 6 (m)
HALL, Richd. 56*
BEHELER, J. 75 (m), S. 68 (f), E. 33 (f), S. 30 (f), J. Z? 21 (f), J. M. 24 (m)
COOPER, F. 62 (m), A. 40 (f)
COOK, C. 40 (m), D. 24 (f), Celia 16, H. 14 (m), C. 11 (m), M. F. 8 (f), A. 6 (f), W. S. 2 (m), L. S. 1/12 (m)
WILLIAMS, Elijaha 24*, M. 18 (f), H. E. 3/12 (m)
ALEXANDER, B. F. 16 (m)*

Schedule Page 126

COOK, Sion Sr. 75, W. 50 (f)
COOK, Sion Jr. 32, M. 24 (f), M. E. 6 (f), J. E. 4 (m0, C. J. 2 (f), J. H. 10/12 (m)
MCREYNOLDS, Wiley 29, Amy 29, Sally 9, Susan 7, Robt. D. 5, John H. 2, Wm. S. 11/12
RAINY, Polly 48*
MITCHEL, L. 19 (f)*, M. 18 (f)
TRACEY, James 29, M. 27 (f), A. T. 8 (f), H. 7 (m), S. E. 5 (f), S. E. 4 (f), Wm. 1 (m)
SIMANS, Wm. 37, E. 32 (f), B. F. 15 (f), P. J. 14 (f), J. B. 12 (m), John B. 7, A. J. 6 (m), R. D. 4 (m), E. H. 2 (m), M. W. 1 (m), M. H. 1/12 (f)
BEHELER, W. C. 28 (m), Mary 24 (f), W. H. 6 (m), J. R. 4 (m), J. T. 4 (m), J. T. 2 (m), John W. 9/12

1850 Census Allen County Kentucky

LEE, Stephen 69, S. F. 65 (f), S. E. 22 (f)
JOHNSON, Henry 62, Perry 27, Sally 24, Susan 22, Wilson 19, N. J. 17 (f)
TALLY, Obadiah 44*, M. M. 38 (f), D. W. 17 (m), M. J. 17 (f), A. J. 15 (m), E. G. 13 (f), S. A. 10 (f), Uriah 12, M. M. 8 (f), N. E? 6 (f)
EPELING, E. C. 18 (f)*, Hannah 71
JOHNSON, William 57*, J. 54 (f), Y. J. 20 (m), C. 13 (f), C. 11 (m)
POE, Wm. F. 8*
HAYS, L. 27 (m)*, L. 25 (f), M. L. 4 (m), H. D. 2 (m)
TALLY, L. F. 20 (m)*
SYDDENS, J. S. 46 (m), C. 46 (f), F. W. 22 (m), J. W. 20 (m), J. S. 18 (m), W. M. 16 (m), Jas. G. 15, G. W. 13 (m), G. S. 10 (m), Sophia 7, L. M. 4 (m), L. 3 (f)

Schedule Page 127

MANION, F. 59 (f)*, A. H. 19 (m), M. A. 16 (f)
CARUTH, Tabitha 38*
CARUTH, Thomas 38, E. 56 (f), C. A. 26 (m), George 30, Martha 20, Thomas J. 17, M. E. 14 (f), J. E. 12 (f)
SIMMONS, Wm. 58, Mary 55, L. C. 16 (f), J. W. 14 (m), F. T. 12 (m)
FRANKLIN, S. H. 37 (f), M. C. 25 (f), H. C. 15 (m), J. H. 11 (m), M. E. 6 (f), C. A. 4 (f)
AUSTIN, J? 61 (m), E. 58 (f), C. 22 (m), C. A. 17 (f), J. C. 13 (m)
AUSTIN, William 30, C. 25 (f), W. 8 (m), D. 6 (m), H. 4 (m), D. A. 1 (f)
SEAY, J. R. 48 (m), S. W. 45 (f), M. A. 20 (f), J. W. 19 (m), M. D. 17 (f), S. F. 14 (f), C. H. 10 (f), W. H. 7 (m), J. R. 6 (m), C. P. 2 (f)
WITCHER, C. D. 41 (m), Mary 32, N. 14 (f), M. 13 (f), T. 10 (m), J. 8 (m), M. 6 (f), W. W. 1 (m), Fandy T. 75 (m)
DOWNING, Wm. R. 29*, M. C. 31 (f), J. W. 8 (m), Dwit C. 6, John 4, B. 7/12 (m)
SEAY, Matilda J. 36*
HUNT, J. B. 33 (m)*, S. 26 (f), N. E. 8 (f), J. S. 6 (m), J. W. 6 (m), B. F. 2 (m)
VEACH, B. H. 21 (m)*
DOWNING, B. Sr. 62*, J. 61 (f), B. Jr. 23, Adaline 21, W. H. 14 (m)
BEHELER, E. A. 3 (f)*
HUGHS, Elizabeth 55
PARISH, Elizabeth 36*, John 14, Wm. T. 12, S. H. 8 (m)
GREER, J. J. 22 (m)*
FRANCES, M. 60 (m), M. 59 (f), M. A. 23 (f), J. H. 17 (m), Druella 15, W. 14 (m)

Schedule Page 128

LONG, G. P. 30 (m), E. 28 (f), A. C. 6 (f), C. F. 5 (f), J. W. 3 (m), C. 10/12 (f)
FISHER, Thomas 42, Matilda 38, A. J. 17 (m), S. E. 12 (f), T. M. 8 (m), J. P. 5 (m), James 2
GREER, B. W. 38 (m), S. J. 34 (f), J. Q. 15 (m), M. A. 14 (f), J. G. 11 (m), S. A. 7 (f), K. J. 3 (f)
HAWKINS, John 36, Mary 31, Wm. 12, B. 10 (m), R. 7 (m), S. 3 (f), E. V. 2 (f)
GOODMAN, Jessee 36*, R. A. 26 (f), F. A. 9 (f), M. J. 6 (f), S. A. 4/12 (f), A. 23 (f)
SHIELDS, F. M. 9 (m)*
HATTER, A. J. 20 (m)*
AUSTIN, Williamson 43, Martha 39, W. T. 14 (m), N. A. 12 (f), T. H. 9 (m), M. E. 6 (f), J. P. 3 (m)
FLETCHER, W. J. 31 (m), N. 32 (f), S. J. 7 (m), T. J. 2 (m)

1850 Census Allen County Kentucky

SELSOR, J. 29 (m), A. A. 20 (f)
FALKNER, M. 38 (f)*, James 18, Wm. H. 16, M. M. 14 (f), J. F. 12 (m), G. A. 11 (m), M. J. 9 (f), C. J. 7 (f), T. J. 5 (m), C. 5 (f), S. A. 4 (f)
GOODMAN, Benjamin 19*
HAGAN, Elizabeth 58, S. A. H. 24 (f), J. A. 21 (f), E. A. 18 (f), J. D. 16 (f), John 38
HAGAN, Alfred 34, E. 28 (f), F. 13 (m), K. 11 (m), R. 9 (m), M. 6 (m), J. 4 (m), J. 2 (m)
GOODMAN, Hagan 33, R. G. 33 (f), E. A. 13 (f), M. J. 11 (f), A. S. 9 (f), J. D. 7 (m), J. E. W. 5 (m), R. V. 1 (f)

Schedule Page 129

COMBS, Thomas 79*, S. 55 (f), Saml. 16
KIGER, Ann 25*, Matilda 22, Elizabeth 26
HATTER, E. A. J. 36 (m), S. 40 (f), S. A. 10 (f), W. A. 9 (m), P. 7 (m), N. K. 6 (f), S. F. 2 (f), K. 58 (f)
BISHOP, A. E. 61 (f), K. A. 32 (f), E. A. 22 (m), J. M. 21 (m), C. 17 (m), J? P. 10/12 (m)
DORSEY, Marth 34, E. J. 16 (m), W. L. 9 (m), H. P. 3 (m)
MEADOR, Rhoda 41, J. W. 17 (m), E. H. 14 (m), M. P. 10 (f), Irene 9
BENEDICT, Harrison 37, E. F. 36 (f), J. B. 11 (m), M. J. 9 (f), A. M. 3 (m), R. L. 4/12 (m)
BENEDICT, John 45, Eve 39, B. Y. 19 (m), J. 17 (m), E. 15 (f), J. 13 (m), H. 9 (m), L. 5 (f), S. T. 3 (f)
SELSOR, Hardin 65*, M. D. 50 (f), H. V. 11 (f), S. C. C. 8 (f)
RUSH, Malinda 22*
FRANCES, Mary 36*
KENADA, A. 39 (m)*, N. 37 (f), M. J. 16 (f), J. 13 (m), N. 9 (f), W. 7 (m), J. 7 (m), M. 5 (f), D. M. 3 (m)
BRIDGES, T. J. 37 (m)*, Lucinda 34, H. J. 12 (f), S. F. 10 (f), M. H. 4 (f)
ORE, Nancy 54*, M. A. J. 20 (f), John H. 16, R. J. L. 2/12 (m)
FULCHURE, E. M. 34 (f)*, N. C. 13 (f)
ORE, A. L. 25 (m), M. 20 (f), M. A. 5/12 (f)
HAGAN, Robert 38, E. 35 (f), J. T. 16 (m), J. H. 15 (m), L. S. 13 (f), S. T. 6 (f), T. 11/12 (m)

Schedule Page 130

GOODMAN, Jacob 37, L. 40 (f), L. D. 9 (m), E. A. 7 (f), Wm. H. 5, M. E. 3 (f)
DAVIS, N. R. 36 (m)*, M. 38 (f), J. 15 (m), N. A. 10 (f), J. G. 9 (m), D. J. 7 (m), E. M . P. 1 (f)
GEORGE, H. G. 91 (m)*
JONES, L. M. 22 (m), S. 23 (f), J. E. 2 (m), J. H. 6/12 (m)
COLBERT, John 67*, E. 56 (f), J. J. 23 (m), E. 64 (f)
GLOVER, Jane 33*, M. 13 (f), A. H. 9 (m), M. F. 6 (f), M. J. 2 (f)
PARISH, J. S. H . 20 (m)*
WOLF, D. 19 (m)*
BROWN, R. 39 (m), M. 30 (f), R. W. 14 (m), J. 12 (m), R. 10 (m), S. 7 (f), E. 5 (f), L. A. 3 (f), G. R. 1 (m)
MCCLARY, D. 27 (m), R. 28 (f), S. E. 7 (m), Mary 5, Sally 4, Robert 4/12, Samuel 4/12
COWDEN, J. B. 72 (m), M. 51 (f), M. W. 9 (f)
COWDEN, J. M. 41 (m), E. A. 38 (f), G. R. 6 (m)
FITZPATRICK, John N. 34, F. J. 31 (f), M. F. 10 (f), S. E. 6 (f), M. 4 (f), V. B. 1 (f)
STATON, E. J. 34 (m)*, J.A.F.D.L.F.27(f), L. A. 7 (f), G. C. 1 (m)

1850 Census Allen County Kentucky

BRIDGES, P. H. 26 (m)*
BERRY, Ephraim Jr. 37, M. 18 (f), E. 2 (f)
BERRY, E. 63 (m)*, R. 62 (f), M. 18 (f)
CAMPBELL, J. 12 (m)*
SIMS, M. F. 20 (f)*
BERRY, Enoch 25, S. J. 20 (f)
HOGG, Ozias 31, N. 30 (f), J. F. 9 (m), S. E. 7 (f), E. B. 2 (m)
SHIPLY, N. 80 (m), J. 46 (f), A. C. 15 (f), J. A. 12 (f), N. 11 (f), D. 9 (f), R. 8 (f), J. 7 (m), L. J. 5 (f), D. 3 (f), M. F. 1/12 (f)

Schedule Page 131

WHITNEY, M. 70 (f), Reeves 23
WHITNEY, Hermon 39*, E. 41 (f)
HOLDER, J. P. 7 (f)*, A. 45 (m)
WHITLOW, John 49, J. 49 (f), P. R. 23 (m), J. P. 21 (m), J. 16 (m), M. 12 (f), J. 10 (m)
WHITNEY, Uriah 50*, C. 52 (f)
FOSTER, George B. 35*
HAMMET, James M. 41, N. 32 (f), S. E. 13 (f), T. U. 12 (m), J. W. 9 (m), S. J . 7 (f), N. A. F. 4 (f)
MCGWIRE, John 28*, E. 55 (f), L. J. 9 (f), K. A. 6 (f), V. V. F. 4 (f), M. E. 7/12 (f)
SHIPLEY, Bird 20*, J. 26 (m)
MCGWIRE, G. W. 32 (m), Mary 28, T. M. 10 (f), J. Q. A. 8 (m), R. H. 1 (m)
MANLY, Obediah 38, E. 36 (f), M. 15 (f), G. 12 (m), S. A. 10 (f), J. 9 (m), R. J. 8 (f), M. E. 5 (f), N. H. 3 (f)
STONE, John 40*, C. A. 45 (f), M. J. 25 (f), Thomas 18, E. 16 (f)
CARVER, M. 3 (m)*
ASHFORD, J. S. 42 (m), M. J. 37 (f), M. F. 17 (f), John P. 16, W. H. 15?, S. 14 (f), C. A. 12 (f), J. M. 11 (m), Jess 10, K. A. 8 (f), Thomas 5, M. A. 3 (f)
SYKES, Jesse 48, A. 42 (f), S. 30 (m), M. A. 18 (f), M. E. 17 (f), J. R. 15 (m), J. W. 13 (m), E. A. 11 (f), N. C. 8 (f), S. A. 6 (f), T. J. 3 (f), V. 1/12 (f)

Schedule Page 132

BERRY, Sarah 52, F. 27 (m), E. 23 (f), E. 21 (m), J. P. 20 (m)
TINSLEY, Thomas 69, P. 58 (f), T. N. 22 (m), T. 17 (m), J. 15 (m), C. 14 (m), Wm. 9, Mary 23
TINSLEY, J. 32 (m)*, S. P. 28 (f), Wm. E. 2, J. B. 2/12 (m)
HOLDER, Danl. 54*
HOLDER, D. 40 (f)*, H. P. S. 1 (f)
CONAWAY, James 18*, Ivan Coral 4?
CONAWAY, R. M. 71 (m)*, Sally 80, S. 36 (f), Kitty 34
CARVER, Polly 40*
FULCHER, Hamlet 29, S. 22 (f), M. P. 3 (f), Wm. J. 1
WITT, J. 32 (m), E. 46 (f), M. E. 13 (f), J. W. 9 (m), A. S. 7 (m), J. F. 4 (m), L. 3/12 (m)
DURHAM, W. 21 (m), K. A. 18 (f)
FITZPATRICK, William 62, Dolly J. 50
HOLDER, John 39*, A. A. 54 (f)
FOSTER, Sally B. 10*
HOLDER, Edward 36, C. A. 29 (f), M. K. 7 (f), E. J. 4 (f), Hiram 25, Eve 20, Berry 15

1850 Census Allen County Kentucky

CARPENTER, S. E. 57 (m)_, Sally 58, S. 28 (m), James 26, S. G. 23 (f), M. F. 13 (f)
CARPENTER, Free Dick 61 (B)
GARMAN, Adam 45*, E. 35 (f), G. W. 17 (m), E. J. 14 (f), James H. 13
DULANY, Elender 72*
SPEARS, James 40*, M. 36 (f), E. W. 12 (m), J. H. E. 10 (m), Wm. S. 7
WOLF, F. 58 (f)*
WOODCOCK, H. 38 (m), W. 24 (f), J. M. 8 (m), M. K. 5 (f), J. 1 (m)
EPELING, J. K. 37 (m), J. 32 (f), M. M. 12 (f), E. J. 8 (f)
EPELING, Erastus 22, Nancy 20, L. 3 (f), J. E. 6/12 (f)

Schedule Page 133

WOODCOCK, P. 55 (m), P. 48 (f), J. 20 (m), S. 13 (f), D. 10 (m)
WOODCOCK, S. B. 25 (m), H. 25 (f), W. E. 3 (m)
PITTSFORD, D. 47 (m), E. G. 44 (f), T. D. 18 (f), M. E. 16 (f), J. E. 13 (f), M. A. 10 (f), E. A. 9/12 (f), John 60
WILLIAMS, George 22, M. 16 (f)
RUSH, J. 40 (m), M. 40 (f), E. 14 (f), J. H. 12 (m), J. 5 (m), S. 4 (f), S. E. 2 (f)
RUSSLE, S. M. 35 (f)*, A. 13 (f), E. D. 10 (m), W. F. 6 (m), John 60
STEWARD, Henry 24*
STEWARD, James 69, E. 39 (f), F. 12 (m), J. B. 6 (m)
STEWARD, David 40, E. 39 (f), M. A. 18 (f), J. 14 (m), R. 12 (m), L. 9 (f), E. 5 (f), J. 2 (m)
COLVERT, Jesse 28, C. 25 (f), C. A. 2 (f), C. F. 1 (f)
CLIBURN, G. 30 (m)*, S. 23 (f), Wm. 8, M. J. 6 (m), M. E. 4 (f), N. 2 (f)
WOLF, Andrew 25*
CARPENTER, Joseph D. 35, M. 30 (f), J. M. 4 (m), M. J. 2 (f)
COLVERT, Ann 43, Shiplen 19 (B), S. 13 (B) (f), J. W. 12 (B) (f), Z. T. 9 (B) (m), S. E. 6 (m) (B), S. M. (f) (B)
SEARS, C. C. 32 (m), D. D. 31 (f), E. C. 1/12 (f)
HUNT, H. 54 (m), M. 45 (f), Wm. A. 29, K. 20 (f), M. A. 12 (f)
HUNT, H. J. 24 (m), E. 25 (f), E. 1 (f)
BELL, J. 35 (m), M. M. 30 (f), J? B. 7 (m), J. F. 2 (f)
HATLER, M. 31 (f), S. 13 (m), John 8

Schedule Page 134

KELSEA, M. 63 (f)*, Lucinda 27
STEWARD, Robert 9*
CARPENTER, Benjamin 29, J. 27 (f)
HUGHS, Thomas 30, E. 33 (f), B. 10 (f), E. 8 (f), W. 6 (m), J. M. 4 (m), H. C. 1 (m)
WADE, H. 30 (m), M. 28 (f), W. 9 (m), M. J. 8 (f), F. 3 (m)
WOODCOCK, Smith 37*, S. 35 (f)
BARTON, F. H. 13 (f)*, J. T? 9 (m), W. 8 (m), S. 5 (m), A. S? 3 (f)
HOLLAND, M. 16 (m)*
SYDDENS, J. S. 37 (m)*, N. 35 (f), M. F. 11 (f), James 10, L. 8 (f), W. 5 (m), A. 2 (m)
FRANCES, J. 22 (m)*
WALDEN, John 39*, E. 39 (f), N? J. 16 (f), M. 14 (f), S. 11 (f), W. 10 (m), J. B? 7 (m), E. 2 (f), Elizabeth 35
CAMPBELL, Robert 11*

1850 Census Allen County Kentucky

BANDY, J. C. 19 (m)*
SHAW, James 50, M. 37 (f), Anna 19, C. 16 (f), C. 12 (f), S. F. 7 (f), M. 1 (m)
STINSON, Mary 67
BARBOUR, L. 42 (m)*, M. A. 41 (f), Jane 19 (f), E. W. 17 (m), S. 14 (f), F. 12 (m), J. A. 9 (m), Wm. S. S. 7, G. E. B. 3 (m)
STINSON, Perry 19*
BARBOUR, J. H. 21 (m), B. 20 (f), C. 6/12 (f)
HAMMETT, A. 50 (m), M. A. 40 (f), M. 16 (f), T. 11 (f), S. G. 7 (m), V. V. 5 (f), F. A. 2 (f), E. F. 5/12 (f)
STINSON, John 28, M. A. 22 (f), J. 3 (m), W. 1 (m)
POE, B. 42 (m)*, S. 32 (f), E. 10 (f), A. 7 (f), W. 5 (m), J. 2 (m)

Schedule Page 135

CLIBURN, B. 55 (f)*
STINSON, Wm. 51, N. 47 (f), Wm. 32, E. 19 (m), S. 18 (f), R. 12 (m), M. 10 (f), A. 8 (f), A. 5 (m)
POE, Wm. 72, D. 63 (f), F. 32 (f), A. 24 (f)
POE, Johnson 34?, M. 37 (f), Wm. J. 4, N. E. 3 (f), M. D. 2 (f), A. A. 8/12 (m)
ROARK, Wm. 29*, C. 27 (f), N. E. 10 (f), C. F. 8 (f), N. W. 6 (m), A. A. 3 (m), Wm? R. 1
MOORE, F. 22 (m)*
ORR, Wm. 33*, A. H. 32 (f)
KID, James 45*
STINSON, Joseph 25, N? 26 (f), M. 1 (f)
STINSON, Daniel 52, E. 43 (f), E. J. 18 (f), T. 14 (f), Ky. 8 (f), D. T. 5 (m), E. C. 3 (f), J. 2 (m)
BROOKS, W. W. 28 (m), E. 23 (f), J. Y. 4 (m), J. W. 2 (m), E. D. 5/12 (m)
DYSON, John 40, E. 51 (f), S. A. 14 (f), A. 13 (m), E. 10 (m)
WHITE, J. 28 (m), L. 22 (f), M. 4 (f), Thomas 1
HUDSON, H. W. 29 (m)*, E. 29 (f), S. E. 5 (m), J. W. 3 (m), S. M. 1 (m)
HOLDER, Fielding 16*
JENT, John 43, M. 23 (f), M. 15 (f), M. 13 (f), A. 11 (m), L. 9 (m)
PROPES, J. D. 45 (m), N. 50 (f), E. D. 22 (f), J. 18 (f), James 15, A. R. 13 (m), S. 10 (m), N. M. 8 (m), Richd. 5
BROOKS, Martin 51, E. 53 (f), R. 22 (f), H. L. 20 (m), T. 18 (m), N. F. 15 (f), M. 13 (m), E. 11 (m)

Schedule Page 136

STINSON, James 21, M. 27 (f)
STINSON, Fielding 50, S. 45 (f), N. 19 (f), M. P. 16 (f)
PARKER, Thomas A. 61, E. 53 (f), F. 21 (f), Wm. T. 16, J. H. 10 (m)
CLIBURN, M. E. 41 (m), S. 53 (f), S. J. 15 (f)
CROSS, A. E. 29 (m), Martha 28, V. C. 9 (f), Wm. 7, F. W. 3 (m), C. E. 10/12 (f), C. T. 18 (f)
SHAW, D? M. 38 (m), J. 35 (f), M. E. 10 (f), C. J. 8 (f), J. F. 5 (f), M. 2 (m)
MEADOR, Pleasant 54, L. 48 (f), J. F. 25 (m), James W. 22, J. W. 20 (m), W. D. 18 (m), P. H. 15 (m), M. M. 11 (f), C. A. 4 (f)
RAGAN, James 43, M. 40 (f), E. 19 (f), S. S. 15 (m), J. W. 13 (m), E. 10 (f), K. K. 4 (f), M. 1 (f)
WOODS, Josiah 23, M. 21 (f), Wm. T. 2, N. J. 1/12 (f)
STINSON, Joseph 40, C. 34 (f), W. 18 (m), M. 15 (m), Bishop 9, H. 7 (m), S. 6 (m), D. 5 (m), J. 3 (m)

1850 Census Allen County Kentucky

ELLIS, James 32, M. 31 (f), Wm. 9, N. 7 (f), M. A. 4 (f), James 3
JENT, Polly 63*
TALLY, E. 21 (f)*
DUNN, Margaret 53*, William 28, M. 19 (f), John A. 17, N. P. 15 (f), M. H. 13 (f)
DOWNING, L. A. 20 (f)*
DUNCAN, L. A. 27 (f)*
HUGHS, A. P. 24 (m), A. 22 (f), L. A. 8/12 (f)
CARTER, J. 50 (m), C. L. 25 (m), P. 22 (f), M. F. 17 (f), P. P. 13 (m), J. F. 13 (m)
SHAW, J? J. 20 (m), E. 25 (f), M. M. 5 (f), N. J. 3 (f), T. W. 8/12 (m)

Schedule Page 137

PAYNE, D. G. 21 (m)
SHAW, David 73, Charity 72
SHAW, Wm. 40, M. 33 (f), C. M. 15 (f), S. E. 13 (f), C. A. 13 (f), J. W. 9 (m), J. G. 7 (), P. G. 4 (m), J. M. 9/12 (m)
KING, G. A. 33 (m)*, B. 28 (f), J. 7 (m), W. D. 4 (m), C. A. 1/12 (f)
SHAW, Wm. 73*
COOK, Jacob 73*, B. 54 (f), F. 25 (f), H. 19 (m), M. 14 (f)
NEWMAN, Elizabeth 35*, John 4
ROARK, A. 38 (f), C. 15 (f), H. B. 13 (m), A. W. 11 (m), W. J. 9 (m), N. 5 (f)
JENT, Jesse 56, M. 45 (f), J. Jr. 23 (m), E. 22 (f), J. 20 (m), T. 19 (f), A. 16 (m), M. J. 14 (f), M. M. 3 (f)
STEWARD, E. B. 26 (m), M. A. 27 (f)
MILLER, Jacob 30, R. 30 (f), E. F. 8 (f), S. A. E. 4 (f)
JOHNSON, M. 64 (m), E. 67 (f), N. 35 (f), W. V. 26 (m)
JOHNSON, M. Jr. 30 (m), E. 32 (f), W. M. 9 (m)
BEARD, David 58, N. 65 (f), Jackson 33, M. 31 (f), Pleasant 20, G. 7 (m)
HARLAN, L. D. W. D. 47(m), S. J. 33 (f), L. L. 15 (f), T. G. 7 (m), O? E. 5 (f), L. C. 1 (f)
HATLER, Jack 19*, M. 22 (f), J. W. 3/12 (m)
WOODCOCK, E. 19 (f)*
AUSTIN, Willis 47, E. A. 42 (f), M. E. 16 (f), W. M. 14 (m), W. R. 12 (m), J. B. 9 (m), N. J. 6 (f)
HOLLAND, Mary 46, W. 20 (m), M. 23 (f), M. 18 (m), Wm. 16, S. 14 (m), M. A. 13 (f), M. 12 (m), Harland 9

Schedule Page 138

ALLEN, A. A. 53 (m)*, M. 40 (f), Breckenridge 12
PITTSFORD, V. 22 (f)*, N. 19 (m), W. 15 (m), D. 8 (m)
ADCOCK, Tyra 65 (m)*, N. 51 (f), E. 25 (f), J. 15 (f)
RICHMOND, L. 7 (f)*, M. 5 (f), Wm. 1
CENTER, S. 40 (m), D. A. 25 (f), J. W. 12 (m), A. F. 3 (f), L. C. 1 (f)
MCREYNOLDS, W. 25 (m)*, L. 41 (f), Wyley 2, T. B? 1 (m)
HATLER, C. 14 (m)*, D. 11 (m), C. F. 6 (f), C. J. 4 (f)
BROWN, H. 55 (m), A. 49 (f), A. 20 (f), W. 14 (m)
COOK, Green 39, L. 34 (f), J. H. 12 (m), S. E. 9 (f), S. 7 (m), E. G. 6 (m), L. F. 4 (f), H. E. 2/12 (m)
WOOLY, B. 60 (m), S. 58 (f)
TRACEY, M. D. 27 (m), A. 31 (f), C. J. 5 (f), R. W. 2 (m), C. B. 9/12 (f)

1850 Census Allen County Kentucky

PITTSFORD, Cyrus 41*, L. C. 42 (f), J. F. 16 (m)
ALEXANDER, M. A. 10 (f)*
MEADOR, Susan 44, J. F. 18 (m), B.? P. 16 (m), S.a R. 14 (m), M. A. 12 (f), J. E. 9 (m)
MARION, S. 79 (m), S. 28 (f), J. K. P. 10 (m), F. N. 1 (m)
CARUTH, John 51*, Emily 40, W. C. 23 (m), Wm. 22
MILLER, C. 33 (m)*
MCREYNOLDS, Anderson 49, Eady? 46 (f), John 23, Robt. 19, Malinda 11
LONG, Nelson 50, Martha 36, A. J. B. 13 (f), J. E. 12 (m), N. H. 10 (m), M. E. 8 (f), P. 6 (f), Z. T. 4 (m), N. K. 1 (f)

Schedule Page 139

WHITLOW, Jesse W. 42, P. 41 (f), Alfred M. 20, John 17, S. 15 (f), W. B. 13 (m), M. J. 9 (f), N. E. 7 (f), J. N. 3 (m), J. 1 (m)
PILAND, Henry 57*, M. 43 (f), K. 13 (f), B. 11 (m), E. J. 10 (f), Patsey 8, T. 6 (m), N. W. 4 (f), M. E. 2 (f)
LOVEL, William 23*, E. 20 (m)
BROWN, Allen 51, M. 52 (f), Wm. 28, M. 26 (f), A. E. 25 (m), M. J. 22 (f), S. A. 20 (f), J. A. 17 (f), K. A. 15 (f), S. B. 13 (m), R. B. 9 (f), J. N. 7 (m)
ALEXANDER, Mrgaret 61, M. A. 31 (f), S. A. 27 (f), M. L. 22 (m), Jane 20, E. H. 14 (m)
HUGHS, M. 47 (m), N. 46 (f), B. L. 23 (f), J. J. 20 (m), L. F. 17 (f), J. L. 14 (m), S. H. 9 (m)
VEACH, N. 64 (m), C. 32 (f), Mariah 17, R. J. 12 (f), J. H.? 9 (m), W. J. 7 (m), T. E. 4 (m), S. J. 6/12 (m)
COLLINS, Henry 78*
SPILMAN, T. B. 25? (m)*, N. E. 25 (f), M. E. 2/12 (f)
THOMAS, M.? 41 (m), Patsey 41, A. 19 (f), J. H. 17 (m), M. 15 (f), N. K. 13 (f), W. 11 (m), C.? S.? 5 (m), W. S. 3 (m)
ANDERSON, Saml. 52*, E. 42 (f), M. A. 17 (f), Susan 15
FOSTER, J. 10 (m)*, Thomas 6
LONG, William 63, F. 53 (f), K.? A. 17 (m), L. P. 14 (m), A. H. 9 (f)
LONG, James H. 35, L. 30 (f)
SPILMAN, Wm. F. 29, E. A. 26 (f), J. R. 7 (m), A. T. 5 (f), D. B. 3 (m), S. W. 10/12 (f)

Schedule Page 140

LOAFMAN, H. P. 24 (m), E. 26 (f), James 4, Wm. 1
OLIFANT, Abija P. 34, A. 32 (f), E. W. 4 (m), S.? S. 2 (f), M. W. 1 (f)
ATWOOD, W. M. 28 (m), L. M 18 (f)
COCKRILL, J. J. 66 (m), O. 56 (f), Tho. J. 24, J. H. 19 (m), L. A. E. 16 (f)
DURHAM, Benjamin 22*, M. E. 20 (f)
SIKES, E. P. 10 (f)*
PATTON, J. S. 30 (m), M. 32 (f), Wm. H. 6, S. A. 4 (f), K. R. 2 (m)
MILES, L. 49 (m)*, D. 51 (f), W. 17 (m)
BOYD, Silas 16*, H. 22 (f)
DURHAM, J. 40 (m)*, E. 43 (f), B. C. 19 (m), J. A. 17 (m), John 13, R. A. 10 (f), A. 7 (m), S. E. 5 (f), L. A. 8/12 (f)
HALL, George 17*
PRUIT, Robert 49, D. 42 (f), J. R. 17 (m), J. F. 15 (m), G. W. 13 (m), S. K. 11 (f), M. J. 9 (f)
JACKSON, W. 39 (m), R. 34 (f), A. 14 (f), M. F. 10 (f), M.? 8 (m), J. C. 6 (m), A. J. 4 (f), Wm. K. 1

1850 Census Allen County Kentucky

DURHAM, Henry 83, S. 78 (f)
BOYD, A. 26 (m), N. 35 (f), F. E. 14 (f), H. J. 7 (m), P. E. 5 (f)
WHITEHEAD, Wm. 25*, Polly 27, W. J. 10 (m), D.? S. 6 (f), Jackson 4, N. A. V. E. 1 (f)
BOYD, Silas 16*, Hannah 21
ODAM, Jane 41, Thomas 22, John 34
BRANT, James 80, P. 75 (f)
HENSON, L. 52 (m), C. 45 (f), J. 19 (m), J. L. 16 (m), B. A. 13 (f), D.A.E.J. 10 (f), E. L. 7 (m)

Schedule Page 141

SYKES, Logan 23*, Martha 21, M. J. 2 (f)
BOYD, Sarah 23*
MALONE, Sarah A. 10*
MCGWIRE, Nelly 27*
WADKINS, Mary 24*
ORE, Campbell 35*
MERRIT, Obediah 25*, M. 38 (f), F. K. 2 (f)
SYKES, J. C. 16 (m), J. M. 14 (m), S. J. 12 (f), C. M. 10 (m), M. A. M. 9 (f), N. A. 7 (f)
BRIDGES, Z. 64 (m), Ann 60, A. 32 (f), S. 22 (f), C. J. 18 (f), Wm. T. 6, K. 5 (f)
MOORE, Thomas 55, A. 51 (f), Robert 26, Louisa 24, Elizabeth 19, T. 17 (f), A. 14 (f), T. R. 10 (m)
COLBERT, L. 53 (f)*
HARGISS, R. G. 22 (f)*, J. W. 18 (m), P. R.? 2 (m)
DURHAM, Robert 49, C. 45 (f), K. L. 17 (m), R. 16 (m), O. 14 (m), Ky 11 (f), J. P. 7 (m), T. G. 5 (m)
LOAFMAN, S. W. 31 (m), M. A. 27 (f), V.? A. 6 (f), C. S. 4 (f), L. R. 1 (f)
LOAFMAN, Sarah 56, M. 27 (f), S. A. 23 (f), E. 19 (m), B. 17 (m), J. L. 15 (m), D. J. 13 (f)
OLIFANT, D. S. 57 (m), M. A. 47 (f), J. O. 24 (m), E. A. 22 (f), M. J. 20 (f), J. B. F. 18 (m), A. N. 16 (f), D. F. 14 (f), J. W. 12 (m), Jane 9, E. 6 (m), S. F. 4 (m)
JACKSON, N. 56 (f)*, Saml. 32, E. 24 (f), John 23, Lucy 20, H. 25 (f), W. 1 (m)
GOODMAN, Katharine 14* (B)
LOAFMAN, M. 34 (m), R. 31 (f), W. J. 7 (m), A. T. 4 (f), A. F. 3 (f)
CURTISS, J. D. 31 (m)*, E. 34 (f), J. D. 9/12 (m)
LOAFMAN, J. _. 15 (m)*, T. M. V. 14 (m), W. E. 12 (m), M. A. 11 (f), R. H. 8 (m), N. E. 6 (f)

Schedule Page 142

SPILMAN, Thomas 53*, T. _. 52 (f), J. M. 19 (m), L. F. 15 (f), J. B. 13 (f), G. E. 9 (f)
LOVEL, Thomas C. 8*
WHITNEY, Simon W. 46*, S. E. 21 (f), J. W. 3/12 (m)
GRAHAM, William E. 17*
GRAHAM, Janie 36, B. F. 15 (m), J. I. 14 (m), K. A. 9 (f), J. L. 6 (m)
TINSLEY, Moses 38, N. 36 (f), A. J. 16 (m), E. 14 (f), M. E. 13 (f), M. M. 11 (m), J. W. 8 (m), William J. 6
HAMMETT, Didamy 73 (f)*
DICKERSON, F. 38 (f)*, M. 13 (f), Jane E. 11, L. 9 (f)
FRANCES, M. A. 11 (f)*
TINSLEY, William 40*, T. 38 (f), M. C. 11 (m), M. 9 (f), Cynthea 5, S. B.? J. 2 (f)
CARVER, Susan 18*

- 71 -

1850 Census Allen County Kentucky

HAMMETT, Woodson 47, E. 36 (f), G. W. 31 (m)
TINSLEY, Elijah 74, Sally 64, N. 27 (f)
TINSLEY, Thomas 44, Marg. A. 44, C. J. 21 (f), E. 20 (m), Moses 17, A. 15 (m), E. 12 (m), L. 9 (m), C. A. 7 (f), K. 5 (f), M. J. 1 (f)
MORGAN, Jessee W. 38, N. 33 (f), William F. 7, E. 4 (f), J. 2 (m)
BAILEY, K. 69 (f)*
CARVER, E. 20 (m)*
MOOR, E. 28, E. M. 26 (f), T. 4 (m), James H. 2, W. W. 6/12 (m)
STONE, William H. 33, M. 21 (f), R. E. 13 (f), J. C. 11 (m), William H. 9, F. M. 7 (m), E. J. 5/12 (f)
BENEDICT, M. 71 (f)*
CARVER, E. 20 (f)*
YOUNG, Johnson 80, S. 77 (f), M. J. 40 (f), J. M. 19 (m), A. J. 20 (f)

Schedule Page 143

DEVASIER, E. 70 (f), H. S. 26 (m), A. J. 21 (f)
GRIFFIN, Elijah 33*, Thomas S. 27
STEVENS, M. 30 (f)*, V. T. 12 (f), M. E. 11 (f), A. J. 3 (f)
COX, S. P. 37 (m)*, Ellen M. 35
RICHARDSON, R.? P. 22 (m)*
DEVASIER, John H. 36, E. 34 (f), L. L. 12 (f), H. C. 10 (m), L. M. 7 (m), J. W. 6 (m), J. R. 5 (m), S. M. 3 (f), A. 1 (m)
SHIKLES, A. 25 (m), C. 26 (f), L. 5 (f), E. S. 2 (f)
HAYNES, Samuel 48*, M. 39 (f), M. F. 19 (f), C. A. 17 (f), S. 15 (f), William 14, G. W. 12 (m), A. 10 (f), M. J. 8 (f), E. 6 (f), N. 4 (f), C. I. 2 (m), J. 5/12 (m)
ANDERSON, T. 21 (f)*, G. W. 2 (m)
TAYLOR, B. 32 (m)*, M. 30 (f), M. G. 8 (m), N. A. E. 5 (f), S. F. 3 (f), Z. 4/12 (m), W. M. 13 (m)
MONTGOMARY, John 35*
HAYNES, Tillitha 91*
MCGWIRE, Milly 62*
WHITLOW, P. R. 22 (m)*
HARSTON, Thomas 43, S. 40 (f), J. R. 19 (m), S. W. 17 (m), J. W. 15 (m), T. J. 14 (m), S. W. 11 (m), J. W. 8 (m), M. 5 (f), Elizabeth 49
STONE, Elijah 22, Elizabeth 24, George A. 1
SPILMAN, D. B. 28 (m), N. 35 (f), J. M. 11 (m), S. 9 (m), J. W. 7 (m), R. H. 4 (m), J. S. 8/12 (m)
ASHFORD, W. 38 (m), E. 40 (f), J. M. 15 (m), S. F. 13 (m), T. 9 (f)
MERIT, D.? 66 (f)*
RICHEY, A. A. 15 (f)*
SPARKS, Stphen 28, E. J. 24 (f), A. C. 4 (f), R. T. 2 (m)

Schedule Page 144

HURT, Joel 45*, Frances 49, W. 21 (m), S. 17 (m), James 15
CLARK, D. 21 (f)*
WOODS, Mary 39, S. H. 16, N. J. 21 (f), S. E. 9 (f), M. A. 7 (f), J. W. 5 (f), A. A. 3 (f)
SHIKLE, Barbara 76, F. 37 (f), James H. 19, Martha 17, Mary 10, J. M. 3 (m)
FRANCES, John 39*

1850 Census Allen County Kentucky

SHIKLE, E. 27 (f)*, W. J. 11 (m), M. A. 7 (f), J. A. M. 5 (f), B. E. 3 (f), T. E. 1 (f)
WHITNEY, Jerimiah 33, Margaret 33, L. 9 (m), M. E. 3 (f)
WHITNEY, J. G. 50 (m), W. 28 (f), M. A. E. 8 (f), _. W. 7 (m), N. J. 6 (f), Jeremiah W. 3, L. E. 1 (f), Q. 5/12 (m)
LEVI, Robert 36, Katharine 23, M. K. 2 (f)
RICHEY, S. L. 43 (m)*, P. A. 48 (f), L. 19 (f), A. K. 11 (f)
CARVER, Henry 26*, R. A. 23 (f)
WILLIAMS, William 19*, P. E. 6/12 (m)
FUNK, William 40*
TINSLEY, John 46, Nancy 43, J. M. 18 (m), E. S. 10 (m), M. C. 7 (m), C. C. 5 (m), E. J. 1 (f)
TINSLY, John T. 20, P. J. 25 (f), S. E. F. 10/12(f)
PRESTON, Middleton 35, Mary 40, John 6, M. A. 6/12 (f)
WILLIAMS, Joseph W. 31, F. 31, W. H. 7 (m), K. A. 4 (f), E. 3 (f), J. W. 3/12 (m)
RICHEY, William 67, N. C. 48 (f), K. A. 23 (f), H. L. 14 (m), R. D. 13 (m), J. L. 10 (m), G. D. 9 (m)
RITTER, W. B. 24 (m), M. A. 29 (f), S. A. F. 2 (f)
HOUCHENS, J. R. 28 (m)*, L. F. 24 (f), E. F. 3 (f), C. A. V. 1 (f)
PRESTON, Elle F. 7*

Schedule Page 145

SPENCER, William 46*, Sally 43, J. W. 23 (m), W. T. 21 (m), F. J. 16 (m), L. M. 13 (m), C. A. 12 (f)
MCCOMBS, J. W. 15 (m)*
RICHEY, Thomas 46, Elizabeth 43, Robert W. 21, T. L. 19 (m), Preston 17, J. S. 16 (m), W. J. 14 (m), C. E. 12 (f), J. I. N. 10 (m), M. V. A. 8 (f), D. 5 (m), L. D. 9 (m)
SPENCER, Cloe 64
RICHEY, Willis S. 23, S. T. 16 (f)
PULLIAM, H. C. 44 (m), W. 19 (m), E. 17 (f), W. 14 (m), M. 11 (f)
RICHEY, John 74*, C. 26 (f)
STARKEY, Nancy 35*
KELLY, J. W. 34 (m), E. A. 29 (f), F. M. 11 (m), T. J. 8 (m), J. W. 4 (m), U. D. 2?, E. A. 2/12 (f)
HIDE, E. 50 (m), Lee 39 (f)
MOSELEY, B. 25 (m)*, M. J. 17 (f)
HIDE, B. 80? (m)*
HIDE, Joseph 49, S. A. 33 (f), R. 26 (f), L. 20 (f), D. 15 (m), a. 13 (m), E. 10 (m), J. 8 (m), E. 5 (f), S. 3/12 (m), W. 4 (m)
HARSTON, Samuel 69*, R. 44 (f), N. A. 2 (f)
OLIVER, L. J. 18 (f)*
RUSSELL, F. 17 (m)*
BOON, Elisha 100* (B)
TINSLEY, Mary 74, E. 38 (f), G. A. 5 (f)
WILLIAMS, Hansy 56 (f), N. 54 (f), J. R. 33 (m), J. H. 13 (m), R. D. 9 (m), C. J. 2 (f)
PAGE, John H. 41 (m), E. J. R. 40 (f), M. F. 15 (f), V. A. 13 (f), W. P. 12 (m), J. R. 9 (f), G. W. 6 (m), E. A. E. 2 (f), G. D. 45 (m)
HOOD, T. J. 39 (m)*, E. 28 (f), E. F. 11 (f), W. T. 9 (m), L. J. 6 (f), M. A. 4 (f), G. W. 1 (m)

1850 Census Allen County Kentucky

Schedule Page 146

RIGDON, E. 19 (f)*, G. 18 (m), S. A. 22 (f)
STARK, C. D. J. 38 (m), A. 28 (f), N. J. 12 (f), L. E. 10 (f), G. W. 7 (m), B. W. 1 (m)
RICHEY, W. C. 28 (m)*, E. 27 (f), J. 7 (m), F. 5 (m), N. A. E. 1 (f), F. 21 (f)
FERIL, J. C. 10 (m)*
RICHEY, William 39, S. K. 19 (f), E. A. V. 15 (f), E. V. F. 13 (f), E. M. 10 (f), A. B. 8 (m), C. M. 4 (f)
HARSTON, William 37*, A. 28 (f), E. J. 8 (f), M. J. 7 (f), N. R. 5 (f), A. J. 2 (m)
MCCALLY, A. E. 12 (m)*
WILLIAMS, Edward 26, P. 25 (f), G. A. 5 (f), Z. T. 2 (m), N. J. 2/12 (f)
JACKSON, W. R. 28 (m)*, F. 24 (f), William J. 3, J. P. 1 (m)
BRUNSON, J. 63 (m)*
BRONSON, Moses 49, K. A. 21 (f), T. E. 10 (m), H. 1 (m)
BRONSON, J. A. 27 (m), E. 29 (f)
STARK, Lucy 40, D. M. 12 (f)
HUGHS, P. 58 (f)*
RUSSELL, F. A. 15 (f)*
ANDERSON, George 70, F. 70 (f), F. 25 (f), J. W. 4 (m), J. 7/12 (m)
FINREY, A. 54 (m), S. 38 (f), E. C. 20 (f), M. J. 10 (f), R. F. 8 (f)
PULLIAM, Benjamin 43*, E. 38 (f), William T. 12, S. a. 10 (f), C. B. 8 (m), L. M. 6 (f), G. A. 4 (f), V. S. 2 (f), C. D. 8/12 (m)
JAMESON, J. A. 19 (m)*, M. D. 17 (m)
FOSTER, Price 46, N. 45 (f), W. J. 20 (m), J. A. 19 (m), T. M. 16 (m), M. A. 13 (f), S. F. 7 (m), M. A. 4 (f), S. M. 2 (f)
WILLIAMS, Thomas M. 36, M. A. 30 (f), L. E. 12 (f), B. F. 8 (m), J. K.? 6 (m), A. J. 9/12 (f)

Schedule Page 147

SPILMAN, Samuel 59*, Robert M. 32, E. A. R. 22 (f)
HARGISS, Samuel W. 24*
SPILMAN, Willis 39, Elizabeth 32, J. V. 14 (f), R. W. 12 (m), V. 8 (f), C. H. 4 (m), A. 2 (f)
THOMAS, Walter 66*, Isam 44, A. 42 (f), W. H. 21 (m), J. P. 11 (m), K. A. 6 (f), Nancy 69
STEVENS, L. 25 (f)*
SANSOM, W. 26 (m)*, M. 24 (f), Thomas 5, M. 2 (m)
CARVER, Parthena 8*
RAINS, John 23*
SPILMAN, Levi 51*, C. S. 49 (f), T. J. 21 (m), M. F. 17 (f), N. A. L. 15 (f), A. G. 12 (f), M. L. 10 (f), S. M. 8 (f)
CARVER, A. 11 (m)*
SEARS, Nancy 57*
DILLARD, J. W. 38 (m), M. W. 23 (f), W. J. 1 (m), G. W. 2/12 (m)
THOMAS, W. 22 (m)*, K. 25 (f), W. 1 (m), J. 1/12 (m)
SEAMSTER, J. S. 7 (m)*
SPILMAN, M. 35 (f)*, C. 12 (m), M. C. 10 (f), William T. 6, J. D. 4 (m), H. B. 2 (m), Mary 65, Lucinda 28
GRIFFIN, James 20*
ATWOOD, J. 65 (m)*, Susan 60, Rhoda 32, N. J. 20 (m)
CARVER, H. C. 5 (m)*
CUSHENBURY, H. C. 22 (m)*, M. 23 (f), J. T. 1/12 (m)

1850 Census Allen County Kentucky

CLAYTON, M. 25 (m)*
ATWOOD, J. M. 26 (m), M. A. 21 (f), C. P. 4 (m), E. T. 1 (f)
ATWOOD, S. J. 35 (m), M. 32 (f), K. C. 9 (m), R. B. 7 (m), T. L. 4 (m), W. S. 2 (m), Taylor 1
WILLIAMSON, J. R. 40 (m), S. 38 (f), William 22, E. 20 (f), N. 16 (f), L. 13 (f), G. 11 (m), I. H. 9 (m), C. a. 7 (f), M. 5 (f), R. F. 2 (m)

Schedule Page 148

CUSHENBERRY, J. 55 (m)*, M. 62 (f), J. P. 23 (m)
RIGSBY, J. V. 8 (m)*
ATWOOD, L. S. 24 (m), M. J. 29 (f), J. A. E. 2 (f), A. A. E. 1 (f)
MCFARLAN, Martha 47, J. F. 24 (m), J. 13 (m), T. 11 (m)
MASON, William 37, E. 21 (f), J. E. 14 (m), M. A. 11 (f), J. H. 9 (m)
READ, John J. 41, M. 37 (f), E. 13 (f), N. J. 9 (f), R. 6 (f), M. A. 8/12 (f)
THACKSTON, Paul 54, Mary 51, R. P. 22 (m), A. V. 19 (f), A. S. 16 (m), Thadeus T. 14, E. S. 11 (f)
THACKSTON, Z. B. 84 (m)
PULLIAM, J. P. 29 (m), S. A. 24 (f), A. S. 2 (m), M. J. M. 1 (f), S. L. F. 5 (f), J. 79 (m)
THOMAS, B. P. 46 (m), M. F. 39 (f), John 13, M. 7 (f), B. J. 2 (m)
SEARS, Albert 32, S. J. 25 (f), W. E. 7 (m), D. W. E. 5 (f), T. A. 4 (f), I. 1/12 (f)
MORRISON, H. M. 29? (m), J. F. 29 (f), W. F. 6 (m), J. L. 8 (m), G. L. 3 (m)
SEARS, H. S. 64 (m), L. 47 (f), James 28, Jesse 26, N. a. 18 (f), M. B. 16 (f), A. 14 (f)
SEARS, Austin 37, M. 31 (f), N. E. 12 (f), N. M. 9 (f), Z. W. S. 1 (m)
ATWOOD, J. M. 45 (m), Nancy 43, Jessee L. 21, A. J. 17 (m), T. W. 15 (m), M. A. 11 (f), W. E. 7 (m)
MORRISON, James _. 66*, S. 63 (f), E. 22 (f), J. F. 16 (m)
THOMAS, L. 11 (f)*
MILLER, John 32, M. A. 25 (f), E. A. 8 (f), N. J. 6 (f), M. P. 4 (f), B. 3 (f), M. K. 8/12 (f), William 23

Schedule Page 149

SEARS, Henry 40, A. 42 (f), L. 16 (f), M. 14 (f), J. H. 13 (m), N. A. 11 (f), S. A. 9 (f), M. A. 5 (f)
MORRISON, L.? J. 21 (m)*, M. A. 30 (f), W. O. 7/12 (m)
LYNN, M. F. 12 (f)*, M. E. 10 (f), J. F.? 9 (m), A. W. 7 (f)
STEVENS, Alexander 34, N. K. 22 (f)
SEARS, William 54, M. 39 (f), L. 14 (f)
BURTON, Thomas S. 27*, A. L. 28 (f), W. D. 9 (m), L. E. 7 (f), E. 5 (f), J. J. C. 2 (m), M. S. 1/12 (f)
ROSE, John H. 31*
GOODNIGHT, Thomas M. 32*, E. 29 (f), J. H. 8 (m), J. W. 2 (m)
NEAL, Ben T. 13*
COLEMAN, W. 25 (m), L. J. 24 (f), J. H. 4 (m), D. J. 2 (m), N. J. 7/12 (f)
COLEMAN, Jorday 23 (m), C. S. 21 (f), B. F. 1/12 (m)
MAR, Daniel 46, N. G. 46 (f), N. M. 22 (f), A. P. 19 (m), C. V. 17 (f), E. P. 16 (m), J. W. 14 (m), E. E. 13 (f), L. J. 10 (f)
OLIVER, J. M. 23 (m), R. A. 20 (f), J. J. 2 (m)
OLIVER, T. J. 46 (m), K. J. 40 (f), William T. 20, J. P. 16 (m), S. F. 11 (f), N. M. 7 (f), C. W. 8/12 (m)

1850 Census Allen County Kentucky

GRIFFIN, John 64, N. 60 (f), W. 25 (m), S. A. 23 (f), J. M. 21 (m), J. H. 19 (m), E. 17 (f), Samuel 14, C. A. 13 (m)
PATTON, William 57, L. 50 (f), M. 29 (f), N. 28 (f), S. 27 (f), M. D. 25 (f), C. W. 20 (m), A. 18 (f), R. F. 16 (m), K. A. 14 (f), G. 12 (m), M. E. 10 (f), E. 9 (m)

Schedule Page 150

BUCKHANNON, William 46, E. 38 (f), J. 14 (m), N. 12 (f), C. 11 (m)
RUSSEL, G. H. 25 (m), M. J. 24 (f)
SEARS, Samuel 36*, M. T. 29 (f), T. J. 13 (m), W. 11 (m), M. J. 9 (f), S. E. 6 (f), C. L. F. 5 (m), J. M. 7/12 (m)
SPILMAN, N. A. 15 (f)*
PATTON, Berry 39, A. J. 29 (f), D. F. 12 (f), C. A. 10 (f), G. W. 8 (m), E. J. 7 (f), S. J. 5 (m), J. M. 4 (m), W. B. 2 (m)
SHIKLE, William 28, E. 22 (f), M. E. 4 (f), J. W. 3?/12 (m)
GIPSON, James H. 38, M. E. 30 (f), I. _/12 (m), E. 45 (f)
WILLIAMS, A. G. 43 (m), E. 46 (f), S. A. 21 (f), D. A. 17 (f), J. R. 14 (m), J. U. 13 (m), J. B. 10 (m), A. M. 7 (m)
PULLIAM, William 71, Mary 58, Walter 19
MCCALLISTER, James 65*, P. 41 (f), E. J. 23 (f), J. G. 22 (f), M. E. 15 (f), A. W. 9 (f), R. L. 5 (m)
MANLY, C. 11 (m)*
HOOD, Rebecca 30, James 14, M. 6 (f)
LEGRAND, E.? A. 38 (m), L. 32 (f), J. W. 10 (m), N. A. 9 (f), J. E. 5 (m)
BUTTON, Elzy 43 (m), Katharine 42, A. H. 17 (f), J. W. 14 (m), A. F. 7 (f)
PATTON, John 79, D. 77 (f)
PATTON, John 30, S. A. 20 (f), J. R. 18 (m), M. C. 15 (f), J. J. 12 (m)
SPILMAN, A. F. 45 (m), S. A. C. 39 (f), S. W. E. 20 (f), M. L. 18 (f), D. D. 16 (m), J. H. 8 (m), N. H. 6 (f), S. F. 4 (f)

Schedule Page 151

MAR, A. W. 22 (m), G. W. 22 (f), D. T. 1 (f)
NEAL, E. P. 28 (m)*, S. C. 20 (f)
SHIELDS, G. W. 23 (m)*
NEAL, B. F. 43 (m), M. W. 37 (f), N. S. 10 (f), S. P. 8 (f), B. W. 6 (m), M. _. 4 (f), T. S. 1 (m)
EASTON, T. C. 33 (m), E. 35 (f), M. J. 1/12 (f)
BUCKHANNON, J. J. 38 (m), E. 33 (f), N. S. 10 (f), S. 8 (f), J. W. 7 (m), D. 6 (m), J. 4 (f), B. F. N. 1 (m), E. D. 30 (m)
GOALY, J. S. 45 (m)*, M. 43 (f)
STARK, Amanda 35*
LEGRAND, Agnes 55, Susan 50
RIGSBY, J. F. 24 (m), P. 22 (f), S. A. 4 (f), W. T. 3 (m)
RICHEY, Samuel 48*, S. 40 (f)
HALL, Josiah 20*, U. 18 (m)
TAYLOR, I. N. 2 (m)*
CHISM, L. 36 (f)*
MINYARD, John 61*, Abagail 54, A. 18 (f), N. J. 16 (f), E. A. 15 (f)
WILLIAMS, John 7* (B)

1850 Census Allen County Kentucky

DRY, Jacob 71?, Mary 63, Eve 76
STOVAL, Daniel 47*, M. 36 (f), J. 21 (m), J. L. 11 (m), R. 9 (m), William 4, S. E. 2 (f)
MAR, Sarah 25*
MOORHED, E. L. 33 (m)*, L. J. 36 (f), L. A. 14 (f), S. E. 7 (f), P. L. 3 (m), J. W. 2 (m), J. S. 1/12 (m)
GUNNELS?, W. 14 (m)*
STOVAL, Bartholomew 52, P. 43 (f), M. J. 16 (f), H. W. 14 (m), J. A. 10 (m), S. F. 6 (f), E. J. 4 (m)
GUNNEL, William 34, A. 28 (f), D. 16 (f), A. W. 14 (m), M. A. 10 (f), A. 7 (m), C. 5 (m), P.? 2 (f)
LONG, James 46*, N. 45 (f), J. A. 25 (m), H. J. 24 (m), G. W. 21 (m), M. L. 19 (m), K. 18 (f), W. A. 17 (m), G. P. 15 (m), A. S. 10 (f), R. 7 (m), L. E. 5 (f), N. T. 3 (f)

Schedule Page 152

GUNNEL, Katharine 75*
HENDERSON, J. W. 39 (m), E. 35 (f), S. F. 15 (f), J. F. 14 (m), V. W. 11 (f), N. A. 9 (f), A. J. 7 (m), W. R. 5 (m), C. D. 2 (f), Q. B. 7/12 (m)
BENEDICT, J. C. 30 (m), Eddy 33 (f), M. E. 8 (f), J. M. 7 (m), K. A. 5 (f), L. J. 4 (f), L. 1 (f)
MOORHED, T. J. 31 (m)*, N. P. 28 (f), J. R. 9 (m), M. J. 7 (f), A. F. 4 (f), J. R. 3 (m), N. T. 5/12 (m)
NICHOLAS, T. J. 26 (m)*
GOABY, John S. 24*, A. M. 22 (f), A. E. 2 (f), M. S. 10/12
JEMASON, Q. G. 27 (m)*
STARK, James 73, Elizabeth 66
STARK, C. C. 46 (m)*, J. T. 17 (m), E. F. 14 (f), M. E. 12 (f), S. G. 10 (f), J. W. 8 (m), T. J. 6 (f)
STONE, T. C. 28 (f)*, G. E. 10 (f), Harriet 9, G. 4 (f)
STARK, Jemima 77
FISHBACK, James 38*, J. A. 29 (f), R. E. 3 (f), E. J. R. 1 (f)
CARSEY, James 18*
FANT, Frances 74, J. S. 50 (m)
MOOR, James W. 57, S. 34 (f), E. 21 (m), Elizabeth 24, J. M. 17 (m), H. 13 (m)
STARK, Daniel 28*
MOOR, V. 20 (m)*
MOOR, Sympson 30, K. 30 (f), M. 8 (f), T. 6 (m), S. 4 (f), N. 1 (f)
MOOR, J. W. 26 (m), E. J. 22 (f), J. C. 1 (m)
DICKENSON, Valentine 35, Phebe 30, J. M. 2 (m), Wm. J. 11/12
HINTON, E. 49 (f), James 26, H. 26 (f), Willis 19

Schedule Page 153

JOHNSON, James 49, A. 35 (f), E. 16 (f), Ky. 14 (f), E. A. 10 (f), N. E. 8 (f), L. 6 (m), T. 4 (m), H. 2 (m), S. J. 6/12 (f)
HINTON, Matthew 50, M. 40 (f), W. 19 (m), J. 18 (f), M. 16 (f), E. 14 (f), J. 11 (m), C. 9 (f), G. 6 (m), S. 4 (f), Masy 2 (m)
SEAMSTER, Greenberry 41, S. 41 (f), Bethuel 14, R. 11 (f), J. O. 9 (m), M. E. 7 (f), E. 7 (f)
GREER, G. 32 (m), B. 30 (f), E. A. 9 (f), L. A. 6 (f), G. W. 4 (m), G. F. 2 (m)
OLIVER, T. 54 (m), L. 50 (f), T. M. 15 (f), B. F. 8 (m)
JOHNSON, Charles M. 50, J. W. 14 (m), Wm. Thomas 14, M. J. 12 (f), R. K. 8 (m), Katharine 25

1850 Census Allen County Kentucky

JOHNSON, Elias 26, Feraby 22, F. E. 10/12 (f)
MOTLY, J. P.? 31 (m), Katharine 25, A. E. 1/12 (f)
MOTLY, John A. 32*, Sarah 28, M. E. 5 (F), G. W. 1 (m)
NICHOLS, E. 18 (m)*
NICHOLS, G. 26 (m)*, E. 26 (f), M. V. 3 (f)
ATWOOD, A. 14 (f)*
MOTLY, Feraby 52, F. 26 (f), M. 22 (m), Wm. 19, W. 17 (m), F. Marion 15 (m), G. 2 (m)
MOTLY, H. 61 (m)*, M. 55 (f), M. 27 (f), P. 22 (f), M. 20 (f), H. W. 18 (m), M. J. 14 (m), N. S. 8 (f)
JOHNSON, J. M. 13 (m)*
COCKRILL, J. V. 39 (m), S. 33 (f), M. 10 (f), W. M. 7 (m), W. M. 7 (m), Z. E. 4 (f), J. Y. 1 (m)
MERIDETH, T. A. 60 (m), Younger 27, K. 23 (f), John 2, S. A. 1 (m)

Schedule Page 154

LONG, Benjamin 81*, M. 81 (f), K. 45 (f), H. 23 (f)
ROBERTSON, M. 14 (f)*
CLAYPOOL, J. W. 21 (m)*
SADDEZ, J. S. 25 (m)*
WELCH, Patrick 46, Ellen 42, Elizabeth 17, John 14, W. 11 (m), S. 9 (f), E. 4 (f), P. H. 2 (m)
MOTLEY, J. 39 (m), Polly 39, Patsey 10, F. 8 (f), E. 6 (m), S. 5 (m), M. 3 (m), R. 1 (f)
MOTLEY, Patsey 65, James 42, Patsey 21, Sally 19
CROWDER, J. 36 (m), A. 30 (f), M. F. 2 (f), M. A. 9/12 (f), S. 60 (f), M. 40 (f)
DOBSON, T. 52 (m)*, E. 60 (f), W. F. 23 (m)
NICHOLS, M. 34 (f)*
HINTON, Malachi 48, Polly 40, Sally 37, Betty 19
LEE, Isaac 86*, Sarah 13, T. T. 11 (m), N. 9 (f), D. K. 7 (f)
LANDERS, Phebe 74*
DIVINE, Thomas 22, Sarah 21
OLIVER, J. N. 20 (m), M. C. 17 (f)
STOVAL, Thomas 28, S. 28 (f), L. J. 6 (f), J. K. 4 (m), S. A. 2 (f)
GRIFFIN, R. 50 (m), E. A. 16 (f), N. M. 14 (f), J. E. 12 (m)
STOVAL, James 41*, J. 35 (f), S. J. 19 (f), N. 17 (f), M. 14 (f), Wm. T. 12, J. J. 10 (m), Doe 6 (m), M. E. 4 (m), L. 4/12 (f)
DIVINDE, Jonathan 20*
LEE, Isaac 25, M. 22 (f), N. 2 (f)
LEE, Abel 48, D. 40 (f), Sarah 19, G. 16 (m), J. 14 (f), Jalia 13, John 8, J. M. 5 (m)

Schedule Page 155

WEAVER, Eliza 53, James 26, E. J. 23 (f), William 22, Jessee 18, Willis 15, Asber 11, Biral 7 (m)
STARK, D. G. 36 (m), M. J. 32 (f)
OLIVER, William D. 43, E. 34 (f), E. E. 19 (f), J. M. 17 (m), E. F. 16 (f), G. W. 11 (m), R. W. 10 (m), G. 8 (m), T. J. 2 (m), M. J. 6/12 (f)
READ, E. T. 26 (m), S. A. 27 (f), L. A. 4 (f)
STRAIT, Wm. L. 43, M. 43 (f), J. 17 (m), G. B. 16 (m), E. V. 15 (m), Wm. 14, J. H. 12 (m), M. J. 8 (f), M. 7 (f)
STRAIT, G. B. 42 (m)*, Sarah 14, Israel 11, Z. 9 (f), J. 5 (m), E. A. 4 (f)

1850 Census Allen County Kentucky

TABOR, Hezakiah 22*
NICHOLS, William 47*, Rachael 33, J. J. 16 (m), William T. 14, E. 11 (f), S. 8 (f), F. N. 6 (f), S. V. 3 (f)
SATTERFIELD, Polly 25*
OLIVER, William 77, T. 54 (f), E. 30 (f), A. 8 (f), M. 7 (f), E. 5 (f), J. 1 (m)
HIDE, Wyley 46, W. 43 (f), N. J. 20 (f), M. E. 18 (f), J. B. 16 (m), H. J. 14 (f), L. A. 12 (f), R. O. 10 (f), Wm. T. 4
HENDERSON, C. B. 42 (m), M. 27 (f), L. E. 6 (m), T. J. 4 (m), L. B. 2 (f)
OLIVER, James M. 28, M. 25 (f), M. F. 9 (f), E. T. 5 (m), G. W. 3 (m)
RICHARDSON, Thomas 57, E. 25 (f), E. 30 (f), S. 27 (f), P. 21 (f), A. 18 (m), F. 16 (m), W. 14 (m), M. 12 (f), N. 10 (m)

Schedule Page 156

YORK, J. 56 (m), J. 46 (f), M. J. 16 (f), J. W. 15 (m), C. 14 (m), M. S. 11 (m), L. W. 2 (m)
LANDES, Isaac 56, P. 53 (f), W. H. 35 (m), J. 32 (m), B. 30 (m), J. 28 (m), Doctor 26, Saml. 21, C. 19 (f), B. 17 (f), S. 13 (f)
BOUCHER, Harison 36, Z. 32 (f), E. 7 (m), L. 5 (f), S. 3 (m)
LANDES, Solbidon? 34 (m), S. 26 (f), Patsey 8, J. W. 7 (m), W. H. 1 (f)
MYERS, W. 35 (m), S. E. 30 (f), H. 11 (m), A. 9 (m), W. 7 (m), T. 6 (m), S. 5 (m), M. E. 2 (f)
JOHNSON, John 57*, N. 51 (f), J. T. 21 (m), E. F. 15 (f), A. J. 17 (m)
CLAYTON, Mary 21*
LANDES, Hezekiah 42, S. A. B. 28 (f), M. 17 (f), S. 15 (m), J. W. 14 (m), P. J. 11 (f), B. 6 (m), S. E. 5 (f), J. E. 4 (m), M. K. 1 (f)
HENDRICKS, Darias N. 29, L. 19 (f)
MOTLEY, Thomas 56, L. 48 (f), J. 24 (m), M. 22 (m), S. F. 16 (f), Wm. T. 14, Z. 9 (m), H. T. 6 (m), E. E. 3 (f)
WEAVER, P. D. 32 (m), M. A. 28 (f), D. H. 9 (f), J. A. 7 (f), J. W. 5 (m), J. W. 3 (m)
WILLOUGHBY, Vincent 42, E. 39 (f), W. W. 20 (m), P. J. 18 (f), John M. 14, E. F. 12 (f), D. 11 (f), A. A. 9 (m), M. K. 8 (f), H. S. 6 (m), H. E. 4 (m), O.? B. 3 (m), C. E. 8/12 (f)

Schedule Page 157

MOTLEY, Matthew 47, E. 46 (f), J. L. 22 (m), Patsey 20, John 18, John J. 16, L. 14 (m), M. 6 (m)
MOTLEY, Zachariah 45, Mary 36, J. L. 10 (m), P. A. 8 (f), F. M. 6 (m), WM. H. 4, J. T. 2 (m), R. P. 5/12 (m)
MCMURRY, Isaac 36*, J. S. 34 (f), J. S. 7 (m), L. J. 5 (f), A. A. 3 (f)
OWENS, H. 21 (m)*
AYRES, Thomas 42, Permelia 36, E. 17 (f), C. 13 (f), Z. 11 (f), J. T. 1 (m)
HOWEL, R. 26 (m), M. 21 (f), J. V. 1 (m)
BOUCHER, Peter 80
TABOR, Jacob 28, Susan 28, S. E. 7 (f), Z. 5 (m), W. H. 3 (m), J. 1 (m)
PETTIE, James 64, L. 52 (f), J. M. 12 (m), J. T. 13 (m)
PETTIE, Daniel T. 34, E. F. 34 (f), J. W. 8 (m), M. F. 5 (f), T. F. 4 (m), E. J. 2 (f), E. C. 5/12 (f)
ASHFORD, W. 23 (m), S. 21 (f), N. E. 2 (f)
PETTIE, Matthew M. 43*, M. E. 22 (f)
DIVINE, A. 16 (m)*, P. 6 (m)
PETTIE, J. W. 30 (m), N. V. 27 (f), C. H. 10 (m), W. G. 7 (m), L. 3 (f), A. G. 2 (f)

1850 Census Allen County Kentucky

CONNER, Elijah 37, Mary 37, K. 16 (f), Wm. 12, J. 10 (m), C. 8 (m), J. F.? 6 (m), R. A. 2 (f)
STEWARD, A. 30 (m), R. 23 (f), L. J. 2 (f)
READ, R. G. 73 (m), Nancy 67, R. 34 (f), T. G. 30 (m), M. F. 25 (f), R. T. 15 (m)
CARUTH, M. 45 (m), Permela 43, Seth 18, F. 16 (f), K. 14 (f), T. 10 (f), H. L. 6 (m), N. 3 (f), A. E. 1/12 (f)

Schedule Page 158

MAYS, William 55, K. 55 (f), E. 27 (f), D. 21 (f), M. J. 18 (f), L. 12 (m), A. J. 10 (f)
ATWOOD, A. C. 37 (m)*, F. 27 (f), A. E. 10 (f), M. S. 7 (f), F. M. 5 (m), L. A. 1 (f)
MERRIT, M. 22 (m)*
HICKMAN, J. 35 (m), M. 36 (f), E. A. F. 8 (f), J. W. 5 (m)
HICKMAN, M. A. 60 (f), Mary 39, J. A. W. 5 (m)
READ, George D. 48, S. 38 (f), L. M. 16 (f), R. A. 12 (m), E. H. 10 (m), M. E. 5 (m), E. J. 2 (f)
OLIVER, James 50, N. 39 (f), D. P. 21 (m), M. 19 (f), B. 17 (m)
OLIVER, William V. 24, Mary 24
HICKS, Thomas 56*, D. A. 33 (f)
PULLIAM, A. B. 12 (m)*, A. T. 6 (f)
MOTLEY, John 34*, M. 31 (f), J. M. 11 (m), S. C. 9 (m), A. H. 7 (m), P. J. 4 (m), E. F.? 1 (f)
WRIGHT, Louisa 35*
STEVENS, Robert 45, M. 39 (f), C. 13 (f), J. F. 8 (m), W. E. 6 (m)
FERGUSON, William G. 43, E. 43 (f), B. S. 15 (m), E. 11 (f), M. F. 9 (f), T. J. 7 (f), S. W. 5 (m), W. H. 2 (m)
HARMON, Joseph 25, Elizabeth 27, A. J. 3/12 (m)
NICHOLS, John 60, E. 60 (f), J. W. 22 (m), A. J. 19 (m)
RICHEY, A. J. 37 (m), K. A. 38 (f), L. J. 15 (f), T. J. 13 (m), N. K. 11 (f), J. W. 9 (f), S. 5 (f), E. A. F. 2/12 (f)
ROSE, Cynthia 58, Lucinda 24, Malinda 23
JOHNSON, Henry 46*, F. A. 44 (f), Henry 14, C. M. 7 (m), J. P. 6 (m), E. T.? 4 (f)

Schedule Page 159

READ, James W. 21*
RIGSBY, J. W. 38 (m)*, A. 37 (f), W. P. 18 (m), W. L. 14 (m), J. S. 12 (m), J. 9 (f), C. B. 7 (m), J. E. 5 (m), A. 3 (f)
MILLER, Samuel 69*
PORTER, Denton S. 68, K. S. 62 (f), Franklin 28, Helus? S. 26 (f), Lee Ann 17, V. S. 16 (f)
BURTON, John 54, A. H. 55 (f), M. W. 23 (f), John B. 20, Cuthbert 20, M. A. 18 (f), Lucinda 15, Frances 13, Cuthbert 81
BUCKHANNON, Willis 28, M. 33 (f), D. E. 1/12 (f)
CLARK, Eveline 32, E. A. 14 (f)
BRIGHT, John 35*, S. J. 27 (f), J. H. 4 (m), G. W. 2 (m)
CHISM, Wm. 16*
SEGRAVES, Mary 40, J. K. 18 (m), Martha A. 15, L. F. 11 (m), J. A. 9 (f)
CEGRAVES, Jonathan 60, P. 49 (f)
CORNWALL, Phebe 55, Nancy D. 17
CLARK, Jaquis 35, S. A. 28 (f), S. A. 14 (f), J. B. 8 (m)
CEGRAVES, Thomas 29, R. 24 (f), L. S. 4 (m), E. A. 2 (f)
CEGRAVES, J. 31 (m)*, E. 39 (f), Adaline 17

1850 Census Allen County Kentucky

SPAN, Elizabeth 21*, J. F. 1 (m)
MIFFLIN, John 24, S. A. 25 (f), M. A. 2 (f), A. W. 1 (m)
CORDER, R. B.? 38 (m)*, M. J. 29 (f), J. W. 16 (m), P. J. 14 (m), J. M. 11 (m), M. A. 9 (f), B. F. 5 (m), L. P. 3 (m), N. 80 (f)
DURHAM, V. 24 (f)*
HETER?, Tillhman 56
BROWN, Thomas 60*, M. 50 (f), Mary 20, Ann 18, Patrick 16
NEIGHBOURS, Arastee? 19 (m)*
CARELOCK, George W. 38, Elvisa 34, J. R. 15 (m), M. A. 14 (f), G. R. 12 (m), Wm. S. 11, L. C. 9 (m), N. H. 7 (m)

Schedule Page 160

HEAVENTON, J. 37 (m), A. 32 (f), Wm. R. 12, R. T. 10 (m), J. G. 9 (m), G. R. 7 (m), J. C. 2 (m)
OLIVER, Wm. W. 56, Susan 56, Wilson 21, T. J. 19 (m), C. E. 16 (f)
WEAVER, James 57, E. 57 (f), M. J. 25 (f), M. H. 23 (f), J. W. 21 (m), J. C. 21 (m), E. H. 18 (f), J. L. 17 (m), E. A. 14 (f)
MARKERUM, G. 25 (m), L. F. 23 (f), C. 5 (m), S. W. 3 (m), G. W. 9/12 (m)
TABOR, William 27*, C. 20 (f), N. W. 1 (f), G. Willis 5/12, L. 50 (f)
GOODRUM, M. 18 (f)*
TABOR, George 47, C. 45 (f), E. 24 (f), M. 19 (m), James 23, D. 17 (m), W. 12 (m), J. T. 10 (m), C. 6 (f), Y. 4 (m)
SMITH, M. W. N. 48 (f), T. R. 46 (f), S. J. 40 (f), T. 23 (f), J. W. 13 (m)
SMITH, J. S. 35 (m), M. 30 (f), J. M. 12 (m), A. C. 7 (f), N. J. 5 (f), S. A. 1 (f)
RIGSBY, H. J. 46 (m), J. 51 (f), E. A. 18 (f), M. J. 16 (f), W. W. 11 (m)
STARK, Sally 61*
GRIDER, Martha 30*, W. R. 7 (m)
PORTER, E. W. 35 (m), E. R. 26 (f), M. J. 4 (f), M. E. 1 (f), E. G. 33 (m)
STRAIT, Enoch 37*, M. F. 27 (f), M. F. 7 (f)
JACKSON, Elizabeth 45*
RIGSBY, Bethany 32, J. E. 4 (m)
HOLEMAN, S. T. 30 (m), M. 22 (f), J. W. 3 (m)
WILLIAMS, B. T. 40 (m), Sally 35, E. A. 13 (f), J. W. 11 (m), S. W. 8 (m), J. C. 6 (m), T. B. 3 (m), B. L. 6/12 (m)

Schedule Page 161

RIGSBY, J. W. 20 (m), E. 16 (f)
JACKSON, B. F. 26 (m), M. A. E. 22 (f), J. W. 2 (m)
RIGSBY, James 45, P. M. 45 (f), J. T. 15 (m), C. S. 12 (f), E. F. 9 (f), A. C. 7 (f), C. F. 6 (m)
SHIELDS, Thomas 60, Mary 53, N. 26 (f), M. _. 22 (f), George 24, M. T. 18 (f), M. J. 14 (f), M. H. H. 10 (m), A. 7 (f)
SHIELDS, Noah 30, M. N. 20 (f), M. E. 10/12 (f)
OLIVER, John W. 27
STOVAL, Nancy 64
DIVINE, Sally 22, Finis 2
LINN, E. 26 (m)*, Lucinda 24, M. W. 3 (f), J. 3 (m)
HOBSON, Susan 54*

1850 Census Allen County Kentucky

STEWARD, Ellen 15*
WILLOUGHBY, William 49, K. W. 46 (f), S. A. 24 (f), W. 20 (m), J. T. 18 (m), H. U. 16 (m), S. 16 (f), A. 12 (f), M. 10 (f), B.? 7 (m), J. R. 3 (m)
AGEE, Jessie R. 42*, E. A. 37 (f), J. a. 16 (f), William 13, P. C. 10 (m), E. C. 8 (f), R. K. 5 (f), J. S. 2 (f)
SATTERFIELD, Ruth 65*
RALEIGH, John 46*, L. 45 (f), J. C. 17 (m), P. A. 14 (m), E. 11 (f), J. B. 6 (m), S. J. 2 (m)
AGEE, Susan 50*
TIBBS, J. D. 22 (m)*, A. J. 22 (f), John 19
RALEIGH, L. S. 20 (m)*, M. E. 18 (f)
COLEMAN, Thomas 35*, Eliza 26, E. 7 (f), John 6, E. 4 (m), M. 2 (f)
MCGWIRE, L. F. 19 (f)*
MOTLEY, Reuben 24, L. 20 (f), M. 2 (m), Isaac 5/12

Schedule Page 162

SUPENEY, Jacob 45, Christopher 16, K. 13 (f)
HILL, M. 36 (f), Sally 20, John 16, M. 13 (f), Henry 9, Isaac 7
HILL, Anna 47, S. A. 20 (f), M. A. 18 (m), M. A. 14 (f), J. J. 12 (m)
WATSON, E. 63 (m), S. 55 (f), Polly 25, J. 15 (m), P. F. 11 (f)
WEATHERSPOON, Nancy 31, E. 17 (f), J. 15 (f), E. 11 (f), Simeon 9
WEATHERSPOON, Hardy 70*, M. A. E. 40 (f), J. Holliday 6 (m), M. W. 4 (f)
CARAWALL, Peter 19*
GOODMAN, Sally 53, Harrison 30, William 27, John 13, Bennet 23, Mary 20, Sealy 19, A. 10 (f)
CORNWALL, Sally 50, Henry 22, James 21, L. 12 (m)
ALLEN, William 63, Sally 62, Nancy 33, S. A. 27 (f), Mary 21, K. 20 (f), M. F. 7 (f), M. W. 3/12 (f)
JOHNS, James 26, M. 22 (f), M. F. 1 (f), A. 2/12 (m)
ALLEN, William 38, Deborah 28, Lurena 12, N. H. 10 (f), B. W. 9 (m), W. 7 (m), H. S. 3 (f), T. J. 1 (m)
PRUIT, Jesse 31, Susannah 26, John 11, L. 7 (f), E. 4 (m), A. E. 1 (f)
ROBERTSON, Leroy 93, Mary 94, Lucy 38
ROBERTSON, Parmenas 44 (m), Richard 8, A. E. J. 6 (f), Courtney 4 (f)
ROBERTSON, Jordan 46, Frances 40, E. J. 14 (f), J. W. 12 (m), A. A. 11 (f), L. _. 8 (m), N. B. 7 (f), H. M. 6 (f), J. 5 (m), L. M. 3 (f), E. B. 4/12 (f)

Schedule Page 163

MOODY, Martin 63, M. 64 (f), S. 38 (f), H. H. 36 (m), C. 24 (f), M. 20 (f)
MOTLEY, E. 24 (m), A. 25 (f), E. H. 2 (f)
BARNET, Peter 52, S. 41 (f), A. 13 (m), C. 11 (f), J. 6 (f)
SMITH, Ovid 33, M. 32 (f), Permelia 8, Mahala 6, Emily 1
WEATHERSPOON, Major 52*
DEERING, Emily 31*, S. R. 12 (m), S. J. 10 (f), M. C. 9 (m), W. J. 7 (m), A. E. 3 (f)
HICKMAN, T. A. 22 (f)*
WEATHERSPOON, Ewing 29, Dorinda 28, Y. H. 8 (m), E. J. 6 (f)
MEREDITH, Armsted 44, E. 44 (f), James 21, D. 18 (m), M. A. 17 (f), N. 15 (f), William C. 13, S. A. 11 (f), W. 9 (m), S. W. 7 (m), J. U. 6 (m), J. 1 (m)

1850 Census Allen County Kentucky

DIVINE, L. 25 (m), M. J. 23 (f), E. J. 2 (f), M. E. 8/12 (f)
WILLIAMS, Wyat 49, M. 45 (f), M. S. 21 (f), L. B. 19 (m), M. F. 17 (f), H. H. 15 (m), L. J. 13 (f), A. H. 11 (f), J. S. 9 (m), M. E. 7 (f), J. A. 5 (f)
CONNER, Thomas 32, M. 24 (f), G. W. 7 (m), E. 5 (m), E. 3 (f), M. A. 1 (f)
WEAVER, Joel 49, N. 36 (f), Willis 22, Mary V. 16, John William 11, M. E. 9 (f), L. A. 8 (f), S. A. 7 (f), P. F. 6 (f), E. A. 3 (f), L. J. 1 (f)
WEAVER, Patsey 80
BRUFF, Thomas H. 55, C. 36 (f), M. 18 (f), Samuel 15, J. 14 (m), Lemuel 12

Schedule Page 164

PORTER, Uriah 38*, H. 36 (f), E. S. 11 (m), James 9, E. C. 7 (f), C. J. 5 (m), Luther 42
TINSLEY, William 30*
CLARK, Jesse 42, R. 31 (f), E. 16 (f), Haywood 15, John 10, Thomas 8, K. 6 (f), N. 2 (f), S. E. 1 (f)
CLARK, C. 20 (m), S. 22 (f)
BURTON, Mary 62*, Tobias W. 30, T. M. 25 (m)
CHISM, Mary 14*
PINSON, James W. 45, C. 35 (f), J. F. 5/12 (m), Ruth 77, H. P. 36 (m)
WARDEN, F. 69 (f)*, William 44
BRILEY, William 34*, F. A. 29 (f)
DEERING, William 34, K. 34 (f), A. G. 13 (f), A. 9 (f), T. M. 8 (m), D. B. 5 (m), J. W. 4 (m), T. H. 1 (m)
NEAL, Berrynean 37 (m), E. 29 (f), Mary E. 9, J. J. 6 (f), A. S. 2 (f)
NEAL, William 76, O. 56 (f), Nancy 30, E. A. R. 19 (f)
WILLIAMS, M. 45 (f), Thomas W. 19, Matthew 12, Hugh 9, Wilson 6
MARTIN, John P. 30, M. J. 25 (f), H. E. 4 (f), S. M. 2 (f), J. E. 7/12 (f)
ANDERSON, James 34*, Zerilda 34
WELCH, Z. J. 9 (f)*
PULLIAM, George B. 22*
FROST, H. C. 21 (m)*
STAPLES, G. H. 17 (m)*
WARDEN, Martha 46, C. R. 21 (m), N. J. 20 (f), E. A. 18 (f), J. J. 15 (m), J. A. 12 (f), L. E. 10 (f), J. W. 8 (m)
STEVENS, T. T. 46 (m), M. 37 (f), S. M. 16 (f), M. E. 14 (f), J. W. 11 (m), J. F. 9 (m), G. T. 7 (m), A.? W. 5 (m), K. A. 3 (f), W. E. 4/12 (m)
DEERING, John 35, E. 32 (f), S. A. 12 (f), S. J. 9 (f), M. A. 8 (f), G. W. 6 (m), J. B. 4 (m), E. E. 2 (f), J. H. 7/12 (m), M. H. 7/12 (f), M. 63 (f), M. J. 25 (m)

Schedule Page 165

HARDCASTLE, Reuben 31, M. 27 (f), M. F. 11 (f), G. A. 9 (f), J. B. 1 (m)
DEERING, William 65*
WARDEN, Asa 36*, E. 28 (f), F. A. 6 (m), J. W. 4 (m), A. J. 4 (f)
BRILEY, J. A. 58 (m), L. 68 (f), M. 27 (f), M. 24 (f), J. M. 21 (m)
LEE, William J. 27, Jane 19
LYLES, John H. 25, R. 23 (f)
BUCKHANNON, T. P. 35 (m), M. J. 24 (f), B. J. 6 (m), R. L. 4 (m), M. E. 1 (m)
PRITCHET, Elisha 40*, Nancy 40, S. E. 15 (f), M. J. 14 (f), J. S. 10 (m), N. Z. 9 (f), M. F. 7 (f), E. J. 1 (m)

1850 Census Allen County Kentucky

ASHLEY, Sarah 79*
FROST, W. B. 44 (m), S. 39 (f), M. A. 9 (f), N. J. 19 (f), J. W. 18 (m), W. J. 15 (m), S. C. 13 (f), M. A. 11 (f), J. P. 7 (m), R. R. P. 5 (m), H. L. B. 2 (m)
WARDEN, Rebecca 50, G. W. 17 (m), N. W. 15 (f), John Wesley 13, R. J. 11 (f), J. W. 9 (m)
MCREYNOLDS, Leonard 25, E. M. 22 (f), J. F. 3 (m), M. E. 10/12 (m)
WARDEN, N. E. 24 (m), M. 20 (f), M. Willis 1 (f)
KENISON, C. W. 45 (m), Phebe D. 22, W. D. 16 (m), T. E. 13 (f), N. M. 8 (f), S. A. 8/12 (f)
BUCKHANNON, Joshua 80, S. 75 (f), L. 20 (f)
CORNWALL, William 31, Patience 26, S. 8 (f), M. 7 (f), S. 5 (m), L. 4 (m), William 1, A. 1 (m), Peter 50

Schedule Page 166

BOUCHER, Isaac 50, M. 39 (f), M. A. 16 (f), S. 19 (m), W. M. 17 (m), M. N. 12 (m), E. S. 10 (m), S. A. 8 (f), J. A. 7 (f), S. A. H. 5 (f)
BUCKHANNON, Alexander 26, S. A. E. 25 (f), J. W. 5 (m), J. W. 6/12 (m)
BLANKENSHIP, Samuel 28, E. 29 (f), John 5, Joel 3, N. J. 1 (f)
CORNWALL, J. 20 (m), S. 18 (f), J. 6/12 (m)
BLANKENSHIP, John 24, F. 24 (f), J. 2 (m), M. 7/12 (f)
MOODY, G. S. 29 (f), M. A. 29 (f), S. J. M. 5 (f), M. E. 4 (f), S. E. 2 (m), S. A. 1 (m)
HAM, James 44*, E. 44 (f), J. W. 17 (m), N. B. 9 (m)
COLE, S. A. 22 (f)*
SMITH, Sanford 42*
CALDWELL, H. B. 23 (m)*
PRUET, Ewing 25, M. 22 (f), J. C. 2 (m)
PRUETT, Elijah 38, M. 26 (f), S. 18 (m), M. 16 (f), D. G. 14 (f), E. 12 (m), E. 10 (m), D. 8 (f), C. 6 (f), E. 4 (f), L. 1 (f)
BEARD, Isaac 51*, S. A. 53 (f)
CALLIHAN, Solomon 21*
CALLIHAN, Harriet 37, John 18, S. J. 16 (f), J. 14 (m), W. 12 (m), N. 10 (f), G. 5 (f)
ROBERTSON, E. 45 (f)*
ROBTON?, S. 20 (f)*
SAILOR, N. 7 (m)*
HENDERSON, Sarah 65, N. G. V. 35 (m), A. J. 8 (m)
HOSKINS, Thomas 17, M. 24 (f)
SPANN, N. L. 45 (m), S. L. 38 (f), T. 17 (m), F. 15 (f), W. 14 (m), N. 12 (f), L. 10 (m), W. 7 (m), L. 4 (m), L. E. 1 (f)

Schedule Page 167

ALEXANDER, Robert 24, M. J. 19 (f), J. M. 8/12 (m), Thomas 19
WILSON, L. 34 (f)*, M. A. 20 (f), A. T. 17 (m), M. E. 10 (m), L. M. 8 (f), J. M. 5 (m), E. F. 6/12 (f)
HATLER, Peerson 12*
GIPSON, A. C. 24 (m)*
THORNTON, John 32*, E. 26 (f), E. A. M. 3 (f)
CASEY, G. W. 10 (m)*, S. L. 8 (m)
WHITLOCK, D. P. 34 (m), L. 25 (f), Sarah 13, M. 10 (f), M. A. 7 (f), C. A. 7 (f), N. T. 5 (f), John 21, J. 1/12 (f)

1850 Census Allen County Kentucky

DAVIS, Jonathan 59*, K. 57 (f), Y. J. 19 (m), S. J. 16 (m)
GILLUM, W. T. 16 (m)*, M. P. 15 (m)
HAY, G. 25 (m)*
DUFFER, Sarah 50, John 16, Malvina 14
SATTERFIELD, Dorcas 43, J. K. P. 8 (m), M. K. 5 (f), A. P. 1 (m)
MISE, Williamson 48, Ruth 48, N. C. 17 (f), D. 16 (m), E. J. 14 (f), C. 12 (m), William E. 10, Amy 83
COLE, John A. 21, Amy 22, James W. 2/12
RALEIGH, P. S. 38 (m), R. 40 (f), L. J. 8 (f), A. J. A. 6 (m), N. C. H. 4 (f)
MOTLEY, Lynn 45 (m), R. 41 (f), Patsey 23, F. 22 (f), P. 20 (f), Polly 16, R. E. 13 (f), P. 10 (f), J. A. 6 (f), Kitty 4, E. R. 3/12 (m)
HICKMAN, Martha 64, E. 23 (f), F. 22 (f), J. E. 20 (m)
HARMON, Lewis 43, S. M. 43 (f), A. M. 23 (m), E. J. 21 (f), M. a. 17 (f), William M. W. 15, E. 13 (m), P. F. 12 (f), L. A. 10 (f), B. 8 (m), J. 6 (m), N. M. 4 (f), John 1

Schedule Page 168

HARMON, T. S. 20 (m), S. K. 19 (f)
WEATHERSPOON, Samuel 26, M. J. 26 (f), N. J. 2 (f), M. E. 6/12 (f)
MCGWIRE, Joshua 43, K. 42 (f), L. F. 20 (f), J. W. 18 (m), D. W. 10 (m), J. 8 (m), M. A. 5 (f), G. W. 3 (m), J. 1 (m)
HOLLAND, M. Y. H. 25 (m), M. J. 21 (f), M. L. 1 (f)
HOLLAND, W. D. 37 (m), S. 22 (f), C. 9 (f), E. 4 (f), J. H. 5/12 (m)
JOHNSON, William 31, M. 30 (f), S. 9 (f), John 7
PIERSON, Buiz 34*, S. J. 32 (f), J. 13 (m), A. E. 11 (f), M. F. 9 (f), M. J. 8 (f), William H. 7, S. C. 5 (f), J. J. 3 (m), P. 1 (f)
GOODRAM, E. 15 (f)*
SMITH, H. S. 45 (m), M. W. 37 (f), James 16, L. E. 14 (f), M. J. 11 (f), S. A. 7 (f), A. 5 (f), H. T. 2 (f)
MARTIN, William F. 40, A. 33 (f), S. J. 10 (f), J. 8 (m)
SHANKS, John 48*, S. J. 35 (f), J. A. 20 (f), J. C. 13 (m), G. H. 11 (m), H. 8 (f), M. 6 (f)
CORNWALL, Daniel 25*, S. J. 17 (f)
PRUET, F. G. 29 (m), E. 21 (f), N. 1 (f)
SHANKS, Juliet A. 51*, B. T. 34 (m), A. M. 20 (m), Europe 14 (B)
CRARY, Juliet 12*
WALTZ, Judah 64, R. 44 (f), E. 42 (f), E. 13 (f), J. E. 10 (m)
MARKRUM, William 30, L. 33 (f), M. E. 11 (f), M. 9 (f), R. F. 6 (f), J. 4 (m), M. A. 1 (f)
PRUET, Obed? 33 (m), Jane 32, William 11, James H. 9, A. 7 (f), T. W. 4 (m), Sally 3

Schedule Page 169

PRUET, Moses B. 29, Dolly 25, E. 4 (f), A. 3 (f), G. W. 1 (m)
PRUET, William 60*, A. 54 (f), William J. 20
AGEE, Martha 50*
PRUET, Katharine E. 28, M. J. 6 (f), M. F. 5 (f), S. G. 2 (f), J. A. 9/12 (f), R. S. 26 (m)
AGEE, Samuel 43, S. a. 38 (f), Julia 20, S. J. 17 (f), L. 15 (m), N. M. 12 (f), A. 11 (m), S. E. 9 (f), E. 7 (m), M. S. 2 (f)
SMITH, Z. 34 (m), R. 32 (f), J. W. 8 (m), D. 6 (m), E. E. 1 (m)
MCGWIRE, Obedeah 48, S. 43 (f), M. 22 (f), E. 20 (f), J. J. 19 (m), B. F. 16 (f), L. E. 14 (f), O. 11, S. J. 9 (f), J. I.? 5 (m), William 3

1850 Census Allen County Kentucky

PRUET, Abraham 62, Nancy 36, Paralee 12, L. M. 9 (f), G. A. 4 (f), William W. 2, A. H. 9/12 (f)
SMITH, Mary 52, J. a. 3 (f), Sanford 20, M. 24 (f), S. 18 (m), H. C. 8 (m)
SPENCER, William 54, N. 35 (f), William P. 17
SPENCER, J. W. 25 (m)*, Sarah 21, R. J. 1 (m)
HILL, E. 23 (f)*
BELL, James 38, M. 38 (f), P. W. M. 12 (m), H. 10 (m), G. 8 (m), J. E. 6 (m), E. _. 4 (f), J. J. 2 (m)
WALTZ, Aaron 39, W. 37 (f), S. K. 17 (f), L. E. 15 (f), J. J. 13 (m), M. A. 12 (f), M. J. 9 (f), L. E. 6 (f), G. W. 4 (m)
JOHNSON, Robert 65*, M. 57 (f), Mary 23
HARMON, Mary 46*

Schedule Page 170

JOHNSON, Thomas 25*, E. 21 (f), William 1
KIRBY, S. 12 (f)*
COOKSEY, B. J. 40 (m), M. 35 (f), E. A. 14 (f), N. J. 12 (f), T. J. 11 (m), J. W. 9 (m), M. A. 6 (f), L. C. 1 (f)
COOKSEY, N. 65 (f), W. J. 29 (m), I. 27 (m), E. 26 (f), M. A. 6 (f), N. C. 5 (f)
WILLOUGHBY, Samuel 63*, M. 40 (f), C. 20 (f), C. 18 (m), A. E. 14 (f), S. 11 (m), F. 8 (f), W. 6 (m), W. 5 (m), John 3
OWEN, Allen 24*
OWENS, Abram 38, Rachael 32, Patsey 11, Sally 8, Polly 5, Betsey 2
WILLOUGHBY, Reuben 26, Polly 20, E. 2 (f), C. F. 9/12 (m)
HARMON, Aaron 50, Elizabeth 39, S. A. 18 (f), E. 14 (f), James 13, M. 11 (f), Q. M. 9 (f), William 7, P. 5 (f), D. 3 (f), J. 2 (m)
THACKER, William D. 32*, A. P. 34 (m), C. J. 5 (f), E. 38 (f), Jane 26
STAMPS, Eliza 30*, D. E. 1 (f)
HAGANS, Campbell 57*, Nancy 57, M. A. A. 16 (f)
MOODY, S. C. 23 (m)*
AYERS, John 44*, E. 44 (f), J. F. 16 (f), E. L. 14 (f), M. A. E. 12 (f), N. A. 10 (f), William J. 8, J. Y. 5 (m), S. S. 1 (m)
DIVINE, S. A. 20 (f)*, J. W. 2/12 (m)
AYERS, David 24, E. 23 (f), L. J. 1/12 (f)
HAGANS, Jesse 55, Mary 40, J. D. 18 (m), J. R. 16 (m), M. L. 14 (m), N. J. 12 (f), W. H. 8/12 (f)

Schedule Page 171

DOBBS, Henry S. 27, H. 28 (f), J. C. 7 (m), M. L. 5 (f), John R. 2
SHERRY, R. 45 (m), T. 40 (f), F. 19 (f), E. 17 (f), N. 15 (f), M. J. 14 (f), Winsy 13 (f), S. A. 10 (f), William r. 8, R. U. 7 (m), T. H. 4 (f), W. R. 3 (m), S. S. 1 (m)
SHERRY, J. M. 20 (m), M. J. 26 (f), S. F. 6/12 (f)
POE, B. 32 (m), C. 32 (f), M. E. 13 (f), N. M. 11 (f), William J. 9 (m), S. 7 (f), A. J. 5 (m), M. J. 3 (f), J. F. 10/12 (f)
KIMMONS, J. S. 45 (m), L. 28 (f), M. E. 10 (f), M. J. 4 (m), A. J. 2 (f)
KIMMONS, Samuel 71, Sally 81, John Y. 43
BUTLER, Samuel 35*, M. 25 (f), J. H. 15 (m), Young 13

1850 Census Allen County Kentucky

HARMON, Elizabeth 39*, S. A. 18 (f), E. 14 (f), James 13, M. 11 (f), Q. H. 9 (f), William 7, P. 5 (f), D. 3 (f), J. 2 (m)
THACKER, William D. 32*, A. P. 34 (m), C. J. 5 (f), E. 38 (f), Jane 26
STAMPS, Eliza 30*, D. E. 1 (f)
HAGANS, Campbell 57*, Nancy 57, M. A. a. 16 (f)
MOODY, S. C. 23 (m)*
AYERS, John 44*, E. 44 (f), J. F. 16 (f), E. L. 14 (m), M. A. E. 12 (f), N. A. 10 (f), William J. 8, J. Y. 5 (m), S. S. 1 (m)
DIVINE, S. A. 20 (f)*, J. W. 2/12 (m)
AYERS, David 24, E. 23 (f), L. J. 1/12 (f)
HAGANS, Jesse 55, Mary 40, J. D. 18 (m), J. R. 16 (m), M. L. 14 (m), N. J. 12 (f), W. H. 8/12 (f)
DOBBS, Henry S. 27, H. 28 (f), J. C. 7 (m), M. L. 5 (f), John R. 2
SHERRY, R. 45 (m), T. 40 (f), F. 19 (f), E. 17 (f), N. 15 (f), M. J. 14 (f), Winsy 13 (f), S. A. 10 (f), William R. 8, R. U. 7 (m), T. H. 4 (f), W. R. 3 (m), S. S. 1 (m)
SHERRY, J. M. 20 (m), M. J. 26 (f), S. F. 6/12 (f)
POE, B. 32 (m), C. 32 (f), M. E. 13 (f), N. M. 11 (f), William J. 9, S. 7 (f), A. J. 5 (m), M. J. 3 (f), J. F. 10/12 (f)
KIMMONS, J. S. 45 (m), L. 28 (f), M. E. 10 (f), M. J. 4 (m), A. J. 2 (f)
KIMMONS, Samuel 71, Sally 81, John Y. 43
BUTLER, Samuel 35, M. 25 (f), J. H. 15 (m), Young 13, F. B. 11 (f), L. J. 9 (f), William 6, J. W. 2 (m), M. F. 1 (m), E. M. 3/12 (f)
WADKINS, John 60*, E. 45 (f), J. 22 (f), S. 16 (f), F. 15 (f), N. 11 (f), M. M. 6 (f)
RUSSELL, M. 72 (f)*
MCELROY, Willliam B. 48*, S. 47 (f), F. M. 24 (m), N. D. 23 (m), S. W. 22 (f), B. L. 21 (m), J. U. 12 (m), H. C. 12 (m)
HARRIS, C. 18 (m)*
HOUNDSHELL, H. 44 (m)*, J. 23 (f), Lucinda 5
MORIS, Rachael 63*, Elizabeth 4
MCGWIRE, Peggy 45, William 26, Emly 24, S. W. 4 (m)
RAY, Nancy 54 (B), Fanry 22, Ellis 21, Susan 16, George 14, Temperance 10, Penney 3
GRAHAM, Nancy 38, E. A. 13 (f), E. T. 5 (f)

Schedule Page 172

WRIGHT, Nancy V. 33, J. L. 15 (m), F. E. 9 (f), L. J. 7 (f)
WRIGHT, Riley 54*
WEBB, A. 40 (f)*, John 16, N. 10 (f), J. 8 (m), W. 2 (m)
GILLAM, Richard B. 30 (m), L. 23 (f), J. W. 6 (m), J. L. 4 (m), M. J. 9/12 (m)
VARVEL, John 84, Sarah 75
POE, Johnson 72, E. 67 (f)
POE, William 22, N. 22 (f), E. J. 1 (f)
HASLIP, Jonathan 20, E. 19 (f), C. K. 5/12 (f)
WADKINS, Alfred 27, Susan 25, W. D. 4 (m), S. J. T. 1 (f)
WADKINS, James 40*, M. 40 (f), Sally 20
CORNWALL, Sephus 10*
SHNIDER, W. 50 (m)*, F. 56 (f), U. 30 (m), M. 21 (f), L. 19 (f), M. A. 4 (f)
WADKINS, Frances 18*
EDDY, G. 48 (m), Lucy 38, John A. 21, G. W. 14 (m), J. N. 12 (m), S. C. 11 (f), L. F. 9 (f), M. A. 8 (f), T. Y. 4 (f), E. J. 1/12 (f)

1850 Census Allen County Kentucky

HOWEL, Joseph 24, E. 24 (f), S. J. 2 (f), J. A. 1 (m)
KIRKLAND, H. A. 37 (m), M. 31 (f), M. E. 19 9f), E. M. 17 (f), W. 16 (m), Joseph 14, S. A. S. 12 (f), F. F. N. 8 (m), S. C. 5 (m), C. P. 3 (f)
NEWTON, Henry 45, M. J. 38 (f), John 17, M. 14 (f), C. 11 (f), U. 9 (m), E. 5 (m), T. F. 3 (m)
COLE, Wesley 30, Julia K. 19
DAVIS, Wyley W. 25, E. J. 24 (f), S. W. 6 (m), M. C. 4 (f), J. M. 1 (m)
TAYLOR, Daniel 30, E. J. 25 (f), M. E. 11 (f), J. 9 (f), E. A. 6 (f), I. H. 2 (m)

Schedule Page 173

LIGHTFOOT, John 53, Sally 48, William 23, J. M. 17 (m), S. E. 16 (f), C. S. 14 (m), E. J. 11 (f)
LIGHTFOOT, Turner 30, W. L. 26 (f), J. C. 1 (m), Martha 10
SHERRY, John 72, W. 77 (f), J. 28 (f)
DYE, Elizabeth 65
EPELING, D. R. 40 (m)*, E. 36 (f), Preston W. 13, S. J. 12 (f), M. A. 11 (f), J. W. 9 (m), C. R. 8 (m), William P. 6, M. E. 4 (f)
COLE, Rachael 35*, S. A. 22 (f), P. J. 14 (f)
BLACKBURN, William 42*, S. J. 39 (f), E. J. 17 (f), L. 16 (m), R. P. 13 (m), J. R. 11 (m), C. 7 (f), H. N. 4 (m), William 1
GOODNIGHT, J. P. 18 (m)*, M. E. 15 (f)
THOMAS, William 43*
HOLLAND, W. O. 45 (m)*, Sarah 45, R. 18 (m), G. 16 (m)
LEETON, Thomas 9*
STAMPS?, D. 20 (m)*
LEETON, James 24, A. J. 4 (m), James 3, R. 1 (m)
HUNT, Smith 55, Holbert 25, T. F. 18 (m), M. A. 15 (f), M. M. 11 (f), Jackson 9, James 7, I. C. 6 (m)
HUNT, William R. 25, A. 23 (f), James 2, M. M. 1 (f)
GIPSON, Randolph 60, Nancy 55, Ewing 25, Littleton 19, E. L. 15 (m)
GOODNIGHT, Isaac 48*, S. 36 (f), J. J. 17 (m), Jacob 15, T. M. 13 (m), M. H. 11 (f), A. R. 9 (m), J. L. 5 (m), J. H. 1 (m)
GIBBON, Mary A. 48*
GROVES, James M. 22*
BILLINGSLY, Thomas H. 18*
HAMM, Jennetta 75, H. 41 (f)
HAM, Lankston 40, F. 40 (f), Jane 13, R. J. 5 (f), C. C. 5 (f)

Schedule Page 174

WRIGHT, James Kenson 50, E. 44 (f), S. E. 22 (f), N. J. 17 (f), J. W. 17 (m), T. J. 13 (m), J. B. 10 (m), H. 11 (f)
HAMBLE, Leroy 32 (B), M. A. 23 (f), James E. 7, C. W. 5 (m), S. H. 3 (m), Leander 9/12
AUSTIN, Dory 25 (m), Jane 20, M. E. 4 (f), E. F. 1/12 (f)
EDMUNDS, James A. 34*, T. 33 (f), J. W. 10 (m), R. F. 5 (f), E. L. 1 (f)
READ, G. D. 19 (m)*
RICHARDS, W. 38 (m), Phebe 32, Hiram 13, Frank 11, J. 10 (m), H. 8 (m), H. C. 6 (m), S. A. 2 (f)
GUY, Samuel 52, N. 41 (f), Vincent 21, A. 20 (f), Willy 17, Sarah 13, Shelby 11 (m), Nancy 5
THOMPSON, Sarah 65, William 26, L. 24 (f), L. 22 (f), B. F. 22 (m), J. 19 (m)

1850 Census Allen County Kentucky

LYLES, J. W. 43 (m), Katharine 42, F. 19 (m), W. C. 17 (m), M. M. 14 (m), N. E. 12 (f), T. K. 9 (f), S. D. 6 (m), T. H. 4 (m)
GULLY, J. 30 (m), Nancy 25, D. 7 (m), L. 4 (m)
HINTON, E. 56 (m)*, M. 30 (f)
CROSS, J. W. 7 (m)* (B)
FROST, James 24, F. 25 (f), M. M. 3 (f), William J.E. 6/12
GUY, G. L. W. 29 (m), E. 26 (f), M. J. 4 (f), W. H. 2 (m)
BURRUSS, Joseph 52, Sophia 40
VENABLE, Presley 47, Vina 48, Joseph 82
HOWARD, P. 53 (m), N. 46 (f), E. 17 (f), M. 16 (f), S. 13 (m), D. C. 11 (m), G. V. 8 (m), L. F. 5 (m)

Schedule Page 175

ANDERSON, Andrew 44, S. 43 (f), S. D. 14 (m), William C. 12, M. A. 10 (f), B. F. 7 (m), J. E. 2 (f)
DOBBS, H. S. 71 (m)*, Sarah 44, George W. 17
CAMPBELL, S. G. 16 (f)*, W. F. 7 (m)
COSTLOW, Alexander 46, Anna 31, E. J. 12 (f), J. s. 10 (m), J. W. 9 (m), S. _. 7 (f), C. 5 (f), D. W. 3 (m), M. K. 1 (f)
ANDERSON, S.? 46 (m)*, E. 42 (f), M. E. 17 (f), M. A. 15 (f), E. J. 13 (f), M. F. 4 (f), S. P. 1 (m)
HATLER, John 9*
DINWIDDIE, Hiram 26, S. E. G. 28 (f), John Wesley
KILMAN, H. C. 46 (m)*, Eliza 31, Elizabeth 14, N. 12 (m), J. C. 10 (m), M. 8 (f), T. 6 (m), E. 5 (m), F. 2 (m)
NEWMAN, R. J. 31 (m), M. 31 (f), J. M. 10 (m), F. E. 6 (f), S. J. 5 (f), M. L. 3 (f)
KILLMAN, J. 50 (m), M. 40 (f), A. 14 (m), H.? 13 (m)
HINTON, Obediah 32, R. 38 (f), W. 15 (m), E. 12 (f), M. A. 10 (f), J. W. 8 (m), J. M. 6 (m), Vitula 3, N. 10/12 (f)
GRAVES, A. 24 (m), E. 22 (f), L. G. 6 (m), L. T. 5 (f), T. O. 2 (m), W. W. 1 (m)
STAMPS, Charles 52, M. M. 30 (f), Richard 15, P. F. 1/12 (m)
WYGAL, J. 56 (m), E. 53 (f), J. W. 23 (m), E. 20 (f), William A. 18, S. F. 14 (f)
WILLIAMS, John 33, L. 32 (f), M. A. 11 (f), M. E. 9 (f), J. F. 7 (m), J. F. 4 (f), L. E. 1 (f)

Schedule Page 176

WELCH, Amasa 50, Sarah 47, Delia A. 22, Richard P. 15, Mary M. 10, Fountain P. 7, Mary S. 40
NICHOLS, William H. 35*, Tallitha 37
READ, Jane 5*
SMITH, Lydia 70*
SNOW, William O.? 37*, Salina 31, S. J. 12 (f), E. F. 11 (f), J. D. 9 (f), William W. 7
WADKINS, N. A. 34 (f)*
REEVES, B. A. 19 (m)*
WALKER, M. 33 (m), S. 37 (f), M. J. 7 (f), S. R. 3 (f), J. W. 8/12 (m)
WALKER, R. B. 29 (m), A. _. 31 (f), D. A. 5 (m), P. E. 3 (f), J. D. 1 (m)
MAYHEW, J. C. 96 (m), M. 51 (f), N. 34 (f), L. 33 (m), S. 31 (f), Jemima 27, V. C. 23 (m), M. E. 20 (f), Alcey 17, Frances 14, Aron 12, William R. 10

1850 Census Allen County Kentucky

MAYHEW, Justice 51, Milly 46, James 11
MAYHEW, C. 24 (m), E. L. 26 (f)
MAYHEW, A. A. 27 (m), G. 24 (f), B. 7 (m), E. _ (f), M. K. 2 (f)
SPAN, A. F. 24 (m), N. 18 (f)
ROBERTS, Green 23, M. 20 (f), S. 2 (m), M. N. E. 1 (f)
SPAN, M. 27 (m), S. 21 (f)
TRAVELSTED, Andrew 32, Doria 22
TRAVELSTED, John 23, Mary Jane 16
ABSHIRE, B. 40 (m), M. 39 (f), N. C. 14 (f), A. A. 12 (f), J. D. 2 (m)
PERKINS, Thomas 45, N. 36 (f), John 11, E. 7 (f), J. 6 (m), Nancy 5, Mary 4, P. 3 (f), M. 1 (f)
MAYHEW, Jones C. 36, F. H. 32 (f), R. A. 11 (m), A. 9 (m), G. W. 7 (m), E. 5 (f), M. F. 3 (m), William C. 1 (m), Livingston 31, William 16

Schedule Page 177

TRAVELSTED, William 16*
MAYHEW, John H. 30*, P. 27 (f), J. A. 8/12 (m)
BENNET, James 50*
COLBERT, G. G. 40 (m), F. 34 (f), F. M. 15 (m), L. M. 13 (f), T. A. 11 (m), W. W. 9 (m), M. F. 6 (f), R. W. 4 (m), S. _. 2 (m)
HOBDY, M. C. 29 (m)*, M. J. 30 (f), J. W. 6 (m), William R. 5, J. C. 2 (m)
ASHLEY, R. J. 29 (m)*
MIFFLIN, Steward 55, M. 45 (f), M. A. 20 (f), J. 17 (m), E. 15 (f), M. H. 12 (f), R. 10 (m), J. 5 (m)
HUNT, John 77, M. 74 (f), Benjamin 41
CARTER, Elizabeth 34, Benjamin 13, L. 11 (f), A. 8 (m)
MEADOR, Sally 62*
GLOVER, P. A. 20 (m)*, S. A. 20 (f)
MEADOR, B. 23 (m), C. J. 21 (f), E. W. J. 2 (m), P. A. 1 (f)
HAMBRITE, Katharine 40, C. 24 (f), M. 22 (f), E. 20 (f), John W. 16
KANADA, Samuel 28, L. 25 (f)
SHY, John 50, S. 30 (f), W. 9 (m), E. 7 (f), J. W. 6 (m), J. W.? 5 (m), Eli 4, T. J. 2 (m)
ALDERSON, John B. 33, R. 38 (f), William 14, S. J. 13 (f), M. F. 12 (f), N. 10 (f), Samuel 9, James 8, J. 7 (m), J. Elmore 6, B. 3 (m)
FENIX, D. 34 (m), Mary 34 (f), P. E. 10 (f), S. A. 6 (f), Eli B. 4, M. J. 1 (f)
KANADA, David 78, N. 68 (f), M. A. 24 (f), A. 22 (f), M. J. 21 (f)
MIFFLIN, Preston A. 37, M. C. 40 (f), S. A. 12 (f), J. C. 6 (m), J. W. 3 (m)

Schedule Page 178

ACKERMAN, Jacob 63, C. 39 (f), S. 4 (m), A. D. 2 (f)
EUBANKS, Jonathan 66, S. 57 (f)
EUBANKS, Carson 39*, Mary 40, T. Reese 20, John 18, Jerome 12, Gilmore 10, Ellen 2
HUNT, M. E. 9 (f)*
BOREN, James 33, Mahala 30, Granvill 13, George 9, Jennetta 8, M. E. 5 (f), J. H. 3 (m), A. C. 6/12 (m)
WALKER, David 46, M. A. 28 (f), M. 20 (f), A. A. 19 (m), J. W. 17 (m), L. A. 15 (f), E. F. 8 (f)
ELLIS, Rober F. 39 (m)*, H. A. 29 (f), A. M. 10 (m), J. F. 8 (f), S. J. 5 (f)
LEWIS, N. 45 (f)*

1850 Census Allen County Kentucky

ELLIS, M. E. M. 30 (m), V. C. 32 (f), C. A. 7 (f), B. G. 5 (m), L. A. 3 (m)
CHASE, James E. 38, S. F. 27 (f), W. H. 4 (m), R. T. P. 1 (m)
HARROLD, Raba 62 (m), M. 60 (f), Sarah A. 22, M. H. 20 (f), Orpah 18, John B. 16
CHANEY, W. 38 (m), M. 28 (f), W. A. 7 (m), J. S. 6 (m), J. R. 4 (m), S. L. 3 (m), R. B. 1 (m)
BRIT, John 68*, E. 58 (f), W. 28 (m), David 26, John 24, Martha 21, M. 19 (f), S. 18 (f), A. J. 16 (f)
READ, James 32*
BRIT, George 30, Emily 27, M. 9 (f), F. 7 (f), G. W. 5 (m), M. D. 3 (f)
KANADA, Thomas 35*, Rebecca 29, S. A. E. 7 (f), John J. 5, N. A. 3 (f), C. C. 2 (m), F. A. 7/12 (m)
GIPSON, George 35*
LOVELESS, James 37, F. 34 (f), E. 15 (f), B. 13 (m), W. B. 12 (m), S. H. 10 (m), J. R. 8 (m), Josiah 6, S. F. 4 (f), S. J. 1 (m)

Schedule Page 179

CLARK, J. A. 40 (m), S. L. 38 (f), J. A. B. 44 (f), M. E. 15 (f), M. S. _. 12 (f), M. 48 (f)
WILSON, John N. 35, S. 36 (f), M. V. 15 (m), C. N. 12 (m), R. 11 (f), T. K. 4 (m), C. E. 3 (f), C. J. 2/12 (f)
OGLES, John 45, S. 25 (f), C. 22, John 20, Mary J. 18, M. A. 16 (f), J. I. 14 (m), F. 12 (f), M. E. 10 (f), C. E. 7 (f), G. 3 (m)
OGLES, William 23, S. 22 (f), J. F. 1 (m)
WILLIAMS, Benjamin 60*, R. A. 50 (f), E. 28 (f)
WILSON, C. E. 3 (f)*, E. J. 2/12 (f), M. 19 (f), M. J. 16 (f), M. A. 15 (f), P. 13 (f), W. H. 11 (m)
DINWIDDIE, A. H. 65 (m)*, K. 70 (f), Harriet 40, Elizabeth 38
OXFORD, Mary Jane 18*
DINWIDDIE, Clabourn 34, S. 22 (f), H. B. 2 (m), William A. 4/12
BRADBURN, William 30, M. 32 (f), G. A. 7 (m), W. C. 5 (m), A. V. 3 (f), P. 2/12 (m)
GAINES, F. B. 45 (m), L. M. 46 (f), R. A. 17 (m), E. L. 15 (m), H. E. 13 (f), K. A. 11 (f), H. K. 9 (f), M. M. 8 (f), C. 7 (m), J. N. 5 (m), L. J. 4 (f)
TERRILL, Grandison 45, M. 32 (f), M. 16 (m), R. W. 14 (m), L. 12 (f)
CENTER, Freeman 31, M. 34 (m), William W. 9, E. A. 7 (f), M. J. 5 (f), M. 3 (m), M. E. 1 (f)

Schedule Page 180

MOY, George 28, L. 24 (f), N. J. 8/12 (m)
LEWIS, William 45, J. A. 32 (f), J. S. 10 (m), A. E. 9 (f), William S.? 7 (m), W. M. 5 (m), J. 2 (f), V. E. 8/12 (m)
HARRIS, S. H. 43 (m)*, M. 36 (f), E. 15 (f), S. 13 (m), F. 7 (f), C. 4 (m), D. W. 3 (m)
POPE, Solomon H. 14*
TOW, Riley 33, N. 30 (f), M. A. 7 (f), E. 5 (f), T. M. 1 (f)
WILLIAMS, Booker 27*, N.? 26 (f), A. 4 (f), J. A. 2 (f), J. H. 6/12 (m)
ALLEN, Asa 40*
WILLIAMS, James 46, E. 48 (f), S. 16 (f)
DOWEL, William 29*, A. 29 (f), H. E. 7 (f), E. 5 (f), H. 2 (f), J. A. 10/12 (m), M. P. 14 (f)
ALLEN, Lee 49, N. 40 (f), E. L. 25 (m), L. J. 21 (f), William G. 20 (m), C. E. 16 (f), Y. L. 14 (m), Z. M. 13 (f), S. F. 11 (f), J. M. 9 (m), M. E. 1 (f)
MERRIMAN, A. J. 29 (m), S. F. 19 (f), W. 2 (m), O. 1 (m)
LEE, Solomon 53 (B), Rachael 52

1850 Census Allen County Kentucky

MCELROY, Alfred 28*, S. 26 (f), William M. 3
GIBBS, Sarah T. 5* (B)
BALYS, Margaret 36, C. 16 (f), L. C. 13 (m), E. J. 10 (f), P. A. 6 (f), A. A. 8/12 (f)
ALLEN, Lee 22, E. 20 (f), William J. 6/12, E. 16 (f)
WILLIAMS, S. S. 30 (m), R. 27 (f), M. W. 3 (m), J. J. 1 (m)
JACKSON, William 28*, Clarinda 22, M. O. 3 (f)
ALDERSON, Elvin W. 20*
HUNT, Riley 48, Joseph 8, E. 7 (f)
JUSTICE, Ezekiel 49, Cynthia 45, Lurana 21, S. 28 (f), J. W. 16 (m), A. J. 14 (m), Richard G. 12, J. P. 10 (m), T. B. 5 (m), M. E.? 9 (f)

Schedule Page 181

EDENS, Job 34, D. 20 (f), James 9, N. J. 8 (f), E. 3 (f)
STAMPS, T. 28 (m), P. 31 (f), J. W. 9 (m), W. H. 24 (m)
DODSON, D. 21 (m), L. J. 18 (f)
HILL, John 85, C. 56 (f), J. W. 18 (m), James H. 15
MAYHEW, James 25, L. 23 (f), J. J. 2 (m)
FINN, William 49, Celia 48, S. J. 23 (f), S. A. 21 (f), M. C. 19 (f), R. E. 17 (f), N. M. 15 (f), E. C. 10 (f)
CLINE, J. 30 (m), P. W. 27 (f), W. M. 8 (m), S. F. 5 (f), M. E. 3 (f), L. C. 2 (f), J. F. 8/12 (m)
ELLIS, Samuel 58, E. 59 (f), S. J. 25 (f), M. A. S. 20 (f), A. J. 19 (m), F. S. 16 (m)
TRAVELSTED, Abram 43, V. 38 (f), N. 17 (f), D. 15 (f), Alfred 13, G. 11 (m), R. 9 (m), G. 7 (m), E. 5 (f), M. E. 3 (f)
WYGAL, Thomas 25, M. E. 23 (f)
NEWMAN, A. J. 38 (m), E. A. 37 (f), M. E. 15 (f), N. A. 14 (f), L. A. 13 (f), J. D. 11 (m), L. J. 10 (f), J. W. 7 (m), E. F. 3 (f), E. C. 1 (f)
NEWMAN, F. 42 (m), E. 46 (f), R. 21 (f), N. J. 19 (f), E. 18 (f), C. 15 (m), E. 11 (f), A. J. 9 (f), William 7, M. F. 5 (f)
THOMAS, Daniel 42, M. 39 (f), S. J. 17 (f), S. E. 16 (f), Jackson G. 12, Samuel K. 10, R. 8 (f), J. M. 7 (f), M. F. 6 (f), J. S.? 3 (m), T. S. 1/12 (m)

Schedule Page 182

WILLIAMS, Ralph 56, Frances 49, S. 23 (f), F. J. 19 (f), L. H. 15 (f), M. S. 12 (f), J. S. 9 (m)
HINTON, John 35, F. 28 (f), J. M. 8 (m), W. J. 6 (m), T. E. 4 (f), M. S. 2 (f)
LOGAN, Joab 52, M. 51 (f), C. B. 21 (m), J. B. 17 (m)
SMITH, Henry 46, M. 47 (f), Drury 22, L. 20 (m), W. 16 (m), F. S. 11 (f), T. 9 (m), J. 7 (m), K. E. 5 (f)
CROWDER, C. 47 (m)*, F. 40 (f), G. S. 1 (m)
OLIVER, W. R. 20 (m)*, J. 18 (m), E. 16 (f), R. 14 (m), W. 11 (m), P. 5 (m)
WALKER, Rebecca 17*
STUBBLEFIELD, R. C. 31 (m)*, E. 27 (f)
COLEMAN, S. F. A. 11 (f)*, Robert 7, William P. 6
WALKER, A. 13 (f)*
JACKSON, Willis 46*, J. 40 (f), M. 15 (f), E. 10 (f)
PRESTON, Aggy 45 (f)*
RUSSELL, William 36, N. 35 (f), D. B. 17 (m), M. F. 12 (f), E. A. 10 (f), G. 1 (m)
HARRIS, R. 47 (m)*, C. 43 (f), C. 17 (m)

1850 Census Allen County Kentucky

KITCHES, Jesse C. 16*, W. 7 (m)
CARPENTER, Richard 65*
STRAIN, John 41, M. 38 (f), F. C. 13 (m), M. M. 11 (f), M. K. 7 (f), M. P. 6 (f), J. H. 2 (m), R. W. 4/12 (m)
JACKSON, Green 41*, E. 35 (f), S. 17 (m), M. 14 (f), M. 13 (f), E. 12 (m), N. 9 (f), B. W. 1 (m), J. 75 (m)
HARRIS, N. 16 (m)*

Schedule Page 183

DIXON, William 76*, S. 51 (f), J. 15 (f), Job 13, J. M. 11 (m), W. P. 17 (m)
CLARK, Isaac A. 16*
CARPENTER, J. W. 28 (m), L. 21 (f), M. 8 (f), J. 6 (f), W. 4 (m), H. 6/12 (f)
DUNCAN, Oliver 41, L. 37 (f), S. J. 18 (m), T. H. 16 (m), C. E. 14 (f), W. W. 12 (m), J. D. 11 (m), N. J. 9 (f), M. K. 7 (f), S. M. 6 (m), S. M. 3 (m), Q. 1/12 (m), R. 77 (f)
DUNCAN, Joseph 46, E. H. 45 (f)
SHIELDS, E. 66 (m), M. M. 15 (f)
DIXON, Benjamin 34, P. 34 (f), E. J. 14 (f), M. A. 12 (f), M. A. 10 (f), M. F. 8 (f), N. P. 6 (m), L. 2 (f)
THOMAS, John H. 44, P. 40 (f), J. K. 16 (m), J. T. 18 (m), M. F. 12 (f), D. B. 11 (f), S. J. 7 (m), William 5, J. W. 2 (m)
TAYLOR, John 49*, S. 46 (f), N. 20 (f), J. 19 (m), S. 18 (f), L. 16 (m), E. A. 13 (m), E. 11 (m), N. 8 (m)
LAMB, Susan 43*
MCELROY, W. J. 24 (m), M. 25 (f), J. J. 1/12 (m)
CUSHENBURY, H. 37 (m), F. 25 (f), J. 7 (m), E. M. 5 (m), A. 4 (f), A. 2 (m), M. 1/12 (f)
MCELROY, A. 50 (f), W. H. 21 (m), H. J. 15 (m), N. 13 (f), M. E. 10 (f)
ARNOLD, William E. 38, M. 24 (f), J. A. C. 15 (m), T.M.A.F.C. 7 (m), C. A. 1 (f)
JACKSON, Benjamin 52*, W. 49 (f), S. A. 17 (f), H. 12 (m), T. 10 (m)
HUNT, Chasteen D. 26(m)*
JACKSON, Samuel 45, E. A. 30 (f), T. W. 20 (m), E. E. 17 (f), John T. 15, N. A. 14 (f), J. J. 12 (m), S. L. 11 (f), S. N. 8 (m), William L. 6, M. D. 4 (f), L. M. 2 (f), G. H. 3/12 (m)

Schedule Page 184

WRIGHT, Jesse L. 47, K. 41 (f), M. J. 18 (f), L. F. 13 (f), T. W. 7 (m), S. M. 5 (f), C. B. 2 (f)
WRIGHT, Washington 37, E. J. 31 (f), W. J. 13 (f), L. W. 11 (m), T. 9 (f), L. E. 7 (f), J. O. 1 (m)
WRIGHT, N. W. 75 (f), L. 49 (m), S. 42 (f)
HORN, Thomas 47*, S. E. 42 (f), William B. 21, J. w. 19 (m), E. C. 17 (f), T. J. 15 (m), T. A. 13 (f), A. A. 11 (f), R. F. 5 (f)
CARPENTER, Rachael 85*
BLALOCK, Sarah 37*
DIXON, John 37, E. 37 (f), M. A. 16 (f), N. F. 14 (f), E. J. 13 (f), W. E. 11 (m), B. F. 9 (m), M. E. 8 (f), J. W. 6 (f), M. 4 (f), A. M. 8/12 (f)
THOMAS, H. 37 (m), L. 24 (f), C. A. 4 (f), F. C. 4/12 (f), William 40, N. E. 4 (f), J. M. 2 (m)
THOMAS, John 77, H. 77 (f), M. 35 (f), E. 13 (f)
THOMAS, Alexander 36, A. 32 (f), N. E. 2 (f), S. J. 1 (m)
MOOR, E. C. 35 (m), M. 29 (f), P. S. 11 (m), A. G. 6 (m), T. B. 4 (m), T. J. 7/12 (f)
BLACKBURN, E. 59 (f)*, Eleanor 36, Rebecca 33

- 93 -

1850 Census Allen County Kentucky

HICKMAN, Mary 16*
THOMAS, Stephen? 46, M. 49 (f), L. 16 (f), S. R. 15 (f), E. 11 (f), J. V. 11 (m), M. C. P. 9 (f), H. C. 8 (m), U. M. 6 (f)

Schedule Page 185

RATHER, James 45, E. 42 (f), M. 19 (f), William 17, R. 14 (m), J. 13 (m), A. 10 (f), A. 7 (m), P.? 6 (m), M. 5 (f), C. 1 (m)
RATHER, J. C. 22 (m), S. M. 25 (f)
LAMB, A. 55 (m)*, P. 36 (f), N. 21 (f), R. 15 (f), M. 13 (f), M. 9 (f), G. 8 (m), W. D. 6 (m), B. 64 (f)
THOMAS, Carol 22 (m)*
BLACKBURN, Stephen 22, F. M. 19 (f), M. E. 4 (f), M. M. 1 (f)
TAYLOR, William 28, M. 38 (f), B. 7 (m), M. 6 (f), J. 5 (m), C. 3 (m), I. 9/12 (f)
LAMB, William 51, S. 45 (f), W. R. 19 (m), R. 14 (f), A. 11 (m)
LAMB, E.? 18 (m), H. 19 (f)
STAMPS, Lucy 55, Joshua 25, R. H. 21 (m), E. 19 (f), William 13?, John 17
WADE, John B. 22, L. 22 (f), M. E. 4 (f), A. J. 2 (m), W. L. 1/12 (m)
WADE, John 51, A. 50 (f), James 20, W. 18 (m), H. 15 (m), M. L. 12 (f), Dibia 10 (f)
DUGLAS, L. 58? (m), S. 65 (f), L. 16 (m), S. 16 (f)
DUGLAS, Mary 42, M. 14 (f), S. 11 (f), J. 3 (m), W. 3 (f), M. 8 (m)
BENEDICT, A. 44 (m), M. 41 (f), W. A. 17 (m), E. A. 16 (f), Robert B. 15
TAYLOR, M. 37 (m), M. 27 (f), R. A. 8 (m), F. 7 (f), A. B. 5 (m), E. D. W. 3 (m), F. M. 1 (m)
STAMPS, William 23, E. 32? (f), C. 3 (m), C. 1 (f)

Schedule Page 186

HARRIS, D. 64 (m), S. 42 (f), T. A. B. 15 (m), L. G. 13 (m), E. A. 12 (f), D. 10 (m), D. M. J. 8 (m), J. D. 6 (m), J. Scott 3 (m), S. W. 8/12 (m)
STAMPS, J. W. 32 (m), R. 28 (f), J. C. 8 (m), T. 7 (m), J. 5 (m), A. P. 4 (m), S. A. 2 (f), William 1
LYLES, J. M. 32 (m), E. 28 (f), B. 10 (m), M. M. 8 (f), S. J. 5 (f), M. A. 2 (f)
THACKSTON, H. 82 (f), P. 38 (f), C. 16 (f), W. 12 (m)
VENABLE, John 45, Anna 51, S. E. 12 (f), Joseph 79
LOGAN, Joab 33, S. 35 (f), W. C. 9 (m), D. A. 7 (m), M. 4 (f), L. F. 2 (f)
DODSON, Armsted 32, M. 35 (f), William C. 7 (m), J. W. 6 (m)
DODSON, Joseph 50, R. 48 (f), C. C. 19 (m), M. 10 (m), J. P. 8 (m), Y. H. 5 (m)
DODSON, Dillinham 73*, M. 71 (f)
OLIVER, C. 44 (f)*, E. 17 (f), T. J. 15 (m), J. W. 14 (m)
NANNEY, J. H. 61 (m), William 28, C. 20 (f)
JUSTICE, Poxey 28 (m), Salita 21 (f)
DENHAM, Sanford 28, R. R. 27 (f), J. L. 7 (m), I. G. 6 (m), J. 4 (m), A. 2 (m), C. A. 8/12 (f)
GULLY, L. 66 (m), C. 52 (f), Sally 24, J. 22 (f), John 20, M. 18 (m), L. H. 16 (m), C. 13 (f), M. 9 (f), L. 7 (f)
LOGAN, R. S. 64 (m)*, R. 58 (f), L. L. 28 (f), R. J. 24 (m), Z. J. 22 (m), P. A. E. 20 (f)

1850 Census Allen County Kentucky

Schedule Page 187

STAMPS, Milly 75*
RUSSELL, John 29, L. 21 (f), S. B. 3 (m), D. 2 (f), A. 6/12 (f)
RUSSELL, G. 31 (m), N. 24 (f), M. 7 (f)
RUSSELL, Mary 58, Richard E. 15
TILLY, P. 40 (m), R. 50 (f), E. 16 (f), John 15, S. A. 13 (f), N. 11 (f), J. 9 (m)
POPE, James R. 31*
HALE, Elizabeth 45*, James 21, W. 16 (m), Thomas 13, L. 10 (m)
POPE, N. K. 55 (m), M. 56 (f), L. 18 (m), M. 16 (f), William 14, E. J. 12 (f), E. C. 10 (f), M. 6 (f)
POPE, N. W. 21 (m), D. F. 20 (m), J. C. 26 (m)
JACKSON, John 51*, M. 51 (f), P. M. 17 (m), J. L. 14 (m), E. B. 11 (m)
BROOK, Jane Ben 39*
POPE, Sarah 28, N. K. 7 (m), F. J. 6 (m), J. W. 4 (m), B. M. 1 (f)
HAGANS, John 65, Elizabeth 29, Hugh R. 6, R. K. 4 (m), R. J. H. 3 (f)
GRAHAM, Clary 35 (B), J. F. 20 (m), E. F. 17 (f), R. J. 14 (f), M. A. 12 (f), William C. 10
STRAIT, C. 51 (f), J. W. 21 (m), D. B. 18 (m), P. P. 12 (m)
BILLINGSLY, J. D. 45 (m), N. 39 (f), D. E. 11 (m), S. C. 6 (f), E. A. 5 (f), M. F. 2/12 (f)
RICHARDS, Hiram 60*, S. 60 (f), Richard 24, H. 20 (m)
STAMPS, Jane 20*
HANCOCK, Charles 66, E. 61 (f), P. 42 (f), L. 25 (f), A. 6 (f)
RICHARDS, H. C. 28 (m), S. 23 (f), S. E. 4 (f), M. A. 1 (f)
CARPENTER, L. 45 (f), F. 22 (f), N. A. 14 (f), L. M. 12 (f), M. P. 10 (f), F. F. 8 (m)

Schedule Page 188

LEE, T. A. 36 (m), J. 35 (f), H. D. 6 (m), E. W. 3 (m), A. A. 1 (m)
DODSON, A. 40 (f), T. H. 13 (m)
GUY, B. W. 26 (m), E. S. 24 (f), William E. 2/12
GUY, L. J. 22 (m), E. M. 22 (f)
GUY, William 55, Phebe 50, M. 20 (f), Phebe A. 18, N. 16 (m), N. 13 (f), F. H. 7 (m)
WELCH, P. E. 43 (m), M. 39 (f), H. 12 (f), M. 10 (f), J. 7 (f), N. 5 (f), S. 3 (m), G. 2 (m), W. P. 3/12 (m)
GUY, Benjamin 43, M. 40 (f), R. C. 18 (m), R. W. 14 (m), Z. 12 (m), J. H. P. 6 (m), D. 3 (m), B. F. 1 (m)
GUY, Mariah 36, J. E. 17 (m), S. N. 16 (f), R. F. 13 (f), R. A. 10 (m)
WAGGONER, Georg 73*, S. 64 (f), A. 46 (f), John 30 (m), W. 26 (m)
GUY, William 17*, Aggy 15, E. 12 (f)
WAGGONER, David 44*, M. J. 30 (f)
GUY, Saml. 22*
WILLIAMS, Ruth 66, E. 32 (f), Isaac N. 27, J. J. 24 (f)
MARTIN, P. M. 55 (m), Rebecca 53, M. 26 (f), V. 24 (f), L. 21 (f), N. 16 (f), E. 14 (f), Ralph 11
MARTIN, George 25, E. 20 (f), R. J. 2 (f)
LEE, Tobias 49, M. 48 (f), M. 22 (f), J. S. 21 (m), J. L. 19 (m), S. E. 16 (f), J. A. 14 (f), N. E. 12 (f), C. F. 9 (f), H. T. 6 (m), E. J. 4 (f)
WILLIAMS, T. T. 38 (m), E. M. 37 (f), R. M. 15 (m), S. F. 10 (f), E. J. B. 7 (f), S. T. 1 (m)

1850 Census Allen County Kentucky

Schedule Page 189

HINTON, S. J. 20 (f), E. M. 2 (f), B. W. 1/12 (m)
BROWN, Burton 48, Anna 47, H. K. 20 (m), L. L. 18 (m), G. A. 16 (f), F. B. 14 (m), C.? A. 12 (f), V. D. 10 (m), A. D. 7 (f), Casiline? 4
ALEXANDER, A. C. 55 (m), E. W. 50 (f), B. F. 21 (m), R. R. R. 19 (m), William F. 17, Beverly W. 14 (m), Almira 10, Sarah E. 18
MYERS, John 40*, W. 35 (f), M. E. 8 (f), William L. 4, G. W. 3 (m), J.? T. 1 (m)
GREEN, William 11*
BROWN, John H. 33*, L. 37 (f), N. E. 9 (f), M. P. 6 (f), M. W. 4 (m), C. A. 1 (m)
RICHARDSON, Wyley 50* (B)
BROWN, Drury D. 38, Sarah 32, Mary E. 14, Elmore S. 12, John E.? 10, William C. 6, U. D. 4 (m)
HENDRIX, B. J. 28 (m), Jane 24, Wm. 5, Elizabeth 3, Elvina 1
TAPSCOT?, Rolly 70*
MILLER, Elizabeth 37*, Elizabeth 16, Lu Ann 8, Alburtus 20

1850 Census Barren County Kentucky

Schedule Page 306

HESTER, William 37, Mary 25, L. F. 5 (f), James H. 2, Henry H. 1, Elizabeth 18
POYNTER, Harrison 27, Eliza J. 27, Margaret A. 13, Sarah E. 11, Mary R. 7, Wm. H. H. 5, Amanda J. 3
PARRISH, Juliann 39, William J. 18, Sarah E. 14, John E. 11
REDFORD, Samuel 41, Elizabeth J. 34, Martha H. 11, Henry P. 7, Wills 4
PACE, David F. 37, Gracy 34, Rebecca 13, Martha 11, Sally 9, Jacob 8, Joseph 7, Schuyler 5, Benja. 2, Foster 17
BAIRD, Obediah 46, Mary A. 40, Levenia 16, William 14, John 12, James 10, Ermin 8, Obediah 1
REDFORD, William P. 28, Mary Ann 24
PACE, Barret 44*, Margaret 40, Rebecca J. 20, Joseph W. 17, Jacob W. 12, W. H. 10 (m), James B. 8, Martha A. 5, Margaret R. 3, Mary M. 1
WALTERS, Rebecca 64*
THURMAN, Henry L. 23, Wilhelmine 21, Mary O. 1
FARRIS, Isaac H. 41*, Ann 38, William S. 17, Mary A. 15
HALL, Sophia 52*
WATERS, P. B. jr. 38, Agness G. 38, Mary E. 14, P. B. 13 (m), Martha A. 9, Sarah F. 7, Benja. H. 4, Zachr. T. 2
FARRIS, Saml. S. 44*, Mary 43, Lucinda E. 18, America 16, Henry 14, Joann 8, Davidella 6, Wm. S. 3, John B. 17, James 21
SAVAGE, George 20*
WATERS, Owen D. 35, John T. 12, Mary J. B. 11, Elizabeth B. 9, Caleb W. 7, America A. R. 5, Emily C. 3

Schedule Page 307

WITTY, Lindsey 36, Lucinda 32, David 7, Christopher 5, Eliza Ann 3, William H. 1
WATERS, Elias D. 28*, Lucinda 22
TURNER, Ann 17*, William 16
STARK, James M. 33, Frances 21, Eleseph 2, Frances E. 1/12
WATERS, P. B. sr. 66 (m)*, Mary 60, John 17, Benja. H. 34, Lewis T. 28, Butler H. 24, Marcus 21
EDMUNDS, Elizabeth 40*, Marietta 14
NEWLAND, John 45, Amanda M. 38, Mary Ann 11, Josiah H. 13
REDFORD, Silas 55*, Matilda P. 40, Sarah 10, Martha 8, Saml. 16, Joseph M. 13, Spotswood 11, John S. 6, Edward 2, William R. 25, Ann 70
ATWOOD, J. V. 26 (m)*
WILLIAMS, E. R. 26 (m)*
GARRETT, William S. 60*, Sarah Ann 32, Theodocia 17, Davidella 6, William E. 12, John H. 8, Clifton R. 3
WILLIAMS, Sarah 66*
WILLIS, Elizabeth 43*, Louisa 10, Ellen 8, Elizabeth G. 6, Lucy C. 4, Lewis 16, John S. 13, Francis 11, George D. 2, William H. 21
REDFORD, William 17*
LOCK, John sr. 42, Mary 38, Nancy J. 11, John S. 7, Josephine 6, Ann M. 1
MCKITRICK, Jane J. 48*
MCCOUN, James 20*, John E. 17, Ferdinand 14, Robert 12
WHITE, William S. 33, Elizabeth 20, Mary S. 2, John B. 1

1850 Census Barren County Kentucky

CHAPMAN, Patience 44, Maria L. 19, George R. 13, Benja. F. 22
SMITH, Reuben 40, Edny S. 22, Elizabeth 13, Oliver H. 11, Louisa 8, Henry P. 3, Desdemonia 1

Schedule Page 308

BLANKENSHIP, Elijah 75, Nancy 50
BETHEL, William A. 27, Catharine M. 21, Mary J. 1/12
OWEN, Felix G. 25, Ellin 24, James M. 3, Sarah A. 1
HATCHER, Nathan 34, Virginia 30, Luann 8, Rebecca J. 6, Martha N. 5
BROOKS, William 41, Martha A. 28, Jesse J. 8, James J. 7, John T. 4, Mary E. 2, Martha J. 1
MADDOX, Ignatius 57, Frances 45, Amy A. 25, Sally 22, Mary 17, Lucinda 12, Emily 10, Judy 6, Susan 5, James A. 24, John 19, Ignatius 14
DICKERSON, Thomas J. 44*, Judith 39, John M. 18, William T. 16, Carey 13 (m), Achilles 12, James 8, Schuyler 4, Willis 2, Mary J. 14, Ophelia 12
CHRISTY, Virlinder 77 (f)*
JAMESON, B. F. 22 (m)*
BROWN, John M. 29, Nancy 29, James M. 7
HATCHER, Josiah 46, Jane 46, Mary F. 19, Edwin T. 17, James 15, Azariah 13, William A. 7
BYBEE, James H. 23, Arminta F. 1
REDFORD, Francis 60, Parthena 45, Mary 28, Caroline 19, Fanny 17, Sarah 14, Paradine 7, Polly Ann 4, James R. 23, John E. 22, Thomas 13, Henry 12, George 7, Frank 1
OWEN, Johnson 58*, Amy 52, William 18, John M. 13
ALLEE, Amelia M.*
LEWIS, Thomas F. 22*, Luisa J. 19, John H. 1

Schedule Page 309

POYNTER, James N. 26*
SANDERSON, R. M. 22 (m)*
OWEN, Henry L. 29, Rhody T. 24, Henry L. 3, Laurinda M. 1
FISHBACK, William 36, Mary A. C. 31, James 7, Mary L. 4, Nancy C. 2, Ann E. 1
HATCHER, Benjamin 49*, Jane 45, William B. 23, Jane 16, Benjamin 14, Frances 12, Luranda 10, Owen W. 8, Virglinda 5
PULLIAM, John 22*
PULLIAM, Jesse 54*, Delila 44, Elvira 21, Frances 18, Louisa E. 16, Margaret 14, Woodford 4
DICKERSON, Eliza J. 24*, Robert T. 2
LEWIS, John H. 44, Permela 40, Mary Ann 20, Margaret J. 14, Sarah F. 5, Pryer A. 17, James B. 12, Simeon H. 8, John W. 3
WATERS, Thomas H. 30, Elizabeth 20, George W. 2, Marcus L. 1
KING, Charles 50, Mary 47, Creed H. 25, John A. 23, Charles 17, Rufus 15, Calvin 12, William 5, Mary 11, Perlina A. 9
STALLSWORTH, Nancy 65*, William H. 20, George W. 18, Jane 26
BRITTON, Hannah 41*
STALLSWORTH, Thomas J. 23, Sophronia 22, Dorinda F. 3, John T. 1
DRISKILL, James L. 23, Nancy 20, Ellin 1
PEERS, James H. 42, Mary A. 27, Elizabeth 20, Mary F. 1, William 18, Thomas J. 11, James O. 8, Marcellus 6, Fleming J. 2

1850 Census Barren County Kentucky

FOSTER, Susan H. 49, Margaret E. 16, John W. 19
WORD, Joel 27*, Mary 24, Mary J. 7, Lewis 5, Rachel 3, William H. 1

Schedule Page 310

SANDERSON, John E. 29*
BROOKS, John 31, Patsy 37, Susan J. 7, Marietta 7, William H. 4
LOCK, Jacob H. 26, Jane E. 22, Benjamin F. 3, Susan A. 1
CHAPMAN, James F. 21, Nancy 18, Thomas 6/12
LOCK, John jr. 31, Anna 32, Jacob J. 8, Mary E. 7, Lucinda F. 3, Nancy J. 1
LOCK, Easter 47, Martha 25, David 23
CHAPMAN, Andrew 47*, Susan 42, Alexander 19, John 15
BROWN, Emily J. 7*
FITZGERRALD, Enoch 38, Eliza J. 29, John L. 9, Luann E. 7
FITZGERRALD, Susan 86, Nancy 50
ANDERSON, Meredith 22, Matilda J. 20, Sarah E. 11/12
DAVIS, Samuel T. 38, Amanda 22, Mary E. 6, Hardin Y. 3
KING, William A. 43, Elizabeth 42, Mary J. 19, John E. 17, Martha A. 15, Catharine 13, Sarah
    E. 10, Luisa 10, Margaret 7, Emily L. 5, Stapleton 2
RHEA, William 60*, Tamer 41 (f), Narcissa M. 18, Isabella V. 16, William Z. T. 1
MCKINNEY, William J. 15*, Mary F. 13, John R. 11, David G. 10
FREEMAN, Thomas 65, Martha T. 56, Sarah F. 35, Caleb 34, Mary E. 23, Martha J. 17
FREEMAN, William B. 40, Elizabeth A. 34, Robert T. 13, Mary F. 11, James F. 9, Margaret A.
    7, Louisa J. 5, Sarah E. 4, Martha F. 2, Arminta 4/12
MARTIN, Elizabeth 65, Mary Ann E. 25
TAPSCOTT, E. N. 46 (m), Susan 40, William 19, Amanda 17, James 15, Marshal 12, Martha
    10, Emeline 7, Lucinda 2

Schedule Page 311

BERRY, Thompson C. 60, Catherine 60, Joseph T. 30
MUNFORD, Robert W. 37, Sarah A. E. 34, Richard W. 10, Rowland H. 8, Robert S. 6, John D.
    4, Joseph N. 3, Sarah A. 1
MCCLANAHAN, Sarah 80, Sarah 30, William 6
JACKSON, William G. 45*, Eliza 45, Harriet Ann 19, Mary M. 17, Sarah H. 15, Elizabeth F.
    13, Eliza K. 10, William G. 8, Andrew Jackson 5
MURRY, William J. 11*
EVANS, Edmund G. 41, Sarah 39, Elizabeth 16, Mary J. 14, John 13, Sally Ann 11, Martha 9,
    Armetta P. 7, Polk 5, Butler 2, Lucy 6/12
CRENSHAW, Elizabeth 48, Lucy W. 25, George M. 21, Dabney C. 10
BIRD, Simeon G. 29, Milly T. 27, Matthew L. 8, Dabney T. 5, Joan 2, George A. 5/12
HINDMAN, Robert 48, Malinda 47, Robert J. 21, James 18, Ann E. 16, America J. 11, Emily
    M. 9, William H. 5
TENISON, William H. 29, Susan 29, Nancy J. 8, Mary E. 6, Joseph F. 4, George F. 1
DUKE, Fountain 35
RITTER, Wilson 56*, Sarah H. 41, Betty 18, Sarah E. 15, Lucy Belle 8, Ann G. 6, Cornelia C. 4,
    John L. 2, William 22
FELAND, Sarah L. 12*, Mary T. 10
DUKE, Albert 31

1850 Census Barren County Kentucky

MIDDLETON, George T. 35, Sarah Ann 38, James 12, Tabitha 8, Fountain 6, Nancy 1
MARTIN, Solomon 36, Susan J. 31, John T. 15, Isaac H. 13, Samuel S. 12, Martha A. 10, William S. 8, Mary E. 6, Elmona J. 4, James K. 3, Elijah W. 1

Schedule Page 312

OWEN, John G. 52, Nancy A. 33, Nancy J. 18, Isaac S. 16, Erastus L. 14, James A. 12, Fidella W. 10, Rebecca E. 8, Mary L. 6, Caroline 2
MARTIN, Isaac 65, Martha 61, Isaac 24, Elijah 21, Martha 20, Nancy 18
LOCK, James 44, Mary W. 38, Elizabeth M. 20, John A. 18, Mary M. 16, Martha L. 14, Catharine D. 12, James C. H. 6
LEACH, Nathan 24, Judith 22, Sarah E. 4, John 1
OWEN, West 48, Sally H. 42, Walter T. 23, Joseph H. 21, William D. 18, Emily J. 12, John M. 10, Sarah E. 8, Eliza P. 6, Josephine 2
PULLIAM, Thompson 52*, Sally 42, Barnabas J. 8, Lucinda C. 5, John W. 1
DICKERSON, Nancy 49*
LYEN, Martha 39, Narcissa T. 16, George W. 13, Mary E. 10
OWEN, Presley T. 19, Arminta B. 19
SIMS, Richard 47, Priscilla 47, Mary E. 19, William W. 17, Martha A. 15, Sarah J. 13, Arminta 12, Lucinda 10, Nancy M. 8, John 6, Rhody 6
BLANKENSHIP, Elzy 42 (m), George Ann A. 28, Juda 6, William G. 3
DICKEY, Elisha 64, Tabitha 30, Mary 21, Thomas 19, Cyrus 6, Elcana 3, George D. 6/12
CLACK, John 75
WHITNEY, Alfonzur 33, Elizabeth F. 25, Josephine C. 8, Mary C. 3, Martha B. 5/12

Schedule Page 313

POYNTER, Lewis 52, Henry 18, Joseph H. 16, Nancy 21, Presley 13, John C. 10, George W. 8, Zachariah T. 3, Elizabeth J 11/12
CHAPMAN, James T. 22, Pheba J. 19
NEVILL, Phebe 67, Joseph 36, William 32, Sally 34, John 18, Amanda E. 6, Rebecca J. 3, James H. 1
CLACK, James M. 36, America H. 25, Thomas J. 11, James W. 1
BRADLEY, Beverly 22, Patsy 17
LOCK, Richard 61*, Delphy 37, Nancy J. 8, Rebecca 6, Martha A. 4, George W. 11/12
HUMPHREY, Susan 17*, John 15, James 12, Margaret 10
MORRISS, John 38, Ann C. 27, Mary E. 7, Sarah E. 6, Margaret L. 9/12
GARDNER, James T. 36, Emily 33, Henry 11
DUKE, Sarah 68, James B. 36, Fountin L. 34, Sarah 32
GARDNER, John 40, Ann 30, Littleton 12
SAVAGE, Elizabeth 40, James G. 19, Susan J. 17, Elias B.? 15, Martha E. 12, Moses E. 8
STALLSWORTH, Harrison 36, Amanda 29, Jesse T. 11, Martha 10, Mary F. 8, William 6, Nancy 4
MADDOX, William P. 22, Mary P. 18, Emecet C. 1 (f)
MURPHY, William 60*, Sally 56
FISHER, Nancy 30*, Mary F. 4
MITCHELL, Ruth 15*
LYEN, William 55, Mary 36, Sarah E. 12
ELLIS, Isaac B. 19, Salemna 16

1850 Census Barren County Kentucky

BIBB, Catharine 35, Thomas W. 13, George M. 7
BROWNING, William 57, Luann M. 24, Henry 18, William 15

Schedule Page 314

MUSTAIN, James W. 63, Sarah H. 56, John W. 12, Jesse B. 10
WEST, Claibourn 22, Emily 17, Caroline E. 2/12
MURRELL, S. H. 45 (m), Rebecca R. 30, Samuel 15
PRESTON, Samuel J. 22, Susan 19, Martha E. 10/12
WATTERS, Andrew 55*, Louisa V. 44
HOGAN, Sally 48*, Lucetta 8
KIDD, William 35, Elizabeth A. 33, Willis B. 7, Sarah E. 2, Maria L. 4/12, Maria 50
HATCHER, E. M. 30 (m), Mary 27, Eugene M. 2/12
BARNETT, J. M. 30 (m), Elizabeth C. 22, William G. 1
SOVRIN, Henry 32, Caroline 20, Alice 3, Alonzo 1
CHAPMAN, Thomas J. 42, Sarah 44, Mary E. 19, Matilda A. 17, John T. 16, Emily 13, Edward 11, Jane 9, George Ann 7, Susan F. 1
THOMAS, William D. 33, Lucinda T. 22, Henry M. 17?, John J. C. 2
ONEAL, William H. 30*, Cynthia A. 24, James T. 9, Darius W. 7, William A. 4, Mary E. 8/12
GIBSON, Elvira 15*
NEVILL, Thomas R. 48*, Mary 42, George W. 20, Sarah E. 16, William T. 14, Joseph H. 10, Ann E. 7, Mary L. 6, Julia T. 2, Amanda W. 2
FLANAGAN, Thomas 19*
LYEN, David 44, Elizabeth 49, Quintilla 17, William D. 13, Catharine 7
LYEN, David R. 37, Polly 27
FLANAGAN, B. A. 51 (m), Sophia 37, Susan J. 16, Margaret 14, John 9, Sally 7, Nancy J. 4, William 1
SHAW, Elizabeth 45, Robert 22, William 24, Mary J. 23, Baker E. 2, Jacob R. 1

Schedule Page 315

SELF, Allen 49*, Mary A. 42, Sarah A. E. 20
HOGAN, Jerome M. N. 17*, Robert F. 15
GASSAWAY, Elisha 47*, Eliza A. 44, Charles D. 23, William W. 21, James E. 18, Nancy H. 13, Susan E. 8
MORRISS, Elizabeth 78*
FRANKLIN, James 23*
BRIDGES, Richard 52, Ruth 54, James T. 28, Samuel 21, Thomas J. 19, William 16, L. D. 14 (m), Martha 23, Nancy 13
BUSH, Matilda 35, Rebecca J. 17, Willis 15, William W. 13, Martha A. 11, Nancy I. 9, Alice 2
SELF, Edward 44*, Lydia 40, James E. 21, Martha J. 19, Mary A. 17, Sarah E. 13, Kimble K. 11, Elizabeth F. 8, Phebe E. 5, Lydia C. 11/12
DURHAM, Willis 16*
HATCHER, Martin P. 42, Nancy 35, Emily 14, Allen M. 12, Theophilus W. 11, Dorinda E. 9, William P. 6, Alice O. 3, Adolphus E. 1
WILKINS, Stanly 28*, Elizabeth 31, Polly 12, Martha F. 3, Nancy I. 1
MARTIN, James 72*
MIDDLETON, John M. 46, Agness 35, Dicy C. 18, Susan A. 14, Josiah T. 12, Sidona E. 11, Fielding 7, Nancy 6, Baker E. 5, Samuel W. 3, Rebecca J. 11/12

1850 Census Barren County Kentucky

MIDDLETON, Dicy 71*
KIMBLE, Caroline 28*, William 4/12
BURNETT, John J. 38*, Mary 32, Jonathan 14, Charles W. 13
BYBEE, Susan A. 10*, Thomas 49
DICKEY, William 57, Elizabeth 48, Joseph M. 22, Sarah E. 17, William F. 14, Margaret L. 10, John H. 9, Mary S. 7, Levi 4

Schedule Page 316

BLAIR, Benjamin 46*, Elizabeth 43
CRUMP, Hannah 21*, Margaret 17, James 13
WINES, James 46, Frances 42, Polly 17, Willis T. 15, Amanda 13, Lucinda 11, Mary A. 9, Adaline E. 5
STRINGFIELD, Perry 25, Nancy E. J. 19
CHAPMAN, William B.? 45, Martha 45, John T. 17, Nancy J. 14, Elizabeth 12, Rebecca 10, James 7, Joshua 4
SELF, Presley 39, Maria A. 31, William I. 11, Mary F. 9, James M. 7, John E. 5, Porterfield 3
BROWNING, Samuel 63, Mary 52, William 30, Nancy 21, Robert 24, Elizabeth 19, Joseph 18, Fanny 18, Martina 14, Louisa 13
CURD, B. D. 24 (m), Maria L. 19
SMITH, Isaac 28*, Mary E. 25, Sarah F. 5, Dorothy E. 6/12
MCCONNEL, John B. 20*
GARDNER, William D. 38, Eliza T. 28, Permela A. 17, William A. 15, Angeline 8, Mary J. 2, Martha W. 9/12
FOSTER, Martha 60*
CARROL, Betsy 55*
COLE, William H. 68
AMISS, George W. 25*, Mary J. 21, James W. 3, George W. 2
STAPLES, Jane 20*
FORRESTER, Parks T. 22*
TURNER, Jane 16*
FORRESTER, James M. 28, Eliza J. 28, James G. 9, Mary A. 7, George William 5, Zachariah T. 3, Elizabeth T. 2/12
HALL, John A. 32*, Josephine 23, Virgil S. 5, William B. 4/12
PORTER, Susan 58*
VANCE, William 33, Elizabeth 40
HALL, C. B. 31 (m), Marion W. 31 (f), Charles L. 6, Ann E. 3

Schedule Page 317

HALL, Edmund G. 36, Malinda 28, Joseph 6
ARNSPIGER, Jacob 36, Nancy 28, Mary E. 5, Martha I. 4, Sally A. 3, Polly F. 4/12
NELL, Edmund 34, Juliann 32, William 6, Martha J. 3, Mary Ann 10/12
VANCE, Tobias 63, Amy 53, Joseph H. 19, Caroline 13, Martha 10, Elizabeth 7
STAPLES, Rowland 49, Sarah 45, Susan 19, William 15, Samuel 14, John 12, Jesse 10, James 8, Thomas 3
POYNTER, Nathan 47, NAncy F. 37, Susan J. 19, Margaret 15, Juliann 14, Emily 12, William L. 10, Nancy M. 9, Matilda 6, Franklin T. 5, John B. 3
STAPLES, William 34*, Emily J. 25, Samuel J. 10, Martha A. 3, George H. 1

1850 Census Barren County Kentucky

CREEK, James R. 9*, John W. 6
DICKEY, B. F. 35 (m)*, Mary W. 25, Sally J. 4, Frances 1
SAVAGE, William 30*
HINDMAN, William 63*
LEWIS, William 54, Eliza J. 51, Virginia 21, Absent 17, America 13, James 11, Amelia 8
SMITH, Thomas 25, Letitia Y. 18
HILL, Nelson 36*, Palitha 23
CLARK, Elijah 19*
HARLOW, William D. 65, Frances 61, James L. 30, William E. 28, Alexander P. 22, Amanda J. 19, Emily F. 17
HALL, James 67*, Permela 48, Christian 15 (m), Jane 13, Henry C. 9
BOWLES, Cilla 47* (B), Joseph 21, Hetty 12
PIPER, John 52, Elizabeth 53, William H. 11

Schedule Page 318

HESTER, Thomas J. 29, Caroline 32, John F. M. 3
LEWIS, William F. T. 30, Sarah 31
HARLOW, Elizabeth 41, Mary 44, Jane 17
CREWS, Redmund 34, Winnefred 33, Mary E. 15, Martha J. 13, Jeremiah 10, Ann Eliza 8, Henry R. 6, David J. 4
BROOKS, Jesse sr. 67, Polly 65, Rebecca 26
LOCK, Jacob 38, Elizabeth 44, Richard 17
EUBANK, William 37, Martha 25, John 13, Luann 12, Sarah 5, Joseph C. 2, Charles H. 9/12
FORD, John 45, Catharine 31, Henry 7, Ellin 4, Charles 2
NICKOLS, Lewis 47, Ann 49, William 22, Alexander 21, Martha J. 17, James M. 7
LEWIS, Joseph H. 26, Elizabeth 17, Frances E. 1
HOOD, James __, Sarah Ann __, Mary I. P. 1 (m)
VANCE, Albert 30*, Ellin 22, Henry J. 3, Sarah J. 3/12
STAPLES, Patsy 27*, Mary J. 7, Sarah L. 4
BURTON, Moses 39, Martha 38, James M. 14, Orren D. 12 (m), Thomas 11, Martha A. 10, Amanda 8, Margaret 5, Mary 4
SHORT, Fleming 69*, Martha 68
GADBERRY, Sally 73*
CRENSHAW, Gloster 65 (B)
GLOSS, Stephen 31, Lucinda 28, Joel A. 11, Mary E. 9, Martha A. 5, Tho. J. 2 (m)
GLASS, John C. 28, Paralee 25, Caroline 4, Nancy 3, Susannah 1
ALLEN, Dicy 52 (f), William J. 15
ARNETT, David F. 23, Elizabeth 21, Ann Eliza 1

Schedule Page 319

ALLEN, Reuben H. 23, Mildred J. 21, George Ann 2, Alfred S. 6/12
BROOKS, Joseph D. 24, Mary J. 23, William T. 6/12
JACKSON, William 39*, Leah 38, Eliza J. 15, Lydia F. 14, John L. 12, Sarah E. 10, Martha E. 8, William W. 6, Malerida C. 4, Clarinda J. 2, Louisa M. 3/12
BERRY, Joseph 22*, Sarah 18
HUMPHREY, William M. 17*
WHEELER, Nathaniel 67*, Matilda 20

1850 Census Barren County Kentucky

HUDSON, Susan 20*
HERNDON, John 77*, Mary 73, John jr. 35
BUSH, Jemima 38*
GARDNER, Thompson 72, Elizabeth 32, Zerilda J. 25, Louisa 23
HARLOW, John H. 39, Frances M. 34, J. E. 13 (m), Mary Volermna 11, William A. 9, James B. 6, George W. 2, Harriett M. 1
CHAPMAN, Bird 65, Mary 32, Elizabeth 12, Susan J. 9, John W. 7, Andrew T. 4, George H. 1
GARDNER, Marshal 33, Mary A. 28, George 8, James 6, Mary 4, William 2, Henry 1/12
BROWN, Neri 61, Jane 53, Susan J. 27, Lucinda 21, Elizabeth F. 17, Melvina 15, William H. 13, James B. 10
MCCONNEL, O. P. 29 (m), Mary T. 30, James H. 8, Sarah J. 2, Jesse N. 1/12
BROWN, John 68*, Elizabeth H. 62, Henry 20, William 36
GREEN, Thomas 87*
BROWN, David W. 24, Margaret 26
BROWN, Thomas 33, Mary 31, James H. 3, Lucinda M. 5/12
HARLOW, Thomas 62*, Margaret 62, Elijah 33, Marion 15, Susan 22
WILLIAMSON, John T. 18*

Schedule Page 320

HULSEY, William 27, Mary 28, Susan E. 5, Nelson 4, Thomas 2, Margaret 1
HARLOW, Marshal 35, Elizabeth 36, William 11, Elijah 9, James M. 7, Nancy J. 4, Elizabeth M. 2
WHEELER, John H. 40, Jane 36, Jane C. 14, Nancy C. 12, James P. 9, Amanda V. 8, Theophilus 7
KING, Elizabeth 53, John 24, Alexr. 21, Thomas 19, Elizabeth 16, Caroline 14, Frances 11
CLARK, Sarah 53, Thos. J. 13, Sarah F. 11
DISHMAN, James A. 29, Isabella G. 29, Charles H. 7, Christopher C. 6, Wm. S. 3, Jas. H. D. 1
DICKERSON, Thomas M. 30, Mary E. 23, William R. 3/12, William J. 26
FREEMAN, Sally 38*, Thomas M. 12, Harriet 9
PEERS, Elizabeth 71*, Berryman 25
SMITH, Jesse 50, Elizabeth 44, Edward 21, Ephraim R. 16, William B. 16, James A. 14, Nathaniel 11, Noah 9, Sarah J. 6, Mary F. E. 4
MADISON, Azariah 36*
COOK, Jane 18*, Maria 35, Mahala A. 10, Catharine 6
BERRY, Hezekiah 21, Frances W. 22, Mary W. 1
HALL, William 30*, Louisa 17, Margaret 2, John 1/12
BERRY, Edward 16*
LAWRENCE, John P. 67?, Mary 70, Elijah T. 31
BASHAW, Nathan 33, Mahala 34, Arena 5, John M. 3, Bluford 1
MANLY, Jonathan 42*, Patsy 40, Isabell 19, Rachel 18, Barbara 16, Nancy 15, Elizabeth 13, Sarah 9, Patsy 7, Mary 5, Malinda 3, Joseph 1

Schedule Page 321

JOHNSON, Richard 25*
KINSLOW, E. H. 31 (m)*
DUKE, Elizabeth 37, Cosby 19, Nancy J. 17, James E. 15, Sarah A. 13, Lucy 7, Henry 5, John M. 4

1850 Census Barren County Kentucky

DUKE, Thomas T. 43, Elvira 37, Nancy J. 14, Benja. B. 11, Jesse T. 8, William T. 4, Nancy 83
DEERING, Elisha 76*, Hannah 75, Mary Ann 34
BRUNSON, Lucinda 30*
SELF, John P. 24, Martha A. 20
JAMESON, Robert F. 41*, Eliza J. 24, George 78, Nancy 37
ALLEN, George Ann 17*
DUKE, John E. 29*, Martha 25, Sarah M. 2, Mary J. 1
SHIRLEY, Emerine 7*
WILSON, John 59, Rhoda 56, Martha A. 18, Sarah 16, Joseph 14, James R. 12
DISHMAN, William S. 28, Elizabeth 19
OWEN, David 53, Sally 34, William T. 18, Mary F. 15, Sarah C. 10, Nancy H. 6, Margaret L. 4, Nancy C. 3, Joanna 1
OWEN, Nancy 58, Polly 56
OWEN, Thos. J. 32*, Emily 28, Wesley 11, Henry 9, Achiles 6, Henrietta 4, George A. 2, Alice 9/12
ALLEN, Robert 15*, William 13
JAMES, Richard 47*, Letitia 38, James F. 16, Martha 12, John T. 11, Jane 9, Ben F. 7, S. S. 18 (m)
CARPENTER, Mary E. 11*, William A. 9
GILLASPY, Mary 71*
READ, Charles W. 24*, America E. 21, Louisa S. 3/12
JAMESON, Maria 50*
HOLLOWAY, Thomas 25, Sarah 21
MONROE, Nathl. P. 23, Aleatha 19, Sarah M. 8/12

Schedule Page 322

DELPH, Merriman 62*, Polly B. 52, John H. 24, R. P. C. 19 (m)
MONROE, Martha 18*, Polly B. 15, Charles 11, Harrison 9, George 7
RICHARDSON, Mary 64*
ADAMS, William 65*, Margaret 57, J. H. 33 (m), Tho. J. 23, Elizabeth 20, Sarah 18, Lucy E. 13, Kitty A. B. 8
MCCONNEL, D. J. 27 (m)*
HAWKINS, A. L. 36 (m), Permela 48, Sarah G. 8, William G. 28, Nancy 26
DICKERSON, James F. 36, Elizabeth 40
WEST, Thomas 23, Elizabeth 23
SHACKLEFORD, Sally 42*, Sarah A. 16, Susan J. 14, James 13, Allen 11, Merlin 18
WEST, Robert 21*, Nancy 57, Nancy 14
BELL, Maria 28, William F. 10, John M. 8, William 72
SHACKLEFORD, William 21*
KELLY, John 37*
DOYLE, John 25*
LAWRENCE, Wm. W. 38, Jane 27, Martha A. 10, John W. 8, Isaac N. 6, Nancy 4, Elizabeth 2
SMITH, William P. 24, Princess E. 21
BOSTON, Thomas W. 64*, Amelia 56, Jesse H. 27, Saml. C. 25, John W. 22, Wilber F. 12
VANCE, James H. 12*
GARDNER, Sally 43, Juliann 13, Wm. H. 10, James R. 8, Sarah A. 6
WEST, William 26*, Nancy A. 24, Aletha E. 2/12
MCGUIRE, Danl. 13*
MONROE, William J. 22, Luvinia 21

1850 Census Barren County Kentucky

CHAPMAN, William 44, Eliza B. 42, Ferdinand 13, Agness J. 11, Kitty Ann 9, Josephine 7
DURHAM, Sallya 45, Jesse 11, Ann E. 13, John 9, Polly 7, Lucy F. 6, Sarah J. 4

Schedule Page 323

COTTRELL, Lydia 54, Samuel 35
HILL, John A. 36, Elizabeth J. 36, Elizabeth F. 14, James R. 11, John J. 9, Saml. N. 6, Sarah 2
MONROE, Matthew H. 50, Rebecca 44, Simon B. 20, David 18, Nancy C. 13, James K. 11, Matthew H. 9, John G. 7, Sarah J. 4, Thomas H. 2
MONROE, John W. 24, Sarah E. 18
BRATCHER, David 53*, Susan 33, David 12, Ann 8
CARTER, James R. 8*, Mary E. 7, Thomas 5, Jane Ann 11
WEST, Isaa(sic) 30*, Phebe D. 28, Mary E. 7, George Ann 5, James T. 2, Ellender 55
MCGUIRE, Daniel 13*
WILSON, Robert 25, Mary E. 22
HUCKABY, William 33, Eliza Ann 32, Joshua 10, Elizabeth 8, Martha 5, Eliza Ann 2
PARKER, Joseph 40, Nancy 34, William J. 14, Sarah F. 12, Robert A. 10, John 7, Elijah B. 9
FERREL, Gabriel 43*, Malissa 30, Nancy 17, Eliza 16, Jas. H. 13, Terry 9, John W. 3, Felix N. 2
COURTS, Margaret A. 10*, Emily F. 8
MONROE, James 50*, Mahala D. 50, James 21, Willis W. 20, Frances M. 17, Lowry A. 15, Lucinda 14, F. M. 12, Louisa A. V. 10
MCDANIEL, Dabny 32*
CHAPMAN, Neal 71, Sarah 22
CHAPMAN, James 32, Martha J. 25, Wm. H. 7, John T. 5, Mary E. 2

Schedule Page 324

WEST, Edward 31, Martha 31, Sarah E. 3, Lucy Ann 7/12
DAVIDSON, Alexr. 23*, Henrietta M. 18, Sarah J. 10/12
MCGUIRE, Rachel 42*
DAVIDSON, Young 53, Malinda 52, Robert 18, Virginia 25, Rachel 10
MCCOMBS, Samuel 50, Melissa J. 16
REYNOLDS, William 69, Mary Ann 40, Naoma E. 15, Purlina 11, Robert L. 10, Frances P. 8, William R. 6, Joseph M. 1
COOK, A. G. 37 (m)*, Leary 34, Mary E. 16
JONES, Garland 13*, Slaughter 12, Martin 10, Mary E. 8, Joseph A. T. 6
JONES, Martin 62, Nancy 60, Manassa? 17 (m), John M. 16, Peter J. 13, Susan J. 10, Elijah 8
JONES, Joel A. 23, Susan M. 19, Oliver 5/12
REYNOLDS, Malinda 37, Louisa 16, Geo. W. 14, Eliza J. 13, Lucy A. 11, John G. 8
CAMP, Hawkins 50*, Mary J. 25, James B. H. 17, Morton B. W. 7
GREER, Isaac 65*, Pulina 40
SELF, William 37, Henrietta 35, F. M. 14 (m), Franklin H. 13, Sarah A. 12, Lydia M. 10, Mary Jane 8, Martha F. 7, W. A. 6 (m), Louisa 4, Edward 2
ADAMS, James V. 30, Jane 22, America E. 5, Margaret C. 3
DICKERSON, William H. 33, Emily J. 32, Mary Ann 11, Sarah F. 9, Catharine 6, Emily J. 4, Ellin 1
BIRD, John M. 31*, Emeline 31, John T. 5/12
PERKINS, Thomas 14*

1850 Census Barren County Kentucky

BISHOP, John 42, Elizabeth 40, John W. F. 16, Thomas W. 14, Samuel E. 11, Martha M. 9, Stephen R. 7, Henry C. 4, M. E. J. 1 (f)

Schedule Page 325

DISHMAN, John C. 22, Mahala 19
DISHMAN, William 60, Dorothy 53, Edward 17, Margaret 15, Nathan 13, Isabella 11, Sally 24, Dolly E. 3, William 2
DISHMAN, Robert C. 27, Mary W. 27, William P. 3, Robert T. 1, Obediah 20, John 63
FERGUSON, Stephen D. 25*, Margaret A. 25, Mary E. 2, Saml. C. 1
TURNER, Henry B. 14*
PRESTON, David 33, Sarah 18, William M. 2, Jubal 31, Sparka 55 (f)
DICKERSON, William 60*, Catharine 54
SIMS, Elvira 19*
MANSFIELD, Saml. J. 18*
FORD, Clement 37, Amelia 30, Emily A. 12, Mary J. 11, Eliza F. 8, Amanda 5, John 3, Catharine 3/12
LEWIS, Simeon C. 33, Mary E. 27, Simeon T. 11, William H. 6, John 3, Mary C. 1, Simeon 65
MOORE, John W. 37, Frances 36, Jane C. 7, Levi A. 5, Uriah H. 5/12
FORD, Garland 44, Sarah 32, Ann 10, Arabella 8, John 6, Frances 5, Woodford 1
FORD, Frances 69, Sally 39
NEVILL, Carroll 34, Eliza 30, Sarah F. 7, Tabitha E. 5, Eliza J. 3, William C. 2, Harvey E. 7/12
WILLIAMS, Horatio 38, Everline 36, William H. 12, George W. 10, James W. 8
CHASE, Richard 50*, Nancy 60, Catharine 27
THACKER, Martha 31*, Elizabeth 4
CHASE, Mary J. 23*
THOMAS, William 18*
GIBSON, Azel 12*
WADE, Fielding T. 47*

Schedule Page 326

SAMPLE, Benja. 35*, Isabell 42, Louisa 12, Elizabeth 7, Sophronia 6, Samantha 4, Joseph B. 4
THORNTON, Wm. W. 19*, Mary J. 17
TONEY, Polly 48*, Jos. 17, Thomas 13
HERDMAN, Polly 28*, Perlina 2
CRAIG, James B. 30*, Eliza 26, William D. 5, Sarah F. 3, John T. 8/12
MAYS, Rachel 34*
BRANSTETTER, Frederick 21*
THACKER, Robert 10*
FRANKLIN, William H. 24*, Margaret 25
JARVIS, Elizabeth 66*
PUCKET, Joseph M. 29, Mary 23, Margaret 6, Fanny 5, James R. 3, Thomas S. 1
PUCKET, Frances 66
BIRD, Jane 62*
PERKINS, Margaret 45*
NEVILL, William 36, Sarah I. 34, Emerline B. 6, Luann H. 4, Henry C. 2, Lucy M. 1
WHEELER, David 64, Catharine 60, James T. 23, Catharine 26
PUCKETT, William W. 36, Jane 30, James W. 12, William R. 10, Elizabeth A. 8, Louisa J. 7, Sarah F. 5, Lycurgus 3, Jonathan 1

1850 Census Barren County Kentucky

GREER, B. H. 35 (m), Sarah A. 28, Isaac N. 12, Lucetta J. 9, Mary A. 8
FRANKLIN, Martin 55, Malinda 56, Harvey 19, Elizabeth P. 16, Eliza C. 14, Martin W. 11
SIMPSON, Henry 30, Nancy 21, James H. 2
GRAY, Sally 67*, Elizabeth 48, Thomas 28
TAYLER, Sarah 2*
LEWIS, John 46, Sally 42, Amanda 23, Harden 20, Morton P. 18, Eilzabeth 16, Mary E. 13, Matilda J. 12, Asa 9, Louisa 7
MITCHELL, Carter 25, Rachel 22, William H. 2, Isaac N. 4/12

Schedule Page 327

DENTON, William 50*, Elizabeth 45, William 17, Thomas J. 15, David 13, Elizabeth 11, Leah 6, John W. 8, Samuel C. 3
LAMBETH, D. C. 59 (m)*
COSBY, Nathan Y. 55*
KIDD, James 56, Ann 45, Rebecca 15, John 12, Freeman L. 10, Sarah Ann 8, Asa A. 4
GREER, Catharine J. 24, Valery 8, Victoria 6, Martin R. 4
DENTON, Charles 42, David B. 36
LEWIS, B. F. 29 (m), Martha B. 18
NEAGLE, Andrew 40, Sarah 34, Loyd 16, Woodford 13, Newton 11, Helen 8, Edwin 6, Parthena 4, Almerine 1
NEAGLE, Adley 44 (m), Margaret 44, Maranda 18, Mary 15, Martha 13, Susan 11, Hardy 9, Helen 7, William 4
DAVIS, Jameson 40, Mary Ann 36, Henry C. 11, Sarah F. 10
WILLIAMS, Jacob 22, Lucy C. 19, Chris. T. 6/12(m)
GRAY, William 38, Frances 33, George W. 12, Mary J. 10, William P. 8, James F. 10/12
GRAY, Nathaniel 37, Lucy S. 24
GRAY, Richard D. 46, Sarah 18, Martha 16
RUTHERFORD, Isaac 35, Nancy 30
ANDERSON, David 45*, Mary 35, Mildred 21, Samuel 18, William 10
TURNER, Margaret 3*
LITTRELL, James 53, Rebecca 51
EMMERSON, William 58, Jane 58
SETTLE, John M. 36, Elizabeth 27, Catharine F. 13, James F. 9, John A. 6, Martha J. 5, George Ann 3, Elizabeth 1

Schedule Page 328

BARRACK, George W. 29, Elizabeth 22, Mary A. 2, William A. 1
LEWIS, William C. 36*, Sarah 22, Elizabeth 2, Charles H. 10/12
CLAY, George W. 25*
BUTLER, George 24, Mary J. 20, Malissa D. 8/12
TINSLEY, Isaac 60, Charlotte 50, Christopher 19, Harriet L. 29, Cynthia 16, Sophia J. 13
BUTLER, Joseph 38, Levina 31, Susan 11, Nancy E. 8, Eliza 6
BUTLER, Daniel 29, Eliza A. 25, Robert H. 4, Sarah E. 1
CRABTREE, Alexander F. 35, Elizabeth M. 38, James D. 16, John R. 12, Phebe I. 11, Thomas D.? 4, Martha S. 6, Joseph H. 1
CARTER, John W. 34, Martha E. 37, Mary F. 9, Elizabeth 8, Adalade 6, Helen 5, William H. 2, John B. 2/12

1850 Census Barren County Kentucky

SIMPSON, Azel 63 (m), Juline 29, James 9, John E. 5, Warren T. 3, Angeline 1
BRIDGES, Uriah S. 27, Sarah 24, William 1
HODGE, David M. 20, Elizabeth 19
FURLONG, Fountin 38?, Jane 32, Mary C. 11, William 9, Hubbard 5, Fountin 1
DICKERSON, William H. 34, Lucy 20, John W. 10/12
GAINES, John W. 73, Cinith 62 (f), John W. 6
BUTTON, Thomas M. 37, Martha S. 38, Mary F. 2, Ruthy J. 2/12
HAMPTON, William 37, Rachel 49
CHRISTY, Larkin 34, Sarah 39, Mary 11, Leonard 9, John 7, Nancy 5
EMMERSON, Henry sr. 73, Polly 50, Henrietta 21
BUTTON, John D. 31, Ann 25, John J. 5, Elias 8/12

Schedule Page 329

LOW, David 63, Elizabeth 59, Cynthia A. 20, Vachel 26 (m)
WILLIAMS, John 63, Martha 42, Nancy 39, Emily J. 30
MANSFIELD, James 67, Frances 45, James 17, David 15
BATES, Reuben 79, Nancy 66
SETTLE, James D. 44, Elizabeth J. 28, William T. 4, Sarah E. 2, Robert H. 1/12
BECKHAM, Samuel 43, Mary 42, Martha 21, Elizabeth 19, James C. 17, Susan 16, John 14, Jane 12, Samuel 10, Mary 8, Sarah 4, William 2, Susannah 67
HENDRICK, Duke R. 42, Silena 40, Ann F. 18, Kemp H. 16, Malinda J. 14, Benjamin F. 12, George W. 2
BATES, Willis H. 34, Elizabeth J. 30, Mary G. 11, Reuben H. 10, Melissa J. 8, James P. 6, Nancy H. 5, John H. 3, Charles W. 1
BUTLER, John 39, Caroline 23, Louisa 15, Joseph 13, Palitha 11, Charles 9, Lucy 8, Sarah 1
HAWKINS, Henry G. 59*, Nancy 58, Samuel I. 28, Edgar B. 19, Flavius J. 17, William W. 12
EDMUNDS, George T. 14*
MORRISS, Carter C. 44*, Mary 25, James B. 5, Lewis M. 3, Louisa E. 2, Burwell E. 1
DALTON, Jesse 76*, Elizabeth 60, Franky 26 (f), Martha 22, Mary 20
READ, Chloe 24*, Samuel 32
LARRANCE, Amid 30 (m), Jane 25, John 7, Nancy 5, Robert 3, Elizabeth 1
EDMUNDS, John 68, Rachel 74

Schedule Page 330

HEATHER, Richard 59, Jane 60, Hose Ann 33, Ricchard B. 11, Sarah J. 7, Permela A. 5
HUFFMAN, Gavin 47, Sarah 38, Adolphus 16, Elias 14, Martha F. 12, Anna 10, Charles J. 8, Nancy A. 5, Felix G. 4
DOUGHTY, Reuben 57, Peggy 63
FRANKLIN, John G. 25, Nancy 22, James H. 3, George C. 3/12, Thomas J. 21
ROGERS, Joseph 45, Betsy 27, Polly 7, Billy 4, Jane 5/12
TURNER, Adin D. 54 (m), Sophia 54, Cyrus 27, Catharine 18, Sarah 22, Rhody 14, Sophia J. 5
BATES, William E. 37, Susan 34, Melvina C. 14, William P. 12, Marshal 10, Tayler 8, George W. 6, Christopher 6, Nancy Ann 2
KIDD, George S. 27, Eliza J. 23, Mary Ann 1
SETTLE, Allen D. 30, Luann W. 27, Charles H. 4, Nathaniel P. 9/12
GREEN, Robert W. 35, Mary I. 28, Mary E. 8, Frances W. 6, John R. 5, George William 2
MARR, Robert 42*, Sally 52, John W. 20, Morton P. 15, Elizira M. 13, Lorenzo D. 11

1850 Census Barren County Kentucky

HUFFMAN, Reuben 43*
SMITH, Mary 76*
STEFFY, Ephraim 46, Sally 40, Rufus 20, Letitia 19, Mary J. 17, Emerline F. 15, William H. 13, Martha J. 11, Nancy 9, Schuyler R. 7, Tabitha W. 5, Edmund S. 3
HAWKS, Richard H. 42*, Harriet L. 30, Mary E. 2, Luann H. 1
SOUTHALL, James T. 25*
YOUNG, John 35, Frances 30, Olivia 11, Eliza J. 9, Benjamin 7, John W. 5, Sidney L. 3, Hardin 2, Henry E. 1/12

Schedule Page 331

COSBY, Voluntine 51*, Patsy 60, Archer Y. 56
JEWELL, Nancy 65*
SETTLE, Isaac 35, Anna 32, Alfred 12, Thomas W. 7, James M. 5, Mary H. 2
DAVIDSON, Alen 39, Mary A. H. 30, James M. 7, Benjamin F. 5, Mary A. 3
DODD, Bradford 47, Lean E. 12 (f), George B. 7, Frances 5
LESSENBERRY, Joseph 29, Sarah J. 28, James W. 5, George Ann 4, Amanthes 1 (f)
BATES, James P. 39*, Harriet 32, Virginia 13, William 12, James 10, John 7, George 3
ROBERSON, Richard 33*
WALLER, William E. 39, Sarah A. 25, Thomas B. 7, Stephen H. 5, William E. 3, Dorothy 7/12
BOWLES, Mary 51, Ann 21, Josephus 19, Mary 17, Thomas 15, John 13
HAMPTON, Perry 25, Mary 25, Marinda 3, George Ann 6/12
BOWLES, Henry H. 24, Elizabeth 20, James C. 1
CRAWLEY, William 29*, Mary 28, Mary 8, John 6, Sarah 3, Catharine 56, Catharine J. 16, Samuel 20
DRISKILL, F. M. 21 (m)*
BROWN, Henry 59*
GASSAWAY, James H. 51*, Lucinda 53, Almeda 17, Olevia S. 15, Joseph M. 11, Nancy E. 9
BARTON, Mary Ann D. 19*, Mary T. 9/12
DUNCAN, William 33, Nancy 26, Sarah J. 5, Delphy Ann 4, Josephine 3, Maranda 9, James T. 1
HALL, L. B. 30 (m)*, Elizabeth 25, James W. 7, Mary C. 5, Prudence S. 4, Sarah F. 3, George H. 1

Schedule Page 332

HOLLAND, Sarah 52*
DAVIDSON, Albert 37*
DAVIDSON, Joseph W. 32, Sarah E. 29, Nancy E. 8, William T. 7, Benjamin A. 5, Martha C. 4
THURSTON, Hanibal 30, Lurissa 22, Mary 4, Abram 2
MANSFIELD, Isaac 24*, Amanda 23, James F. 2
HUGGINS, Nancy I. 11*
DEERING, William D. 40, Elizabeth 42, James R. 14, Elizabeth 10, Thomas E. 8, Kitty Ann 7, Marcellus 4
GRAY, Edward B. 30, Susan 28, Joel T. 7, John H. 6, Sarah E. 5, Martha J. 3
STEFFY, Rufus 44, Elizabeth 33, William H. 15, Mary L. 14, Arabella 8, James R. 12, Lewis L. 3, Martha J. 11/12
SMITH, David C. 40, Susan 40, Joseph W. 17, John L. 15, Jeremiah S. 11
BROWN, Isaac 39*, Martha J. 29, Elizabeth A. 16, Mary F. 15, Susan J. 13, James B. 10, Sarah

1850 Census Barren County Kentucky

M. 3, Nancy C. 8/12
THORNTON, Henry 12*
COCKRILL, Joseph G. 61, Nancy 62
BIRD, Susannah 58
BIRD, Thomas J. 39, Catharine 30, Lucinda J. 11, James William 8, Thomas I. 6, Nancy E. 3, Robert L. 1
CARDEN, James 62*, Maranda 49, Virginia A. 15, James 13, Charles E. 12, Thomas 11, Lucian 5
SMITH, Polly 23*
PRESTON, Susan F. 43*, Edward 18
JORDAN, Polly 65*
PAYNE, James M. 46, Mary E. 12
JORDAN, James 27, Lucy A. 26, Emily 5, James 3, John 1

Schedule Page 333

JORDAN, H. A. 25 (m), America 25, Samuel J. 4, Christopher C. 3, William H. 1
COCKRILL, John B. 31, Mary Ann 28, Sarah F. 8, Joseph William 5, Mary E. 3, Laura E. 1
ALLEN, John 33*, Sally 32, Ann 8, Lucy 6, Pryor 4, Martha 2
MILLIGAN, Charles A. 26*, Mary J. 20
KIMBLE, James A. 27*
KIMBLE, Catharine 56, William 26
HOLEMAN, Nathaniel H. 39*, Eliza A. 37, Mary W. 12, Melissa J. 10, Nancy H. 8, James M. 6, Elias B. 4, Sarah E. 3, Marcus L. 2, Ann E. 7/12
BOWLES, William W. 26*
HUDSON, George W. 30, Martha A. 26, Mary E. 9, William H. 7, John R. 5, Sarah J. 3
MORRISS, Carlton R. 27*, Mary Jane 27, John T. 6, Amanda M. 4, James H. 2, Jeremiah 21
LANDRUM, Robert L. 23*
DEERING, Elizabeth 45, Mary J. 17, Susan C. 16, Elisha D. 13, Palmira E. 11, James H. 9, Hannah F. 6
DEERING, William W. 21, Sarah A. 22
DOSS, George W. 38, Mary J. 34, William T. 15, Elizabeth A. 14, Sarah 11, Martha J. 9, George W. 8, James R. 3, Charles M. 2/12, Mary 39
WEST, Frances 48, Ann S. 23, Mary M. 21, William T. 18, Elizabeth F. 16
DEERING, Matthew 40, Jennatta A. 26, Rebecca J. 11, Mary E. 7, John J. 6, William H. 4, Sarah M. 2, Lucinda 2/12
LAIR, Younger 48, Louisa 28, Angeline 8, Susan 7, John 5, Edward 2

Schedule Page 334

DUVALL, Sylvester K. 31, Martha A. 31, Virginia 10, Nancy 8, Ann 6, John 4, Samuel 2, Susan 2/12
HAMPTON, Nancy 55, Julia 25, Joel 21, Ann 18, Rebecca 16, Rachel 14, Riley 10
GIBSON, Calvin 34*, Susan 27, Delila 14, Henry 11, William 9, Martha J. 5
SCRIMIGER, Ann 15*
BUNT, Phebe 57*
SETTLE, William 42, Lucy 37, Sarah A. 18, Mary A. 15, Simon 12, Susan 6, Slmina F. 4, Louisa 1
NEVILL, John sr. 70, Malinda 70

1850 Census Barren County Kentucky

NEVILL, John 38, Zerilda 32, Martha J. 12, Emeline F. 10, James H. 8
REYNOLDS, Wellington 32, Rhody 28, John W. 9, Mary J. 7, Elizabeth F. 5, Emily A. 4, William McLean 1
BURNETT, Obediah 48, Ann 46, James 20, Smith 17, Mary 14, Mahala 12, Virginia 8, John 5
JOSEPHS, Jonathan 35*, ann Eliza 25, John W. 8, Sarah J. 6, Sarah 76
WILLIAMS, Thomas 15*
JONES, William 66*, Nancy 67, Frances 10
HUDSON, James L. 25*, Nancy 24, Nancy A. 5
ERVIN, Joseph 62*, Nancy 55
MAJORS, William 16*
GREER, Laura 44, William 18, Isaac 13
GREER, Charles S. 42, Nancy 38, Samuel 10, Julia 14, Isadora 8, Melvina 6, John 3, Newton M. 1, Schrosberry 38
PATTERSON, Micajah 49*, Lucinda 45, William 21, John M. 19

Schedule Page 335

MCCOMBS, Jane 10*
HODGE, William 46*, leah 46, F. M. 22 (m), Hardy P. 16
DOSS, Drucilla 55*
DENTON, Thomas S. 59*, Elizabeth S. 41, Sarah A. 8, Amanda W. 6, Joseph M. 4, David C. 3, Eliza C. 1
GRIFFIN, Lazarus 20* (B)
SPRADLING, Elisha 38, Susan 19, Cyrus 8, Mary A. 6, George Ann 4
HUFFMAN, John 53*, Rebecca 44, Sarah J. 19, Melvina 15, James M. 13, George Ann 11, Virginia 7, Capernaum 4 (f)
WRIGHT, George 83*, Marshal 21
WRIGHT, William 28, Susan E. 20, George M. 1
BECKHAM, William M. 55, Irene 16, William H. 12
CRABTREE, Isabell 58*, James H. 21, George W. 19, Isabella E. 16
SCOTT, William T. 11*
PICKETT, Bob S. 46, Permela 50, Andrew T. 23, John 20, Margaret 13, Robert S. 11, James H. 9, John 76
BARRACK, Russel M. 39*, Sarah 37, Amanda J. 14, David G. 12, Mildred H. 11, Virgil W. 10, Mary Ann 8, John S. 7, James R. 4, William M. 1
COLVIN, Samuel 66*
GRIMMET, Solomon 82, Rachel 42, George 40
LAIR, James F. 40, Marina 39, Franklin 13
DUVALL, Edward 29, Martha A. 26, Frances 6, Elizabeth A. 3, Meredith Q. 1
ALLEN, Adaline 43, John 20, Uberto 18, William 16, Joel P. 12, Mary L. 11, Fielding M. 9, Adaline 8, Columbia 6, Calpernia 6
BIRD, Joseph A. 25*, Mary A. 24
CAMPBELL, Nancy 16*

Schedule Page 336

DUVALL, Samuel S. 35*, Matilda B. 39, James R. 12, Joseph E. 10, William M. 7, Daniel M. 4, Samuel S. 6/12
MIDDLETON, Hezekiah T. 19*

1850 Census Barren County Kentucky

JAMES, James 52, Susan 46, Fielding 19, Elizabeth 16, Samuel 14, Ruth 11, John 9, James 6, William 3
GORIN, Elizabeth 58, William 21, Robert H. 22
GORIN, Rowan 24, Nancy 23
RODES, william G. 39, Mary E. 24, Clifton 60, James C. 58
PRESTON, John 22, Eliza 23
HILL, Hezekiah 31, Perlina 25, John 8, Zuintilla 5, William F. 2
WREN, Isaac N. 40*, Permela 42, Nancy J. 11, William J. 9, Trescinda 7, Martha F. 5, Robert 2
FRANKLIN, Joel 22*
GASSAWAY, James 24*, Luann 20, William H. 2, Margaret 1
EMERSON, Jesse 42, Nancy 34, Martha 8, Mary 6, Samuel 4, Lucinda 3, Emily 1
MARTIN, Charles 73
JORDAN, Samuel 35*, Sarah W. 37
ROBINSON, Elizabeth M. 44*, Sally 78
DAVIDSON, Thomas 73*, Catharine 60
MALONE, Pleasant 36*, Martha 24
BRIDGES, Saml. 21*
HANSFORD, Mary 19*
LESSENBERRY, James 31*, Delila 27, John 6, Robert 3, Margaret L. 2, Harriet B. 4/12
MCCONNEL, Simeon 23*
GASSAWAY, Benjamin 79, Lurany 58, William J. 27, Mary 20, Nancy 18, Henrietta 16, Welch 13
GRAY, George 33*, Martha A. 24, George Ann 4, Mary E. 2, Sarah 9/12
BRIDGES, James T. 28*
FOSTER, Austin 52*, Lucinda 45, Joseph B.? 19, Louisa 18, William G. 16, Sarah E. 14, Penecia 12, Crittenden 10, George H. 9, James P. 6

Schedule Page 337

BOYD, Sally 65*
FOSTER, John W. 22, Martha A. 19, Sarah 9/12
WALLER, Elizabeth J. 37, Thomas B. 16, Stephen W. 12, Elizabeth 7, Edmund D. 6
READ, William F. 51, Emily H. 47, Guilford D. 20, John 18, Sarah F. 16, Isaac F. 14, J. William 11, George W. 8, Bland B. 5
DOTY, James M. 28, Ann M. 19, John P. 2, Theodore 1/12
WARREN, Mary 73*
CANNON, John L. 19*
GEARING, Jehu 24, Sarah 24, Charles W. 3, Lucy E. 5/12
PARKER, Elizabeth 70
PARKER, Henry G. 40, Elizabeth 37, Josephus D. 10, Thomas W. 1
BOWLES, Nathaniel V. 65, Joseph 22, Salina 18
EDMUNDS, William B. 43, Martha 35, George 13, Caroline M. 7, Mary J. 4
JAMES, Martha 76, Martha 47, Elizabeth 55
JAMES, Smith S. 50, Ibby 45, William G. 22, Eveline 17, Mary J. 14, Richard 12, Edward 10, Juliann 6, Eliza 3
READY, Robert H. 20, Angeline 19
PARKER, William 51, Rhody 50, John Q. 19, Mary J. 14, Thomas B. 16, Amanda J. 11, Narcissa C. 9
READY, John 54, Rosa 47, America 22, Francis M. 13, Sarah A. 10, Willis 8
HUDSON, John 40, Elizabeth 41, Juliann 18

1850 Census Barren County Kentucky

SMITH, Polly 56, Perry J. 31, Elizabeth 23, Felix 16

Schedule Page 338

MORRISS, Thomas L. 33, Emily 33, John 12, James W. 10, Hezekiah 8
LANDRUM, William 49, Elizabeth 49, Mary D. 21, Lucetta C. 17, Christopher C. 14, Nathan Y. 12, Olivia F. 10
LANDRUM, John T. 27, Juliann 26
HAWKINS, Sarah 52, Mary A. 34, Malinda 24, Gabrilla 21, John S. 20, Joseph M. 14
PARKER, Richard W. 45, Elizabeth 30, Lucetta 18, Wilson 15, Henry 5
SMITH, Charles L. 23, Melissa 21, Sarah C. 1, Morton 20
BUTTON, B. F. 36 (m), Permela 31, Andrew 5, Mary J. 3, John R. 1
BARRACK, Russel 72, Mary Ann 57, Sophia 27, William 25, Terrence 19, Edwin 13
LEWIS, William 73, Martha 33, Mary 30
OVERSTREET, Franklin 39, Mary Ann 29, Frances 13, Mary 12, Sally 8, William 4, Ellin 3, Robert 2
MARR, Thomas 46, Sally 39, Robert B. 20, Juliann 18, Kitty Ann 16, William W. 14, Lucy S. 14, James H. 11, Elizabeth 9, Sarah 6, George Ann 4
DAFFRON, John G. 51, Mahala 43, Nancy 18, Vialinder 17, Phillip J. 14, Francis M. 9, Elizabeth V. 7, Edmonia 4, John R. 11/12
WRIGHT, Jacob 60, Lydia 42, Martha 32, Sarah F. 17
WRIGHT, Pryor 19, Juliann 16
CHRISTY, Andrew 63, Fanny 51, Narcissa J. 25, Ellender 20, Cealy A. 16, Sarah F. 13, Julia P. 10

Schedule Page 339

BECKHAM, William 26, Maria 25
EMMERSON, Henry jr. 65, Elizabeth 38, Margaret 19, James 18, Ann Eliza 16
EMMERSON, Asa 21, Mary E. 19
HUFFMAN, Emerline 34, Elkana 17, George 15, Martin 12, Robert 9, Nancy H. 7
LOW, Caleb 36, Mary Ann 33, Angeline 14, Martha J. 11, Mary F. 9, Nancy V. 6, Louisa 3, Pryor 11/12
LOW, Joseph 23, Hannah 25, Artimissia 6
MORRISS, James 43, Susan J. 25, Eliza A. 6, William 5, Celicia Ann 10/12
JONES, Jacob 75, Mary H. 63, Arthur M. 19
HAINES, Charles 38, Sarah A. 33, Kitty Ann 15, John W. 13, James W. 9, George W. 7, Phebe A. 5, Sally 4, Milly 2, Tobias M. 5/12
MCKAY, John 59, Mary 57, Sally Ann 34, Patsy 29, Nancy 22, Henrietta 18, Permela E. 16, Marshal 20
COLE, John 61, Sembly 42, John L. 21, Nancy 10, Elizabeth C. 8
COLE, Andrew H. 64, Mary 59, Elizabeth 23, James W. 25, Andrew H. 21
LARRANCE, Argible 74, Elizabeth 68
LARRANCE, Carter 26, Sarah J. 25, Kitty Ann 4, Whitfield 2, James W. 2/12
MARR, John 77, Nancy 30, Francis M. 28, Dillard D. 2
SMITH, Francis 46, Elizabeth 51, Allen 17, Angeline 12, Mary E. 10, Simeon B. 7
OLIVER, George W. 39*, Zerilda 38, William T. 16, Angeline E. 12, David S. 10, George E. 8, John E. 5, Susan F. 3, Charles B. 1/12

1850 Census Barren County Kentucky

Schedule Page 340

STOVALL, Elizabeth 59*
DICKERSON, Archer 55*, Sarah 33, Martin V. 13, Fountin 12, Nathan Y. 10, Isham 8, Ja. K. P. 6, Frederick 4, Nancy A. 2
HAINES, Eli 22*
GREEN, Robert D. 28, Martha A. 21, Eliza A. 2, Wm. R. 6/12
LEWIS, James M. 33, Susan J. 23, Balinda J. 2, Thomas 9/12
LEWIS, John 32, Charles B. 9, Mary E. 7, Amanda F. 5, John T. 3
DICKERSON, John 56, Phebe 55, Arthur C. 18
LARRANCE, Rebecca 60, Fanny 25
MARTIN, Hudson 38, Mildred W. 33, Hudson C. 4, Eliza E. 7, California 2
DAFFRON, Mordecai 21, Edny 26, Mahala E. 1, Mary J. 3/12
BOATMAN, Robert 47*, Rinda 38, Argible 13
LITTRELL, Sarah 23*
THRELKILL, Polly 68, Carter P. 40, Kitty 30, Fanny 28, Henry C. 8
DALTON, Jeremiah 31, Artimissa 22, John W. 5, Sarah J. 3, Jesse T. 1
GRIFFIN, Harrison 68*, Amy 65, James M. 33, Hiram 26, Martha A. 24, William 23
COSBY, Amy 30*
DICKERSON, A. G. H. 41, Elizabeth 42, Tabitha 15, William 12, Letitia 9, John J. 7
DICKERSON, Joel 70
MCKAY, Tayler 26, Juliann 29
OWEN, Elizabeth 72
BOATMAN, Nancy 52, Simon J. 16, Henry G. W. 14, Kitty Ann 18, Rebecca 12
STOVALL, George 37, Susan 37, John T. 12, James P. 10, George W. 8, Nancy E. 6, Isaac C. 4

Schedule Page 341

WILTSHIRE, Agness 42*, William F. 23, John W. 21, Mary 19, Nancy 17, Susan Ann 15, Elizabeth 12, Amanda J. 9, Carter 7, Nathan 4, Mildred 2, James M. 4/12
HARRIS, Elizabeth 60*
FUNK, Susan 44*, Betsy 17
SHIKLES, Greenberry 20*
ELMORE, Abram 20, Kitty Ann 20, Jesse A. 3/12
MARTIN, Benja. H. 49*, Mary 33, Charles S. 15, James B. 13, Mary 11, Nancy E. 8, Nathan T. 7, John W. 5, Ann Maria 3
LOWRY, Nancy 12*
MILLER, Anstress 22 (f)*
PORTER, Elias 46, Kitty Ann 35, Robert 13, Daniel 11, Susan 7, Catharine 5, Sarah M. 3
MORRISS, Rebecca 47, Burwell E. 23, Kitty Ann 20, Eliza J. 19, Jesse A. 17
EVERITT, E. N. 46 (m)*, James S. 15, Mary Ann 13, Emily J. 10, John Q. 9, Sarah E. 7, Jesse 25
LONG, John 26*
HARROLL, Bland 21*
LARRANCE, Sally 63*
COSBY, David 54* (B)
DUFF, William W. 30, Winny 30, John F. 6, Ben F. 5, Sarah E. 4, Eliza J. 2, Mary W. 1
DUFF, Fielding 61*, Virginia W. 18, Martha E. 15, John S. 13
BUTLER, Robert 23*, Eliza G. 21
NEAL, John 19*

1850 Census Barren County Kentucky

BUTTON, John W. 41*, Nancy 47
MARTIN, Elbridge G. 15*
MARTIN, John 65, Agness 56, Matha J. 24, Jemima F. 22, Lucinda 18
BURNET, Mary 52, James H. 17, John M. 15, Mary E. 10
DOLLINS, Mahany 44, Francis 25, Hugh 19, Sally Ann 22, Polly J. 21, Charlotte 16, Elizabeth 15

Schedule Page 342

MANSFIELD, Nancy 65, Polly 26, Nancy 24
LOVELL, William 28, Betsy 30, Elizabeth J. 10, Martha 8, Alfred J. 7, Lydia S. 5, Adaline 4, Zarelda 1
LAY, Henry 36, Lucinda 39, Christena 17, Elmira 15, Polly 11, John 10, Nancy F. 9, Susan 4
CLARK, Pleasant 48, Martha 49, Joseph 16, James 14, Thomas 12, Angeline 21, Martha J. 1
PARKER, Elijah H. 47, Rachel 36
LAY, Stephen B. 43, Betsy 39, John W. 19, Delila A. 18, James C. 15, Alexr. 13, Emeline J. 10, Stephen M. 8, Mary E. 4, Louisa M. 2
WILSON, Robert D. 25, Malinda 20, John H. 4/12
SMITH, John C. 44, Lucinda 34, William F. 17, Jane D. 15, Americus V. 5/12
LYON, Hiram K. 24, Virginia P. 21, James R. 2, Johnzy 1
WHITNEY, William 31, Dolly J. C. 21, Henrietta 6, Mary F. 3
MANSFIELD, William 39, John 27, Ann 25
JONES, Edwin 54, Fanny 45, Alfred 27, William 23, Jane 21, John 20, Harriet Ann 18, Henry 16, Frances 13, Eddy 14, Amanda 10, Nancy 6
STEFFY, Lawrence K. 34, Nancy M. 32, James F. 10, Reuben H. 8, Benja. H. 6, Ann Eliza 3, Joseph T. 1
CARPENTER, Andrew 39*, Elizabeth A. 36, Mary A. 13, William W. 11, Elizabeth J. 9, Nancy A. 7, George Ann 5, Amanda J. 19, James S. 16

Schedule Page 343

KINSLOW, Stephen 22*
BROOKS, James 40, Polly 49, Polly W. 17, James W. 15, Susan E. 13
COCKRILL, William W. 30, Caroline 31, James W. 5, Samuel J. 3, Mary S. 1
LAY, John 75*, Mary 60
FISHER, Betsy 60*
CASSADY, Label 10 (m)*
DAVIDSON, Thompson E. 34*, Isapheny 34, Mary J. 13, Elizabeth 10, Benja. G. 5, Benja. A. 24
COOPER, Enoch 13* (B)
COOPER, Isabella 25, John 10
PERKINS, Martha 51*
WINLOCK, Theodore 26*, Jane 31
EDMUNDS, Charles P. 38, Elizabeth T. 39, Christopher 19, Martha A. 10, Catharine E. 15, Charles H. 12, Elizabeth F. 8, Caroline B. 6, Edmonia T. 4, William P. 2
BETHEL, Richard F. 24*, Mary J. 17, John Wm. 8/12
BURNETT, Jackson 22*
HERNDON, William 37, Elizabeth 31, Mary F. 4, Sarah J. 1
RADFORD, C. T. 50 (m), Virginia 44, William 22, Genevieve 14

1850 Census Barren County Kentucky

DAVIDSON, Herndon 37*, Elizabeth 31, Thomas W. 8, George W. 4
COLEMAN, Micajah 24*
CLAYTON, John 58, Lucinda 45, Angeline 25, George H. 24, Elvira 21, Ann E. 19, Henry 17, Nathaniel 15, Arabella 13, Irene 11, John 9, Frances 8, Ambrose 5, Lucinda 4, Mark 2
MATTHEWS, John 45, Delila 41, John 17, Thomas 15, Elizabeth 12, Juliann 10, Edmonia 5, George 3, Fanny 4/12
FURLONG, Samuel 45, Elizabeth 67?

Schedule Page 344

COLEMAN, Elizabeth 68, Frances 31
WHEELER, Micajah 54, Hannah 27, Robert 11, Edmund 10, Martha F. 8, Terna J. 7, Marshal C. 6, Irenia E. 4, Liza An 10/12
MARTIN, Hudson 68*, Mary Ann 65
HAWKINS, John 6*
STARR, Augustus 6 (f)*
DAVIDSON, Samuel 55*, Delea Jane 31, Jas. H. 6, Mary E. 4, Richard H. 2
FRIEND, John 12*
LEA, Elizabeth 55
SMOOT, Edwd. L. 27, Sarah E. 18
RENFRO, James R. 22, Martha A. 18
EDMUNDS, William 73*, Edmund A. 22
NEWMAN, Benja. 67*
DAVIDSON, Isaac 64*, Susannah 57, William B. 29, Winston F. 25, Matilda C. 13
READ, Susan A. 6*
DODD, John 55, Sally 54, Squire B. 23, Nathaniel L. 22, Sarah A. 20, George C. 19, Lucinda V. 13
EMERSON, John C. 47, William H. 24, Joseph 20, Martha J. 2, Judith C. 28
DUFF, Chilton 48*, Wesley 51
GOODNIGHT, Nancy 46*, James W. 15, Sarah E. 10
CARTER, George 66, Frances P. 39
BENEDICT, Polly 38, George 16, Ann B. 14, James B. 11, Leann H. 10, Permela F. 5
HOLEMAN, Elizabeth 70, Elizabeth 48, Harriet 42, Sarah J. 17
CARTER, Mary 54, John 36, Sally 24, Elizabeth 19, Kitty Ann 17, Olevia 15
SETTLE, Sally 63, Nathl. D. 26, Simon M. 23, Simeon 20, Joseph M. 30
SETTLE, Elizabeth 56*, Mary 26
SMITH, James 15*, Presley 15
BUTLER, Adison 39*, Lucy Ann 26, Nancy A. 5, Martha F. 4, John A. 1

Schedule Page 345

WILLIS, Hannah 45*
BUTTON, Nancy 59
BUTTON, Elias M. 26, Frances H. 24, Sarah E. 1
HUDSON, Polly 49, Susan 20, Thomas 15, John 13, Marshall 11
HUDSON, Miles W. 31, Catharine 25, John M. 8/12
BUTTON, Theophilus E. 27, Sarah 27, William T. 5, George 3, Emily J. 2, John 3/12
SMOOT, William W. 35, Matilda J. 34, Louisa 11, Mary H. 6, James W. 4, Judy Ann 1
LEWIS, A. T. 27 (m), Sarah L. 20

1850 Census Barren County Kentucky

LEWIS, Isaac D. 39, Susan A. 39, Eliza C. 15, Robert W. 14, Morton 12, Lucy L. 10, James A. 7, John 5, Thomas W. 2, Andrew P. 63
JORDAN, J. S. 30 (m)*, Mary E. 21, Luvenia T. 3, Alice J. 1, Robert G. 17
RAY, Saml. J. 27*
LEWIS, Charles 66, Alice A. 17, Hezekiah P. 14
SPILLMAN, Lucy L. 37, Elizabeth J. 18, John 17, Mary J. 15, Charles P. 14, Arathusa L. 12, Thos. Wm. 11, Sally A. 9
BUTLER, Susannah 63, William 33, Jerome B. 24, Underwood 22, Rachel 28, Jennetta 19
BUTLER, Elizabeth 65, Harvey 21
ASHLEY, Sarah 38, Caernarvon 22, Thomas 18, Virginia M. 14, James 13, America A. 11, Martha 6
MORRISS, Frances 81
ELMORE, Charles 21, Eliza J. 19, Angeline 7/12
NEWMAN, Christopher 50*, Patsy 42, Ann Arabelle 13, Polly 8, Henry Jas. 6, Martha 5, Nancy 3
LEWIS, Betsy 50*, Darky 88
HICKS, Tayler 33, Rebecca 30, Nancy E. 9, Benja. F. 7, Sarah J. 5, James T. 3, John W. 1

Schedule Page 346

GREEN, Mary 60*, James W. 37, Susan E. 27, Edward C. 23, Sarah Ann 21, Mary J. 19, Louisa 17, Virginia 13
BOATMAN, John 32*
GREEN, Andrew J. 36*, Mahala 30, William T. 11, John L. 6, Mary M. 3, Elizabeth J. 1
GRAHAM, Mary 66
FANT, G. H. 37, Sarah E. 27, Frances A. 8, Merena H. 6, California E. 4
SETTLE, French 51, Matilda 50, Eliza J. 17, Kitty Ann 14, Alfred W. 13, Eveline 11, John W. 10, Sydney F. 8, Malinda F. 6, Bennet 20, Catlet 18
BUSTER, Darwin 24, Lucinda 26, Charles F. 9/12
ERWIN, George W. 45*, Mary 23, William A. 2/12
MANSFIELD, Hannah 44*, D. L. 21 (m)
SMITH, Hiram 47*, Margaret 39, Franklin 10, Paulina 39, Margaret A. 16, Elizabeth 2
TALLY, William 22*
YOUNG, Thomas 18*
HUFFMAN, Burket 46*, Martha 29, Reuben W. 20, Arthur F. 18, Mary E. 13, Susan E. 6, Jas. H. B. 8/12, Polly 50
YOUNG, Mary A. 38*
BUTLER, Merriman 27, Amanda M. 18, Robert Wm. 1
SMITH, Thomas F. 34*, Jane 25, Joseph Wm. 6, Sarah 3, Lucy 2
STOVALL, George 61*
HALL, James 36*, Rebecca 23, Rachel E. 5, John T. 3, James 5/12
MORRISS, Elizabeth 56*
BUTTON, John 68, Martha 66, Angeline 24, George 19
BUTTON, Nathl. G. 34, Elizabeth 27, Martha C. 5, Elizabeth F. 3, Alice A. 3/12

Schedule Page 347

HOLEMAN, Joseph H. 40*, Nancy 30, Eveline 11, James B. 9, Sidney W. 7, Louisa F. 6, Christopher T. 3, Franklin H. 1

1850 Census Barren County Kentucky

ELMORE, Hugh 21*
LONG, Henry 23*
HOLEMAN, Edgar 42, Jane 36, John M. 16, Burket 13, Mary Ann 11, Susan F. 8, Schuyler 6, William 4, Lucy 4/12
SETTLE, Franklin 53*, Susan B. 45, Virginia 18, Franklin B. 8, Capernia 6
CAMPBELL, G. H. 23 (m)*
WATSON, Thos. J. 24*, Sanford V. 21
HOLEMAN, John E. 22*
HALL, Joseph U. 26*
JORDAN, J. T. 35 (m), Malinda 25, J. S. 6 (m), Melissa Ann 4, Virginia H. 1
WHITNEY, Samuel 57, Rhody 55
HOUCHENS, Robert 64, Frances 54, Micajah B. 20, Samuel A. 17, John R. 14, Benja. F. 10
BURTON, Sarah Ann 44*, William S. 22, Euclid 20, Thomas 18, Mary 15
PULLIAM, George Ann 24*
MANSFIELD, William 33, Susan 16
LEWIS, Jane 36*, Henrietta 15, George T. 7
EWING, Mary 53*
DAVIS, Edmund 47, Mary E. 31, Amanda H. 15, Valeria S. 5, Frances 4/12
RALSTON, A. B. 37 (m), Ann M. 24, Zerilda 9, Sarah A. 7, John B. 20
EMMERSON, Zachr. 79, Martha 45
EMMERSON, Pleasant 50, Clementine 20, Don Zuixott 11, Celitheal 9, Josephine 7
SETTLE, George M. 30*, Angeline 21, Marcellus E. 3, Olevia M. 1
CARTER, Wm. P. 23*
KINSLOW, Andrew C. 49, Sally C. 39, Martha A. 18, Haiden 16, Melissa A. 14, Judy Ann 10, Margaret 9, Arthur 5, Franklin 1

Schedule Page 348

WILLIAMS, Spencer J. 41*, Margaret 43
LEAVELL, Dolly 88*
LANDRUM, Elizabeth 65
LEAVELL, Benja. 59, Martha 59, Sarah A. 26, William J. 24, Lewis R. 22, Kitty S. 20, Thomas J. 19, Margaret S. 16, Robert J. 13
COLEMAN, Lucy 83*, Polly 50, Wyatt 46, Sally 36
ANDERSON, Washington 14*
WILLIAMS, Elijah 37, Elizabeth 27
BALLENGER, William H. 49*, Margaret 53, Margaret H. 16
MCCONNEL, Eliza A. 27*
CHURCH, Christopher 24, Nancy J. 20, John T. 1
MANSFIELD, William 75*, Mary 57
YOUNG, Richard 38*
EVERITT, Samuel sr. 69, Nancy 79
FIELDS, Sally 27, James E. 5
BALDOCK, Levi 44, Levisa 40, Derastus 18, James P. 18, Mary H. 15, Parthena 13, George W. 9, Martha 8, Sarah D. 6, Thomas E. 2, Elizabeth A. 1/12
BUTTON, John 64, Susannah 30, John T. 20
RAINEY, Matthew 76, Sarah 55
MURRELL, William 40, Nancy 34, Lucinda 16, Josiah 14, Susan 12, John 10, Samuel 8, Thomas 6, Elizabeth 4, William 2, George 9/12
FURLONG, Thomas 24

1850 Census Barren County Kentucky

WHEELER, William E. 43, Judy 41, John H. 16, Dianna 14, Elizabeth 12, Susan 9, Zachr. 7, William 5, Micajah 3
WHEELER, Micajah B. 34*, Mary 36, Zachariah J. 1
LEMINGS, William 21*
PULLIAM, William P. 36, George Ann 23, Ann E. 2, Henrietta 6/12
MATTHEWS, Felix G. 42, Mary A. 41, Amanda F. 19, Jasper 18, Jane 16, Felix 14, Mary Ann 12, James 11, Sally 9, Justus 7, Daniel 5, Nancy 3, Elizabeth 5/12

Schedule Page 349

SILLS, George W. 50, Louisa 27, George 6, Daniel 3, William 1
WHITE, Elisha T. 32*, Martha 27, Mary E. 7, Nancy J. 5, Lucilla A. 3, Martha E. 1
MOORE, George 24*
RENFRO, Jesse 64*, Mary 61, Mary Ann 25, Willis B. 22, Susan J. 19
FRANCIS, Matilda 31*, Mary C. 9
WINN, John E. 51, Nancy 42, John M. 18, Benja. F. 16, James G. 14, Sally A. 11, Smith E. 9
MATTHEWS, Allen 37, Lucy J. 27, Martha 3, Benja. F. 2
WINN, Elmore 25, Elizabeth 17, Isaac T. 4/12
BUTTON, Festus A. 19, Ann E. 21, John R. 18
ELLIS, George B. 40, Frances 36, William T. 18, John C. 16, Christopher T. 14, Mary F. 12, Martha J. 10, Antoy 6, George M. 8/12, Asa Y. 8/12
WINN, Elizabeth 59, Nancy 22, Walter 21, Lafayette 19, Martha 15
COLLINS, William L. 37*, Elizabeth 32, Lucinda 13, Arthur B. 12, Adaline 10, Mary E. 8, Henry C. 6, John W. 5, Tayler A. 3, America 1, John H. 26
SCRIVNER, Thomas T. 20*
EMMERSON, Joel 35, Martha 29, Elizabeth F. 10, Judson 7, Haiden 3, Thomas H. 1, Polly 73
DRANE, Judson S. 42, Louisiana 22, Sabrina S. 3, Josephine 2, Richd. K. S. 5/12, Kitty 74

Schedule Page 350

DRANE, William W. 37*, Martha J. 28, Mary J. 10, Wm. H. 7, Albert G. 6, Martha J. 3, Virginia 1
VANFLEET, Joshua 20*
DRANE, Thomas J. 37, Mary 35, Elizabeth 11, Catharine 9, Tho. J. 8, Margaret A. 6, John R. 4, William A. 2, Joseph W. 6/12
DURHAM, Berry 34, Elizabeth 34, Sarah J. 11, Ann Lee? 9, Mary E. 7, John H. 5, Jesse R. 3, Susan C. 9/12
MATTHEWS, Elizabeth 64, Floranzo 13, Elizabeth 11, Juliann 8, William 6, Sarah 3
GLAZEBROOK, William 70, Polly 68
WHITE, Simeon 65*, Phebe 48, Jesse 35, Anna 25, Jane 22
PAYNE, Louisa J. 10*
POYNTER, Elizabeth J. 10*
RALSTON, Matthew 79, Mary 72, Zerilda 31, John 28
BRITT, Obediah sr. 87*, Sarah 86
POWELL, Eliza A. 47*, James A. 15, Huldah A. 13, Robert 12, Nelson T. 10, Wm. J. 7, John V. 5
BRITT, Nelson 42, Elizabeth 38, Sarah J. 15, Juliet A. 13, Mary E. 8, Joseph Ann 7, Milly S. 5, Virgil A. 3, Barbara E. 2
WHEELER, Joshua 61, Rachel 45, James 17, Sarah C. 14, Martha J. 11, Patrick Ann 4

1850 Census Barren County Kentucky

KINSLOW, Ambrose 72*, Patsy 44, William 19, Ferdenand 15, Frances J. 11
JONES, Susannah 77*
JOHNSON, Daniel 32, Dilly 20, Ambrose W. 10, Lugena J. 5
JEWELL, Geo. D. 52*, Merene 48, John F. F. 27, George W. 26, William D. 19, America 17, Thos. J. 14, Gustavus H. 11, Margaretta 9

Schedule Page 351

GIBSON, James T. 8*, Geo. F. 7
JEWELL, Jonathan 46, Frances 39, James WM. 19, Elzira 18, Jonathan 16, Mark H. 14, Elizabeth 12, John F. 10, George Ann 8, Gustavus 6, Frances 4, Louisa C. 2, Fielding M. 1
YOUNG, Barnet G. 33, Tabitha 29, Ann P. 7, Kitty Ann 5, Joseph Ann 3, Susan M. 2, Tabitha J. 3/12
ROGERS, John T. 36*, Olevia 28, Mary Kate 9, Olevia Fannie 7, John L. 4, Ann E. 2
MANSFIELD, Eliza J. 24*
COLLINS, Richd. P. 30, Juliann 26, Walter 4, Mary L. 1/12
JOHNSON, John 35*, Margaret 36, Phebe 13, Alfred 11, Eliza 9, James 7, Letitia 6, Joseph 4, Daniel 9/12
MITCHELL, Susan 39*
STONE, Enoch 24*, America 28, Merene 3, Newton 1/12
MARR, Thomas 12*, Alfred 10, Ebin 8, Sidney 6
STONE, Wm. H. 62, Mary F. 17, David 25
PAGE, George M. 33, Ermin C. 31, James S. 10, Ann E. 8, Juliet 6, Frazer 4, William 4/12
PAGE, Henrietta 70
PAGE, James G. 38*, Mary E. 35, Elizabeth J. 12, Thomas G. 10, Polly H. 8, George R. 6, Henrietta C. 4, Lucy Ann 1
GRUBBS, Polly 71*
STROSBURG, Daniel 40, Catharine 35, John F. 12, David 9, Allen 8
BRITT, John W. 44, Micajah 19, Jane 17, John N. 15, Obediah S. 13, Derastus W. 10, Nancy R. 7, Virginia 5, James R. 3
GOODE, Sarah 62, Nancy 29, Sarah P. 12, Mary E. 1

Schedule Page 352

WOODCOCK, Hiram K. 27, Catharine 23, Emerine 1/12
COLEMAN, John 27, Emily 26, Elizabeth 5, George H. 1
WHEELER, Zachariah 63*, Martha 63, John 23, Elizabeth 21, Zachr. 18
BRITT, Ann Eliza 32*, Ursula A. 9
WHEELER, Benja. 27, Mary J. 16, Zachr. 4/12
BRITT, John 21, Sally 27
ELMORE, Athanatius 65, Celia 56, Edward 32, Sarah 30, Elizabeth 25, Celea 20, Rachel 17, Ellener 12
KINSLOW, Massy 30, Frances 24, Virginia 8, Phebe Ann 6, Ambrose 1/12
BOYD, Francis 29, Nancy 52, Mary M. 9, Susan 8, James 6, Thomas 5
RENFRO, Joseph 48, Sally 47, John W. 25, Thomas 20, Isabel S. 18, Catharine A. 17, Hardin 15, Joseph 13, Sally E. 11, Martha E. 8, Haiden W. 6/12, Easter 86
DOSS, Chilton L. 24, Elizabeth 22, Cora 1
ELMORE, William 28*, Juliann 31, James 13, Elizabeth 11, Barbara A. 10, Juliann 7, Allen 5, Ann F. 3, Joseph Ann 4/12

1850 Census Barren County Kentucky

CARPENTER, Elizabeth 78*
CURD, John J. 45, Mary 45, Jesse A. 16, Mary J. 13, Smith E. 10, Sarah F. 8, John G. 6, Susan 3
BRITT, Obediah jr. 51, Jane L. 42, Sally 16, Isaac 14, Nelson 9, Jane 4, Ann Eliza 1

Schedule Page 353

WOODCOCK, Andrew 32, Eliza 33, Virginia Ann 11, Catharine 9, Thos. Wm. 7, Greenberry 5, Eliza J. 2
ELMORE, John T. 32, Malinda J. 32, Juliann 8, John V. 6, Lucinda F. 4, William J. 3, Helen J. 6/12
ELMORE, Abram 47, Ellinder 47, Elizabeth 18, Robert 15, Lucy C. 12, Thomas W. 9, Francis M. 7
ELMORE, Hugh 24, Mary 17
ELMORE, James 58, Nancy 54, James M. 24, Susannah 18, Nancy 16, Seth B. 12
WOODCOCK, Parris H. 24*, Susan 21, Thomas H. 2, Maranda C. 1/12
ELMORE, Catharine 66*
ELMORE, John H. 26, Frances 23, Virgin 6/12
BUTTON, Martin 60*, Elizabeth 53, Thomas W. 22, Branerges 21, Maria L. 25, Martin 18, Virgene 15
WHITNEY, Octavius 5*
BORDERS, Henry 40, Jesse 21, Christopher 18, James M. 16, John H. 14, Martha J. 12, Malinda J. 11, Saml. M. 10, Thos. V. 8, Isapheny 7, Easter 95, Elizabeth 54
BORDERS, Wesley 20, Talitha J. 22, Henry W. 1
BUSH, Cynthia 50, Walter 21, Elizabeth 19, Kitty 23, Hezekiah 17
CARVER, Margaret 44, Mary F. 20, Ellender J. 17, Olevia 15
WHEELER, Micajah E. 42*, Frances 37, Juliann P. 21, Mary M. 19, Mildred J. 17, Charles J. 15, Zerilda C. 13, Jacintha A. 11, Sally F. 9, Josephus S. 6, Zachariah M. 5, Isaac V. 3, Hamutial H. 1 (f)

Schedule Page 354

CARVER, Thomas 18*
WOODCOCK, Robert 37, Susan 24, Mary C. 7, Lucy E. 5, Maria T. 3, John Wm. 1
ELLIS, Alfred 29, Mary 27, Decatur D. 2
SMITH, George W. 27, Mary A. 31, Martha J. 5, John W. 3
BRADSHAW, Seth 55, Judy 57, George 27, William B. 17, Thomas 13
BRADSHAW, Willis D. 24, Margaret J. 21, John T. 2/12
BRADSHAW, Madison 23, Cassa 20, Aaron 1
PAYNE, Jubal 62, Rhody 58, Barnett 17, John 14
TAYLER, Charles P. 28, Celia 20
PECK, Lewis W. 43, Mary P. 4, Mandana 3
CHAMBERS, Josiah 35, Phebe 27, Julina 10, Sally A. 9, Elizabeth 8, John Wm. 7, Polly 6, America 2, Edward H. 2
SANDERS, William H. 59, Julia 21, Jenetta 15, William R. 12, Morren? 10 (f), Drucilla 5
BRADSHAW, Tazewell 20, Minerva 16, John 7/12
SETTLE, Felix 49*, Sally 47, Adaline 16, Amanda 14, Joseph 18, Sarah E. 12, Benja. 10, Elizabeth F. 7, Harriet E. 5, Mary B. 2
SMITH, William 18*
CLENDENNEN, Martha 6* (B)

1850 Census Barren County Kentucky

PECK, Joseph 37, Elizabeth 34, Mary 11, Amanda 9, Kitty 7, Jacob 6, Jane 4, Lucy A. 2, Richard 7/12
HARRISON, James 37, Mary 19, Jane 13, Mary V. 12, Franklin 9, Joseph Ann 4/12
BRADSHAW, John R. 40, Frances 40, John 15, Elizabeth 13, James A. 11, Eliza J. 8, Sarah M. 6

Schedule Page 355

PAYNE, Richard H. 39, Lucy 33, Barnet R. 14, Jubal 12, Mary 11, James 9, Margaret 7, Burwell 6, Lot 5, Amanda 3, Edny 1
BRADSHAW, Allen 35, Lot 50, Margaret 30, Lot 8, Woodford 6, Benjn. 5
WOOD, Oran 43, Margaret 47, John 21, Morren 23 (f), Clinton 20, Lucy 24
SANDERS, Lot 29, Elizabeth 26, John 5, Susannah 2
PAYNE, Simeon 28, Polly 27, Amanda 7, Rhody A. 6, Mary F. 4, Henry 2, Haiden 4/12
CHAMBERS, Edward 30, America J. 26, Juliann T. 5, Rhody E. 3, Henry E. 1
GREER, William 30, Charlotte 30, Rhody A. 9, Josiah 7, Florentine 1
GREER, John 24, Harriet W. 22, James H. 1
CHAMBERS, George W. 30, Elizabeth 38, Tamsy 33, Celia Ann 16, Josiah 14, John W. 12
CHAMBERS, Silas G. 39, Margaret 43, James W. 9, Silas G. 7, Samuel L. 4
PARR, John 27, Mary A. 26, Charles 3, William 1
CHILDRESS, A. P. 30 (m), Virlinder 24, James R. 7, Mary E. 5, Sarah C. 5, Schuyler 2, Julia 10/12
WHITE, Joseph 71, Elizabeth 51, Margaret 28, Mary 20, Joel 16, Betsy Ann 12, Susan 8, John M. 26
MAYNARD, Edward 32, Harriet 29, William W. 8, James B. 5, John T. 3, Edward B. 1

Schedule Page 356

DAVIS, John 49, James 23, Elizabeth 21, Nancy W. 20, John H. 19, Joshua C. 17, William J. 16, Martha A. 14, Mary J. 13
TINDLE, Henry 46, Mary 25, Robert 14, Susannah 72
FOSTER, Patsy 79*
SAVAGE, Eliza Ann 22*
BALDOCK, William 20, Juliet 17
HESTER, Thomas J. 24, Sarah 17, Nancy 1, Elizabeth 16, Rhody 67
BROOKS, Jesse Jr. 34, Lucinda 31, George T. 6, Susan E. 4, James H. 2, Mary J. 8/12
FORRESTER, Thomas 25, Nancy 19, Polly 1
EVERITT, Jesse 73*, Rachel 63, Elizabeth 26, Mary E. 24
CLENDENEN, Wm. 16* (B)
EUBANK, Thomas W. 34*, Rebecca 28, Gustavus 9, Jesse 7, Joseph 5, Elizabeth 3, George 2/12
SCRIVNER, Thomas 75*, Esther 75
SCRIVNER, James W. 49*, Sallky 34, Esther A. 6, John T. 5
RENFRO, Schuyler M. 27*
SANDERS, Henrey S. 34, Juliann 29, John S. 5, Aramitta 4, Susan F. 2
EVERITT, Samuel 41, Mary J. 21, William T. 5, Rachel E. 3, Elizabeth S. 1
SANDERS, William N. 30*, Eliza J. 20, Hiram W. 25, Mary F. 18, Frances 55
LOCK, Madison 12*
CURD, Fanny 65*

1850 Census Barren County Kentucky

MARTIN, Lucy B. 14*
KINSLOW, Peter A. 36*, Sally 29, James 5, Wm. H. 3, Henry J. 1
YOUNG, William 40*
GARNETT, Richard 74*
BARCLAY, Jos. W. 18*
EUBANK, Joseph Sr. 87*
EUBANK, Susannah 85, Joseph H., Mary E. 23

Schedule Page 357

EUBANK, Richardson 59*, Lucy 50
DODD, Wm. B. 29*, Susan 22
BARLOW, Mary T. 54*
WEBB, Robert*
BROWNING, Samuel 56, Martha 48, James 18, Thomas 16, Joseph 13, Winston 12, Charles 10, Sally 4
DODD, James 58, Emily 52, Helen 20, Elizabeth 18, Martha 15, Thomas 12, Robert 10
MANSFIELD, Jesse 39, Sarah 35, William M. 14, Mary E. 13, Sarah E. 9, Thomas 6, George Ann 5, Granville 3, Martha J. 2, Matilda J. 1
CARTER, Henry P. 38, Maria 32, Jane 12, William 10, Fountin 8, Elizabeth 6, Thomas 4, Richard 2
LEEPER, William 54*, Ann 48
BAILEY, Cena Ann 10*
LEEPER, James 58*
WILLIAMS, Frances M. 26 (m), Gilly Ann 22
MANSFIELD, Thomas 49, Elizabeth 34, Thomas 20, Samuel H. 8, Ann E. 7, William L. 4, Margaret 2
CRUMPTON, William 45*, Betsy 39, John 22, Lemuel 19, Elizabeth 21, Nancy 16, Samuel 13, Polly Ann 11, Sally 9, William N. 7, Jonathan 5, George W. 4, Marion 2
LESLY, Mary 61*, Marjary 37
MANSFIELD, Joseph 31, Martha 27, William D. 6, Thomas E. 5
MORAN, Price P. 34, Elizabeth 26, Thomas W. 6, Sarah C. 2
MORAN, William 29, Martha J. 22, Mary B. 4, James T. 2
HURDLE, Abel 47, Marinda A. 28
SCRIVNER, Isaac M. 45, Judith 43, Hester J. 18, James A. 15, Henry 14, John 12, Alfred 10

Schedule Page 358

WILKERSON, Edward 44, Elizabeth 45, William 22, Martha 16, Mary J. 15
KINSLOW, Allen 29, Permela 28, Joseph 7, Andrew 6, Sarah 4, Nancy 4/12
KINSLOW, Joshua 60, Jane 50, Mary E. 18, Eliza M. 16, James P. 21, Alanson T. 17
BENNETT, Arthur F. 46*, Peggy 47, Minerva A. 14, William I. 12
SLATEN, Callum 6*
HIGDON, Sally D. 37*
DAVIDSON, Isaac W. 33*, Sarah H. 25, George Ann 3, Mary J. 1/12
BROWNING, Henry W. 24*
FISHER, James 67*, Lucy 43, William J. 10
GASH, Sarah F. 13*, George W. 11
PARKER, Robert C. 45, Rebecca 42, George H. 9, Martha J. 8, James K. 3

1850 Census Barren County Kentucky

WOODSON, Frederick T. 41, Nancy 44, Martha A. 10, Edward M. 8, Robert 1
GILLOCK, Celia 64
DAVIDSON, William P. 30, Susan 31, Andrew Y. 10, George Ann 9, James D. 5, Parthena P. 2
GILLOCK, James M. 40, Martha Ann 33, Sarah A. 15, James W. 11, Mary A. 9, Hez. P. 5 (m), Elizabeth J. 3, John R. 1
GILLOCK, Simsberry 27, Sarah E. 20
YOUNG, William H. 37*, Jane 34, William 9, John 7, Phillip 5, Elizabeth 3, Mary 1
GILLOCK, William P. 21*
GROOM, John W. 23*
GILLOCK, R. R. H. 28?, Louisa I. 22, Felix G. 4, Sarah C. 2, Buford 2/12
STRINGFIELD, Sophia 45, Susan 14, Marion 17 (m)
WOODSON, Betsy 62, Daniel 59, Sally 56, George 56?

Schedule Page 359

DILLION, Silas 30, Elizabeth J. 20, Mary F. 3, Jeremiah 1
MARTIN, Uriah 29, Ellender 29, Mary S. 4, Samuel J. 1
ATKISSON, Joseph 22, Mary 32, Francis M. 1, Martha J. 2/12
AKERS, James 34, Malinda 34, Elizabeth C. 12, Mary J. 11, Delila A. 9, Harriet R. 7, Belinda W. 5, Julia J. 3, Sarah A. 11/12
MANSFIELD, John 36, Susan 36, Betsy ann 10, Mary J. 9, Kitty F. 7, Phebe M. 6, William E. 4, George H. 2
DISHMAN, Susan 65
KINSLOW, Aaron 37, Mary 31, Ambrose 11, Adam 9, William 7, Charlotte J. 6, Mary T. 5, Susan E. 4, Christopher 2/12, Thomas 31
MORRISON, William B. 32*, Martha 36, Sarah A. 5, Clamentna J. 3, Frances L. 2
KINSLOW, Granville 26*
BROWNING, Joseph 63*, Samuel 33, Mary 25
PARRISH, Nancy 36*, Joseph H. 9, John 8
BRADSHAW, Elizabeth 34*
BARRY, Fanny 31*, Mary C. 5
POWELL, Virgin M. 17*
RENFRO, Joshua 54, Tabitha 49, Thomas 16, Joseph 13, Sarah E. 11, Martha J. 5
GILLOCK, A. G. 34 (m)*, Ann 27, George Ann 8, Celia I. 6, Sarah F. 4
BARBOUR, Helen 21*
MINOR, John 38, Elizabeth 39, Ann J. 5, Rober O. 3, Henry 20
DAVIDSON, William 32, Mary 30, Augusta A. 10, Margaret 8, Fielding 6, Frances 3
WHITE, John 35, Susan 28, Michael 4, Joseph 3, James 2, Samuel 1

Schedule Page 360

GREER, Moses 30, Elizabeth 28, Mary I. 8, Sarah Ann 7, James E. 5, William H. 4, Josiah 3, John T. 1
RENFRO, Beverly C. 28*, Sarah 28, John M. 3
SETTLE, Edward 31*
RENFRO, Robert R. 26, Ann 16, Rhody E. 8/12
WHEELER, Joel 74, Anky 64 (f), Lucinda 26, Vincent R. 24, Leannah S. 20, Helen M. 17
KINSLOW, Reuben 61, Judy 58, John M. 24, Richard H. 21, Juliann 20, Robert I. 18
BETHEL, Mary 50*, Margaret 29, Thomas H. 23, Edwin 20, Joseph 14, John 12, Susan 10, James 7

1850 Census Barren County Kentucky

DAVIS, Susan 41*
CURD, Jesse 82, Martha 61, Benjamin S. 34, Mary 29, Martha I. 4, Gilbert S. 2
RALSTON, Sarah 74, Hardin D. 31, America I. 20
WHITE, Juliann 21
PARRISH, James 34*, Martha 27, Mary W. 8, Elizabeth F. 5, John F. 3, Ephraim 71, Mary 73
FORRESTER, Mary 36*, Martha 3
HULSEY, Wales 22*
CAWLEY, R. V. 30 (m)*
WILLIAMSON, Patrick T. 41, Elizabeth 36, John T. 18, James 16, Mary J. 13, Caroline 10, Elijah 8, Frances A. 6, Elizabeth 4, Michael 4/12
SCRIVNER, John H. 47, Nancy 40, James W. 20, Isaac D. 18, John B. 15
GILLILAND, James 45, Nancy 45, Thomas W. 20, James William 17, George W. 14, David 9, Rose Ann 5
MANSFIELD, Jesse 72*, Frances 57, Henry 28, Martha 20

Schedule Page 361

KINSLOW, Andrew J. 22*
BARLOW, John T. 41*, Franklin 8, Sis 7, John 4
DUFF, Nancy 50*
BARLOW, Rhody 73, Lucinda 35
FISHER, Sophia 27, Sarah E. 11, Austin 8, William T. 6, James H. 4
MORAN, Robert P. 39, Ann 36, Hezekiah M. 1, George R. 17, John 16, William 14, Schuyler 12, Elijah 5, Eilza J. 10, Mary E. 8, Susan 2
ADAMS, Hardin C. 33, Mary Ann 29, William T. 11, Joseph H. 8, John H. 6, Margaret A. 4, Sarah E. 1
PARR, Judith 40, Nancy B. 7
TAYLER, John 33, Melissa 30, Christopher T. 11, John S. 7
SANDERS, James H. 32, Sarah 26, William T. 4, John M. 4/12
SANDERS, Robert J. 29, Susan E. 21, James William 5, Hiram F. 4, Mary J. 2
HUTCHENS, George M. 22, Sarah I. 18, Mary E. 1
KINSLOW, William S. 33, Rhody 21, aaron T. 7, Mary E. 2, Aaron S. 15
STRANGE, Robert 54, Elizabeth 54
BAKER, John H. 69*, Sarah 60
BUFORD, Giles Y. 23*, Amanda J. 23, Sarah E. 10/12
RAY, Charles 53, Jane 52, William 20, Mary 18, Martha 15, James 12, Joseph 9
ADAMS, John 64, Betsy 57, Elizabeth 31, Jane 29, John jr. 27, Susan 21, William 18
LANDRUM, A. W. I. 30 (m), Mary 28, Mary L. 5, Martha V. 4, Arasmus W. 2, James R. 1
GROOM, Thomas 30, Elizabeth 21, James F. 2

Schedule Page 362

TOLLE, Thomas 24, Jane 25, Rebecca R. 6/12
FISHER, John 27, Emily 23, James T. 4, John T. 2, William D. 6/12
GILLOCK, Lawrence 53, James M. 9, William A. 6
GILLOCK, William G. W. 28*, Elizabeth A. 26, William H. 5, Mary E. 3, Lawrence H. 1
LOWRY, Betsy 45*
LOWRY, Joseph B. 26, Elizabeth 33, Lemuel M. 2, Lawrence 6/12, Sally 40
MEADOR, Giles 22, Priscilla 23, Elizabeth J. 5/12

1850 Census Barren County Kentucky

GILLOCK, H. P. 25 (m)*, Elizabeth 23, Havilah P. 3 (m), Louisa 2/12
BARBOUR, Harden 22*
DODD, Sarah 18*, Haiden 21
FOSTER, H. R. 29 (m), Mary A. 23, Andrew J. 4, Beverly C. 2
MILLS, George W. 29, Mary 26, Elizabeth H. 1
LANDRUM, John 59, Martha 51, Eliza Jane 25, Isabella 22, Napoleon 20, Juliann 12, Robert 10
LANDRUM, Jerome B. 27, Virginia 19, George Ann 1
LANDRUM, John T. 23*
PAYNE, Mary E. 2*
ROBERSON, Jeffry G. 47*, Mary P. 34, Demarcus D. 14, Nancy D. 9, Eliza J. 7, Frances H. 5, James H. 3, William I. 1
SANDERS, Henry 36*
GREER, Isaiah 70, Joanna 52, Fleming 19, Woodward 17, William 13, Sally 11
THOMASSON, Creed T. 44, Aly W. 35 (f), James H. 15, Lucy Ann 14, Eilza Jane 12, Jemima 10, Robert W. 6, Aly W. 4, Martha E. 2, Sarah M. 1/12
ELLIS, Asa _3, Asa Y. 26, James C. 12
SANDERS, Sarah 55, James 33, Sarah 25, Josephine 17, Cynthia 14, Samuel 11

Schedule Page 363

GREER, James 28, Elizabeth 20, Sarah A. 2
GREER, John sr. 26, Elizabeth 24, Amanda J. 7, Anna G. 4, Mary P. 6/12
HARRISON, Seth 34, Amanda 19, Kitty Ann 1, Benjamin 27
HARRISON, Reuben 33, Martha 31, Seth 13, William 10, Elizabeth 9, John T. 7, Lucy 5, Juliann 3, Martha J. 1
BUSH, William A. 19, Sarah M. 17, George M. 20
CHAMBERS, Thomas 31, Mary 27, Isabella 5, Eliza Ann 5, Frances V. 2
GREER, Matthew 67*, Rhody 58
FRANCIS, Kitty 12*
DILLION, Eliza J. 2*
PAYNE, Jubal jr. 22*, Nancy A. 23, Mary A. R. 2, Elizabeth W. 1
CORCORAN, Keziah 49*
POYNTER, Nathan 23, Martha 19, Havilah 6/12 (m)
PAYNE, Joel 22, Polly 25, Thomas W. 3, Mary E. 2
CURD, Obediah E. 42*, America 30, Joseph H. 16, Sarah E. 11, James E. 4, Elizabeth A. 2, Arabelle 9/12, A. P. 34 (m)
MOSBY, O. F. 23 (m)*
MILLER, William 26*, Mary E. 22
BARBOUR, James 17*
CHAMBERS, Mary J. 28, Rhody W. 12, Mary A. 10, Charlotte T. 8, Cairy C. 5 (m), Joseph Ann 2
MARTIN, William 82, Isaac 32
BUSH, Josiah 45, Jane Ann 35, George P. 18, William _. 17, Carthagena 10, Frulutia 8, Josiah 6, Thomas A. 4, Elizabeth E. 2, Delila A. 7/12
PITCHFORD, Fleming 35, Susan 33, Anna L. 15, Amanda 13, Alpheus 11, John I. 9, Nancy 7, Frances A. 4, Joseph 1

1850 Census Barren County Kentucky

Schedule Page 364

NEIGHBORS, Benjamin 29, Minerva a. 35, Richard 6, James 5, Martha 4, Thomas W. 3, Nancy 1
CHAMBERS, Samuel 60, Nancy 60, Booker 32, Susan 35, Nancy 23
HOLDER, William 25, Permela 30, Edward 6, Sarah E. 4, Malinda 14, Davis 10
GILLELAND, David 28, Pherible 20
DILLION, Jacob 37*, Mary J. 30, Elizabeth C. 11, Juliann 10, Rhody H. 5, Eliza J. 3, Amanda F. 5/12
THOMASSON, Joseph G. 30*
BAILEY, Henry 55, Nancy 43, John T. 22, Martha A. 19, Mary 16, Drucilla 13, William H. 11, James R. 8
CHAMBERS, Francis 34, Samuel P. 30
NEIGHBORS, Marshal 34?, Elizabeth 40, Jeremiah G. 10, William J. 9, Polly A. 7, Nancy J. 5, Susan 3, Francis 1
MOSBY, Thomas H. 55*, Judith 53, Mary I. 24, Cyrus W. 22, Horace L. 20, Letitia Y. 18, Maria L. 16, Cleopatra E. 12
SANDERS, Augusta M. 27*, Lockey E. 2
WHEELER, John 34, Eliza Ann 35, James S. 11, Greenberry P. 9, John Ann 6, Jane T. 4, Mary S. 2
TRACY, Isaac 56, Byna 55 (f), Elia H. 23 (m), John J. 20, William 18, Asa 12
COOK, Asa 42, Rebecca 42, Rhody A. 20, Susan 17, Uriah 16, Jane 14, John V. 11, Nancy E. 9, Mary C. 7, Rebecca E. 4, James W. 3, Virginia F. 1, Rhody 72

Schedule Page 365

MAYNARD, Thomas 44, Susan 38, Lucinda 16, John 15, James E. 13, William M. 11, Martha A. 8, Margaret 6, Caroline 4, Judy M. 4/12
GILLELAND, Jonathan 42, Kitty 33, John S. 11, Alexander 9, Booker William 7, Thomas M. 5
MITCHELL, Eldrid 52, Lucy 45, John H. 18, Nancy C. 15, Littleberry 11, Lucy Ann 8, Sarah E. 5
MAYNARD, William 27, Susan F. 21, James E. 2, Lucy I. 2, Mary W. 7/12
MITCHELL, Isaac 45, Catharine 35, Frances A. 17, Elizabeth C. 14, James W. 13, Parthena 6, Robert G. 3, Jurena 2
THOMASSON, Christopher 47, Martha 27, William 27, Creed T. 25, Jane 23, Powhattan B. 20, Greenberry 16, Anro E. 13 (f), George H. 11, Rhody C. 6, Frances A. 6/12
WRIGHT, Uberto 38, Suan J. 27, Mary Ann 11, America M. 9, Narcissa F. 5, James L. 3, John C. 1
YOUNG, Asa 55, Mary 42, George C. 23, Asa E. 11, Mary C. 8
HOUK, Harmon 29, Margaret 31, Marilda J. 6, Thomas J. 4, Mary E. 11/12
SMITH, Jacob 27, Frances 25, Isabell I. 2, James T. 6/12
MAURY, Leonard H. 70*, Virginia M. 66, Christopher C. 28, Virginia M. 13, Joseph W. 24
JOHNSON, James A. 23*, Catharine M. 20
MANRY, Alfred P. 33, Emily 16
DUNCAN, William 41*, Elizabeth 41, Elizabeth J. 18, Zachariah A. 16, James J. 15, Sarah M. 12, Stacy E. 10
BUCKINGHAM, Louisa 8*, Susan C. 7

1850 Census Barren County Kentucky

Schedule Page 366

TIBBS, Elijah 35, Elijah I. 33, William M. 2, Mary E. 8/12
CHILDRESS, Fleming C. 35, Nancy W. 30, Susan F. 10, Martha L. 8, Amanda E. 4
BULLOCK, John W. 43, Minerva 40, Harriet R. 15, William A. 11, Robert L. 9, Thomas J. 6, Hannah C. 4, Clara G. 2
WILBOURN, Ziba 26 (m), Lucy J. 22, Martha A. 2, James B. 8/12, James A. 19
BIGGERS, John 54, Christina 43, James R. 27, Margaret J. 25
BELL, Robert W. 22, Tabitha E. 21
MAURY, Thomas F. 39, Rachel C. 38, John B. 15, Leonard H. 13, Sophia J. 11, Virginia A. 9, Kitty S. 5, Charles O. 3, George T. 5/12
JONES, Cadwallader 55(m), Rachel 51, Joseph S. 22, Andrew C. __, Mary E. 17, Martha J. 14, Caroline 11
FLOWERS, William H. 33, Anna 35, Joel S. 8, James M. 6, Mary A. 4, Martha J. 3, Woodford P. 1
WILBOURN, Ralph 24, Eilzabeth 24, Rachel P. 2, Nancy M. 7/12
DOSS, Margaret D. 46, John L. 18, Edward W. 20, Polly A. 16, Samuel H. 13, Hyram J. 10
SMITH, Thomas 43, Margaret 30, Ayres 14, Sally 12, William 10, Elizabeth F. 8, Elias 6, John 4, James G. 2, Elbert T. 6/12
JONES, Charles 32, Eliza 31, Darthula 10, Mary E. 8, Judy A. 5, Charles W. 4, Lilburn 1
JONES, William sr. 51, Martha A. 30, William T. 7, Samantha E. 6, Sarah A. 5, John M. 4, Emily J. 1

Schedule Page 367

MCPHERSON, John 61
PEDEN, Benjamin 56, Mary 44, James C. 19, Nancy J. 16, Sarah C. 15, Martha 13, Eliza E. 11, Mary T. 8, John S. 5, Synthanthy 1 (f)
JONES, Eleazer 57*, Mary 33, Martha A. 18, Moses M. 16, Felix E. 10, Jasper N. 8, Eliza J. 6, Cadwallader 4 (m), Robert S. 2
MEASLES, Peyton 14*
JONES, William jr. 32, Sarah 25, Isabella 5, Susan 3
SANDERS, Archibald 36, Nancy 33, Henry T. 4, Parthena W. 3, Smith W. 1/12
COLLINS, William 22, Margaret 26
BUCKINHAM, Thomas 72, Mary 66
SHURFEE, George 39, Ameda 40, Abigail 17, Adalaide 14, Joshua 12, Mary 6, Nancy J. 2
ELLIOTT, William 60, Jane 35, Benjamin 16, Thomas 13, John 10, Ahasuerus 8 (m), Washington 6, James J. 4, Sally 8
BRITT, William 58, Rebecca 51, Betsy 32, William 20, Polly J. 16, Margaret 13, Thomas 11
WHEELER, Obediah 35, Sarah 30, Nancy J. 9, Sarah M. 5, William Joseph 3
HAWLEY, John 27, Mary 20, Sarah 2
CABLE, Washington 44, Jane 34, William A. 12, Joseph S. 10, Thomas M. 5, Stephen H. 3, Nancy J. 4/12
SMITH, Charles A. 33, Virginia 36, George 10, James 8, Sarah A. 6, Calvin 5, Nancy 3, Jerome 1
JONES, Moses 41, Sarah 38, Mary M. 17, Martha A. 16, Zerilda M. 13, Benjamin S. 12, William C. 10, Rachel J. 8, Lemuel 5, George W. 3

1850 Census Barren County Kentucky

Schedule Page 368

EUBANK, T. A. 34 (m), Eliza J. 21, Elizabeth V. 3, John J. 1
PHILPOT, William K. 38, Martha 38, Elizabeth 17, Charlotte T. 14, Sarah E. 13, Nancy J. 10, Eady F. 7 (f), John J. 3
LYEN, Joseph 52, Elizabeth H. 55, Jane 28, William 25, Joseph jr. 27
LYON, Robert 31, Martha A. 9, Mary R. 7, William J. 5, Susan E. 4?, America 1, Nancy J. 5/12
LYON, John R. 25, Rachel 21
HOUK, Elizabeth 65*, Clifton R. 24, Kitty Ann 18
WARD, Serepta 15*
UNDERWOOD, Elijah 30, Nancy 27, Henry A. 5, Nancy J. 3
GALYEN, Isaac 40, Elizabeth 34, Paralitha 14, Madison 12, John W. 10, William 8, Thomas 6
BELL, W. W. 36*, Margaret A. 31, Jane 12, Sally 10, Rebecca 8, Mary 5, Nancy 3
COTTON, William 20*
BERRYMAN, Green B. 23*
GILLELAND, Elizabeth 68, Roberson 40, William 38, Elizabeth 32, Peggy Ann 26
MCCLURE, Manly 49, Sarah 40, Amelia 18, Hetty C. 17, Sarah J. 15, Joseph Ann 13, Pleasant 10, Diannah 7, Amanda 5, Eli 5, Camilla C. 1
MCCLURE, Pleasant 47, Betsy 36, Mary J. 17, Amanda 15, Frances 13, Wiley 8, Ailsy A. 5, Elizabeth 3, William T. 1

Schedule Page 369

BURGESS, Spiral E. 24, Tabitha 23, William O. 4, Polly A. 3, Harvey W. 1, Ailsy A. 5
SANDERS, Washington 33*, George W. 70, Sally 34
FRANCIS, Richard 21*
BURGESS, Oliver A. 30, Mary A. 21
BOWMAN, Isaac 45, Agness 48, Robert 17, Mary 16, Rebecca J. 15, Elizabeth 10, Michael 9, Henry 6, Hugh P. 3
HINKLE, Lemuel 24, Catharine 21, Elizabeth 2, Mary F. 10/12
JONES, Smith 25, Mary A. 22, Isabell E. 4, Nancy J. 2, Frances W. 1
FRANCIS, Armstead 32, Sarah J. 8, Mary E. 5, David 65, Sally 55, William 14
JONES, Thompson 20, Eliza 18, Martha E. 10/12
PITCHFORD, Cyrus 22, Mary J. 24, Nancy E. 1, Rebecca 7/12
PITCHFORD, Eli 42, Betsy 42, James 20, Wesley 17, Joseph 6, Jane 4
MAYNARD, Braxton B. 24, Betsy Ann 21, Wesley 3, William M. 1, Asberry 4/12
BROWN, Henry J. 34, Elizabeth 29, Mary E. 10, Isabella F. 9, William P. 7, Reuben U. 5, Alonzo T. 1
SIMMONS, George 22, Sally 30, John W. 3/12
CHURCH, Milly 50, John 22
DOORS, James W. 50, Amanda 42, Robert A. 14, William E. 12
WILLIAMS, Allen 52, Rebecca D. 47, Allen R. 17, John A. 11, Sarah A. 9, Isabella R. 7
CHURCH, Joseph 29, Sarah 24, Eliza J. 3, George T. 1
STEFFY, Joseph 72, Lydia 72, John 32
MAYFIELD, Powhattan 45, Polly 41, Nancy J. 15, Adaline 14, Josephine 11

Schedule Page 370

HULSY, Jesse 42, Frances 42, Granville 16, Elizabeth 15, Martha 12, James 10, William 6, John 5

1850 Census Barren County Kentucky

ANDERSON, William 48
PAYNE, Dudley 40, Martha 40, William 18, Nancy 16, Rhody 14, Harrison 12, Mary 10, Jubal 6, Martha 4, James 1
FARRIS, John T. 21, Lucy Ann 17
WILLIAMS, Robert 59, Elizabeth H. 44, John R. 20, Sarah E. 15, Robert A. 11, Thomas D. 9, Ralph P. 6
RALSTON, John 51, Thomas 35
RALSTON, Robert W. 53*, Matilda 44, Emily D. 26, Malinda B. 24, James M. 22, Elizabeth 20, Mary F. 18, Maria A. 16, Olivia L. 14, John T. 9, Juliann 6, Robert W. 3
WHITE, John M. 21*
BALLENGER, Edward T. 46, Serene E. 26, Mildred H. 6
PARRISH, Robert 38*, Tabitha 25, Fleming 13, Permela 10, Mary 8
WALLER, Davidella 10*, Elizabeth 6
GILLACK, Elizabeth 63, Mary 37, James 35, Robert S. 23, Nancy 18, Sarah J. 15
CRENSHAW, Benja. R. 25, Nancy 24, Robert 1
FRANKLIN, Henry T. 51, Sally 46, William T. 27, Samuel B. 23, Matilda 21, Henry M. 19, Mary 16, Anthony 14, Thomas 12, Schuyler 10, Rachel 7, Reuben 5
TOLLE, Saml. R. 25, Margaret C. 20, John T. 17
STEFFY, Benja. 49, Patsy 35, John 8, William R. 5, Frank 1

Schedule Page 371

TOLLE, David B. 32, Martha E. 26, Samuel A. 5, Virginia L. 3, Alice C. 1
TOLLE, Sophia 50, Caroline E. 22, Martha 20
EUBANK, Henry 54, Maria 43, America 23, Margaret D. 20, James 17, Richard G. 14, Elizabeth F. 11, Henry 6
STAPLES, Thomas 36, Polly 31, James T. 10, Moses 8, Joseph 6, Wm. H. 2, John C. 2/12
LAY, William 40, Ellen 36, Mary E. 17, James H. 15, Nancy J. 12, Robert 9, America M. 7, John 6, Josephine 3
STEFFY, Daniel 50, Susan 46, Polly A. 20, Lucretia 18, Margaret 16, Elizabeth 14, Henry 12, William A. 7
GIBBS, William 37*, Mary A. 37, John 15, Eliza J. 13, James 11, Judy F. 9, Benja. F. 5, Samuel 3, Barnett 1, James B. 26
DEHART, Catharine G. 31*, Reuben A. 7
BRIDGES, William 48*, Nancy 31, Juliann 19, Elizabeth 16, Mary 14, William 11, Rachel 7, Octavio 5 (f), Nancy H. 3, Hasentine M. 6/12
GREER, Isaac 77*
COMBS, Zur 44, Louisiana 31, James 18, Mary D. 16, Lewis 11, Elizabeth 14, Samuel 7
EUBANK, Joseph jr. 52, Mary J. 32, Mary Jas. 17, Emma 14, Cyrus 13, Charles 11, Elizabeth 7, Melchesidec 4, Lucy 2
CARTER, Phillip 36*, America 31, Harvey W. 15, Martha A. 12, Sarah E. 4/12

Schedule Page 372

KELSEY, James 11*, Jane 9, Mary 5
PARDUE, Joseph 38, Frances 38, Francis M. 13, Nancy M. 7, Camily 5, Joseph W. 2, Juliann 9/12
JOHNSON, John H. 27*, Irene 27, Thomas 12, Harvey 10, Lycurgus 8, Leatha B. 6, Matthew 4, Narcissa 2, Samuel 3/12

1850 Census Barren County Kentucky

COMER, Francis M. 20*
STOKES, Bennet 55, Elizabeth 50, Martha A. 26, Mary M. 24, William A. 24, William A. 23, Susan F. 18, Lucilla 15, John G. 13, Richard W. 11, Joseph Anna 9
WHITNEY, Loammi (m) 60*, Jane 51, John W. 32, William B. 23, Loammi 19, Charles 17, Virgil 15, George 11, Camilla 7
BUSH, Charles 37*
STEENBERGEN, Joseph 37, Rachel 35, Mary E. 15, William M. 13, Juliann 11, Camilla 3/12
WOOD, Malinda 30, Martha A. 11, Nancy 9, Jane 7, Benjn. 5, Catharine 2, Elijah 7/12
MCGINNIS, William 67, Clara 21, William 27
WYATT, John 71, Martha 45, Sally 14
WYATT, Patsy 38, Rebecca 17, John 15, Polly 12, Martha 7, Radford 5, Joseph 3, James 1
STEENBERGEN, R. P. 75 (m), Martha 50, Malinda W. 24, Sarah A. 15, Henry C. 14, Thomas W. 12, James F. 9
COTTON, Benja. 50, Frances 35, Thomas F. 13, Henry C. 8, Sarah E. 6, Mary S. 4, Pleasant H. 3, John A. 1

Schedule Page 373

BRATTON, James 44, Nancy 40, William 11, Albert 14
GUFFY, William 30, Nancy 15, William W. 2, Thomas 84, Sally 45
SIMMONS, Euclid 32, Mary A. 32, Nancy P. 10, Mary E. 8, Margaret C. 6, Rhody J. 4
STEENBERGEN, John L. 38, Martha 36, James 17, Nancy 13, Sally 12, Mary 8, levisa 5, John 2, Charles 5/12
MCGINNIS, James 37, Anna 40, William aR. 10, Willis H. 7, Jas. K. P. 5, Andrew J. 4, Juliann 1, Josiah 25
PAYNE, Jesse 19, Martha 23, Harriet 8/12
JONES, William 48, Judy 43, Samuel 22, Elizabeth 21, James 19, Granville 17, John 15, Angeline 12, Delila A. 9, William 7, Mary 5
RANESS, Jane 46, Mahulda J. 21
ELLIS, George 53, Kittaniah B. 45, Juliann P. 20, Jaes N. M. 16, Eliza J. 11
PAYNE, Nancy 60, Benja. 27, Sarah 20, Jackson 17, Nelson 15
TAYLER, Garrett 50*, Delila 52, Andrew J. 28, Thomas 26, William 23, Sarah Ann 21, Mary B. 18, Jane M. 14, James 12
MCADAMS, William 20*
RAINBY, William B. 40, Sarah A. 28, Mary J. 9, Benja. T. 7, William H. 5, James F. 3, Isaiah 1
THOMAS, David 52, Margaret 44, Jonathan T. 23, George S. 20, John W. 17, Lucy J. 15
FERGUSON, Dougal G. 35, Cynthia 31, Henry E. 11, Sally A. 9, George W. 7, Julia H. 1, Mary 4

Schedule Page 374

ELLIS, William 55, Elizabeth N.F. 49, George A. N. 23, William J. 20, Kibble P. 18, Derastus W. 16, Ann M. 15, Martyn C. 12, Nancy H. 11
PAYNE, Martin 32, Angelleta 29, Nancy J. 11, Mahala 10, William 7, Luvisa 5, Maritn 3, Sarah A. 2, Mary E. 1
MERRETT, L. H. 34 (m), Emily 34, Sarah E. 11, Louisa J. 10, Elvira 7, Albert 3
CREASY, Edmund 37, Cyunthia F. 24, Dolly 8, Nancy E. 6/12
CHILDRESS, Henry 58*, Sarah 58, Caswell J. R. 23, Rachel E. 18
DENHAM, Nicholas H. 20*

1850 Census Barren County Kentucky

BUCKINHAM, John B. 36, Martha 37, Caroline 15, Jesse 12, Nancy 10, William 9, Martha 5, Sally 5/12
TAYLOR, Cornelius 27, Eliza A. 23, Mary M. 5, George Wm. 3, John L. 2
THOMAS, Adam 57*, Sally 55, Polly 27, Sally A. 20, Goodman 18, James A. 16, Ephraim 12
HIDE, John 22*
JOHNSON, Henderson 33, Malinda 31, Mary E. 8, Amanda 3, Nancy E. 1
JOHNSON, Henry 27, Mary 24, Eliza J. 3, William 8/12
FITZPATRICK, A. L. M. 25 (m), Sarah S. 26, Dolly V. 5, Eliza A. 3, Mary C. 2
MITCHELL, John 60, Judy 60, alouisa 23
BOYD, William 54, Mary 50, James H. 25, Frances D. 26, Mary 12
MITCHELL, Thomas 23, Angeline 22
GOSNEL, Joseph Jr. 30, Mary A. 30, Benjn. T. 2

Schedule Page 375

GOSNEL, Benja. 53, Polly 25, Neoma 29, Caroline 22, Susannah 19, Livornia C. 14, Melvina 9, Ruthy J. 6, Deborah 3, Rachel E. 2
HIGDON, Joseph 46, Mary 21, James 19, Asa 17, Margaret 16, Sarah L. 15, Nancy E. 8, Enoch E. 6, Eliza J. 5, Isabella S. 4
THOMAS, Redmond 23, Nancy A. 22, James A. 10/12
EATON, Carrol 23, Nancy 25, Marion 6/12
GOSNEL, Joseph Sr. 39, Rebecca 40, James W. 15, Thomas J. 13, Mary F. 12, SArah 10, Cynthia A. 8, Woodford W. 6, Kitty Ann 4, Jane A. 2
BERRY, Milton 34, Jane G. 28, Elizabeth C. 9, Sarah F. 7, William H. 3
WISDOM, Benja. 30, Polly 32, Thomas 9, John 8, Sally 7, Willaby 4, Susannah 2
BOWMAN, David 21, Emily 24
ROADY, Lorenzo D. 30, Malinda 31, John P. 8, Mahala A. 7, Catharine J. 5, Mary D. 2
LEE, Henry V. 34, Mary 32, Thomas J. 13, Sarah E. 11, Amanda J. 9, Mary D. 7, Canzada 6, Louisa 4
THOMAS, Ephraim 54, Sally 50, Sylvester 33, David L. 22, Priscilla 18, Baily P. 17, Martha A. 15, Margaret C. 13, Adam 9, Marilda 6
CARVER, Reuben 52, Margaret 45, Matila 21, Elvira 15, John B. 13, Sarah 11, William 6, George M. 4

Schedule Page 376

THOMAS, William 26, Elizabeth 29, Henry S. 4, George W. 3, David L. 4/12
PERRY, James A. 30, Jemima 27, James R. 9, Mary 7, Louisa 5, Juliann 3, Thomas 3/12
THOMAS, Henry K. 24, Jane 24, David L. 3, John W. 4/12
EATON, Leonard 55, Sally 51, Joseph 27, Sarah 20, Nancy J. 17, Elzira 15, Virginia A. 13, Leonard 11
THOMAS, Ephraim D. 22, Louisa 21, Ephraim 2, William H. 1
DOSSEY, Parker M. 27, Martha 33, Seth B. 6, Kincheon D. 5, Nancy 4, Martha 3, Parker M. 9/12
LANE, Carrolus 22, Sally 23, William J. 1
WISDOM, Susannah 42, John 20
THOMAS, William 30, Betsy 29, Adam 8, William 6, Louisa 4, Mary 2
ELLIS, Patsy 65 (B)
DOSSY, Kincheon D. 51*, Lourina 43, Mildred C. 18, Huldah V. 16, Arthur P. 8

1850 Census Barren County Kentucky

BRANCH, Judith 75*
JONES, Hiram W. 32, Barbara 26, Joseph 8, John F. 6, Elizabeth J. 4, Martha 5
HENDRICK, Albert W. 39, Jane 37, James 15, John W. 13, Sarah E. 12, Nancy C. 10, Mary J. 8, Martha A. 7, Joseph H. 6, Eliza 4, Melissa D. 2
WISDOM, Joseph 35, Nelly 24, Adam H . 2, Andrew J. 1
LEE, Henry Sr. 61, Elizabeth 63
BRATTON, David 20, Martha A. 17, Henry L. 1
JOURDAN, William Sr. 75, Margaret 73, Nancy 27
ESQUE, John 25, Dianna E. 23, Mary S. 8/12

Schedule Page 377

NEAL, Rachel 50, Polly 21, Jeremiah 19, Hawkins 17, Rachel J. 15
NEAL, John 33*, Susan 35, Elizabeth 11, Benja. J. 8, Thomas 5, William T. 1/12
HOOKS, Elizabeth 49*
BRASWELL, Egbert H. 32, Mary L. 27, William E. 6, Reuben J. 5, Tennessee 3, Zachariah T. 1
LEE, Samuel Sr. 65, Sarah 57, Green B. 25
CARVER, Susannah 56, Mary 21, Elizabeth 17, Cornelius 23, John 16
TAYLER, David 43*, Susan 42, Elizabeth 6
FOLDING, James H. 13*, Elizabeth S. 11
LEE, John M. 24, Leah 21
TURNER, Willis M. 43, Zerniah 36, Emily A. 16, Mary A. 12, William A. 10, Ann R. 6, George B. 4, Cassanda S. 2
DOSSEY, A. P. 49 (m)*, Elizabeth 49, Joseph 20, William J. 17, K. D. 14 (m), James H. 12, Catharine 10, Parker M. 7
CARTER, Tabitha 21*
MORROW, John B. 35, Mary 36, James 7, Margaret 6, Kitty 8/12
SIMMONS, Henry G. 34, Permela 26, Daniel S. 7, Camilla C. 6, Macy J. 4, Eliza A. 2, John W. 9/12
MCINTIRE, James 22, Mary J. 18
CHARTER, Margaret 72*, John 45, Nancy 43, Nelly 36, Chegar 26 (f), Juliann 17, Mary J. 6
DOSSEY, Jonathan 20*
SOUTHER, William 40, Eliza 30, Mary A. 12, Joseph 8, William 5, Margaret 60
LEE, Isaac 32, Meridy 27, Francis A. 9, William G. 7, Sarah E. 5, James G. 3, Stephen H. 1

Schedule Page 378

WEST, N. P. 33 (m), Mary 33, Mary A. 9, Joseph T. 7, Sarah C. 5, Hugh W. 2, Margaret A. 8/12
KIZOR, Wilson H. 36*, Susan 27, Sarah 8, Wm. W. 6
HARDEN, Sarah 54*
FULCHER, John 68, Mary A. 55
WHEAT, Theodore 67, Mary 57, Matilda 26, Caroline 21, Jane 6, Frances 5, Letitia 3
PARRISH, William 39, Elizabeth 36, Lucinda 17, Sarah 15, Elizabeth 10, John A. 8, Isaac 6, Rachel 4, Nancy 1
JENKINS, Marcus 21, Lucinda 22
GARMON, John 34, Martha 31, Isaac 10, Henry H. 4, Milly 1
GARMON, Isac 81*, Elizabeth 75, David B. 26, Joseph 23
RICKETTS, Fanny 40*
BYBEE, Rebecca 17*

1850 Census Barren County Kentucky

FLETCHER, John 12*
CHERRY, William 21, Nancy 18, Lucinda 24, William B. 2
RUSSEL, James F. 28, Margaret 26, Phillip 9/12
EAPLIN, Phillip 43*, Elizabeth 37
PARRISH, Conna 11 (f)*
SAMPLE, Isaac N. 52, Mary 47, Martha J. 24, Polly A. 8
COLBERT, Orpah 42*, George W. 20, John 16, Eve 14
FRANCIS, Nancy 10*
DOSSY, John A. 23, Nancy 18
COLBERT, Wesley 21*, Elizabeth 21, John D. 1
RITTER, Lucy A. 8*
TODD, Manly G. 30, Louisa I. 17, Isabella 1, Robert T. 9/12
LONG, Richard W. 24, Celia 19, Eliza J. 1
WOLF, John 27, Mary A. 26, Cynthia A. 8, George W. 6, Martha S. 4, Margaret F. 4/12

Schedule Page 379

DEVASHER, William 46, Elizabeth 37, John C. 19, betsy J. 16, William T. 14, Polly 9, Jesse I. 6, Joseph W. 4, Delila C. 8/12
CALVERT, Toliver 26, Elizabeth 26, Cammilla F. 3, Henry W. 1
RUSSEL, Samuel 24?, Mary 23, William D. 1
HOLDER, Levi 32, Virlinda 20, Martha E. 4, Mary F. 3, Jane 2, Lucy 2/12
PARRISH, George W. 35, Sarah 27, Joel 11, William 9, Elizabeth 8, Louisa 5, Isaac 3, Melvina 1/12
SHIVE, Joseph 32, Sally 30, James M. 11, John W. 8, Martha 6, George Mc. 4, Nancy C. 2
WELLS, William 53, Thurza A. 45, Clifton 24, James 18, Braxton B. 15, Burdet 12, Perlina I. 10, Susan M. 9, Nancy T. 7
FRANCIS, William 37, Sarah 33, Mary E. 15, Catharine 14, William 13, James M. 10, Amanda 6, Sarah A. 5, Martha 2
HUCKABY, Joshua 66*, Ellen 55
WOOD, Catharine 24*, Samuel W. __, Mary T. 5, Emily I. 2
LEE, Samuel T. 39, Martha A. 24, Stephen P. 21, Joseph H. 21, John W. 16, William T. 13, James H. 11, Delila C. 4, Susan F. 3, Samuel M. 10/12
SNOW, John L. 47, Elizabeth 50, Abner 25, Louanza D. 23 (m), Irene 18, Firtima 15, Elizabeth 11
BAGWELL, Elizabeth 37, Smith M. 9, Eliza N. 7, Wilbourn W. 4, Asa Y. 1
LEMMONS, Abby 67, Malind 32?, Matilda 25, Jane 20, Isaiah S. 7, Melton A. 3, Frances A. 2, Josiah S. 3/12, Jemima J. 5

Schedule Page 380

DOSSY, J. M. 25 (m)*, Judy 25, James H. 2, William S. 8/12
FLIPPIN, James 30*
SCOTT, William B. 37*, Juliann 36, John O. 16, James D. 14, Nancy J. 12, Mary L. 10, William H. 7, Sophia M. 6, Judy E. 5, Josiah A. 3, Lucinda 8/12
JONES, Mary 71*
LEE, Eli 36*, Cynthia A. 30
HIDE, John 9*
FLETCHER, Joseph 17*

1850 Census Barren County Kentucky

MORRISON, Joseph 50, Martha 45, George 20, Adaline 19, Charlotte 16, Joseph 8, Sarah 12, Ruth 11, Martha 10, Mildred 4, Gabarilla 3, Isabella 3/12
TAYLER, Thomas 25, Sarah 17
CLARKSON, James L. 57, Elizabeth 48, John J. 16, William H. 14, Reuben G. 12
MCADAMS, William R. 20, Mary B. 17
JONES, John W. 60, Martha 65, Joseph P. 25, Francis M. 19
HOLLOWAY, Robert M. C. 27, Mary A. 34, Martha R. 1, Levinia J. 4/12
GOSNEL, Reuben 26, Nancy J. 20, Willis T. 3, Zachariah W. 2, Benjamin F. 2/12
LEE, Radford 26, Delila Ann 26, Melissa C. 5, Burwell 3, Sarah 1
STEPHENS, Joseph 53, Nancy 45, Sally A. 23, Anna 21, Emily 20, James 17, Catharine 15, Isaac 13, Nancy 8, Martha 7, Joseph 5, Thomas 4/12, Hezekiah 60
AUSTIN, Charles 53, Levisa 50, William F. 20, Sarah J. 17, Martha B. 14, Adaline F. 10, Charles H. 8, Helen B. 5

Schedule Page 381

TINSLEY, John 57, Betsy 54, Sally 20, Permela 17
BRITT, John 34, Jemema 40, George M. 7, Ailsy A. 9, William 3
BRITT, George W. 26*, Nancy 26, Susan J. 3, Amsy P. 6/12, Mary 61
SIMMONS, John G. 22*
HENDERSON, Thomas 53, Thankful 45, John 18, James 14, Andrew 13, Francis M. 7, Araminta 4
HULL, James M. 35*, Easter 45, Nancy S. 9, Mila E. 7, James W. 16
AGERS, Sally 70*
BISHOP, Samuel M. 34, Lydia 31, Milton S. 11, Hagan A. 9, Harmon C. 7, James M. 5, Melissa J. 4, Joseph T. 3
MORROW, James 32*, Martha 32, William J. 9, Elizabeth J. 7, Margaret A. 5, Louisa M. 3
DOSSEY, Joanna 69*
MCINTIRE, Alexander 45, Polly 45, Benjamin 22, Martha E. 21, James 18, Matilda 13, John 11, Bishop 9, Thomas H. 7, Powell 4, Elmina 1
BYBEE, Alexander 26, Jane 23, Cammilla 5, Alexander 1
BYBEE, Benjamin 55, Sally 50, Polly A. 23, Chapman 21, Benjamin 14, Flirney 10 (f), John 8
ROSS, Sally J. 32, Andrew 10, John 6, Sally I. 5
PARDUE, Hezekiah 26, Martha A. 23, John F. 3
FOX, Joshua 30*, Nancy 33, Ann Eliza 13, George W. 7, Willis T. 6/12
HENDERSON, Nelly A. 73*
HUNT, John 58*, Martha 54, Thomas S. 21, Asa J. 18, Betsy A. 20, William G. 30, Wesley W. 13

Schedule Page 382

VEACH, Kinsey 21*
PARDUE, Francis 60, Nancy 65, Sarah 30, James 25, Terry A. 21 (m)
PARDUE, William H. 35*, Rebecca 29, John C. 11, Sarah F. 9, William J. 6, James W. 4, Eliza J. 1
BRITT, Ann Eliza 22*
TINSLEY, Phillip 33, Elizabeth 28, Sarah 9, Elizabeth 7, James 5, Emily 4, Kitty 2
HUNT, Joel T. 27, Eliza A. 25, John W. 6, Nancy J. 5, James T. 2, Henry E. 5/12
SIMMONS, Jordan H. 53*, Mary 40, Nacy 19 (m), Malinda 17, William 12, Permela 10, Joel T. 7, Doctor 2

1850 Census Barren County Kentucky

PARDUE, Nasy 23 (m)*
GIBSON, Robert 53, Mary J. 38, Melvina 19, Caleb J. 16, Martin L. 15, Robert F. 12, Ann F. 10, William P. 8, James K. P. 6, Mary J. 4, Virginia 1
NUCKOLS, H. P. 48 (m), Susan J. 44, James A. 25, Joseph P. 23, robert F. 21, Benjamin W. 16, Hezr. F. 12 (m), Martha M. 10, George H. 7
RIGDON, William jr. 23, Mary I. 20, Francis M. 3, William B. 1
RIGDON, William sr. 56, Elizabeth 60
LANE, Booker 50, Sally 37, Thomas 17, James 13, Amanda 11, John 9, George 5, Eliza 3, America 1
JOHNSON, William 55, Elizabeth 34, Elijah 22, George M. 17, Nancy 10, William 8, Polly 6, Aaron 4, Permela A. 2

Schedule Page 383

LANE, Moses 55, Nancy 27, Fanny 26, Elizabeth 16, Ailsy 15, James 11, Sally 9, Matilda 9, Cammilla 4, Lucy I. 3, Jasper M. 3, Malissa A. 1, Radford 4/12
HIDE, Seary 26 (f), Joseph 6, Malinda 3, Eliza 1
LANE, Elizabeth 75, James 35, Frances 20, Jane 20
TINSLEY, William 33, Eliza 33, Frances 2
KINSLOW, Adam 65, Louisa 48, Nancy 19, Harriet J. 14, Mary 12, Louisa 10, Rebecca 8, Julia F. 4
KINSLOW, John P. 23, Martha A. 17, Willis A. 1
BULY, Thomas 45*, Martha 42, Rebecca 21, Jane 19, William 15, Mary 12, Mahulda 7, Martha 6, Christopher 5
RIGDON, Francis 21*
BULEY, Jessee sr. 67, Mary 70
RIGDON, John 28, Nancy 30, Elizabeth 6, Jesse 4, John 3, William 9/12
BULEY, Jesse 37, Eveline 36, Mary I. 17, Cena 13, Isaac 8, Thomas 7, Martha 5, Jesse 3, James L. 8/12
BULEY, Nathan 36, Mary 35, Nancy 13, Seth 12, John 10, Jane 8, Matilda 6, Enoch 2/12
WOOD, James sr. 65, James L. 30, Rebecca 30, Sarah H. 6, Thomas G. 3
FRANKLIN, Reuben 81, Peachy E. 27, Matilda 25, William H. 7, Peachy 5 (m), Reuben 2, Martha E. 1

Schedule Page 384

CARVER, Bartholomew 29, Matilda 26, Amanda H. 5, Reuben 7, Catharine 4, William H. 2, Green 3/12
CARVER, Henry 26, Rachel M. 23
CARRIER, John 46*, Hannah 49, William P. 24, Sally 20, Martha J. 18, Nancy 16, John N. 14
TODD, William N. 6*
BRIDGES, Samuel 41, Lucy D. 45, William T. 19, Eliza J. 17, Mary M. 16, Jeremiah M. 14, Samuel I. 12, Joseph Ann 10, Sally B. 7
TODD, Hugh 38, Martha A. 32, Elmira 18, James A. 15, Emeline 10, John M. 8, Robert C. 4, William 2
HARRISON, Samuel 56, Harriet 52, Peggy 19, George 16, Mary A. 14, Samuel F. 13, Willis 12, Thomas J. 10, John P. 7
BOAM, James R. 47, Anna 42, John 21, Mary 20, James R. 18, Nelly 16, Jacob 14, William 12, Sarah A. 10, Eliza J. 8, Catharine 6, George W. 4, Joseph T. 3, Enoch 5/12

1850 Census Barren County Kentucky

TINSLEY, Thomas 50, Elizabeth 47, Margaret 18, Diadama 15, Thomas 13, Nancy 12, Eliza Ann 11, James 7, Amanda 5, Lucinda 1
JONES, Elizabeth 41*, Clement D. 21, Sarah E. 18, Thomas 14, James 8
DAVIS, Hardin 79*
MASSY, James A. 26, Mary A. 24, Arabella 2, Charles W. 1
BRIDGES, Thomas 56, Polly 48, Malekiah 28, Martha 22, Sally 19, Harriet 17, Matilda 15, William T. 13, James 11, Amanda 9

Schedule Page 385

MALONE, Jehu 26, Polly 23, Sarah E. 3, Thomas J. 2, Margaret J. 6/12
BRIDGES, John 26, Julia 25, William T. 2, James 3/12
LEWIS, Phillip T. 40*, Catharine 30, Mary T. 13, Porter L. 10, John 8, Eliza Ann 6, Malekiah 3
BUTTON, Felix G. 29*
HOGG, Jesse T. 30*
GIBSON, Thomas B. 34, Martha 22, Fleetwood C. 1
HARRISON, Robert 71, Nancy 61, Robert 29
RENFRO, Roberson 29*, Sarah A. 29, Mary H. 8, Jesse B. 6, William C. 4, Martha J. 3/12
NUCKOLS, William 22*
CARVER, Joseph 37, Eliza A. 28, John 15, Amanda J. 13, James J. 11, Sarah E. 8, Janie C. 6, William J. 4, Whaley M. 1
BARTON, John M. 29, Caroline W. 25, Jaames E. 6, Alice 4, Sarah F. 1
BARTON, Mary 77*, Saml. C. 22
REDFORD, Joseph 14*
BARTON, Tilman 55, Rachel 45, John W. 15, William 13, Mary S. 10
BARTON, William 36*, Taphath 35
REDFORD, Caleb 12*
WHITNEY, Thomas 60, Catharine 55, Thos. J. 34, James E. 22, Catharine A. 21
SHIPLEY, Robert 37, Sarah A. 33, John E. 8, Uriah T. 6
NEWMAN, James 27, Jane 22, Malissa J. 1
LITTRELL, Benja. 33, Nancy 30, Mary 11, Elizabeth 9
BULEY, George 27, Jane 27, Elizabeth 6, Nancy 4, Catharine 3, Matilda 2
RIGDON, Jesse 43, Eliza A. 38, William 17, Rebecca 15, Celia 12, Thos. J. 9, Jesse 3

Schedule Page 386

WHITLOW, Henry 59, Nancy 48, Nancy 23, Pleasant 19, William 17, Lucretia 16, Sanford 14, Arminta 12, Martha 10, Amanda 9, Cassander 6, Elzada 4, Benja. 3, Mary 4/12
BULEY, William 46, Elizabeth 52, Nancy 22, William 16, John 14, Jessee 13, Thomas 9
LANE, Thomas 30, Nancy 26, Josephus 4, Henry S. 1
LITTRELL, Elias 31, Sarah 38, Eliza E. 8, Mary J. 6, John R. 5, Lucinda F. 2, Nancy M. 2/12
LITTRELL, Ruth 26, Virginia 5
WOOD, Lewis 35, Angeline 35, Amanda J. 15, John 12, George W. 9, Lucy 10, James L. 2, Emily 2/12
WOOD, Sarah 65, Martha 35, John 21
WADE, David 44*, Nancy 42, Lucy J. 17, Alfred 16, Jesse E. 14, Nancy 12, William D. 10, Lemuel 9, Christopher 7, Amanda 5, Zachr. T. 2
FISHER, David 22*
LEVI, Benja. S. 28, Eveline L. 24, Joseph 3, John W. 1

1850 Census Barren County Kentucky

WALKER, Samuel 30, Elizabeth 22
FORTH, Ewing 25, Martha 21, Lucinda C. 2
LEWIS, John 57, Eliza M. 49
FISHER, Elizabeth 60, Rachel 24, Mary S. 5, Sarah E. 3
CARVER, Joel 23, Mary A. 18, Charlotte 63
WHITNEY, Samuel 49, Rebecca 39, Mary E. 11, Alonzo R. 9, Samuel 2, James G. 29

Schedule Page 387

DEVASHER, Alexr. L. 39, Catharine B. 35, Ann P. 15, John 13, Daniel 11, Thomas 9, Joseph W. 7, Ailsy M. 4, Alexr. 3/12
CARVER, James D. 28, Lucy 24, James W. 5, Samuel 1, James 18
BRITT, Lucinda 34, John 17, Benjamin 12, Robert 8, Betsy 5
HOUCHENS, William N. 22, Elizabeth 18, Franes J. 4/12
BRIDGES, Nancy 37, Benja. 20, Frances 18, Stephen 16, Rebecca E. 14, John C. 10
POWELL, Isaac D. 37, Malinda 31, Thomas W. 10, James C. 8, Emily J. 6, Richard P. 4, Robert C. 2, Ceneth 63
WOOD, Anderson T. 26, Nancy 26, Eliza J. 2, Martha E. 4/12
CARVER, Louis? 29, Mary T. 8, William H. 4, Joel Y. 1
WILLIAMS, Thomas 32, Maria 30, James B. 19, Mary J. 7, Malissa A. 4, Benja. 2, Charlotte F. 8/12
ELMORE, John 26, Polly 21, William J. 1
THOMPSON, Richard 33, Margaret J. 21
WOODCOCK, Wm. 33, Rhody 31, Robert 12, John 9, Francis M. 3, Mary 2
ELMORE, John 36, Lucy 40, Elizabeth A. 8, Jesse 6, Berry R. 4
THOMPSON, James sr. 80, Nancy 65, James 24, Catharine 26
THOMPSON, Wesley 40, Sarah A. 32, Nancy J. 10, Elizabeth 6, John R. 3, William 1
JONES, David 26, Nancy 30, Elisha 5, Amanda E. 4, Eliza E. 3, William J. 1

Schedule Page 388

JONES, Edmund 27, Eliza 26, William B. 7, Wesley T. 5, Mary E. 3, John E. 1
CARVER, James 32, Malinda 28, William 11, Delila J. 10, Mary E. 8, John T. 7, James M. 5, Joseph Ann 4, Nancy C. 2, Elisha W. 1
CARVER, Elisha 28, Rebecca 22, William 6/12
CARVER, John 62, Elizabeth 61, John P. 19
WHITNEY, Uriah 24, Mary 24, Richard 2, James 7/12
BUSH, Lucy 39, Amanda J. 18, Delila E. 16, Isaac 11, William A. 8, Kezekiah 4, Josiah 4
EATON, John 29, Margaret 26, Cassanda 5, Sarah 3, Jane 6/12
PINKLEY, George 58, Rachel 68
PECK, Jacob 70*, Elizabeth 55
BEAM, Jacob 88*
STEENBERGEN, Thomas 25, Mary 24, Matilda A. 4, James R. 2
WOOD, Warren 32, Fanny 27, Lucy S. 10, William O. 8, James 3, Benjamin 1
STEENBERGEN, Hugh M. 50*, Elizabeth 51, Clarissa 23, Edmund 22, Elizabeth 19, Albert 16, Mary 13, Hugh 11, Martha 9
HAWKINS, Signey 28 (f)*
PECK, Salisbury 27, Narcissa J. 28, Mary E. 4, James W. 3, Jacob T. 1
HUCKABY, Joseph 58*, Agness 30, William 23, Nathan 19, Rebecca 17, James 15, Margaret 8, John 6, Jubal 5, Haiden 1

1850 Census Barren County Kentucky

KINSLOW, Page 11*, Josep Ann 10
HUCKABY, Joseph jr. 25, Elizabeth 18, William 9/12
MOORE, John 54, Mary 44, John 13, James E. 8, Josiah 5, Mary Ann 16, Elizabeth 10, Cotene G. 7, Caroline P. 2

Schedule Page 389

FRANCIS, Bartlet 60*, Nancy 55, Fanny 25, Nancy 15, Bartholomew 20
MESSAKER, Paradine 12 (f)*, James 9
SMITH, James D. 59, E. E. 24 (m), Narsissa H. 23, Nancy J. 20, James T. 15, Jesse 12
NUCKOLS, Andrew 72, Andrew B. 30
FIELDS, Robert B. 32, Elizabeth 22, Ellin N. 5/12
FISHER, George W. 39, Lucy 36, Elizabeth M. 15, Martha M. 14, Rebecca A. 12, Sally L. 10, Thompson S. 7, Ellin M. 6, Malinda J. 4, James W. 1
MEADER, Lucy 44, Thomas 18, George 16, Benj. F. 14, Milly 12, Elizabeth 10, Margaret 5
MEADER, Nehemiah 49, Margaret 46, Ausbon 21, Lafayette 19, James H. 17, Elizabeth D. 16, Letitia 14, Minerva 13, James A. 9
MEADER, Tyre D. 23, Mary 22, Sarah E. 1
ATKISSON, Johnson 65, Elizabeth 26, Daniel M. 14, William M. 12, Thomas B. 10, Robert C. 8, David W. 6, Naomi C. 9/12
FISHER, James R. 32*, John W. 5, William E. 4, Martha J. 2
MARTIN, Mary A. 30*, Susan T. 21, Catharine S. 20, Margaret E. 17
BARBOUR, Edward 80*, Jane 65
FISHER, Sally 37*, America 6, Elizabeth 4, Jeremiah 3
MEADER, Benja. G. 29, Sarah 27, Priscilla 7, Margaret 5, Mary 4, Martha C. 3, William B. 1

Schedule Page 390

SMITH, Sampson J. 31, Patsy 33, George R. 9, Lucy J. 6, William T. 4, James A. 7/12
BAILEY, Jeremiah 59
MEADER, Jubal O. 23, Sarah A. 25, John B. 2, Hugh F. 1
LOWERMAN, George W. 54, Mary 37, Albert 21, Benja. 17, Margaret 14, Eliza 12
SMITH, Isaac 47, Mary E. 30, Sarah A. 11, Isaac W. 9, Henrietta J. 7, Mary S. 5, Martha E. 3, Margaret A. 1
KINCHELOE, Enos 25, Amanda 25
KINCHELOE, Elijah 28, Elizabeth 30, Sarah Ann 7, John B. 4, Amanda J. 2
MILLER, William 49, Rachel 35, Robert 5, Louisa J. 4, Martha H. 2, John B. 2/12
HARRIS, Benja. 52, Jemima 54, Jemima 17, Sally 15, Joseph 13
THORNHILL, Leonard 36, Edny 25, Julia B. 10, James H. 8, Permela 5, William B. 4, Artela 3, George W. 1
MEADER, Benja. 73, Elizabeth 72, Dosha 52, Jane 14
PAYNE, Benja. M. 42, Ann M. 30, Sarah E. 10, James H. 7, Wilber J. 1, Mary 80, Elizabeth 50
FRANCIS, James 23, Louisa J. 22, Sarah A. 1
SMITH, Bazel G. 44*, Hezekiah 19, Isaac 16, Julian 15, Zuintus 13, Doctor 10, Meredith 7, Martha S. 4, Susan M. 4
HIGDON, Mary 31*
RUCKMAN, Amos 44, Amanda 38, Elifalet B. 13, John L. 11, Joseph 10
HONEYCUT, Wm. B. 19, Mary A. 19, Sarah 47
ELLIOTT, William jr. 25, Mary A. 18

1850 Census Barren County Kentucky

Schedule Page 391

CHRISTMAS, Thomas 62, Margaret 65, Clarissa 34, John 25, David T. 23
KINSLOW, Reuben 36, Frances 34, Elizabeth J. 14, William R. 12, Mary A. 10, John M. 8, James H. 7, Isaac A. 5, Soloman 4, Susan M. 1
ATKISSON, John 33*, Martha 28, Eliza J. 13, Juliann M. 11, Emily F. 9, Martha J. 4, Robert D. M. 4/12
WARD, Saml. H. 35*
BURGESS, Armstead 40, Milly 51, Lucy 20, James Wm. 17, Armstead L. 14, Mary Ann 12, John W. 10
BRINSFIELD, John 51, Polly 50, Sophronia E. 17
JONES, William 45, Priscilla 45, John 22, James 20, David M. 18, Franklin M. 16, William H. 14, Clarissa M. 11, Enoch S. 9
HIGDON, Ishmael 51, Martha 37, Martha J. 21, Margaret A. 19, William J. 16, Susan M. 14, James N. 13, Joshua W. 6, Isaac A. 4
SPRADLING, Edward 45, Eliza 31, William H. 9, Mary K. 7, Jemima 5, James 4, Moses 1
SHIKLE, Joseph D. 40*, Emily 29
SCRIMIGER, Susan 12*
WELLS, Abner 55*, Delila 60, Elizabeth J. 24, Barnet 22, Mary E. 19, Martha A. 17, Lucinda A. 14
WARD, Nancy B. 33*, James 4
HALE, Mark 40*, Eliza 24, Albert 21, James H. 17, Isaac 15, John A. 3/12
MARTIN, Malekiah 24*
HALE, Nelson 19, Margaret 24
MARTIN, Nathan 28, Causbey 18, Frances A. 11/12
MARTIN, Susan 51, Elizabeth 21, Almarinda 16, Thomas 18, Susan 14, George 11, Frances J. 7

Schedule Page 392

MULKEY, John H. 28, Mary 28
HUFFMAN, Mary 46, Ann M. 26, Amanda F. 22, Josephus 20, Andrew P. 17, Martha 15, Jasper 13, Robert N. 10, Mary F. 8
WILKERSON, Anderson 48*, Elizabeth 48
MANSFIELD, Sarah 4*, Robert E. 1
MAYNARD, James 25, Ruthy J. 23, William D. 2/12
MARTIN, James 25, Martha A. 26, William T. 5, James S. 3
PEDEN, Thompson 61, Sally 60, Eleazer 32, John T. 24, Sally L. 16
PEDEN, Stephen 44, Martha 42, Benja. R. 18, Mary A. 15, Sarah A. 13, Kitty B. 11, Sinia 9, Hosea S. 7, Laura E. 5, Huldah L. 3, Martha J. 7/12
SCOTT, William R. 27, Judy Ann 23, Henrietta 3/12
MURPHY, Moses 44, Ann 51, Mary J. 21, Kitty Ann 19, Henry 17, Greenberry 15, James 13, Martha 11, Helen 9
SHARP, Robert J. 37, Mary 35, Margaret 14, Anney 12, Mary 5, Martha 2
WELLS, Thomas 39, Ann E. 16, Martin V. 14, Letitia 13, Nancy J. 7, William A. 3
SANDERS, Nelson A. 62*, Hughes 32, Evermont 22, John C. 17
BIGGERS, Fanny 70*
UNDERWOOD, Nancy 52, John 15, Elizabeth 13, James C. C. 11, John F. 19
ELLIOTT, Moses 31, Clarissa 31, William A. 8, Nancy E. 5, Thomas L. 3, Mary S. 3/12

1850 Census Barren County Kentucky

Schedule Page 393

MARSHAL, Andrew 44, Eliza J. 34, Elizabeth A. 14, Rachel E. 11, John S. 5, Nancy E. 3
DUNCAN, Thomas 66*, Judith 53, Jas. J. A. J. 14
KINSLOW, Aaron T. 5*
SMITH, Ishmael 30*, Lucretia M. 19
PEDEN, Benjamin 45*, Cynthia 37, Samuel H. 14, Amanda F. 11, Martha 79
MAXEY, Elzy D. 19 (m)*
WILKERSON, Lewis 40*, Sally 33, James K. 13, Mary E. 11, Julia G. 9, Lucy A. 6, Samuel H. 1
SCOTT, John 21*
WILKERSON, Batly 51, Ann 51, William T. 27, Benja. E. 25, Moses R. 20, Sally F. 17, Miles L. 15, Batley S. 13, Anderson 11, Malinda E. 7
RITTER, Elijah 30, Esther S. 24
WILLIAMS, James N. 26, Judy 19
PEDEN, Maria 24, Martha 5, Eleazer 2
HARRIS, John R. 46, Martha 38, Lucy J. 20, Sally T. 14, Kitty B. 12, Martha S. 10, John P. 8, Judy Ann 6, Mary E. 4, Derastus W. 1
PEDEN, John 60, Ellen 61, John D. 23, William E. 21
MORRISON, Elizabeth 58*, Mary J. 25, Cincenatus M. 16
PATTERSON, Adaline P. 41*, Maria L. 39
LEWIS, Frances 76, Mary 54, Jane 44, Drury E. 40
OXINDINE, Jesse 41, Winny 45, Ransom 14, James 13
OXINDINE, John 23, Polly 22, Talitha C. 1
WINNEHAM, Betsey 47, John 23, Amantha 18, Elizabeth 14
KNIGHT, Middleton 19, Charles 15, Patsy 13
KNIGHT, John 23, Mahala 24, Winny F. 2, Polly 3/12

Schedule Page 394

WATSON, Levin 40, Sarah T. 36, Helen M. 10, John G. 9, Sarah E. 5, William D. 3, Ann C. 2, Mary M. 2/12
DAY, Sophia W. 52, Robert 32, Louisa 28, Caroline 21, Emily 17, William 14
EDWARDS, Joseph W. 28, Eliza J. 21, Isaac A. J. 6, Queen Esther 4, Thomas S. 1, James W. 1/12
NUNALLY, Josiah W. 33, Isabella 28, John T. 9, Josiah C. 6, Mary L. 4, Elizabeth 2
MURRELL, Susan 85
HALL, Jeriny 68 (f) (B)
WOOD, Martin 27, Emily 27, Thomas 4, Sally 1
MURRELL, Robert 41, Emily H. 37, Corilla J. 16, Ann M. 14, Betty Y. 12, Lucian 10, H. Woods 7, Henrietta 5, James 3/12
BUSH, John V. 44, Mary 34, John F. 18, Sarah 14, Amanda 8, William V. 3
HILL, James R. 25*, Thomas M. 20
MALONE, Charter 20*
MCFERRAN, Wm. R. 55, Mary B. 49, Clarissa N. 21, Amanda C. 19, Emily C. 15, Zerilda E. 13
GORIN, Franklin 52*, Frances C. 40, Melvina M. 21, Alice A. U. 5, Underwood 17
BOARDMAN, Clarissa F. 15*
LAWLESS, Burwell 45*, Sophia 38, Benja. L. 20, Burwell 16, Pochahontas 14, Josephine 11, Isadora 7, Jenny L. 4, Lucian 3
THOMPSON, William B. 26*, Semarimus 22 (f), Kitturah 2

1850 Census Barren County Kentucky

Schedule Page 396

COCKRILL, Travis 29, Elizabeth 23
ROGERS, John G. 31, Arabelle C. 24, Henry 2, Julia 3/12
GARNETT, James P. 28, Josephine 21
WHITSELL, William C. 37, Wm. E. 12, Mary J. 8, Elizabeth H. 6, James 4, Jos. H. 2
GORIN, James M. 29, Helen M. 23, Willis M. 3, James A. 8/12
LEWIS, Joseph H. 25, Sarah H. 21, John L. 3, Sarah 1
KILGORE, Wm. B. 51, Nancy G. 45, Mary E. 8, Edward Y. 6
ANDERSON, Charles C. 26, Prudence 20, Catharine 2, Gabriellar 1
FOWLER, Samuel 60
TRABUE, George W. 57*, Elizabeth 55, Elizabeth 14, George W. 12
HATCHER, Nancy F. 22*, Elizabeth 16
EWING, John A. 28, Mary F. 22, John H. 3
HARRISON, Thomas F. 58, America 40, James 21, Elizabeth 18, Sarah J. 17, Margaret 15,
    America 14, Robert 12, Susan 10, Emma 9, Thomas 7, George 6, Henry 4, Ellin 2
CRENSHAW, L. P. 27 (m)*, Edmonia H. 24, Amanda C. 4, William G. 2
STARR, Augusta 6*
NOBLE, John C. 27*
HARBISON, Andrew J. 22*
SMITH, Wm. 18*
DAVIE, Allen J. 65*, Rosea 19, Julia 16, Thomas W. 8
DESSAUSERE, Sally J. 22*
WINN, Thomas H. M. 28, Catharine 25, Mary D. 4
CRUTCHER, James L. 34*, Mary E. 26, Mary B. 5, Catharine H. 3, Henry H. 4/12
CRENSHAW, Henry 23*
CROUCH, Charles R. 51*, Lydia H. 42, Charles R. 5
HALL, Charles 11*
CRUMP, B. B. 48 (m)*
MUSGROVE, Henson 50*, Eliza 43, Emeline 20, Jane 17, Elizabeth 15, Henry 14, Fidelia 11,
    Tompkins 7, Charles 4, Eliza 1

Schedule Page 397

HARE, R. E. 25 (m)*
TOMPKINS, C. 70 (m)*
GARNETT, Sarah A. 41*, Theodocia 13
GARNETT, William 34, Eugenia 32, Theodocia 9, Christopher 7, Benj. G. 5, Elizabeth 3,
    Frances C. 1
LOCK, David 59*, Sally 51, Luann 16, Helen 12, William 8
WHITSELL, Elizabeth 35*
JONES, William S. 50, Mary H. 38, John W. 20, Fr. M. 12 (m), T. 4 (f)
HARLAN, George B. 29, Eliza A. 27, Lorenzo B. 8, Isaac W. 7, Harriet B. 5, George A. 3, Mary
    F. 2
GARNETT, Judy 40 (B), David 4
FRANK, John 46, Juliet 39, Mary 17, Adolphus 14, Charles 12, Thomas 10, Benja. 8, Henry 6,
    John 4, Margaret 2/12
REYNOLDS, M. S. 42 (m)*, Jane M. 38, Wm. B. 18, James W. 16, Sally E. 13, Emma 12,
    Frances 10, Brice 8, Vincent C. 6, Belle K. 2, Thomas 3/12
RICHARDSON, Eliza A. 17*, Mariam 16, Elizabeth 15, Felix 14

1850 Census Barren County Kentucky

MCLEAN, Susan 36, John 12, Sarah J. 10, Caroline 7, Joseph H. 5
DAVIS, John G. 43*, Susan D. 50
HAWKINS, Sarah J. 11*
FELAND, John C. 37, Martha V. 23, John W. 1, Ann Eliza 11/12
GRINSTEAD, William 48*, Levinia 46, Robert 21, Lucy J. 18, Lydia 16, Joseph D. 13, Betty Ann 9, William C. 6, James F. 4, Baby 2 (m), Lydia 82

Schedule Page 398

BROWNING, William 19*
PALMORE, Fendall 21 (m)*
GRINSTEAD, Reuben 33, Nancy E. 30, Lucy 9, Thomas 7, Jordan 4, George 2
STEWART, Alfred 42, Deidamia 40, Nancy A. 15, Sarah F. 14, Leander p. 10, Peter W. 8, Joel P. 6, William A. 5, John T. 2
TERRY, Charles W. 29*, Mary J. 27, Sarah J. 5, Baud 2 (m)
LEACH, John 26*
GARNETT, Fielding 20*
PATTERSON, John K. 26*, Mary J. 20
WILSON, Delila 40*
WILSON, Moses 37, Maria A. 27, Carlton M. 3
HELM, Thomas J. 46, Mary M. 37, Charles 15, Mary J. 12, Sarah 9, Thomas 6, Eliza 3
KENNEDY, J. W. 42 (m), Margaret 36, A. J. 14 (m), Margaret 12, Piety 9, Milton 6, Martin V. 3
CAKE, Anthony 48, Adaline 48
EVANS, Edward 45*, Nancy 41
FLETCHER, Mary 8*
BAGBY, Albert K. 36*, Martha 30, Eugene A. 11, Mary A. 9, Emmit W. 5, Edgar V. 3, Thomas E. 2/12
HANSFORD, John 19*
MOREHOUSE, C. G. 33 (m), Martha H. 19
DEERING, Wm. W. 28, Helen 23, Eugenia 5/12
SNODDY, Robert C. 24, Ann M. 19, Sally 9/12
PADGET, James 28, Clarissa 26, Theophilus 6, Henrietta 3, Mary E. 2
SMITH, Jeremiah M. 34, Pervany 34, Cassander 11, Nathaniel C. 9, Ann 6, Wm. H. 3, Sarah 1
JOURDAN, Wm. D. 48, Catharine 21, Wm. S. 19, George C. 17, John L. 14, James H. 12, Mary Ann 9, Henry C. 5

Schedule Page 399

SCOTT, Samuel 45, Sarah 45, Louisa J. 15, James A. 11, Wm. H.? 8, Thomas J. 5, Sarah E. 1
JONES, Thomas 42*, Sally 37
SHIRLEY, William 24*
WARDER, Marshal 19*
LAWRENCE, Thos. G. 28*, Canzada 22, Marcus M. 4, William 1
RITTER, China 21 (f)*
HARBISON, Saml. W. 53, Mary 50, William 22, Sarah 19, Samuel 17, George 15, Elizabeth 13, Derastus 11, D. Hutchins 19, Ordean 26
CRUTCHER, Henry 73, Mary 58, A. B. 41 (m), G. L. 20 (m)
MOSS, Henry S. 30, Mary 20, Henry 2
MUNFORD, Wm. E. 48*, Ermin E. 36, John 17, Henry 12, Mary 9, William 6, Richard J. 3, Samuel 1/12

1850 Census Barren County Kentucky

DINSMORE, James H. 30*
DEPP, James 34, Willamine 30, Mary S. 9, Martha B. 4, Josephine M. 1
TRIGG, Alanson 58*, Mary F. 40, Eliza 17, Haiden 15, Alanson C. 12, William 11, John 9, Turk 6, Fang? 4 (m)
HAWKINS, Elizabeth 8*
ADEN, John 36, Narcissa 26, Mary E. 1, Elizabeth 50
MILLER, James 56, Tabitha 55, Sarah A. 33, Caroline 27, Caleb W. 21, Frederick 19, Eveline S. 17, Amanda M. 14, Christopher T. 11
LOWRY, Allen 60, Margaret 53
DICKERSON, Thomas C. 42, Martha V. 25, Louisa 18, Michael H. 16, William 4, Mary A. 2
HUTCHEN, James M. 26, Elizabeth 26, William A. 6, George 3

Schedule Page 400

JOHNSON, Nathan T. 31, Martha 31, Catharine E. 9, Sarah F. 7, Virgil McKnight 5, Amanda J. 4, Tolbert F. 2
SHIRLEY, Harriet H. 47, Sarah 18, Nancy 16, Christopher 13
BROWN, Wm. S. 30, Permelia B. 26, C. C. 3 (m), E. G. 3/12
GORIN, John H. 29*, Melvina 25, Martha 4, Mary E. 1
LOGAN, Hannah 60* (B)
WHEELER, Wm. T. 37*, America J. 39, James F. 8
STONE, Sarah 10*
PARK, Timothy S. 28*
ADWELL, Samuel 53, Anna 48, Elizabeth 17, Matilda 15, William 12, Mary J. 3
DEERING, Geo. T. 64, Milly 63, Polly 34, Willis 22
WILSON, Derastus 57, Catharine M. 52, Ann A. 13
WALDROP, Archibald 37, Chaney 33, William 14, Elizabeth 11, Geo. W. 9, Jemima 7, Mary E. 2
BOWLES, Peter 30, Amy E. 27, Thos. H. 5, John W. 4
WILSON, James 39, Sarah E. 28, Geo. H. 14, Mary A. 5, Stapleton B. 3
SCOTT, Francis 29, Eliza J. 29, Armanella 7, George 6
NOVRIS?, Tilmon 45, Mary A. 36, Frances J. 18, Martha E. 15, Louisa C. 13, Mary E. 10
WILSON, Wm. C. 47, China 49 (f), Mary M. 18, Joseph 16, James 14, Joshua 12, William 6
WILSON, Wm. R. 26, Elizabeth 21, Orpah 62, Rhody J. 16
COSBY, Priscilla 86 (B)
ROBERSON, Kitty 54 (B)
SANDERS, Michl. S. 38, Rebecca 32, William W. 9, Mary E. 6, Josephine 4, James D. 2, George T. 1/12

Schedule Page 401

MORTON, Thomas 45, Martha 42, Whitson G. 17, Martha 15, Jasper F. 12, David N. 10, Eliza J. 7, Zorada T. 4, William S. 11/12
MORTON, John 21*, Nancy 17, Martha 7/12
COX, Caroline P. 7*
GLAZEBROOK, Joseph 40*, Lucinda S. 32, Sarah C. 9, Mary E. 7, Ellin E. 5, William 2, Joseph 1/12
EUBANK, Jno. F. 24*
SHERRELL, Charlotte A. 20*

1850 Census Barren County Kentucky

CHURCH, Arthur 23*
FIELDS, Sally 53, Ann 21, Peter 18, Betsy 14, Martha 11, William H. 3
CLARK, Celia 50 (B)
EUBANK, James 44*, Mary J. 34, Ann L. 14, Beverly F. 12 (m), Frances H. 10, Virgil 8, Mary E. 3
BRANSFORD, Thomas 83*
SMITH, Joshua 44*, Dolly 42
PEDIGO, James R. 22*
EUBANK, Thomas 60, Mary 60, Malinda B. 14
JEFFRIES, James 53, Rebecca 46, Betsy Ann 21, James 14
JEFFRIES, Joseph T. 24, Maria L. 22, Mary E. 3/12
TAYLER, Charles P. 60, Mary 18
DEPP, Elizabeth 55*, William 32, Clement 22 (m), Hardin 20, Sarah 17
MONTAGUE, William 60*
PAYNE, Leo 41 (B), Nancy 28, Mary J. 5
WADE, William E. 25, Mary E. 18, Anna 2, Mary B. 3/12
MCMURRY, William H. 38*, Eliza 28, Christopher T. 12
WILLIS, James H. 25*
WARDER, John 16*
MARTIN, Edward 22*
LOCK, Patsy Ann 7* (B)
LEVI, Louis 28, Hannah 22, Ape Henry 8/12
ROGERS, George 55, Sarah 49, William B. 17, Lewis 8, Harriet 17
DODD, Haiden 49*, Matilda C. 43, Ann T. 16, Leroy 15, Haiden 12, Thomas L. 11, Mary 5

Schedule Page 402

DAVIS, Benjamin F. 29*
WESTERFIELD, Isaac 46, Sarah 38, James A. 20, Mary E. 18, William C. 16, Charles R. 12, Bazier O. 9, Sarah J. 7, Josiah 3, Clarence 1/12
PORTER, Martha E. 35, Mary 9, Logan 7, Robert H. 5
BYBEE, Caroline 31, Martha E. 12, Theodorick 10, Benjamin F. 9, Sarah 5, John D. 3
BRANSFORD, Thomas L. 44, Lucinda A. 41, Elizabeth 16, John 14, Thomas 10, William 7, Walter 8/12
GORIN, Thomas J. 42*, Mary A. 36, Mary E. 17, James E. 15, Laura 13, Emma 11, Ellin 6
BAYAN, James 37*
EVERITT, William 55*, Ellender 53, John 35, Thomas 27, Maria 19, Samuel 16, Susan 14
HUGGINS, Z. R. 41 (m), Elizabeth 38, William E. 16, Ann M. 14, Elizabeth 12, James P. 8, Howard M. 6, Samuel W. 3, Edmund W. 30
SAMPSON, William 32*, Virginia R. 24, Ida 1
GILPIN, Virginia A. 57*, William 16, Julia 14
THOMPSON, James G. 39*, Sarah 32, Willis 13
SHIRLEY, James A. 21*
DOLLINS, Joseph A. 23*
MURRELL, Harriet 38, Henry 18, James 12, Samuel 6
THOMAS, Ann 21 (B)
BLAKEY, Maria 25 (B)
MAUPIN, Robert D. 61, Sarah 49, M. H. 21 (m)
BYBEE, Fleming 38, Elizabeth 37, Franklin G. 13, George T. 11, Mary J. 8, Catharine E. 1, Nancy 58

1850 Census Barren County Kentucky

Schedule Page 403

BYBEE, Wilbourn 29, Mary R. J. 24, John B. 8, Henry R. 4, Mary S. 1, James M. 6/12
SMITH, Noah 40*, HEnrietta 26, John William 13, George R. 5, Junius 2
POLLARD, Thomas 8*
DEPP, Albert M. 30, Emily 30, Ellin 8, Sarah 6, William H. 5, Thomas 3, Mary 11/12
MOSS, Josiah 65*, Maria 56
ELLIS, Luann 25*, John 5
EDMUNDS, William H. 25*, Amanda 23, Crittenden 1
PAGE, William J. 22*
HUNT, T. 25*
EUBANK, John 20*
BARRACK, James R. 21*
SNODDY, C. A. 53 (m)*
BOWLES, C. C. 21 (m)*
DODD, William F. 27*
FRANK, William 39*
HAWKINS, Kitty 40*
MCDOWELL, Joshua A. 38*, Margaret J. 32, Mary B. 9, Henry 7, Aubin 5 (f), John 3
ASHBY, D. M. 22 (m)*
WINN, William K. 22*
HARLAN, Neal Mc. 27*, Hetty 27, Levin C. 4, Elijah 3, Charles H. 1
ALLEN, Barbara 40* (B)
CRENSHAW, B. Mills 49*, Nancy P. 46, Hellen 20, Ann 9, Kate 4
EDMUNDS, Porter 16*

Schedule Page 404

MCDANIEL, Ambrose 67*, Mary 63
MCDANIEL, Gideon 26*, Sarah 18
PULLIAM, Barnabas 84, Elmira 48
GARNETT, Cynthia 60 (B)
FORRISTER, James 53*, Ursley 45, Thomas 12, Andrew J. 5
LANGLEY, Sally 35*, Elizabeth 6
DODD, Sabra 55 (B)
GARNETT, Joseph R. 33, Lucinda C. 26, Maria E. 7, Catharine 3
FORRISTER, Samuel 23*, Caroline 23
DENISON, James 20*
WHITSETT, Haiden C. 4*
BYBEE, Joseph 24*, Susan F. 17
KIMBLE, Charles 23*
DENISON, Jacob 38, Susanna 32
DENISON, John W. 23, Frances 19, Eliza A. 3, Hester 62, Sydna P. 15 (m)
EUBANK, Edward W. 62, Margaret 47, Marietta 9, Ann E. 7, David W. 4, Luvenia E. 2
NICHOLS, Thomas Y. 22, Sarah J. 24, Nancy A. 8/12
BUNT, Martha 41*, Mary J. 16, John 10
PHEMISTER, Mary 80*
WILSON, Isaac 57*, Lucy 48, Nancy H. 12, Isaac W. 14, William H. 10, Martha E. 8, Lucy A. 5
RITTER, Emily J. 28*, Babe 2/12 (f)
HELTON, Nathaniel N. 40, Sarah 33, William N. 14, Mary E. 12, Joshua S. 7, Joseph M. 3

1850 Census Barren County Kentucky

PERKINS, David 59, Nancy 53, John 23, Jefferson 20, Nancy 18, Samuel 16, Martha 12, George 14
GREER, Ezekiel 24, Mary 23
ROUNTREE, Richard 41*, Mary 46
COX, Jesse 69*
COX, Bowling T. 35, Mahala 50
ARNOLD, Lewis 32, Sarah 25, William H. 7, James W. 5, Thomas H. 3, Joseph F. 1
TINDLE, Joseph 24*, Sarah F. 20, Thomas J. 6/12

Schedule Page 405

HESTER, John 25*
PACE, James 24, Susan J. 23, William 5, Joseph 2, Samuel 4/12, James sr. 75
MOSLEY, William 22*, Lethia J. 20
HUMPHREY, David 17*
PACE, Lucy 16*, Elizabeth 9
MOSLEY, Joseph 30, Martha 24, Mahuldah 6/12
REED, Jeremiah 40, Prudence C. 37, James 15, William 13, Joseph 11, Mary 9, Eliza 6, Wiley 5, Cornelix 4 (f)
WILSON, Jubal 71, Mary A. 47, Amanda 18, Elizabeth 16, Sabina 14, Justina 13, Clary W. 10, Thomas E. 8, Mary P. 6
ADWELL, Mary 53, Sarah E. 18
WARDER, Joseph W. 29, Ann C. 28, Walter H. 7, Frances C. 6, Virginia S. E. 4, Allice J. 2
RITTER, Nancy 50, Lewis H. 22, Woodford 19, Joseph M. 16, Newton P. 14, Edward T. 11, William J. 10
SPEER, Harvey 41*, Delila 25, Mary 14, Eliza 12, Hamilton 10, Thomas 6, James 3, Samuel D. 6/12
WOOD, Ann 3*
RICHARDS, James M. 39, Rebecca A. 24, Polly Ann 4, Samuel 6, Elizabeth 1, John 13
RICHARDS, Thomas J. 43, Elizabeth A. 29, Nancy A. 10, Mary F. 7, John A. C. 5, Joshua P. 2
OXENDINE, Charles 78*, Sally 88
WINNIHAM, Elizabeth 9*
KNIGHT, Charles 15*
ROUNTREE, Jane 99 (B), Fanny 65
NEELY, Thomas 35*, Clarky 35 (f), Susan 14, Jesse F. 7, Charles 4, William 2
HENDERSON, Nancy 70*
HARMON, Daniel 55, Polly 50, Kitsey 20, James E. 18, Abram 16, Rebecca 14, Sally 11, George W. 7, Hetty S. 1

Schedule Page 406

SMITH, John A. 20, Mary 20, Winchester 2, Emily J. 6/12
RITTER, John sr. 82*, Delila 72
EVANS, Matilda 42*, John W. 7, George D. 6
COURTS, Ellison P. 33*
NUNN, Alfred J. 44, Sarah 43, Walter G. 20, Elbert F. 18, Susanna E. 16, Caroline S. 14, Winchester C. 11, William T. 6
FORBIS, Sarah 67
CHURCH, Pleasant 28, Mary C. 27, Joseph 4, Mary M. 3, John A. T. 9/12

1850 Census Barren County Kentucky

BALDOCK, George 43, Martha H. 40, Catharine 17, Albert 15, Joseph F. 13, George H. 9, James P. 6, Meredith R. 3, Mary E. 6/12
GASSAWAY, Hanibal H. 21
WADE, David S. 39*, Elija J. 27, Mary T. 8, George P.? 7, William D. 6, Sarah E. 4, Babe 6/12 (f)
ARNOLD, Elisha 25*
BUNT, William 19*
BUTTON, Elam H. 33, Serena 26, Giles T. 3, Martha A. 10/12, Martha V. 15
WADE, Pearce 65, Margaret T. 35
WADE, Sidney P. 23*, Thursey C. 16
TAYLOR, Charles P. 62*
GASSAWAY, George P. 45*, Rebecca G. 41, John T. 20, George H. 16, Ann M. 12, William J. 9, Benjamin F. 4
CLARK, James 22*
WAGGENER, Martin F. 45, Jane 39, James W. 19, Thomas H. 15, John M. 12, Richard F. 9, Jones D. 7, Elijah C. 5, George T. 1
BALL, James 46, Celia 47
RICHARDSON, David 80, Mary 75, George 24, David jr. 22
YOUNG, Samuel R. 38*, Matilda J. 34, Joseph E. 11, Ella M. 8, Kesiah A. 5, Robert T. 2, Sarah E. 2/12

Schedule Page 407

HARTOW, Jane A. 6*
TERRY, Nathaniel G. 20*
DENISON, John 44*, Mary 46, William H. 24, James F. 20, Thomas E. 16, Sally A. 14, Hetty A. 8, Samarimus 6 (f), George Ann 3, Brother 10/12
HARBISON, Eliza J. 18*, Mary A. 2/12
DENISON, William 25, Maranda 27, Perlixna 1
BARRETT, Samuel 44, Nancy F. 44, Savanna 10, Martha E. 6
DAVIS, Elias 33, Susan M. 34, William H. 8, Robert E. 6, Sarah H. 3, Mary E. 9/12
NEWLAND, Isaac 49, Hannah W. 53, Mary J. 22, Sarah R. 18, James O. 16
COLBERT, Valentine 67, Louisa 34, Amanda 12, Mary E. 6, Sally A. 10, Jesse T. 8, Martha J. 4
HINDMAN, Lydia 48, Eilzabeth A. 26, Mary J. 23, Caleb W. 20, Philemon B. 14, William J. 10
CALDWELL, James S. 34, America W. 27, William H. 10, Mary E. 6, Emicetta 3, Richard G. 10/12
PAXTON, William L. 31, Lucinda G. 27, Joseph T. 6, James M. 5, Elvira G. 4, Catharine M. 2, Laura O. 1
CLARK, Drury 59, Elizabeth 52, Sarah W. 21, William W. 12
BAIRD, William 80, Jane 83, Andrew 48
FIELD, Sarah 67, Mary A. 27
CODDINGTON, Lucinda 53, Jacob 27, Lucy 20, John 17, Jane 14, James 11
WOOD, Robert F. 38, Mildred W. 33, Ralph F. 15, William J. 8, Jane F. 5, Ann M. 3

Schedule Page 408

YANCEY, Jane F. 29*, Charles R. 12, Thomas G. W. 10, John H. 8
WOOD, Barnett S. 16*
WILSON, Isaac 36*, Elizabeth 35, Mary E. 10, John W. 8, Thomas J. 6, Isaac N. 5, George R. 3, Babe 1 (m)

1850 Census Barren County Kentucky

DEWEESE, Martha J. 16* (B)
DAVIS, Asa 62, Mary 43, Lethia 21, Lucy 18
MOORE, John 32, Mary M. 32, Rebecca J. 12, William G. 10, John T. 5, Mary A. 4, James C. 2
MOORE, Abner 72
CRENSHAW, Thompson 67*, Henry A. 23
FRANKLIN, Nancy 34*, Garland T. 10, William W. 7
DAVIS, Elizabeth 65, Martha A. 20, Margaret 23, Catharine A. 5, Mary E. 1
MYERS, Wilson 34, Mary 25, George W. 7, James H. 6, Sarah E. 5, Joseph R. 3, Mary J. 11/12
PEARCEALL, George W. 30
PALMER, James A. 22, Malinda 22
MINER, Edward H. 27, Elizabeth J. 23, Mary E. 7, Julia 5, Sarah E. 3, Martha A. 1
DAVIS, Joseph 35, Mary 21, Sarah J. 1
GATEWOOD, Mary 48, James H. 24, Emily T. 21
GATEWOOD, Achilles J. 36*, Frances W. 30, Olivia L. 10, Sophia L. 8, Emily E. 5, Robert H. 2
CHILDRESS, Joshua 52*
ALLEN, Reuben C. 38, Jane E. 17, Ann P. 15, Edmund L. 14, John A. G. 11, William C. 9, Mary P. 6, Joseph T. 4, Sarah M. 3, Sarah 36
WATKINS, Thomas M. 28, Frances S. 26, Anselm 6 (m), Maria 5
WILSON, Benjamin 46, Jane 41, John B. 19, Lowry H. 17, Moses H. 15, George W. 12, Sarah J. 9

Schedule Page 409

TINDLE, John 49, Nancy 38, Martha J. 23, Susan 15, William W. 11, Joseph W. 5, Elizabeth 2
SHIRLEY, Thomas jr. 38, Martha 37, Robert 19, James 16, Nimrod 14, William 11, Elizabeth 9, Nancy 7, Newton 2
YARBOROUGH, John 38*, Mary 35, George W. 8, William H. 7, Nancy J. 4, Isaac N. 2
WILSON, Martha J. 20*
PEARCEALL, Samuel 65*, Mary 65, William 27
RAMEY, Mary A. 26*, William 6, Samuel 4, George W. 2
SHIRLEY, William 6*, Samuel 13
MIERS, Agness 18*
DEWEESE, John 57, Sally 43, Lucy A. 20, William H. 17, Elisha W. 16, Cornelius 6
WYLE, William 25, Disey 20, Josiah 3, Barnes 2, Tabbitha 6/12
MYERS, Robert 33*, Mary E. 22, Benjamin A. 2, Ann E. 4/12
TRACEY, James R. 15*
HAMMER, E. B. 40 (m)*, Louisa J. 30, John W. 19, Elizabeth A. 17, Peter H. 15, Lydia 12, William M. 4, Isabella 3, Emory G. 5/12
HALL, James R. 11*
RICHARDSON, Dudley 41, Lucy 40, Mary J. 17, Sarah E. 15, Lucy E. 13, Malinda S. 11, Miranda F. 9, Othello D. 7, George Ann 5
HULSEY, Adonijah 60 (m), Nancy 61
MYERS, Michael 56*, Elizabeth 55, Michael H. 22, William 18, Savanna 12
DEARING, Mary A. 30*, Amanda J. 11, Michael M. 9, Elisha R. 6
BELCHER, Elias 38, Franklin 17, William 16, Sarah 13, John 9, Elizabeth 7, Mary 5, Nancy 1

1850 Census Barren County Kentucky

Schedule Page 410

YARBOROUGH, William 60, Winny 56, NAncy 34, Elizabeth 21
YARBOROUGH, Henry 33*, Rachel 28, John W. 6, Sarah A. 3, James E. 10/12
PIPER, James C. 22*
PIPER, John A. 26, Susan 27, Mary E. 3, Lorenzo D. 1
HINDS, Hiram M. 35*, Elvira 32, John W. 11, Elias L. 8, Louisa J. 5, Margaret H. 4, Sarah E. 3, Fingal S. 1
CROUCH, Elvira M. 17*
MOSS, John C. 51, Rachel M. 45, Louisa J. 23, James S. 20, Artema D. 18, Mary A. 12, John T. 10, Henry C. 8, Sarah F. 6, Emily 2
SMITH, Joseph 24*, Elizabeth 22, William 1/12
ARNETT, Samuel 25*
CLARK, William 22*
EDWARDS, Cader jr. 38 (m), Susan A. 29, Eugene L. 8, Virgil D. 5, Napolion B. 3, Susan 9/12
DUFF, Edmund 55*, Elisa J. 23, John W. 1
EVANS, Joseph W. 47*
MCMILLAN, William 26, Sarah 25, John F. 1, Francis 69, Elizabeth 50
PACE, William 31*, Martha J. 31, Elizabeth J. 7, William W. 4, Sarah A. 3, Mary J. 1
PALMORE, William 63*
MCMILLAN, Francis jr. 22*, Amanda 19, Mary E. 1, John 24
RICHARDSON, David 24*
ARNETT, James 55, Eliza Ann 46, James H. 21, William 18, Elenor E. 12, Theodore F. 8, Ann E. 4
GILLOCK, John 57, Elizabeth 42, Samuel L. 17, Elizabeth 15, Catharine 13, John J. 12, Isaac N. 4

Schedule Page 411

QUISINBERRY, Solomon 43, Maria 36, Lucinda 18, Maria A. 11, Martha E. 9, Mary C. 6, Louisa L. 3
TAYLOR, H. R. M. 52 (m)*, Harriet 36, Morris S. 13, Nancy M. 2
NELSON, William H. 13*
WARDER, Joseph sr. 68, Benjamin 21, Jesse 18, Henry H. 25, Elizabeth P. 17
ALEXANDER, William N. 34, Mary J. 19, Ann E. 2, Albert N. 7/12
BARNS, James M. 25, Mary 25, William 9, Newton 7, Obediener? 5 (f), George 2
SETTLE, Willis 66, Nancy 65
BRYAN, Henry 31*
LOYALL, William 17*
SLATON, Joseph 25, Nancy 36, John C. 1
PICKETT, William 69, Sally 61?, George 31, William 24, Matilda S. 21, Virginia 28, William C. 5/12
SMITH, Finis E. 33, Fanny 30, William L. 12, John G. 3, Chris. S. 6/12(m)
WELLS, Jesse 66, Nancy 62, Smith H. 22
MORRISON, Hezekiah M. 22, Mary E. 19
WELLS, Mary 35*, Fletcher 8, Nancy 5, Lucretia 3
SATER, Lucy 12*, George 10
WELLS, James J. 30, Mildred 24, Virginia F. 4, William C. 1
ROGERS, William 62, Elizabeth 58, Benjamin J. 17, Huldah A. 11, Murtha J. 9
RICHEY, Lemuel 28, Martha 26, Mary A. 4

1850 Census Barren County Kentucky

NICHOLS, Abner 42, Sarah 38, Virginia 19, Polly A. 17, William 16, Nancy J. 14, Susan F. 12, Lucinda 9, John 7, James 5, Leroy 3, Sarah M. 11/12
NICHOLS, George W. 35, Martha M. 34, Elizabeth M. 9, Matilda D. 8, Mary J. 6, William J. 5, Benjamin F. 3, Barker T. 1 (m), Luann E. 3/12

Schedule Page 412

SLATON, Holman 50, Nancy 27, Jane 20, Walter 19, Charles H.? 15, Sally A. 14, Susan 13, George 4, Rhoda A. 3, Henry 1
SLATON, John G. 23, Louisa 17
BAILEY, William T. 50*, Nancy 47, Anthena E. 21, Callum 17, Nancy J. 15, Mary M. 13, Martha E. 11, William S. T. 8
LLOYD, Susan 59*
BAILEY, John G. 23, Eilzabeth G. 25, Virginia T. 2, Charles P. 7/12
VAUGHN, William R. 31, Evy 31, John C. 7, James E. 5, Thomas J. 3, Margaret E. 7/12
GLOVER, William H. 37, Susan A. 25, Judith A. 7, John C. 4, Sarah J. 2, William T. 4/12
ROGERS, Joseph 71, Margaret 63, Joseph jr. 12, Elizabeth 11
ROGERS, Joseph 19 (B?), Sarah J. 21, William O. B. 1
ROGERS, John J. 30, Elizabeth 26, James T. 7, Lucinda J. 5, Winny F. 4, Nancy J. 1
SNODDY, Daniel 78, William H. 40, Ann E. 40, Mary J. 16, Lucretia A. 11, Christopher B. 9, Sarah T. D. 7, Virgil A. 5, Martha E. W. 2
LILES, Robert G. 23, Nancy J. 19
SNODDY, Carey Allen 50(m), Harriet 36, Sarah A. 16, John B. 13, Malinda E. 7, Samuel D. 4, Nancy L. 2
TOLL, William 64*, Martha J. 45, James M. 22, Horatio N. 20, Elizabeth 18, William D. 15, Nancy 13, Adrastus M. 10, Senora J. 6, Virginia 4, Judith M. 1, Bailey 30

Schedule Page 413

BERNARD, Henry C. 33*
WILSON, John P. 53, Mary 40, Joseph J. 13, Benjamin H. 13, Georgella 10, Herchell P. 8, John P. jr. 6, Luticia T. 4, Daniel D. 3, James D. 4/12
LLOYD, James G. 25, Susan E. 24, Judith A. J. W. 5, William T. 3
JOHNSON, Oxley 51, Catharine 48
JOHNSON, Lucinda 30, Nancy 29, Elizabeth 21, William 19, Polly Ann 17, Oxley jr. 15, James 10, Sally A. 7
TOLL, Mary Ann 33, Arxa L. 11, Savanna J. 9, Mary E. 8, Catharine T. 5, James M. 2
HARMAN, William C. 32, Sally 28, William D. 7, Catharine 4, Wilberd 2
HAMBLETON, Nancy 35, Sarah A. 18, Alexander 15, Robert H. 13, Matilda 11, David A. 8, Patrick T. 7, Mary E. 4
ROGERS, James 48, Elender 46, Joseph W. 19, Matilda E. 16, Malinda A. 13, John A. 10, Sally A. 6, James P. 3
SCARLETT, Alfred 28, Ruth 46, Arpa 26, James 4, Abraham 14
TOLL, Samuel B. 44, Mary A. 43, Allen L. 19, Joseph T. 16, Joel L. 14, Lucinda J. 12, Peter B. 10, Henry B. 8, John J. 5, Fanny A. 2, Samuel F. 1
TOLL, Mary 42, James P. 18, Alexander 16, Samuel H. 14, Mary E. 12, Amanda 10, Cynthia A. 8, Susan A. 6
NICHOLS, Thomas 43, Lucy 41, America J. 20, Missouri A. 18, Alabama E. 17, Mary V. 13, Leroy 11, Bird W. 8 (m), Thomas M. 7, Lucy M. 5, Willis A. 8/12

1850 Census Barren County Kentucky

Schedule Page 414

RITTER, Lydia 64 (B)
BURCH, Robert 52, Anne 50, James H. 23, John T. 21, Richard M. 19, Robert F. 17, Maranda E. 15, Tabbitha A. 14, Mary E. 11, Martha F. 8, Albert O. 6, Elizabeth 71
NICHOLS, Leroy 33*, Margaret A. 32
WARD, Martha J. 12*, Polly A. 11
NICHOLS, John 80*, Nancy 74
WARD, William J. 14*, Decrellan 9 (m)
JOHNS, Martha 53, Elizabeth 50, Mary 60
JOHNS, William 49, Sarah 43, Martha E. 5, Virginia F. 3
MAWK, George 40*, Elizabeth 40, Catharine 18, John S. 16, Malinda 14, Lewis 12, Martha 10, George W. 8, Benjamin E. H. 7, Jesse B. 4, Z. H. C. 2 (m)
MCCULLA, Samuel 22*
NELSON, DeMarquis 28, Nancy 24, Henry 7/12
NICHOLS, John 50*, Sally A. 21, Elizabeth 19, William 15, George 12, Pebony 10 (m), Angelina 8
RANES, Nancy 72*
LLOYD, James 60*
BAILEY, Radford T. 31*
MONROE, John P. 45, Louisa 42, Caroline S. 18, Mary A. 16, Martha L. 14, Sarah F. 12, Edward A. 10, Amelia 8, Malvina 6, John 3, William 1
DAWSON, Thomas M. 32*, Sarah A. 34, Julia A. 12, Benjamin F. 8, Mildred S. 5, James C. 3
BEASLEY, Columbus 19*
PEDIGO, Thomas E. 22*
ANDERSON, Joseph 70, Tonnalewka 25 (m), Martha 22, Quintilla 20
TERRY, Elizabeth 62*, Jane 24, Thomas 22

Schedule Page 415

CARR, Nancy 60*
ABNER, Thomas 16*
POLSON, Willis 47, Maria 37, George W. 19, Mary 17, Amanda 16, James S. 14, Alexander B. 12, Elizabeth 10, Lethia E. 8, William F. 7, Sis 4, Babe 1 (f)
BARRETT, Thomas C. 48, Susanna 43, Mary J. 19, Sarah H. 18, John W. 15, Rebecca W. 13, Martha F. 11, Kitty Ann 5, James C. 2
HAY, Peter A. 39, Polly 39, Gilmore 12
POLSON, James B. 35*, Nancy 37, Amanda J. 11, Emily F. 9, James S. 7, Mary D. 5, William 3, America E. 5/12
HELTON, Mary 60*
OLDHAM, William 52*, Hannah 46, Charles R. 22, William P. 20, Mary A. 19, Martha F. 16, Samuel J. 15, Joseph H. 11, Elizabeth J. 9, Sarah E. 6
SHOCKLEY, Carroll 30 (m)*
FIERS?, Ausman D. 43, Mary J. 30, Drury D. 8, Henrietta 4, John R. 2
LINDER, Thomas 60, Susan 50, Eilzabeth 25, Rebecca 19, Sally 11, Henry W. 10, Eliza J. 6
WALKER, James G. 28*, America A. 26
POLSON, Delila 65*
PEDIGO, Harriet 19*, Willis 18
MURRY, John W. 50, Jane 52, Franklin 14, Martha E. 12
HAYS, Louisa 28 (B), John A. 5, Eilzabeth R. 3, Moses C. 1

1850 Census Barren County Kentucky

PEDIGO, John P. 51*, Jane P. 36, William F. 27, Jonathan T. H. 17, Joseph O. 14, Robert G. 12, Sarah F. 10, James A. 8, Sanford P. 6, Elbert T. 4, Madison T. 2, Matilda J. 1/12

Schedule Page 416

HARRIS, Mary 50*
HAY, William 77*, Elizabeth 71
TOMPKINS, George W. 21*
PEDIGO, Jesse B. 56, John G. 35, Mahala A. 26, Riley 3, Mary 59
PEDIGO, Jesse 30, Judith 29, Mary E. 6, Thomas J. 5, Margaret A. 4
DOUGHERTY, Mary 44, Charles H. 16, William P. 13, Gabrael R. 6, Mary E. 3, Sally A. 1
BOWLES, Henry P. 29, Mary C. 23, Sarah E. 5, Luann 3, William U. 2, Obediah 2/12
CRABB, Richard M. 52*, Martha C. 52, Abram 15, Underwood 12
LARD, Ellen 21*, Willis 13
EDWARDS, Joseph 18*
BELL, Martha 37*
BURRASS, America A. 19*
SMITH, James 18*
BURRASS, Zebidee 49 (m)*, Mary 47, Mary J. 17, Amanda M. 15, William L.? 13, David P. 8
SCROGGY, Mary A. 5*, William 3, Sally 27
TANNER, John S. 24, Nancy 21, Martha J. 1, Elizabeth S. 1/12
BOWLES, Wilburn 30, Elizabeth A. 25, Cassander F. 5, John A. 3, Evaline F. 4/12, Evaline 17
BOWLES, Henry C. 27, Lucinda 24, Amanda 8/12, Malinda 52, Clabourn S. 16, Frances L. 14
PAYNE, John 62, Rebecca 44, LaFayette 15, Sarah A. 13, Thomas W. 10
HESTER, Benjamin 40, Margaret 40, Moses 10, Dallas 8, John B. 2
DALE, Isaac 53, Louisa 38, Elizabeth 26, Sarah 19, Sophia 13
YOUNG, Thomas E. 29, William B. 22, Luann 20
HANDY, Robert A. 46, Elvira 21, Richard A. 18, William 17, John 15, Joseph 13, Elizabeth 11, James 10, Mansfield 8, Robert 5

Schedule Page 417

REDFORD, Fanny 27 (B), Lucy 11, Sim 9, Tak 7 (f), Thomas 6/12
HANDY, John W. 38, Mary 27, Newton J. 12, Rebecca 10, Claiborn 9, William 7, Thomas 6, Hester J. 3, George H. 2
DAVIS, Joseph C. 37, Adaline 19, William H. 1
PEDIGO, William 32, Perlina 32, Mary A. 11, Isaac M. 8, George W. 7, John W. 4, Sarah E. 2
PEMBERTON, Buford 35, Casander 25, Susan C. 8, Mary J. 6, Lu Ermine 1 (f)
PARKER, James M. 29, Sarah 23, Eliza 20, Joseph 18, Natthaniel 15, Mary 12
MONTGOMERY, Thomas V. 32, Frances W. 26, Ruth J. 7, Dysey B. 4 (f), Mildred L. 8/12
JAMESON, Hervey W. 40, Martha 37, James 13, Mary J. 8, Joseph 6, George 4, Joann 1
GALLOWAY, Willis 33, Lucinda 28, Martha C. 8, Mary J. 7, William P. 5, Robert C. 10/12
FOREST, George W. 42, Nancy 35, William J. 15, Mary E. 12, Emicetta 9, George W. 4
KING, James 43*, Mary A. 34, Wilbur L. 11, Marcus T. 9, Franklin G. 8, Gabrael S. 5, James M. 1
GOODEN, Samuel 26*
WATSON, Joel 36, Margaret 30, James J. 8, Nancy F. 6, Sarah A. 4, Robert K. 5/12
SNOW, Abner H. 53, Mary 17, Abner 15, Elizabeth 13, Pleasant 11, Haran 8, Martha J. 6, John G. 1

1850 Census Barren County Kentucky

Schedule Page 418

REDFORD, Josephas 33 (m), Martha J. 22, John C. 5, Sarah A. 2, James J. 1/12
BRADLEY, Nathan 28, Matilda 27, Mary E. 4, John S. 2, Lewis F. 1/12
COCKRAM, Preston 34, Eliza J. 29, Samuel H. 9, John 4, Elliott 2
COCKRAM, Elizabeth 49*, Catharine 17, Elizabeth 13, Clement 10 (m), Alexander T. 7
EDWARDS, James 7*
TOMLIN, John 39*, Margaret 24, Cicero 6, Henry H. 4, Thomas A. 1
SLOAN, Jane 37*
SIMMS, Nancy 46*, Elizabeth 30, Martha A. 16, Richard F. 11, Elizabeth 8, Elizabeth 76
EDWARDS, Joseph 6*
MANN, James H.? 26*, Martha 24, Thomas J. 5, William B. 4, John G. 2, Morgan A. 3/12
GOODEN, Robert 13*
MANN, Nancy 58, Nancy 28, Francis M. 6, James W. 4, Tonaluca 2/12 (m)
SHIRLEY, George 41, Nancy 78, Frances 43
GOODEN, John 31, Martha 25, James 5, Amanda 2, Mary 5/12
GOODEN, Marshall 25, Sindarilla 22, George A. 5, William H. 3
MAY, George W. 29*, Mary 33, Joseph H. 4, Mary D. 3
CULLENS, William 65*, Lettice 65 (f)
SHIRLEY, George W. 24*
THOMAS, Elizabeth 35*, America 12, James L. 10, Sarah F. 7, Mary A. 4
MANN, William 37, Julia A. 39, Rachel M. 18, Uriah G. 16, Finis E. 14, Mitchell H. 11
CULLENS, Thomas 27, Margaret J. 20, Frances E. 5/12
GOSSETT, James 27*, Eliza C. 26, James M. 4, Mary W. 3, Samantha J. 1
MURRAY, Virginia F. 20*

Schedule Page 419

HAYS, Henry 88*
DALE, Henry 15*
MURRAY, Eli 44, Sarah A. 26, Susan 9, Elizabeth 8
HEMMONS, Asher W. 29, Martha 25, Richard W. 3, William T. 3/12
DEPP, Walter H. 30*, Marcella 28, Gertrude 8, Peter 6, John 4, Mary 2
COX, Marion 25*
OLDHAM, John T. 29, Sarah E. 26, Mary A. J. 5, William R. 3, Martha J. 8/12, Isham D.? 27
MARTIN, William N. 38, Mary J. 23, John F. 1
TURNER, Benjamin 50, Lucinda 49, Wilson 22, Marinda 19, Clementine 17, Shadrick 10, Benjamin 9, Mary Ann 80
HAYS, James 46, Maria 32, George W. 14, Harriet F. 12, Judie E. 10, Eugenia E. 7, Margaret A. 5, Faniella 2
WARDER, William P. 40, Nancy L. 34, Mary A. 14, Martha F. 11, William 8, George P. 4
CORBETT, Eli 28, Susanna 28, William S. 2, John N. 2/12
SHIVE, James M. 25
BOWLEWS, William A. 30, Lucinda S. 24, Samuel C. 8, Henry J. 5, Joseph C. 3, Walter J. 2, Marcella F. 5/12
YOUNG, William 5*, Mary B. 44, Lucy A. 19, Samuel R. 15, John W. 13, Kesiah C. 10, Henrietta H. 8, Susan J. 1
JONES, John Y. 23*
YOUNG, Lavina 58
VILUZETTE, Wade 30, Eliza F. 28, Lewis 10

1850 Census Barren County Kentucky

VILUZETTE, Lewis 52*, Polly 52, Stephen 21, Sarah A. 14, Melissa U. 11, Joel S. 8
WARDER, Warfield 16*

Schedule Page 420

SWINNEY, Aaron 45, Martha 47, Mahala 15, Robert H. 13, Aaron 12, Emiline 8
SWINNEY, William 23*, Mahala 36, Sally A. 1
VANCE, Martin 21*
EVANS, Robert 30, Lucy 32, Francis M. 10, Joseph A. 9, David T. 7, Christopher C. 6, William
    R. 4, Ann M. J. 2, James P. 3/12
SHIRLEY, George 35, Ann 25, John P. 8, William H. 2
BUTTON, Lucy 74
LEEPER, James 50, Elizabeth 34, Betty C. 16, William H. 12
LEOPER, Alexander 60
HORD, Thomas H. 31, Elizabeth A. 20, Catharine 2, George Y. 1
SWINNEY, Andrew H. 20*, Elizabeth J. 21
TANNER, Elizabeth 55*, Mahala 13, Joseph H. 11
WORD, Willis 33, Eliza 26, Walter M. 7, Samuel D. 5, Mary E. 3, Willis 1
WHITLOW, James 21, Martha 20
WHITLOW, Greenville 47, Mary 43, Joseph T. 16, John H. 19, Sally A. 15, Martha J. 13,
    Nancy 8, Jesse F. 4, Samuel G. 2
HARVEY, Henry 32, Minerva 27, Elzada 10, Phebe 8, Barnett 6, Joice 4, Lethia 2
SIMMS, Beverly 34, Jane M. 28, Catharine D. 4, Lucy A. 2, Victoria J. 6/12
WILLIAMS, John D. 32, NAncy 32, Walton G. 3, Theodore W. 2
HUFFMAN, Barnett 57, Nancy 57, Huldah J. 18, Joseph T. T. 12
BRANSTETTER, Matthew 27, Nancy 22, Greenville 3, Mary F. 2, Huldah J. 3/12
HARLAN, Stephen C. 47*, Mary J. 11, Elizabeth S. 13, Sarah A. 9, Levi F. 6, Jemima W. 3,
    Fountain P. 18, John W. 16

Schedule Page 421

BYBEE, Mary J. 20*
BALDOCK, Abijah 39, Mary 35, James T. 15, William E. 13, John R. 11, Susan J. 9, Nancy C.
    7
HARBISON, Adam B. 29, Martha 26, Mary F. 7, George W. 5, Martha J. 3
NEVILL, John J. 31, Elizabeth M. 28
PACE, Sanford R. 44, Mickey P. 43 (f), Landon P. 13, Sally C. 11
BUTTON, Whitfield 42*, Eliza G. 37, Marion F. 15, Ann S. 11
LASWELL, Patrick 37* (B)
PACE, Newson 40, Perthena 40, Lucinda 16, George R. 14, Wyatt S. 12, Mary J. 10, Sarah C. 8,
    Martha A. 6, William S. 5, James F. 3, Newsom G. 4/12
BUTTON, Jefferson 30, Mary J. 20, Elizabeth E. 2, Laura L. 1/12
PACE, Sally 72
PACE, Joseph W. 30, Harriet P. 24, Beverly T. 5, James T. 3, Lucion F. 7/12
HARVEY, Martin L. 30*, Charity 30, John H. 9, Austin W. 7, William T. 5, Mary S. 1
ALLEY, William 28*
GRAVIN, Samuel 30, Elizabeth 23
WHITE, Lucy 80*
WELCH, Joseph 22*

1850 Census Barren County Kentucky

WILSON, John A. 20*
SUTTON, John 29, Nancy 20, Margaret 50, Lucinda 24
RUSH, James 48, Elizabeth 50, Peter 23
FRANKLIN, Stephen 64, Nancy 66, Nancy 22
SMITH, John M. 32*, Lucy 22, Martha J. 10, Mary A. 7, Susan F. 5, Clarissa 3, Elizabeth 1/12
NUCKOLS, Willis P. 18*
ESTIS, George A. 38, Anne 35, Solomon 14, John C. 13, William R. 12, Susan J. 10, James M. 8, Natthaniel 6, Elizabeth 3, Eliza A. 6/12, Huleth W. 4 (m)

Schedule Page 422

SMITH, Margaret 73
SMITH, George W. 25, Margaret A. 23, Elenora P. 8/12
RUNNION, Joseph S. 42*, Elizabeth 41, William C. 16, Lucy 14, Mahala J. 13, Martha S. 11, Polly A. 10, Rebecca 8, George T. 6, Hiram 4, Amanda 7/12
SYRE, Eliza J. 35*
SMITH, William S. 34, Mary 32, William O. 8, Elizabeth F. 6, George W. 4, Winchester R. 2
FRANKLIN, James C. 34, Rebecca J. 26, Lewis 6, Nancy J. 4, Stephen 3, Thomas J. 2, Elizabeth 1/12
FRAZIER, Achilles 38, Susan 48, Sally S. 8, John W. 6
NORRIS, John H. 29, Ann 23, Elizabeth 5, Amanda 3, Salina 4/12
WELCH, James 33, Elender 33, Andrew J. 8, Dilley E. 6, Perlina S. 2
CLARK, Jonathan 68, Martha 50, Martha 37, Eliza 31, America 22, James 15, William 12, Edmund 10, Jacob 23
EVANS, Isaac 32, Mary G. 31, Sarah A. 9, Mary J. 7, Marticia E. 4, George M. 1
FREE, William 27, Nancy H. F. 29, Elizabeth C. 8, Martha J. 6
HUNN, Elizabeth 62*, Joseph W. 30, Martha 29, William B. 9, Thomas 7, Joseph R. 5, Mary E. 3, Joseph C. 6/12
BARTON, Willis 20*
PARKS, Carter 48* (B)
YOUNG, Mary 27 (B), Matilda 7, Frances 7, Jesse E. 4, Polly H. 1

Schedule Page 423

WHITLOW, Willis 39, Sarah 38, Permelia J. 13, James L. 11, William W. 10, John P. 9, Christopher C. 7, Mary E. 3
WHITLOW, Pleasant sr. 85, Tabbitha 84, Mary 40, Tabbitha 38
PERKINS, Henry 51, Nancy 50, Thomas 26, Elizabeth 22, Lewis 19, Patsey 16, James 13, William 7, Thomas 94
PEDIGO, John sr. 61, Amy T. 41, Nancy 18, Sarah J. 12, Caroline M. 11, Joseph O. 10, John W. 8, Luann V. 6, Julius S. 1
PEDIGO, Lewis T. 24, Evaline 23, John L. G. 1
HENSLEY, Edmund 33, Martha 26, Sarah J. 7, Nancy C. 5, John W. 4, Louisa S. 3, Susan T. 3/12
ESTIS, William P. 29, Malinda 25, James B. 5, Louisa 7, Paline 4 (f), Otha 3 (m), George H. 1, Noah 5/12
ESTIS, John 65, Susanna 59
SYRE, Thomas 33, Elizabeth 38, Thomas E. 10, John B. 7, Malinda J. 4, George M. 2
SHAW, James 24*, Lucy 23

1850 Census Barren County Kentucky

SYRE, Elizabeth 16*
HILL, Sarah 53, Permelia 17, Careannes 14 (f)
EVANS, Henry C. 22, Eliza J. 22, James C. 4/12
PARKS, William D. 34, Nancy J. 34, Margaret J. 12, William J. 9, Joseph N. 7, Ruth 4, Robert H. 8/12
TERRY, Henry 31, Sarah 33, Mary H. 7, Dolly M. 4, Betty A. 2
GREER, William S. 50, Rachel 42, Bennett 22, Joseph 18, William 16, Sarah E. 14, Rachel L. 12, Mary C. 4

Schedule Page 424

WARD, Campbell 20, Cassander 19
COX, Robert 45*, Nancy 36
SHIRLEY, William T. 17*
MACKEY, John 20*
HERRING, William 63*, Mary A. 35, William A. 4, John L. 1
KING, Mahala 22*
EDWARDS, America 25*, Elzy 23 (m), Mahala 1
CLARK, Henry 29, Nancy 28, Maria J. 6, John W. 4
HENSLEY, John W. 26*, Martha A. 22
SHAW, Jane 16*
EDWARDS, Natthaniel 53, Lucinda 44, Joel Y. 21, James W. 20, William J. 18, Mary J. 15, Reuben S. 11, Elzy F. 10, Charles A. 8, Elizabeth N. 6, Silas Y. 4, Sarah L. 2
EDWARDS, John 58, Maria 48, Lucinda 24, James F. 20, Frances 18, Parthena J. 16, Mary A. 14, Angelina 11, Thomas J. 9, Maria S. 7, John R. 6
EDWARDS, William R. 26, Martha A. 17
LOVE, Thomas 40, Ester 72
HARPER, Margaret S. 33*, Paschal C. 13, William J. 10, Lucinda E. 8, Mary F. 7, Warren P. 5, Nancy C. 3
EDWARDS, Joseph 40*
FERRELL, William 25, Elizabeth A. 18, Mary 54, James 18, Frances 16
SHIVE, John 52, Nancy 49, Catharine 22, Jane 21, Janette 20, Perlina 15, George 16, William Y. 14, John A. 10, Joseph B. 8
EVANS, John 48, Lucy 37, Thomas B. 17, Robert H. 15, William T. 13, Mary C. 8, John E. 5
MORRIS, Elizabeth S. 45, Elizabeth 23, Sally B. 21, Nancy P. 19, Scythia L. 17, Lucinda E. 15, Amanda A. 13, Margaret 10, Samuel B. 8, Abijah R. 6

Schedule Page 425

EVANS, William 56, Thomas 29, Frances 24
EVANS, Pyrtle 26 (m)*, Martha 22, Frances 8/12
YOUNG, Frances 18*
HARDING, Marcus 63, Emily 25, Nancy 22, Marcus 7
HARDING, Marion 27*
LOVE, Laurinda 32*, Deroy 8, James C. 5
LOVE, Robert 40*, Delaware 28, Marcella 8, John C. 7, Mary E. 4, Ann F. 2
GRUBBS, David J. 21*, America 26, Sally C. 16
HUNDLEY, Robert 30*
ABNER, Joseph B. 14*, Thomas 16

1850 Census Barren County Kentucky

BEOCHAMP, John W. 46*, Henrietta S. 30, Edmund R. 17, John A. 15, Mary E. 7, Newell R. 5, Henry U. 2
ROGERS, Edmonia T. 23*
BEOCHAMP, Robinson P. 36, Elizabeth E. 25, Lavenia F. 4, Rogers 2
BULLINGTON, Josiah 71*, Nancy 69
JAMES, Henry 17*
POOL, John 41*, John J. 13
SHIRLEY, John M. 48*, Mary L. 46, Albert H. 7
HODGES, Samuel H. 29, Margaret 19
RAY, Presley S. 26, Beedy J. 21 (f), James S. 3
TADLOCK, John B. 27*, America 22, Emily 4, Mary B. 1, Thomas D. 19
TOBY, Elza 13 (m)*
PEAK, Joel 49*, Casander 56, Elizabeth 27, John A. 24, Sarah J. 17
GARRETT, William B. 14*
RODMAN, J. M. 35 (m)*
BOULDIN, James J. 9/12*
POINTER, James 43, Martha 32, William H. 19, Sarah J. 13, John 11, James H. 9, Lewis A. 5, Mary F. 3, Jasper N. 2, Aaron T. 2/12
DILLEY, James G. 43, Martha J. 23, Caleb C. 15, Julia E. 14, William A. 11, John T. 9, Louisa P. 4, Albert M. 3, Frances H. 1

Schedule Page 426

MIZE, James H. 32, Celah 23 (f), Sarah E. 8, Caleb J. 6, Mary 4, William T. 6/12
JONES, David 39, Nancy 36, Henry B. 17, Martha B. 15, Grace W. 12, Elizabeth 9, James T. 9, Nancy M. 6, Eliza J. 2
SLINKER, Liberty 35, Ester 26, Mary 11, Green 10, William 8, John 6, Alpheus 5, Elizabeth 4, Louisa 1
DILLEY, Joel W. 41, Willie A. 38, Nancy E. 16, John H. 14, Jemima A. 11, Eliza J. 10, William J. 6
BRAGG, Russel M. 28, Elizabeth 23, William P. 7, Alfred W. 3, Elizabeth E. 2/12
WILLIAMS, Robert J. 40*, Fidelia 35, Moses P. 4, Martha E. 1, Harrisen 18, Robert 18
SKAGGS, Sarah 14*, William H. 12, Fidelia M. 10, Elizabeth J. 8
CAUTHAN, Joseph 23, Triphena 19
PEDIGO, Joseph E. 33, Elizabeth 30, John C. 9, Tallitha C. 5, Mahala A. 4
PEDIGO, Thomas 54, Lydia 50, Marcus 19, Julia A. 15, Mary 12, Harriet J. 10, Lucinda F. 8
MILLER, Anderson 22, Clarissa W. 23, James E. 9?/12
TOMLIN, Lewis 36, Nancy 25, James 1
ALLBRIGHT, Henry 39*, Francis 4, Nancy 35
SMITH, Elizabeth 8*
KNIGHT, Thomas 51*
WILSON, William K. 55, Frances K. 49, Mary J. 24, Frances M. 13, Thomas F. 8
RICE, David 32*, Salina H. 27, Phidlah A. 5, William A. 3, Leander B. 2, Alexis A. 70

Schedule Page 427

ABNER, Patsey 30*
GALLOWAY, Wesley 35*, Mary J. 25, Martha J. 9, Elizabeth F. 6
BLAKEMAN, Margaret P. 17*

1850 Census Barren County Kentucky

CARTER, George W. 31, Maria E. 28, Henry C. 3, James Z. Y. 1
CARTER, William H. 34, Elizabeth 74
WILKINSON, William R. 32, Nancy 22, John D. 1
SHOCKLEY, Medford D. 33, Malinda 24, Mary J. 5, Elizabeth D. 3, John L. 1, Margaret A. 1/12
NORRIS, Samuel 66, Ellenor 39, Martha 37, Nancy L. 23
NANCE, Allen 32, Malinda 28, Joseoph 9, Thomas J. 7, Martha 5, John A. 3, Ann E. 2
TERRY, William 24, America 23, James A. 1/12
SYRE, Archibald 45, Nancy 50, John 18, Asa F. 14, Phebe 16, James A. 13, Serilda J. 11, George Ann 6
HENRY, Joseph 42, Jane 42, Frances A. 17, James R. 14, William T. 6, Laura M. 5, Joseph S. 3, Eliza J. 1/12
POOL, William C. 43, Elizabeth S. 40, James W. 12, Lucy E. 5
RUNYON, Wilson 48*, Susan 53, Robert 20, Gideon 17, Elizabeth 15, John 12
ANDERSON, Nancy 22*
COLEMAN, James W. 35, Adaline 33, Nancy J. 12, Polly T. 10, Levi H. 8, Parthena B. 4, Babe 3 (f)
KEEL, James F. 23, William E. 20, Mary J. 21
STOCKTON, Joseph B. 52*, Ellena 35, Joseph B. jr. 14, John W. 12, Ann E. 10, Emily E. 9, Albert H. 7, Elmira 5
JESSE, Matthew M. 22*
NEWMAN, William D. 30*

Schedule Page 428

WOOD, Buford 42, Frances E. 43, Elizabeth 17, William T. 14, John J. 11, Mary M. 9, Ann V. 5, Thomas B. 1
CASSADAY, William 43, Jane 25, Joseph 7, John 5, Sarah 1
COOK, Elizabeth C. 55, Charles W. 18
YOUNG, Margaret 83 (W?) (B), Hester 37, Maria F. 11, James N. 10, Artemissa 7, Mumzella 5 (f), Margaret 2
WREN?, Isaac 72, Nancy 70, James H. 35, William H. 26
WARREN, William 36, Jane M. 25, Sarah E. 7, David J. 6, Mary J. 4, Joseph R. 1
RAY, Nicholas 67*, Mary 66, Joseph F. 24, Lavina 21, Edmund 6/12
BECK, Mary E. 17*
READ, Thomas 52*, Ann F. 44, Samuel R. W. 19, Henry C. 9, William T. 7
YATES, Eliza J. 21*
YATES, John M. 27*, Emily A. 3, John T. 1
MACKEY, John 19*
POOL, Mary A. 15*, Emily F. 10
HATCHETT, Archbald 60, Elizabeth 50, Thomas 17, Edward F. B. 15, Henrietta 12, William L. 11, Herchell P. 8, Edmonia S. F. 6
DICKERSON, John 34, Nancy 24, Cephas B. 7 (m), Mary E. 3
HATCHETT, Tunstall 30*, Ann 18
FERRETT, Elizabeth 24*
TERRY, Joseph 53, Lucy 46, Patsey 23, Joseph B. 21, Benonah 19 (m), James W. 17, Thomas T. 15, Mary J. 11
WHEAT, Basil A. 38, Mary D. 26, Curtis Y. 3/12, Charles 24
EWING, Milton 23, Lethia J. 19, Mary E. 4/12
NAILOR, Otha 45 (m), Martha B. 31, Orin O. 10, Jovenia S. E. 7

1850 Census Barren County Kentucky

Schedule Page 429

MARRS, James F. 26, Eliza R. 23, Roxana H. 1, John T. 20
COMPTON, Joseph R. 35*, Martha N. 33, John W. 10, James M. 7, Elizabeth E. 5, Mary J. 3, Martha F. 1
CURL, David R. 39*
BUCKNER, Jeremiah 25*
YATES, Charles 42, Sarah H. 44, Maxamilion 15, Melissa J. 17, Mary L. 13, Walker S. 10, Cardwell 8, Babe 6/12 (f)
LETCHER, Thomas 68*, Sarah 40, Robert 16, Stephen G. 13, Thomas 10, Mary A. 2
RUSSELL, Eliza 24*, Louisa 10, Maria 6
ONEAL, Bennett 66, Ann 39, Josephine 12
THOMAS, James 28, Sally 22, William H. 4, Ann F. 2
CLARK, George A. 29, Amanda P. 27, Maria E. 7, Sophia E. 5, William O. 3, Mary C. 1, Benjamin R. 25
CLARK, Rhoderick 61, Elizabeth 53, Joseph R. 20
KIRKENDOLL, George M. 40, Emily 32, Ann M. 13, Catharine 7, Frances 7, William 4, John J. 8/12
COURTS, William D. 34*, Amanda 26, John M. 8, William F. 6, Mary J. 3, William 75
YATES, Jane 15*
FRALEY, Abijah T. 28*, Eliza P. 27, William W. 7, Nancy E. 5, Helen F. 2, Jefferson C. 1
ARMSTRONG, Delila 51*
DOUGHERTY, Robert S. 46*, Ruth A. 37, Hannibal B. 19, Nancey C. 16, Albert G. 15, Frances 13, Eliza J. 10, Mary H. 6, Sally H. 5/12
HENSTERY, Burwell 22*
ANDERSON, William 62, Polly 60, Louisa 37
BARTON, James 31, Susan 31, Judith 7, Mary 6, Elizabeth 5, Martha J. 4, Noah 1

Schedule Page 430

BARTON, Noah sr.? 46, William 13
ANDERSON, Sarah 55*, Thompson 34, John M. 30, Robert 27, America 19, George 18, David 14
BARTON, Winnifred 75*
DALE, Elizabeth 50*
ANDERSON, James 40, Solima 35, Joshua 10, Joseph 9, Julia 7, Mary 6, James 5, Quintilla 3, Calvin T. 2
CARTER, James 52*, Mary 54, Luann 22, John C. 20, Martha 16, Vilia 14, David B. 11
DOUGHERTY, James R. 8*
CARTER, James J. 31, Martha 26, Mary E. 4
PEDIGO, George W. 23, Lucy 21, Mary B. 1
HARVEY, Milton 23, Elizabeth 50, Minerva 22, Mary 13
TOMLIN, Lewis 28*, Nancy 26, James R. 1
ALLBRIGHT, Henry 30*, Francis M. 4
SMITH, Elizabeth 8*
MCPEAK, Ann E. 3*
DAVIS, Greenberry 36, Louisa 29, Charles W. 10, Mary H. 8, Eliza J. 6, Emily E. 4, Nancy E. 1
PEDIGO, George E. 31, Dorothy 32, John H. 9, Sarah M. 7, Mary J. 5, Edward G. 4, Thomas J. 2
HAYS, William H. 25, Sedona 21, William H. 3, John J. C. 2

1850 Census Barren County Kentucky

COX, Isham 35, Lucy A. 29, Thomas C. 6, Mary E. 5, Jane W. 1
SLEMMONS, Elizabeth 60, Washington 24, Garland 26
COX, Lucy 65*, Uriah 25
MACKEY, Albert 16*
COX, John 27, Jemima E. 26, Smith B. 3, Tallitha 1

Schedule Page 431

TUDER, Robinson 43*, Martha 43, Margaret 12, Mary A. 7
COX, Joseph 32*
ANDERSON, Washinton 38, Mahala 34, Franklin D. 13, Robert T. 10, Judith F. 7, Mary E. 5, John M. 2, James W. 1/12
MILLER, Absolem 57, Mary 60, Joseph B. 30, Amanda 19, George R. 16
ANDERSON, Nathan 28, Amanda R. 20, William T. 1
MILLER, Braxton W. 24, Polly 36, Frances E. 2, Amanda C. 10/12
PEDIGO, Charles 30, Matilda 27, William E. 8, Mahala A. 6, Mary J. 5, John T. 3, Charles O. 8/12
ANDERSON, Barton 32, Martha A. 30, Lucinda 10, Payten J. 8, Sarah E. 4, America B. 1
MORRIS, Hiram A. 26, Martha A. 22, William P. 1
HUFFMAN, William E. 32, Mary A. 27, HEnrietta 2, Teter 65 (m)
JEWELL, Robert R. 37, Emily 38, James B. 17, Frances A. 16, William A. 14, Robert W. 9
HUFFMAN, Nancy 60, Lewis M. 17, George W. 13, Julius 70
HILL, John 28, Nancy 38, Thomas 8, Martha J. 6, George W. 4, Emily A. 2/12
HUFFMAN, Uriah 53, Lucy 51, Joseph H. 22, Luann 18, Sarah 15, Alexander O. 13
HAYS, Louisa P. 42, Frances B. 17, Luvina E. 15, Susan B. 13, John 10
READ, Joseph 61*, Mary 42, Elizabeth 25, Jonathan 23, James H. 20, Smith H. 17, Annfield 33 (f), Robert F. 15
STARK, Amanda 16*, Mildred A. 15, Daniel Q. 10, Elizabeth A. 15

Schedule Page 432

CUMMINS, James 53, Margaret 47, Frances 19, James L. 16, John S. 13, George S. 4
FOREST, Simpson 31, Louisa 26, James B. 7, William C. 5, Amy A. 3, Martha E. 1, Jehiel 67 (m)
GOSSETT, Henry 30, Elizabeth 26, Peter F. 5, Martha J. 4, John C. 3, Mary E. 1
GOODEN, Thomas 44, Sarah 32, Sarah E. 22, Martha A. 21, William J. 19, Thomas J. 18, George W. 16, John C. 15
GOODEN, Charlotte 65, Nancy 30
LOVE, William jr. 23, Malinda L. 20, Mary E. 1
CRENSHAW, Anderson 51*, Elizabeth 45, Albert W. 19, James G. 12, Elizabeth M. 10, Thompson D. 8, Nancy J. 6, Henry A. 3
EVANS, Susan 53*
BRADLEY, Reuben W. 24, Winnefred 19, Martha E. 1
BRADLEY, William C. 28*, Martha A. 27, Claiborn L. 7, William L. 1, Joel jr. 22
SNOW, William 22*
BRADLEY, James C. 34, Mary J. 35, Mary Joel 9, Laura J. 4, Wilhelmina 2
EMORY, Sarah 52, Thomas 24, Martha 20, Sarah 17, Martha T. 22, Mary A. 8, Johnson T. 1
RATLIFF, Stephen 54*, Patsey 47, James B. 24, Mary 25, Emarine C. 2
GALLOWAY, David 15*

1850 Census Barren County Kentucky

MIZE, Albert 22*, Nancy 31, Jane 28
BRADLEY, Joel 58, Elizabeth 54, Perlina 25, Elijah 19, Herbert G. 14, Elizabeth 13, Henry T. 10
WALTON, Dandridge C. 49, Susan 43, James C. 22, Elizabeth M. 20, Mary S. 18, Sarah 14, George G. 12, Thomas G. 10, Luann 8, Rhoda W. 6, Harriet 1

Schedule Page 433

WALTON, William A. 39*, Maria 37, William C. 17, George T. 13, James K. 11, Thomas D. 6, Margaret A. R. 2
HARLAN, John L. 24*, Mary C. 15
HOWELL, Joel D. 49*
BROADY, John 57, Rachel 50, Lucinda 17, John 16, Tabbitha 14, William S. 22
NEWMAN, Billingsly 31
WALTON, Thomas S. 36*, Mary C. 22, Henry W. 6, Louisa A. 4, John C. 2
HATTON, Elizabeth 40*, John 20
DALE, Isaac M. 24*
GADBERRY, Thomas 65, Theodore 42, Elizabeth 40, Joseph 17, Sally 14
EUBANK, Rewben B. 25*, Martha 19, Robert T. 8/12
BOWLES, Lucinda 22* (B), Prudence 2
BURCH, James J. 32*, Mary J. 22, Sarah E. 4, Mary 2, Lucy A. 18
STARK, Amanda F. 14*
SLEMMONS, James W. 27*
PARRISH, Mary 43, Henry C. 19, George 9
WOOD, Joseph W. 36*, Eliza 26, Sarah M. 5, Allice C. 4, John W. 3, Samuel D. 1
BAGBY, John H. 23*
TISDALE, Frances 54, Ann E. 20
HARLOW, Claiborn 33, Lucy S. 28, Eugenia 2
HAMMELL, James 44, Sally A. 32, Addison 15, Livingston 14, William 13, John 11, James 9, Lucy A. 7, Sarah F. 4, Quintus 3, Josephine 2, Nancy J. 1
HARE, William 39*, Nancy 32, Nancy V. 12, Elizabeth E. 10, William H. 8, Eliza H. 5, Robert P. 2
CARDEN, Christopher 22*
TISDALE, Frank 22*
STRANGE, John G. 17*

Schedule Page 434

GARVIN, Samuel L. 18*
CRAIN, Eli B. 43*, Mary J. 33, David L. 7, Moses N. 5, James E. 9/12
STOVALL, Creed 19*
HALL, Harriet 26*
SLEMMENS, John W. 24 (B)
MURRELL, Jesse P. 39*, Elizabeth W. 37, Vesalius W. 10, Jane T. 8, Aurelia S. 3
JENKINS, Missouri 13*, Edward 11
MINOR, Robert H. 33, Eliza G. 30, Martha E. 10, Allice G. 7, John T. 6, Elizabeth C. 3, James N. 1
WILSON, William M. 27*, Nancy E. 26, Martha Y. 8, James T. 6, Mary L. 3
YANCEY, Martha 72*

1850 Census Barren County Kentucky

STARK, Emily D. 17*
WILSON, Mary 42, Martha 19, Charles Y. 16
FOREST, John M. 29, Martha 29, Polly A. 9, Samuel M. 6, Isaac F. 4, Sarah C. 2, Francis V. 25
FOREST, Alexander E. 36, Elizabeth 33, Laura 6, Eliza J. 4, Martha M. 2, Ruth B. 9/12, Paschal D. 27
JAMESON, Kesiah 32*, Mary A. 10, Robert J. 9, Laura E. 7, Nancy E. 5
JONES, Robert 21*
SHIRLEY, Thomas 75, Hannah 71
SHIRLEY, John 35*, Mary 29, Thomas J. 8, Johannah 1
COMBS, John 21*
FOREST, Gains 23*
PEDIGO, John 40, Disey 35, Nancy J. 14, William T. 13, Sarah E. 11, John H. 9, Benjamin F. 8, George W. 5, Lemuel 3, Mary 1
EDWARDS, Edward S. 24, Lucetta P. 20, Sophronia E. 1
HARDY, Samuel H. 21, Priscilla 23, Tabbitha 2, Jane M. 11/12
EDWARDS, John B. 34*, Rebecca E. 33, Joseph A. 7, Willis W. 1
MERIDITH, Sally 20*
HARDY, James G. 55, Minerva K. 38, Mary S. 28, Thomas J. 15, Martha A. 12

Schedule Page 435

WILKS, Samuel J. 30*, Elizabeth 31, Eurebia C. 8, Mary L. 5, William W. 3, Elizabeth T. 1
SHAW, Thomas J. 16*
PEDIGO, George W. 23, Mary 21
EDWARDS, Isaac H. 48, Ann E. 43, Alexander 22, William T. 20, Isaac W. 17, Martha 14, Emily 12, Martin V. 10, Elizabeth 7, Sarah M. 5, Victoria 2
BOHANNEN, Malinda J. 40, Joseph A. 22, Sally W. 20, Martha 18, Elizabeth 16, Malinda J. 11, Katharine 9, William T. 7
LOCK, Richard 26, Frances 18, Sarah E. 2, Joseph T. 4/12
HARDY, Barbara 64, Frances J. 25, Moses N. 22
BOULES, Clarissa 25 (B), John 2
WILCOXEN, Franklin 22*, Mary 19, Thomas H. 1, Levi 21
HUNDLEY, Polly 38*
GRISSOM, Henry T. 32, Malinda J. 18, Eliza M. 3/12
WILCOXEN, Isaac 34, Elizabeth J. 24, Margaret T. 8, Laura E. 5, William H. 2, Sarah J. 1/24
WILCOXEN, William 56*, Milley 54, George 28, Samuel 26, Joseph 23, Elizabeth 18
LILE, Sally 36*, Louisa 13, Perlina 11, Elizabeth 9
EMORY, John 33, Nancy 30, William 10, Serilda 7, Catharine 2
WILCOXEN, George 67, Rachel 63, Daniel F. 19
MCKINNEY, Franklin M. 25, Susan 21, William W. 2, Narcissa 2/12
LARIMORE, Barnett G. 25*, Sarah D. 19
WATSON, Malinda A. 17*, Eliza J. 15, Elizabeth T. 13, Mary A. 10, Green P. 8

Schedule Page 436

COX, John P. 42, Rejina D. 40, Charles P. 14, Sarah L. 13, John R. 11, Nancy W. 9, Richard J. 7, Samuel P. 4, Mary E. 9/12
CLYMER, Emory 50, Rachel 50, George E. 10
MCFELEA?, Thomas 53, Zilpha 43, Mary J. 17, Allen 14, Serana A. 12, Martha F. 9, John 7, Campbell D. 6, Rachel R. 4, Susan N. 2

1850 Census Barren County Kentucky

ENNIS, John 60*, Dorothy 65, James M. 37
FERGUSON, Anderson 13*, Angelina 12, Emily 10
DONAN?, Elizabeth 45*, Fountain 19, William 17, David 13
GARERA, Franida 12*
CURL, John M. 42, Louisa K. 38, David F. 18, David R. 40
HISER, Reuben 49*, Elizabeth 44, William 19
JAMESON, Sarah E. 22*, James 1
HOOK, Nicholas D. 36, Mary 29, Eliza 6, rhoda 5, Laura 2, Virgil 5/12
ATWELL, Richard N. 39, Sarah 34, William R. 16, Andrew J. 15, Elizabeth 13, John T. 11, Aaron 8, Sarah 5
FANSHER, William 34, Elizabeth 30, Michael 9, George 8, Benjamin 5, Elizabeth P. 2
JEWELL, James J. 31, Margaret 32, Joel 9, John 7, Elizabeth A. 6, Mary 4, Sarah J. 2, Rachel 4/12
FANSHER, John 59, Nancy 54, James 20, Frances H. 17
ATWELL, Benjamin 43, Susanna 35, William G. 15, Sally A. 13, John T. 10, Margaret J. 8, Joel B. 7, James W. 5, Phebe F. 2, Mary L. 5/12

Schedule Page 437

PEARCE, William 38, Jane H. 35, Temperence 14, William F. 12, Richard T. 10, Nancy J. 8, Isaac 6, Sarah T. 3, Mary E. 1
MURRAY, Solomon S. 34, Mary L. 31, Eli C. 9, Elizabeth A. 7, John N. 5, Thomas H. 4, Matilda J. 2
CROSS, Henry 31, Frances 22, Mary A. 4, Alfred 1
SLINKER, John 42, Mary 38, Susanna E. 18, Mary J. 11, Samuel J. 11, George W. 14, Jemima 9, Eunice C. 6, Eliza J. 3, Catharine E. 9/12
PHILPOTT, William 66, Anne 65, John 24
BURKS, William M. 42, Mary A. R. 28, Mary E. 12, Silas C. 10, Louisa 8, Rebecca H. 6, John T. 4, William H. 2, James B. 4/12
HICKERSON, Supra R. 19
MILLER, Samuel 53, Nancy 46
BROWNLEE, Andrew 59, Evaline M. M. 43, Caroline M. 22, Elizabeth P. 20, John V. 18, Margaret F. 15, William D. 13, Mary M. 11, Nancy J. 8, Andrew H. 10, Eliza J. 4
CHOIDOIN, Stephen 23, Susanna R. 20, Jesse 5/12
NEWMAN, Thomas E. 41*, Amy E. 24, Eugene 5, Howard 1
TYLER, Alfred 50*
PETTY, Henry 34, Louisa J. 17
BOSTON, Abner 44, Susan 44, Henry 22, Martha 17, John 15, Elizabeth 13, Nancy 7, William 9, Luvenia 5, Burton 2
THOMPSON, Waddy 37 (m)*, Mary E. 30, Memry J. 12 (m), George W. 9, Sarah M. 6, Mary E. 3, Frances C. 7/12
FAGG, Joseph A. 22*

Schedule Page 438

CAGE, John 13*
SNIDER, Phillip J. 33, Maria S. 17, Mary A. 1
MCKINNEY, Charles F. 48*, Mary 42, Adaline 17, Robert T. 15
CROSS, Harvey 22*

1850 Census Barren County Kentucky

WILCOXEN, John L. 26*, Eliza J. 21
MINTON, Clarissa 50*, Margaret A. 16, Sarah J. 13, Narcissa 7
PHILPOTT, Jose 76, Mary 61, Anne 50, John 15, James K. 30
TURNER, Felix 48, Lucinda 25, James M. 14, Martha J. 13, Jesse H. 12, Robert L. 11, John M. 9, Mary E. 6, William W. 3, Thomas N. 1
GASSAWAY, Robert D. 35*, Mary D. 32, Henry D. 5
JARVIS, Malinda 34*
DEARING, John W. 39, Nancy 24, George H. 5, William A. 4, Angelina 2, Sarah M. 4/12
COX, Harvey 40, Mary 35, Jemima 14, Nancy J. 9, Margaret F. 5, Warren E. 2
WELLS, John B. 26, Elizabeth 18
PHILPOTT, Isaac J. 25*, Emily 19, Melissa E. 10/12
STRADER?, John W. 27*
LINSEY, James 44, Mary 31, James R. 3, Martha 1
PHILPOTT, David 41*, Jane 30, Martha J. 16, James H. 12, Frances 9, Nancy C. 5
BOBBITT, William 22*
WILCOXEN, Moses 65 (B)
STOVALL, Ceasar 80 (B)
FERGUSON, William 49*, Rosanna 47, Andrew J. 17, Paschal D. 15, Albert M. 2
ROCK, Margaret 22*, Rosanna E. 17, Narcissa 14, America B. 11, Charles B. 9, James L. 6
HISER, Sarah 87*, Sarah jr. 50
FAULKNER, John 58*, Elizabeth 23, Catharine A. 21, William R. 18
HOUK, Michael 72, Ann W. 44, Lucinda 14, Cassander 14, James H. 11, Nancy E. 2

Schedule Page 439

SCOTT, John 46, Mary 42, George W. 17, Nancy J. 21, William 14, Elizabeth F. 12, James H. 9, Cosby B. 5, Mary C. 1
TRUE, William M. 28, Harriet 29, Eliza A. 2
BUTLER, James 69*, Polly 66, Harmon 29
DUNAGAN, Thomas 58*
FORBIS, Finley 24*
CARTER, Edmund 54*, Rebecca C. 45, Mary J. 24, Martha A. 23, Sally O.? 22, James T. 20, John C. 20, Susan 18, Joseph W. 15, Elizabeth B. 13, Louisa C. 11, Judith F. 9, Benjamin K. 7, Malinda E. 3
HISER, Marion 23 (m)*
GREENSTREET, Thomas 35, Sally 35, Eliza J. 10, John 8, James N. 6, Franklin 4, Sarah F. 2, Nancy A. 8/12, Silas 18
LONDON, Joseph 36*, Nancy 36, John W. 13, William 11, James M. 9, Henry 7, George W. 5, Sarah 2, Martha 1
MCCUBBIN, Nancy 13*
WILLIAMS, Franklin 31*, Nancy 33, William A. 7, James H. 6, Will Elizabeth 3, Lewis F. 1, David C. 2/12
ASBERRY, Mary M. 13*
MONTGOMERY, George 23*
CAGE, Andrew 50, Mary A. 40, James E. 16, Margaret J. 12, Rachel A. 10, Andrew M. 7, Mary A. 4
WILLIAMS, Levi 28, Eliza 20, Martha J. 1
HUNN, James 30, Ann E. 23, William T. 3, Nancy C. 1
ALLEN, William Austin 45, Sarah Ann 28, Harriet A. 14, Thomas B. 12, Mary S. 10, Charles A. 8, John W. _

1850 Census Barren County Kentucky

Schedule Page 440

MALONE, Paschal L. 39, Permelia 35, John 14, Mary J. 12, Franklin 10, Bishop 9, Margaret 7, Paschal L. jr. 5
FINNEY, Franklin 27, Nancy J. 21, John W. 6/12
MALONE, Jones 61*, Nancy 49, James 21, Green 19
FORBES, Frances 22*
SMITH, Jackson 35*, Sarah 28, Louisa J. 10, Joseph M. 8, William 6, Casander 4, John J. 1
MCKINNEY, Elizabeth 18*, Zachery T. 1
SHAW, Eber 32 (m), Margaret A. 32, Sarah L. 9, William H. 8, Mary S. 6, Nancy J. 5, Irena E. 3, John T. 1
ROLSTON, Andrew 63*, Mary 32, John 27
CONYERS, Thomas A. 13*, Alfred W. 12
ATWELL, Richard 67, Sarah 67
ATWELL, William 26, Susan 22, John W. 5, Sarah N. 3, Richard M. 1
PREWETT, George 50, Permelia 47, Thomas 25, William 22, Sally 21, Elizabeth 18, Burwell 15, Nancy 12
HISER, Aaron 44*, Sally 41, Nancy J. 18, John C. 16, Eveline 14, William 12, Phebe A. 10, Benjamin 8
HANDY, Sally 35*
WILLIAMSON, James 44*, Ann 46, Nancy 20, Mary 18, Elizabeth 14, Judith 13, George L. 10, Rachel A. 7
WILSON, Napolion 21*, Rebecca 17
DUNIGAN, John 22, Irena 18
ATWELL, John T. 40*, Sally 38, Richard J. 17, Lucretia 3/365
WILLIAMS, Nancy L. 17*, Catharine 4
HOUK, Henry C. 2*
ATWELL, John B. 20, Eliza C. 17

Schedule Page 441

JOHNSON, John P. 40, Margaret 40, William 12, James 9, Louisa 7, John 4
BUNNELL, Jeremiah 37, Lucy 34, Eliza J. 13, Thomas J. 11, Samuel W. 10, James D.? 8, Jeremiah S. 6, Savanna E. 3
HARDY, William G. 43, Ann T. 37, William J. 16, Lucretia J. 14, Polly Ann 12, Cynthia E. 11, Frances L. 9, Martha H. 7, Luann C. 2/12
MYERS, James M. 30*, John C. 4, James T. 1
EDWARDS, Cader sr. 74 (m)*, Elizabeth 65
BURRASS, Thomas 43, Elizabeth 31, Alfred A. 8, Marion M. 7 (m), Margaret M. 5, Phillip J. 2, Nancy A. 1
WILCOXEN, George F. 27, Malinda F. 22, Laura E. 2, William T. 5/12
WILCOXEN, Nancy 42*, Henton 16, John 13, Thomas 10
ADAMS, Mary 70*
FEGETT, Daniel 51, Harriet 38, John 13, Franklin 12, Theodore P. 10, Francis B. 7, Susan M. 2, Louisa T. 25
WITHERS, Charles jr. 30*, Jane 28, Kittura 1/12
OVERSTREET, Susan C. 19*
FERREN, John 40, Maria 40, Mary J. 14, James W. 9
PARRISH, Nath. H. jr. 37, Nancy 30, Henry 14, Susan 6, Elizabeth 5, Dorinda 1
WEBB, Washington B. 49, Lucretia 44, Emaline 22, Dorothy A. 21, James T. 18, George W. 14, John W. 9, Theodore B. 7, Josephine 4

1850 Census Barren County Kentucky

JARVIS, Pinkney 46*, Kitty A. 37, Ruth P. 10, Eilzabeth C. 8, Helen M. 5, Margaret E. 2
GASSAWAY, Nancy 76*
RICHARDSON, Feilding J. 43, Catharine 45, James M. 21, Sinclair B. 18, Miranda C. 16, Melissa G. 14, Littleton S. 13, Samuel H. 12

Schedule Page 442

ROBERTS, Drury 56, Lucy 49, Frances C. 19, Sarah C. 17, Judith C. 12, William H. 10, James M. 24, Mary 20
CALHOUN, Napolion B. 30, Mary M. 23, Otus D. 6, Musedora 5, James W. 3, Babe 1/12 (m)
TIBBS, William J. 31, Harriet N. 26, Dudley M. 7, Elizabeth 3, John D. 4/12
IRWIN, Joel 29*, Helen P. 30
MURRAY, Nancy M.? 18*
ANDERSON, John 12*
TISDALE, Eliza 50, William A. 24, John G. 17, Jane E. 22, Mary W. 20, James S. 26
ELLIS, William N. 34, Susan C. 29, Susan J. 12, Sarah F. 7, Luann M. 4, Mary E. 2, William H. 1/24
TERRY, Natthaniel D. 52, Ann H. 45, Elizabeth D. 32
WILSON, John B. 53, William W. 18, Thomas 15
DOUGLASS, Samuel 72*
WOOD, Richard 62*, Elizabeth 55
GARNETT, Robert W. 55, Eliza 42, Sarah F. 18, Nancy 11, Mary 6, George Ann 1, William 24, Jerusha 19
FREEMAN, Mary C. 52, Robert P. 29, George W. 25, John P. 23, Thomas J. 19, James M. 14, Elvira F. 17, Henrietta E. 15
PARRISH, William W. 54*, Louisa 38, Parks F. 16, Armilda 15, William S. 11, Andrew J. 9, Ormallice 3, Paschal W. 10/12
JOHNSON, Fleming T. 25*
JOHNSON, Micajah 51*, Nathaniel H. 17, Louisa 15, Thomas 12, Richard M. 9
FARRIS, William B. 25*, Judith T. 21
PARRISH, Nathaniel H. 55, Martha J. 30, William C. 19, Oschar 14, Ellen 15, John T. 3, George T. 1

Schedule Page 443

LAWLESS, Peter 57
DUFF, Thomas Q. 28, Margaret 17, Sarah E. 15, Frances 12
MYERS, Hervey S. 39*, Mary A. 39, William L. 13, Mary E. 10, Nancy W. 3
CHAPLIN, Betsey 65*
RITTER, Bushrod 22*
WOOTEN, Anderson 41*, Harriet L. 35, Eliza J. 14, William A. 10, Henrietta 8, Joseph 6, Dink 2
DOSS, Edward W. 20*
DAVIS, Jane 70*, Thomas J. 30
BOSLEY, Robert E. 10*
MAYFIELD, John 43, Virginia L. 40, Robert M. 20, Mary E. 18, Joseph 16, William R. 14, Sarah 12, Susan 10, Lucy 8, John 6, James J. 4, George 2, Babe 4/12
BRADFORD, Samuel C. 42*, Lucinda G. 33, James S. 20, William W. 14, Mary S. 7; Edward A. 6

1850 Census Barren County Kentucky

FRANCE, Elizabeth 24*
DILLARD, Henry 18*
WOOD, John 30*
FORBES, Nathaniel 49, Sally 39, Joseph H. 13, Melvina 11, William H. 9, Frances 7, Felix 5, Thursey 2, James 1
WOOD, William J. jr. 35, Margaret G. 28, Charles 8, Clarrence 3, William 1
NEWBERRY, Levi 65, Elizabeth 62
KIRTLEY, Paschal J. 48*, Mary 41, Hiver 23, Perry 19, Martha 14, Louisa 12, Mary Ann 10, Paschal J. jr. 7, Sally 5, Cassandria E. 2
HENRY, William P. 14*
NEWBERRY, Joseph B. 42, Louisa V. 39, Thomas L. 17, Mary J. 15, Edatha 14, Hiram 12, Willis B. 11, Louisa U. 9, Martha M. 6, Delaware F. 1 (f)

Schedule Page 444

WATKINS, Anselm 54, Elizabeth R. 43, Mary J. 43, Mary J. 18, Clifton R. 9, Laura J. 8
GAMSTEAD, Phillip W. 41*, Angelina 35, William E. 16, George 14, Emily 12, Robert E. 10, Christopher 8, Laura E. 6, John P. 4, Crittenden 2
JONES, Elizabeth 24*
JONES, Nicholas W. 45, Mary 33, Martha 5, Brother 2
GOODE, Ann 52, Ebenezer 18, Joseph 17, Thomas 15, Harriet 13
LOVE, William sr. 51, Polly 44, John 19, Harriet 21, Wesley 17, Thomas 15, Doctor 13, Martha 10, Henry 7, Mary 5, Emily 3, Babe 5/12 (f)
BOYD, Hiram 55, Cynthia 46, Elizabeth 18, Joseph 17, Ollive 15, Martha 14, Cynthia A. 12, Pokahontus R. 10, Melissa J. 9, Clement 6 (m), Louisa 4, Samuel D. 1
FOX, Charles J. 29, Emma 24, Charles W. 6, Mary R. 5, John S. 3, Sarah E. 1
FORBIN, Felix G. 33, Eliza A. 24, William W. 9, Sarah M. 7
HESTER, William J. 26, Letty Ann 20, william W. 3, Dorinda A. 3/12
HESTER, Washington 23, Lydia A. 20, George W. 7/12
ROGERS, William B. 46*, Nancy 44, John B. 15, Mary M. 13, William L. 12, Charles B. 10, George W. 7, Margaret A. 5, Henry L. 2
BAGBY, Matilda 75*, Ann E. 18, John A. 16
WALTON, John L. 52*, Elizabeth 48, Frances P. 20, Martha L. 17, Elizabeth A. 14, Margaret F. 11, Demarus F. 9, John W. 6

Schedule Page 445

HESTER, Andrew W. 8*
BUNNELL, Samuel W. 21*
RICHARDSON, Elizabeth 59, Dudley 14
COX, America A. 34, Jefferson J. 12, Cassander 8
SCOTT, Alexander 20, Betsey A. 20
SMITH, James B. 21*
GARRISON, William 21*
BAIRD, Gersham 42, Laura M. 21
BUTTON, Jordan 36, Emily J. 22, John T. 16, Martha V. 14, Lucy F. 13, Mary S. 11, Amanda C. 10, James A. 9, Thomas J. 8, Ambrose T. 4, Sarah J. 2, Puss 4/12
WADE, Jeremiah 30, Frances 22
GARRISON, James 53, Agness 46, James G. 23, Charles B. 18, Sarah F. 15, Martha J. 13, Joseph O. 7, Lewis F. 4, Willis W. 1

1850 Census Barren County Kentucky

GARRISON, John R. 25, Sarah F. 15
SMITH, Thomas G. 41*, Mary J. 39, Joseph M. 15, Eugene M. 14, Emily S. 9, Sarah J. 7, Barnett 3
DEWEEESE, William 19*
COLE, Ira 39, Virginia A. 36, William J. 13, Henry W. 8, Christopher C. 6, George F. 4, John N. 2, Josephine B. 2/12
SMITH, Mildred 50, Mary 16, Luann 14, William 21
HUNN, Thomas G. 39, Hetty 37, James M. 12, Samuel 8, Ester 5, Francis T. 21
SMITH, Mary 60*, John F. 18, Margaret C. 14, Benjamin F. 38
WOOD, Martha 10*, Elizabeth 7
GRAYSON, Jane 85
COX, Sally 68
LANE, Samul 41, Julia A. 34, Frances C. 11, John W. 9, Mary A. 6, Charles J. 4

Schedule Page 446

LANE, John 27, Ellen 22, James 81, Mary 60
TWYMAN, Abram 78, Sarah 75, Mildred 39
TWYMAN, John 65, Margaret 61
TWYMAN, William 40, Eliza W. 30, Mary F. 10, Ann E. 4, Martha T. 1
MONDAY, George W. 36, Frances 37, Margaret A. 12, Nancy E. 8, Sally B. 4
COX, William 45, Jane 27, Lucinda F. 4, George W. 3, Joseph R. 2, William E. 1
EDWARDS, Henry 33*, Martha 35, John W. 9, Jesse N. 7
TAWNER?, Martha 31*
COMBS, William 22
SHIRLEY, James 46, Polly 44, Martha E. 22, Albert E. 19, Robert L. 17, Lucinda 11, Mary J. 9, Richard 5
TANNER, William P. 27, Escenith 28 (f), Lucinda F. 6, Parthena F. 3, William F. 1, Thomas H. 1
READ, John 52, Sarah 39, Alexander P. 10, Martha A. 8, Amanda 7, John 6, Sarah 3
REYNOLDS, Robert 32, Emily D. 25, Joseph H. 17, David 15, Nancy 13, Catharine 12, Reuben 6, Jeremiah 5, Fanteroy 2 (m)
GOODIN, Elizabeth 41, William H. 28, Margaret E. 18, Robert 14
SLOAN, Henry 39, Elizabeth 36, Margaret E. 12, Mary C. 11, Celia A. 9
SLOAN, John 21, Martha 22, William 2/12, Mary Ann 52
DEWEESE, Nancy 32*, James 12
GUY, Lucy 49*
SPOTTSWOOD, Sally 47*
HUNDLEY, Thomas 29*, Elizabeth 27, Nancy 25, Robert 34
SHIRLEY, Henry 51, Sophia 43, Susan A. 13, Mary A. 3

Schedule Page 447

DUNAWAY, Aquilla 35 (m), Mary 34, Eliza J. 16, John D. 13, Lucy A. 12, Harriet 10, Martha 8, Mary 5, Charlotte 4, Henry 2
HUFFMAN, John C. 32, Virginia A. 27, Bethelonian 7
CLARK, Thomas J. 44, Anne 45, Sally 21, John 16, Nancy 14, James 10
YOUNG, Robert H. 40*, Martha S. 35
GADBERRY, Thomas J. 24*

1850 Census Barren County Kentucky

MALONE, Samuel P. 67, Ann 59, Amanda 30, Isaac 28, Samuel R. 21, Annette 15, Mary R. 61
READ, Sinia 46 (B)
HARDING, John S. 47, Sarah M. 43, James 21, Harriet F. 18, Mary A. 16, John L. 15, Sarah M. 13, William A. 10, Augustine 7, Samarimus 3, Winfield S. 1
SMITH, Fanny 52 (B), Charlotte A. 11
BRENTS, Samuel W. 31*, Martha A. 21, Mary E. 1
ROOPE, Mary 65*
SANDIGE, Micajah 14*
ISBELL, James 46, Elizabeth 36, Susan M. 13, Lueisa C. 11, Sarah F. 6, Martha B. 1
COX, Israel 49*, Louisa 43, John F. 26, David 21, Mary 18, Sally 16, Eliza 13, Moses 10, Nancy 8, Robert 5, Joseph 3
CHITWOOD, Robert 19*
BAGBY, Roderick 52*, Virginia 44, Ann M. 18, Elvira L. 15, Charles R. 13
SMITH, John W. 7*
CHITWOOD, Creed C. 25, Mildred W. 21, Louisa J. 1, Steptoe 22 (m), Leay 21 (m), Wyle 28 (m)
WOOD, William jr. 70, Nancy 64, Ralph F. 40, John B. 20, Joseph W. 14, Joseph H. 13

Schedule Page 448

YATES, Weeden S. 35, Ermanella 26, Mary C. 8, Elizabeth F. 6
BRAODY, William 31, Sarah J. 21, Mary L. 6, Allice O. 4, Sarah E. 2, Armilda E. 3/12
HATCHER, Daniel 38, Nancy 34, Elvira J. 13, Isaphena 11, Susan E. 9, Jesse H. 7, Samuel G. 5, James T. 3
WINES, Melissa 40, James 20, Paschal 18, Martha 16, John 8, Catharine 2
BAGBY, William W. 25, Catharine W. 19
WARDER, John E. 41, Evaline 43, Eliza M. 16, Joseph H. 14, George W. 12, Francis M. 10, John B. 9, Mary J. 5
EVERETT, William G. 44*, Susanna 36, Sarah E. 18, Samuel T. 13, John F. 10, America L. 6, Jesse M. 1
PARBERRY, John L. 24*, William M. 28
WEST, William T. 19*
WEST, Robert 48*, Louisa 48, Lucinda J. 16, Robert H. 14, John H. 11, Edith 9, Durastus F. 8
DOYL, Robert 21*
PEMBERTON, John W. 39, Eilzabeth M. 32, Thomas H. 14, Charles T. 12, Spottswood 10, Sarah M. 7, Emily J. 5, George B. 2
BAILEY, William M. 26, Sarah A. 23, George T. 2, John H. 8/12
PRESTON, Booker 41, Mary S. 34, George A. 15, Pattrick H. 13, John D. 10, Frances J. 6, Alcey A. 2, William M. 5/12
SETTLE, Willis F. 24*, Eliza A. 24, Laura B. 2
GADBERRY, John F. 20*
BARBOUR, Edward 18*
MARTIN, Hudson W. 38, Judith A. 29, Letticia E. 8, Ann E. 5, William H. 3, John C. 1

Schedule Page 449

HAMILTON, Edwin 27, Milley A. 18, Martha J. 2, Elizabeth F. 4/12
PALMORE, William W. 25, Mary E. 20, Charles B. 2, Louisa J. 1
WALTON, George H. 43*, Cornelia 36, Eliza M. 17, John L. 14

1850 Census Barren County Kentucky

SMITH, Francis L. 28*
PARBERRY, James 26*
JAMESON, James 67*, Fanny 67, James M. 33, Charlotte 30, John J. 3
BURKS, Sally E. 3*
LOCK, Jacob B. 34, Catharine 34, William T. 11, Robert f. 9, Lucy A. 7, Orlando C. 5, Aquilla B. 2, Polly M. 7/365
FRENCH, Benjamin 53*, Martha 47, Jane M. 25, Martha A. 20, Nancy 17, Athula 16, Matilda 13, Robert Y. 12, James 1
BALES, David 47*
PERRICK, Thomas H. 38*, Sarah F. 34, Mildred L. 15, Margaret E. 13, William H. 11, Eliza C. 9, Martha A. 5, Jesse T. 3, Thomas B. 2/12
THOMPSON, William W. 45, Lucy 46, Elizabeth H. 16, Mary V. 14, Henry H. 12, John A. 11, James D. 8, Sarah W. 6
WOOD, Alexander J. 40, Elizabeth D. 36, Mary F. 12, John A. 5
MAGGARD, Henry T. 22, Frances E. 23, Mary B. 10/12
HORD, Catharine C. 60, John H. 33, James R. 24, Jane M. 17
EDWARDS, Alexander 40*, Julia A. 37, William C. 11, Mary 9, Ophelia 7, Cyrus 4, Laura 2
MONTGOMERY, Elizabeth 71*
FERGUSON, James H. 22, Araminta 18
SHAW, John W. 23, Lucinda 29, Mary C. 1, John R. 1/12
EDWARDS, Catharine 58*, Benjamin F. 23, William J. 21, Alexander 18

Schedule Page 450

SCHOOLER, Lewis E. 11*
EDWARDS, Thomas J. 28, Demarus 21 (f), Solon 2, Martha 3/12
EDWARDS, Cader K. 59 (m), Anne 51, Angelina 22, Cephas D. 15 (m), James H. 12, C. Columbus 8
TERRY, John A. 46*, Sally 42, James E. 20, Laura E. 18, Sally D. 16, Robert A. 14, John L. 13, Pouhattan 11, Ellen T. B. 9, Theophelus 7, David C. 5, William S. 3, Peter D. 1
READ, Daniel 65* (B)
SHIPLEY, Zechariah 35, Elizabeth 34, Mary M. 10, Nancy C. 8, Virginia A. 6, George M. D. 4, Benjamin W. 1
SNODDY, John J. 48, Eliza C. 42, Lucy C. 20, Carey A. 18 (m), Jane P. 16, Fanny D. 13, Alanson T. 9, Ann B. 6, Edwin L. 4, Samuel G. 1
ARNOLD, James 67*, Winnifred 69, Elisha 25
BERRY, Matilda A. 17*
WATTS, Bennett S. 40, Nancy 40, Elizabeth 14, William C. 12, Sarah 8, John 5, Elizabeth 69
ADWELL, Dernen 28, Margaret 26, William 7, John 5, Martha A. 2, Babe 3/12 (m)
GAINSTEAD, James 60*, Nancy 55, Mary A. 32, Elizabeth 23, Emaline 21, Julia A. 19, James W. 14
EUBANKS, Elizabeth 40*
PADGETT, Tabbitha 52, Mary 35, Rebecca 32, Susan 28, Elizabeth 25, Eliza 17
MARSHALL, James H. 31, Lucinda 26, Samuel F. 7, Moses T. 2
MORRISON, William B. 52, Frances 54, America 26, Elizabeth A. 24, Virginia 21, William J. 19, Henry C. 17, Mildred J. 14, Christopher T. 12

1850 Census Barren County Kentucky

Schedule Page 451

ANDERSON, Martha 75, Polly 45, Henry 33
MARSHALL, Abagail 64, Robert 28, Rachel 24, Sarah E. 22
MATTHEWS, John N. 73*, Elizabeth 60, William 32
BOULES, John A. 23*
MATTHEWS, James 41, Ann 32, John A. 12, Frances A. 10, Martha E. 8, Marcellus 6, Andrew 4, Nancy J. 2, Mary E. 1/12
MATTHEWS, Anderson 36, Amanda 29, Joseph 11, William 9, Eliza J. 6, George D. 5
NUCHOLS, David 59, Philadelphia 48, Harriet J. 21, James 18, Martha M. 16, Sally J. 14, Susan P. 12, Philadelphia J. 8, Benjamin K. 5
MATTHEWS, Isaiah 36, Frances R. 31, Lucinda B. 9, Elizabeth 7, William 4, Granville 2
BOWLES, Nathan 46*, Dorothy 24, William T. 21, James H. 19, Elijah M. 17, Elizabeth A. 14, Mary E. 12, Isaiah T. 10, Sarah J. 6, Nancy B. 2, Malinda E. 1/24
ANDERSON, Pattrick M. 61*
SAUNDERS, Robert N. 26*, Jane 22, James E. 2, William 9/12
WILLBURN, Sarah 17*
BUCKLEY, William T. 39, Elizabeth 39, Catharine 19, Joshua 18, John 15, William D. 13, Mary E. 11, Joseph F. 9, Harvey C. 6, Joice E. 4, Wilson R. 2
STOUT, Ephraim 56, Joice R. 46, Daniel 18, Joshua P. 15, Samuel C. 14, Sarah M. 11, Joice R. 8, Narcissa 6
PEDEN, Moses 35, Elizabeth 28, Andrew 7, Mary T. 5, John 2

Schedule Page 452

NICHOLS, Phillip M. 48, Frances P. 44, Mary E. 22, James A. 20, Susan E. 19, Richard H. 18, Ozias D. 14 (m), Spicey J. 13 (f), Sophronia E. 12, Elias L. 10, Neuton H. 8, John B. 6, Phillip H. 5, Margaret F. 2
WARD, Robert H. 35, Charlotte 27, John W. 7, America 6, Marietta 1, Powell 3/12
BURCH, Phillip 23, Elizabeth 30, Nancy A. 4, Hezekiah 1, Elizabeth 73
PURSLEY, Joseph T. 34*, Sophronia E. 27, Jehu C. 2, Nancy M. 1/12
NICHOLS, Margaret F. 55*
PURLSEY, John J. 45, Polly 39, Nancy J. 20, Mary E. 18, Joshua 17, Ann M. 15, Missina M. 12, Jabez W. 10, Joseph T. 3
FOSTER, Lucinda 45, John A. 25, Joseph B. 20, Martha J. 13, Sarah 11
THOMPSON, Asa 38, Mary J. 28, Rinthia J. 8, Edmund S. 1
WOOD, James 79, Elizabeth 35, Burton 34
BAILEY, Eliza J. 34, James M. 12, Missina A. 10, Virginia 9, America 9, Mary R. 1
PURSLEY, William 63, Missenia 50
WILLIS, Sally 59, William L. T. 30, John G. 24, Sally 22
DEPP, Peter 55, Drucilla 53, William 29, Thomas 24, Joel W. 19, Virginia C. 17, Christopher T. 14, Mary H. 10
HARLAN, Thomas 64*, Elizabeth 61, Amanda 16
DUNCAN, Sarah E. 14*
LAUREN, Aaron 59, Elizabeth 57, Thomas M. 24, Elizabeth 22, Frances M. 17
SPENCER, John H. 50, Drucilla 34, James 16, John A. 12, Tyler B. 10

1850 Census Barren County Kentucky

Schedule Page 453

BROADY, James W. 23, Susan A. 23, John T. 4/12
DEEN, Jones A. 38, Julia A. 33, Lamira 13, Erastus 11, Christopher T. 9, Nancy E. 7, Eliza A. 5, John W. 2
MCGEE, Elizabeth 46, Mary S. 16, Sarah A. E. 13
DEEN, Joseph 33, Huldah 25
DEEN, William A. 42, Charity 35, Nancy C. 14, Rebecca A. 12, William H. 9, Joseph W. 7, Orpha J. 5, John J. 3, Sarah E. 7/12
GILL, Henry H. 26, Louisa J. 21, Elizabeth A. 6, James S. 2
SMITH, William F. 45, Elizabeth 32, Mary A. 14, John T. 12, William R. H. 6, James R. 4, Lucy M. 3, Virginia 9/12
HAMMELL, Robert 49, Elizabeth 38, Henry C. 15, Caroline J. 14, Laura E. 6
BYBEE, John L. 40, Nancy 33, Henry C. 15, Jemima E. 13, Christopher T. 12, Mark D. 10, Joseph J. 8, William E. 6, Thomas M. 5, Mary A. 1
ONEAL, James R. 53, Martha 58, Martha F. 23
BENNETT, Nancy 50, Joseph 25, James R. 22, Sophia C. 20, Minerva 15, John M. 12, Judith T. 10, Jesse U. 9
PEDIGO, John P. 49*, Ruth 39, Wales 22, Mary B. 19, John P. 14, Van B. 12, Permelia S. 10, Eliza F. 8, Ruth C. 6, Bushrod L. 3
DURHAM, Thomas 69*
COX, John 45, Polly 29, Alexander 15, Louisa 10, Judith 8, John 7, James O. 3, Joseph 1

Schedule Page 454

SETTLE, Isaac W. 52*, Caroline 44, Permelia A. 18, William 16, Sarah F. 13, Hanibal 10, Willis 8, Caroline 6, Mary E. 4
KEEL, Jane 50*
KEY, William 57, Nancy 51
MARTIN, Hiram W. 33, Kitty 28, Joseph H. 9, John W. 8, Lucy A. 7, Martha J. 6, Julia F. 3, James R. 2, Eugene 7/12
MARTIN, James H. 41*, Frances 30, William E. 15, Mary E. 9, Joel T. 7, Lucy J. 3, George Ann 7/12
FRANKLIN, George H. 18*
BROADY, Joseph 26, Melvina L. 24, James H. 3, William S. 1
NICHOLS, Elias 52, Mildred J. 19, America L. 17, James R. 15, Nancy 13, Elizabeth 13, George 10, Lucy 9, Martha 9, Mary A. 20
BROADY, John jr. 38, Elizabeth 38, William G. 13, Daniel R. 11, Mary J. 9, Martha B. 7, John C. 4, Zachery T. 3, Dick 4/12
PIPER, John sr. 55, Jincey 44, Albert 17, Luann 15, Mary 13, Julia 10, Susan 6, John 3
TOOMY, Robert 25, Lucretia 21, Mary C. 1
WILLIAMS, John 36, Polly 33, Louisa 15, James 12, Jonathan 10, Aaron 7, Nancy E. 5, Alexander 9/12
LAUSON, Bennet 32, Calferma 24, Martha E. 9, Elizabeth M. 6, Sarah C. 4, William H. 1
TOOMEY, John 31, Elizabeth 24, Caroline V. 5, Mary N. 3, Vallevia 2, Martha W. 1/12
FRANKLIN, Jeremiah 48*, Lucy 52

1850 Census Barren County Kentucky

Schedule Page 455

SPENCER, William H. 25*, Virginia 19
GLASS, David 49, Ester F. 42, John 19, Elizabeth 17, Mary 15, Lucy 13, Margaret 9, James 5, Claibourn 1
SPENCER, William 49*, Elizabeth N. 49, James E. 22, Robert H. 18
BISHOP, Betsey M. 75*
SLEMMENS, John C. 31, Nancy 25, William W. 5, Margaret E. 3
ANDERSEN, Barker T. 58, Sally 59, Martin P. 22, Nancy S. 17, Willis T. 16, Lucinda J. 14
DOUGHERTY, Mary 32, Robert W. 11, James W. 9, Sarah C. 7, Nancy C. 5
BESS, Elias L. 26*, Nancy 18, Peter 21, Samuel 24, Alexander W. 26
SNIDER, Elias 22*
GLASS, Benjamin 68*, Susanna 58, Benjamin jr. 16
PAYNE, Nancy 3*
SPENCER, Daniel 39, Martha 37, Samuel N. 16, George M. 14, Mary J. 11, John D. 7, James T. 5, Dolly 6/12
BALDOCK, John 27, Minerva J. 21, William M. 3, Mary J. 1
GLASS, William 21, Polly H. 20
NEVILLE, Joseph 65, Ann 62, Rachel 22, Joseph 18, James 17
HUNDLEY, Jemima 37, Harriet A. 18, James 16, Robert 13, Sally 10, Joseph 9, Josephine 6
CLARK, Ned 49 (B)
GLASS, Lewis F. 36, Permelia 20, William H. 4, Susan 2, Joseph R. 1
PETTY, Ralph 82, Elizabeth 50
GILL, John S. 45, Sally 42, Joseph E. 21, Julia A.a 17, John A. 15, William M. 13, Catharine M. 12, Robert H. 11, Benjamin F. 8, Dosier C. 6, Zachery T. 2, George 19

Schedule Page 456

MECHUM?, William 73*, Hannah 47, Hartgrove 9, William 4
MURRAY, John M. 24*, Damarus D. 21, Julia 22, Margaret J. 17, Jesse C. 11, Benjamin F. 30, Mary E. 8
GASSOWAY, Patrick H. 26
ARNOLD, William 40, Rebecca 31, James R. 16, William 12, Francis 10, Mary A. 9, Louisa J. 7, Marcellus 5, John T. 2
CALLAHAN, E. M. 27 (m), Elizabeth 27, James W. 3, Mary J. 2, Zachary T. 4/12
BYBEE, William 46*, Sarah 42, Robert D. 20, George 17, Clinton 8, Dick 6, Samuel Spencer 21
SMITH, Caleb 46, Senia 46, James A. 17, Marion 15 (m), Susaanna 13, Sarah F. 11
ANDERSON, Samuel 68*, Dianna 65
SMITH, Henry 21*, Betsey 25
MARTIN, John B. 64, Jane 56, Luann 28, Lafayette 25, Mary 22, Jacob 20, Francis M. 18, Sarah 15
WREN, Narcissa 27*, Luann 6, John C. 4
SWOPE, George 29*
MCGEE, Elizabeth 84*
PARKS, Thomas S. 32, Maria 33, Christopher C. 8, Melissa D. 6, John T. 4, Sarah L. 2, William S. 8/12
DICKINSON, Benjamin T. 61, Sally 52, William H. 9
SLAUGHTER, Phillip L. 28, Melvina C. 23, John F. 5, Mary C. 3, Thomas H. 2, Malinda B. 1/24

1850 Census Barren County Kentucky

CRAWFORD, Fisher 40, Unity 33, Melissa 8, David M. 7, Mary S. 5, John R. 4, William T. 2, Rebecca M. 11/12, Mary 76

Schedule Page 457

SPENCER, George M. 32, Isabella 32, William 10, Margaret A. 8, Larrinda 7, Araminta S. 5, James H. 3, Cager 1
HUGHS, Robert 42*, Julia A. 32, Logan R. 17, Ellen N. 14, Amanda J. 11, William H. 8, John C. 5, Rachel M. 3, Laura B. 9/12
GASSAWAY, James M. 25*
JONES, Oselridge J. 26, Tallitha 36, Elmira 1
DEWEESE, John C. 26, Martha A. 25
DEWEESE, Samuel H. 38, Charlotte 25, John T. 8, Lucy H. B. 1
BRYOM, Albert 33*, Eliza J. 20, James L. 1
SETTLE, Lucian J. 21*
DEWEESE, David 66*, Rhoda 65
FERGUSON, Elizabeth 6*
BOYD, Betsey 18*
MONDAY, Richard H. 40, Sarah 31, Charles F. 12, Phillip H. 11, Mary A. 9, Margaret J. 7, Samuel 6, Nancy C. 4, Sarah E. 2
OVERSTREET, John D. 33, Eliza J. 29, Nancy E. 8, Melissa F. 6
KINNAIRD, Joseph 31*, Cornelia 28, George 8, James D. 5, Ann E. 3, Malinda F. 6/12
MONDAY, Frances E. 33*
SHANNON, William P. 52, Sophia 52
WILLIAMS, Thomas 33, Mary 39, James F. 14, Harriet 13, Margaret 10, Mary 7, Thomas 5, Robert 2
SCRIMINGER, John 48, Sally 39, Betsey A. 18, Henry 13, Melvina 11, Samuel D. 9, Martha 7, George M. D. 5, Corine 3/12
GRIGGS, Squire 36*
RENNICK, Henry 21*
DEWEESE, Nancy 46, Frances 16
RENNICK, James 74, Ann 40, Rachel 35, Polly 32, Artemissa 25, Elizabeth 21, Robert 30, James 17

Schedule Page 458

GILL, Edward 37, Darcas 47, Mary A. 17, Virginia B. 15, Frances E. 9, William S. 7
PAYNE, Vincent 31, Mildred 24, Susan M. 7, James W. 5, Benjamin F. 3, William H. 5/12, Lettice 40, Nancy E. 2
HARBISON, Joshua 23, Polly 20, Samuel 25
GILL, George W. 28, Mildred C. 20, Sarah M. 2, Martha A. 2/12
NEVILL, Joseph D. 27, Susan 26, William H. 5, John W. 3, James 2
FRANKLIN, Lewis 45*, Elizabeth 44, Lucy J. 8, Mary M. 6, Elvira E. 4
RENNICK, Nancy L. 17*, George 14, William 12
DEFRIES, William T. 45, Jane 50, Nathan F. 20, Edley P. 18, William A. 14, James M. 12, George W. 8, Madison T. 6, James L. 18
DEFRIES, Archabald P. 40, Emily 38, Sanford A. 8, Sidney A. 3, Joseph E. C. 1
WILSON, Matthew 30, Lucy A. 24, Mary M. 7, Louisa F. 6, William H. 4, Beede J. 2 (f), Elisha R. 1

1850 Census Barren County Kentucky

THOMPSON, Samuel W. 49, Susan M. 24, Susanna 17, Mary C. 14, Samuel W. 12, Manlius V. 9, Robert H. 7, Sarah E. 2
DEFRIES, John 24, Polly A. 22, Jemima C. 1
SHOCKLEY, Thomas J. 30, Elizabeth C. 24
BOULES, John 58*, Editha A. 34, Eliza M. 32, John M. 21, Lafayette 17, Eliza C. 15, Willis W. 14, Martha 12, Harriet 9
WHITE, John M. 7/12*

Schedule Page 459

HARBISON, Eli 28, Elizabeth 26, William F. 7, Robert H. 5, James M. 3, Babe 7/12 (m)
SHIRLEY, Elijah 47, Mary A. 42, Robert 19, Amanda 18, Thomas M. 15, William J. 12, Mary 14, John 11, Eli 9, Sarah A. 6, James A. 4, Frances 2
GEE, Lucas 31, Sally 35, Amanda E. 10, Martha E. 6
HARBISON, Matthew 57*, Elizabeth 51, Henry S. 15, Lucinda F. 12
BYBEE, Thomas L. 16*
RENNICK, Samuel 35, Sally 30, Emily 10, Richard 8, Lucinda 5, Araminta 4, Tihlman 3, Robert 2, Reuben 1/12
HARPER, James W. 38*, Marietta 26, Margaret A. 2, Louisa 6/12, Elizabeth 80
BAILEY, James M. 12*
EDWARD, Sally 14*
BISHOP, Laurence 26*
FRANKLIN, George W. 37, Jane 34, Mary M. 12, James O. 10, Martha J. 8, Lucinda 6, George H. 4, Sis 2/12
HARPER, Frances 45, Martha E. 22, Amanda 21, Sally 18, Lucy 16, Wilson 13, Clarissa 11, Whitfield 9, Jeremiah 47
MILLER, Joshua 59 (B)
PURKINS, John 42, Emma 48, Martha C. 19, Thomas H. 16, Sophia W. 14, Sarah B. 12, John W. 10, James H. 8
MILLER, James 31, Frances 37, Robert 12, Mary P. 5, John W. 3, Lucy E. 11/12
LEEPER, Weston 54, Sophia 42
HARBISON, William 31, Frances 28, Adam T. 10, Sarah A. 7, Lewis R. 4
BROWN, Charles 32*, Martha 22, Thomas 6, William W. 3, Zachery T. 4/12

Schedule Page 460

PEDIGO, Betsey 23*
BYBEE, Neal M. 37, Anna 25, Ruth A. 13, John J. 11, Nancy 7, Charity 6, Willis 5
EVANS, William sr. 62, Anne 48, James R. 19, Thomas E. 17, Amanda F. 15, John C. 10, Samuel M. 2
WILLIAMS, Malinda J. 24, Quintilla 5, Mary E. 3, George Ann 1
TURNSTALL, Leonard H. 64, Elizabeth E. 56, Henry L. 40, Elizabeth P. 25, Huldah R. 21, John B. 16, Mary E. 10
SHIRLEY, Benjamin 28, Maria T. 30, Lewis M. 6, Edward H. 4, Zerelda T. 2
TUDER, Mary 51*
JOHNSON, Angelina 11*
TUDER, Henry 69*, Mary J. 65, Frances J. 37, Susan G. 22
BUTTON, Whitfield 10*
MCMURTRY, Samuel 42, Louisa 33, William A. 13, Joseph 12, Micajah 10, Susan M. 8, Jacob 6, Jonathan 3, Sarah E. 6/12

1850 Census Barren County Kentucky

TUDER, Wiley 42*, Mary 37
BYBEE, Albert H. 12*, William T. 8
TUDER, John 75, Rosanna 54, Nicholas 16
PAYNE, Elvira 39, Mary 21, Amanda 19, Elizabeth C. 17, Catharine 15, Albany 13, Elvira F. 7, Rewben 5, Martha E. 2, Melden W. 8/12, Sally S. 8/12
TUDER, Haiden 33*, Lucy J. 23, Sibby Ann 6, Thomas H. 11/12
BUTTON, James 11*
WITTY, Milton 47, Lucy 39, James 23, Ezekiel 20, Rewben 18, Milton jr. 16
MCCOMBS, John R. 39*, Washington G. 37
WHITE, Elizabeth 41*
BRANSTETTER, Eli M. 36, Amanda M. 28, Araminta 11, Christopher C. 4, Lucittus M. 2

Schedule Page 461

BRANSTETTER, Peter S. 38, Martha 28, Elizabeth C. 10, William J. 9, Zachariah C. 8, Peter S. 5, Eli M. 3, Amanda J. 1
TURNER, John F. 26, Elizabeth 23, Benjamin 5, Mary C. 3, Milton W. 1
CLARK, Joseph J. 23, Nancy J. 18, Nancy G. 50
SHIVE, Phillip A. 27*, Lucretia 35, Nancy C. 2, Little 2/12
EDWARDS, Charlotte F. 14*
SARTAIN, Alfred 33, Rachel 27, Eliza F. 11, Sarah 8, Joel C. 3/12
CLARK, William H. 26*, Catharine 30, Polvenia G. 5, Elizabeth F. 3, Samuel W. 1
LAWSON, Aaron jr. 17*
GEE, Neavil 47, Elizabeth 47, William L. 20, Sally A. 18, Emaline G. 16, Lucinda F. 15, Jefferson S. 12
CLARK, Thomas N. 27*, Elizabeth 26, Josephas 5, Caroline 3, William J. 7/12
WORD, John 21*
BUTTON, Frances 26*
SARTAIN, Lewis 31, Mary J. 28, Sarah E. 7, Isaac N. 3
BOULES, Austin W. 29, Nancy H. 22, Crittenden S. 3, John D. 1
BRANSTETTER, John W. 29*, Sarah 25, Mary E. 5, James G. 2
WADE, Elizabeth 26*
PERKINS, Reuben 28, Mary D. 28, Thomas 3
THOMPSON, James A. 25, Elizabeth J. 21
TAYLOR, Disey 37, Polly Ann 19, Lurane 13
PERKINS, James jr. 21, Nelley 19
PERKINS, William W. 27, Lucy 23, Ann E. 2/12
DIXON, John 30, Mary W. 29, John T. 8, Jeremiah H. 5
ARNOLD, Henry E. 38, Elizabeth 30, Eliza J. 13, Christopher C. 11, Thomas J. 7, Henry W. 5, Nancy C. 4, Calvin C. 2

Schedule Page 462

PERKINS, James sr. 54, Martha 46, James jr. 18, Sally J. 13
PERKINS, Joseph 25*, Nancy 25
WHITLOW, Abram 17*
FORD, Austin D. 29, Kitty B. 28, John T. 6, James H. 4, Sarah C. 2, Martha E. 1/12
WILSON, Joshua 50*, Julia A. 22, Mary E. 20, Sarah C. 15
HOLLOWAY, Clarissa 24*

1850 Census Barren County Kentucky

WHITLOW, Margaret A. 46, William H. 19, Nicholas F. 13, Martha J. 11, Britton P. 9, Sally 4
WITTY, Bird D. 30, Leanna 28, Ezekiel 8, James 6, George 4, Patsey A. 2, Mary 66
PEDIGO, Henry 47, Judith 47, John J. 18, Sally A. 21, Spicey B. 15, Thomas P. 13, Martha L. 11, William H. 9, Lewis D. 4
NUNNALLY, Robert 54, Sally 50, William H. 26, Mary E. 20, Andrew J. 16, Benjamin F. 13, Nancy B. 11, James A. 7
SARTAIN, Joel 58*, Sally 56, Joe Jr. 20, Polly Ann 17
WORD, William jr. 23*
HUFFMAN, Marion 27, Nancy 24, William J. 2, Mary S. 1
WORD, William sr. 60, Elizabeth 55, Elijah 25, Martha 24, Elizabeth 17
NUNNALLY, John B. 46, Elizabeth 45, Amanda A. H. 22, Dabney L. 20, Milton Q. 19, Jefferson S. 16, Eliza J. 14, Nelson W. 12, Lucinda S. 9, Silas B. 7
GLASS, James 38, Nancy 27, Lewis 10, Benjamin 9, Joseph 7, Martha J. 4, William H. 1
PAYNE, Nathan 34, Mary 27, William 8, Benjamin 6, Edmund 4, Alexander 2, Susanna E. 4/12

Schedule Page 463

HUFFMAN, William H. 24, Nancy 22
DOUGHERTY, Michael 63*, Nancy 63, Isabella 28, William 30, John A. 24
PEDIGO, Preston P. 19*
DOUGHERTY, Mark 33*, Sarah S. 26, William 9, Martha 5, Fidelia 3, Susan 1
HAMMER, Emory 25*
CLARK, Elizabeth 52*
HUMPHREY, James 85, Nancy 76
RITTER, Isaac 53, Helen 47, Serilda 22, Sarah 20, Emily 15, William B. 18, Isaac S. 7
HUFFMAN, Thomas 67, Ollive 52, Mary E. 23, Nancy S. 19, Lucy J. 17, Sarah E. 15, John H. 13, Lewis F. 10, Jonathan H. 7
PEDIGO, Joseph 39, Elizabeth 36, Sarah J. 16, America A. 15, Ann E. 12, Felix T. 8, William 6, James T. 4, Nancy C. 2
POINTER, Sarah 69, Susan 28, Huldah 13, Rosa Ann 8, Malinda B. 5, Leonidas 4, Paulina 6/12
YOUNG, James L. 24*, Judith B. 18, Martha 1
GLOVER, Judith B. 50*, Spicey 16
NUNNALLY, Thomas G. 28*
BURCH, Lemuel L. 25, Polly 24
GLOVER, James T. 36, Sarah 26, Walter H. 9, Joseph W. 7, Robert W. 5, John B. 3, Buenavista A. 2
DENHAM, Emory P. 32, Elizabeth 41, William H. 8, Sarah E. 7, Joseph N. 6, Mary E. 4, John E. 2, Jacob S. 1
CHINOWTH, Archibald S. 37*, Malvina 34, Isaac N. 8, Mary A. 4, Joseph N. 3

Schedule Page 464

HOWSER, Rosanna 66*
CHESSY, Lemuel 34, Louisa 20, Polly Ann 2, Samuel J. 5/12
SHERFEY, Jacob 46, Catharine 44, Polley Ann 18, Jacob B. 17, Benjamin 13, Peter 5
ARP, Joel 47, Elizabeth 47, Phillip N. 17, Matthew T. 15, Priscilla E. 13, William R. 11, Daniel A. 10, Gidmore 8, Zachariah 1
ROBERTSON, Robert 51, Martha 46, Henry 18, Rebecca 20, Christopher 16, Benjamin 13, Robert 7, Eliza 6

1850 Census Barren County Kentucky

DICKINSON, Mary 57, Jehu 35, Sarah 30
EUBANK, Sarah 40*, George W. 27, Frances 23, Elizabeth 20
BOWMAN, Robert 18*
SCOTT, John 50, Margaret 50, Thomas J. 19, George W. 18, Smith A. 13, Marion M. 10, Zerilda 25, Sarah A. 24, Margaret F. 15
NORVELL, Moses L. 38, Rosa ann 32, Elizabeth S. 11, Malvina J. 9, William T. 7, Isaac H. 5, John E. 3, James A. 10/12
BURCH, William 28, Sarah J. 24, Eugenia M. 1/12
LOUGH, Solomon 49, Elizabeth 48, Rebecca A. 18, Abagail T. 8
LOUGH, Christopher H. 25, Elizabeth A. 31, Sarah J. 6, Ruth E. 3, Solomon J. 1
BELL, Robert W. 32, Mary 22, Ellender M. 1, Sally E. 1
GLOVER, James 61, Samanthia D. 10, John H. 8, William R. 5, Spicey 63
MCGLOUGHLAN, Mosby 40, Judith 41, Elizabeth 18, Polly 17, William 15, James 13, Martha J. 11, Amanda M. 9, John W. 6, Letticia F. 3, Robert T. 1

Schedule Page 465

PURSLEY, George W. 41, Virginia 38, William J. 17, Martha J. 15, James F. 13, John M. 10, Angelina E. 8, George %. 6, David M. 3, Mary S.?A.E. 5/12
BARBOUR, James 63, Rith 56 (f), James H. 20, Robert W. 14
WELLS, Washington 28, Louisa W. 23, Delila C. 1
WELLS, Barnett 43, Elizabeth J. 34, Walter T.? 13, Sarah S. 11, Algerine S. 8 (f), Jasper B. 6, Aaren S. 2, Benjamin H. 5/12
DODSON, Thomas 45*, Martha 41, Berriman 21, John C. 13, James V. 11, Mary 8, Martha 6, Ann 3, Reuben H. 1, Catharine 25
NOBLE, Malinda 17*, S. C. 22 (m), Thomas A. 2/12
CLARK, John 58*, Catharine 53, James C. 20, Samuel W. 18, Elijah J. 13, Charles F. 9
RUNIEN, Chrishanna 33*
CLARK, John M. 33, Sally 19, William J. 9, Elisha T. 8, Martha E. 6
PEDEN, Aliazer 53 (m), Sally W. 49, James H. 22, Synthia 19, John C. 17, Moses T. 14, Edmund H. 12, George R. 7, Elonzo 3
FOSTER, Bartlett 58, Susanna 58, Elenore P. 20, Susan P. 18, Jasper A. 15
FOSTER, Joseph H. 35, Susan E. 10, James A. 8, Joseph B. 6, William T. 2
UNDERWOOD, David 22, Sarah E. 23
SCOTT, James S. 28, Salina 24, Emily H. 2
FOSTER, James W. 32*, Susan 29, Martha A. 8, Mary S. 6, Robert E. 5, Joseph R. 2, James H. 2/12
SAUNDERS, John M. 18*
BAILEY, William W. 60, Elizabeth 50, Granville 19, Joseph P. 17, Isaiah R. 14, Martha S. E. 10, Susan E. 11

Schedule Page 466

PEDEN, Benjamin S. 27, Virginia F. 25, Willy Ann 5, Melissa J. 2/12
BAILEY, David S. 22, Martha J. 19, Mary F. A. 1, William H. 9/12
BAILEY, Henry J. 23, Elizabeth H. 23, James R. 5, Ephraem H. 3, Amanda J. 1
GARRISEN, James jr. 29, Mary J. 28, Margaret A. E. 4, William 2, Joseph T. 1/24, Thomas J. 22
QUICK, Charles 52, Judith 17, Martha J. 16, Lucinda 12, Franklin 10, John T. 9, Elizabeth S. 7

1850 Census Barren County Kentucky

FISHER, Solomon 29, Mary L. 29, James R. 8, Frances A. 5, Robert W. 2
GRAVIN, Alvin 40, America 35, Mortimore 16, Charles M. 14, John A. 11, Robert S. 8, Sarah E. 5, Susan E. 3, Virginia J. 1, Susan 55
MURRAY, John L. 36*, Sally S. 45, Susan F. 8, James W. 7, Virginia C. A. 3
ANDERSON, Mary E. 20*, Sally J. 18, Robert S. 15, Martha J. 13, Ann M. 12
HUGHS, William D. 26, Martha F. 24, Mary E. 2, John T. 2/12
HORVELL, William A. 42, Martha J. 30, Edmund M. H. 11, James O. 8, Sarah S. M. 3
THOMPSON, Arthur S. 32, Frances 28, Serilda J. 10, John W. 8, Adah A. 6, Lucy M. 5, Hesentine 3, Emily G. 6/12
LEWIS, Oschar 26, Elizabeth 28, John N. 4, Martha A. 1
BERRYMAN, William 56, Mary 51, John M. 29, Benjamin H. 24, William A. 21, Martha E. 19, Jilson H. 17, Felix G. 17, Battey L. 13, Levi C. 12

Schedule Page 467

HARGROVE, Fanny P. 52, Ann R. 30, Harriet E. 27, Charles J. 26, John T. 23
HARLAN, Stephen 36, Letticia 34, George R. 1
LEWIS, Jane 66, Charles A. 32, John M. 30
DENHAM, John C. 51, Isabella 40, Letticia 21, Isaac N. 20, Peter P. 17, Spisy S. 14 (f), Martha C. 13, Priscilla J. 9, John B. 7, William R. W. 1
GLOVER, William 67 (Esq.), Charity 60, Joseph H. 38, Elizabeth 27, William R. 29?
GLOVER, John A. 36, Susan R. 38
DENHAM, Michael N. 43, Chriesa 42, William W. 16, Sarah E. 13, Silas N. 11, Josephas M. 7, Thomas J. 5, Martha J. 2
OLIVER, George W. 33, Mary 32, Mary Jane 11, William W. 10, Elizabeth 7, Samuel J. 4, James N. 1
ISENBERG, Henry 24, Nancy 25, Lydia C. 4, Mary M. 2, Jacob 4/12
HUNT, John 37, Susan 35, Sarah J. 7, Enoch M. 4, James H. 3/12
JONS, Smith 43, Mary J. 29, Eliza A. 9, william J. 6, James S. 4, John T. 1, Mary 76
TAYLOR, David M. 43, Louisa M. 38, William D. 17, Permelia 15, Lucy A. 12, Thomas F. 10, Sophia 8, David M. 4, James M. 2
WILBOURN, Thompson 25, Elizabeth 22, Sarah E. 3, Mary J. 1
BUTTON, William 47, Jane 39, Elizabeth J. 17, Amanda M. 15, Martin H. 13, William S. 12, Henry H. 9, Mary S. 6, Francis M. 5, Andrew T. 3, Owen G. 8/12

Schedule Page 468

WOOTEN, Sarah 60*, Thomas D. 21, Peter 18, Sarah M. 16
FALLIS, Joseph T. 15*, Mary F. 17
DEPP, Thomas 44, Phebe D. 38, Elizabeth W. 18, Frances Y. 12, Susan T. 9, Phebe D. 4, William G. 1
PAYNE, Daniel 32, Margaret 25, Louisa J. 4, Ingram H. 1
WINN, James M. 26*, Louisa J. 26, Thomas J. 2
GIBSON, James 9*, George 7
SCRIVNER, William 21*
HOLSCLAW, Henry 74*, John 26, Margaret 31
WILSON, Marion 18 (m)*
BELL, Thomas 71*, Sally 64, Elizabeth 35, Sally 26, Ellenor H. 18, Margaret J. 16
ROGERS, Mary A. 29*, Sarah E. 6

1850 Census Barren County Kentucky

BELL, Samuel 21*
DENHAM, William R. 24, Isabella A. 23, Judith 64?, Mary M. 2, Nancy L. 9/12
DENHAM, Isaac N. 66, Elizabeth 68
BUCKINGHAM, Zachariah 37, Susan 27, Margaret 12, John L. 7, Monroe A. 8/12
GRAVIN, Robert 33, Elizabeth 16, Joice 5/12
BELLAMY, Samuel D. 31*, Chrissa H. 22, George H. 5, Martha E. 3, Mary E. 1
TUDER, Henry A. 16*
CURRY, Horban L. 46, Sarah M. 47, William C. 18, Augustine J. 16, Emily F. 14, Nancy E. 11, America C. 9, Norban S. 7, John J. 3
CURRY, Benjamin F. 23, Nancy A. 18
NUNNALLY, William B. 22, Mary J. 23, Alexander 4, John M. 2, Bird G. 2/12
CUNNINGHAM, James 46, Rebecca 36, James 12, George G. 11, Nancy 9, Rebecca 8, William T. 6, Martin D. 4, Sarah J. 1

Schedule Page 469

NUNNALLY, Morris 50, Nancy 50, Bird P. 21, Mickey 15 (f), Emory 13, Charles 8
WILSON, Hosea 55, Mary A. 45, Saloma J. 15, Charles A. 12, Frances 10, Clarissa B. 8
QUIMBY, James T. 23, Elizabeth 23, John T. 2
WILSON, William J. 35, Julia 25, James 10, Martha E. 4, Thomas L. 5/12
HUFFMAN, Elizabeth 61, Louisa 30, Lucinda 28, Patty A. 26, Albert 25, Nancy 24, Henry 22, Elizabeth 20
HOGAN, James 59, Ann 46, Mary 19, William 17, Albert 14, Martha 12, Elijah 9
HOGES, Allen 80, Louisa 24, Caloway 7, Nancy 6, Edmund 2, Mary 10/12
BALDOCK, Faulkner 35, Wyrinda 33, Albert 8, George 7, Ambrose 5, Sarah 2, Martha E. 6/12
QUIGLEY, Andrew 27*
WHITNEY, Kinchen 28 (m)*
RITTER, David B. 62*, Mary A. 60, David B. jr. 24, Jacob 19, Paulina J. 17
MITCHELL, Susanna 23*, Julia A. 7, Marcellus 5, James C. 2
WILSEN, William R. 9*, Luann D. 5
HUDSON, William 87, Tallitha 75
HODGES, William H. 32*, Lucinda 30, Elizabeth 2
WIERN, Tabbitha 62*
HODGES, Alfred D. 27, Eduny 23 (f), Emaline 6, Charles 4, Edmund 2
MOSER, Henry 27, Sarah A. 21, James 6, Isaac N. 4, Sarah A. 1
HODGES, Edmund 67, Susanna 50, John 23, Susanna 19, E____ 14 (m)

Schedule Page 470

SIKES, Daniel H. 40, Elizabeth 36, Amy W. 16, Lydia A. 14, Tabbitha H. 12, Lucy W. 10, William H. 8, Joseph W. 6, Elias B. 4, John W. 1
RITTER, Lewis 45, Elizabeth 35, Amanda J. 17, Willis 16, Sarah 14, Mary E. 6
HOPE, Minor 43, Mary 32, John 18, Catharine 15, Nancy 8, Mary 7, James 5, Isaac 2, Evaline 5/12
QUIGLEY, Jonathan 58, Hannah 56, Martin 22, Malinda 18, Lucinda 16, Jane 14, Wilsen 10
HOLSCLAW, Henry jr. 33, Lucinda 28, Sally 1
TUDER, Gabrael S. 42, Ellenor 45
QUIGLEY, William R. 27*, Isaphena 28
PATTERSON, Daniel 6*

1850 Census Barren County Kentucky

WILSON, Owen P. 37, Jane D. 28, Eliza A. 11, Joseph H. 9, James R. 7, Elizabeth 5, Christopher T. 4, William R. 2, Mary D. 6/12
PARKER, Thomas 45, Deborah 17, William 16, Michael 14, Elizabeth 12, Mary 12, Thomas 9, Natthaniel 5, James 3, Isaphena 3/12
JOB, John 41, Sarah 41, Elizabeth 18, George 16, Matilda 13, Hannah 11, William 10, Sarah A. 8, Mary 7, Amanda 4, Nancy 3, Martha 1
JACKSON, Isaac N. 29*, Sarah E. 20, Mary M. 2
PENDEGAS, John 10/12*
PHELPS, William 51*, Kesiah 55, Martha E. 23, Amanda S. 21, James M. 16, Littleberry 11, Casander J. 1
RICH, Mary E. 10*

Schedule Page 471

ALLEY, John 62, Clarissa 20, John jr. 13
SCARLETT, John 70, Arpa 70 (f)
SAUNDERS, Thomas M. 35 (B), Arpa 33 (f), William 7, Emily 6, Turner 4, Nancy 2
PHELPS, William 19, Elemeda 21
ATERBURN, James B. 31, Catharine 30, Enoch S. 6, Sarah E. 5, John W. 4, Elijah M. 4/12
VANCE, Martin S. 32*, Mary A. 31, Samuel 7, Martha F. 5, Sarah E. 10/12
BELLAMY, Elizabeth 22*
DICKERSON, Holland 25, Martha 24, William R. 3/12
BOWMAN, Rice D. 24*, Sarah 31
COX, James 10*
BOWMAN, John 50*, Molly 52, Ellis H. 20, Elijah K. 18
HAGAN, Malinda 5*
WITTY, Melden 38*, Clara W. 49, Abraham 17, Matilda J. 11, Mary 9, Clara W. 6
RITTER, Narcissa 19*
FULKS, Thomas 22, Charity 24, William T. 6, Mary J. 4, Sarah A. 3, Jemima J. 2, James L. 1/12
WADE, David 29*, Elizabeth 25, Martha E. 4, Mary V. T. 2, Minerva W. 4/12
DENHAM, Nancy 19*
WADE, James 72, Sally 48, James S. 19, Elizabeth 16
PACE, John J. 43, Martha E. 15, Lucinda C. 14, Joseph C. 12, Hezakiah P. 10, Harriet A. 8, Cordelia C. 6
WADE, David 74 (B), Nancy 80
LANE, William T. 32, Mary F. 25, David W. 9, Sarah A. 4, Mary 1
HUFFMAN, Henry 49, Eliza 41, Bennett E. 14, William A. 12, Lucinda E. 11, Emily E. 5, Henry C. 3, Robert E. 1
WADE, Augustine T. 39, Precilla A. 45, Matthew 12, Mary J. 11, John T. 9

Schedule Page 472

CHARLTON, John 28, Martha 25
WADE, James 63, Sally 65, Janaro? 17 (m)
CUNNINGHAM, Jacob J. 32, Sarah W. 32, Mary M. 6, Elizabeth D. 1
WILLIAMS, Jabez 36, Mary A. 30, Hester A. 10, Sarah R.? 7, Lemuel T. 6, Daniel G. 2, Elizabeth 1
JACKSON, Arthur A. B. 38, Phebe A. 35, Isaac F. 14, Narcissa 12, Jacob H. 9, William D. 8, Arthur B.? 6, Columbea O. 3 (f)

- 183 -

1850 Census Barren County Kentucky

HARLAN, John M. 24, Lucy J. 24, Stephen C. 3, Nancy E. 1
HUFFMAN, Edward 59, Nancy 47, John 20
GEE, John S. sr. 75, Susanna 75
GEE, John S. jr. 35, Sarah S. 23, Lemuel W. 5, George T. 3, Sarah H. 1
BRANSTETTER, John 59*, Elizabeth 52, Madison J. 20, Susanna 17, Michael P. 23, John L. 13
SHAW, Jane 10*
TUDER, James H. 40, Susanna 36, Virginia 15, Woodford 12, Melvina 10, Sciotha 9, Martina 5, Sanford 1
WILLIAMS, Garrard L. 30, Elizabeth 26, Susanna 5, Frances L. 2, Jemima E. 1
LEMMEN, William S. 25, Sarah J. 25, Martha J. 6/12
LEMMON, James G. 29, Elizabeth 22, Lutitia J. 2, Catharine 7/12
FERGUSON, Joseph 20, Louisa J. 23
PARK, Joseph W. 22, Elmira F. 22, Eliza J. 1/24
LEMMON, Jacob 62, Susanna 49, Margaret 22, Barbara E. 20, George W. 18, Nancy C. 16, JAcob F. 14, Jonathan S. 10, Josiah S. 8
FERGUSON, Sarah 70, Mary 38, Margaret 30

Schedule Page 473

ELLIOTT, Milly 86
STINSON, Polly 50, Polly Ann 30
MARTIN, Jesse G. 32, Matilda 37, Joseph B. 10, Jesse R. 8, William A. 7, Matilda J. 6, John C. 2, Patrick L. 1
BRANSTETTER, Elizabeth 61, Joseph C. 21, Barbara N. 14
HUFFMAN, Jesse 47, Nancy 49, William 14, Jesse L. 12, Nancy G. 8
TUDER, Joseph M. 21, Sarah A. 18, Catharine 1/12
HUNNALLY, William L. B. 37*, Jane A. 26, Joseph N. 11, Mary M. 9, William W. 7, Martha M. 5, Sarah A. 3, Maria J. 1, Walter 39
TUDER, William 24*, Nicholas W. 17
CLARK, Rachel 60 (B), Eliza J. 20, Matilda J. 6/12
CLARK, Nathan 35 (B)
BELLAMY, John E. 25
TUDER, Watson 40, Mary 32, Mary E. 17, James J. 10, Robert J. 4, Martha E. 4/12
BUTTON, Alfred 31, Martha W. 30, William C. 8, Benjamin J. 6, Thomas F. 4, Elizabeth S. 2, Lucy J. 1
PACE, William O. 26, Mary E. 24, William T. 3
TUDER, Overton 35*, Nancy 30, Mary A. 12, Martha W. 8, Eliza M. 4
BUTTON, Elizabeth J. 20*, William 19
BYBEE, Lee 32*, Dicey Ann 29, Jehu 9, Sarah M. 7, John W. 4, William L. 2
BUTTON, Zacheus 65*, Martha V. 16
WATT, David 48, Sarah 48, Jonathan 24, Barny 19, Ellen 16, Eliza 15, John 13, Edward 11, David 7, Letticia R. 5
BELLAMY, William 36, Frances 35, James 11, Sarah 9, Mary 7, John 5, Jemima 3, Benjamin 72

Schedule Page 474

HUTCHENS, Hamilton 35*, Lucy A. 31, Permelia J. 8, Nancy T. 5, George W. 1
BARTON, James 24*

1850 Census Barren County Kentucky

HUTCHENS, John 87, Molly 82
PEDIGO, James A. 25, Elizabeth 24, William H. 3, James E. 1, Henry T. 21
GLOVER, Campbell 30*, William 71, Sarah 64
SUMMERS, Ann R. 45*, Elizabeth 57
WINLOCK, William M. 30, Mary F. 27, Josaph T. 7, John 5, William 2
WELLS, William jr. 32, Lucinda 31, Frances J. 10, Mary E. 8, William T. 5, James W. 4, Doc 2
NEAL, william 41, Sarah A. W. 39, William M. 11, Duff W. 9, Henrietta 7, Marshall W. 5, Sarah E. 6/12
MORRIS, Samuel C. 49, Susan D. 41, Jerman B. 23, Harriet 21, William 16, Mary 14, Lucinda 11, Mildred 11, Susan 9, Nancy 7, David 3
BAKER, Branton J. 35*, Nancy 37
PORTER, Frances T. 41*, William T. 21, Mary M. 18, Columbus 16, Jerman 14, James 12, Braxton 10
WITT, Charles 28, Andrew J. 25, Emily M. 20
HAYS, Richard H. 36*, Mary 30, Charles H. 8, George 5, Elizabeth F. 4, Isaac M. 2, Leanna S. 1
DALE, Elizabeth 22*
HARLOW, Henry H. 36*, Frances E. 27, William H. 2, James L. 7/12
WOODARD, Nancy 36*, Tallitha J. 9
THOMPSON, Henry C. 17*
ESTIS, George M. 51, Phebe 48, Sally 16, James 9, George B. 8

Schedule Page 475

CARTER, David C. 37, Elizabeth 29, Mary F. 11, Judith A. 9, James S. 6, John B. 3, William W. 2
ASBERRY, Samuel M. 60, Lucy 45, Samuel C. 15, Lucy M. 10, Leonidas M. 5
JONES, Sampson jr. 35, Emily 31, Cynthia 13, Sarah 11, Elizabeth 18
JONES, Sampson sr. 78, Sarah 75, Ansel 27
JEFFREYS, Ryalls 53, Rachel 49, James 21, David 17, Elijah 14, Lydia J. 15, Daniel B. 12, William 9, Robert B. H. 6
WHEELOCK, George 47, Christiana 44, John 19, Emaline 17, Noah 16, Thomas 13, Jesse 10, Sarah 8, Nancy 6
MYERS, George W. 37*, Mary E. 17, Jane F. 15, Luann 12
COMBS, James 18*
BURKS, Mary 40, John 19, Clement H. 17
SMITH, Elias 69*, Elizabeth 57, Serilda 17, Sophia 14
CLARK, Elizabeth 27*, Elias 8, Mary 4
GREEN, John C. 32*
GARNETT, Richard W. 22*
LAZRUS, Lemmen 28*, Moiers 17, Fidel 30
BURKS, Henry H. 36, Nathan 12
MONTGOMERY, Simpson K. 37, Martha A. 31, William A. 12, Elizabeth J. 10, Joann 7, Josimpson 6, Mary 2, Reuben 27
HARLOW, William 42*, Mary A. E. 38, William F. 16, Uriah G. 14, Mary E. 11, Henry H. 8, Zachery T. 6, Ellen 4, Joann 2
ROBERTS, Mary C. 80*
THOMPSON, William D. 25, Tallitha G. 21, Beedy J. 3 (f), Edward W. 2, Mary B. 1

1850 Census Barren County Kentucky

Schedule Page 476

THOMPSON, John C. 27, America 28, Henry C. 3
THOMPSON, Nathan 32, Eliza J. 28, Marcella P. 10, Elliott W. 7, Elizabeth J. 4, Fountain K. 1, Mary V. 64
THOMPSON, Mary R. 37*, Edwin P. 16, Joseph U. 14, James B. 11, David N. 9, Martha J. 5
MCFELEA, James W. 20*
SMITH, Greenville 31, Martha N. 27, Therissa E. 8
BRADLEY, Beverly 34*, Malinda J. 28, John C. 8, Thompson W. 7, Robert F. 4, George W. 3
SMITH, Thomas 17*
BRADLEY, George 59*, Susanna 70
CLACK, George B. 14*, Susanna 9
DALE, Maria 26 (B), Robert 11, Bruce 7, William W. 1/12
ABBOTT, William 62*, William V. 14
MCFELEA, Sarah A. 17*
FLETCHER, William T. 22, Rebecca 17
WITHERS, James T. 31, Nancy J. 29, William H. 10, Martha P. 8, George 6, Nancy J. 4, Elizabeth A. 1
EDWARDS, Stephen R. 32, Charlotte 32, Rebecca 13, Henry 12, Charles 10, Alexander 9, Stephen 7, John 5, Elizabeth 2, Charlotte 4/12
PIPER, Thomas M. 26, Jane E. 24, John M. 3, William 1, Louisa 16, Susan 14
MONTGOMERY, David H. 25, Elizabeth 20, Mary F. 1
MONTGOMERY, Ruth 60, Alsey 24, William 21
BRADLEY, James 51, Nancy 51, Isabella 22, William 17, James 13, Sally 10, Benjamin 9, Martha 7
PETTY, Joshua 30*, Martha A. 25, John M. 6, Joseph L. M. 5
READ, Joseph jr. 27*
CLACK, John W. 19*
HARVEY, Samuel 33, Nancy 42, Frances A. 11, James 8, George 6, John 3, William 4, Ermine 9/12 (f)

Schedule Page 477

EDWARDS, William M. 50, Lucinda T. 47, Hartwell 17, Christopher 15, Alexander 14, Elizabeth C. 10, William M. 8
MCDANIEL, John 74, Margaret 71
EKILL, George W. 51, Drucilla 38, Thomas E. 15, William P. 14, Robert H. 13, George E. 11, Drucilla E. 10, Joseph A. 5, Levi C. 3, John C. 2
LANE, Nancy 31, Janus 8, Mary J. 7, Louisa E. 3/12
FORD, Susanna 62*
LOCK, William H. 26*, Susanna 26, Herbert E. 5, Percival 1
SLINKER, America 25*, Frederick L. 6, Eliza J. 3, William A. 1
FAULKNER, Mary Ann 11*, Susan 7
FORD, Alexander 29, Sarah A. 24, Catharine P. 7, William H. 5, Absolem T. 3, John C. 1
FORBIS, Henry M. 44, Rebecca 36, Calvin W. 15, Paschal F. 14, Minerva A. 11, James H. 10, Sarah E. 8, Lewis P. 5, Jeremiah M. 4, Margaret W. 3, Burwell F. 1
FERGUSON, Sally 45, Malinda 28, Alexander A. 20, Calvin 16, Thomas M. 14
SMITH, William 37, Nancy 24, John H. 11, James W. 9, Malinda J. 1
EDWARDS, Garland 29*, Lucinda 24, Luther 1
GOODEN, James 18*

1850 Census Barren County Kentucky

FERGUSON, David E. 26, Martha 21, John T. 3, Frances E. 1
CARTER, Edmund B. 26*, Drucilla 20
FAULKNER, Permelia 58, David 22, Lethia 19
PRICE, Robert W. 39, Elizabeth 27, James R. 12, Eliza J. 9, William E. 7, Samuel R. 6, Margaret E. 3, Charles 1

Schedule Page 478

CHRISTY, Wyatt 38, Amanda 39, Mary 15, John 13, America 10, Eliza J. 9, Amanda 6, Luann 3, William 1
POINTER, John A. 22, Julia A. 22
YANCEY, Joel 46, Lucy 38, Jeremiah 16, William 14, Charles 11, Emily 9, John 6, Elizabeth 4, Margaret 1
FRANKLIN, Roger T. 40, Milley T. 35, John W. 14, Sarah E. 12, Mary T. 10, Susan 7, Richard G. 4, William B. 2
HAYS, John 49, Mary W. 41, John H. 15, Edmund G. 14, Mary E. 10, Sanford P. 4, Martha E. 2
PIPER, Robert 31, Mary A. 25, Sarah C. 6, Nancy J. 3, John M. 8/12
COX, John W. 41, Jane J. 31, James M. 10, William H. 8, Emily E. 12
BEARD, Willim 53, Maria J. 30, Albert 21, John 18, William 13, Lucy Ann 15, Alexander 11, Margaret 5, Mary E. 3, James J. 6/12
BEARD, Andrew 24*, Manicey 23 (f), Sarah M. 2/12
BULLINGTON, Francis 21*
MYERS, Heirland P. 42, Ruth 33, Elizabeth 14, Daniel H. 12, Mary E. 3, James W. 10/12
MONTGOMERY, Jane E. 27, William H. 3, George W. 22
MCMURRAY, Sally 50, James 15, Mary 12, Ann 10, William 6
FORBES, John H. 36, Elizabeth 33, Lavina 15, Louisa 13, Sarah J. 11, Martha L. 9, Clarissa M. 6, Dorinda G. 2, Adaville 1/24 (f)

Schedule Page 479

JEWELL, Andrew 35, Elizabeth 34, Janus H. 10, William B. 8, Perlina A. 6, Sarah M. 4, Andrew W. 2, Nancy E. 8/12
SHUFFITT, Thomas 49*, Elizabeth 55, Green 23, Margaret 21, Francis 19, Luann 14
THOMPSON, Catlett 5*
ROCK, Dorcas 46*, John E. 26, Sarah 75
MCDEARMAN, Nancy 47*
ROCK, John 44, Susan 30, Abram T. 3, Joseph H. 8/12
SMITH, Sally 40, Joseph 9, David 7, Rebecca A. E. 5
HISER, Benjamin 57, Anne 53, Rosanna 26, Perlina A. 24, Franklin 18, Lewis H. 16, Margaret R. 14, Almarinda 13, Sarah E. B. 11, Reuben 9
POWNS, Thomas 35 (B)
STILTS, George 51*, Mary A. 23, William 19, Nancy 17, Sally 15, John 10, George 6
FORBIS, Elizabeth 72*
GORE, Notley 46 (m), Elizabeth 40, Elizabeth F. 14, Thomas C. 10, Malinda 7, Henry C. 5, Mary S. 4, Caleb T. 2, Ellen M. 1/12
BARRINGER, Joshua 71, Elizabeth 65, Thomas 30, Nancy 25, Sally 23
JEWELL, Elizabeth 53, Nancy 22, William 17, Elizabeth F. 13
GENTRY, Luther 26, Mary 24
SHUFFITT, William B. 24*, Nancy J. 23, James T. 3/12

1850 Census Barren County Kentucky

WILLIAMS, Nancy 74*
SMITH, David R. 54*, Mary 52
MALONE, Benjamin 35*, Louisa 22, Eliza J. 1
STOVALL, Mary S. 4*
MALONE, William W. 29, Lucy Ann 27
DAVIS, Henry R. 35, Dicey E. 30, Mary J. 7, Margaret A. 4, James W. 5, Sarah F. 2

Schedule Page 480

DAVIS, James M. 42, Malinda 30, Frances L. 11, John A. 10, Robert G. 6, Barshekial 4 (f), Perry A. 3, William B. 1
KINSER, Andrew 45, Mary 45, Lethia A. 23, John 19, Matilda 15, Rufus 13, Chesley 11
ATWELL, Richard 37, Martha 35, Phebe A. 13, Lewis H. 11, Mary E. 9, James B. 7, Martha J. 4, Thomas J. 1
HUNN, William H. 40, Catharine 35, James P. 19, Martha N. 15, John W. 10, Frances E. 8, Lucinda C. 6, Nancy L. 4, Washington 1, Martha 29, Reuben 20
HUNN, John 28*, Polly 29, Susan 6, Kitty U. 5, Reuben 2, Anderson 1
WILLIAMS, Alexander 21*
BASTEN, Thomas jr. 32*, Lu Anne 34, William 8, James B. 6, Joseph H. 4, Richard E. 4/12
SHOFTNER, Mary A. 25*
BASTEN, Thomas sr. 66*, Mary W. 69
CARVER, Elizabeth E. 16*
BASTEN, John 39, Martha 30, Thomas 14, Dorinda 12, Adaline 10, Mildred 7, Frances 5, John 3
HOUK, William S. 39*, Marth 31, James W. 12, Sarah E. 8, Gideon W. 4, Mary E. 3, Martha L. 1
HISER, Mary A. 10*, Sarah 8, Benjamin 6, Rosanna C. 5
FAULKNER, Frances A. 16*
TRENT, William 47*, Celia L. 30
HERRING, Mary A. 7*, George R. 5, Marion W. 4
SHANNON, John 42*, Cynthia E. 30
BAKER, Mahmeula 10*, John J. P. 8
TRENT, Susan 35, Ruth 33, Hypatia 29, Mary 12, Calvin 8, Hypatia 6, James 2, Mildred 5, Alexander 2

Schedule Page 481

NEAL, Henry T. 20, Sarah 25
NEAL, Ezekiel 49*, Ann 35
GOODMAN, Amanda J. 19*, Fountain 5/12
NEAL, Frances 18, Elizabeth 16, Samuel 14, Sarah 11, Nancy 9, Catharine 7, John 6, William 5, Mary 4
EMBREE, Richard 30, Elizabeth 57
GARRARD, America A. 30, Mary F. 9, James W. 5, Catharine G. 2
CANDLES, Alexander M. 56, Frances 47, Nancy E. 19, Mary A. 17, Thomas L. 15, Lucy M. 13, Madison A. 10, Charles R. 8, Andrew R. 5
CRADDOCK, Catharine 66*
POWNS?, Rachel 23* (B)
BOSTON, Benjamin F. 26*, Rhoda 28, James W. 2/12

1850 Census Barren County Kentucky

BARRETT, John C. 5*
WOOD, Lucy 70 (B)
PACE, Fountain B. 21, Lethenia 26
TOBY, Henry V. 44, Elizabeth 30, William E. 11, Mary E. 6, Sarah E. 3
PEARCE, William 41*, Temperance 49, John A. 19, Frances 18, Mary M. 10, Margaret 58
CLARK, Susan 32*
ROBERTSON, Reuben 41, Catharine 35, John J. 16, Coleman W. 14, Luann 12, James A. 10, Marshall 8, Andrew J. 6, Louisa 4, Martha 6/12
BROCKMAN, John 54*, Maria 53, Mary C. 25, Maria H. 17
AKIN, Lucy M. 10*
MCCANDLES, William P. 26*
MCGUIRE, Andrew 65
SMITH, Barbara 53, Susanna 24, David C. 20, James C. 14
PARK, Joseph 22, Almira 23, Eliza J. 1/24
BECK, John R. 29*, Sarah 68, Margaret 26

Schedule Page 482

MARSHALL, Lemuel 11*
MCCULLOCK, Sarah 78, Lydia 66
HARVEY, Ann 51, Joseph B. 17, Turner G. 11
MARSHALL, Robert 33, Jane 28, Eilzabeth E. 3, William M. 2, Thomas J. 5/365
CRESSEY, Robert 55, Polly 40, Charles 27, Sarah 24, Robert 23, Mary 19, Daniel 17, John 15, James 13, William 8, Natthaniel 5
RUNYON, Thomas J. 36, Sally 31, Caroline 15, Emily 13, William 12, John 10, Thomas J. 8, James L. 6, Robert C. 3, Mary A. 1
RUNYON, James 45, Christianna 48, Winny A. 21, Martha J. 19, Polly M. 16, Thomas E. 13, Freeman 90, Martha 70
DAVIS, Thadeus 26, Phebe 19
DAVIS, Josiah 58, Sarah 79?, Christianna 22, Mary E. 20, Joseph S. 17, Sarah M. 5
RANDLES, John 40, Sarah 33, Lucy 19, Minerva 16, James W. 13, Nancy J. 7, Arabella 6, Elizabeth 5, John E. 1
NORRIS, Joseph A. 30, Mary A. 19, John W. 1
MCGLASSEN, Gloud 33*, Elizabeth 41, William 9, John T. 4, Phillip S. 2
KENARD, Mary E. 17*, Sebelle 16, Martha E. 7
NANCE, Martin 19, Mahala 15
RUNYON, Hiram 25, Kitty B. 19, Sarah J. 1
SCOTT, John H. 53, Jane 51, John G. 22, Rhoda F. 25, Moses 20, Sarpeta 13, Jenette 13, Sampson 11, Huldah 8

Schedule Page 483

MORAN, John 76*, Elizabeth 70
CLARK, Patsey M. 53*
CARR, John R. 30, Mahala 29, Mary A. 3
CARR, Elijah J. 25, Mathursey 22 (f), Mahala E. 2
SUMMERS, John 49, Lavina 53, Perry 15, Malaki 10
SUMMERS, William 23, Lurana 20, Ulissus 3, James W. 1
BEBEE, John 30, Angelletta 20, Junius 5, James W. 3

1850 Census Barren County Kentucky

FRAZIER, Zebulun 23, Edne 23 (f)
PERRY, Abednego 45*, Polly 40, Allen 18
JOHNSON, Father 78*
HARDY, David C. 26, Cynthia A. P. 30
ASBERRY, John A. 29*, Virginia 25, Page A. 6 (m), Helen 3, Rufus M. 1
ESTIS, Sally 27*
ROBERTSON, James J. 29*
ASBERRY, John N. 25, Jane W. 21, Martha A. 22, Henry F. 21
YATES, Malinda 42, Elizabeth 24, James F. 22, Thomas W. 20, Granger 17, Malvina 15, Dorothy 9, Ann C. 7
MILLER, Louisa 30, Therissa 9, Benjamin 7, William W. 5, Dorothy M. 3, Henry C. 1
ESTIS, Woodfolk 68, Robert 34, Sally 29
POINTER, John 27, Hester A. 23, Sarah M. 1
SHARP, Fanny 48, John 20, William 14, Richard 12, James 10, Tempy C. 8, Melissa 6
SPINDLE, William E. 36, Eliza 29, Adalaid 13, Adaline 11, Alwilda 4, Leonidas 2
EATON, Thomas 30, Lucinda 25, Jane 9, Robert 8, Francis 6, Amanda 5, John 1
CASSADY, Daniel 28, Rebeca 23, Elizabeth 1/24, Elizabeth 66

Schedule Page 484

CASSADAY, Petter 23, Nancy 20, Joel W. 1
SEXTON, William 40, Mary A. 35, Margaret A. 20, Franklin 17, Michael 15, William H. 13, George 11, Teena 6, John M. 4, James 1
POINTER, Harrison 35, Elizabeth 33, Emily 10, William 8, John 5
CASSADAY, John B. 31, Letticia 33, John T. 5, James A. 3, Joseph C. 1
POINTER, John 70, Nancy 30, Julia 4, Joseph 2, William 23
SEXTON, Elijah 40*, Nancy 38, Jones 10, William H. 8, John T. 2, Margaret A. 5/12
WILLIAMS, Sally 16*
SKAGGS, Francis M. 20, Harriet 18
KINSER, Peter 26, Ann 23, John H. 5, James D. 4, Mary J. 1
BENNETT, Thomas 48, Delilah 32, Polly A. 16, John A. 10, Thomas 9, David 8, Sally 5, Barbara A. 2, Louisa F. 1
POINTER, Jackson 34, Emily 34, James A. 8, Janthia 4 (f), Nancy E. 5/12
HUBBARD, John 26, Malinda 25, Martha C. 7, James M. 6, Mary T. 2
CLARK, Abram 62, Frances 62, Joseph M. 17, Fatima 15, Henry T. 13
WALLACE, George W. 28, Ruth 24, William F. 7, James M. 4, Melford A. 5/12, George A. 5/12
JAMES, William C. 35, Nancy C. 31, Elizabeth 15, Malinda C. 13, Lewis B. 11, William N. 9, Ann L. 7, James T. 5, Calvin 2
KIND, William W. 22*, Sedalia 19, Louisa J. 6/12

Schedule Page 485

CLARK, James 21*
BOSTON, Richard 32, Mary A. 27, Harriet E. 9, Frances J. 8, Sally A. 4, Lydia C. 1
WALTERS, Joel 64, Malinda 52, Milley A. 16, Calvin 21, Lewis 12, Amanda 10
BOSTON, Reuben 52*
CLARK, John 17*
HIND, Samuel 24, Elizabeth 23, Martha W. 3, Robert E. 1

1850 Census Barren County Kentucky

CARR, Burton W. 58
OAKS, Hiram 45, Chloe 37, David 21, Permelia 19, John D. 17, Polly B. 15, Jacob 12, Sally 8, Bluford 6, William H. 4, Hiram J. 2, Nancy J. 2/12
SHOFFNER, David 68*, Polly B. 65
PEARCE, Sally 30*, Paschal T. 5, Mary E. 4, William E. 3, Chloe M. 1
CLARKE, John 29*, Sarah 43
HIND, Thomas S. 16*, James R. 14, Joseph M. 10
CLARK, Paulina 4*, John M. 1
LAFOE, James 50*, Sarah 29, Lucy E. 9, Sarah J. 6, Robert D. 4, James W. 1
EVANS, Robert 60*, Lucy 62
HARRIS, James M. 36, Nancy 32, James P. 9, America J. 7, William H. 5, John M. 4
EATON, Harrison 31, Virginia 27, John T. 8, Sarah E. 1
MITCHELL, Nancy 43, James P. 17, Andrew J. 15, Demarquis L. 13, Narcissa H. 6, Nancy W. 3
HARRIS, William H. 24*, Elizabeth J. 18, William W. 1
MITCHELL, William P. 39*
MARTIN, John J. 47, Patsey 42, Charles 24, Caffrey 24 (m), Hetty N. 21, James M. 19, Susan 16, Nancy 14, William 13, John J. 11, Sally J. 9, Amanda F. 6

Schedule Page 486

BARRETT, Joseph L. 19, Nancy C. 16
MITCHELL, Charter 43 (m), Dicey 39, Hetty 17, William 15, Emarillus 13 (f), Elza 11 (m), Catharine 9, Susan 7, James 5, Hugh Y. 3
LAMBERTH, John 50, Malinda 38, Eliza 9, Sarah 7, William 5, Richard 4, Thomas 2, John 2/12, Frances 75, Richard 53
BARRETT, Rebecca 40, Martha J. 15, Margaret 12, James 9
MCCANDLES, John 55, Margaret 53, James 32, Unicia 26, Sally 24, John 21, Alexander 23, Willis 19, Joseph U. 16, Laannda 12 (f)
MCCANDLES, William 34*, Susan 25, Lucy M. 1
WILLIAMS, Thomas 23*
BARRETT, Mary 65*
CLARK, Louisa 45 (B), Winny 25, Jane 21, Polly 20, Green 21, William L. 18, Samuel 16, Henry 8, Arzella 6, James 10, William J. 8, Mary E. 6, Jonathan 4, Lucetta F. 2
PERRY, Azariah 69, George 25, Susan A. 25, David 22, Mary A. 19, Sally J. 13, Margaret 17
SKAGGS, James 42, Mary 46, Francis M. 19, William B. 18, Mary 16, James 13, Jane A. 11
WOODARD, Abraham 62, Nancy 56, Edmund 23, Lucinda 20, Elizabeth 17
MITCHELL, Charles C. 28*, Mary M. 21, Lucinda E. 2, Aaron W. 3/12
HARRIS, William 50*
DOUGLASS, Asahel 59, Jane 47, William S. 22, Ann F. 19, Mary S. 17, Maria J. 15, Azara C. 13, Mahala E. 10, Asahel A. 7, George S. 5, John L. 26, Ellen 18, Milford A. 1, Jesse A. 38, Asahel jr. 32

Schedule Page 487

WILSON, Merida 33, Elizabeth 33, Nancy J. 14, David J. 13, Amanda 11, Eugena 8, Natthaniel 6, Josiah 4
VANZANT, Hugh 54*, Dicey 50, William 23, James W. 21, John G. 19, Milton S. 15, Margaret 89, Elizabeth 49, Mary a. 26

1850 Census Barren County Kentucky

LANORE, John 2*
NANCE, Buckner 68, Ellender 45, Nancy E. 21, John T. 16, James B. 14, Mary J. 12, Susan F. 9, George W. 7
NANCE, Edmund R. 25, Luvina P. 25, Samuel A. 5/12
NIPP, Anderson 32, Jane 25, Mary A. 5, John 4, James H. 2, Elizabeth F. 6/12
BULLINGTON, Robert C. 43, Caroline 44, John W. 16, Elizabeth 14, Mary D. 12, Ermine 9, Joseph 7, Levi M. 5, Robert M. 2, James 22
POOR, Banjamin 33, Holly 32, Mary A. 11, Elizabeth 8, James 5, Virginia 2
READ, Matthew 47, Lewis 45, Martha A. 28
VANZANT, Garrard 51*, Sally 51, Nancy 21, Malinda 20, Samuel W. 18, Mary E. 16, Robert G. 14
MCCONALEY, Alexander 20*
VANZANT, James M. 25, Jenetta 27, Marietta H. 2, John F. W. 2/12
LEEPER, William 66*, Margaret 60, Hugh S. 24, Harriet 26, Weston 22, Amanda 22, Tallitha 18

Schedule Page 488

WILSON, Erastus 17*
DAVIS, Clement 46, Martha W. 37, Laura A. 9, Ellenorah 5, Eugenia T. 13
COOK, George W. 36, Eliza S. 31
BRAGG, John J. 42, Rachel J. 35, Marshall 14, Mary J. 12, Nancy 10, Elizabeth 8, Bartemius 7, John M. 5, Luann J. 2, Levi 1/12
SLINKER, Finley M. 31, Martha Y. 24, Eliza J. 2, Ann F. 11/12
SLINKER, John 63, Nancy 62, Maza N. 40, Charlotte 22
HOLLAND, Pleasant A. 26, Sally G. 26, Mianda R. 3, Catharine M. 1
HENSLEY, John 60, Nancy 53, Phebe 27, William 25, Nancy 20, Joseph 19, Martha 17, Samuel 16, James 14, Mary 21
THOMPSON, Lucy 50, Mary J. 23, Lucy A. 20
THOMPSON, William 27, Lucy C. 18
THOMPSON, John B. 42, Frances 34, Sarah J. 14, Almeta P. 12, Nathan 8, Kindreck 7, Alpheus G. 4, Whitfield 2
MIZE, David 60, Elizabeth 45
SMITH, Allen 36, Susan 39, Elizabeth 15, Araminta 12, George W. 6, Martha J. 3, Robert 2, George W. 24
SCRIMINGER, Joseph 31, Malvina 26, Emily 11, Lucy Ann 9, Behethlum 7 (f), William F. 3, Thomas G. 8/12
BARTEN, John 27*, Nancy C. 23
BLAKEMAN, Isabella D. 13*
HAYS, Dick 60 (B), Rebecca 55, Jacob 13, George W. 9
JEWELL, Benson 61, Elizabeth 60
HARDING, Dolly 68* (B)
FOX, Lucy 54* (B)
SMITH, Thomas C. 44, Martha 44, Elizabeth A. 21, Martha E. 19, William C. 17, Mary H. W. 16, Thursey R. 13, Celia J. 11, Minerva E. 9, Sarah C. 7, Thomas M. 4, Laurena H. 2

1850 Census Barren County Kentucky

Schedule Page 489

STARK, Daniel 37*, Mary J. 26, Joseph 13, Dudley 1
PARKER, James B. 27*
MCINTEER, William H. 39, Margaret J. 37, Horatio 15, Manisa 14, Nancy 12, William H. 10, Frances 8, Lucy J. 6, Adah 4, Joseph 2
MCINTEER, Adah 60, Elijah 22, Sally 16
THOMPSON, George W. 31*, Mary A. 27, James T. 7, Catlett W. 5 (m), Elizabeth C. 4, George G. 2, Margaret L. 8/12
IRWIN, Jesse 26*
HOUK, Joseph 20*
THOMPSON, Memory J. 33*, Catharine E. 70, Waddy 19 (m)
PORTER, William T. 21*
BARRINGER, Thomas J. _*
DOSS, James 40, Dorinda 36, John 15, Samuel 11, Henry 8, James 3, Martha E. 1
ATWELL, Alexander 27, Nancy 24, John 6, Margaret 4, Ellen 2
EARLS, Elisha 27, Elizabeth 18
JEWELL, John A. 27, Elizabeth 27, David 8, Reuben 6, Henry F. 4, Babe 2/12 (f)
JEWELL, John 45, Rebecca 40, Aaron 20, Catharine 18, John 16, James 15, Mary Ann 14, Phebe 11, Martha 6
SHANNON, Samuel sr. 78, Rebecca 59
LEE, Preston M. 43, Jane 35, John 16, Julia A. 15, James 13
MCDANIEL, Janings 45 (m), Caroline 45, Sarah E. 11, Davis B. 9, Margaret M. 6, Mary E. 4, Thomas W. 1

Schedule Page 490

FLINT, Thornall 47, Eliza J. 40, Frances A. 21, Squire H. 18, Andrew 16, Elizabeth 13, William 11, Richard 6, John G. 3/365
GRIGGS, Daniel B. 30, Elizabeth 65, Frances A. E. 32, William M. 36
TRUSTY, Jane 36, Phebe A. E. 17, Jesse N. E. 15, Nancy J. 9
MCINTEER, John T. 24, Frances C. 21
MCCANDLES, John L. 28*, Araminta J. 19, Edwin U. 23
EMORY, Virginia 70*
ROBERTSON, Christopher 56, Mary 46, Elizabeth 31, George W. 25, Walter 15, William T. 12, Lysander P. 9
BALL, David C. 48*, Mary 46, Elizabeth 23, Margaret A. 18
DOSS, Thomas 11*
OLDHAM, Amy 70*, Mary 26
BALL, Thomas 43, Euphramia 35, James W. 9, Amy E. 8
BALL, John 40, Catharine 33, Joseph H. 15, Amanda 13, Mary E. 11, Hester A. 8, Amy C. 4
MASTERS, Emily 37, William J. 18, Elizabeth A. 15, Porterfield 12, Emily 10
SHANNON, Samuel jr. 41, Juliett A. 42, Robert D. 20, Mary K. 18, Joseph 16, Elizabeth 14, John A. 12, Miram 9, Samuel T. 7, Sophia J. 5, Charles H. 3, Avalette C. 1 (m)
SLINKER, John W. 30, Jane 31, William B. 7, Mary E. 6, George W. 4, Martha J. 3, Julia Ann 1
SLINKER, Lewis 60, Cenia 59, Elias M. 39, Jordan 37, Francis M. 24, Lewis H. 20
PIPER, Catharine 65, Lucy A. 24
BUTLER, Preston R. 27
HOOPER, Matthew 35, Jane 39, Frances 7, William B. 3, Babe 2/12 (m)

1850 Census Barren County Kentucky

Schedule Page 491

ALLEN, Fantleroy 31 (m), Jane A. 26, Mary B. 9, Martha F. 5, Sarah E. 2, Ann E. 1/12
COMBS, Benjamin 53, Anne 50, Eliza 23, Catharine 21, James 19, Charlotte 16, Frances 14, Henry 11, Thomas 8
EDWARDS, Margaret 39*
POINTER, Martha 18*, Alfred 16, William 15, Gaither 10
JEWELL, Elijah 39, Phebe 39, William 15, John M. 12, Mary 11, George B. 10, Sarah J. 7, Hepsey 7 (f), Rachel A. R. 5, Robert J. 8, Benjamin 4, Aaron 2, Nancy J. E. 3/12
MORRISON, Walton 44*, Jane 46, Martha A. 20, Juliett S. 18, Hugh A. 15
BEOCHAMP, Newell 14*
BATES, John A. 32, Lucetta 26, William W. 6, James A. 3, Catharine D. 1/12
BOWDRY, Samuel P. 53, Ruth M. 19, Samuel P. 12, Paschal 9, Bennett W. 7
FLOYD, John H. 29, Mary E. 29, William J. 11, Thomas S. 9, Clarence 7, Sarah 5, Almira 3
TERRY, Bennett W. 48, Ruth 45, Sarah A. 19, Samuel B. 17, Lewis D. 15, John F. 13, Christopher C. 11, William A. 9
JONES, Ira jr. 25, Mary Ann 18, Mary C. 1
PERKINS, Joel S. 38, Charles 12, Frances 10, Susan 7, Lucy 4
BAIRD, Jeremy 40, Elizabeth 35, Harriet A. 13, Emily J. 11, Joseph M. 10, Elizabeth F. 7, Margaret C. 5, Emicetta 2, Joseph D. 23

Schedule Page 492

BAIRD, Andrew 70, Margaret 66
WALKER, Sinclair 34, Martha 31, Joel S. 6, Quintilla P. 3
WALKER, Saunders 77*, Margaret 66, Saunders 30
POLSON, William 26*
CLACK, William W. 50*, Isabella 48, William H. 21, Elizabeth 20, John W. 19, George T. 18, James A. 9
STOVALL, James 16*, Elizabeth J. 14
CAREY, Green B. 31*, Mary J. 21, John W. 5/12
HUGHS, Joseph 56*
PARRISH, Parks T. 50*, Elizabeth 41, B. Mills 15, N. Roberta 9
SHACKLEFORD, Edmund 28*, Elizabeth A. 18
COX, William B. 23*
MITCHELL, William 49, Mary 47, Madison 19, Jane 16, Enoch 15, Mary 13, Nancy 11, Louisianna 9, Shepherd R. 7
MORRIS, Hiram A. 26, Martha A. 22, William P. 1
ROBERTSON, Richmond 48, Elizabeth 40, Andrew J. 21, William 19, Virginia 17, James M. 15, Susanna 13, Bettie 11, John 9
NICHOLS, Joseph 26, Sally 29, Ursula M. 1
RITTER, John W. 45*, Amanda 38, Sarah T. 16, Jane 14, Josephine 9, John 7, Julia 5, Horace 3
COURTS, William P. 32*
PARKER, Thomas J. 27, Mildred W. 23, Sarah F. 5, Mary E. 3, Jane A. 1
RICHARDS, Thomas 25, Rebecca 20, Henry 1
DAVIS, Thomas 40, Elizabeth 30, Emily J. 11, John M. 8, Elijah H. 7, Texana 4
FREEMAN, John 85, Catharine 55, Elzy 22 (m)
FREEMAN, George W. 27, Mary E. 28, John W. 5, George 4, Thomas 1, Albert 21, Charles 17

1850 Census Barren County Kentucky

Schedule Page 493

SMITH, Holman 46, Ellender 46, Milly 23, George 17, Jane 14, Ruth 11
SMITH, Franklin 22, Jane 19, Thomas C. 3/12
HARVEY, E. J. 27, Louisa 28, Ann M. 7, Araminta 5, Mary J. 2, Jenetta 3/12
MASTERS, Daniel F. 37, Mary 31, Samuel 14, Louisa 11, Levi 8, William 4, Fanny 6, Doctor 3, George 1
HARLOW, Albert 40, Sophia A. 40, christopher 15, Burrilla 13, William R. 9, Mary F. 8, Ann G. 1
WOOD, Wm. J. sr. 78, Elizabeth 74
WOOD, Twyman 48, Agnes A. 38, Mary E. 9, America W. 7, Susan D. 5, Frances A. 3
THOMAS, Presley N. 64, Malinda 59, Presley 23, Frances 15, William 15, Rachel 79
TWYMAN, William 84, Emily 44, William jr. 33, Garland 29, John 25
EVANS, William 22, Ann 21
DOUGLASS, Elizabeth 49, William 25
MCDANIEL, John S. 34, Nancy M. 30, Mary E. 10, Jennings 8, Walker 6
SMITH, John R. 38*, Susanna H. 27, William 10, Sidney 7, Sarah J. 4, John C. 2
BURKS, Sarah F. 9*, Martha 7, Victoria 6
MCCAN, Washington 22*

1850 Census Clinton County Kentucky

Schedule Page 155

DAVIS, John M. 32, Alpha C. 28, William F. 8, Nancy C. 6, Vienna S. 4, James S. 1
WADE, John 68, Mary 58
LONG, William T. 33, Malinda S. 16, Mary C. 10/12
NEAL, Thomas 44, Mary 45, James 20, Robert 18, Anderson 16, Plesant 14, Syrena 11, Frances 8, Elizabeth 7, Caroline 5, Taylor 1, Oliver P. 7, Syney 4 (m)
BURCHETT, William 25, Catharine 23, Jacob 6, Lafayette 4, John C. 3, Mary M. 3/12
WOODY, Carter 54, Elizabeth 41, John H. 19, Telitha 16, Malinda 12, Matilda 10, James 7, William 5, Vienna 4
SMITH, Evander M. 31, Abigail 27, Virginia T. 9, Benjamin J. 7, Samuel S. 5, Milly C. 1
STORY, Benjamin 44, Mary C. 38, Charles W. 10, Amanda J. 7, Isaac A. 5, George A. 3, William 11/12
STORY, Isaac 72, Abigal 65, Isaac 41
ROBERTS, John 38, Catharine 15, William 13, Sarah J. 5
GIBSON, William 50*, Elizabeth 48, Jane 23, John 21, Milly 19, James 16, Riley 14, William 13, Thomas 11, Hiram 6, Matilda 5, Calim 3, Mary 2
CRISP, John 30*
MALONE, John 44, Dicy 35, Edward 10, Daniel 5, no name 3/12 (m)
HALL, Green B. 20, Elizabeth 22
RUSSEL, Jesse 60, Charlotte 35, Louisa 10, Catharine 8, Duncan 7, Whitten 5, Ross 2

Schedule Page 156

HUNTER, Solomon J. 47, Isabella 44, William H. 21, Samuel W. 19, Sutton 16, Mary J. 14, Solomon J. 10, James R.? 9, Lewis P. 7, Isabella 5, Joel B. 2
HUNTER, John F. 25, Martha 24, Edmondson 2, Mary F. 6/12
BROWN, Jackson 36, Susannah 25, Dicy 6, Ruth A. 4, Sarah E. 2
BROWN, Thomas 49, Sarah 47, Malinda 21, Mary 20, Dorcas 18, John 15, Rilla 14, Sarah J. 13, Margarett 8, Milly A. 5
BROWN, Hezekiah 74, Ruth 70, Clabourn 40
BROWN, George 38, Margarett 30, Thomas 9, Mary 6, Sarah 3
BROWN, Henry 42, Mary 38, Goulston 14, Lucinda 12, Elizabeth 8, Sherrod 4
NEAL, Obediah 50, Elizabeth 48, Malinda 21, William 20, Mary A. 18, Elizabeth J. 15, Parthena 12, Embersen 10, Rosena 8, Aaron 6
MALONE, Joseph 26, Lowena? 23 (f), Sarah 5, John 4, David 1
BROWN, Harmon 60, Rachael 30, Michael 14, Martha 14, Elizabeth 6, Rebecca 4, Martha A. 2
GOODMAN, Andrew 65, Rachael 40
BRUMMET, John A. 14
BROWN, Harmon 30, Ann 30, Emeline 12, Elizabeth 10, Malinda 8, Sarah 6
DAVIS, James 48, Sabra 41, John 20, Martha 17, Malissa 17, William 15, Hamilton 14, Preston L. 12, Elizabeth 8, Milton P. 7, Thomas J. 4, George W. 3, Francis M. 1

Schedule Page 157

HALL, Phillip 44, Margarett 46, Mary 19, Ezekiel 17, John 14, Nancy C. 12, Margarett 9, Sarah 7, Amos 5
PERDUE, Henry H. 35, Lucinda 30, William W. 10, Eizabeth 8, Vienna 2, Penelope C. 3/12
ANDREW, John C. 42, Mary 37, Heny B. 16 (m), Milton D. 14, Jacob 12, Frothias 10 (m), Shelby G. 8

1850 Census Clinton County Kentucky

GARNER, Henry 38, Zilphy 28, Rebecca 11, Judith 9, Luke 8, Alsey 5, Polk 4, Isaac 3, Stephen 2, May 2/12
GARNER, Isaac 25, Frances 25, William 6, Berry 5, Henry 3, Alzina 1
DODSON, William A. 40, Harriett 28, Martha 12, John 11, Robert 9, Mary 6, Caroline 4, Susan 4/12
OVERTON, James 65, Mary 28, Margarett 35, Louisa 27, Elizabeth 21, David 18, James 16, Isaac 9, John 9, Jeremiah 4
BRILEY, Andrew J. 36, Mary 34, Matilda 14, Jasper 12, Jesse 10, Isaac S. 8, Mariah E. 7, Martha 4, winfield S. 2
BRILY, Ruth 76
PIERCE, Francis M. 25, Sarah 22, Susanah 1
FERGUSON, John 53, Mahala 45
GROOM, William 27*, Mary 22, Louisa 3, Mahala 10/12
FERGUSON, Jasper 17*, William 12

Schedule Page 158

BURCHETT, Isel? 53 (m), Elizabeth 49, Frankiln 22, Mary A. 19, Granville 17, Ricahrd 14, Martha E. 11, Amelia 9, Cooper 6
PICKENS, Peter 50*, Miram 30 (f), Sarah 28, Nancy 25, John G. 16
ELDER, John M. 35*, Allen M. 25
EMORY, John 25*
VANN, William 26*
RUSSEL, Rhoda 38*, Elizabeth 21, Andrew J. 19
DABNEY, William J. 39*
HARMON, Thomas S. 28, Elizabeth 23, James B. 4, Caleb 2
GREY, Clitus A. 25 (m), Catharine 25, Rachael 1
HARMON, William T. 23, Minerva 22, Thomas F. 2, John M. 5/12
BRASWELL, Eli C. 29, Sarah 27, Martha J. 6, Nancy E. 4, Titus V. 2, no name 1/12 (m)
LUSTER, John L. 65*, Mary 60, Barbary 24, Sarah 21, William 19, Rachael 17, Thomas 13, Emeline 10, Rebecca E. 7
ALLEN, James 79*, Mary 64, Mary A. 25, Abigal 22, David 10, Adaline 9, Elizabeth 8, James 2
DAVIS, Peter 58 (B)
ALLEN, Peter 29, Elizabeth 24, Robert F. 11, James D. 6, Sarah E. 4, Ebenezar 2
ALLEN, Henry 38, Nancy 35, Telitha 14, Tyrosa? 11 (f), Adaline 8, James D. 6, William C. 2
BRUMMET, Thomas 40, Mary 35, John 14, Martha 12, Lucinda 11, Henry 9, Elizabeth 8, Nancy 6, Isaac 5, Margaret 3
MASON, Mary 58, Elizabeth 26, Joel 23, Sarah 20, Nancy 19

Schedule Page 159

BRUMMET, Lindsey 30, Malinda 27, Nancy 7, Tempy 3, George A. 2, Esther 3, Lucrecia 1/12
BARNS, Berry 25, Nancy 22
OWENS, Martin B. 28, Mary W. 24, Reuben 7, John 6, Rebecca 5, William J. 3, Nancy 2
OWENS, Sarah 76, Nancy 50
LEVRIDGE, Jesse 29, Elizabeth 27, Rosena 5, Sarah 3, Zachariah T. 1
SHOAT, Valentine 32, Dicy 36, Jacob 9, John P. 7, Stacy C. 4 (m), Shelby F. 3, Louis 1
SHOAT, James 27, Catharine 24, Daniel R. 7, Ephraim B. 5, Joshua F. 1

1850 Census Clinton County Kentucky

SHELTON, Curtis J. 40, Sarah 39, Minerva J. 19, Ruth G. 18, Mary A. 16, John A. 14, William R. 12
OWENS, Rebecca 45*, Benjamin D. 16
SOMERS, Thursey J. 22, James 20, William 18
BURRIS, Martin 46, Elizabeth 48, John 16, Elizabeth A. 14, Henry C. 12, Thomas 10, Martin 8, Joseph W. 6, George W. 2, Rebecca J. 18
GUFFEY, Ephraim 41, Rachael 39, John C. 17, Martha 13, Richard 10
DAVIS, William F. 29, Emily 28, Matilda C. 7
SHELTON, Robert D. 52, Sarah 48, Nancy 21, Emberson 15, Phillip 13, Curtis 11, Sarah 6
DAVIS, William 57, Catharine 55, Thomas 19
GRAGG, John 25*, Mary 27, William F. 6, John J. 5, Elisha M. 3, Emiline 1, Elijah P. 1/12

Schedule Page 160

RAINS, Nathan 24*
DAVIS, Absalom 53, Alafare 48 (f), Alafare F. 20, Avarilla C. 19, Thomas C. 17, Martha E. 15, Constant E. M. 13, Margarett M. 11, Absalom B. 9, Mary E. 7, Nancy M. 4
GADDIS, William 58, Mary 58, William 15, Joseph 13
GADDIS, Thomas 30, Elizabeth 31, Tempy E. 9, Violette 6, William S. 4, James 1
DAVIDSON, James 44, Rowhana 35, Mahala V. 9, Margarett E. 7, Henry F. 5, Thomas S. 1, Samuel W. 3/12
RICH, Jacob 53*, Dorcas 50, Thomas C. 22, George W. 19, William 17, John M. 15, Reuben P. 13, Benjamin F. 9, Martha E. 6, Catharine 19
BEAN, Catharine 20*
STOCKTON, Hiram 29, Lucrecia 25, Andrew J. 4, William R. 3, Daniel 1
SMITH, Ransom A. 32, Agnas 41, Lucy 15, John 13, Susan 10, Joseph 7, Elizabeth A. 6, Nancy 2, Dicy 3/12
STOCKTON, Jesse 68, Rebecca 68, David 22
STOCKTON, Jesse 36, Mary 25, James 2
SMITH, John 40, Elizabeth 40, Rozena 17, Nancy 15, Mary A. 13, George W.? 10, Francis M. 8, Martha J. 4, Emily E. 2
WRAY, Elisha G. 21, Elizabeth 21, Solomon E. 1
HAYS, Lewis 32, Mary 32, Thomas 6, Elizabeth 5, Alexander 4/12
GADDIS, John 21, Jane 17
DAVIS, Peter 52*, Obediance 55
MASH, George 16*, Maranda 8, Elizabeth 30

Schedule Page 161

MOLES, Thomas 33, Mary 25, Thomas B. 2
LOVE, James M. 40, Jane 30, John W. 19, Martha 18, Malinda 16, Sarah A. 14, Mary E. 12, Martin B. 10, Nancy 6, William H. 4, Edmond 2, Alford 7/12
SELLERS, Joseph H. 45, Rebecca 34, Young 21, Robert 18, George 15, Pernetta 14, Mary A. 12, Elizabeth 10, Thomas 9, William 7, Rebecca 3
CRAIG, James 42*, Elizabeth 42, Elizabeth 6, tempy 4, Frances 2, John R. 1
GARNER, James 14*
BURCHETT, John 47, Elizabeth 49, Minerva 25, William 21, James 20, Sarah 18, George W. 16, John 13, Tempy 11, Frances 8, Milton 7, Nancy 5
GRAY, Charles 34, Elizabeth 21

1850 Census Clinton County Kentucky

PREVE?, James 51*, Lois 51, Pernecia 8, Mary V. 5
KOGAR, Elisha 19*, William 16, McClain 14, Dorcas 13, Isaac D. 9
SMITH, Reece B. 43, Martha 37, Margarett 18, Margarett L. 16, William A. 14, George W. 13, James B. 11, Reece B. 9, Martha A. 8, Lucinda C. 7, Nancy F. 4, Deniah S. 3 (f), Isaac D. 1
GWINN, William F. 30, Nancy 27, Martha A. 7, Reuben W. 5, Rebecca E. 4, John M. 3, William M. 2, Sarah 8/12
SNOW, O. H. P. 30 (m), Rebecca E. 29, Arena F. 5, Samuel A. 4, Dernada G. 3, Horace P. 1
DAVIDSON, Elijah G. 32, Cassander 30, Marion H. 11, Martin G. 10, Mary M. 8, George 2, Fletcher B. 3/12

Schedule Page 162

ZIMMERMAN, William 28, Harriett K. 20, Susan E. 3, John F. 1
MEEK, John 35, Syntha 30, James 8, Milly 7, Nancy 4, William 2, Plesant 1
MEEK, Penelope 75, Jane 40
BRANHAM, George 59*, Elender 50
WRIGHT, Angelina 13*, George 12, John R. 10, Ellen J. 8, James 6, Dory A. 3, William B. 1
STEWART, William 48, Rachael 38, John P. 14, Andrew J. 10, William B. 6, Louisa E. 1
MASON, John 49, Sophia 46, William 9, May 6, Thomas 4
TRAVIS, Thomas 40*, Martha 40, Sarah 10, Prudence 7, May 4
MOLES, Narcissa 15*
DEWEESE, Daniel 39, Rebecca 39, William 16, Mahala 13, James 13, Joseph 8, Lewis 5, Vienna E. 7/12
HARPER, Absalom 26*, Rebecca 26, William S. 3, Martha F. 1/12
WILLIAMS, Martha 29*
COWAN, Margarett 43, William J. 28, Jane L. 22, John 20, July A. 18 (f), Thomas 15, James 13
COWAN, David C. 26, May 24, Lucetty A. 4, William L. 2, Sarah E. 6/12
COWAN, Mary 56, Rachael 38, Rebecca 36
WRIGHT, Lewis 61*, Elizabeth 60, Mahala 20, Jeremiah D. 25
CAMERON, Elvira 34*
JONES, Jonathan 36*, George 40
SHOCKEY, Nancy 34*, James M. 7, Jonathan 5
BROWN, Andrew 55*

Schedule Page 163

BROOKS, John 20*
SEWELL, Joseph 44*, Nancy 30, Lean 7 (f), July E. 4 (f), Peter M. 3, Esther E. 1
PHILPOT, Raney H. 13 (m)*
GLIDEWELL, Nash 23, Lithy 22 (f), Otho 6 (m), Lucrida F. 4, John E. A. 4/12
SHEEK, James A. 29*, Mary 31, Augustus W. 7, Mary E. 3, John W. 2, Willis 27
FROST, Thomas 16*
SMITH, Allen 35*, Sarah 36, Eliza C. 13, Jonathan 12, Nancy A. 10, Martha E. 8, Margarett C. 5, Robert L. 2, Francis J. 1/12
HUNTER, William 16*, Abner 14
GWINN, George 49*, Jane 41, James M. 22, John M. 20, George W. 18, Sylvestus 15, Cyrus W. 13, William R. 8, Alfred C. 6, Martha E. 3
DAVIS, Martha 60*
GWINN, James 76, Mary 75, David 51

1850 Census Clinton County Kentucky

GUTHREY, Dempsey 34, Ann 32, Eliza H. 10, Caroline G. 8, William 8, Martin 6, Abijah 1, Richard 1
WOODY, Beverly 61, Cordilla 51, Mary A. 29, Rachael 22, Minerva 16, Hugh L. 15, Samuel 12, Isabella 10, Margarett M. 7
COWAN, James C. 31, Sarah 24, Andrew 6, Martha 4, George 3, Hester A. 1
SHUFFIELD, William 45, Lucinda 39, Pelina 21, Lorenzo D. 18, James 16, George 14, Mary 12, Elizabeth 8, Isaac 5, Lucy 3, Patrick 1
MCDOWEL, Benjamin 69*, Elizabeth 55
GATEWOOD, Marshal 24*
PIERCE, Lewis 42, Rachel 36, Elizabeth 14, David 12, Rebecca 9, Francis 7, Susan M. 6, Ann E. 5, Martha J. 4, Francis 90

Schedule Page 164

CUMSTOCK, William 75, Mary 78, Delila 36, Thomas 14, William 3
COWAN, Andrew 59*, David C. 14
CAMPBELL, Elizabeth E. 23*, Cowan W. 5, John A. 3
COOK, Lucinda 43*
CHEEK, Mabane 35, Candis 25, John 3, Beaufert 2
SOMERS, Simeon 29, Angelina 29, Mary A. 8, Isabell F. 6, William H. 3, Rebecca L. 10/12
FERGUSON, John H. 28, Martha 30, William H. 4, Elijah F. 3, Hugh F. 11/12
JONES, James M. 25, Sarah A. 22, James 1, Matilda E. 4/12
BURRIS, Charles 23, Lucetty J. 22, William 25
TABOUR, Thomas W. 43, July 37, John M. 17, William J. 15, Lewis B. 13, Mary J. 9, Thomas N. 6, Francis A. 4
GODLY, Timothy C. 37, Mary 40, William R. 17, Andrew V. 16, Timothy C. 8
GUFFEY, William 55*, Sarah 58, Talbott 33, Lydia 78
PETIT, Milbra 22*
PAYNE, Asa M. 38, Mahala 26, Syrene 4
KELSAY, James 35*, Nancy 28, Nancy 7, George A. 4, John 2
SHELTON, John 22*
GOODMAN, Andrew 64, Rachael 31, John A. 8
BROWN, Green 22
PITTMAN, Silas 28*, Susanah 29, Nancy J. 5, Frances E. 4, James D. 1, Sarah E. 2/12
MASON, Nancy 79*
WILCHER, Elisha 59, Lucy 45, Sarah J. 18, Ellen 15, Mary A. 11, Lucinda 6

Schedule Page 165

WILCHER, Herrod 22, Elina 20, Sarah J. 2
SIMPSON, John 65, Phebe 66
SIMPSON, Samuel 39, Sarah 34, Houston 13, Mary E. 12, James A. 10, Phebe E. 8, Kesiah A. 6, Margarett 4, John 3, Marion 1
SNOW, James S. M. 39*, Elizabeth 37, Francis M. 20, John W. 18, July A. 16 (f)
RAGLE, John 20*
SALLEN, Jesse 40, Prissilla 39, Nathaniel 19, Martha 17, Mary J. 14, Isel 12 (m), Lucinda 10, Jesse R. 8, Aaron 6, Isaac 4, Denton 2
BROWN, John 38, Mary 42, Harmon 12, Sarah 9, Emaline 7, Lucinda 4, Nancy 2, Lewis 1/12
BROWN, Andrew 30, Rachael 19, no name 3/12 (m)

1850 Census Clinton County Kentucky

BROWN, Lewis 60, Sarah 59, Ibby 18, Ellison 12
DICKSON, John 40*, Nancy 35, Elizabeth 15, Sarah A. 13, Irene 11, William S. 8
SNOW, William 82*
DICKEN, Isaac 25, Elizabeth 60, James 33
STEMS, David H. 27*, Cintha 24, George W. 1/12
AGEE, Plesent 6*
STEMS, John 55*, Elizabeth 48, Caleb J. 18
MILLS, Louisa 4*
NEATHERY, James 51, Rachael 49, William 25, Clinton 21, Elizabeth 17, Akillis 16
BALLEW, John 24, Frances 19, Middleton 1
GRIDER, Jacob 41, Catharine 38, Ebenezer 15, Adaline 13, Margarett 11, Lucy 10, Smith 4, Rachael 4, James 1

Schedule Page 166

MARLON, William 53*, Nancy 53
WILHAM, Washington 18*
ASHENHURST, James 41, Kessiah 35, Sarah 16, Mark 13, Ralph 9, Thomas 4
MARLEN, Mark 58, Temperance 42, Nathan 20, Benjamin 18, Joseph 15, Matilda 14, Huldia A. 12, Telitha 10, Nancy 8, Catharine 6, John 5, Narsissa 2
BRINTY, Robert 37, Embersetta 28, James M. 1
HARRIS, Robert 54, Nancy 52, Stacy M. 21 (m), Lowery D. 21, Robert J. 18, William L. 16, Vanbeauren 11
PIERCY, Fountain 41, Susan 39, Lawson E. 15, John W. 13, Wiley B. 9, James C. 6, Granville H. 3
CLARK, John 40, Sarah 25, Plesant 17, Mary A. 16, Heny 15 (m), Lieferd? 12 (m), Catharine 9, Pernetta 6, William 2
CLARK, Benjamin 25, Nary A. 15 (f)
TALLENT, Enoch 38, Lucinda 36, Mary A. 19, Henry 18, Eliza 14, Emeline 11
ELLIS, Jesse 67, Rebecca 62, Cintha 33, James 22, Martha 22, Joel 20
DICKSON, Richard 30, Elizabeth 27, Martha A. 7, Mark 5, Thomas J. 3, George W. 20
HOPKINS, Thoms 52, Matilda 45, Joshua 14, George W. 13, Thomas J. 12, Louisa J. 10, Louis F. 9 (f), Shelby 7, Elizabeth 5, Martha 4, Matilda 1
RYAN, George W. 37, Elizabeth 66
GUTHRIE, Abijah 44*, Nancy 33, Sarah 19, Stephen 16, Harriett 14, John 12, Mary A. 10, William 8, Mariah S. O. 6, James W. 3, Virgil M. 2/12

Schedule Page 167

WILLIAMS, Jane 40*
DICKEN, Jefferson 36, Mary 32, John 15, Allen 13, Nancy J. 10, Thomas P. 8, William 6, Absalom 5, Mark 3
WRAY, Daniel 52, Elizabeth 66
WRAY, John C. 30, Solvina 25, Martha A. 8, Mary E. 6, James M. 4, Margarett E. 2, Minerva J. 1/12
MARS?, John 26, Prissilla 24, John F. 1
WRAY, Solomon 46, Sarah 44, Eliza J. 20, Dulseny 17 (f), Samuel P. 16, John H. 13, Daniel 11, William C. 9, Floyd M. 5
HILL, James M. 28, Harriett 32, George W. L. 4, Jeremiah 2, Thomas D. 1

1850 Census Clinton County Kentucky

MORELAND, John 60, Elizabeth 30, May A. 3, Lucy H. 9/12
WILLIAMS, John H. 31, May A. 21, James F. 3, William Mc. 1, John 68
COOKENDOFFIE?, R. H. 35 (m), Elizabeth 21, Henry C. 2
GREEN, Lucy 77*, Lucy B. 37
MASSEY, Fanny 49*
GARNER, Sarah E. 18*
HULBERT, Ellen J. 22, Fanny 2, Marcia 6/12
BUSTER, Michael 23, Nancy 17, Mary E. 3, Lewis 1
ANDREW, William C. 29, Frances J. 20, Israel L. 3/12
COZENS, George 39 (B), Cintha 26, Rhoda 13, Mary A. 8, William 6, Joseph 4, John W. 1
PONSTON, Israel 58*, Elizabeth 54, Mary A. 19, Levi 17, William 14, Emily J. 13
LOWHORN, George 14*
PONSTON, Isaac 37, Elizabeth 39, Marion 15 (m), John 14, William T. 12, Jane 10, James M. 8, Henry F. 6, Elizabeth 2

Schedule Page 168

HALL, John 56, Mary 48, John H. 18, Caroline 15, Lupry? B. 12 (m), Peyton B. 9, John 24
KELSAY, John 62, Joseph 15, Cleveland 12
HAMILTON, Calvin 20, Dinela 20, Robert S. 2
COWAN, Thomas J. P. 29, Nancy 29, Rachael J. 5, James P. 2, July L. 6/12
RAINS, Sarah 55, William 18, Sarah J. 17
SANDUSKY, Samuel 38, Mary 41, Francis M. 14, Lurethria 12, Patience J. 9, Henry H. 6, Unity 4, Samuel S. 2
PENDERGRASS, Miles 30, Eliza 32, Mary 6, Syrena 5
BEARD, C. G. 45 (m), Easther 27, Allen W. 20, Sherrod W. 17, James W. 13, John O. 11, Isaac N. 9, Samuel S. 5, William B. 4, Martha C. 1
BEARD, William D. 47, Mary H. 43, James W. 16, John H. 14, William 11, Alexander C. 8
WILBRON, William 49, Elizabeth 46, Sarah A. 17, Nancy M. 15, Eliza B. 13, Robert 11, Plesant 9
KELLY, John 65, Mary 60, Thomas 24, Rebecca 20, Milly 17
GIBBENS, James E. 43, Sarah 27, Campbell 11
SILVERS, Charles 69*, Rosannah 70
ORMS, Eliza 32, Silous 12, Rosannah L. 10
BEARD, Allen W. 43, Elizabeth 40, William D. 5, Angelina 34
LAURENCE, Richard 70, Nancy 59, Jesse 29, Richard 25, Elizabeth 23, Rebecca 21, Charles 17

Schedule Page 169

LAURENCE, John 31, Nancy 26, Sean 1/12 (f)
SHUGART, John 81*, Elizabeth 80
MONROE, Lucy A. 17*
SMITH, George 28, Rebecca 44, Martha 18, John A. 17, Vianne 12, Mary 10, Elizabeth 8, Sarah 7, James 2, Kissiah 1
PIERCE, William 50, Nancy 43, James 24, Elizabeth 18, Margarett 15, John L. 12, Madison 10, Robert A. 8, Jane 3, Cyrus B. 2/12
PONSTON, James M. 24, Rachael 30, James T. 2, Isabell 8/12
WHEELER, Madison P. 26, Susan 26, Artema 6, Israel D. 2, Elizabeth 6/12

1850 Census Clinton County Kentucky

LOGSTIN, Phillip 26*, Margarett 23, Calvin S. 1
JONES, Jeremiah 24*
HUFF, Lewis 46*, Dianna A. 38, Andrew 16, William 12, Brazil 9 (f), Daniel 86
SUBLETT, Permelia 14*
CRAIG, John 25, Sarah 29, George W. 15, Elizabeth 9, Jane 9, Madison 5, James 4, Jonathan 3, no name 1 (f)
COWAN, William H. 34, David M. 10, Mary S. 8, Rebecca J. 5, Louisa 4
COWAN, John 78, Silba 58 (B,f)
COWAN, Sarah 46 (B), Rebecca 18, Matilda 18, Samantha 16, Gabriel V. 14, Phebe A. 12, Emily A. 9, Syrena J. 7, George B. 3
COWAN, Eliza J. 26 (B), Shelby P. 7, Harrison 4, Sherrod O. 2, Eliza 23
COWAN, Phebe 45 (B), Elizabeth 24, Benjamin 18, Tennessee 16 (m), Sarah 14, James 11, Calvin 9, Cordelia 5, Cowan 3, Salina 4/12

Schedule Page 170

DUVALL, Lewis 61*, Nancy 58, Samuel 18, Vanburen 15
DYER, Calvin 28*, Emily 28, Nancy E. 5, Henry C. 3, Ellen S. 2
FROGG, Nancy 16*, Jane E. 8
SANDUSKY, John 42*, Asena 36, Sarena 16, William H. H. 14, George W. 13, James L. 1, Elizabeth E. 3, Harmon 1, Hannah 77, Sarah 48
WYNN, Harmon 76*
DUVALL, James J. 25*, Jane 26, Dwit O. 5, Ann E. 1
FROGG, William R. 10*
DUVALL, Lewis W. 24*, Jane 23, Martin M. 1
STOCKTON, William 36*
GIBBENS, Edmond 45, Jane 44, Marion J. 9 (m), Malissa 8, Elizabeth 6, Sarah J. 4
PAGE, John S. 33*, Eliza 24, Titus V. 8, Ann L. 6, Lucy E. 4, Martinette 1
KELSO, Hugh 40*
FARR, Aley F. 24 (f), Charles 35, Zarilda 13, Rhoda E. 11, Alley E. 9, Rachael J. 7, Emily O. 5, William B. 3, Mary C. 1
GARNER, Freeman 32, Rachael 30, John 8, Tempy 6, Isaac 4
GILPIN, Samuel 26, Lucrecia 25, Nancy J. 3, James C. C. 2/12
DUVALL, William C. 34, Martha 30, Sherrod W. 7, William M. 5, Oliver P. 4, Lewis P. 2, Sarah E. 2/12
STEWART, William 41*, Elizabeth 64, Sarah 39, Nancy 24, Elizabeth 1
FROGG, Arthur R. 13*
SAVAGE, Thomas 41, Mary 39, Wilbron 18, Charlott 16, David 14, Jane 13, Milford 11, William C. 8, Ellender 6, Martha 4, John E. 1

Schedule Page 171

CUMSTOCK, Owen 23, Martha 18, Harvy R. 1
LONG, Mary 55
BEATY, James 40, Emeline 29, Allen J.? 9, Fountain L. 7, Elizabeth 5, Malissa 3, Vianner 1 (f)
PARING?, Samuel 39*
COMBS, Parallee 19*, Sidney 1 (m)
CROCKETT, Robert P. 37, Mary R. 33, Margarett R. 13, William F. 12, Henry F. 10, Delila A. 9, John M. 7, Mary R. 6/12

- 204 -

1850 Census Clinton County Kentucky

CROWDER, Rachael 46*, William 14, Nancy 5
JONES, David 78*
HIMES, James M. 24, Eliza 31, Alexander 9, James M. 7, Archibald 5, Peter 3, Margarett 1
CROCKETT, William 27*, Elizabeth 24
REED, Mary 10*
CROCKETT, Martha 46, Martha 16, Sarah J. 14, David 11, Clamansa 9, James R. 7
CROCKETT, Nancy 45, william 18, Mary J. 16, Nancy 12, James G. 20, Lean 22 (f)
CROCKETT, David 27, Martha A. 22, Thomas B. 5
BOITER?, Elizabeth 66, Amanda 35, Robert 28
KOGAR, Anderson 28, Agnas 31, Mary A. 9, Thomas 7, Elijah 5, John 2, William 4/12
YOUNG, Edith 41, Elizabeth 15, Hetty 13, Rosannah 11, John A. 8, William S. 6, Andrew 3
YOUNG, Jeremiah 20, Permelia 17
JONES, Sina 44, Elknah 17, Eli 17, Nathaniel 15, Emmy R. 13
KOGAR, Elijah 54

Schedule Page 172

COIL, Clay 45*, Henry 20, Mary 16, Andrew 14, Didama 14 (f), Permelia 12, Sampson 10, Artema 7, Sarena 5
CRABTREE, Sarah 75*
SARTIN, William 35, Mary 33, James 13, James 74
SMITH, William 36, Mary 31, Elizabeth 15, Granville J. 13, Sereptha 11, William H. 7, John 5, Malinda 3, Jeremiah 1
STINSON, William 27, Mary 36, Larah A. 14, Elizabeth 13, Milton M. 12, William H. H. 9, Delila 7, Tilmon 6, John A. 3, Calvin J. 4/12, Mary E. 4/12
RIGNEY, William 45, Susan 28, James A. 7, James W. 10, Alfred M. 7, Francis M. 4, Beanfort 3 (m), Edmond C. 1
LOVER, John 34, Martha 22, Nathan J. 3, Archibald 1
GWINN, James 21, Angelina 22, George W. 3, Mahala J. 11/12
GWINN, Jeremiah 45, Nancy 45, Mary A. 16, Mahala 14, David 12, Aleazor 9 (m), Malissa 7
BROWN, Michael 38, Elizabeth 35, Sarah 19, William 18, Mary 16, Amanda 14, Enoch 13, Elijah 11, John M. 7, Rosena 4, Eli H. 1
SHELTON, Isaac 49, Susan 50, John 18, Salina 6
SMITH, Samuel 45*, John C. 19
HUGHS, John 23*, Nancy 20, Mary J. 3, Mitchel 1
KOGAR, John 59*, Mary 52, Dorcas 10, Hetta 8, Malissa S. 6
FROGG, Lucrecia 22*, Martha 18, Mary 15

Schedule Page 173

AYRES, George 48, Ruth 45, William 18, Henry 16, Nancy 12, John 10, Marion 9 (m), Vincent 7, Milly C. 5, James 1
TRAVIS, Mahala 44, Mary C. 18, William O. 11, Mahala J. 8, Frances E. 5
SWOPE, George 75*, Mary 57, Martha 24, Rufus L. 16, Grandison H. 14, Jonathan D. 12
DAVNEY, Elizabeth 76*
MORRIS, Dicy 50, Micken 18 (m), Jane 6
MOLES, Carrol 27, Elizabeth 22
DAVIDSON, John 42, Catharine 43, Mary A. 11, Elizabeth 10, Amanda 8, William 6, Hannah 3, Samuel 1

1850 Census Clinton County Kentucky

BEATY, Alexander 80, Catharine 70, Miles 35, Allen 26, Emily 18, Alford 1/12
BEATY, Plesant 33, Amanda 25
BEATY, John 30, Sarah 31, Emeline 7, Catharine 4, Amanda 1
BEATY, Abner 47, Sarah 45, Granville 21, Catharine 19, Nancy 17, Zilpha 15, Angeline 13, Alexander 11, Mary 10, Plesant 8, Samuel 5, Phillip 3, Jefferson 23, Elmina 24
KOGAR, Eliza 35, Louisa 14, William 12, Lean 10 (f)
STEPHENSON, John 48, Nancy 49, Mary A. 19, Andrew J. 18, Thomas V. 17, Hiram J. 15, Sarah J. 12, Elizabeth G. 10, James F. 9, John M. 7
FROGG, Milly 28*, Permelia 5, Irwin 3, Jonathan J. 1
JEFFRIES, Israel 21*, Thomas 19, Mary 29

Schedule Page 174

GUFFEY, Barny 45*, Elizabeth 45, Martha 18, Ephraim 16, William 14, James 12, Sarah A. 10, Nancy C. 8, Mary A. 5
BURNS, Isaac 20*
STOCKTON, Peter H. 85*, Rachael 81, Rebecca 40, Lemuel 35, Paul 27, John S. 25
HALL, Manen? 15 (m)*, Catharine 14
GUFFEY, John 24*
MARCUM, James S. 26*
VICKORY, John 32, Jane 38, Martha A. 13, Vianner 11, Sarah J. 9, William E. 7, James M. 5
ROBERTS, Nancy 49*
DAVIS, Angiletta 15*, James K. 12, Syrena 10
DAVIS, Green B. 26*, Mary 25, Lean E. 4 (f), Marcus 1
HUTCHERSON, Thomas 25*
MARCUM, Marvel 29, Mary M. 24, Plesant 7, James 5, Rebecca 4, Louisa J. 3, Sabra J. 2, Isaac S. 8/12
MARCUM, Plesant 26, Jane N. 24, William R. 2
DAVIS, william W. 21, Louisa 21, John W. 2
BRANHAM, William 23, Winny 26, Hannah L. 1
POE, James M. 47, Elizabeth 35, William 18, John 15, Sarah J. 14, Joshua M. 13, Hiram J. 8, Rolly W. 6 (m), James N. 4
MORRISON, James 47*, Taswell 44 (f), William 24, John 17, Francis M. 14, Nancy 12, James 9
WARREN, Zilpha 38*, Emeline 10, Elizabeth 3
HIX, Jacob 25, Elizabeth 22, William W. 3, John A. 4/12
GUFFEY, Richard 68
HUNTER, Elson E. 29, Rosena 23
AYRES, Jane 48, John 22, Jane 19, Rhoda 17, Martha 12, Lean 8 (f), Lydia 3, Alsey C. 8/12

Schedule Page 175

HYDEN, Thomas 45, Elizabeth 43, William 21, Richard 19, Hiram 16, Nancy A. 14, Phebe C. 12, Luvina C. 9, Thomas W. 7, James B. E. 6, Ephraim B. 4, George W. 2
PATTEN, Brutus 32, Nancy M. 22, Absalom 5, Elizabeth 3, Mary A. 3/12
BLANKENSHIP, Gideon 49*, Charlotte 42, Harriett J. 13, Louisa E. 12, Matilda C. 10, Carter T. 7, William J. 5, Mary 2
WOODY, James 98*
JONES, George 42, Tempy 31, Martha 20, John 19, Henderson 17, Anderson 15, Samuel 12, Nancy 7, Sarah 5, Ruth E. 4, Ransom L. 1

1850 Census Clinton County Kentucky

HOPKINS, Dennis 58, Sarah 54, John 16, Minerva 13, Dennis 11
HOPKINS, George 24, Eliza J. 20, James L. 5/12
HOPKINS, Dennis 90, Martha 85
DICKISON, Oliver 21, Sarah P. 21
PITTMAN, John 56*, Nancy 50
PARMLY, Elizabeth 36*, Nancy 4
SMITH, Francis A. 40*
MASON, Joel 50*, Jane 37, Joel 2, Thomas 1, George R. 1/12
FEUQUAY, Elizabeth 14*, John 12, Milly 10, Mary 9
BURCHETT, Bartlett 75, Nancy 75
MCFARLAND, William 25, Mary 30, Martha 5, Nancy J. 3, James L. 1
YATES, Avory 50, Nancy 45, William 16, Elizabeth 15, Nancy 12
CORCEILUS, George 54, Ruth 53, Noah 17, Elizabeth 15, Margarett 12

Schedule Page 176

PERDUE, William B. 34, Nancy 30, Zilphy 9, Ezekiel H. 7, Mary E. L. 5, James K. P. 2, Lucinda C. 1/12
GARNER, Henry 75, Catharine 50, Washington 12, Plesant 8, Marion 5 (m), Jackson 4
HUNTER, Micajah 23, Hanner 19, Mary E. 7/12
NEAL, William 23, Parthena L. 20
PURSELL, Merida 24 (m)*, Parthena 24, William P. 2, Thomas S. 8/12, Edith H.? 40, Mary E. 17
BROWN, Hetta 64*, John 20
CATRON, Isaac 31, Mary 30, William 11, James 9, John 7, Rebecca 5, Mary 3, Shelby 4/12
JONES, Wesley 25, Allena 23, John 3, Elizabeth 60, Malinda 18, Salina 16
LEVRIDGE, Abram 26, Emeline 22, John 5, Mary J. 4, Isaac B. 8/12
OWENS, John 24, Matilda J. 24, Samuel R. 2
GRAHAM, Matthias 59, Elizabeth 55, Eliza 27, Champion 22, Jonathan 19, Monroe 16, Mary J. 15, Ellender 14, Luvena 11
BECK, Ann 87, Sarah 30
BELL, James 54, Aramentas 54 (f), Jane 30, John A. 27, Margrett 25, James D. 22, Matthew 13, Nancy E. 10
PENTICUFF, John 35, Hannah 20, Adaline F. 14, Clarrender E. 12, Phillip O. 10, Sarah J. 7, Lassena B. 5, Eliza M. 3, Aramantas M. 1(f)
CHAPMAN, Rolly 57 (m), Prissilla 57, Nancy 24, July N. 23 (f), Rolly N. 22, Emiline 16, Ann C. 14

Schedule Page 177

HELM, James 50, Rhoda A. 47, James C. 17, Lindsey 14 (m), John W. 11
WILLS, Anderson 24, Lydia 23, Leslie C. 1 (m)
OLIVER, R. W. F. 42 (m), Elizabeth 30, Nancy J. 12, Clarissa C. 11, John O. 5, Lucy S. 3, Augustin J. 10/12
LAND, John 46, Louisa 42, Camden M. 15, Fletcher O. 12, Wesley A. 10, William 7, James S. 3, George E. 5/12, Susan 25
GROCE?, John 40, Irene 38, Mary A. 13, Joseph 9, William 7, Elizabeth 5, Adaline 3
BURCHETT, Jesse 54*, Elizabeth 54, Jane 22, Elizabeth 19, Rachael W. P. 11, Martha 7
SHELTON, Sarah 24*, Silas 1/12

- 207 -

1850 Census Clinton County Kentucky

ZIMMERMAN, Elizabeth 66*, Ruth 31
VANHOY, John 21*
VINCENT, Henry 31, Elizabeth 32, William O. 6, Elizabeth S. 5, Isabella 4, Richard P. 3/12
WRIGHT, Philbert 73*
BURCHETT, Judith 48*, John P. 12, William M. 7
WRIGHT, John 75*
BANDY, John R. 20*, Elizabeth 18
CUMSTOCK, Joseph 35, Fathy 33 (f), George A. 14, Mary A. 12, Nancy J. 11, William W. 8,
    Elizabeth 6, James E. 4, Robert S. 2, Joseph H. 9/12
SOMERS, Hayden 55, Mary 55, Jacob 25, Elizabeth 23, Rebecca 20, Mary A. 15, Joseph H. 12
WRIGHT, Elizabeth 51*
DAVIS, Lean 8 (f)*, Lewis 6
FERGERSON, James 48, Jasper 16, Nancy 15, William 12, John 10, James 5
OWEN, Robert 66, Elizabeth 54, Dicy 35, William H. 33, Edward L. 21, John B. 19, George 14

Schedule Page 178

WOOD, Reuben B. 45, Elizabeth 47, Robert W. 17, Lafayette L. 14, Salina 13, Amsted 10 (m),
    James E. 8, Elizabeth G. 5
BRAMLETT, Ambros S. 60, Sarah 54, William 22, Hayden 19
ELLIOTT, Elizabeth 91*
DICKISON, Lydia 21*
MILLER, Henry 59*, Esther 59, Mary A. 30, Sarah 25, Rebecca 21
WALLACE, William H. 11*
RAYBOURN, William 31, Nancy 34, Joel J. 8, Thomas S. 6, Leo H. 4, Margarett E. 1
WOOD, Mary 77*, Margarett 39
EWING, Jesse 30*, Mariba 29 (f)
FERGUSON, William R. 50, Zilphy 48, Jemima A. 21, William 17, Sarah 14, Elizabeth 12,
    Mary 9, Margarett 5
FERGUSON, Chaniss? 29 (m), Martha 23, Ann 3/12
FERGUSON, Benjamin 27, Arminda 17
FERGUSON, James 25, Malinda 20, Robert 4/12
FERGUSON, Jemima 67, Catharine 21
RENNEAU, Isaac T. 44, Mary 34, Margarett E. 11, Thomas W. 9, John M. 6, Mariba E. 4 (f),
    Barton S. 2
HAYS, Thomas T. 32, Mary 22, Alexander 1
HAYS, Alexander 81*, Elizabeth 71
TRAVIS, Thomas 60*
IRVIN, John 62, Jemima 54, Cunningham 23, Piera 14
IRWIN, Croft 27, July 21 (f), John W. 3, Oliver P. 1
STOCKTON, Lemuel 22, Rosannah 21, Nancy A. 6/12
CRAIG, Jane 65, Zilphy A. 23, Lewis S. 5, Cordillia 3
STOCKTON, Rebecca 50, Jane 26, James 22, Margarett 19, Nancy 17, Carrol V. 14 (m),
    Lorenzo D. G. 11, Ferriba E. 9 (f), Comidore C. 7, Lora C. 3, Lydia K. 1, Elizabeth J. 1

Schedule Page 179

JOHNSTON, Edmond 32, ann M. 22, Eliza A. 3, Phebe G. 1
OWEN, Brooks 40, Elizabeth 44, James 19, Elizabeth 14, Virginia 9, Dicy 6, Esther 4

1850 Census Clinton County Kentucky

BRASWELL, B. R. 50 (m), Elizabeth 46, William F. 20, Leroy 16, George W. 15, Ellison A. 12, Elizabeth C. 10, Rosannah J. 8, Alexander D. 5, Thomas L. 2
BROWN, Joseph 27, Nancy 25, Edmund J. 12, Mary A. 9, Elizabeth 7, Milly 5, John 2, Rebecca E. 8/12
LESLIE, Ellison 27, Adaline 26, Isaac 8, Vachael 5 (m), Susan 2
BELL, Jesse 46*, Annis 45, Lucinda 18, Louisa 16, Jeremiah 14, Mahala 11, Mary C. 9, Frances E. 5, William 2
PONSTON, Henry 25*, Sarah A. 24, William 1
PERDUE, William 19, Susannah 21, Sarah E. 1
WRIGHT, Samuel 47, Sarah 40, Wesley 21, Mary 19, Martha 18, Mahala 16, Emeline 5, Ann 2
FARR, Elijah 32, Margarett 31, James G. 7, William 5, Sarah C. 3
PIERCE, Jefferson 22, Martha 18, James 2
CAMPBELL, Jane 40, Stacy 16, Rebecca 15, Armilda 13, Martha 11, Rhoda 8, Benjamin A. 6, Mary 4
MARTIN, Martha 43, James 18, Jane 17, John 8

Schedule Page 180

DEARING, Harrison 26*, Charlotte A. 22, James W. 9/12
WRIGHT, Sarah 68*
HANCOCK, Daniel 40, Rebecca 40, Sherrod 18, Ozias 17 (m), John 14, Amos 12, Sarah J. 10, William 5, Elizabeth 3, Ann E. 2
WALDEN, Milton 29, Mary 24, William 6, Catharine J. 2
GUFFEY, Ephraim 43*, Mary A. 36
STRINGER, Richard S. 13*
WADE, Richard 55*, Mary 48, John 18, Rebecca E. 15, Ruhama E. 9, Mary C. 5, NAncy 3
PITMAN, Richard 8*
KELSEY, William 58, Barthena 50, Cornelius 26, Alexander 22, James 20, William 18, Burton 16, Lucinda 14, Elizabeth 12, Sarah J. 10
DAVIS, Miles H. 24*, Elizabeth 26, Lewis T. 3, Absalom P. 1
FROGG, Lewis 8*
HIX, Thomas 23, Ruth 35, Ephraim W. 3/12
BROOKS, Stewart 26, Susan 35, Mary C. 4, Ann E. 2
GWINN, Rebecca 54*, Owens P. 23
FEUQUAY?, Elizabeth 16*
BROWN, Lewis 22, Margarett 22, Elizabeth 1
MALONE, David 50, Mary 50, Jeremiah 19
BECK, Aaron 57*, Sarah 56, Isabella 22, Ruth A. 17, Jesse 15
MCGUIRE, Lucy A. 15*
AYRES, Henry 43, Intha 43, James 7, Nancy 5, Green 4, Winny 2, John W. 5/12
BROMLY, Robert D. 47, Eliza 43, Charlott 17, William D. 14, Barnabas 11, Robert 8, Mary R. 3, James E. 6/12
JONES, George 70, Sarah 69, William 45, Jacob 30, Vianner 2 (f)

Schedule Page 181

BRANHAM, James 27, Mary A. 23, Elizabeth 3, John D. 9/12
BRANHAM, Elizabeth 46, Mary 17, Susannah 14, Mahala 11
BRAMLETT, Thomas E. 33*, Sarah 30, James S. 11, William L. 9

1850 Census Clinton County Kentucky

COWAN, Matilda 19* (B)
SMITH, Jefferson J. 42, Mary 26, John C. 17, Elizabeth S. 15, Clamanza S. 14, Marshal 12, Josahine 10 (f), Ambros B. 1/12
DICKISON, Jesse 56, Robert F. 25, Emily 20, John 16, Newton B. 14
BARBER, Martin A. 25, Winny C. 24, William 6, Sarah E. 3
WADE, Elisha 26, Martha 27
SMITH, Robert 45*, Jane 47, Embersen 23, Andrew J. 20, Sarilda 18, Matilda 14, Jasper 12, Shelby M. 10
COIL, Sarah 21*
BECKMAN, Marshal 23, Mary 25, John J. 2
HARPER, James 64, Elizabeth 56, Lydia 20, Susannah 17
CROSS, Joel H. 27, Amanda A. 27, Nancy J. 6, Robert 4, Mary E. 1
AVERY, William C. 54, Mariah 45, Martha 27, Amelia 23, Phinas 18 (f), Nathan 22, Joel 15, Jasper 12, Newton 12, Elizabeth 10, Sarah 9, William 4
ELLIS, Mary 39, Sarah J. 20, Mary S. 16, Vianner 14 (f)
CAMPBELL, Woodson A. 34, Lucinda 23, James A. 10, Margarett E. 8, William 6, Sarah T. 4, Andrew B. 8/12
HURT, Washington 26, Malissa 18, Martha J. 1
PERDUE, Ezekiel 67, Mary 44, Mary 43, Edith 23, Sarah E. 5, Richard F. 4, Charlott C. 3, John 25

Schedule Page 182

GUFFEY, William 42, Phebe 32, Martha 10, Ephraim M. 8, Richard B. 7, William M. 4, Constant E. J. 2
SNOW, Elizabeth 47, Nancy 13
GUFFEY, Thompson 23, Luvena 24, Hiram 4/12
BROWN, Henry 35, Sarah 30, Wyley 4, Ann 2
CLARK, John 25, Sarah 23, Henry 4
SHELTON, Sarah 35, Nancy 32, Madison 21
JEFF, Mary 40, Minerva 5
DAVIS, Celron J. 27 (m), Virginia 24, Lewis P. 5, George W. 1
BARBER, Levi 51, Usley 45 (f), Elizabeth 19, James 17, Matilda 14, John 10, George 5
CLARK, Samuel 75*, Hannah 73
BURCHETT, Mary 15*
OWENS, Samuel 46, Sarah 45, Reuben 19, Jane 16, Angeletta 14, Samuel 12, Sophrona 10, Wesley 8, Malvina 6, Rice M. 5, Green P. 4, Zachariah 2
BECKETT, Elza 35 (m)*, Nancy 22
HOLT, Martha 12*
JONES, Wilson L. 47*, Olly 45 (f), Elizabeth 21, Nancy 19, John 17, Sarah 14, Emeline 11, Mary J. 10, Virginia 6, Abner 3
BOWLS, William 7*
BELL, William 50*, Rebecca 35, William 19, Margarett 13, Mahala 11, Nancy 8, John 6, Alpha C. 4, Louisa C. 10/12
SOMERS, George D. 24*

Schedule Page 183

FLOWERS, G. B. 34 (m)*, Berphabus 32 (f), Moira J. 11, Sarah A. 9, Uriah 8 (f), Jackson 6, Comedore P. 4, James F. 1
CUNDUFF?, Sarah 65*

1850 Census Clinton County Kentucky

NOLAND, Jessee 50, Matilda 42, E. G. 25 (f), Nancy 21, Virginia 19, George 18, Anastatia 15,
   John 12, Matilda 10, Leann 8, Harrison 6, Mary 2
CROUCH, John 53, Hannah 53, Ellis 18, Susanah 17, Elizabeth 12
SELBY, James 33, Nancy 26, Malinda 5, John A. 3, G. B. 1 (m)
WELLS, John 47, Malinda 41, Hannah 26, Mary 22, Asa 15, Albert 12, Sarah A. 7
MAXEY, Rice 51*, Lucy P. 54, Samuel B. 26, Luetta A. 22
WALKER, Florus T. 15*, Ann G. 8
GALEWOOD, Rice M. 6*, Mary T. 4
REALL, Alfred 23*
DILLEN, John 18*
KERNEY, William 36, Ann 30, Martha 14, George W. 8, John K. 7, Elizabeth 5, Mahala 3,
   Rosanah 1, William B. 5/12
FLOWERS, Roland 26, Fanney 21
PRYOR, Edward 26, Eliza 20, Shedrick 1
STAYLEY, Enoch 44, Rachel 36, Matilda 17, Leanne 16, Felix G. 14, Malinda 12, Therecy 10
   (f), Henery J. 8 (m), Malissy 6, Clemenza 4, Jeremiah R. 2
TIDEROW?, Ruben 45, Sarah 40, Elizabeth 19, William 17, Martha 16, Lavina 13, John 11,
   Alpha Z. 10, James A. 8, Sarah 6, Frederick B. 5, Clemmentine 4, Ruben J. 2, Perrella 3/12

Schedule Page 184

HUNTER, Nathan 41, Nancy 38, Eliza M. 20, William C. 17, Joseph T. 15, Elizabeth 8, Izabela
   8, Jams A. 3, George A. C. 1, Sarah T. C. 5
STALEY, Adam 63, Margret 61, Tealdon 34 (f), Lucy 34, Emiline 28, John 22, Isaac 20,
   Rebecka 20, William 16, Edmond 19 (B)
FERREL, Thomas 37, Judy 26, Matilda 7, Andrew J. 6, James K. P. 4, Margret 1
ASHENHURST, John A. 33, Sophiah 33, Jane 14, Elizabeth 11, Martha 9, Mary M. 7, James T.
   5, Simeon G. 3, Sarah 2, Joseph 1
THRASHER, William 62, Elizabeth 32, Mary A. 26, Hardon 18, Allen 16
HILL, Jethro 44*, Whitmeal 20, Martha A. 21, Alfred H. 18, Isaac N. 16, Emily 14, Ira J. 12
CATES, Aaron 65*, Margret 60
SMITH, Pleasant H. 31, Irean 20, Elizabeth 76, William A. 37
WOOD, William 76, Mary 62, Thomas J. 31, William C. 22
WOOD, Washington R. 35*, Katherine 32, Sarah 4, Mary E. 2
GUTHERY, Noah 14*, John 10
DENTON, George N. 41, Martha 42, Isaac R. 20, Carran? M. 17 (f), John J. 12, James A. 9,
   Lucella 7, J. A. 4 (m), Robert O. 2

Schedule Page 185

BOLLS, Jane 39, Henery J. 6 (m)
WOOLERY, Zephaniah 67, Agness 36, John C. 31, Nancy 32, Sarah A. 4
WOOD, William G. 37, Emiline 34, Martha J. 9, Mary E. 3, Wiley A. 1
STOCKTON, Thomas 58*, Mary 34, Hammilton 26, Margret 24, Mary 22, Allen 19, Wiley 15,
   Matilda 12, Narcilley 6 (f), Malisey 4, Thomas B. 2, John F. 1
GROSS, William 58*
HOLSAPPLE, Peter 42*, Elizabeth 37, William 17, Nancy A. 12, Syrus W. 14, James 9,
   Ambrose B. 2
SHOOTMAN, Katharine 19*, John H. 1

1850 Census Clinton County Kentucky

SHOOTMAN, William 48, Elizabeth 37, Mary 17, Milley 15, John E. 12, James 10, Pleasant 8, Joshua 5, Jackson 3, Isael 2, Katharine 1
CARTER, Leeann 55, Elizabeth 25, Fanney 30, David 23, Alexander 20, Nancy J. 17
CARTER, Peter 32, Peanny 30 (f), Joseph 8, Pitman 4, Elijah 1
MCCAY, Jeremiah 64, Lucy 41, Katharine 13, Lydia 11, Caroline 9, Cleranda 7, James 3, John O. 1

Schedule Page 186

COLE, George W. 35, Sarah 36
JEFFREYS, William 38, Claricy 38, Nancy 19, John 17, Joshua 15, Thomas H. 13, Sarah A. 11, Susanah 9, William F. 7, Lucetta 5, James C. 3, Lawson 1
WRIGHT, Isaac 61, Elizabeth 47, Emily A. 18, Julia P. 16, Elzaba 14, Ann 11, Janus A. 2
BORAKIN?, John B. 62, Katharin 63, Ephraim J. 26, Katharine 23, Nathaniel 21, Nancy 19, Lucinda 16, James 13, Hezekiah 10, Wilborne 4
OWENS, William 57, Sarah 48, Martha A. 13, William 17, Mary E. 9, Lewis F. 8, Sarah 6, Dicy 5
WOOD, John 66*, Sarah 58, Ann 39, Agness 21, Samuel 19, Emily 16, Jessee 14 (f)
CROUCH, James 82*
WOOD, John J. 24, Lavina 22
MYERS, Christopher 74, Elizabeth 60, Harrison 21
KING, John T. 25, Matilda 24, Sarah E. 5, William H. 3, Jr. J. E. 1 (m)
CROSS, William 63, Mary 61, Nancy 40, Mary 34
CROSS, James 28, Elizabeth 28, Mahala J. 10, Mary T. 8, William 6, Matisey 5 (f), Joseph L. 2
JOHNSON, Tandy 52 (m), Elizabeth 50, Sarah 24, William 20, Mary A. 15, Martha 13, Elizabeth 11, Thomas 9, Rebeca 7, Joseph W. 5
STERGUS, John 35, Elizabeth 37, Nancy J. 13, Margret E. 13, Permelia 11, Elzana 10 (f), James 8, William E. 5, Emanuel 4, John L. 1

Schedule Page 187

GRAHAM, Jonathan 58, Mary 59
GRAHAM, Anderson 33, Emiline 25, Alfred A. 2
GRAHAM, Durham 31, Eilzabeth 25, Gholson 1
PITMAN, John 25, Creecy 17, Eliazar 2, Elizabeth 6/12
WARRENER, Joseph S. 37, Margret 32, Nancy J. 14, Sarah T. 12, Iverson 10, Elizabeth 4, Samuel 3, Mary F. 10/12
CHILTON, Joshua L. 37, Martha 29, Frances J. 12, James E. 11, Eliza A. 7, Robert H. 6, Edward Y. 11/12
BROWN, Kinyon 50, Nancy S. 47, Benjamin S. 17, Sarah S. 14, Sinclair 7, Joseph T. 5, Juliza 1
SPEER, James 29, Jane 32, Elizabeth 11, Andrew J. 9, Martha A. 7, Susan 5, Amos 3, James 1
ELLIS, Joel 63*, Nancy 72
SPEER, Susanah 48*
WYNN, Lewis 31, Sarah 18, Oliver 1
SMITH, Jonathan 27, Elizabeth 5, Jane 27, William A. 3, Almarine 1 (m), William 67
BANDY, Drinkard 46, Elizabeth 36, Francis 18, Ann H. 11, Simeon 9
HAWKINS, Joseph 25, Malisey 21, Jabaz C. 3, Martha J. 2/12
SPEER, Joseph 71, Elizabeth 53, Andrew 35, Susan 23, Joseph 20
SPROWL, Charles D. 45, Sarah 36, Alexander 12, William 67, Mary J. 20

1850 Census Clinton County Kentucky

Schedule Page 188

YOUNG, Joseph 48, Sarah 40, Joseph 16, Lucrecy 14, Nancy 8
APPLEBY, Milly? 77*
SPROWL, Rachel 37*, Mary F. 4
ELDRIDGE, James 39, Judy 40, Martha A. 16, Louiza 14
COX, John S. 35, Martha 35, Lucrecy C. 15, Winey A. 13, Lucind P. 10, Leann E. 6, Jeremiah 4
FROST?, Micajah 35, Nancy J. 18, Solomon 14, Susanah 12, Caroline 10, Sarah 8, Dicy 7, Martha 6/12
NETHERY, Robert 59, Dorothy 63, Benjamin 28, Manerva 26, Albert B. 22, Jane 18, Ellener 11
NETHERY, Austen 35, Sarah A. 27, Robert J. 9, Charles S. 6, Thomas B. 4
NETHERY, Tilford 24, Nancy 25
APPLEBY, Herod 25, Caroline 20
APPLEBY, William 35, Mary 43, Martha 20, William 18, Mary 16, Robert 8, Pollard 10 (m), Fanney 6
AGEE, William 65, Elizabeth 62, Isaac 26
BALEW, Joseph 31, Sarah 28, Dianah 11, William 8, Preston 6, Thomas 2
GABBERT, John 69, Elmina 40, Mathew R. 16, Nancy C. 14, Elisha E. 12, Sarah E. 12, Zachariah F. 2
ALLEN, Thomas 43, Lucy 40, Jasper N. 16, Elizabeth J. 14, Ebenazar M. 11, William G. 9, Annanias 6, Lewis 3, Rozenah 3/12
BROWN, Jacob 33*, Mariah 41
AGEE, Sarah 8*
WELLS, Syrus 26*, Fanney 22, Dotia 5, Lewis 3, Tilford 1

Schedule Page 189

GRIDER, Martha 21*, Sarah 20
BRYLEY, Jessee 33, Dorinda 27, Sarah J. 10, Martha A. 7
DUNBAR, Sydney S. 42, Lettitia T. 32, Elizabeth A. 15, William P. 13, John C. 11, Sarah J. 9, Thomas P. 7, Augustavus A. 5, Oreler F. 3 (f), Merratta J. 2/12
GRIDER, Joseph M. 25, Lydia 17, Susanah A. 11/12
SNOW, Samuel 50, Rachel 37, Martha E. 14, Joseph N. 19, M. D. L. 15 (m), Malinda C. 13, William W. 10, Vianah P. 5, Leann J. 4, Artilla J. 1
BROWN, Eli 39*, Sarah 28, Prudance 21, Mosses 15, Ann 14, Mary 9, Sarah 7, Angeline 4, Lucinda 2
AGEE, Mary 9*, Joseph A. 4
IRWIN, Francis 30*, Sarah A. 19, Emily 2, Allen 1/12
HOGAN, Romolous 5*
BROWN, Clayburn 18*
PAGE, Weston 38, Elizabeth 27, John R. 16, Jasper N. 7
HALL, James 44, Mahala 46, John 20, Martha A. 16, Samuel J. 11, Pleasant M. 5
STATON, James C. 31, Fanney 29, Lucy J. 10, Sarah E. 3, Mary E. 11/12
KILPATRICK, William 31, Martha 22, Robert L. 5, Nancy C. 3
NICHOLAS, Thomas G. 22*, Casander 20
WINFREY, William 58*, Sarah 59
WELLS, Solomon 51, Roda 41, Washington 18, Louiza 12, Joel 9, William 7, Allen 6, Henery 3 (m)
PEARCY, Noah 34, Eliza 31, Walker 10, Mary 8, Wilimine 6 (f), Isaac 3/12

1850 Census Clinton County Kentucky

KERNAL, Bwin 34*, Sarah D. 45, Percinna 17, Mary P. 13, James P. 11, Joseph A. 9, Absolom P. 4, Clinton A. 2

Schedule Page 190

YOUNG, Sarah N. 22*
RIDDLE, Davis 48, Martha 47, William 20, Isaac 18, Lucy 16, Nancy 14, James 12, Martha 11, Josephus 9, Judy 7, George T. 4
GARDER, Israel 27, Jane 25, Frances 5, George W. 3, Martha 1
MCDANIAL, Charles 53, Elvira 33, John 23, Sarah 21, James 16
YORK, Richard R. 65, Roda 31, William 25, Samuel 24, Sarah 22, James E. 15, Nancy J. 12, John A. J. 20
GIBSON, Jessee 64*, Rial F. 14, Margret 54, Ezakiah A. 14 (m)
PEARCE, Katharin 19*
DICKEN, William 25, Elizabeth 19, James A. 1
BLANKENSHIP, Barnabas 49, Mary 48, Jane 23
YOUNG, John 21, Emily 22, Joseph R. 2/12
LUTTERAL, Richard 32, Elizabeth 33, Nancy J. 8, John T. 6, Michael 5, Richard J. B. 3, Mary E. C. 1
BARROT, John M. 33, Elizabeth 67
PURKINS, Christopher 41, Rachel 43, Elizabeth 17, Joseph 14, Wilson L. 12, Matilda A. 10, William C. 8, Mary J. 6, John E. 5, Robert C. 3
BAYLEY, John 28, Dorretha 25, James T. 6, William H. 4, Elizabeth 2
PITMAN, Anderson 24, Ruthe 20, Micajah 22, Izabella 22
HOLSAPPLE, William 46*, Nancy 39, Martha 17, Virginia 14, Crofford L. 12
BRISAN, Lucrecy 16*, Franklin 22

Schedule Page 191

COX, Lucrecy 66*
PICKENS, Elizabeth 32*, LEvina 12, James M. 8
HOPKINS, Eliza 40, Richard 18, Edward 16, Mary A. 12, Katharin J. 8
LAY, Bartley 80, Alsey 41, Ketta K. 22, James R. 20, Mary A. 20, Ellen 17, Sarah A. 12, Margret M. 7, Caroline M. 4
ANDERSON, James C. 62*, Freelove 59, Mary 24, Malinda 20, William 18
GWYNN, Katharine 27*, Malinda W. 4, James C. A. 2, Robert A. L. 2/12
KEENE, Elijah W. 35, Lucinda 20, Mary N. 2, William T. 1
HUDSON, Catlette 50 (m), Isaac W. 20, Sarah J. 16, John W. 17, Joshua 15, William B. 13, Martha 11, Thomas 8
THIGH, McCampbell 44, Margret 42, James M. 18, Thomas L. 17, Isabella 14, Elizabeth 12, John M. C. 10, Margret 7, Reede A. 4, William W. 2
MCCOLLOM, Jonathan 42, Rebeca 44, Margret R. 19, James T. 15, Martha C. 13, Rebeca C. 11, Sarah C. 5, William K. 2, Nancy A. 2/12
COLLINS, Mathew 56, Hannah 54, George 14, Margret 19, Allen 17, Edward 11, William 9, James 7
ASHENHURST, William 43, Nancy 43, Susanah 21, Thomas 19, Sarah 15, James 13, William 7, Joshua 5, Robert 2
BRISTOW, Martha 73
BRISTOW, Thomas 45, Margret 24, Vest P. T. 20, James M. 16, Thomas P. 14
BRENTS, Samuel 41, Izabella 37, John A. 16, Thomas J. 14, James F. 6/12

1850 Census Clinton County Kentucky

Schedule Page 192

BRENTS, Peter 79, Hester 20, Emeline 24
MAYSE, Simon P. 27, Mary A. 26, Joseph 9, Mary J. 5, Nancy C. 3, Charlot H. 1
HOFF, Danial 46, Rebeca 43, Abigal 13, Nancy C. 9, James A. 6
BULEMAN, Euley 26 (m), Mary 25, William 3
HOPKINS, Elijah 35*, Rebeca 36, Eilzabeth 14, Mary J. 13, Elijah O. 11, Lucetta A. M. 9, John R. 5, Dabney C. 6/12
MILLS, Jessee 50*
CARGIL, Leander J. 36, Nancy 39, Lyddia 13, Margret 10, John 8, Elizabeth 5, Nancy G. 2
CARGILE, John 66*, Margret 51
ASHUNHURST, Sarah 87*
BUNCH, James 51*, Fanney 47, Elizabeth 21, Ann 16, Valentine 19, Elenoah 15 (f), Joseph 11, Spicy 8 (f), Preston 6, Green 3
MCCAWLEY, John 14*
MEAN, Adam 43, Sarah 40, James M. 20, Martha 17, Lewis W. 15, Isaac N. 14, Louiza J. 12, Sarah A. 10, Benjamin F. 6, Jeremiah 2
MILLER, Morton 49, Nancy 48, Melvina 24, Julia A. 17, Wilborne F. 16, John A. 13, Jonathan P. 11, James L. 9, Phoebe E. 5, Oliver P. 3, Causby R. 11/12
HOPKINS, Dennis 53*, Mary 55, Vanburen D. 18, Nancy 16
PITMAN, Sterling 16*
HOPKINS, P. H. 27 (m), Adaline 32, John D. 4, Mary 3, Martha 1
WALKER, John T. 36, Sarah 33, Mary A. 14, Elisha J. 11, Henry T. 9, Joseph 7, John 5, Harvey C. 3, Mosses 1

Schedule Page 193

SHELBEY, John 66, Lydia 44, William M. 7, Nancy A. 6, James H. 3/12
PURKINS, Joseph 65, Elizabeth 66, Elizabeth 27, Mary 24, Joseph 22, Delila 16
HOSEY, John B. 44, Thomas 12, Eilza J. 13, Isaac 12, Julia A. 11, Jonathan 9, Derinda 7, George A. 5, William T. 3
PURKINS, Lewis 37, Sarah 35, William 14, Joseph 13, John A. 2
BRANHAM, William 52*, Nancy 46, James 28, Sarah 23, William 20, Elizabeth 17, Martha 16, Emily 12, Nancy 10
HASEY?, Sherod W. 6*
ASHENHURST, Thomas C. 47*, Nancy 47
SHELLEY, Sarah 25*, Campbell T. 27, Lewis L. 4, Thomas W. 2
HARPER, Jacob M. 30, Juliza 28, James A. 6, Henery A. 3 (m), Adaline A. 1
DUVALL, Oliver P. 36*, Evaline 33, Emily 12, Octavy 10, Victoria 8, Cordella 5, Arminda 3, John 1/12, John 70
FROGG, Lewis D. 15*
CAMPBELL, Alexander 19, Lavinna 20, Leonadas 1/12
WILLIAMS, Shelby 26, Margret 17, Sarah 4/12
LOGSDEN, James 65, Mary 23
BROWN, James 31, Mary 66, Sarah 26, Ann 24, Margret 22, Victoria 1
BROWN, Joseph 38, Matilda 34, William D. 8, Selina 7, James R. 4, Sarah 2
KING, Henery H. 37, Mary 35, Caroline 18, John 16, Alfred 14, Allen 12, Emeline 11, Bryant 8, Martha 6, Annis E. 4, Hegason 1/12

1850 Census Clinton County Kentucky

Schedule Page 194

ABBOT, George W. 34, Katharin 48, Hiram 9, Sarah 7, John 6, Mary 5, Thomas 3
BUNCH, Barton 47, Mary 50, Sirenius M. 21
HOPKINS, George W. 50, Sarah 49, Sophrona 15, George W. 18, John 7, Sarah 2, Ambrose 9
BROWN, Joseph 38, Edith 36, Mary 15, James 12, William 3, Martha 10, Jane 1
SHELLEY, Danial 56, Margret 55, Thomas W. 29, William E. 25, G. L. 23 (m), Margret 20, Lewis T. 18, Emily 16
BROWN, Jane 69, Martha J. 23
SHELLEY, Simon P. 28, Elizabeth 27, Cornelius 2
WHEELER, Joel 35, Caroline 31, Rody J. 10, Nancy 9, George C. 7
RYAN, William 64*, Keziah 58
MILLER, Susanah 18*, William M. 1, Manerva 11 (B)
TINDLE, Patrick 22, Martha 22, John J. C. 2
SMITH, Sarah 47, David 19
WHITLOW, Jessee 52, ann T. 36, David F. 18, Lucella W. 16, Saluda W. 13, Thomas J. 11
KING, Elijah W. 26*, Margret 30, Jonathan 4, Nancy 3, Thomas 1
MURRAY, Nancy 67*
BROWN, Elzey 10*
PAGE, James 80*, Mary A. 58
RAGAL, Jefferson 23, Jackson 19, Mary J. 18, Samuel 15
HAY, William 25, Elmina 25, John 5

Schedule Page 195

SMITH, Ann 33, John 13, Mary 9, Kenery 5 (m)
TINDAL, William H. 30, Albert 20, Martha 18, Elizabeth 9
BROWN, Callaway 35*, Sarah 40
LOWHORN, Noah 21*, Lucinda 19, Francis M. 15, Mary M. 15, Hezekiah 9, Austan 6
VINCENT, James A. 33*, Mary A. 43, John T. 12, Arthur 10, Samuel A. 9, James A. 5, Lucy W. 4, Ann G. 1
MCCURRY, John F. 21*
SHELLEY, Pleasant 25, Sarah 27, Melvina 5, Lucinda M. 3, Doria A. 1
TIDWELL, Mary 35, Archebald 17, Jessee 14, Rody 11, Emily 8, William 5
BOOKER, John 35, Sarah 28, Margret 13, Mary C. 11, Sarah E. 8, Christian D. 6, William T. J. 4
SMITH, Robert C. 49, Sintha 37, James 17, Mary A. 15, Katharin 14, Robert 12, Henery F. 8, Alexander W. 6, Sintha D. 4, Elizabeth J. 2
HOPKINS, George W. 31*, Elizabeth J. 26, James R. 1/12
MACKEY, Mary 67*
MACKEY, Alexander 48, Dorkis 38, John T. 18, James A. 15, Perpetua 14, Reede 11, Mary 9, Samuel 7, Robert M. 5, Agness 4, Charles M. 3, Sarah 1, George A. C. 1/12
WRIGHT, Joshua 49, Nancy 44, Syrus W. 23, Logan 20, Grandville 18, Calvin 16, Nancy 13, Talina 9, Rossanah 6
TALBOTT, Charles P. 35, Elizabeth 39, Veanah 16, Lawson 14, Emeline 12, Katharin 10, John 8, Charles 6, Isaac 3

1850 Census Clinton County Kentucky

Schedule Page 196

SUMMERS, James M. 29, Rebeca 24, Viana 7
HARPER, William 36, Mahala 36, Nancy J. 14, Joseph B. 11, James E. 7, Sarah E. 5, Asa 3
FRY, David 60, Jamime 34, Lucinda 19, Sarah L. 12, John 9, David A. 6
RUNNELS, Charles 59
RUNNELS, Mary 63
SHELLEY, Peter 55, Jane 56, Peter 15, William M. 12
SHELLEY, John 27, Sarah A. 27, Absolam T. 5, Jane 4, Alley 6/12 (m)
JAMES, George W. 37, Elizabeth 33, Sarah T. 15, James W. 13, John N. 11, Mary T. 9, Rody A. 7, George W. 5, Jonathan H. 2
BROWN, Joseph 72, Sarah 77
VINCENT, asa 75, Lucy B. 45, Elisha 24, Thomas 22, Elizabeth 23, Rebeca 19, James A. 16
WRIGHT, John H. 31, Elizabeth 32, Sarah A. 9
TALBOTT, F. G. 34 (m), Sarah 38, James N. 13, William H. 9, Jonathan M. 7, Calvain G. 4, Joshua B. 2, Susan E. E. 1/12
SMITH, Jessee M. 26, Elmira 26, Ruben A. 1
SMITH, Lewis E. 31*, Margret 76, George 19
TAYLOR, Persia 17 (f)*
HAY, John 27*, Jane 25, Thomas 4, Jane 2, John 6/12
MCCLUSKY, Nancy 21*
STORY, Robert 24, Louiza 24, Jane 3, Mary A. 1
GARNER, John K. 40, Nancy H. 30, Eilza J. 5, Barbery A. 3, Martha E. 1
SMITH, Samuel 39, Susanah 27, James E. 7, Vianah E. 4, Emily J. 2

Schedule Page 197

JENTLE, Nathaniel 42, Mahala 33, Martha A. 10, Mathorine 8 (f), Stephen 6, John 4, Jasper 3, Mary J. 1
HOFF, William 22*, Maranda 27
PHARAS, Axam 9 (m)*
VAUGHN, George W. 34, Adaline 23, William T. 3, John H. 2/12
BUSKY, Thomas 50, Mary 29
WOOTON, Elisha 50, Sarah 40, Elizabeth 17, William 14, John 12, Sarah 10, Wilson 7, Thomas 5, Danial 3, Berry 1
ABSTAN, William 55, Sarah 40, William 23, John 21, Francis 19, Sarah 17, Henery 15 (m), Matilda 14, Katharin 12, George 10, Mary 8, Nancy 6, Susan 5, Elizabeth 3, Emiline 2
RAGSDALE, Thomas M. 32, Elizabeth 56
MURRAY, Smith 47, Nancy 45, Sarah 21, Margret 18, Annis 13 (f), Mary 8
ABSTAN, Jessee 28, Elizabeth A. 19, Nancy M. 2/12
WRIGHT, Wilson 43, Emily 38, John J. 19, James R. 15, Susanah C. 12, Nancy M. 10, Sarah E. 7, David E. 6, Martha J. 2
TEEL, Thomas J. 26, Jane C. 17, Julian 1 (f), George A. 2/12
SHELLEY, Henery 50 (m), Jane 50, William E. 22, Luney 20 (f), Samuel 15, Simon P. 13
JOHNSON, George M. 27, Louiza 26, Maranda 9, John 6, Mitcheal 4, Elizabeth 3, Fanney 1
SMITH, Darkis 65, Louiza 31, Burr H. 13, Eliza J. 12, Mary A. 6, Samuel L. 5, Fanney 7/12

1850 Census Clinton County Kentucky

Schedule Page 198

SMITH, Robert 44, Louiza 34, Gilbert L. 11, John W. 9, Clinton A. 6, Sarah M. 4, Jane 3, Elizabeth 6/12
SMITH, William 25, Mary 25, Martha A. 5, Elizabeth 3, William A. 3/12
SMITH, Mary 55, Nerila 23, Sintha 20, William 6, Sarah 1
BUNCH, Milton 21, Mary 20, George W. 1, Sarah J. 2/12
PAGE, Powel 40, Elizabeth 37, William 17, Wesley 15, James 13, Martha 10, Jefferson 8, Elizabeth 1
LEFARELL, Raney 40, Rody 25, Margret J. 2, Mary A. 13, John 11, Caroline 7
BRISTOW, Leven 67, Nancy 58, Tabitha 28, Juliann 24, Richard P. 20
HAY, William 49, Nancy 49, Sarah 20, Thomas 18, Mary 13, Richard 7, Nancy J. 4
CROSS, James E. 39, Emeline 32, Robert E. 14, James T. 12, William L. 10, Pleasant H. 7, Sarah E. 4, Nancy 10/12

Schedule Page 199

CUNNING, John R. 55, Martha C. 31, William E. 19, John R. 17, Benjamin F. 14, James H. 12, Mary F. 11, Francis A. 8, George B. 7, Eliza T. 6, Harriatt _. 4, Ann T. 1
FERGASON, Mary 40, Benjamin 7, Mary L. 2
SMITH, J. C. 34 (m), Jane 29
LEE, Brisan 30, Katharin 30, Nancy J. 6, Thomas A. 4, Mary A. 3, Lidea? J. 1/12
TALBOTT, Jane 75, Permelia 38, Louiza 7
WALLIS, Samuel 50, Elizabeth 54, Elizabeth 23
TALBOTT, F. W. 36 (m), Mary 29, William A. 7, John T. 5, Martha A. 2
YATES, Emeline 31, Henery F. 9, Bryan M. 8, Samuel Q. 6
HOSEY, Thomas 76, Charlote 76, Sophia 50
HOSEY, James 28, Katharin 25, Robert 6, Pleasant 4, Dory Ann 10/12
REEVES, Arthur D. 34*, Ann D. 33
BROOKS, Sarah 22*
HOSEY, Thomas 35, Jane 38, N. L. 14 (m), James R. 11, John B. 9, Elmina A. 7, Columbus W. 6
SPECK, Jessee 41, Nancy 28, Jacob J. 17, Mary A. 15, George W. 14, James M. 12, William T. 1
FORD, John 33*, Elizabeth 29, William T. 8, Sarah A. 6, Leann J. 4
RAGLAN, Franklin 21*, Sunter? M. 26 (f)
RENOW, Jonathan M. 27, Elizabeth 24, Sarah E. 5, John W. B. 4, Ann E. 2, Nathanial T. 1
DUEESE, Jacob 47*, Ann 52
CARTER, Winson 33 (m)*, Mary 24, Sarah A. 6, Elzey N. 4 (m), Mary J. 1
SPECK, Jacob 77, Nancy 67, Agness 27, Jacob 25, Granville E. 6

Schedule Page 200

SPECK, Michael 32, Isaac F. 11, Marilda J. 9
BUNCH, Joseph 48, Elizabeth 45, Israel 21, Isaac 18, James 16, Joseph 14, Elizabeth 12, Thomas 10, Marley 7 (f), William 1
BUNCH, Calvin 20, Marley 21 (f), William 7/12
GROSS, Pleasant 32*, Martha 28, Sarah E. 8, James W. 7, Victoria E. 6, Richard V. 4/12
LEE, John G. 17*

1850 Census Clinton County Kentucky

BUTLER, Isaac 38, Kizia 39, Mary 15, John 13, Montgomery 11, James 8, Leann 6, Ambrose 4, Malvena 10/12
BRISTOW, Francis 27, Nancy 23, Hiram P. 2, Adaline J. 11/12, Martha 39
MEANS, Sarah 67, Margret 40, Lydia 33, Nancy 23
MEANS, Henery 40, Mary 27, Henery C. 11, Nancy J. 9, Sarah M. 6, Benjamin M. 3, Fatima A. 3/12
LITTLE, Greenberry J. 27, Ann J. 28, James E. 8, Arthur L. 6, Melvina 5, Isaac N. 3, Susanah E. 2, William O.B. 2/12
HARPER, Nancy 62*
HOLT, Harper 20*, Ferraba 16, Pleasant 3
HOLT, James 41*, Jacob 17, Isaac 15
FERREL, Jefferson 34*, Elizabeth 30, Martha A. 10, Margret C. 6, Mary J. 5, James E. 2
TIPTON, Esaw 39, Martha 34, Vina 6, William 4, Julian 1 (f)
LITTLE, Isaac 58, Lavina 57
LEE, Richard 22, Elizabeth 22, Pleasant W. 2, William 25

Schedule Page 201

LEE, John 52, Margret 19, Susan 10, Mary J. 13, Emily 11
BOWRING, Isaac 56, Katharin 46, Serena C. 25, William J. 23, Ruth K. 20, Isaac K. 17, Orra E. 14, Lorina J. 11, Palina A. 9
COLE, James 40, Elvira 37, Martha 18, Francis M. 17, Isaac D. 15, Eliza 13, Elizabeth 11, Josephine 9, Samuel L. 7, Margret A. 5, Leonadus T. 3, Lavina M. 1
LEE, Richard 44, Lyddia 44, Joshua 20, Elizabeth 20
BUNCH, Dow 29, Rebecka 25, James 12, Jane 9, John 7, Lydia 4, Granville W. 1
GROSS, Robert 21, Sarah 25, Mary J. 1/12, Simon 65
MEANS, Abijah 23, Leann 23, Malisa M. 1
MEANS, Azle 45 (m), Susanah 43, Sarah 19, Katharin 16, Lydia 15, Benjamin J. 13, Joseph W. 10, Richard S. 9, Elener A. 6, George A. 2, Allen W. 1/12
MULLENS, John 46, Mary 34, Sarah 13, Martha 8, Azle 5 (m), Elzey 1 (m)
MULLENS, Valentine 75*, Mahala 45, Greenberry L. 2
BRENTS, Peter 12*
STOCKTON, Samuel 34, Julia 38, Jessee G. 9, Loretta 7, John A. 6, Mary A. 5, George T. 4, William P. 2, Samuel C. 5/12
GARNER, Stephen 33, Lucrecy 32, William 13, Vanburan 11, Leander B. 6, Sinia A. 9, Isal 4 (m), Mary J. 1
WHEELER, Silas 37, Rozanah 32, Lafayette 12, Margret 10, Mary 8, Melvina 6, Filicia 3

Schedule Page 202

FORD, James 26, Eliza 17
COLE, David 72, Jane 36, Joseph M. 9, William C. 7, Nicholas T. 4
WOODSON, Richard 37, Katharin 28, William H. 6, Louisiana M. 4, Sarah A. 3, Grandville C. 1
STOCKTON, John 44, Elma 39, Allen 20, Isaac 17, Eviline 15, Caroline 13, Thomas 11, Lewis 9, Emily 6, John 1
HARRIS, Josiah G. 33, Martha 33, William R. 6, Nancy M. 3, Frances M. 1
BRIM, William 47, Sarah 39, Martha A. 15, Richard S. 14
HARBOR, Thomas 46, Mary 42, John 16, James 15, Elbert 12, Nancy J. 10, Elisha 8, Elijah 7, Thomas 4, Elzey M. 1 (m)

1850 Census Clinton County Kentucky

STOCKTON, George 28, Elizabeth 19, Malinda 1
JARVIS, Peter 70*, Elizabeth 64, Nelson 32
GROSS, David 20*, Telitha 25
BUNCH, Joseph 50, Elizabeth 45, Israel 21, Isaac 18, Joseph 15, James 13, Elizabeth 8, Francis M. 5, no name 8/12 (m)
BUNCH, Calven 20, Marley 20 (f), William C. 8/12
JARVIS, John 36, Sarah 35, Columbus 11, Theofulus 9, Tennessee 5 (f)
GROSS, Owen 25*, Malinda 26, Lenearus T. 4, Hadan L. 2
MCCAWLEY, Parellee 17*
STONE, Merodith M. 50, Elizabeth 36, Samuel H. 27
BATEMAN, John 26*, Lucinda B. 24, William 1
STONE, James L. 20*, Louiza J. 13, Martha E. 11, Amanda M. 5

Schedule Page 203

CROSS, Elisha 56, Rebecca 49, Elizabeth 29, James 11, Rebeca 5, Roda A. 7, Leetha J. 3, Katharin 6/12
CROSS, William 21, Lyddia 18, Elzey 2
CROSS, Joseph 30*, Katharin 23, William 8, Marilda 6, James J. 4, Lydia E. 2, Jessee 9/12
WALLIS, Thomas 14*
MELTON, Absolam 65, Sarah 56, Christena 31, James 20, Nancy 21, Calvin 3, Elzey 1 (m), Alfred 1, Jackson 1
GROSS, David 34, Rebeca 27, Mary C. 9, John 7, Jefferson 6, Elvira T. 3
PAGE, Powell 40, Elizabeth 27, Roda 6, Nancy 4, William 3, Lewis 1
MELTON, Simon 24, Rachel 24, Ambrose T. 3, William 2/12
MELTON, John 40*, Elizabeth 30, Mary 14, James 10, Absolam 7, Christena J. 2
FERREL, Mary 60*
LAWHON, John 39, Nancy 32, James 14, Emily C. 10, Jacob 7, Susan 5, Samuel B. M. 2
GROSS, Jacob 54, Margret 49, Asa 23, Ann 15, Martha 12, Marilda J. 7, Jacob T. 2
JOHNSTON, John 23, Mary 24, Ozias D. 6/12 (m)
LAWHON, Thomas 70, Mary 60, Mary 22, Sarah 4, Eliza 1
JOHNSON, Henery 50, Martha 41, William 20, Calvin 18, Isaac 16, Juliann 14, Abijah 13, James 10, Sarah 7, Mariah 5, Martha 2, Lara 4/12 (m)

Schedule Page 204

MELTON, Anderson 20*, Elizabeth 27, Louiza 6/12
GLIDEWELL, Lucinda 17*, Martha 14, Jobe 25
GLIDEWELL, Anderson 22, Sarah A. 17, Shedrick 20
WRIGHT, Abner 53, Nancy 48, Hannah 23, Mahala 21, Joseph L. 19, Sarah G. 17, Fountain T. 14, James T. 9, Malinda F. 7, Nancy V. 5
GRIFFEN, Thomas 32*, Mary 31, Mary J. 6, Abigal 3, Martha B. 5/12
LAND, Nancy 20*
HUTCHESON, Luke 62, Elizabeth 54, Hannah 29, Sarah 23, Josiah 20
BRISTOW, Ballard 34, Mariah 27, Eliza J. 9, Sarah A. 7, Benjamin Mc. 6, Jessee L. 3, William T. 1
LAWHON, James 30, LEvina 26, Asa 6, Micajah 4, Ambrose 2, Ruth J. 7/12
MELTON, William 28, Nancy 35, Thomas A. 7, Rody A. 5, Katharin 4, Alis 2 (m), Oliver M. 1, no name 1/12 (m)

1850 Census Clinton County Kentucky

JARVIS, Nathan 37, Nancy 34, Martin L. 15, John C. 13, Sarah C. 10, Peter Mc. 8, Washington 6, Nancy J. 5, Sherod W. 1
VINCANT, Allen 83, Rhoda 63, Matilda 43, Eliza 23, Sarah 15, Elijah W. 3/12
ASBERRY, Frances 66, Margret 19, Frances 6/12
MCCLELLAN, Adden 54 (m), Mary 43, Thomas J. 20, John L. 15, Lucy J. 13, Moses Y. 11
LAWHON, Joshua 36, Louiza 33, Hardan 15, Martha E. 13, Mariah 10, Cleranda 8, Avaline 6, Henery 4, Samuel 1

Schedule Page 205

ASBERRY, William 35, Katharin 35, Ann E. 15, Leatha 14, George W. 12, Matilda C. 9, John 6, William 3
ASBURRY, John 57*, Mary 44
DANIAL, John W. 9*, Whitaker 7, Isaac R. 3, Neams 2 (f)
HUTCHESON, Ruben 30, Nancy 22, Luke 5, Mordica 2
CARTER, Joshua 31, Nancy 28, William A. 8, George W. 6, John M. 4, Sarah J. 2
TIDWELL, Thomas 41, Sarah 41, William 16, Malinda 14
BROWN, Abraham 60, Elener 50, Abraham 15, Serena C. 12
THOMKINS, D. D. 33 (m), Esther 33, Elizabeth E. 10, Joseph F. 6, M. D. L. 4 (m), Samantha 3, Mary C. 1
BRISAN, Ruben 74*, Mary 62, John 35, Annis 28 (f), James 26, Jane 24, Mary A. 22, Martha 20
GUTHERY, Ransom 15*
CRAFT, Elizabeth 84, Elizabeth 42, Susan 13, Columbus 15, Margret 10
HOLLIS, Zachariah 50, Sarah 40, Peter 16, John 14, Nathen 12, Jane 9, Margret 5, Zachariah 1
GUTHERY, Adam 32, Mary E. 28, James V. 7, Matilda J. 5, Sarah 2, Valentine 1
VANCE, Samuel 60, Elizabeth 45, Sara T. 19, Eliza P. 15, Samuel J. 13, Martha E. 11, William W. 6
GUTHERY, Arminius 31, Matilda C. 21, Wesley O. 5, Martha J. 3, Pereleta C. 1

Schedule Page 206

GUTHERY, James A. 41, Mary 28, Emily J. 7, William F. 6, Francis M. 4, James A. 2
GUTHERY, James 73, Sarah 61, Lydia 25
ARMSTRONG, Rufus 27*, Mary E. 22, John V. 5/12
ARNEY, William J. 22*
COX, Mary E. 43*, Thomas J. 11, Sydney C. 9
ARMSTRONG, William 25*
CRAFT, Charlot 45, Elizabeth J. 22, Laonadus 20, Caroline 15, Helen 12, George A. 8
DANIAL, John 22, Rebeca 19, Elijah 1, Isaac 7?/12
MCCLUSKY, John 35, Sarah 23, Joseph 1, George A. _
GUTHERY, Albert 35, Agness 26, Sarah E. 8, Mary J. 7, James A. 6, Nancy E. 4, Matilda E. 3, Lydia A. 1
MCCLUSKY, Gilbert R. 25, Martha A. 24, Larkin B. 2, Jasper 1, James 25, Mahala 22, Elizabeth 19
WRIGHT, Edmonson 31, Neams 28 (f), Matilda J. 1/12
SIDWELL, Nancy 40, John 16, Jane 14, Benjamin 12, Thomas 10, Margret 8
DANIAL, Hardon 29*, Lavina 29, Artima 6, Josiah 4, William M. 2, Adaline 19
SEDWELL, Margaret 70*

1850 Census Clinton County Kentucky

MELTON, Richard 31, Elizabeth 25, Margret 9, Charles T. 6, Nancy J. 5, Susan 3
DANIAL, William 26, Delila 37, Josiah 15, Thomas 11, Lavina 8, Louiza 7, Chambelane 5 (m), Albert 3, Samuel 2, Highley 10/12 (f)
MELTON, John L. 29, Nancy 29, George 15, Marium 11 (f), Martha E. 8, Rachel 6, Andrew 4

Schedule Page 207

MELTON, Richard 60, Phoeba 31, William 18, George W. 9, Allen 4, Lucinda 1
FARMER, William 48, Rebeca 44, Elizabeth H. 21, Benjamin F. 19, John S. 16, Katharin 14, Mary J. 12, William W. 9, Joseph H. 6, James T. 2
SIDWELL, John 50, Fanney 51, Collens 21, Roda 17, Purlina 15
ASERRA, Hiram 27, Mary 27, James 9, Rachel 7, Emily 5
TAYLOR, Thomas 50, Malinda 52, Nancy 21, Elizabeth 18, Samuel 16, Emily C. 9/12
JOHNSON, Mitchael 48, Elizabeth 50, John 23, James 21, William L. 19, Elizabeth 14, Martha 12
SMITH, James 39, Sarah 22, Nathanial 16, Roda 10, Jefferson 7, Charles 5/12
CARRINGER, John 50, Matilda 34, Manerva J. 22, Amus W. 20, elizabeth A. 18, Sarah A. 6, Matilda A. 3, Pleasant C. 2?/12
LOWERY, Charles 70, Amey 49
SMITH, Parmeley 39 (m), Louisa 30, Gilbert 12, Anderson 8, Jessee 5, Calvin 1
SMITH, Ann 65, Louiza 28
CAMPBELL, Fanney 42, Marion 25 (m), Sarilda 23, Armilda B. 11, Richard B. 8, William M. 5, Eliza 1/12
MURRAY, Danial 28, Elizabeth 38, Mary D. 18, William E. 2, James T. 1/12
HAY, James 46, Mary L. 38, James R. 19, William 16, Adalade 14, Almarine 9 (m), Louizy 7, Clemmentine 4, Isabella 2

Schedule Page 208

GROOM, John 49, Saranda 46, Mary 24, Elzira 21, Angeline 19, Harrison 16, Jane 15, John 6
BUSTER, John P. 35*, Martha J. 30, Evaline 10, Waller 7, Frances A. 5, Oliver 3, Sarah E. 1, Parish 15, Martha E. 13
KELSAY, Thomas 18*
RAINS, Isaac E. 56*, Susanah 44, Martha A. 15, William M. 8, Ruben T. 6, Edward J. 3, Samuel A. 8/12
BELL, Elisha 21*
RYAN, Harvy R. 27*, Emiline 21, Osald D. 3/12 (m)
DILLEN, Sarah J. 15*
BLARE, Abraham 46*, Rebeka E. 10, John A. 8, Jane 6, William G. 4
FUGATE, Harmon J. 26*, Mary 19, Randolf 2
MAREWELL, Charles H. 38, Nancy 29, Perrelee M. 8, Perezeta F. 6, Mary J. 2
PICKENS, Jonathan P. 30, Mary A. 24, Sarah J. 5, Margret K. 3, Sherod K. 1
HARISON, William F. 32*, Elizabeth R. 21
WOOLCEY, Isaac 21*
WALKER, Nancy 39, Juliann 21, Matilda 19, Henereatta 15, Nelson 13, Morius 11, Thomas 9, William 7, Mariba 5, Brooks H. 3
SMITH, Robert 25, Nancy 29, Fountain P. 8, Jessee B. 4, Sarah A. 3, Susan M. 4/12
SMITH, Jessee 50, Sarah 49, Isaac L. 19, Benjamin W. 17, Agness P. 15, Elener C. 10, Thomas G. 8

1850 Census Clinton County Kentucky

KELSOW, John H. 22, Jane 22
LEVINGSTON, Thomas 26, Mary 27

Schedule Page 209

PEARCE, Ambrose 54*, Ann 47
SMITH, Ambrose 15*, Clearrey 13 (f)
WRIGHT, Balenger 26*, Susanah 24, Ann 6, James 4, Charata 3, Sarah 10/12
MCCAMUS, Elizabeth 30, Malinda 11, America 10, William 8
AMUS, Charles 37, Sarah 36, Emily 17, E. C. 14 (f), Pleasant 13, Charlotte 12
YOUNG, Alfid M. 24, Caroline 21, Ambrose P. 4/12
KING, Hegasar 70 (m), Annis 70, Elizabeth 42, John B. 29, William R. 16
JOHNSON, George 80*, James 44, George 10, John W. 9, Andrew 7, Sara J. 6, Mary 5, Lemuel 20
WRIGHT, Elizabeth 35* (B), Clemmentine 6
PAGE, Powell 35, Elizabeth 35, William 15, Weeley 11, William 9, Lewis E. 7
RYAN, Joseph R. 34, Jane 25, John V. 8, Pleasant H. 7, William A. 4, Helen 3, Sarah 2/12
LONG, Samuel 42*, Viana 12 (f), Ambrose 10, George 8, William 6, Hennah 64
BERRY, Joshua 16*
JENNINGS, Mark 21*
MILLER, Otho 28, Levisa 24, Amanda 15 (B)
MILLER, John 33, Eliza J. 30, Preston 9, Moses 7, Otho 4, Mary 3, Amanda 1/12
WILLIAMS, Pleasant H. 54*, Sarah 51, Isabella 12
TAYLOR, Nancy 22*
BILLINGSLY, Benjamin 41, Jane 35, Sarah 15, John 13, Elizabeth 10, Lucinda 9, Colyet 7 (m), Martha 5, Mary 1
WOOTON, Spotswell 37, _____ 37 (f), Nancy 16, Sarah 14, Ruben 12, John 10, Jacob 8

Schedule Page 210

HOFF, Pleasant 35, Sarah 29, Cornelius 13, William 11, Pearson 8, Thomas 7, Mary 5, Elizabeth 3
WOODY, Edmon 62, Ann 40, John A. 10
MYERS, Jessee 37, Rebeka 42, Remember C. 15, Martha A. 12, Eliza C. 10, David O. 7, Robert C. 5, William O. 2
BECKETT, Albert R. 25, Louiza 25, Elzey 3, Albert R. 7/12
DAVIDSON, Luke 36*, Ann 34, Pleasant A. 8, Nancy J. 6, Leo H. 2, Andrew P. 2/12
COOPER, Elizabeth 50*, Phoeba 43
STUART, John 21*
CRAFT, Anderson M. 40, Olive 25, Judith 6, Rebeca 5, Martha 3, Elizabeth 1
MADISON, John 31, Fatha 23 (f), Cleranda 5, William G. 1
BECKETT, Josiah 67, Barbery 67, Leann 10
CROUCH, James A. 25, Sarah M. 21, John A. 1
HODGE, Thomas J. 37, Lucy A. 26, Mary J. 8, Margret G. 6, Josephine 4, Patrick H. 2, James K. 1
DENTON, Joseph C. 39, Mary 36, Elizabeth 14, William 11, Samuel L. 8, Matilda N. 1
CARTER, John 35, Ruben H. 28?, Rebeka A. 28, James O. 10, William W. 8, Arthur M. 6, John N. 4, Elizabeth 1
CATHARINE, George 25, Margret 17

1850 Census Cumberland County Kentucky

Schedule Page 278

ALEXANDER, F. W. 38 (m), Nancy G. 30, P. P. 9 (m), W. B. 6 (m), M. E. 4 (f), W. F. 2 (m), R. M. 18 (m)
SAMUELS, W. M. 29 (m)*, Sarah S. 23 (f), A. F. 4 (f), John M. 2
FRANK, J. P. 30 (m)*
SCOTT, John T. 19*
AKIN, J. C. 15 (m)*
ELLISON, Thomas S. 51*, T. J. 21 (f), Eugene N. 24, Emmet T. 5, E. Elam 2, Eberly S. 5/12
TAYLOR, R. 61 (f)*
MILLER, Elswick S. 33*
EMERSON, John M. 38*, Nancy 31
YOUNG, Elizabeth 48*, Caroline 13
MADISON, Grandville 17*
SANFLEY, Charles H. 43*, Marium 40 (f), R. C. 14 (m), Virginia 12, Isora 10
BARBEE, Jane 20*
OWSLEY, W. F. 36 (m)*, Frances A. 4, John G. 25
TAYLOR, Clay 17* (B)
SUTHERLAND, James C. 34*, Rebecca 29, Jonathan E. 6, America 3, Elizabeth A. 3/12
YOUNG, Louisa 18*
HERRIFORD, James 29*, Patsy 23, Vince S. 6, Mary 3, Nancy C. 1, George T. 5/12
APPLEBY, Herrod 25*, Caroline 20
LOGAN, R. C. 29 (m)*, Araminta 25, Leila 1
COLE, Martha A. 4*
ALEXANDER, J. B. 21 (m)*, Mary 19
BOLES, James M. 24*
EMERSON, Thomas M. 59, Unity H. 66
BOWINAN, Sencaris 50 (m), Elizabeth 40, Sarah Ellen 15, Laura 12, Olevia 10, Mary G. 7
MARTIN, John 29*, Josephine 15
BAKER, Rachel 18* (B)
BIRGE, R. H. 23 (m)
EMERSON, R. A. 32 (m), Patsy 24, John T. 9, Judith H. 7, Sarah L. 5, Unity 2, Francis 24
KING, Alfred 44, Ellen C. 29, Leanne S. 16, Judiand 4 (f), Alfred jr. 2

Schedule Page 279

HAGGARD, Nancy (Mrs.) 74*, James 38
KING, Elizabeth 14*
JOHNSON, John H. 35, E. M. 33 (f), James M. 7
ALEXANDER, Thomas T. 27, Ellen C. 21
HUMPHREY, John 49, Susana 44, Frank 21, John H. 15, Wash. P. 13, Sally A. 11, Harold B. 9, Tabitha J. 5, Thomas B. 3, Jemima 1
KEMP, William T. 30, Sarah H. 30, Thomas M. 8, John R. 6, Robert E. 2, J. J. 16 (m)
ESTON, Jenkins 69*, Anne 70
HAGAN, Anne 29*, William E. 1, Thomas A. 5/12
WILLIAMS, John O. 49, Louisa 44, John W. 22, James O. 20, Henry E. 18, Wiston 16, Amanda 14, Daniel 12, Sally 10, Victoria 8, Julia 6, Marshall 4, Fartir 2 (m)
ESTON, William 36*, Juliann H. 24, William E. 7, Josephine C. 4, Margaret J. 8/12
MCMURTRY, Josephus 35*
EMERSON, Robert H. 23*

1850 Census Cumberland County Kentucky

MCGOE, Polly 24*
JONES, Hully J. 12 (f)*
OWSLEY, Joel 59*, Mary 54, Michael 14
KING, John G. A. 26*
RIALL, Ben F. 23*, Elizabeth 22
EMERSON, Fanny 80* (B)
BOLES, Elam F. 51, Polly 59, Mary 7, Thomas 80
MARTIN, James L. 34, Martha 29, Mary E. 7, Lewis 5, Armetta 3, William 32, Merideth 22, Martha A. 24, Mary J. 18
ROBINSON, A. D. 27 (m)*, Dorey A. 23
BAKER, Samuel K. 23*
BLEDSOE, Joseph S. 44*, E. Susan 37, Gr. B. 20 (m), Hiram M. 18, Mary A. 16, William E. 13
JOHNSON, A. 24 (m)*, susan 20

Schedule Page 280

CHEEK, James H. 41*, Mary A. 23, Elizabeth 5
PAYNE, Frances E. 15*
ALEXANDER, R. G. 24 (m)*
BOWMAN, Gr. B. 8 (m)*
WAGGONER, A. G. 48 (m), L. V. 46 (f), Lewis A. 25, Emily 17, Martha 15, Harriet 13, Nancy 8, James M. 6
TAYLOR, Vincent 64*, Frances 60, Granville 24, N. B. 20 (m), Martha 20
FLOURNOY, James 30*
BAKER, John Ben 26, A. B. 24 (f), Louisa 6, F. M. 4 (m), A. L. 1 (m)
JONES, F. M. 30 (m)*, Julia A. 21, M. E. 6 (f), H. P. 4 (m), C. C. 10/12 (f)
SYMS, Thomas 22*
DUVALL, Jacob 37, Catharine 33, Charles A. 13, John T. 8, William L. 6, E. J. 3 (f), John 79
SMITH, John M. 50*, Ellen 40, D. E. 16 (f), Sarah 12, Josephine 8, Martha 3
MILLER, Joseph 23* (B)
THOMAS, John L. 38, Mary V. 36, Martha Ann 14, Mary 1, Elizabeth 76
WADE, James 40, Catharine 37, George W. 15, Martha 12, Nancy 10, Eliza 9, Samuel 7, Frances 5, Sutton 3
CLAYWELL, Elizabeth 63, Elzy C. 24 (m), Micajah 17, Andeson 30, Sally 27
EPPERSON, David 44, Judy 47, P. J. 20 (f), Daniel 17, Peter 15, James 12, Joel 9, William 6
SCOTT, Jerry 58, Anna 50, Fanny 23, Permelia 17
PHARES, Samuel 27, Sarah 27, William 3, Mary Agnes 11/12
THURMAN, John 26, S. B. 26 (f), M. E. 4 (f), W. S. 2 (m), Henry Clay 3/12

Schedule Page 281

WILLIAMS, Ellen 29*
ADAMS, Noah 45*
YOUNG, John 13*
WILLIAMS, Judy 32*
HUFF, Nancy 18*, Nathan 22
BOHANNON, Nancy 47*, Henry 21, James 14, G. W. 12 (m), Daniel 9
ADAMS, Susan B. 18*, William 19
GARRETT, William 28, Martha 28, Louisa 5, John 1

1850 Census Cumberland County Kentucky

CLAYWELL, William 48*, Sally 19, G. W. 17 (m), Helen 13, Amelia 9
HUMPHREY, Abiga 19 (m)*, M. M. 15 (f)
SMILEY, Esther 76, Milton 43
WILLIAMS, Ozbourn 77*
WATTS, Elizabeth 34*, John S. 42
GRAY, Lewis 35*
BAKER, Mariah S. 32*, John J. 13, Robert H. 11, Isaac H. 10, A. S. 6 (m)
ROWLAND, Samuel 33*
DAUGHERTY, E. 74 (f), James 40, Warren T. 1
PACE, Thomas N. 48, E. F. 19 (f), E. B. 16 (m), John A. 14, H. S. 11 (m)
TWEEDY, Moses 38, Rebecca 38, John M. 14, James 9, Sarah J. 6
MOODY, Sandford 30*, Alley M. 29 (f), F. M. 8 (m), Thomas N. 5
LOWE, George 34*, R. A. 3 (f)
PHEMISTER, Mary 16*
BANION, Thomas O. 18*
HICKISON, John 50, Permelia 30, Almarine 2 (m)
DUBREE, John 63, Elizabeth 70, John jr. 24, R. C. 14 (f)
GRAY, Joseph 21, Nancy 22, Elizabeth 3, J. P. P. 5/12 (m)
OBANION, John 27, Fanny 25, Jas. A. 1 (f)
WILSON, F. H. 36 (m)*, Pheba 31, James T. 13, A. C. 8 (m), Samuel 6, Alice 4, Nancy 11

Schedule Page 282

HARLAND, P. W. 17 (m)*
TURNER, Albert 24*
HUDGENS, William 44, Jane D. 43, J. L. 21 (m), P. T. 18 (f), F. J. 18 (m), G. W. 16 (m), W. J. 14 (m), a. T. 12 (m), J. M. 10 (m), P. F. 8 (m), E. P. 5 (m)
PALMORE, Elijah 33, Malinda 37, J. R. H. 7 (m), W. M. 4 (m), J. G. 5/12 (m)
TURNER, Larken 52*, Jane 51, Jerry 26, Polly 24, Rachael 22, William 19, Dasha 12, G. P. 9 (m)
CARTER, Amy 28*, C. 6 (m), Jesse 4, Jerry 2
JEANES, Sylas 41, Malinda 41, Mary 23, Emeline 15
TURNER, Edmund 40, Mary 37, H. V. 16 (m), J. C. 16 (m), R. B. 13 (m), J. B. 11 (m), S. McBee 10 (m), J. N. 6 (m), S. E. 6 (f), G. A. C. 1 (m)
WHITE, W. 30 (m), Nancy M. 27, M. E. 10 (f), M. D. V. 8 (f), P. 6 (f), Missouri 4 (f), William T. 1, Martin 17
MCCOY, James P. 31, M. A. 20 (f), G. F. 1 (m)
OBANION, J. 66 (m)*, E. 66 (f), Lucinda 33, Polly A. 23
HICKERSON, L. 15 (f)*, Middleton 10, John 8
OBANION, Alfred 38, Ann 38, J. Tho. 9 (m), Elbert 8, C. 6 (f), Lucarna 2 (f)
COLLINS, Carrol 32 (m), A. J. 20 (f), M. J. 3 (f), J. M. 1 (m)
DUBREE, William 44, Judy 35, Sally 21, Betsy 18, John 15, Jane 12, Albert 8, O. 5 (f), C. 2 (m), Mary 10

Schedule Page 283

WILLIAMS, Jesse 36, Letitia 39, G. W. 14 (m), J. W. 11 (m), S. W. 9 (m), E. B. 7 (f)
CARTER, Thomas 63, D. C. 51 (f), Armstead 25, Aljournon 22, Francis M. 21, L. M. 16 (f), B. F. 14 (m), _. 12 (f), Sally A. 19

1850 Census Cumberland County Kentucky

GOOD, Henry 29, Elizabeth 27, William S. 2, M. E. 1 (f)
BRAGG, William L. 70, Charlotte 45, S. A. 20 (f)
LITCHMOND, J. H. 40 (m)*, Harriett 33, Loretta 13, James 10, Helen 8, William D. 5, Harrett 3/12
WADE, George 16*
HARLAND, aron 37, Susan M. 37, E. V. 18 (f), H. F. 17 (f), M. E. 12 (f), S. M. 8 (f), A. R. 6 (f), N. B. 1 (f)
ALEXANDER, John M. jr. 61*, M. R. 47 (f), E. B. 10 (f), W. F. 8 (m)
DICKENS, Eliza 25*
FRALEY, John U. jr. 33*, E. R. 5 (f), J. A. 4 (m), C. V. 2 (m)
WILLIAMS, Lemuel 70*, Mary 61
BECK, Samuel 22*
JACKSON, Jarret 68, Elizabeth 63, Joel 30, Polly 25
ALEXANDER, Milton J. 29, E. G. 21 (f), M. J. 3 (f), Sally L. 1
JONES, William B. 33, Eliza 19, E. A. 9/12 (m)
HOWARD, Richard H. 36, H. F. 26 (f), C. J. 9 (m), William 5, A. 3 (f), Hiram 6/12
OWENS, Bayley 46, Margaret 36, James T. 12
WILLIS, John 54*, Rachael 54, Henry 24, Burrel 21, William 16, Elizabeth H. 11
JOHNSON, John 11*
CLARK, Peter 39*, C. 23 (f)
OSTON, S. 16 (f)*
BAKER, Lemuel K. 38, F. 34 (f), America 14, Hanna 12, Sarah 11, Robert M. 9, Lucy H. 7, F. 5 (f), Ellen 3, William O. 1

Schedule Page 284

WILLIS, Mathew 34*, Polly 36, Mary 14, John 12, R. 10 (f), Richard 8, Henry Clay 6
WILLIAMS, Elizabeth 22*
BAKER, daniel 36, Lucy H. 28, A. 6 (f), S. M. 3 (f), T. F. 1 (f)
BLANKENSHIP, Thomas 33, Lucinda 35
AILSHIE, Joseph W. 31*, Sarah E. 20
JOURDON, William 17*
HAMBLETON, James H. 21*
THURMAN, William B. 49*, Nancy 52, America A. T. 17, G. T. 14 (m), Obedience 12, C. F. 9 (f)
BRUMMET, Elijah 11*
ROBINSON, Joseph 40*, E. 42 (f), E. J. 17 (f), L. A. 15 (f), J. L. 13 (m), G. W. 11 (m), N. 8 (m), S. A. 6 (f)
LACEY, O. 24 (m)*
NORRIS, Richardson 46, Sally 43, Henry 19, John 17, James 15, R. J. 13 (f)
MCCLUSKEY, John 48, Sally 50, Lucy 22, Sally 21, Dudley W. 16, G. W. 14 (m), J. M. 12 (m), M. A. 8 (f), Aaron H. 6, M. F. 4 (m)
BOULDIN, Richard C. 37, J. A. 15 (m), P. A. 14 (f), Elz. 12 (f), J. G. 10 (m), T. T. 10 (m), Susan 8, Ellen 6, William McD. 1
CHEATHAM, N. B. 31 (m)*, Lucy A. 36, J. T. 8 (m), S. C. 7 (m), E. T. 2 (m)
TAYLOR, J. V. 14 (m)*, Wilson M. 10
HICKS, John 28, Sally 24, Ben R. 7, Elizabeth 4
THURMAN, Edward 32, Polly 24, R. Thomas 7, Isabella 4, John 2

1850 Census Cumberland County Kentucky

Schedule Page 285

SMITH, William R. 65, S. 52 (f), J. A. 30 (m), S. H. 25 (m), Susan 22, William 21, F. M. 19 (m), M. 16 (f), E. B. 13 (m), R. C. 11 (m), C. B. 7 (m), Sophia 6, R. 6 (m), Amelia 5, Martha A. 23
JONES, Thomas E. 32, Juliett 25, E. F. 8 (f), C. E. 6 (m), Jasper N. 4, C. C. 2 (f)
KEETON, Joel M. 39*, Emily 34, L. C. 14 (f), Keelon 12 (m), William A. 12, M. A. 9 (f), Elizabeth 7, Squire 3, D. Haggard 3/12
LEWIS, Squire 26*, Nancy 64
VAUGHAN, Ben B. 39*, Harrit 35, E. S. 14 (f), J. N. 13 (m), William F. 10, M. H. 8 (f), J. C. 5 (m), C. H. 1 (m)
THURMAN, James 21*, Richard 20
GARVIS, M. L. 16 (m)*
KING, Margaret 16*
THACKER, W. J. 28 (m), S. A. 22 (f), John R. 6, Margaret 1
BAKER, Martin 48*, Martha 26, F. C. 4 (m), S. J. 2 (f)
EWING, Matthew 25*
HUNTER, David 49, Sarah 34, William 9, Martha 7, Perlina 6, Henry Clay 4, M. J. 2 (f)
GARRET, William 26, Permelia 20, A. 4 (m)
NEWBY, E. W. 34 (m)
SNELL, Thomas 40, Nancy 40
SHUGART, Zachariah 38*, Matilda 38, William J. 8, E. J. 4 (f), G. W. 2 (m)
COX, Henry J. 12*
NEELEY, Mary 17*
NORRIS, Zebulon 48, Sarah R. P. 38, Amanda 15, Almarine 14 (m), Crittenden S. 9, F. B. 6 (f)
KING, Milton 50*, Barbara W. 42, Milton B. 18, Victoria S. 15, Samuel W. 12

Schedule Page 286

HARRIS, Martha A. 42*
DICKEN, Emma 22*
CHEEK, William 50*, Elizabeth 44, Tompkins 8, James 5, William jr. 1
BAKER, Hettie 18*, John 17
EVANS, William 29*, Sally 21, John 5/12
BAKER, David 45, Elizabeth 35, E. S. 16 (m), J. D. 12 (m), M. V. 11 (m), T. A. 9 (f), A. N. 7 (m), E. M. 5 (f), E. C. 3 (m), D. W. 1 (m), Henrietta 17
BAKER, Thomas 42, Hannah 43, John M. 13, Ben 11, Ann 9, Sally 7, Columbus 5, M. P. 80 (f)
BAKER, James 54, Lucinda 23, Susan 21, James 16, Reubin 15, Mary 13, Edward 10, Martha 8
RHINEHEART, Rudolph 44, Frances A. 43, C. C. 20 (f), Joseph L. 17, M. H. 8 (m), A. S. 3 (m)
GARRETT, John 56, Sally 49, Catharine 20, Jane 17, N. B. 13 (m), Henry Clay 8
THURMAN, Berry 53*, W. 51 (f), William 24, M. A. 17 (f), Alfred 14, Berry 11, Christr. 9 (m), Lewis 7
RENCAN?, William 25*
CASH, L. D. 46 (m), Jinsry 30 (f), Alfred 12, Harriett 11, Ibby 9, John 7, Nancy 6, Ulica 4, Green 2
NEELEY, Nancy 74*
HINSON, Julia 25*, Rebecca A. 6, J. K. P. 5 (m), W. S. 1 (m)
WEBB, John 48, Sally 48, Susan 21, Richard 20, Perlina 17, Caroline 17, Jinney 14, Patty 11, John 7

1850 Census Cumberland County Kentucky

Schedule Page 287

SCOTT, Allen C. 29, R. 23 (f), J. M. 2 (m), M. J. 8/12 (f)
BARNES, Martin 22, Mary 28, William M. 2
NEIGHBORS, Henry 26, Louisa 21, N. E. 1 (f)
CLARK, Agnes 75, Lucy 39, Ely 35
SPEAR, Benjamine 32*, Elizabeth 29
SAMS, James 11*
OSTIN, F. J. 18 (f)*
SPEAR, Joseph 63*, Mary 48, John W. 37, William 21, James 17, R. A. 9 (f)
SAMS, Joseph 14*, John 12
WESTMORELAND, George 27, Susan 20, E. 2 (f), John 1
JENNINGS, Fred 31, Sally 37, J. M. 4? (m), E. M. 10/12 (m)
JONES, Levi 48*, Ama 49 (f), Sally 20, Elizabeth 16, Nick 14, Jackson 11, Burell 8
ROCHET, Sally 25*, Randson 25 (m), Levy 2, Elizabeth 11/12
KEEN, Francis 65, Elizabeth 47, Nancy 22, Lucy 17, Emily 13, Susanna 11, Sally 8, Elias 8,
    Permelia 6, Francis 3
KEEN, Sally 68, Kizziah 27, Oby M. 3 (m)
WESTMORELAND, John 60, Sally 50, Betsy 26, Nancy 23, Sally 22, Susan 22, Milly 18,
    Arthur 14, James 6, Sally 2, A. 2 (f), Sally 1
ELLIS, Christopher 80
ARNEY, Adam 51, Nancy 48, John 25, W. J. 21 (m), Mary A. 18, Emily 13, Martin A. 15, M. J.
    9 (f)

Schedule Page 288

WESTMORELAND, William 36, J. 36 (f), Eliz. 12, Joseph 7
DAVIDSON, James N. 37, E. J. 33 (f), M. E. 14 (f), E. J. 13 (f), R. E. 11 (f), A. M. 8 (f), S. E. 6
    (f), J. L. 4 (m)
KNAPPER, Isaac 72, Betsy 58, William 20, Shed. 16 (m)
TEEL, Rebecca 37, Polly R. 7
SEWELL, James 65*, Pheby 63, Nancy 30, William M. 17
BOND, John 16*
VAUGHAN, Thomas 36, Louisa 30, Fayette 10, M. S. 5 (f), Morgan R. 8, Thomas M. 7, M. J. 3
    (f), David 1
VAUGHAN, Hardy 46, Rebecca 31, William 16, Susan 14, Elizabeth 19, Axiom 12, Martha 9,
    George 11, Emily 7, Hardy 5, Caroline 4, Amelia 1
VAUGHAN, Polly 65, Harrison 47, John 30
CHANCEY, Susannah 52, Burgess 30, Wiley 21, Cleramon 18 (f)
NEIGHBORS, John 21, E. S. 19 (f), W. H. 3/12 (m)
MARKHAM, B. G. 33 (m), H. 33 (f), James 11, J. A. 9 (m), N. E. 7 (f), B. F. 5 (m), Byodd 3
    (m), J. P. 1 (f)
BRAKE, Jacob 63, Happy 38 (f), S. J. 8 (f), R. 5 (f), W. H. 4 (m), J. B. 2 (m), M. E. 16 (f)
COOKSEY, Samuel 37, E. 35 (f), C. K. 13 (f), W. A. 11 (m), S. A. 9 (f), T. F. 6 (m)
RIDDLE, Nathan 38, Lucy 36, F. A. 14 (m), P. A. 12 (f), D. J. 10 (f), J. H. 7 (m), R. C. 5 (f), S.
    E. 3 (f), R. E. 1 (f)

1850 Census Cumberland County Kentucky

Schedule Page 289

CRAFT, John A. 49, Hilpa 44, Nancy 20, R. A. 18 (m), G. B. 16 (m), G. S. 14 (m)
THRASHER, Samuel 60, Judy 51, M. A. 18 (f), Fred 16, J. M. 12 (m), T. O. T. 10 (m)
ANDERSON, James 55, Nancy 30, Susan 25, William 21, Emily 15, V. 18 (f), James 12, Henry 10, Samuel 9, Wilson 7, Jesse 6, Lucy 4, Ailsey 1
GRAHAM, Henry 50, Polly 41, John 19, James 17, J. M. 14 (m), P. A. 12 (f), W. C. 10 (m), R. J. 6 (m), H. J. 3 (m), David 3/12
BOWE, John 57, Malinda 28, Jesse 21, Henry 19, Sarah 17, Rhoda 15, Susan 13, John 11, Permelia 9, Sally 21
BOWE, Jesse R. 40*, Manerva 35, Milla 16, Isaac 14, L. D. 12 (m), A. F. 9 (f), A. G. W. 6 (m), Jonathan G. 3, S. L. 5/12 (m), Rachael 72, John 50
LEE, Isaac 19*
GILREATH, J. H. 52 (m)*, Kizziah 30 (f), Peggy 17, Dementis 14, Euphronis 8 (m), Zacharisa 3
MELTON, John 36*
SIMPSON, Ellison 15*
SMITH, Francis 29, America P. 24 (f), Mary B. 5, John T. 3, Robert L. 1, Horrace 3/12
ALLEN, Robert 28, Margaret 23, A. P. 5 (m), J. A. 3 (m), William H. 2, S. E. 1/12 (m)
GEARHEART, Robert A. 31, Sally 20, William 1

Schedule Page 290

ALEXANDER, Miller 30, M. R. 26 (f), William F. 9, Edward 4
ALLEN, James D. 35*, Julia A. 26, M. J. 10 (f), A. W. 8 (m), Alice 3, John 70, James 34
GILMORE, James 23*
WHITE, Barret 60
WHITE, James B. 26, C. M. 22 (f), A. R. 7 (f), S. 4 (f), Barret 2, William B. 5/12
DAVIS, Warren 50, Nancy 48, James E. 29
TAYLOR, Shederick 55 (B)
SIMMERMAN, A. 57 (f), Cath. 17, C. K. 16 (m)
BAKER, Sarah M. 40, Nancy B. 16, R. M. 14 (m), William M. 12, C. L. 10 (m), H. C. 8 (m), J. B. 6 (m)
EWING, Mathew 26, Henrietta 19
BARTON, William C. 53*, A. W. 53 (f), Thos. M. 19, Nancy 13
THURMAN, Pleasant 32*
GOSSETT, Robert 24*, Nancy 21, William 5, Elizabeth 1, Thomas 4/12, Sally 77, Jane 4
CASH, John 8*
FERQUERIN, Joseph 32, Ann 30, J. W. 11 (m), J. Y. 10 (m), Amanda 8, M. H. 6 (m), E. 4 (f), S. 1 (f)
TOBIN, James 40
TOBIN, Warren 42
WILLIAMS, Robert L. 33, Mary 35, Eliza 11, Vic A. 9 (f), Russell T. 7, H. C. 5 (m), P. J. 4 (f), J. F. 2 (f), Ossbourn 5/12
DUERSON, Thomas C. 32, Sarah 28, John 7, Martha 4, Reubin 1
WILLIAMS, Joseph T. 32, Jane D. 26, H. R. 10 (m), M. J. 8 (f), R. N. 6 (m), Martha H. 4, Z. T. 2 (m)
WALTHALL, Richard 67, Sally 66, Malvina 19, Jessee 70 (B)

1850 Census Cumberland County Kentucky

Schedule Page 291

PARRISH, John 74*, Kizziah 67, Hiram 32, Patsy 24
STOCKTON, John W. 11*
RYON, John B. 39, Polly 34, M. J. 14 (f), A. P. 11 (m), V. 10 (f), A. 8 (f), V. 6 (f), J. 3 (f), G. A. 6/12 (m)
DONLEY, M. A. 49 (f)*, William 18
COLE, Anne 23*, Walter K. 41
CHEEK, Mary 20*, John L. 28
SCOTT, A. 31 (m), Polly 25, J. R. 5 (m), A. L. 3 (f), M. 6/12 (f)
HOWARD, G. W. 37 (m)*, T. 26 (f), Rob. L. 15 (m), J. R. 11 (m), C. A. 8 (f), G. B. 1 (m), Esther 60 (B)
CHEATHAM, Pheby C. 50*
WALTHALL, William H. 29*, N. T. 25 (f), W. A. 4 (m), A. S. 3 (m)
COLE, Thomas 70*
BLANKENSHIP, William 26*, Lucinda 23, J. B. 5 (m), A. 3 (f), T. H. 6/12 (m)
PENDLETON, T. 48 (f)*
MILLER, Jacob 45, John 14, Richard 12, William O. 10
HICKS, Josiah 34, Sally 34, Martin A. 11, M. J. 10 (f), T. 8 (f), J. W. 7 (m), Nancy 5, Reubin 4, M. E. 1 (f)
DONLEY, James D. 61*
MUNSON, William 50*, Frances 34, Thomas 14, Louisa 13, Susan 11, Hampton 8, Clarissa 6, Mary 3, William 1
LAWSON, Aaron 30, Sarah A. 26, J. W. 10 (m), M. A. 7 (f), O. O. 5 (f), N. E. 3 (f), J. R. 2 (m)
SCOTT, Valentine 29*, M. A. 22 (f)
POWELL, E. H. 4 (f)*
SMITH, Brittan 52 (m)*, E. C. 41 (f), Polly A. 25, Martha Jane 23, Dorcus T. 22, Sally V. 17, Susan F. 13, Enoch C. 10, Wm. McDonald 9, E. M. 6 (f), H. E. 3 (f), America A. 4/12

Schedule Page 292

LACKEY, James 24*
SCOTT, James 38, Mahala 31, G. G. 3 (m), J. S. 1 (m)
SCOTT, John S. 36, Jane R. 36, S. M. 12 (f), A. P. 10 (f), E. J. 7 (f), J. R. 5 (m), Ab. T. 3 (m), William S. 11/12
TEEL, T. J. 38 (m), M. 35 (f), William R. 5, A. 4 (m), P. E. 2 (f), L. C. 1/12 (m)
SCOTT, Philipina 65 (f), L. A. 27 (f), R. E. 23 (m), Thomas M. 21
WILLIAMS, Lemuel H. 30*, Emily 28, J. D. 9 (m), C. J. 7 (f), f. J. 5 (m), P. H. 3 (m), S. J. 1 (f)
ELLIS, Sarah J. 19*
CAMPBELL, M. 26 (m)*
SCOTT, George W. 40*, S. A. L. 36 (f), Mal 8 (f), Maranda 7, Emmet 4
HAYDEN, R. D. 29 (m)*
FARRIS, Samuel 38, Sally 37, S. P. 16 (f), W. 14 (m), N. 12 (m), E. C. 7 (f), Sally 80
JOHNSON, John L. 39, Rebecca 40, Newell 18, H. B. 17 (m), M. J. 13 (f), P. B. 10 (f), F. 5 (m), J. W. F. 3 (m), M. H. 4/12 (f), Reubin 25
CORNELIUS, Cyrenius 24, Margaret 20, Meshac 3 (m)
KING, William 33*, Lucinda 20, Milton 3, Lafayette 1
LITHGOW, James 21*
HORD, Tho. 24 (m)*
NORRIS, William 53, Elizabeth 45, Zebulon 26, William 21, John 18, Ab. 15 (m), Sally 13, Martha 12, Everline 9, Lockey 5 (f)

1850 Census Cumberland County Kentucky

Schedule Page 293

CARVER, William 47, S. A. 29 (f), P. J. 23 (f), J. B. 21 (m), J. A. 17 (f), Martha 14, Margarett 11, E. C. 7 (m), J. A. 5 (m), Henrietta 4, G. L. 2 (m)
SHEY, P. P. 39 (m)*, A. 35 (f), Elizabeth 30, Emily 27
VINCENT, A. C. 9 (f)*
WRIGHT, Thomas 48, Louisa 40, Casey 19 (f), A. 15 (m), E. W. 13 (m), R. 9 (m), R. 7 (f), W. T. 6 (m), S. 4 (m), M. 6/12 (f)
MONK, Z. 55 (m), T. 53 (f), Nancy 25, T. 21 (m), R. 18 (f), R. 15 (f), L. 14 (f), S. 12 (m), E. A. 9 (f)
GROSS, Henry 43*, Ann 41, P. 18 (m), John 16, George 12, M. 9 (f), William 7
BOMB, Ann 12*, E. 4 (m)
RIDDLE, Nathan 39*, Mary 25, William 15, E. 13 (f), John 11, Jo. 8 (m), Arthur 6, Polly 3, J. C. 4/12 (m)
WALLACE, Polly 17*
BRYSON, Warner 30, Amanda 22, C. 3 (f)
SIMPSON, William 43, Elizabeth 40, Ellison 17, Charles 15, P. A. 13 (f), Jane 11, Jonathan 8, Jackson 6, Benj. 3, Fayette 1/12
THRASHER, D. J. 21 (m), S. J. 17 (f)
CHRISTY, Margaret 37, Marthy J. 17 (f), Mary A. 15, Abedenage 12 (m)
VINCENT, Jacent 47 (m), Nancy 40, Sarah 17, Tabitha 15, William T. 13, Ailcey W. 10
VINCENT, Tim 40, Polly 32, E. J. 17 (f), J. A. 16 (m), William L. 14, A. J. 11 (m)

Schedule Page 294

GAMBLING, R. 44 (m), Polly 42, P. 8 (m), P. G. 6 (f), A. 4 (f), O. 2 (f), D. 3/12 (m), Sarah 16
SMITH, J. M. 38 (m)*, A. M. 31 (f)
SHELLY, John 10*
FRY, David 63*
FURR, William 27, P. E. 27 (f), M. A. 6 (m), E. 4 (f), L. 5/12 (f)
LONG, Strawther 50, Epsy 40 (f), E. 23 (f), Marthy 19, William 16, C. 13 (f), Catharine 10, Leanne 7, S. E. 3 (f), John 1/12
WILLIAMS, Thomas 18, Nancy 20, M. A. 1/12 (f)
PETITT, William 38, S. 40 (f), M. 21 (f), Martha 18, Sarah 16, Polly 12, John 11, E. 9 (f), A. 8 (f), P. 6 (f), P. 4 (f), L. 2 (m), William 19
BOWE, L. D. 32 (m)*, E. 28 (f), Mary 5, Jesse 3
NEIGHBORS, William 25*
WALTHALL, John H. 48*, Amelia 56, W. A. 13 (m)
PHILLIPS, W. R. 19 (m)*, R. M. 21 (m)
SIMPSON, S. D. 30 (m)*, Polly 34, J. D. 5 (m), J. M. 3 (m), J. B. 1 (m)
YOUNG, James 19*
NEELEY, Ruthey 20, E. T. 2 (m)
WILLIAMS, Miles 43*, Barbary 43, Polly 22, M. A. 20 (f), R. 18 (f), Vince 16, Joseph 13, James 10, Richard 8
ABSTAIN, M. J. 22 (f)*
WATSON, Fleming 46, Mary 46, John F. 19, Samuel F. 18, G. W. 14 (m), James T. 10, Sarah 8, E. K. 6 (m), W. D. 5 (m), P. J. 2 (f), M. E. 5/12 (m)

1850 Census Cumberland County Kentucky

Schedule Page 295

WATSON, Joel 36, E. 33 (f), A. S. 15 (m), W. H. 13 (m), S. C. 12 (f), N. J. 10 (f), P. A. 8 (f), J. H. 6 (m), Bo E. 5 (f), J. B. 4 (m), E. M. 1 (f)
SPEER, Abraham 59, Sally 54, L. J. 16 (f)
SPEER, William 31, E. 30 (f), F. M. 11 (m), A. A. 9 (m), W. M. 7 (m), S. J. 5 (f), M. M. 3 (m), Henry 26
POULSTON, Sarah 74, Polly 37, Peggy 34, H. 13 (f), John 15, Sally 12, G. W. 5 (m)
SCOTT, Ann 24, Nancy 10, Jim 6, Kizziah 3
BRIDGES, Nancy 40, Sally 17, Charlotte 7, Jane 6, John H. 4?, Margaret N. 19
POULSTON, Moses 36, Martha 23, James T. 6, J. B. 4 (m)
POULSTON, Solomon 50, Rhoda 60, Elizabeth 11, Benjamin 9
PREWETT, E. 63 (m), L. 56 (f), H. 27 (f), L. 24 (f), M. 22 (f), L. 20 (f), J. 19 (m), C. 16 (f)
PREWETT, Ab. 35 (m), W. 38 (f), W. 13 (f), E. I. 10 (f), L. 8 (f), E. 6 (m), William 5, C. 4 (f), C. 2 (f), P. 2 (f), Sally 1
SCOTT, R. 77 (m)*, M. 60 (f), C. 32 (f), J. 19 (m)
ALLEN, R. 9 (m)*
SPEER, Isaac 66, Elizabeth 62, Peggy 32, A. 28 (f), S. 23 (f), B. 10 (m), J. 1 (f)

Schedule Page 296

HUGHES, J. H. 68 (m), C. 55 (f), M. 25 (f), P. 23 (f), J. M. 18 (m), A. 15 (f), S. A. 13 (f)
PHILPOTT, L. E. 32 (m), E. 27 (f), S. 6 (f), John 5, L. 4 (m), William 3, H. 1 (m)
CAIN, J. 60 (m), M. 51 (f), M. 17 (f), S. 16 (f), Sally 14, N. 10 (f), J. 6 (m)
KILLMAN, R. 26 (m), R. T. 18 (f), W. R. 4 (m), J. E. 2 (f)
RIDDLE, James 70, E. 66 (f), Nancy 27
KILLMAN, J. 55 (m), Johnson 20, Fanny 16
KILLMAN, Levin 23*, J. 22 (f), N. 6 (f), J. 5 (f), P. 3 (f)
BAILEY, William 2*
CAIN, Jacob 25, P. A. 17 (f)
HOPPER, Jesse 42, N. 40 (f), Thomas 21, P. 17 (f), C. 15 (f), S. 13 (f), J. 12 (f), L. 10 (f), N. 3 (f), P. 4/12 (f)
FROGG, J. 40 (m), Sally 42, J. 15 (f), D. 6 (f), P. 5 (f), J. 3 (m), R. 1 (f)
SHORT, Adam 70, Polly 60, William 12, David 6, John T. 3
ANDERSON, John 46, Nancy 43, Clem 20 (m), William 19, Arch. 17 (m), Nancy 15, P. A. 13 (f), S. A. 11 (f), J. J. 10 (m), Thomas 8, Samuel 6
SHORT, William 32, Malinda 22, Albert 14, George 12, John 8, Nancy 7, Mary 6, Jimmima 4, Fanny 6/12
BIGGERSTAFF, J. B. 50 (m), E. 54 (f), B. 30 (m), E. 27 (m), W. 23 (m), A. 20 (m), E. 12 (m)

Schedule Page 297

WELLS, Silas 30, Mary 28, M. 18 (m), E. 17 (f), L. 12 (f), M. 10 (f), Samuel 9, N. 7 (f), John 5, E. 2 (f), H. 6/12 (m)
JONES, J. 83 (m)
WATSON, Robert 36*, M. 38 (f), Richard 17, M. A. 17 (f), N. 12 (f), E. 9 (f), J. 6 (m), Jo. 2 (m)
WILLIAMS, R. 22 (m)*
CLOYD, Jim 24, R. W. 18 (f), A. 1 (m), William 17
CAIN, John 26*, M. 26 (f), William H. 7, A. J. 5 (m)

1850 Census Cumberland County Kentucky

BLEDSOE, J. H. 8/12 (m)*
ANDERSON, John 23, M. 18 (f), J. A. 10/12 (m), Sally 28
SMITH, Ed. 50 (m), Bird 35
PREWETT, Solomon 49, E. 28 (f), H. 17 (f), R. 12 (m), N. B. 8 (m), A. J. 3 (m)
HOOD, E. 26 (m), M. J. 17 (f), E. E. 8/12 (f)
DULWORTH, John 47, H. 40 (f), B. 20 (m), P. 20 (f), E. 18 (f), A. 16 (f), John 14, Hila 12, J. S. 10 (m), William 8, M. 6 (f), N. A. 4 (f), Z. Taylor 2
WILLIAMS, Mat. 37 (m), M. 27 (f), J. 14 (m), N. 13 (f), R. J. 9 (f), B. A. 3 (f)
RIDDLE, J. F. 33 (m)*, N. 32 (f), N. J. 9 (f), F. R. 7 (m), R. A. 5 (f), J. O. 3 (m)
COUP, E. 20 (m)*
NEIGHBORS, John 53, L. B. 50 (f), William 24, A. 19 (f), S. 16 (f), J. 13 (m), George 11, J. 11 (m), L. 7 (f)

Schedule Page 298

POULSTON, E. 35 (m)*, M. A. 38 (f)
BRANHAM, M. A. 30 (f)*
MURLEY, William 30, P. 26 (f), P. T. 5 (f), J. R. 3 (m), J. H. 2 (m)
MILUM, William 31, M. 28 (f), J. H. 4 (m), A. 2 (m), B. 1 (m)
SPEAR, M. C. 38 (m), N. 34 (f), S. J. 17 (m), A. B. 15 (m), N. C. 12 (f), W. P. 7 (m), D. M. 4 (m), J. H. 1 (m)
HUGHES, Anthony 43, J. 23 (f)
BIBY, Thos. W. 50, P. 50 (f), S. 16 (f)
LELLAR, R. 64 (m)*, R. 64 (f), E. 23 (f)
BRIDGES, P. O. 13 (f)*
ELDRIDGE, A. 26 (m)*, Sally 43
ANDERSON, Mary 13*, Kirk 10
CAPS, Bennet 33, M. 27 (f), D. L. 11 (m), J. P. 9 (m), J. M. 7 (m), Bennet 4, Sarah 6, Henry 1
SHORT, John 25, Jane? 21, Sally 8, David 3, Mary 2
ODLE, John 26, E. 21 (f), M. J. 3 (f), W. M. 1 (m), G. W. 9/12 (m)
ELDRIDGE, James 26, Sally 21, G. A. C. 4 (m), William J. 3
LONG, Sol. 23 (m), E. 19 (f), N. J. 5/12 (f)
MCMILLEN, James 39, R. 35 (f), M. K. 15 (f), N. A. 13 (f), Robert O. 12, M. C. 10 (f), J. K. P. 8 (m), E. 6 (f), L. 4 (f), A. J. 2 (f)
SCOTT, Robert 32, A. 27 (f), A. E. 1 (f), G. T. 6/12 (m)
SCOTT, William 56, P. M. 19 (f)
JOHNSON, James 47, Nancy 50, Al. 11 (m)

Schedule Page 299

NORRIS, N. 28 (m)*, E. 24 (f), E. 2 (f)
DOHORITY, Wilson 24*
CAPS, Moses 46, Dica 46, Sally 21, William 19, Albert 18, Aaron 15, Levi 13, Polly 11, L. 9 (m), Allen 7, M. B. 5 (m)
LELLER, D. C. 30 (m)*, E. 30 (f), M. E. 1 (f)
BRIDGES, E. 15 (m)*
HUGHES, Hiram 27, M. 24 (f), Mo. 6 (m), A. 4 (m), E. 2 (f), M. J. 8/12 (f)
ABNEY, A. 35 (m), M. 32 (f), D. A. 9 (f), G. W. 7 (m), J. C. 5 (m), J. R. 2 (m)
BRANHAM, H. 38 (m)*, P. 50 (f)

1850 Census Cumberland County Kentucky

ANDERSON, M. 20 (f)*
COLLIE, Daniel 16*
ANDERSON, Quincy 18*
ANDERSON, Samuel 40, P. 35 (f), J. 17 (f), Thomas 15, Bettie 13, John H. 12, James 10, M. 8 (f), Mark 6, Samuel 4, Wm. 2
POINDEXTER, John 21*, J. 21 (f), M. King 1 (m)
SCOTT, Jack 20*
ANDERSON, Wilson 33, Nancy 32, M. 13 (f), P. A. 10 (f), M. 8 (f), J. H. 6 (m)
SMITH, Wm. C. 37*, M. S. 21 (f), J. B. 5 (m), E. J. 3 (f), G. M. 2 (m), N. J. 5/12 (f)
POINDEXTER, Sally R. 16*
SCOTT, G. W. 27 (m), J. 21 (f), J. F. 4 (f), J. S. 3 (m), R. Tho. 1 (m)
HUFF, Wm. 21, E. 19 (f), H. 1 (f)
JONES, Wm. 35, Polly 36, M. J. 18 (f), A. 16 (f), R. 14 (m), A. 13 (m), J. A. 12 (m), J. N. 10 (m), S. H. 8 (f), Jacob 6, Wm. N. 4, Geo. H. 3/12

Schedule Page 300

ADAMS, James 52*, R. 42 (f), Polly 18, James 13, John 8, E. 7 (f)
HUFF, Jessee 22*, E. 16 (m)
DAVIDSON, Michael 43, M. 44 (f), Floyd 24, L. 22 (f), A. 21 (m), J. 19 (m), Pearson 12, M. 6 (f)
CROWLEY, Peter 53, Ann 50, James 26, William 17, Comfort 18, P. 13 (m), S. 8 (f)
ANDERSON, D. 37 (m), M. 22 (f), Wm. W. 6, J. H. 3 (m)
PREWETT, Peggy 44, Sally 24, John 24, Jane 16, S. 13, J. K. P. 5 (m), M. J. 2 (f), N. C. 1 (f)
JOHNSON, C. 80 (f)
BRANHAM, G. W. 33 (m), Sus. 43 (f), M. A. 15 (f), M. C. 14 (f), Ben. 10, C. 10 (m), J. M. 9 (m), S. 5 (f), V. H. 3 (f)
SPEAR, A. 25 (m), E. 24 (f)
WATSON, Washington 39, Mary 36, James F. 21
PREWETT, Granville 20, Ailcy 18, Solomon 2, M. M. J. 1 (f)
WILLIS, P. 23 (m), M. 20 (f), S. 7 (f)
LONG, Ailcy 41, James 21, P. 19 (f), K. 16 (m), W. 13 (m), M. 10 (f)
LONG, Polly 27, A. 10, John T. 4, Francis 1
JOHNSON, Calvin 35*, Polly 40, Jacob 14, John 12, Nancy 6
POINDEXTER, J. R. 12 (m)*, Robert M. 10
SPEAR, Wm. 40, H. 39 (f), Isaac 16, E. 13 (f), Jas. 11, John 6, N. J. 4 (f), Sally 2, Wm. 11/12

Schedule Page 301

RUTLEDGE, WM. 23, Ailcy 17, B. 1 (m)
JOHNSON, Jinny 35, Bettie 13, Polly 10, Christopher 8, Spicee 5
WILLIAMS, Richard 70, Elizabeth 38, Iba. 12, Jane 11, Alexander 10, Mat 8, Sally 7, Henry 5, Linda 3, Spica 1, John 21
BOWE, Squire 29, M. J. 24 (f), Wm. A. 11/12
WHITE, Wm. 60, Nancy 54, Christiana 14, Wm. 8
WATSON, James 67*, Polly 47, Polly 23, E. 24 (f)
WATSON, John 25, Mariah 23, James 1
COYLE, Stephen 32, E. 28 (f), Sally 10, Elizabeth 8, John 5
JOHNSON, M. 28 (f)

1850 Census Cumberland County Kentucky

BOWE, Jacob 60*, Sally 44, John 25, E. 21 (f), L. 17 (f), Pinckney 15, Fayette 13, Jacob 9, Matthew 6, Jane 4, Doctor 2
WILLIAMS, Jacob 1*
BOWE, James 22, Hannah 20, Jane 2
RUTSH, John 50, Luvina 49, Elizabeth 25, Nancy 23, James 21, John Jr. 17, Peggy 14, Catharine 10, Samuel 8, Bery 5, George W. 2
ALLEN, James M. 25*, C. O. 25 (f), Wm. B. 6, M. E. 4 (f), M. A. 1 (f)
CARTER, J. H. 30 (m)*
HILL, Ben 22*
FLETCHER, William 57, Sally 54, Lewis 26, Mary 20, Richard 15, A. 4 (m)

Schedule Page 302

MURPHEY, James 29*, Martha 24, M. J. 4 (f), N. W. 3 (m), Alex. 1
THOMAS, Martha 53*
RAILEY, John W. 37, Nancy F. 33, E. C. 15 (f), J. T. 9 (m), Wm. N. 7, M. J. W. 5 (f), J. W. 2 (m), J. R. 2/12
WILSON, Caroline E. 34*
RAILEY, E. R. 62 (f)*
ANDERSON, William 24*
TWEEDY, William 35*, Mary 23, A. H. 9/12, James 73
FLETCHER, M. 30 (f)*, M. J. 1 (f)
PANEE?, George 57 (B)
WHITE, Samuel 29, C. 28 (m), E. 9 (f), John B. 6, W. L. 4 (m), M. S. 1 (f)
PAULL?, H. J. 28 (m), L. 22 (f), C. H. 4 (m), J. R. 2 (m), M. C. 2/12 (m)
BRUMMALL, L. D. 26 (m)_, A. P. 16 (f)
DOHORITY, Alfred 33, William 45, Albert 33
SKIPWORTH, Ashford 40*, Frances 40, Milton 16, N. J. 14 (f), E. 12 (f), Allen 7, Martin 4, Tho. 2
DAVIDSON, Floyd 22*
PAULL, R. B. 39 (m), M. S. R. 19 (f), E. A. B. 2 (f), S. Pleasant 18
SCOTT, Wiley 38, Mary 36, S. A. 16 (f), A. 14 (f), Daniel 11, Jerry 9, Frances 5, Foster 4, J. H. 2 (m)
PREWETT, Jacob 27, Willie 37 (f), Catharine 16, Polly 15, Wm. 12, L. 6 (f), Bettie 5, Al. 3 (f)
ANDERSON, Jefferson 30, Caroline 28, Jane 10, Saml. 9, Wm. 8, Martha 7, Emily 6, James 4, Jones 2/12
TAYLOR, Tarlton 26, Eliza 35, Mary 2, Leeann 8/12

Schedule Page 303

TAYLOR, R. C. 34 (m), Nancy E. 16, Everett 2/12
FRANKLIN, James M. 38, Lucy 28, William 13, John 8, Mary 6, Nancy 4
WEST, Samuel H . 23, A. J. 22 (f), A. A. 3 (f), P. R. 10/12 (f)
JOHNSON, Kitura 53, Elizabeth 8
BAKER, Anny 57 (B), Mary 25, Henry 22, P. J. 17 (f), Edwards 15, Frances 9, Wm. A. 6, James C. 2, Spencer 49
BAKER, Harrison 45 (B), Eliza 37, Daniel M. 7, Jezabelle 10, John L . 5, D. M. 4 (m), A. J. 2/12 (f)
FLETCHER, William 38, Martha 38, Mary J. 15, E. M. 13 (f), N. S. 11 (f), J. A. 9 (m), Josiah 7, J. A. 5 (m), Patsy 3, Sally 1

1850 Census Cumberland County Kentucky

FARRIS, Absalom 65, Vina 32, Gideon 28, Absalom 26, Susannah 20, Van Buren 14
RITCHEY, James 66, Elizabeth 60, James H. 31, Helen M. 21, Wm. J. 1
MOTLEY, John P. 25, Tabitha 26, Frances 3, Pacal W. 1
GREEN, John 26, E. 24 (f), A. 2 (f), Wm. 1
STEWARD, John B. 39, Jane 37, Polly 16, Alex 14, Cath. 13, John 11, S. J. 9 (f), M. 7 (f), Geo. 3
KEEN, John 30, L. 17 (f)
KEEN, Mary 69*
RICHARDSON, C. 70 (f)*
SMITH, Richard 54*, Ann 40, John 28, S. A. 20 (f), Andrew 16, C. 6 (f)
KINGRY, Isaac 26*
BROOKS, Samuel 40, Mary 36, J. A. 17 (f), James 15, Emeline 12, John M. 10, Sarah 7, Rachael 6, M. J. 4 (f), Martha 2

Schedule Page 304

ALLEN, Sampson 42*, Margaret 41, John M. 16, M. A. 13 (f), E. J. 10 (f), C. H. 7 (f), R. G. 4 (m), M. J. 2 (f), Robert 81
CASEY, M. M. 16 (m)*
BARNES, James 66, Nancy 38, A. 4 (f), Alvira 4, F. W. 1 (m)
ESKEW, John 43, Sally 35, Alex 16, M. A. 14 (f), M. 11 (f), John M. 9, Amelia 6, Sarah 2, Miston? 14 (m)
CAREY, Robert 36*, Mary 26, E. L. 9 (m), A. W. 7 (m), M. J. 6 (m), N. C. 4 (f), E. E. 1 (f)
CLOYD, John 19*
BLACKWOOD, Curtis 41*, Pheba 43, Sandford 18, Mary 12, E. 8 (f)
MURPHEY, Missouri 14*, L. M. 9 (f)
JEANES, Joseph 37, E. 40 (f), Nancy J. 16, Wm. T. 7, Providence 6, Sally 4
TURNER, James 66*, Sally 65
SWIFT, Susan 22*
FERGASIN, Jane 49, C. F. 25 (f), Wm. B. 23, E. J. 20 (f), M. S. 19 (f), James 17, G. J. 12 (m), M. E. 5 (f)
WILLIAMS, Foy 55, Catharine 51, Susan 22, Albert 17, Mary 14
LLOYD, Polly 46
THURMAN, Hayman 31, Elizabeth 27, Sarah 3, Milton 2
THURMAN, Thos. P. 27, Sally 31, James T. 7, G. A. 3 (m), M. E. 2 (f), R. M. 2/12 (m)
NUNN, John 34*, Elizabeth 29, Sarah J. 6, E. E. 4 (f)

Schedule Page 305

GAHEART?, Nancy O. 12*
DILLIAN, M. C. 23 (m), Tabetha 20
WALBERT, Daniel 59, Synthia 53, L. 21 (f), R. 19 (f), Sally 16, M. 14 (f)
DILLON, William 38, E. T. 49 (f), A. T. 17 (m), R. J. 15 (f), Thomas 12, Dasha 7, James J. 6, G. L. 4 (m)
HILL, Edward 71
FERGISON, Samuel 50*, Nancy 44, James 19, Wm. 15, Polly 12, John 9
ROBERTS, Prudence 38*
GRAVES, Marlay P. 47 (f)*
CHEATHAM, Thomas C. 8*, Samuel 7

1850 Census Cumberland County Kentucky

ALLEN, William 40*, Mellville 12, Elizabeth J. 10, America 8
BAKER, Elizabeth 70*
BAKER, John M. 42, M. G. 40 (f), H. J. 16 (f), V. 14 (m), V. A. 12 (m), J. P. 10 (f), Cas 8 (f), G. K. 6 (m), Robert L. 4, L. N. 1 (m)
MORGAN, Nathl. Sr. 52*, Polly 60, Isaac 21, Anderson 19
ANDERSON, M. 40 (f)*
BOWEN, David 66*, E. 55, Stephen 28, Catharine 25, E. 19 (f), Nancy 16, George 13
WISE, S. J. 6 (f)*, F. M. 4 (m)
SMITH, Nancy 50, Josiah 22, John R. 16
SMITH, Wilson 25, Elizabeth 21
SIMPSON, Jackson 25*, Elizabeth 19
SMITH, N. C. 1 (f)*
DICK, Archibald 58
HILLIS, Eunice 75, Wm. R. 50, Peggy 40, Polly 37, Julia 31
ELLINGTON, William 33*, Sarah W. 21, M. E. 3 (f)
GAINES, Wm. 20*
ALEXANDER, Philip 39, Jane 38, Wm. 15, Martha 9, Mo. 8, Creed 4, Hershel 2

Schedule Page 306

ALEXANDER, Greenwood 60*, Elizabeth 58, Samuel G. 12
NUNN, Martha 10*
GILKEY, Thomas 42*, Susan 33, S. M. 14 (f), James S. 12, G. T. 10 (m), Z. A. 8 (m), J. K. 6 (m), John E. 4, Wm. G. 2
SHAW, Wm. 23*
WAGGENER, H. G. 56*, Delila 42, Isaachar 14, M. J. 12 (f), M. B. 10 (f)
SCIMMEHORN, Nath. 17*
MORGAN, James 32*, Nancy 28, Al. 7 (m), M. M. 5 (f), J. W. 2 (m), D. A. 6/12 (f)
GRIDER, Mary 17*
MADISON, Miles 24, Catharine 26, H. H. 4 (m), G. G. A. 3 (m)
GRISSOM, Wm. 28, Sarah 21, M. J. 15, E. 13 (f)
SMITH, Thomas 39, R. 35 (f), J. M. 18 (m), N. A. 15 (f), W. E. 13 (m), L. J. 10 (f), M. E. 8 (f), E. B. 6 (f), M. A. 4 (f)
ALEXANDER, Reubin 65*, Elizabeth 65, Mary 35
DUERSON, Marthaa 4*
MARTIN, Michael 62, Sally 50, Larry 23, Mary 16, Lucinda 13, Pleasant 12
GRIDER, James V. 30, Liddyann 10
SPEARMAN, William 51*
CLOYD, Wm. S. 11*
ALLEN, James 56, E. L. 21 (m), S. M. 19 (f), Robert T. 17, D. C. C. 16 (m)
FERGASON, Sandford H. 40, Martha 39, M. A. 16 (f), E. 15 (f), Sarah 12, S. P. A. 6 (m), Martha 4, E. David 6/12
MILLER, Clinton 27, Martha 24, James 5, M. 2 (f), J. H. 1 (m)
HUDGENS, John 70*, Jane 49

Schedule Page 307

SPOON, S. C. 26 (f)*
NORRIS, John 44, Jane 34, M. M. 17 (f), S. J. 15 (f), J. F. 13 (m), S. P. 11 (f), J. N. 9 (m), S. E. 7 (f), J. P. 7 (f), M. O. 1 (f)

1850 Census Cumberland County Kentucky

GARRET, Pleasant 40, Nancy 40, W. R. 19 (m), J. P. 16 (m), P. A. 14 (f), John M. 12, Andrew 8, Henry C. 5, E. J. 2 (f)
ALEXANDER, Joseph 70, Sally 62, Joseph 20
BOWMAN, John 69*, Mary 52, Sarah E. 18, Wm. J. 14, M. F. 12 (f)
BISE, Rachael 32*, Jno. (Bice) 8, Jos. 3
SHIVE, Philip, Philip 35, E. 26 (f), James M. 7, J. A. 3 (m), G. G. 1 (m)
NUNN, George S. 21, M. J. 18 (f)
ALEXANDER, C. F. 32 (m), M. L. 32 (f), C. M. 4 (f), M. L. 2 (f)
LAWSON, Elisha 56, R. 52 (f), Mary 28, Nancy 17, W. R. 15 (m), J. M. 9 (m), R. 4 (f), N. E. 1 (f)
KIRGAN, Shed 47, Nancy 42, Joseph 12, E. F. 16 (f), Sarah A. 10, M. J. 8 (f), Alfred D. 6, L. C. 5 (m)
REID, Hugh C. 48*, Scintha 40, D. G. 1 (m)
HAYS, John J. 21*
GLOVER, Richard 30*
WALTHALL, Wesley L. 27*, Sally 31, Wm. F. 1
DOSS, Sally A. 9*
RAY, George 26, Lucy 30, E. J. 3 (f)
NORRIS, Wm. 44*, Many 34 (f), Sally J. 14, James 14, Rebecca 12, John 10, Wm. 8, Nancy 6, Robert 4/12
EWING, Nancy 64*
WILLIAMS, E. 26 (m), Fanny 24, M. D. 3 (f), R. W. 7/12 (m)

Schedule Page 308

HAYDEN, Robt. D. 37*, Elmira 32, E. 13 (f), Will 12, John 11, James 7, M. 6 (f), J. 5 (f), J. C? 4 (f)
BLANKENSHIP, M. 47 (f)*
CHILTON, W. W. 39 (m), E. 36 (f), M. A. 16 (f), Wm. K. 14, E. J. 12 (f), J. L. 10 (m), J. A. 8 (m), John 5, P. A. 1/12 (m)
HOLT, Isham R. 31, Martha A. 30, F. R. 9 (m), Eli C. 5, F. B. 2 (m)
BINNS, Martin 43*, Leann 35, S. J. 1 (f)
LLOYD, William 20*
ROWE, John E. 34, Palina 30, J. R. 13 (m), J. C. 11 (m), W. A. 9 (m), T. A. 7 (m), M. J. 5 (f), M. S. 1 (f)
NEATHERY, Daniel 36, Sally 57, Rufus S. 21, Ostina 17, Sally 16
CLOYD, John 42*, Mary 30, L. A. 19 (f), Thos. 17, C. 15 (f), Sarah 13, R. A. 12 (f), James 10, John 9, M. E. 7 (f), Missouri 5, Levize 3, Wm. 1
BAYS, Bev*
MCTHURMAN, Wm. 88 (B), Lucy 101
MADISON, John 66*, Isabelle 64, Adaline 23, Harold 12, Albert 10
MAINER, Wm. 24*, Malissa 23
CLARK, Richard 45, M. F. 39 (f), S. P. 19 (f), Elizabeth 16, B. J. 14 (m), M. M. 11 (f), J. M. 9 (m), Wm. H. 4, L. H. 2 (m), A. W. 5/12 (m)
CASH, Jarrett 42, Phillip 18, Sally 14, Patsy 12, John 8
SEWELL, Jesse 50, A. H. 23 (m), Wm. E. 21, E. C. 20 (f), James L. 18, F. M. 16 (m), S. J. 12 (m), M. E. 9 (f), J. F. 6 (m)

1850 Census Cumberland County Kentucky

Schedule Page 309

KERR, Thomas 32*, Patience 28, S. J. 7 (f), M. M. 4 (m), David 1
WISDOM, Thomas L. 27*
OWENS, George 29, Mary 24, Rebecca 53, Sarah 5
CASH, John 32, Rebecca 34, James 10, M. E. 4 (f), M. S. 1 (f), Sally 16
FERGISON, James 37, Nancy 23, Wm. W. 2, James A. 4/12
WILLIAMS, Emily 33, P. A. 24 (f), M. O. 5 (f), M. A. 3 (f), C. W. 2 (m), Lemuel 6/12
CAREY, Nancy 65*, Thomas 22
STREET, S. A. 30 (f)*
SHORT, Polly 9*
CHEATHAM, James 65* (B)
RADFORD, Wm. L . 52*, Jane 40, E. A. 21 (f), W. A. 19 (m), M. J. 16 (f), Davis 14, Charles 11, J. 8 (f), J. R. 4 (m), Z. Taylor 1
HIX, Reubin 35*
CAREY, J. R. 26 (m)*, Vianna 30, G. P. 9 (m), E. F. 6 (f), F. A. 4 (m), J.S.E.A. 1 (f)
AKIN, Virginia 34*, C. W. 12 (m), Sarah J. 17
AKIN, Phineas W. 42, Virginia 34, N. A. 15 (f), A. M. 13 (f), P. J. 4 (f), Robert S. 11, Wm. C. 7
RADFORD, Raymond 50, Nancy 42, Thomas M. 17, S. A. 15 (f), M. T. 13 (f), Evine 5, J. T. 1 (m)
COX, Robert J. 25, Ann 31
LAWSON, Thomas 35, Delila 36, M. C. 11 (f), M. E. 10 (f), John T. 7, George W. 5
LAWSON, Robert 26, Liddia 24, N. A. 7 (f), W. J. 4 (m), Jos. T. 2

Schedule Page 310

TOLBERT, Dunivan 29*, E. A. 32 (f), Sherrod W. 4
MARTIN, Elizabeth 56*
HARRIS, M. L. 26 (m), Eliza 24
JOHNSON, Rosannah 50, Mary 25, C. 22 (f), Nancy 22, Elizabeth 19, G. W. 16 (m), H. M. 12 (m), John W. 7
WILLIAMS, Alfred 32*, M. 36 (f), W. H. 6 (m), M. A. 5 (f), S. J. 3 (f), G. Alfred 2
NORRIS, H. P. 10 (f)*
TOLBERT, Milton 38*, A. S. 26 (f)
HOPKINS, J. B. 4 (m)*
WRIGHT, Wm. D. W. 22, M. C. 22 (f), John F. 1
WRIGHT, Wm. L. 41, E. 40 (f), John H . 20, Andrew 16, G. W. 15 (m), M. F. 13 (f), P. M. 12 (f), Thomas R. 8, P. S. 7 (m), Sarah J. 6, S. C. 4 (f), J. C. 1 (m)
BINNS, Tenns 73 (m)*, Polly 66, Jane 40
EWING, M. A. 16 (f)*, B. F. 14 (m)
ROSS, Martin 61, Elizabeth 39, Wm. F. 30, F. H. 27 (f), P. J. 25 (f), G. W. 23 (m), S. A. 21 (f), Rebecca 19, John 17, J. W. 15 (m)
CANNON, Milton 26, Priscilla 19, Elizabeth 1
ALLEN, George 64, Holly 45, Robert 20, Lewis 19, James 17, Wm. 11, Nancy 9, John 7, George 4
STRONG, John 44*, E. 38 (f), F. E. 20 (f), M. A. 18 (f), E. 15 (f), M. J. 13 (f), John E. 11, Wm. A. 9, V. Buren 6 (f), S. E. 4 (f)
CARTER, John O.*
VINING, Wm. T. 21*, Jane 18, M. 1 (m)

1850 Census Cumberland County Kentucky

Schedule Page 311

BRANHAM, John 20*
TWEEDY, Hugh 44*, Susan 34, J. A. 14 (m), L. 10 (f), E. 7 (f), Wm. 3
CARTER, E. 63 (f)*, Polly 51
BARNES, G. W. 25 (m), Martha J. 19
TURNER, Wm. 32*, Delila 19
KEY, Priscilla 40*
TWEEDY, Thompson 32*, Sally 34, Wm. 8, James 6
BUSH, S. C. 16 (f)*, H. 12 (m), L. 10 (f)
QUICK, Wm. A. 23, Martha 17
WHITE, James C. 26*, Sarah 21, M. 4 (f), Nancy 2, Martin 15
GOODHEN, M. 17 (f)*
GRAY, William 66*, Rachel 66, Jefferson 28, Rachel 26, Caroline 23, J. C. 3
MOODY, M. A.4 (f)*
RICKETTS, Henry 26*, R. J. 27 (f), L? D. 5 (m), S. C. 3 (f), W. H. 2 (m)
STONE, Samuel 22*
STONE, Isachiah 60, Ruth 60, Ann 23, Mary 21, V. S. 19 (f)
OBANION, Wm. 24, Mary 23, Sarah 50, Isaac 16, Thomas 18
DAVIS, John S. 25, Mary 23, Wm. E. 1
DAVIS, Wm. 53, Patsy 45, John 27, Samuel 21, Sally 16, Wilson 15, Harvey 12, James 10, Nathan 8, George 6, Martha 2
TURNER, Lewis 34, S. A. 26 (f), Mary S. 7, Eliz. 4, Sophia 6/12
GLOVER, Richard 27, Mary 25, Amanda 7, John 5, Leander 3, Martha 1
BECK, John C. 32*, Nancy 45, Wilson 20, J. D. 25 (m), C. 11 (m), M. 17 (f), N. V. 15 (f), N. J. 15 (f)

Schedule Page 312

NORRIS, W. W. 15 (m), Sally A. 35
SMITH, Zeb. 25, Sarah 45, Valinda 20, Robert 16
BRYANT, Geo. W. 51, B. 52 (f), Jane 20, Polly 18, N. 16 (f), Jesse 15, H. 13 (m), Saly 10, M. 7 (m)
NUNN, Ingram 55, R. 41 (f), Wm. 20, James 17, Mary 11, Ellen 9, Sarah 6, Julia 5, Joseph 2
BRYANT, George 22, E. 18 (f), Wm. 2
STONE, N. J. 30 (m), M. 34 (f), A. F. 12 (f), N. J. 9 (f), S. H. 7 (m), J. W. 4 (m), R. E. 1 (f)
ALEXANDER, Milton 27, M. A. 26 (f), M. E. 5 (f), P. J. 4 (f), J. T. 3 (m), H. E. 1 (f)
COOKSEY, Samuel 49*, Nancy 38, Wm. 22, M. J. 18 (f), Stephen 16, M. A. 14 (f), L. R. 13 (m), G. W. 11 (m), J. J. 9 (m), S. E. 7 (f)
BOHANNON, Wm. 23*
PHILPOTT, Sidney 57, Wm. L. 30, J. H. 20 (m)
WILLIAMS, Seth 57*, Nancy 56, J.T.G.B. 21 (m), M. E. 16 (f), H. C. 13 (m), W. T. 10 (m)
LYON, P. 8 (f)*
WILLIAMS, M. L. 38 (m), M. 45 (f), J. E. 15 (f), M. A. 13 (f), L. 12 (m), M. J. 11 (m), S. H. 10 (f), D. B. 9 (m)
CLOYD, Thomas 38*, Rachael 40, Sally 36
HENNES?, James 23*
HUNTER, A. J. 35 (m), L. A. 23 (f), A. J. 11 (f), S. J. 3 (m), A. 2 (f), W. H. 19 (m)

1850 Census Cumberland County Kentucky

Schedule Page 313

HUNTER, Charity 68*, Sally 86
BIGGERSTAFF, Woodford 22*
MORGAN, Levi 40, E. A. 41 (f), M. J. 17 (f), S. P. 15 (m), N. H. 15 (f), J. C. 14 (f), L. C. 13 (f), E. F. 12 (f), H. A. 11 (f), B. U. 10 (f), V. A. 6 (f), L. A. 5 (f), Eliza 1
BAYS, John 23*, M. A. 18 (f), Wm. 5, H. 3 (m)
BENTLEY, Rebecca 40*
PACE, Jackson 33, P. 33 (f), D. 10 (f), F. 8 (f), J. 6 (f), M. 4 (f), N. 3 (f), Wm. 1
FUDGE, John M. 25, E. 27 (f), Robert 2, Wm. 1
PACE, Milly 65, P. 35 (f), Ingram 21
HEARD, George 30, L. G. 25 (f), J. B. 5 (m), N. C. 3 (f)
BAISE, Joseph 31*, M. 22 (f), J. C. 7 (m), N. J. 5 (f), M. F. 2 (f), Geo. M. 1, Thomas 12
HEARD, Nancy 51*
CLOYD, Carey 50, Elizabeth 17, Harrison 16, Thomas 12, Susannah 11, D. T. 8 (m), R. 6 (f)
PERRYMAN, Wm. A. 22, E. 24 (f), J. J. 1/12 (m)
PATTERSON, Mary 55, James G. 22
NEWMAN, Isaac 44, Nancy 46, L. J. 21 (f), Delila 20, H. M. 17 (f), R. E. 13 (f)
COPASS, C? W. 30 (m)*, Lucinda 36, S. A. 8/12 (f)
CLOYD, Albina 13*, Arobeth 9
TOBIN, J. H. 62 (m), Sally R. 58, Mary H. 15
WEBB, Henry 46, Peggy 40, Elizabeth 12, Jane 3, M. S. 1 (f)
PATTERSON, Jno. N. 29, N. H. 30 (f), J. N. 5 (m)_, S. E. 3 (f), J. B. 2 (m), E. F. 3/12 (f)

Schedule Page 314

YOUNG, James C. 59*, S. F. 63 (f), M. 35 (f)
HAGGARD, A. 9 (m)*, M. J. 6 (f)
SCOTT, Wingfield 28, Synthia 24, James G. 3, M. J. 2 (f)
ROE, Elizabeth 47, Elizabeth 16, Helen 12, S. C. 10 (f), M. J. 7 (f), J. E. 4 (f)
LACKEY, Elizabeth 40*, S. A. 15 (f), H. E. 8 (f), J. A. 3 (m)
BUNCH, Sally 30*, James 8/12
PRICE, Patsy 30*, Sarah 8, H. Clay 5, Jo. L. 5/12
LOLLAR, James 70*, C. 60 (f)
MATLOCK, S. 90 (f)*
COOKSEY, Leemaster 29, E. 28 (f), M. J. 5 (f), S. E. 3 (f), M. C. 1 (f)
LEWIS, Thomas 46*, Patsy 53, Frances 30, Richard 4
COOKSEY, M. E. 32 (f)*
BOWMAN, John A. 57*, Mickey W. 47 (f)
COOKSEY, John 59*
WARRENER, William 34*, J. B. 31 (f)
BLEDSOE, Geo. 34*
GLIDEWELL, Maston 40, Susana 38, Elizabeth 16, Fanny 14, John 12, M. A. 10 (f), V. G. 8 (f), Susan 6, Jas. Haggard 4, Maston 2
HARDISON, Samuel 34, Lucy A. 33, Tho. J.N.B. 14, J. A. 7 (m), E. F. 5 (f), N. E. 4 (f), J. A. 12? (m)
EASTER, Ephraim 65*, Sally 45, Charles 17, Alzina 5
ESTHER, D. Haggard 44*
GARRETT, Curtis 5*
EASTER, Thomas 25, S. F. 14 (f), E. A. 4/12 (f)

1850 Census Cumberland County Kentucky

EASTER, Jourdon 26*, Elizabeth 25
COOKSEY, Sophia 16*
DANIEL, R. E. 43 (m), Margaret 44, Louisiana 14, Mary A. 13, Julia A. 11, Synthia A. 7, James E. 5, Jourdom T. 2, Caroline E. 1/12, Drucilla H. 1/12

Schedule Page 315

BOWEN, Daniel 32, Serena 31, L. D. 12 (m), Thomas 5, M. E. 4 (f), S. J. 2 (f)
BRIDGEFARMER, Christiana 40 (m), Emily 30, J. M. 10 (m), D. P. 7 (m), S. P. 5 (m), N. C. 2 (f), E. 60 (f)
WILLIAMS, William 31*, Emily 22, Sherrod 4, John 2
JOHNSON, Cath. 24 (f)*
WILLIAMS, Caleb 52, Lucy 53, James F. 24, Shed. 16 (m), Susan 14, P. 12 (f), M. 11 (f)
CLAYWELL, Obedience 48*, Daniel 14
KEEN, William 41*, P. B. 29 (f), O. F. 9 (m), M. O. 7 (f), John S. 2
SHUGART, Jane 65*
COOKSEY, Emeline 18*
CLAYWELL, Milton 33*, Sarah 32, M. O. 9 (f), E. W. 7 (m), M. E. 5 (f), N. 4 (f), Mary 1
SHELLY, Anderson 30, M. R. 29 (f), Thomas H. 7, Eli M. 5, Peter M. 3, S. J. 4/12 (f)
ALLEN, M. C. 37 (m)*, Eliza 29, M. C. 10 (f), M. 8 (f), Samuel 4, James 1
GALLIHER, M. 30 (m)*
ELLIOD, Jo. 40 (m)*
BARNER, Perry W. 34, M. 18 (f), A. W. 2 (m), Fr. 1 (f)
ALEXANDER, E. 68 (f), Lucy 48, William 42, Eliza 38, Nancy 32, Milley 30, Reubin 22, Polly 34 (B), Mary 10 (B), C. 4/12 (B,f)
WRIGHT, William 55, Peggy 54, N. W. 25 (f), James 23, Gipson 22, Blakely 20, Martha 17, Wilson 16, Jasper 13

Schedule Page 316

SHIRE, George W. 22, Susan 19, Nancy 60, Martin 15
GARMON, Jacob 40, M. 35 (f), J. L. 12 (m), N. J. 10 (f), A. B. 7 (f), J. A. 4 (m), S. E. 2 (f)
GARMON, David 47*, N. 38 (f), M. 22 (f), P. 20 (f), M. 18 (f), Adam 20, Jane 18, Biddy 16, Anne 14, P. 12 (f), C. 10 (f), S. E. 6 (f)
CUMPTON, L. 10 (m)*
TURK, Thomas C. 23*, E. 24 (f), S. A. 2 (f), A. 1 (f)
CARTER, M. 10 (m)*
DAVIS, J. H. 29 (m), E. 29 (f), W. 8 (m), W. A. 6 (m), M. 4 (m), M. 1 (f)
GARMON, Andrew J. 31, L. J. 29 (f), M. J. 11 (f), J. A. 9 (m), M. E. 7 (f), C. F. 5 (m), J. A. 2 (m)
BALLARD, James 25, M. A. 23 (f), L. 5 (f), Charles 1
TURNER, W. McH. 28 (m)*, Amanda 26, J. P. 3 (m), S. E. 1 (f)
GOSSETT, Peter 23*
GARMON, Rhodes 28*, E. 28 (f), E. J. 5 (f), J. D. 3 (m), S. A. 1 (f)
SHOW, Joel 14*
ALEXANDER, James M. 28*, Mary 22
BARTON, William 13*
WISDOM, G. M. 29 (m), R. A. 31 (f), William F. 1
NUNN, Frank 21

1850 Census Cumberland County Kentucky

TURNER, George P. 57*, E. 56 (f), Larkin 32, George P. 15
ROWLAND, John 22*
PALMORE, William P. 36*
HARVEY, Nancy 34*, John 7, William 6, Wilson 4, Mary B. 2, Manerva 9/12
NUNN, E. G. 41 (m), E. H. 33 (f), John 14, Peter 11, J. 9 (f), Porter 7, William 5, M. 3 (f), Ellen 1

Schedule Page 317

FRAZIER, J. B. 43 (m), E. 50 (f), J. E. 18 (m), E. A. 16 (f), L. 14 (f), John 11
FRAZIER, P. T. 22 (m), Lucy 23
MADISON, Green 22, Ellen 24, J. W. 3 (m), H. P. 9/12 (m), H. 12 (m)
GRIGG, Joseph W. 48, Delila 44, A. 22 (f), J. W. 18 (m), Robert 11, John 8, Sally 6, M. 5 (f)
HUTCHENS, George W. 45*, Sarah P. 36, P. W. 13 (m), W. M. 11 (m), M. A. 8 (f), F. E. 3 (f)
WRIGHT, Blakely 20?*
WISDOM, Dillard 32*, M. A. 29 (f), W. F. 11 (m), W. A. 5 (f), S. H. 1 (m)
HURT, Elsey 19 (m)*
ALEXANDER, John E. 39, Elizabeth 22, Elizabeth 4
KESSLER, Gross L. 36, E. 31 (f), Sarah 13, G. A. 10 (m), Jesse S. 8, J. F. 5 (f), H. T. 3 (m), Z. 2/12 (m)
PACE, W. J. 34 (m), Martha 28, L. 6 (f), O. C. 1 (m)
NUNN, G. W. 36 (m), Mary 36, John M. 14, S.? E. 12 (f), M. 10 (f), G. W. 6 (m), M. L. 2 (f), J. C. 5/12 (m)
RITCHEY, Cath. 55 (f), Julia 22, F. 12 (f)
ALLEN, William 69
SPEARMAN, William D. 38*, J. 37 (f), John 12, M. 8 (f), M. 4 (f), W. D. 1 (m)
SCOTT, James 19*
SMITH, Charles 40*, Marium 37 (f), D. P. 19 (f), R. F. 17 (f), E. J. 15 (f), P. W. 14 (f), S. R. 12 (f), R. M. 10 (f), P. M. 8 (f), N. R. 6 (f), M. L. 4 (f)

Schedule Page 318

PENTECOST, E. B. 20 (m)*
HUGHES, C. 22 (m)*
SPEER, Benjamin 66*, E. 60 (f)
SULLIVAN, J. 42 (f)*
BOND, James 18*
RIDDLE, Joseph 73*, R. 66 (f), H. 31 (m), S. 24 (m), L. 45 (m), R. 22 (f), A. C. 21 (m)
GIPSON, A. 18 (m)*
HUGHES, Orlando 72, Polly 60
FLOWERS, William 30, S. 38 (f), M. A. 11 (f), N. 8 (f), James 6 (f), John 4, A. 2 (m), E. R. 1/12 (m)
HUGHES, Orlando 24, Mary 29, M. J. 2 (f), William 3/12
VINCENT, John 37, M. 30 (f), M. J. 4 (f), N. L. 2 (f), S. E. 7/12 (f)
WATKINS, Thomas 54, M. Ann 45, N. A. 21 (f), T. Q.? 20 (m), J. M. 20 (m), R. J. 17 (f), H. C. 15 (m), Wm. Harrison 13, J. N. 3 (m)
RIDDLE, William 54, M. 46 (f)
HAWKINS, James 37*, Mary 27, M. J. 4 (f), L. E. 2 (f), M. F. 3/12 (f)
CARTER, F. 39 (f)*, J. B. 14 (m), S. E. 12 (f), J. W. 10 (m), J. David 8

1850 Census Cumberland County Kentucky

GRAVES, Phereby 46, Joseph 15, Alexander 13, Louisa 11, Nancy 9, John 6
BEAN, John W. 45, E. F. 20 (f), John M. 13, A. J. 7 (m), S. M. 6 (f), L. J. 3 (f), D. M. 6/12 (m)
PHEMISTER, Wesley 23, L. A. 26 (f), Thomas N. 1/12
HAYS, Robert J. 21, E. 17 (f)
BRANHAM, Benjamin 84, E. 60 (f), Polly 26, Nancy 24, John 20, George 11
TWEEDY, James 25*, V. G. 17 (f), W. A. 1 (m)

Schedule Page 319

LACKEY, Ellen 8*
YOUNG, Allen 30, S. J. 24 (f), S. W. 4 (m), W. R. 2 (m)
FLOWERS, Elisha 59*, Susanah 56, V. B. 17 (m)
MURPHEY, C. 40 (m)*
BLANKENSHIP, John 30, Emily 25, Bosey 6 (f), David 3, Nicholas 2 (f)
NIXON, H. R. 34 (m), Polly 28, Josiah 1
THOMAS, James 58*, M. 59 (f), M. 30 (f), R. 29 (f), Frances 25, James 23
HOPKINS, Mary 60*
FLETCHER, James 30, Larkin 21
ELLIOTT, Robert 49*, Sally 40, Acey 19 (m), Nath 16, D. A. 15 (f), Tab. 13 (m), M. 11 (m), Richard 9, A. 7 (f), C. 5 (f), Thompson 1
WHITLOW, William 22*
KEETON, L. B. 37 (f)*, R. C. 21 (m), L. H. 16 (m), M. 13 (f), Thomas S. 11, A. 9 (f), J. 5 (f), E. 2 (m)
HUNTER, Mary 21*
FLETCHER, Barton S. 24, Nelly 22, N. C. 4 (f), E. A. 2 (f), Amanda 1
ELLIOTT, Daniel 31, Polly 25, Nancy 10, Robert 8, Nathaniel 6, George 4, J. J. C. 2 (m), J. Bell 1/12 (m)
HARRIS, Robert 23, A. 20 (f), A. 5 (f), G. W. 2 (m), Alexander 1
COLE, R. G. 32 (m)*, E. 26 (f), M. M. 12 (f), William H. 8, M. E. 6 (f), E. J. 4 (f), S. A. 2 (f)
LAWSON, J. R. 20 (m)*
BAKER, A. T. 28 (m)*, M. A. 21 (f), Robert F. 4, J. A. 1 (m)
CRIDER, E. 15 (f)*
COX, Martha 66, Nancy 38

Schedule Page 320

GRYDER, Sally 37*, E. 16 (f), E. 14 (f), John 11, H. 9 (m), Susan 1
FLETCHER, M. 30 (f)*, Samuel 1
VAUGHAN, James 50*, A. 52 (f), H. 13 (f), Ben F. 11, S. L. 8 (f)
KING, Robert A. 19*
ENGLISH, James 56*, Lucy 48, Ch. H. 28 (m), John 27, M. A. 25 (f), George R. 24, Ben S. 22, P. 20 (f), William 19, C. 18 (f), S. 17 (m), L. E. 16 (f), J. W. 14 (m), A. 12 (m), H. 10 (f), Robert 8, L. 6 (f)
MCGLASSON, Jane 90*
VAUGHAN, Jeremiah 27*, N. A. 27 (f), S. F. 5 (f), E. J. 3 (f), John M. 1
CUMPTON, Mary 15*
ROBINSON, Margaret 39, Thomas 16, Harriet F. 11, W. A. 9 (m), James N. 8, M. 5 (f), Jo 5 (m), John A. 2
BAKER, James 57, Susan 37, James 14, George 13

1850 Census Cumberland County Kentucky

KEETON, William 33*, Polly 37, S. B. 13 (f), J. W. 11 (m), E. C. 9 (f), J. F. 7 (m), J. B. 4 (m)
FLETCHER, P. J. 18 (f)*
FLETCHER, James 23, S. 20 (f), A. 4 (f), D. H. 1 (m)
MORGAN, Elizabeth 30*, William 9, John T. 7, A. F. 1 (f)
ANDERSON, Myrey 40*
LOGSTON, Lewis 38, Fanny 26, M. E. 13 (f), Jasper 11, N. 6 (f), E. 4 (f), P. 3 (f), J. P. 1 (m), Jane 2
CHEATHAM, Richard 31, E. 25 (f), J. W. 8 (m), Edgar 6, S. B. 3 (m), Alice 4/12

Schedule Page 321

TAYLOR, Daniel 52, Polly 45, Sally 19, Martha 16, Mary 15, George H. 13, N. H. 10 (f), L. 6 (f)
SMITH, James 37*, S. A. 33 (f), Joseph 10, M. A. 6 (f), M. F. 5 (f), M. L. 3 (f), E. E. 1 (f), Rebecca 65
GEARHART, Nancy 12*
LOU, Thomas 62*, Nancy 61, Margaret 19, Nancy 7, Moses A. 4
DOSS, Thomas 12*, N. J. 10 (f)
MORRISON, Joseph 29, N. 25 (f), W. C. 10 (m), E. 7 (f), L. 5 (f), M. 4 (m), M. 2 (f)
WILLIAMS, A. J. 32 (m), M. A. 27 (f), M. E. 6 (f), V. T. 4 (m), M. A. 2 (f), E. J. 2 (f)
YOUNG, William 59, Polly 54, Louisa 26, Martha 18, Julia 17, John W. 20, Serena 15, William 15, Sally 9
CAREY, George H. 39, Sarah J. 26, E. A. 7 (f), G. A. 5 (f), James T. 3, S. B. 6/12 (m), A. C. 25 (m)
BAYS, James 24, Caroline 29, Calvin 5, Ellen 4, A. C. 8/12 (m), Levina 18
GILBERT, John 34, S. J. 24 (f), Thomas A. 5, J. C. 3 (m), E. A. 2 (f)
GARRET, George 23*, M. 33 (f), John W. 5, M. P. 3 (f), E. C. 1 (f)
WADE, Nancy 10*
CARTER, Josiah 30*, M. E. 17 (f), Polly 63
BRUMMETT, Thomas 13*
ADAMS, Elizabeth 43, Jerrome 24, Patsy 17, M. J. 10 (f)
CARTER, John 45*, Susan 46, Calvin 21, Clinton 16, Fayette 14, Ruth T. 12, Marshall 10, William H. H. 6
SIMMONS, George D. 23*

Schedule Page 322

COX, Enoch 34*, A. 31 (f), William H. H. 11, J. A. 9 (m), E. B. 7 (f), M. S. 4 (f), M. J. 6/12 (f)
CAMPBELL, Gr. 21 (m)*
VINCENT, Edward 75, Malinda 45, Elijah 27, Margaret 21, Edwin 20
VINCENT, Jackson 35, M. R. 33 (f), M. J. 12 (f), W. E. 11 (m), J. P. 9 (m), J. A. 7 (m), P. E. 5 (f), A. J. 3 (m), J. W. 4/12 (m)
PEARCE, John M. 43*, Mary 44, N. J. 22 (f), M. 19 (f), S. B. 16 (m), Louisa 14, E. A. 12 (f), S. A. 10 (f), P. J. 8 (f), A. C. 5 (m), J. M. 3 (m)
BURTON, George 16*
TOMPKINS, Polly 75*
WILLIAMS, Jacob 21, M. A. 24 (f)
MURPHEY, J. J. 34 (m), Philipena 22, M. J. 5 (f), E. H. 3 (f), W. Alex 5/12
YOUNG, Charles 42, Polly 36, Elizabeth 7, T. 5 (f), Martha 2, N. E. 2/12 (f)

1850 Census Cumberland County Kentucky

MILLS, Thomas 21*
YOUNG, Scynthia 15*
MILLS, John 50, Polly 55, William 24, Elias 18, Polly 21, John 6, Emily 12, Patsy 30, Sally 35, Betsy 6, M. S. 4 (f), L. 3 (f)
HARRIS, Drewry 40, Kitty 37, Pamelia 17, G. E. 15 (m), William 12, Sally 8, Peyton M. 5
RADFORD, Thomas 61, E. M. 17 (f), N. W. 14 (f), William 21, Caleb 24
LACKEY, Suckey 38 (f), Selina D. 7, Serinda 4, William 17

Schedule Page 323

MURPHEY, Obed 27, E. F. 20 (f), J. P. 4 (f), James P. 1
YOUNG, Elizabeth 53, Benjamine 25, Mary 21, James 19, Newton 16, Calferna 5, F. A. 20 (f)
MAXEY, Sally S. 80*
LEWIS, Randolph 14*
GREEN, Mary 59*, Levind 26 (f), Delila 26, Thomas 24, Adaline 18
RADFORD, Cole 25*
JEWELL, Nancy 68
THURMAN, Powhatten 37, Nancy 37, H. Mc.D. 16 (m), Mary 13, Richard 10, America 5, Elisha 4, A. J. 1 (m)
CARTER, Jacob 49*, Sally 47, Elizabeth 21, Mary 19
ROWE, Green 13*
PARRISH, John A. 40*, Pamelia L. 28, John R. 12
HOWARD, Julia 25
BAKER, Joseph 48, A. C. 42 (f), Alexander 22, James 18, F. 14 (m)
BAKER, H. Clay 12*, T. T. 10 (m), M. E. 9 (f), Alice 8, Marshall 4, William 40
HALL, Reubin B. 24*
PENDLETON, George L. 30*, A. 28 (f), M. 7 (f), T. 5 (f), John T. 3, George 1
RADFORD, William 22*
CARTER, William 32, E. A. 26 (f), James A. 5, J. J. 3 (m), S. A. 1 (f)
NUNN, Julian 26 (m), M. 18 (f)
JONES, W. T. 50 (m), Mary 45, K. J. 22 (f), S. A. 20 (f), Levi 18, M. S. 16 (f), Stamper 11, Laura 5, M. 3 (m)
CHEATHAM, John 31, Julia A. 23, T. A. 5 (f), G. A. 3 (m)
YOUNG, Robert H. 34*, M. J. 32 (f), S. S. 13 (f), J. T. 11 (m), A. 9 (f), G. A. 7 (m), John J. 5, C. T. 3 (f), E. 2 (f)

Schedule Page 324

ESQUE, P. 15 (f)*
ELLINGTON, Nancy 60
ELLINGTON, D. A. H. 42 (m), Martha 35, M. A. O. 12 (f), Jesse B. 10, J. H. 6 (m), M. J. 2 (f)
BLACK, John 46, Polly 40, Sally 18, Jane 16, M. S. 11 (f), J. S. 8 (m), Rufus 5, Artilla 6/12
GABBERT, Rice 36*, Mary 40, J. N. 16 (m), John 14, Sally A. 10, William 12, M. E. 8 (f), George 6
COOKSEY, John 60*
RADFORD, Luford 41 (m)*, Susan C. 47, Lawrence 6
ALEXANDER, John B. 25*, H. M. 16 (m), S. E. 13 (f)
BOULDIN, Susan 15*, James W. 20
ADAMS, Margaret 27*

1850 Census Cumberland County Kentucky

ADAMS, Mary 53*, Ann 30, Elizabeth 28, Caroline 25
BOULDIN, Nancy 72*
HILL, Permelia 50, W. O. 26 (m), Sally J. 23, Julia A. 19, Robert 17, S. E. 14 (f), C. H. 12 (m), John H. 9, M. J. 7 (f)
SMILEY, Samuel 31, Rose Ann 30, Jerome B. 6, L. H. 4 (f), William M. 2
WILLIAMS, J. A. 47 (f), J. D. 28 (m), James 24, A. G. 19 (m), M. J. 17 (f), R. Z.? 15 (m)
ROWLAND, Nancy 49*, John Q. A. 22, Julia A. 20, M. R. 15 (f), C. E. 18 (f)
ALEXANDER, Paull 20*
WILLIAMS, A. 3 (m)*
ALLEN, M. A. 34 (f), S. R. 13 (m), D. D. 12 (m), C. W. 10 (m), J. B. 7 (m), J. D. 5 (m)
JONES, Mary 49, Charles 15, Amanda 13
WILLIAMS, Keeton 54*, D. 35 (f), A. L. 23 (f), James S. 4, Charity 3, W. C. 2 (m)

Schedule Page 325

KEETON, Celey 70 (f)*
MILLSAPS, W. 25 (m)*
GILREATH, William 20, Elizabeth 22
CLOYD, Susannah 54*, George W. 22, S. B. 17 (f)
PHIFER, J. H. 10 (m)*
ALEXANDER, Joseph H. 44, Julia A. 34, Eliza 18, Wm. W. 13, Margaret P. 11, Sophia F. 8, C. A. 6 (f), Jno. H. 3, Saml. R. 1
ALEXANDER, Lewis 65 (B), Polly 55
WILLIAMS, David 41, Nancy 38, Mary F. 16, M. A. 15 (f), Robert O. 12, Sally 11, Caleb 6, D. A. 2 (m)
MURPHEY, William 25*, Maranda 26, A. J. 1 (f)
SELF, E. J. 20 (f)*
SCOTT, Solomon 43, Scynthia 34, Clem 10, C. H. 8 (m), James H. 6, Jones A. 4, Joseph A. 2
ELDRIDGE, Polly 57, Elizabeth 17, Cath 15, A. 9 (f)
SCOTT, Nimrod 45, Margaret 45, Sudicey 22, Jno. 1
SHORT, James 27, E. A. 20 (f), L. J. 2 (f), P. A. 6/12 (f)
BLITHE, Peggy 45*, Sally 16, James 14, Allen 9
SHORT, Polly A. 5*
MURLEY, Thomas 22*
SCOTT, Phereby 26*, M. J. 7 (f), Barlow 5, P. 3 (f), P. C. 1 (f)
COE, Jefferson 30*, Pop 31 (f), N. A. 12 (f), J. R. 9 (m), R. 5 (f), J. J. 2 (f)
SHORT, W. 18 (m)*
NEELY, James H. 52, Mary 15, W. R. 18 (m), John J. 13, B. W. 11 (m), Sparks 31
STONER, M. L. 52 (m), C. F. 42 (f), G. W. 21 (m), John M. 17, C. M. 13 (f), Helen B. 11, Peter B. 9, W. E. 5 (m), N. C. 3 (f), Irene 1

Schedule Page 326

SMITH, Jobe 34*, Butsey 34 (f), Wm. R. 7, H. H. 5 (m), P. 3 (f), J. A. 1 (m)
MURLEY, Milton 40*
STOCKTON, F. B. 47 (m), Delilah 41, Elizabeth 23, Nancy 21, William 19, John 10, Robert 8, Martha 5, Martin 1
MORGAN, John P. 51*, Abner 22, Lucy A. 20, Wm. 15
CRIDER, Humphrey 10*

1850 Census Cumberland County Kentucky

JONES, John 24, Elizabeth 18, Edgar 2, Absalom 53
JONES, Milton 27, Frances 20
MCGLASSON, Tho. H. 52, Polly A. 22, Julia 18, Ben 16, Amanda 14, Tho. 12, James 8, Sarah 5, Lucy 1, Wm. 78
PAULL, W. E. 30 (m)*, F. A. 21 (f), Jno. W. 5, Louesa A. 6/12, W. A. 15 (m)
NICELY, W. B. 28 (m)*
GOGGIN, Jubilee 59*, William H. 25, Artilla R. D. 21, Jubattee 16 (m)
EMERSON, W. P. 29 (m)*, J. C. 18 (f)
SKINNEHOM, Elijah 28, Sally 28, Elizabeth 3
SKINNEHOM, Sally 60, Polly 35, Nathan 16, Henry 12, Nancy 7, Amanda 1
ALLEN, Norman 28, A. M. 20 (f), L. W. 3 (m), E. J. 1/12 (f)
FUDGE, Fred 67*, Sally 67, Biddy 37, Polly 37
TEMPLEMAN, Letty*
GIPSON, Susanna 33*, William 17, Henryetta 1/12
GARRET, Albert 10*
FUDGE, John 31, Mary 26, Wm. H. 9, George W. 5, Creed T. 4

Schedule Page 327

GAMMON, James 38, A. 35 (f), Mary 14, S. F. 11 (f), James 6, Caroline 3
BROWN, Elzey 37, E. 27 (f), M. 10 (f), Cassy 8, John 6, E. 4 (f), Mary 4/12
FORBUSH, Anne 55*, L. 38 (f), Malinda 26
SIBLEY, Ellen 28*, M. S. 4 (f)
GAMMON, Adam jr. 24, Polly 27, A. C. 7 (f), M. E. 5 (f), N. E. 4 (f), P. A. 1 (f)
HURT, John 81, Eve 66
HURT, Jackson 31, Peggy 30, N. J. 10 (f), Wm. 8, Jourdan 6, Jno. 3
SHIVES, Charles 28, S. F. 22 (f), M. A. S. 5 (f), S. E. 3 (f), A. J. C. 1 (m), James 12
HURT, James 34, Kitty 33, William 13, E. A. 10 (f), Polly 8, Fountain 5, John A. 4, Oston 3, Milley 1
HURT, Samuel 35, Pamelia 32, Elizabeth 13, John 8, M. J. 6 (f), Albert 5, James 4, N. 6/12 (f)
GAMMON, Henderson 26, Sally A. 18, Malvina 25
SHAW, G. W. 22 (m), Barbary 26, C. W. 4 (m), W. A. 1 (m), Jane 18
SHAW, Joseph 80, Scynthia 40, Patsy 18, John 13, Polly J. 8
SHAW, Charles 25, M. A. 20 (f), L. J. 5/12 (f), Clemency 10
SHAW, Joseph 45, Polly 40, Wm. H. 21, Joseph 19, Geo. W. 17, Cath 12, M. J. 10 (f), S. J. 8 (f), James 5, Thomas J. 3, Jacob 2

Schedule Page 328

FRANKLIN, John 56, Nancy 51, Polly 30, John T. 18, F. M. 14
DULWORTH, James 45, Elizabeth 30, Ben 18, Jacob 16, Tice 14 (m), John 12, Abram 10, Nancy 7
PREWITT, Solomon 108, Mary 75
HINKLE, William 65*, Elizabeth 57, Elijah 30, Fanny 24, Abigal 17
KINCADE, Spencer 13*
HINKLE, James C. 33, Eliza 25, Sarah E. 2, Vienna 6/12
GEARHEART, Joseph M. 39, Susan 26, Theodore 8, Alonzo 6, Laura A. 5, Virgil 4, A. J. 2 (m), C. W. 1 (m)
ELLIOTTE, George 53, Nancy 49, Elizabeth 16, Geo. 15, Nancy 9, H. A. 8 (m)

1850 Census Cumberland County Kentucky

ELLIOTT, William 25, Nancy 26, Joseph 7, Mary 5, Squire 3, Louisa 6/12, Samuel 22
COOK, George W. 37*, Eliza 21, Thomas H. 5, John 1
GREEN, James 23*, Rowlin 20
BARGER, James 37*, Thincey 28
WEATHERHEAD, Lucien 13*
CROMEANS, John 34, Jemima 24, George 7, Robert 2
MORGAN, Enos 24*, E. 26 (f), A. 4 (m), F. 3 (f), R. 2/12 (m)
LLOYD, Thomas 29*
MCGLASSON, P. Soc. 40, Polly 35, Jane 16, Ann 14, Mary 12, Martha 9, D. 7 (f), Emily 5, Jno. W. 1
JONES, M. G. 22 (m), A. C. 15 (f)
HARRIS, William 27*, Tabetha 27, A. C. 7 (m), E. C. 5 (m), V. J. 5/12 (f)

Schedule Page 329

SMITH, Rachael 10*
SELF, E. J. 20 (f)*
MCHENRY, James 36, Peggy 38
FARLEE, Wm. 25, Nancy 20, M. 6 (f), Sally 1
BACK, George 27, M. 21 (f), Clemsay 9/12 (f)
WRIGHT, Wm. J. 42, Rachael 37, Julia S. 16, Benjamin 11, P. 10 (f), Pink 9 (f), R. A. 6 (f), V. 1 (m)
BIVINS, Thomas 50, Martha 18, Foster 12
ROWE, James F. 47, Dorinda 33, Sarah 10, Wm. 7, Josephine 5, Margaret 3, Pembrooke 1
CHEATHAM, Elvin? 32, Elizabeth 33, M. 8 (f), Thomas 6, Mary 5, Joseph 2, Sarah 61, Saml. H. 22
JONES, George 50, E. 57 (f), N. 25 (f), D. 20 (f), Louisa 18
BARGER, Eli 44, Frances 34, Frances 5, M. E. 3 (f), George T. 1, Levi 47, Jesse 50
COLE, John H. 18*, Salina 14
FLETCHER, John 24*
KEETON, John 17*
MORGAN, Catharine 36, Daniel T. 17, Josiah 16, E. 14 (f), Lucy H. 12, Patsy 11, Enos 7, Benjamine 7
KIRKPATRICK, M. 23 (m)*, Nancy 20, Vic 4/12 (f)
ELLIOTT, Robert 30*, M. 31 (f), George 9, W. 7 (m), R. 6 (f), Samuel 4, Daniel 1
GREEN, James 24*
CARTER, Martha 16*
JONES, R. E. 24 (m), S. A. 18 (f)
KEETON, James 33, Jane 26, Letty 7, S. 1 (f)
COATS, Hiram 31, Polly 23, W. S. 4 (m), C. A. 9/12 (m)

Schedule Page 330

LEWIS, John C. 42*, Polly 33, W. J. 9 (m), J. C. 4 (m), J. W. 2 (m), H. B. 1 (m)
CAMPTON?, Mary 15*
NORRIS, Robert 36*, Hannah 28, H. Clay 6, Wm. Wood 4, Angenoma 2, Mary A. 11
AKIN, Samuel 20*, Lemuel 25
NORRIS, M. A. L. 37 (m)*, Sally L. 9
AKIN, Richard 9*

1850 Census Cumberland County Kentucky

AKIN, M. G. 33 (m), Elizabeth 33, Oceana 9, James C. 7, A. M. 4, Wm. M. 2, Dory L. 8/12
BAKER, Frances 52*, Hetty 22, P. W. 18 (m)
AKIN, Ed 14*
PROPE, Daniel 55, Nancy 47, Eliz. 15, Moses 14, Isham 10, Frances S. 8, W. C. 5 (m), D. C. 3 (m)
GANNON, Adam 70, Eve 76, Wm. 33
REEVES, John C. 26, L. 20 (f), D. M. 7 (f), W. E. 5 (m), S. A. 4 (f), J. A. D. 1 (m)
NORRIS, Nathan 42*, P. 39 (f), W. 19 (m), E. 17 (f), S. 14 (m), S. A. 13 (f), E. J. 10 (f), M. 5 (f), R. 2 (f)
LORREL?, Richard 22*
BRYANT, Jesse 67, Sally 57, Jane 21, Thomas 20, Allen 18, L. 16 (m), James 14, Sandford 9, Fred 6
TROUGH, Andrew 30, Elizabeth 30, Robert 7, Sim 4, Jno. 3, Joseph 2/12
FERGUSON, Archibald 45, Fr. 47 (f), M. 20 (f), James 19, S. 16 (f), N. 13 (f), John 12, A. 5 (m)
KELSLOE, Jacob 32, N. W. 33 (f), R. H. 7 (m), M. J. 5 (f), James M. 3, N. G. 1 (m)

Schedule Page 331

CREASEY, Robert 56, M. 46 (f), C. 28 (m), S. E. 26 (f), Robert 24, M. 21 (f), D. 18 (m), John 15, James 13, Wm. 9, Nathl. 4
HUTCHINS, F. J. 50 (m), N. 48 (f), John H. 19, C. 11 (f)
CREASEY, Joseph 64, W. 26 (f), M. 24 (f)
WADE, Mat 38, D. W. 40 (f), S. E. 15 (f), F. 13 (m), M. 10 (m), A. 8 (f), C. 6 (f), Jef. 4, O. H. 2 (m), D. W. 1 (f)
CREASEY, J. H. 34 (m), E. 31 (f), A. H. 7 (m), M. E. 4 (f), S. L. 2 (f)
FRANKLIN, S. G. 29 (m), J. 27 (f), M. 6 (m), M. A. 6 (f), Os. 4 (m), N. 3 (f), James 1
WHITLOW, Wilson 30, M. J. 27 (f), A. J. 8/12 (f)
LASWELL, John A. 26, L. 25 (f), A. 3 (f), F. S. 1 (m)
LAZEWELL, Dicey 65*
WELCH, P. A. 15 (f)*
NANCE, Henderson 30, Sally 25, M. 16 (m), R. 14 (m), M. 12 (f), D. 10 (m), Thomas 7, P. 5 (f)
BUSHONG, George 28, N. 25 (f), P. S. 5 (f), P. J. 3 (f)
TROUGH, S. F. 23 (m), E. L. 22 (f), A. K. 3/12 (m)
GANNON, John 47, A. 41 (f), J. R. 20 (m), J. 18 (m), E. 17 (f), S. J. 15 (f), N. E. 14 (f), Jno. 12, W. L. 9 (m), S. H. 7 (m), S. F. 5 (f), J. N. 3 (m)
MCCULLOUGH, Archd. 39*, E. 42 (f), C. D. 14 (f), E. E. 7 (f)

Schedule Page 332

RICKETTS, Geo. W. 16*
SMITH, Josiah 70*, M. 47 (f), Jno. 26, E. 23 (m), M. 20 (f), Mar 15 (f), D. 12 (f)
PALMER, Jno. D. 8*
AMYX, Preston 38, E. 30 (f), J. 11 (m), M. A. 8 (m), O. J. 5 (f), E. B. 1 (f)
NORRIS, Joshua 54*, Elizabeth 74
GANNON, Edy 15*
WELCH, John 25, N. J. 23 (f), J. A. 2 (m), Thomas C. 1
LASWELL, Moses 40, M. 30 (f), D. 12 (f), W. 10 (m), Patty 8, R. 6 (f), Jno. B. 4, P. 2 (m)
BRYANT, Edmond 30, Ann 30, J. H. 10 (m), E. 8 (m), Geo. 3, M. S. 4/12 (f)
TROUGH, William 24, J. 22 (f), M. J. 2 (f), James S. 1

1850 Census Cumberland County Kentucky

FRASIER, Thomas 22, Lucy 23
FERGESIN, Woodson 49, E. 44 (f), John 24, Polly 20, E. 19 (f), Will 18, L. 17 (m), R. 16 (f), James 15, M. 14 (f), N. 11 (f), J. 9 (f)
HOOD, Robert 27, M. L. 26 (f), S. A. S. 8 (f), J. S. 6 (m), J. B. 4 (m), N. E. 2 (f)
BRYANT, B. 45 (m)*, B. 48 (f), P. 23 (f), P. A. 22 (f)
DONNALD, James 18*
MURRY, F. 14 (m)*
NUTALL, M. J. 24 (f)*
BIRAM, Isham 16*
BUSHONG, J. H. 24 (m), S. W. 26 (f), James L. 2, W. A. 6/12 (m)
BOWMAN, Stephen 31, Alpha 24, Sarah 6, Martha 2, A. 2 (f), Wm. 13

Schedule Page 333

AMYX, L. H. 44 (m)*, P. 46 (f), James 13, J. L. 8 (f)
BYBEE, G. W. 21 (m)*
MURPHEY, Joseph 36*, Sossy 50 (f), J. Dabney 20, James F. 18, Charles 15, Sarah 9, J. L. 7 (m)
TWEEDY, Mary 23*, A. 1 (f)
MCINTIRE, Wm. 20, Jane 21
CASEY, E. R. 37 (m), Susan 23, A. 8 (f), A. H. 6 (m), J. C. 5 (m), E. M. 3 (m), N. V. 2 (f), Thomas D. 1/12
BIVENS, James 31*, P. 21 (f), M. S. F. 6/12 (f)
MCDANIEL, John 23*
STORY, John 44, P. 44 (f), C. P. 20 (m), M. A. 19 (f), M. F. 17 (f), Manerva 16, Josiah 13, Wm. T. 10, Susan? 8, N. J. 7 (f), Delila 5, A. H. 2 (m)
LOLLAR, Jacob 44, Elizabeth 40, J. H. 13 (m), R. S. 12 (f), Ellen 11, P. G. 9 (m), Susan 7, James 5, Ben 4, M. 2 (f)
HARVEY, John 27, E. A. 27 (f), Martha 3, Wilson 1, Martha 22, Susan 16
HUTCHENS, Madison G. 40, J. A. 36 (f), S. E. 3 (f)
ASHINGHURST, John 23, Nancy 24, M. H. 1 (f)
DAVIS, John M. 49*, C. M. 41 (f), W. R. 15 (m), M. D. 13 (m), M. A. 11 (f), James H. 5, M. M. 3 (m)
ALEXANDER, Robert 74*
COLE, Elizabeth 35, Polly A. 16, John T. 15, Russell 13, Susan 12, James 10
WILLIS, E. T. 23 (m)*, A. 23 (f), H. F. 1 (f)
BLANKENSHIP, William H. 17*

Schedule Page 334

WILLIS, Manerva 31, William W. 11, S. A. 8 (f), G. A. 5 (m)
ROWLAND, Winneford 45, George W. 24, John 22, James c. 20, Thomas 18, P. 16 (f), M. 13 (f), M. 10 (f)
BECK, Jesse H. 37, L. A. 35 (f), E. a. 14 (m), Robert A. 12, M. S. 9 (f), N. M. 6 (f)
MARSH, Henry 48*, Delilah 40, William 18, John 16, James 12, M. A. 11 (f), L. J. 9 (f), Fanny 7, Suginda? 1 (f), Levina 40
WILLIAMS, Pegram 40, Rebecca 40, Thomas G. 15, F. W. 14 (f), Nath 13, M. A. 10 (f), J. W. 7 (m), S. M. 3 (m), L. W. 1/12 (m), Fr. 65 (f)
WILLIAMS, Winneford 70, Susan 35

1850 Census Cumberland County Kentucky

HOWARD, James W. 41
GAINES, James H. 50*, Mary H. 51, John 25, Eliz. A. 20 (f), William S. 20, Richard F. 12
SMITH, Charles W. 30*
KNIGHT, Silvester G. 8*
DICKENS, Sarah 20*
EMBREE, Nancy 66*, A. J. 35 (m)
DAUGHERTY, Thomas J. 21*
HOPKINS, Robert L. 26, Eliz. 21, Mary 1/12
TRAYLOR, Joseph A. 25, M. A. 18 (f), H. A. 2/12 (f)
TRAYLOR, Nancy 65, M. A. 35 (f), Sally 30
CRAWLEY, Keeton 25, M. A. R. 25 (f)
CAREY, Abner 52*, Mary 42, _. C. 16 (f), Amanda 14, Maseny 12 (f), Elizabeth 10, A. C. 8 (m), C. W. 6 (m), J. C. 4 (m)
GROWES, Thomas 23*, Tabitha 18
BINNS?, William 26*, J. N. 26 (f), Dabney 2, F. S. 6/12 (f)
ESKEW, Kitty 10*
MONK, John W. 34, Elizabeth 27

Schedule Page 335

SMITH, James 45*, Elizabeth 38, Matilda 17, Barnet 10
CROW, Thomas W. 24*, Louisa 19
SMITH, Samuel 95, Rachael 95
GREEN, Greenville 27, M. A. 24 (f)
SELF, G. P. M. 52 (m), M. J. 30 (f), Amanda 22, Malinda 21, Barshaba 18, William 20
FUDGE, William 48, Nancy 42, George N. 20, Thomas W. 16, Alfred M. 11, John F. 10, L. T. 7 (f)
JESSE, J. H. 40 (m), M. 41 (f), Rebecca 20, John 19, Jasper 16, Thomas N. 15, George 13, Elijah 11, L. E. 6 (f), John 5, Coleman 24
MAYS, Nancy 54, William 21, Sally 17, Charlotte 15, M. 16 (m)
LEWIS, Catharine 64
SMITH, John 34, Polly A. 33, Andy 2, William P. 1
FERRELL, William 35*, Susannah 35
KEETON, Therissa 7*, William 4
KEETON, Clifton 56, Mary 45, Eliz. 24, Eliza 21, Fanny 19, George 15, Mary 13, John 12, Armaretta 9, Alfred 3, John 35
FERRY, Joseph W. 53*
PHELPS, Betheany 43*, Robert G.C.D. 21, C. P. 10 (f), R. A. 8 (m), J. F. J. O. 5 (f)
JONES, Francis 27, Eliza 26, M. E. 7 (f), A. 4 (m), Mary A. 2/12
BUNCH, Sarah 50, J. B. 21 (m), Catharine 18, Thomas 15, Jemima 25
LAWSON, Elizabeth 28, Berry 5
JONES, Richard 25, Polly 20, William B. 2, Mary Haggard 1/12
BROOKS, George W. 42, D. 29 (f), John 15, Catharine 14, L. 13 (f), P. 4 (f), James 2, Z. T. 1 (m)

Schedule Page 336

FERRILL, Edmund 68
HINKLE, M. D. 35 (m), E. 35 (f), Therissa A. 13, G. W. 12 (m), James 7, Hannah 5, Octo 3 (f), John R. 3/12

1850 Census Cumberland County Kentucky

MURPHEY, James 21, Jane 17
HUNTER, Nancy 42*, John W. 19, Eooney? 15 (f), Harriett 12, William 10, Shores 16 (m)
GOGGIN, William 26*
BOREN, A. H. 39 (m), Sarah 36, M. A. 15 (f), W. C. 13 (m), E. J. 10 (m), G. W. 9 (m), D. R. 7 (m), J. H. 5 (m), S. E. 3 (f), N. J. 1/12 (f)
BOWEN, Lindsey 40 (m), Martha 40, F. M. 6 (m), Sally J. 4, J. 3 (f), Martha 2, A. 4/12 (f)
BOWEN, William 31, Polly 25, James M. 6, Amanda 4, H. P. 2 (m)
SMITH, John 30, E. J. 21 (f), M. J. 4 (f), John 2
RIDDLE, James 44*, S. 43 (f), W. A. 19 (m)
GOSSETT, William 7*
COOKSEY, Vol. 34 (m), Nancy 37, Sally A. 9, James A. 6, Lucretia 3, John T. 1
STATON, William 23*, Elizabeth 23, M. J. 4 (f), J. R. 1/12 (m)
YOUNG, Chesley 16*
PHILPOTT, P. J. 28 (f), C. E. 9 (f), P. J. 7 (f), S. A. C. 5 (f), M. H. 3 (f)
SMITH, Meridy 54 (m), Sally 54, Elizabeth 20, Sally 17, George 15, Jacob 13, Meridy 11, P. J. 4 (f)
SMITH, Silas 25, Martha 22, Sally B. 1

Schedule Page 337

GWINN, James 46*, Nancy 23, Robert 21, Polly C. 19, William S. 16, Thomas L. 13, J. H. H. 11 (m), S. M. J. 8 (f)
FURGUS, John 25*
NEATHERIE, Robert 29, Martha 22, M. S. 6 (f), G. A. C. 3 (m), Philip 1
FERGUS, Robert G. 30, Fr. H. 28 (f), E. F. 7 (f), Martin 6, Louisa M. 1
LITTERELL, Polly 39, Sarah A. 13, N. C. 10 (f), John 9, James 8
STATON, Hiram A. 28, N. W. 25 (f), W. A. 5 (m), J. R. 2 (m), M. E. 4/12 (f)
HAYDEN, A. J. 34 (m), Sophia 33, M. R. 12 (f), S. A. 10 (f), E. 8 (f), James W. 6, Robert R. 2, Catharine 30
SLOAN, Allen 45, M. 47 (f), F. J. 20 (f), M. 19 (m), Stephen 15, Otee 12 (m), N. 6 (f), S. 6 (f)
WINFREY, Israel 47, Martha 45, Americus 18, Mary 16, Malissa 13, Philip 12, Dasha 11, William F. 8, Clinton 6, S. A. 4 (f)
BACK, Charles 62, Frances 60, Patsy 32, Sally 25, Thomas 23, C. M. 21 (m), John 16, Cas 13 (f)
SMITH, Samuel 34, Ann 40, E. 20 (f), Robert 18, A. 16 (f), Samuel 14, R. 12 (f), John 10, Sarah 8, H. Clay 6, Tabitha 4
JACKMAN, Hannah 50* (B)
LEWIS, Albert W. 26* (B), P. J. 26 (f), Thomas J. 5, Sarah F. 1
COFFEY, Humphrey 45*, Lucy 41
BLEDSOE, S. F. 6 (f)*, S. E. 2 (f)

Schedule Page 338

GRAVES, James 56 (B), Matilda 43, J. P. D. 4 (m), Louisa A. 1
BLEDSOE, Letta 48 (B), Lucy 80
WELLS, Reubin 26*, Amy 25, Abner 21, H. V. B. 16 (m)
CHAPMAN, Sally 65*
GRAVES, Cassandra 48, Benjamin 18
GRAVES, John W. 25*, Nancy 18, E. L. 1 (f)

1850 Census Cumberland County Kentucky

CAMPBELL, Joseph 14*
GOFF, H. F. 33 (m)*, Siddy 27 (f), S. C. 9 (f), John H. 6, Thomas C. 2, Sebina 70
MCCHERE, John R. 21*
ROSS, M. C. 32 (m)*
BLEDSOE, Thomas 38, M. C. 28 (f), Francis 12, Lucy 10, Elijah 8, Catharine E. 6, M. M. 2 (f), Sidy F. 1/12 (f)
WARRENER, Sally 65, Ben 23
WARRENER, Wash 30, Polly 30, E. J. 9 (f), N. J. 7 (f), M. D. 5 (f), Sarah S. 4, D. A. 2 (f), J. A. S. 1 (f)
BEBY, Martha D. 38, Nancy B. 16, V. P. 13 (f), M. J. 10 (f)
MORRIS, William 45, Margaret 40, Berry 20, Albert 19, Sally A. 18, Louisa 16, Judy 14, John 13, Elijah 11, Lucy 8, Susan 6, Florin 4 (m), William 2
WARRENER, James P. 41, Jane 37, Sarah J. 19, S. A. 16 (f), M. S. 14 (f), J. E. 12 (f), W. B. 10 (m), N. E. 8 (f), J. L. 6 (m), M. T. 4 (m), L. 2 (f), Lewis T. 3/12
WINFREY, Clinton 22*, Matilda 22
CARTER, John 23*
WINFREY, F. H. 55 (m), Catharine 42, Thomas 20, Fanny 14, Susan 12, F. R. 10 (m), Bell 7, Jo 3 (m), Frances 70

Schedule Page 339

ROSS, G. W. 25 (m), Matilda 23, Ben 3, Gr. 1/12 (m)
BLEDSOE, Elijah 78, Judith 63, E. P. M. 31 (m), Willis 23, W. H. H. 21 (m), Susan M. 19
LETTERELL, Carter 30*, Susan 25, K. E. 8 (f), Thomas J. 3, N. M. 1 (f)
DAWSON, Nancy 61*
MURPHEY, L. E. 41 (m), E. G. 33 (f), G. W. 15 (m), James 13, L. A. 11 (m), H. Clay 7, J. B. 4 (m), Mary J. 1
MURPHEY, Alex 37*, Jane 46, P. M. 20 (f), L. A. 22 (f), Lucilla 18, Juball 16, P. 14 (m), L. 12 (f), M. C. 10 (m), Vic 8 (f), Green 4
BOWMAN, Amanda 22*, James 5, F. 3 (f)
MURPHEY, Elizabeth 45, A. R. 11 (m), G. A. G. 8 (f)
MURPHEY, John 23, S. J. 19 (f), J. P. 5/10? (m)
SMITH, Isaac 28, Sally 28, Jane 3, Rebecca 1
LEE, J. N. 22 (m), M. E. 16 (f)
SCOTT, John 27, Polly 27, Mary 13, Sally 11, Elizabeth 9, Nancy 1
MILLER, Brittind 30 (f)*, James M. 44
MCKINNEY, J. 76 (m), P. 42 (f), Teff 17 (m), S. D. 14 (m), Elln 12, M. A. 11 (f), J. B. 7 (m), E. J. 4 (m)
HOLT, Alla 65
AUSTIN, Richard 28, R. 29 (f), P. 7 (m), S. 5 (f), R. 3 (f), S. F. 1 (m)
SCOTT, Polly 44*, Henry Clay 18, William 14
MATLOCK, Sally 90*
WATSON, Joshua 27, Elizabeth 24, Loice 10 (f), A. 8 (f), B. 6 (f), J. N. 4 (m), Richard 2

Schedule Page 340

SCOTT, Reubin jr. 23, Jincey 28 (f), Robert A. 7, William 5, Mary A. 3, Sally S. 1
SCOTT, Nathaniel 70
MURLEY, Amanda 27, Thomas V. 3, M. E. 7/12 (f)

1850 Census Cumberland County Kentucky

LOGAN, Judy 74
LOGAN, Daniel 27*
ELDRIDGE, Kizzey 21 (f)*, Harriet 1
MURLEY, Jackson 21, Margaret 18, John J. 7/12
COE, John 65*, Nancy 65
LOGAN, James 31*
LONG, John 25*, James 21
LOLLAR, James 39*, Elizabeth 36, J. T. 8 (m), J. N. 6 (m), Sally 4, Jesse 2, M. F. 1/12 (f)
SCOTT, J. H. 16 (m)*, Thomas 14
HOOD, Mathew 45*, Lucinda 48, M. J. 21 (f), A. 18 (f), George 15, Gor? 14 (m), H. J. 13 (m), Lucinda 12, M. 10 (f), D. Haggard 4
SCOTT, H. J. 16 (f)*
HOOD, S. A. 19 (f)
SMITH, Bird 38*, Polly 32, W. C. 14 (m), Jane 13, Sarah 10, james 8, Andy 6, Ambros 4
MURLEY, Milton 36*
SCONCE, John C. 62
DODSON, Robert 65, E. S. 55 (f), Andrew 28, Lucinda 26, S. V. 23 (m), Polly 21, Izar 17, M. A. 15 (f), J. N. 12 (m), Elizabeth 9, William 7
CAREY, Archer 43, Adaline 38, Elizabeth 19, William 18, Julia 16, George 12, Fayette 8, Preston 6, Judy B. 3, Moses 1, Robert 24
CAREY, Jane 35, Elizabeth 11

Schedule Page 341

HEARD, Levi B. 38, Matilda 31, A. E. 12 (f), G. H. 9 (m), William H. 7, Elizabeth 5, M. H. 3 (f), J. D. 2 (f), John B. 1
PHIFER, Henry 44, M. H. 12 (f), Jo. H. 8 (m)
HANNES?, Charles 60, Elizabeth 45, Henry 19, Wilson 17, Hiram 15, N. A. 13 (f), Charter 11 (m)
STALCUP, William R. 27, Perlind 20 (f), William B. 3, James W. 1
GRAVES, Green B. 20, Nancy A. 17
TURNER, James 52*, Nancy 50, Ben 23, Ellin 19
OBANION, John 79*
TURNER, Nancy 50*
CLARK, William 36, Nancy 29, George 3, James 1
WILLIAMS, Isaac 36, Margaret 20, Jasper 10, Calvin 8, Mary 2
ROWLAND, Mary 60, Patsy 38, Emily 27, Amitia 23, Lucy 21, Clementine 19, Helen 17, J. Owsley 15
HOLLAND, Thomas 51, Polly 46, Susan 18, Dorothy 16, Julia 8
HOLLAND, James 21, Cath. 18 9f)
COOKSEY, William 59, Jincey 64 (f), Sally 31, Polly 28, Elizabeth 25, John B. 22, William 20, Delila 18, Hannah 100
BIBY, G. W. 21 (m), R. C. 23 (f)
RICKETTS, Mary 55, Wyatt 14
AMYX, Matthew 71, Jane 70, Pres 45 (f), Mat J. 39 (m)
AMYX, Matthew K. 34, Serena 26, Mary E. 13, Catharine J. 7, A. C. 3 (m), O. P. 1 (m)
NORRIS, William 51*, Lucy 50, Sally 25, Mary 20, Martha 18, Frances 13, Samuel 10

1850 Census Cumberland County Kentucky

Schedule Page 342

LARK, Nancy 30*
RAY, Brace 47 (m), Frances 29, L. R. 8 (m), G. R. 7 (m), M. 4 (f), S. A. C. 2 (m)
NORRIS, Samuel B. 32*, Lucy A. C. 27, M. E. F. 8 (f), S. A. 7 (f), E. B. 6 (m), Z. B. 5 (m), C. J. 4 (m), N. J. 2 (f)
SHAW, Evans 18*
CREASEY, John 59*, Polly 29, Sally F. 7, Cath. J. 5, P. A. 4 (f), L. E. 1 (f)
SHAW, John 21*
MURRY, John 13*
SMITH, Harde 48, Elvirey 24, John 6, A. A. 4 (m), Jane 3, Mary 1, Robert 6/12
SMITH, Allen 64, Mary 64, Susan 24, Elisha 21
NANCE, William 35, Martha 38, George 15, Samuel 13, Mary 11, Amanda 9, Findle 7 (m), William 5, Betty 3, Selina 1
SHAW, Jacob 56, Rebecca 38, Jemmima 21, Winney 15, Polly 14, N. A. 13 (f), N. J. 10 (f), M. J. 8 (f), W. C. 6 (m), J. A. 5 (f), John C. 3, B. W. 2 (m), J. C. 1/12 (m)
MCCULLOUGH, James 75, F. M. 53 (f)
MILLER, Polly 60 (B), Sally 24, Maranda 21, William 16
GRAY, Powell 33, Margaret 25, D. R. 7 (m), Josephine 6, Albert 3, William 1
TURNER, Rachael 73, Foster 42
SIMPSON, William 28, E. 27 (f), L. A. 9 (f), M. J. 7 (f), J. M. 5 (m), William J. 3, N. M. 1/12 (f)

Schedule Page 343

EARLES, Ransom 22, Nancy 22, M. A. 2 (f), J. H. 4/12 (m)
MCINTIRE, Martin 44, Scintha 26, Susan 16, A. G. 14 (f), Martin 11, Mary 8
BRUMMET, James 47, Elizabeth 40, Rhoda 17, Elijah 14, Thomas 12, Joseph 10, Nancy 5, G. W. 3 (m), S. A. 1 (f)
EARLES, Thomas 30, Lucinda 31, Mary 9, Jane 7, William 5, Susan 4, Amanda 2
JONES, Lewis 57, Jane 48, George 15, Elizabeth 13, William 10, Charlotte 7, Amanda 5/12
BLANKENSHIP, Martha 46, Rowan 12, M. J. 10 (f), Susana 7
LLOYD, Preston 30, J. A. 29 (f), J. L. 6 (m), R. W. 4 (m), J. T. 3 (m)
NORRIS, Eliza 44*, William 22, James T. 15, N. F. 14 (f), John M. 11
MCGLASSON, Frances 48*
JOHNSON, John F. 28, Nancy 27, P. 5 (f), Mary 3, E. a. 1 (f)
JOHNSON, John 70, Priscilla 72
LACEY, Helon 34 (m), Sally 29, G. A. 7 (m), James E. 5, P. E. 4 (f), M. A. 2 (f), John M. 5/12
FRANKLIN, John 67, Mary A. 35, George W. 10, C. M. 8 (f), A. B. 4 (f), T. R. 1 (f)
HARRIS, John W. 22, M. J. 20 (f), Ostin A. 1 (m)
CURRY, William 36, Harriet 26, Drury 10, George W. 8, Martha 6, Thomas 4, Jane 3, Susan 1
MORGAN, Nathaniel 24, P. J. 20 (f), Mary 1

Schedule Page 344

SPENCER, Samuel 44*, Sally 40, Thomas 19, Nathan 16, Milton 14, Louisa 12, Sidney 10, Sarah A. 2/12
SELF, John 36*, Letty 66
SMITH, Letty 17*
MCCAFFERY, William 31*, Harriet 32, Peter T. 5, Robert 2

1850 Census Cumberland County Kentucky

CONOVER, Martha A. 34*
LLOYD, Lucy 40, Lucy 17, Henry 15, Levi 13
BUTLER, Margaret 50*, Edmund 17, Kitty F. 15
MCCAFFERY, James 26*
CROMEANS, Moses 37, Emily 29, Elizabeth 12, Almarinda 11, Wm. 9, Sally 7, John 5, James 4, Quintillion 1
KEETON, Riley 42, Rebecca 34, Peggy E. 16, Harriet 12, Warren 10, Owen 5, Mary 3
MORGAN, Eliz. 25*, L. M. B. 26 (f), A. D. 4 (m), M. B. 2 (f), Drucilla 1, Samuel 18
KEETON, William 22*
CLARK, Ben 24, Possy A. 21
NICHOLAS, Ned 69*, Polly 49, Gr. E. 8 (m), James 5
HARRIS, Sally A. 15*
BARGER, William 30, Frances 21, Nancy 4, Dorinda 3, A. F. 2 (f), Jane 5/12
JONES, Robert 22, Mary 17
ELLIOTT, Granville 21, Elizabeth 22
FLETCHER, Lewis 27, Mary 20
SMITH, Thomas 25, Lucy A. 16
CHEATHAM, Owen 26, S. A. 18 (f), Wellington 21
PHILPOT, Barton 50, Elizabeth 45, M. B. 22 (f), J. B. 21 (m), E. 19 (f), B. 16 (m), P. H. 14 (f)
BRAKE, John 45*, B. B. 13 (m), J. L. 11 (m), S. J. 9 (f), N. J. 7 (f), Wm. 3

Schedule Page 345

HARRIS, Clinton 59* (B)
GLIDEWELL, Nashville 64 (m), Jane 57
MCGEE, Sarah 40*, Gran 20, Jacob 16
LOHOM, Henry 25*, L. J. 19 (f), A. J. 2 (f)
GOSSET, P. A. 12 (f)*
STARNES, John W. 29, Elizabeth 24, M. J. 6 (f), G. W. S. 3 (m)
HAGGARD, D. R. 32 (m)*, Jane M. 20, Ben Rice 9/12
MANN, M. Amanda 45*
NEWBY, Elisha W. 30*, M. J. 24 (f), N. E. 2 (f)
POWELL, John M. 21*
LLOYD, Polly 46

1850 Census Monroe County Kentucky

Schedule Page 370

GEE, John J. 26*, Elizabeth 22, Tazewell 4, Ellen 2, Carah 6/12
THOMAS, Jas. B. 25*, Wm. H. 20
PECK, Lewis 36, Rhoda G. 36, M. L. 4 (f), Elizabeth 3, Henrietta 1
JACKSON, Montgomery 27*, Melinda 26, M. T. 7 (f)
CUNNINGHAM, George B. 20*
DENHAM, Lee R. 45, Julia Ann 14, Harden 94
PITCOCK, Jesse J. 36, C. B. 42 (f), Mary 13, John 10, Elizabeth 7, L. J. J. 5 (m), S. D. 1 (f)
MAXEY, Pennington 23, America 17
GEE, Jefferson 42, Sarah 28, Nancy 2
KELLIE, A. G. 28 (m), Sarah 20, William 1
GOODALL, Turner 54*, Nancy 51, Henrietta 16
THOMAS, John 21*
BEVIL, Anon 33, Mary 34, John 12, William 10, M. V. 7 (f), James 4, A. W. 9/12 (f)
BROWN, Samuel 35, Mary 36, Oliver 12, Elizabeth 8, Nathan 6, James 4
LANE, John R. 26, Amanda 20, Susan 5, Eliza 2
HAGAN, Hiram 42
RAY, John 26, N. A. 24 (f)
LADD, G. T. 30 (m), Amanda 24, William 6, Robert 4, Mary 3, Sarah E. 1
RAY, James C. 27*, A. E. 23 (f)
MARTIN, William 20*
WILSON, D. M. 31 (m)*
JOBSON, Wm. S. 35*
EMBERTON, Richard 59*, C. 12 (m), Evaline 8
MAINOR, Rosa 53*, Elizabeth 26, Elizabeth 6, L. 2 (f)
MOODY, Mercer 32, Lydia 33, Elmore 4, J. S. 3 (m), Mercer 2
KEYES, William 37*, Jane 29, James 12, John 8, William 6, Joseph 3, Susan 1

Schedule Page 371

FURV?, John 21*
MULKEY, Margaret 36, Helen 14, Emily 11, Joseph 10, William 7, Mary 5, Robert 3
LADD, Mary 59, Elizabeth 29, Jane 26
MURRAY, William 25, Elizabeth 16, John 1
GULLEY, Daniel 22, Ann 21, E. J. 1 (f)
HOWARD, Martha 49*, Elizabeth 19, Christopher 16, Joseph 13
WILSON, Jane 97*
THOMPSON, James 51, Jane 51, Sarah 29, Catherine 17
BEVIL, Howell 65*, Sarah 57
FULKES, Mary 78*
CHISM, William G. 30*, Elizabeth 23, Matjam 41
RAY, John 23*
CLOYD, Lafayette 17*
WATERS, Catherine 40, William 16, Eliza 14, Mary 12, L. A. 8 (f), Catherine 6
KEYES, Samuel 65, Elizabeth 62
PENNINGTON, Boone 44, Martha 35, B. S. 17 (m), Nicholas 15, William 13, Elizabeth 10, D. R. 7 (m), C. H. 4 (m), Mary 1
FULKS, John 42, Jane 40, John 20, William 18, Samuel 12
BUTLER, William 47*, Sarah 43, Isabella 20

1850 Census Monroe County Kentucky

ADAIR, Catherine 83*
GLAZEBROOK, Austin 30*
SKIFFINGTON, John 21*
RUSH, William 56*, Jane 53, Jemima 31, Rachael 21, John 19, George 18, Sarah 15, Delilah 13, Hewlit 8, Merinda 5, Elizabeth 7, Josephine 5, Rachael 1

Schedule Page 372

LESTER, A. J. 24 (f)*, Angeline 5
BAYLESS, Price 41, Lydia 40, John 16, J. N. 11 (m), James 9, Sam 5, Thomas 3
LEE, Joseph 24, S. J. 24 (f), John 5, Joseph 3, Samuel 2, Mary 6/12
TAYLOR, Joseph P. 30*, Jane 26, Mary 7, John 4, M. E. 3 (f), S. B. 9/12 (f)
RUSSELL, E. M. 26 (m)*
MAXEY, Alfred H. 32, Lucy 19
MOODY, John W. 25*, Eleanor 25, S. J. 1 (f)
CLOYD, David 40*
MCPHERSON, Ben 40*, Mary 82
HARRISON, James 5*
JACKSON, Judy 20*
CHEATHAM, William A. 24, Susan 16
APPOLLOS, John H. 27, Eleanor 23, John 3, Henrietta 11/12
SIMS, Parrish 52, Henrietta 50, John 22, E. M. 14 (f)
RHEA, Thomas 21, Susan 21, James 3
WHITE, James 38, Sarah 36, Priscilla 12, Rice 10, Mary 9, John 8, Sarah 4, Nancy 3/12
WILSON, Kitty 34, Josephine 16, Catherine 15, Joseph 13, John 11, Elizabeth 9, Cornelia 6, Mary 3
EMBERTON, Jonas 41, Mary 36, George 9, John 7, Polly 5, James 4, Elizabeth 2
EVANS, Eleanor 49, James 19, William 16, Mary 13
MAXEY, R. J. 27 (m)*, Elizabeth 23, John 5, William 3, Susan 8/12
EVANS, Thomas 22*
WOOTEN, Joseph 26*
BEVIL, James 24*
VANCE, William 42, Mary 46, John 8, Barbara 33

Schedule Page 373

MCMILLEN, Archibald 49, Martha 45, Mary 15, Nancy A. 13, John 7, Hannah 5, John 3
FRALEY, Christian 39*, Sarah 33, Mary 5, E. O. 3 (f), E. W. 1 (f)
WEBB, Mary 17*
HARRIS, Washington 45, Jane 40, Sarah 19, Francis 18, Nancy 10
WATSON, Washington 29, Zerehda? 21, Stewart 3, Linsey 1
MOORE, John W. 46, Mary 43, Emory 22, Brilla 20, Elizabeth 15, Lemuel 18, William 13, John 11, Margaret 9, Catherine 7, George 6, Sarah 4, Serilda 2
HAMMER, E. Wesley 34, Elizabeth 33, Susan 10, William 8, John 6, James 3, Nancy 2, Wesley 2/12
BENNET, O. H. 39 (m), Abigail 39, William 17, John 12, Elizabeth 4, Nancy 2, Sarah 19
CUNNINGHAM, Elias 29, Lucy 25, Nancy 7, William 5, Smith 3, James 3/12
OGLESBY, Micajah 39, Jane 36, Eliza 6, Stewart 1
CULLENS, Sarah 60, Mahale 24, Charles 21

1850 Census Monroe County Kentucky

TAYLOR, William 33*, Nancy 20, John 1
WILSON, Alice 6*, Emily 3
TAYLOR, John 68, Elizabeth 63, Dolly 23, Martha 20
BALDOCK, Wm. 49, Melinda 26
MARRS, Abijah 60, Cassandra 48, Sarah 11, Lydia 10, Samuel 8, Thomas 7, C. A. 5 (f)

Schedule Page 374

HARRIS, Francis 74*
NORMAN, Mary 22*, Lafayett 9
HAMMER, John E. 27, Mary 21, E. J. 8/12 (f)
DENHAM, Thomas J. 25, Elizabeth 28, John 4, M. A. 2 (f), E. M. 7/12 (f)
RUSH, Hiram C. 31, Esther 30, Ezekiel 5, Mary 3, Daniel 1
YOKELY, Marcus 64, Nancy 59, Rebecca 30, Mary 27, John 12
BEVIL, Granville 30, Susan 24, Howell 4, Miles 9/12
DENHAM, David 56, Susan 39, John 22, George 17, Amy 16, David 14, Granville 11, Joseph 9/12, Mary 9/12, Remus 11
HARRISON, Thornton 39, Lucy 32, Sophia 10, Virginia 9, Angeline 7, Mary 5, William 3, Martin 1
JACKSON, Jacob 49, Nancy 49, Jonathan 24, Charles 20, George 15, James 10, Mary 16, Hannah 22
PITCOCK, Labron 41, Elizabeth 41, K. M. 18 (f), R. H. 14 (f), Sarah 13, Nancy 11, James 9, Mary 6, A. T. 3 (m)
BROWN, Shelton 20, Frances 16
NELSON, John 31*, Elizabeth 22
RHODES, M. L. 8 (f)*
HIBBITS, John C. 35*, Abigail 29
SIMMONS, Elizabeth 20*
EMBERTON, William 23, Mary 19, George 3, Silas 1
BOCOCK, John 27, Elizabeth 24, Miles 3, John 11/12, Mildred 75, Fanny 30
NELSON, William 28, Nancy 54
BUSHONG, Samuel 46, Jane 50, Jane 23, Joseph 22, Mary 19, Catherine 17, H. C. 14 (m)

Schedule Page 375

HARRIS, Robert 40, Mary 30, Jane 17, S. S. 9 (m), Lafayette 6, Robert 2, Esther 70 (B)
STRODE, James B. 33, Jemima 30, M. J. 9 (f), M. E. 4 (f), P. A. 7 (f), William 1
HIGH, Norris 31, Hannah 24
FERGUSON, Moses B. 30, Keturah 30, Ann 8, Moses 7, L. F. 1 (m)
BROWN, James 26, Mary 18
BEVIL, Howell 22, Louisa 19, Mary 2, R. N. 10/12 (m)
BEVIL, Ira 27*
EMBERTON, Rachael 20*
CHISM, Michael 32, Emily 27, Nancy 8, James 6, M. M. 4 (f), A. D. 2 (m)
CHISM, William 65, Priscilla 60, Elizabeth 13, William 11, Priscilla 9, Robert 7
BLACK, Joseph T. 21, Sarah 18, Hollman 19
MCMURTREY, William 37, Mary 36, Sarah 10, M. E. 8 (f), Richard 7, James 5, Joseph 1
HAMMER, Richard 31*, Caroline 22, C. A. 5 (m), L. A. 3 (f), L. F. 1 (f)
JONES, Elizabeth 36*

1850 Census Monroe County Kentucky

BIRDWELL, William 40, Louisa 35, Sarah 11/12
WHITE, Thomas 68, Sarah 67
HARRIS, William 22, Martha 18
EMBERTON, John 27, M. R. 22 (f), M. J. 4 (f), M. A. 2 (f), S. M. 1 (f)
HIX, Green B. 32, Matilda 28, William 9, M. E. 7 (f), L. J. 5 (f), E. D. 9/12 (m)
MAXEY, John L. 26*, Eliza 18, Rice 16, Lucy 10, Susan 7, Henry 54
VANCE, Tobias 32*

Schedule Page 376

DOUTY, Jefferson 26, Rhoda 20, E. A. 1 (f)
FRAZIER, H. R. 24 (m), James 2
BAILEY, John J.? 68, Sarah 32, E. U. 7 (f), John 6, C. H. 2 (m)
TAYLOR, Joseph S. 32, Elizabeth 35, A. R. 5 (f), L. M. 3 (f)
BAILEY, John P. 28, Mary 21
BOLES, William 31*, Nancy 28, J. W. 5 (m), N. M. 3 (m), J. R. 1 (m), Eleanor 50
PAGE, Alfred 14*
HARVEY, William 56*, Mary 56, Nancy 17, Mary 15
RHEA, Richard 14*
DAVIS, William 22, Elizabeth 25, M. J. 1 (f)
FERGUSON, Daniel 52*, Ann 52, T. A. 15 (f), Georgiann 12
PARK, Levi 25*
FERGUSON, John K. 56, Mary 48, Henry 20, B. 18 (m), John 16, M. J. 15 (f), Erastus 12, Mary 10, J. 7 (m)
HAYES, Milton B. 26*, Elizabeth 26, John 1
HIX, L. J. 7 (f)*, M. E. 5 (f)
WASHAM, A. 19 (m)*
WHITE, Thomas 51, Elizabeth 44, Asberry 22, Jordan 20, Nancy 18, Mary 16, Elizabeth 14, Amanda 11, Sarah 9, J. T. 7 (m), Mary 42
WALSH, James C. 26, Zerena 19
WHITLEY, Axem 29, Mary 27, Nancy 4
HENDRICK, Jesse 42*, Eda 37, A. J. 15 (m), S. M. 14 (f), H. A. 12 (m), M. J. 11 (f), J. V. 10 (m), H. N. 8 (m), M. 6 (f), M. S. 4 (f), C. B. 2 (m)
DEVENPORT, M. 60 (f)*
TURNER, Robt. J. 29, Elizabeth 35, Ann 9, William 7, Elizabeth 10

Schedule Page 377

CARTER, Joseph 27, D. S. 26 (f), Mary 2
GRACE, James 42, Catherine 36, E. D. 10 (f), M. L. 7 (m), B. 3 (f), John 6/12
NORMAN, William 44, Matilda 42, John 17, William 15, L. 13 (m), Thomas 11, P. B. 5 (m), B. 4/12 (f)
CRAWFORD, James jr. 40, Jane 30, James 9, William 8, S. W. 6 (m), S. S. 2 (m)
MCMURTREY, Solomon 40, D. M. 37 (f), James 11, N. E. 9 (f)
YOKELEY, Adam 33, Lucinda 32, M. E. 11 (f), N. R. 9 (f)
PALMORE, John R. 39, M. 47 (f), Lucinda 16, D. 15 (f), John 14, Elijah 8
SMITH, James 21, Nancy 21, S. E. 7/12 (f)
HUGHES, William B. 26*, Hannah 23, J. W. 1 (m), Granville 21
PHILPOT, M. 65 (f)*

1850 Census Monroe County Kentucky

MORGAN, Henry 44, Eliza 40, Thomas 17, Elizabeth 16, Nancy? 13, Ellen 11, D. N. 9 (m), James 5, C. M. 4 (f), S. T. 1 (m)
BARTLETT, Thomas 39, Mary 37, M. 7 (f), Jane 6, James 4, Catherine 3
MILLER, James 23, Mary 19, George 10/12
CARTER, Henry C. 28, Nancy 32, S. E. 6 (f), Joseph 5, William 3, P. C. 1 (f)
MILLER, George 27, Mary 26, E. E. 1 (f)
MILLER, Joseph 51, P. 48 (f), Eleanor 26, Nancy 23, Susan 19, William 16, S. A. 14 (f), L. C. 12 (m), H. J. 10 (f), J. H. 8 (m), A. H. 5 (m)

Schedule Page 378

FERGUSON, William 35, Matilda 20
DANIELS, Winfrey 32*, M. A. 32 (f)
HARLAND, Allen 16*
OBANION, Preston 23, Ruth 19, E. L. 2 (m), Elizabeth 3/12
PEDEN, Thompson 28, Phoebe 21, M. E. 1 (f)
RUSH, Joshua 29, M. E. 28 (f), Nancy 7, Haden 6
WEBB, Thomas 25, Mary 75
FITZGERALD, Jas. 30, Susan 30, G. W. 6 (m), E. J. 5 (f), M. C. 3 (f), Sarah 2, J. W. 1 (m)
HAGAN, Fendel 28, S. A. 24 (f), William 7, S. E. 5 (f), F. P. 3 (m), M. J. 2/12 (f)
HAMILTON, Jas. L. 26, Nancy 24
EMBERTON, Thos. jr. 46, Charity 42, Nathan 18, Mary 12, George 8, James 2
LIST, Benjamin 23, M. A. 18 (f), Balus 14, N. J. 13 (f)
PENNINGTON, Fraley 38, Elizabeth 33, F. M. 16 (m), N. J. 14 (f), L. 10 (f), E. 9 (f), William 6, S. M. 3 (f), S. A. 1 (f)
LADD, James W. 27*, Lydia 26
BOLES, S. M. 8 (f)*, S. B. 6 (f)
MURRAY, John 23, Jane 23, Wm. 1
WALDEN, Stephen 38, M. M. 35 (f), James 15, William 13, S. A. 10 (f), H. 8 (f), L. J. 6 (f), S. M. 4 (f), D. D. 1 (f)
NELSON, Jesse 29, N. C. 23 (f), M. E. 6/12 (f)
STEPHENS, Joshua 31, Elizabeth 29, Jemima 10, Orpha 7, William 5, Almira 3, N. J. 6/12 (f)
FERGUSON, William 30*, Isabella 28, James 9, John 7, Elizabeth 5, J. 4 (f)

Schedule Page 379

FRAZIER, M. H. 1 (f)*
MAXEY, William 59, Elizabeth 51, Smith 17, Lucas 16, John 12
MCPHERSON, John 30*, L. Y. 24 (f), B. S. 7 (m), George 5, M. J. 4 (f), B. P. 1 (m)
HOOD, Richd. 20*
BEDFORD, Ben 43, L. 30 (f), S. T. 10 (f), Elijah 9, John 7, Thos. 5, William 4, Stephen 1, John C. 21, Rebecca 62
STRODE, William 56*, Elizabeth 45, Mary 17, William 21, James 19, Frances 13, P. 9 (f)
WILSON, James 20*
HAYES, Stephen 16*
VANCE, Thomas 38, Claminta 40
MEANS, James 60, Sarah 26, Elizabeth 23, Isabella 20, John 16, Isaac 14, Mary 12, Harriett 10
TURNER, Shadrick 37, A. E. 34 (f), Haden 8, S. C. 7 (f), S. 6 (f), R. A. 4 (f), Larkin 1
STEPHENS, Thos. A. 37, Desire 34, Benjamin 16, Rachael 12, William 8, Jehue 6, Jeff 3, M. J. 8/12 (F)

1850 Census Monroe County Kentucky

LESTER, Jeremiah 36*, S. A. 30 (f), M. E. 8 (f), J. M. 1 (m)
WALKER, Elijah 16*
STEEL, Sam 15*
HOWARD, William G. 66, Elizabeth 44
BAILEY, Addison 31, Mary Jane 25, Parthena 6, P. A. 4 (f), J. W. 2 (m), M. J. G. 1/12 (f)
MCNIECE, Hugh 33, Jane 58, Elizabeth 20, Mahaly 17, William 12
STEPHENS, Wm. M. 27, Ellen 24, James 5, Mary 4, S. J. 2 (f), M. J. 6/12
BOLTON, George 35, Eliza 22, S. C. 1 (f)

Schedule Page 380

SILVEY, Johnson 23, N. J. 18 (f)
DUNLAP, William 52, Elizabeth 51, M. A. 24 (f), William 19, J. S. 18 (m), H. R. 16 (f), C. E. 14 (f), M. E. 9 (f), Sarah 24
HAGAN, Wm. B. 40*, Mary 32, Isaac 12, Thomas 11, David 8, William 6, M. 4 (f), S. 2 (f)
GOODMAN, Solomon 15*
JORDAN, Chas. 42, Amanda 39, Margaret 15, William 13, Sarah 10, J. W. 8 (m), J. S. 6 (m), M. T. 1/12 (f)
LESLIE, P. H. 31 (m), Louisa 26, Martha 8, Bedford 7, Sarah 5, Joseph 2
CONKEN, John C. 40, Nancy 39, Elizabeth 19, William 16, Jeremiah 14, Sarah 3
ALMONY, David 25, Jane 22, James 4, Mary 2, Nancy 9/12
FRAZIER, Joshua 45, Margaret 26, Sarah 10, Russell 8, Reuben 6, Mary 4, Christopher 1
EMBERTON, James 43, Melinda 43, John 19, Nathan 17, William 14, M. J. 12 (f), A. J. 10 (m), E. E. 8 (m), E. N. 5 (f)
COPASS, John H. 33, Mildred 27, Louisa 5, Charles 4, Nancy 3
SIMPSON, James M. 27, Hannah 23, A. J. 5 (f), William 2, Sarah 10/12
IRWIN, Dory 63, Elizabeth 32, William 16, Mary 10, Martha 9, Jane 6, Matilda 1
PROPHET, David 29*, Mahaly 24, J. T. 3 (m)
CUMMINGHAM, Elizabeth 21*
HOOD, Wm. N. 26, Rebecca 26, Thomas 6, William 2

Schedule Page 381

GORDON, Rachael 35, L. D. 9 (m), Morgan 6, Sis 4
KINGREY, Isaac 38, Jemima 25, William 5, Jacob 2
FITZGERALD, Jesse 22, Martha 17
JOB, Hiram 35, Mary 26, William 11, Jesse 8, E. J. 5 (f), M. E. 4 (f)
SIMMONS, John B. 20, Martha 17
SIMS, Burrel 38, Jane 39, George 14, Mary 13, S. J. 11 (f), Susan 8, B. A. 6 (f), M. A. 5 (f), John 4, Elizabeth 1
HARRIS, L. D. 26, Susan 25, Francis 5, M. L. 3 (m), D. E. 2 (m)
ADAIR, Jas. 62, Sophia 38
HAYES, Allen 62, Jane 59, Martha 17
BARTLETT, Joshua 35, Elizabeth 37, Esther 36
BARTLETT, Solomon 26, Lucinda 21, Isabella 60
KEYES, Saml. 24*, Elizabeth 18, William 10/12
DARNELL, Elizabeth M. 10*
HAMMER, Richd. H. 30, Elizabeth 10, Susan 8, L. J. 6 (f), Nancy 4, John 2
SHIRLY, Reuben 54, Letty 40, Elizabeth 21, Anderson 18, James 12, Nancy 6
WALKER, Jesse 39, Elizabeth 42, Sarah 15, Litha 13, John 10, David 4, G. W. 1 (m), Kitty 40

1850 Census Monroe County Kentucky

TOOLY, Arther 33, Layer 34, Nathan 15, Caroine 13, James 8, Lucy 5, Allen 3, Arthur 1/12, John 1/12
SMITH, G. W. 25 (m), Ann 25, John 3, Harmon 2?/12

Schedule Page 382

ROBINSON, John 51*, Ann 46, Jane 21, Martha 18, Mary 15, Elizabeth 13, Margaret 11, J. H. 8 (m), Marcus 2
ADAIR, John 31*
SMITH, Anthony 51, Abigail 51, Joseph 23, Nancy 21, Cornelius 17, Harmon 15, Anthony 13, Abigail 11, William 9
BROWN, Mary 28, Anthony 9, John 7, Susan 6, Alfred 3
RYBERD, Henderson 26, Sarah 27, Abigail 3
RICH, Wm. A. 25, Sarah 28, Luisey 5, Lucinda 6, Shelton 3, Alfred 10/12, Bird 13
HOOD, George 42, Mildred 26, E. A. 20 (f), Frances 18, Joseph 16, Lucy 14, Elizabeth 13, John 11, Nancy 8, Mary 5, James 3, Isaac 8/12
JONES, Richd. 30, Sarah 29, Susan 4, John 2, James 1/12
EMBERTON, Silas 36, Mary 23, William 1, Thomas 11?/12
WASHAM, Dennis 18, Nancy 17
COPASS, Jonas 32, Sarah 23, William 8, Unas 5, John 4, L. D. 1 (m)
SHIRLEY, Thomas 53, Jefferson 23
LEVALDS?, Jesse F. 43, Louisa 30, Jesse 13, Mary 9
JONES, Samuel 51, Lena 45, Elizabeth 23, Samuel 18, John 16, Amanda 13, Sarah 6, Davis 3
RUSSELL, Anderson 67, Chrissa 42, Margaret 36, Elizabeth 26, John 22, Aaron 20, William 18, Eleanor 17, Nancy 15, Daniel 10, Frances 5

Schedule Page 383

SPEAKMAN, Sam 24, Charlotte 21, William 3, Francis 2
EMBERTON, John 66*, Margaret 46, John 26, Lorenzo 23, Canzada 16
MCDONALD, Louisa 7*
CHARLETON, Esther 60*
MCDONALD, Nancy 11*
JACKSON, Nancy 65, Margaret 40, Jemima 30, George 24, Nancy 18
JACKSON, William 30, Isaac 9, John 7
RUSSELL, Seth 62, Mary 62, Jane 39, Martha 20
MERCER, Silas 43, Nancy 19, Margaret 17, Hiram 14, Dow 11, Arthur 10, Isaac 9
HOWARD, Harmon 55, Elizabeth 50, Elizabeth 16, Matilda 14, Catherine 7
HIX, James G. 35, Elizabeth 13, William 11, James 9, John 7, Sarah 5, Martha 3
CONKIN, James P. 35*, Hannah 27, Harriet 11, William 9, Christopher 7, Mary 6, M. E. 1 (f), George P. 8
MILLER, Margaret 22*
FOWLER, Rawley 25*
FORD, Benjamin 21*
DENHAM, Thomas 13*
HIX, Isaac 26, Nancy 22, Sarah 10/12
CROSS, Jeff. 37, Ruth 34, Nancy 14, Abraham 10, James 7, Isaac 5, John 3, David 3/12
HASTEND, Spencer 43, Elizabeth 45, Elisa J. 21, Telitha 16, Jesse 10, James 8, Mary 4, William 2
WOOD, Jesse 36, Sarah 79, Rawden 7, Mary 5, Nancy 3, Isham 1

1850 Census Monroe County Kentucky

Schedule Page 384

JACKSON, John 26, Rebecca 30, Sarah 6, E. J. 5 (f), Henrietta 3
NELSON, George W. 44, Mary 42, Sarah 21, Esther 18, Mary 16, James 12
CURTICE, Lenny 48, Priscia 19, Cynthia 15, John 13, James 11
BROWN, Nancy 36, Elizabeth 15, Mary 13, Malthena 11
HERLAND, George 45, Rutha 45, Samuel 16, Balew 12, Nancy 9, Marinda 6
WOOD, Anna 65, Nathan 20
MILLER, Michael 60, Henry 91, Pernine 79, Samuel 15, Pernine 6, Stephen 4
HARLING, James 22*, Sarah 24, Avary 1, Jane 3/12
STEWART, Edward 16*
RAYSEN, John 55, Ann 53, Harland 22, John 19, Nancy 17, Silas 14, Newton 11
DUNHAM, Allen 37, Josephine 27, Matilda 3, Martha 7/12
FRAME, John 19*, Mary 17, William 1/12
DENHAM, Alexr. 19*
MARSHALL, Elizabeth 74, Jonas 27, Susan 20, Rusa 40, Lucinda 29, Lurane 17
ROTEN, Eli 45*, Melinda 44, Jacob 17, James 15, Daniel 11, Francis 5, Serilda 2
WOOD, Delilah 84*, Peggy 46
CURTICE, Llewellyn 25, Mary 21
ROTEN, Jacob 53, Elizabeth 53, Matilda 27, Sarah 25, Nancy 16, Isaac 14, Elizabeth 12, Mary 9, Martha 6/12
PENNINGTON, Isaac 25, Minerva 22, P. E. 1 (f), E. D. 7/12 (m)

Schedule Page 385

PENNINGTON, Danl. 69*, Esther 62, Mary 40, Esther 29, Amanda 27
FRALEY, Elizabeth 84*
MOORE, Philip 20, Rhoda 17
HUNT, Owen 32, Cynthia 23, Derinda 5, John 3, Margaret 2
MOORE, John 68, Margaret 52, Elizabeth 15, Lydia 12
DIXON, Joseph 45*, Phoebe 35, Lucinda 17, William 15, David 14, Elizabeth 13, Celia 11, Valentine 8, Henry 7, Mary 5
WAGGONER, Henry 25*
COMBS, John 59, Mary 54, Nancy 26, Lurane 18
HASTEND, Samuel 28, Mary 24, James 4, John 2
HASTEND, Elizabeth 65, Nancy 23
LITTLE, Andrew 33, Rebecca 33, Martha 7, Jesse 5, William 3, Cassandra 5/12
HASTEND, John S. 43, Sarah 33, Joseph 11, Harland 10, Talitha 7, Osceola 4
HASTEND, Henry 33, Hannah 29, Eliza 7, Ann 5, Miles 3, Jane 4/12
RUSH, James 51, Jemima 50, James 18, Elizabeth 16, Jeremiah 14, Joseph 12, Jesse 10, Thomas 7
BAXTER, William 30*, Priscilla 30, Elbert 8, Abraham 6, Martha 4, Mary 6/12
BRADLEY, Cassandra 28*, Lethe 2 (f)
COMBS, Danl. H. 32, Belinda 32, Willis 9, Jefferson 8, Merinda 6, James 5, Altimera 3, Catherine 2
SPROWLE, John 30*, Racheal 23, Isaac 8/12, Wm. 15

1850 Census Monroe County Kentucky

Schedule Page

DUDLEY, Nancy 4*
HAMILTON, Wm. 28, Feraby 21, Elijah 4, James 6/12
HASTEND, Alex 41*, Margt. 29, Elizabeth 5, Mary 3, Hiram 1
STEWART, Sarah 54*
HAMILTON, John 49, Eliza 15, John 14, Mary 11, Eliza 9
HASTEND, Joshua 38, Elizabeth 34, James 16, Anthony 15, Elvesta 12, Susan 10, George 8, Jarrot 6, John 4, Martha 4/12
HUNT, John 70, Nancy 62, Sarah 34, Nancy 30
HASTEND, Philip 41, Margaret 38, Anny 16, Joel 15, Catherine 14, Barton 11, Turner 10, Parmelia 7, Lurane 6, Asshur 4, Smith 2, Harvey 1
MULKEY, Joseph 26, Sarah 24, John 6, Elizabeth 4, Julia 1
BROWN, Thos. 39, Nancy 21, William 4, Martha 2, Cornelia 6/12, Abraham 12
HASTEND, Danl. 80*, Mary 41
MULKEY, John S. 24*
HIX, Mary 50, William 20, Eleanor 17, Mary 11
BRADLEY, Danl. 53, Cassandra 63
WALDEN, Joseph 28*, Julia 28, William 1, Thomas 1, Eliza 15
CAMPBELL, John 9*
GIDDINGS, Saml. 17*
WALDEN, James 32, Tabitha 14
EMMERT, Philip 27, Anny 27, Jacob 6, Rebecca 4, Jesse 2/12
MALONE, Benjamin 61, Passey 58
HASTEND, Mary 43, Harriet 16, Lydia 11, Joseph 9, Nancy 3
FORD, Ben. 35, Kasiah 35, Elizabeth 14, William 13, Thomas 10, Martha 7, Sarah 4, Benjamin 3

Schedule Page 387

EMMERT, William 33, Phoebe 23, Malvina 6, Narcissa 4, Henry 1
EMMERT, Philip sr. 55*, Elizabeth 34, Jasper 18, George 16, Eliza 12, Philip 10, Dulcinea 9, Winfield 2/12
WAGGONER, Henderson 24*
GRINDSTAFF, John 28, Emeline 22
GRINDSTAFF, Nicholas 56*, Mary 53, Amanda 20, Nancy 18, Merinda 15, Catherine 12
MCDARNELL?, William 9*
MCCLELLAN, Elizabeth 4*
GRINDSTAFF, Moses 26*
MCDONALD, James 13*
ROTEN, John 23, Julia Ann 24, Sarah 1
ROTEN, Eli jr. 34, Hannah 34, Franklin 12, Elizabeth 9, Jacob 5, John 3, Mary 1
EUBANKS, Willis 33*, Merinda 26, Musadore 6, Lorenzo 5, Joseph 4, Elizabeth 2
GIST, Elizabeth 62*
TRUE, Simeon 25, Sarah 30, Sarah 3, Peter 1
MALONE, Biram 35, Mina 34, James 9, Sarah 3, Peter 1
MALONE, Williamson 74*, Margaret 71, Amy 31, Lurane 28, Jane 13, Jourdan 10
HAMILTON, Margaret 22*
PENNINGTON, Wilson 41, Elizabeth 48, Almina 16, Thomas 14, Priscilla 12, Josiah 12
CRAWFORD, Isaac 37*, Elizabeth 42

1850 Census Monroe County Kentucky

SPEAKMAN, Rebecca 23*
CRAWFORD, John 47, Martha 40, Claiborne 17, Jesse 16, Sarah 14, Hittem 12, William 10, Andrew 5, Mary 4, Jane 2

Schedule Page 388

THOMPSON, John 34, Phebe 30, Pamelia 9, Harriet 7, Deborah 6, Sarah 4, William 2, Jeremiah 6/12
MEANS, Thomas 77*, Mary 50, Nancy 30, Minerva 20, David 16, Isaac 5
HARDIN, Esther 88*
RUSH, William 38, Parthena 33, Martha 15, Lorenda 13, Willis 10, Benjamin 5, Calvin 4, Rachael 1
BROWN, John 42, Anny 36, Sarah 13, Mary 11, Hewlett 9, Margaret 7, Micajah 6, Isaac 4, Phoebe 1
KEYES, Feradon 23, Sarah 19, John 1
MEANS, John 24, Jane 26
HAMMER, Kaziah 63, Richard 36, Nancy 34, Alfred 20, Hiram 17
WRIGHT, Ezekiel 83, Celia 60, Rachael 22, Mary 19, Nancy 16
BARTEN, Abraham 44, Eliza 35, William 18, Elizabeth 16, Catherine 14, Mary 12, Howard 10, Angeline 5, John 4, Martha 2
DENTON, Cornelius 40, Jane 37, William 26, Benjamin 19, Harris 16, David 14, Jane 12, Susan 12, John 8, James 6, Ann 3
SPEARS, Riley 22, Anny 18
MULKEY, Jesse H. 69, Nancy 46, Hanniah 28, Sarah 26, Samuel 22, Elizabeth 19, Rebecca 16, Jane 13, Philip 8, William 6, Thomas 2
SPEARS, Bennet 30*, Adeline 31, Isaac 4, Ann 2

Schedule Page 389

PETTY, Benjamin 84*
BAILEY, Martin sr. 54, Martha 58, Cyrus 20, Amanda 16
BAILEY, Carrol 22 (m), Paradine 18
BAILEY, James P. 37, Narcissa 14, Hiram 12, Clarissa 9, Sarah 5
BIDWELL, Cornelius 44*, Rachael 46, Jane 19, Cyrus 14, Eusephias 12, Merinda 10, Roxy 7
MCLERRAN, George 28*, Benjamin 21, Catherine 15, Thomas 11, Eda 9, Jane 8, Duncan 7, Lucetta 6, Stanford 5
MCMILLEN, Edward 54*, Latilda 50
HAGAN, Arthur 18*, Harrison 16, George 13
BIDWELL, Daniel P. 22*, Sarah 21
MCLERREN, Martha 19*
BAILEY, Hiram 49*, Nancy 31, Winston 3, Elizabeth 1, Martha 1
HASTEND, Mary 12*
FRALEY, Isaac 31*, Caroline 33, Mary 5, William 4, Ellen 1
BAILEY, Susan 87*
WINTERS, Wm. H. 35, Mary 28, Elizabeth 9, James 7, John 5, Peter 3, Linsey 5/12
MCLENEN, John H. 67, Bathsheba 21, Argyle 19, Washington 17, Macon 15, Jackson 13, Sarh 11, Benajah 7, Elizabeth 3
HASLIP, Rachael 31*
LEE, Elizabeth 14*, Mary 10, James 7, Charles 4, John 1

1850 Census Monroe County Kentucky

RICH, James 27, Nancy 30, Martha 7, Julia 6, Mary 3
KIRKPATRICK, Moses 41, Sarah 35, Robert 17, Lucy 13, William 10, Nancy 7, John 4, Penington 10/12

Schedule Page 390

MATTHEWS, William 21, Mary 22, Rachael 1
SAVAGE, Hamilton 33, Freelove 33, Welcome 10, Austin 9, Jesse 8, Mary 7, William 2
BAXTER, Henry 34, Margaret 30, Thomas 9, Hamilton 7, John 4, Elizabeth 1
VAWTER, Thos. S. 34, Nancy 30, Martha 12, William 7
WHITAKER, George W. 45, Mary 49, Eliza 21, Chilton 19, Benjamin 17, Mary 12, James 8
POINDEXTER, John 36*, Mary 35, Colley 5 (m), Lincon 4, Thomas 1
EMBREE, Benjamin 18*, Sarah 52
SIMS, John 56, Elizabeth 54, Augustine 19, James 17, Elizabeth 14, Florintha 11, Catherine 8, Matilda 4, Nicholas 44 (B)
SIMS, Patterson 35, Matilda 33, John 9, Martha 7, Eliza 5, Julia 4
JOHNSON, George M.? 40, Mahale 40, William 16, Mary 12, James 10, John 8, Thomas 3
WILLIAMS, George C. 33, Mary 31, Vestina 7, Sarah 6, Mary 3, Lydia 2
MOORE, Thos. 36, Parmelia 48, James 13, Parmelia 7, Elizabeth 1, Honor 32 (f), Elizabeth 25
WILLIAMS, William T. 35*, Lucy 26
LOGAN, James 34*
PENINGTON, Samuel 29, Mary 20, Sarah 7, Isaac 6, Thompson 5, Mary 2, Nancy 2/12
HALSELL, Thomas 62*, Rebecca 58
MULKEY, Howard 23*
LANGFORD, Josiah B. 24, Mahulda 23, Minerva 4, Matthew 3, James 1

Schedule Page 391

SPEARS, Mary 49, Aden 18, Dormon 16, Elizabeth 13, Thomas 12, Margaret 11
SAVAGE, John 36, Mary 37, Mary 13, Margaret 12, Elizabeth 9, Dicey 7, Isabella 5, Longdon 2 (f)
POINDEXTER, Sarah 45, William 14
BOONE, Mahale 30, Nancy 15, Benjamin 13, Elizabeth 8
SPEARS, Jourdan 47, Nancy 50, William 11
MOORE, William 36, Larue 36 (f), Cyrus 17, John 12, Mary 10, Emeline 8, Martin 7, Thomas 5, William 3, Lafayette 1
CABLE, Stephen 27, Rachael 27
ARTERBERRY, Thompson 45*, Elizabeth 37, James 19, Benjamin 17, William 15, Alexander 12, Wilson 10, Nancy 8, Lucinda 6, Mary 2
MCCLERRIN, Mary 23*
LESTER, Thomas 53, Nancy 50, Jane 20, Jerushia 15, Amanda 12, John 9
LESTER, Woodford 30, Sarah 25, Josephine 4, Randolph 3, Adolph 2
SPEARSON, Bennet 50, Sarah 54, Philip 17
TADE, William 36, Mary 33, Rachael 14, John 10, Sarah 5, Mary 1/12
GRACE, John 32, Kesiah 30, Nancy 10, Sarah 8, Rachael 6, Almira 4, George 2, Walke 76
SPEARS, Levi 56, Elizabeth 44, Sarah 23, Washington 17, Mary 14, Austin 10, Benetta 10, Catherine 6

1850 Census Monroe County Kentucky

Schedule Page 392

PIPOCK, Enoch 42*, Elizabeth 30, Crockett 15, Tennessee 12, Benjamin 11, John 6, Lafayette 5, Merinda 4
FERGUSON, Albert 27*
SIMS, William B. 27, Sarah 23, John 1
HALSELL, Mordecai 30, Elizabeth 18, America 4, Jamieson 5/12
GITTINGS, Milton 21, Hannah 25
SIMS, Thomas 20, Adeline 19
BEDFORD, Edward 66* (B), Isabella 90?
HUDSPETH, Elizabeth 60* (B)
TURNER, James 28, Lucinda 17, John 2
MOORE, Alfred 32, Ann 26, Mary 7, John 2, Joseph 3/12
EMBREE, Joshua T. 37, Catherine 29?, Virginia 4, Kellie 2, John 5/12
COE, Jesse 39, Caroline 40, Isaiah 16, Milton 14, John 12, Margaret 10, Nancy 8, Ben 4, Jesse 1
GARNER, William 28, Elizabeth 18
SMITH, Saml. 47*, Elizabeth 42, John 23, Rebecca 21, Archd. 20, Jane 17, Martha 15, William 5
POINDEXTER, Arch 16*
POINDEXTER, Micajah 38, Mary 36, Benjamin 15, Archy 13, Robert 10, Narcissa 9, James 7, George 5, Gideon 4, Joseph 2, Abraham 4/12
LANGFORD, Robert 53, Lucinda 46, Lewis 22, John 20, Elizabeth 18, Eliza 17, Hiram 15, Minerva 13, Alexr. 10, Luda 7, Mary 2
KILLMAN, Stephen 40, Margaret 35, Jinsey 9, Harriet 6, Frances 3

Schedule Page 393

KILLMAN, Calvin 21*, Martha 19
MARLEY, Susan 17*
JENNINGS, Edmund 40, Minerva 39, Jinsey 19, Mary 18, Leany 17 (f), Rachael 13, Cephas 12, Amanda 10, William 9, Jasper 8, Hezekiah 5, Obadiah 3
BARRY, Colby B. 38, Nancy 37, Mary 9, Sarah 5, Virginia 4, Ophelia 2, Cornelia 2, Joseph 2/12, Frances 62
JONES, William F. 32, Lydia 24
KERR, Francis M. 23*, Jane 23, Margery 6/12, Sarah 65
SCOTT, Thomas 17*
SCOTT, John 50, Joseph 18, Henry 12, George 9, Jesse 8
HALE, William L. 29, Susan 25, John 5, Nancy 3, Sarah 1
KERR, William 25*, Emily 25, Thomas 5, Zerena 2
HALE, Elizabeth 48*
KIRKPATRICK, Moses 26, Martha 22, Sarah 3, Robert 1
KIRKPATRICK, Elijah 24, Mary 18
HARPER, Finley V. 42, Setha 32, Elizabeth 16, Joel 13, James 11, Nancy 2
JONES, David 43, Nancy 39, Mary 10, Stephen 7, George 4, Robert 2, John 3/12
LOWE, Saml. L. 26*, Delilah 27, John 3, Aaron 1, Thomas 12, Saml. 6
STALKUP, Nancy 18*, Moses 27, Aaron 25
HILL, Francis 67, Mary 35, Anny 27, Jane 20, Patterson 23
HILL, Robert F. 32*, Harriet 31, James 10, Almarine 6, Julia Ann 4, Josephus 2, Nancy 1

1850 Census Monroe County Kentucky

Schedule Page 394

HUTCHINS, Amanda 17*
JONES, John 29, Eliza 23, Serilda 3, Ann 1, Mary 66
HALL, James 21*, Arminta 30, Artensia 9
HILL, William R. 27*, Martha 26, Mary 2, Rebecca 10/12
BEDFORD, Susan 24*
MARTIN, George 48*, Mary 34, Samuel 13, John 10, William 9, Elizabeth 8, Pochohantas 5, Powhattan 4, Florence 2
BLACK, John 50*
GEE, John B. 49, Hall 22, Mary 20, Sarah 18, Sack 16, Almarinda 14, John 12, Thornton 8
MAXEY, robert 53, Augustine 39, William 17, John 14, Alfred 11, Henry 9, Martha 3
SIMS, William 76, Sarah 79
JONES, Charles 38*, Sarah 35, Frances 15, Elizabeth 13, Rebecca 10, Emeline 8, Nancy 5, Martha 3, Sarah 1
HUGHES, Calvin 25*
SMITH, Edward 22*
MCMILLEN, Jas. A. 28, Emma 17, Richd. 2
SIMS, James 42, Elizabeth 44, John 15, Lysias 13, Demetrius 11, Carilda 9, Burwell 5, Ann 2, James 8/12
MARTIN, William P. 27, Sophrona 19
BIGERSTAFF, Saml. 25, Polly 23, America 1
BIGERSTAFF, Elizabeth 49, Aaron 23, Nancy 16, Perry 13, Mary 11
WILSON, Saml. B. 40, Merinda 30, Elizabeth 12, Bell 10, John 8, Benjamin 5, George 1

Schedule Page 395

WILSON, James 68, Rebecca 58
WILSON, Harvey 29, Lucy 27, Mary 6, James 3, Cyrus 1
ANDREWS, William 66, Elizabeth 60
MAXEY, John 62, Martha 28, Elizabeth 5, Mary 4, Nancy 2, Robert 1, Nancy 85
MAXEY, Radford 64*, Susan 59, Elizabeth 20, Lucetta 17
FULKES, John 20*
FULKES?, Catherine 33*.(B), George 10, John 7, Willis 5, James 3, Alfred 1
GRAVES, James H. 26, Nancy 24, Mary 2, Ferdinand 1
GEE, William J. 27*, Mary 27, Alfred 4, Mary 2, Nancy 1/12
NEWELL, Mary 69*
ANDREWS, Varney 30, Catherine 26, Mary 4
BALL, Edison 54*
JONES, Ada 13*
BALL, William T. 24, Sarah 23, Lucy 4, Mary 2
GERALD, James F. 50, Martha 51, Jane 20, Isaiah 19, Francis 13, Mary 10, Lucy 8
KIRKPATRICK, Hugh 53, Albert 12, Sarah 9
SMITH, Alexr. 33, Mary 26, Sarah 10, James 7, Louisa 5, Robert 2
BEDFORD, Stephen 38, Nancy 23, Sarah 9, Hugh 7, John 5, Bennet 1
ARMSTRONG, L. C. 27 (m), Nancy 18, Mary 7/12
ALLEN, William M. 37*, Lucy 35, Sarah 10, Nancy 8, Elizabeth 2, John 5/12
MAINARD, Henry 70*
BLAND, Huram D. 30, Rebecca 28, Nancy 3, William 54
GERALDS, William F. 57*, Nancy 52, John 29, Mary 26, William 24, James 22, Elizabeth 13

1850 Census Monroe County Kentucky

Schedule Page 396

MAINARD, Adeline 26*
VANDOVER, Lewis 46*, Talitha 41
GERALDS, William 27*
VANDOVER, Georg 19, Martha 15
GERALDS, Isham 82, Sarah 51, Eliza 21, Lucy 4, Sarah 1/12
TOOLEY, James Sr. 30, Lucy 30, Sarah 8/12
WILSON, Rufus M. 25, Elizabeth 30, Cynthia Ann 2, James 10/12
WILSON, Elizabeth 50, Ada 15, Elizabeth 12, Eliza 96
LESLIE, Sarah 33, Mary 10, Elizabeth 8, Martha 4
KIRKPATRICK, Elizabeth 61*, James 31, Abraham 28, Lemuel 24
TURNER, Elizabeth 11*
HALE, Sarah 36*
WILSON, James H. 38, Elizabeth 36, Nancy 5, William 4, Mary 3, Martha 2, Sarah 41
GENTRY, Harden 33*, Lucinda 27, William 6, Margaret 3
MUNDAY, Ellison 30*
WITHEROW, John 30, Martha 27, Mary 7, Nancy 5, William 4, Isham 1
RICHARDSON, Robert 26, Margaret 22, Henry 3, William 9/12
RICHARDSON, William H. 24, Julia Ann 24, Coral 7, Tabitha 3, Jeffrey 1
WILSON, Alexr. 32, Mary 27, John 5, Elizabeth 3, Charles 2
TOOLEY, James 24, Ann 26, Elizabeth 5, Lydia 4, James 3, Thee? 6/12 (m)
WILSON, Thos. sr. 44*, Mary 43
HUMES, Alexr. 24*
MYNETT, Calvin S. 35, Elizabeth 36, Mary 12, Sarah 10, James 8, William 6, Alexr. 1, Mildred 65

Schedule Page 397

BIGERSTAFF, Hiram 45, Susan 50, Joseph 20, James 18, John 14, Mary 11, Stoner 9, America 7, Allen 4
PETERMAN, Benjamin T. 24, Sophronia 28
WALKER, Francis 44, Naomi 45
KIRKPATRICK, William 64, Tabitha 63
ANDERSON, William 30*, Amanda 25, Eliza 2
VIBERT, James 22*
ANDERSON, Samuel 34*, Virginia 11
SCOTT, Nancy 24*, Patsey 1
ANDERSON, John 26, Nancy 24, Louisa 3, Samuel 2, Amanda 6/12
HUTCHINS, James T. 59, Mary 53
WILLIAMS, John W. 43, Mary 48, Martin 20, Ephraim 18, Sarah 16, Samuel 14, Langston 12, Nancy 12
KIDWELL, William 52, Catherine 52, Anny 27, Isham 21, Catherine 17
BELCHER, John 62, Parmelia 65, Elizabeth 22, Cynthia 21, John 20, George 16
PAGE, George B. 23, Mary 19, Elizabeth 1
PAGE, Saml. 52, Susan 50, William 14, Samuel 12
TOOLEY, Arthur 57*, Elizabeth 55, Lydia 24, John 18, Theodrick 13, Joshua 22
VANDOVER, Haden 16*
STEPHENS, John E. 59, Lucy 19, Allen 17
STEPHENS, Peter 36*, Sarah 25, Louisa 5, Francis 4, Isham 35, Alfred 33

1850 Census Monroe County Kentucky

PITCOCK, Susan 27*
HAGAN, Jonas 66*, Sarah 50, Hetty 40, Jane 22
SIMPSON, Caroline 25*
LESLIE, Sarah 51, Emberson 23, Lafayette 15, John 13, Nancy 10

Schedule Page 398

CRAWFORD, Saml. jr. 21, Jane 22
FRALEY, Edward 56*, Mary 58, Elizabeth 36
PEDIGO, Elizabeth 16*
STEPHENS, Lucretia 59, James 21, Mary 19, Denton 16, Lucretia 14
STEPHENS, John O. 23, Lucinda 22
STEPHENS, Ancil E. 26, Susan 23, Sarah 1, William 2/12
RUSH, Aaron 23, Nancy 21, James 1
RUSH, Rachael 64*, Benjamin 27, Rachael 20, Isaac 18
HASTEND, John 12*
HARLING, Elijah 53, Margaret 47, Hiram 29, Jonathan 20, Jemima 18, Arthur 15, Nancy 13
THOMPSON, Jane 31, Lorenzo 5, Elijah 3
CABLE, Hiram 36, Elizabeth 34, Eliza 10, Nancy 8, Elizabeth 5, Thomas 4, Stephen 1, Nancy 60
SARTAIN, John 52, Elizabeth 41, Alfred 22, Elizabeth 17, William 15, Jefferson 12, Hiram 10, John 7, Thomas 4, Stephen 3
GIDDINGS, William 24, Nancy 21, Greenberry 4/12
THOMPSON, Ebzrai? K. 42 (m)*, Martha 42, Benjamin 12, Phoebe 10, Jesse 8, James 6, Ezekiel 4, Nancy 2, Isaac 5/12
HASTEND, Kenzada 17*
THOMPSON, Randen 81, Elizabeth 60, Lydia 40, Simpson 21, Elizabeth 18, Elmira 16
THOMPSON, Mary 35, Elzwick 17, Josiah 15, William 12, Eda 10, Lydia 8
MAXEY, William 24, Elizabeth 19, John 1/12
MCMILLEN, Keen 61, Mary 54

Schedule Page 399

MCMILLEN, John H. 41*, Elizabeth 31, James 10, Black 8, Louisa 6, Benton 5, John 3, Elizabeth 3/12
VANDOVER, John 35*
BAILEY, Danl. B. 25, Mary 25
DAVIS, Robert 67, Sarah 47
DICKEN, Isham 52*, Elizabeth 37, Jefferson 10, Archibald 5, Martha 3, John 1/12
MARTIN, Sarah E. 34*, Alexr. 20
HUDSPETH, David 66* (B)
SPROWLES, Isaac 26, Nancy 24, Mary 6, John 3, Elizabeth 62
MCMILLEN, John K. 23*, Elizabeth 22, Thomas 2, Amanda 3/12
WRIGHT, Gipson 23*
MOODY, William 54*, Jane 53, Sarah 13, Ellen 12
THOMPSON, Narcissa 15*, Elzada 12
BELCHER, Hopkins 33, Harriet 26, Mary 6, John 3, Lucy 1
PAGE, Chas. O. 27, Eliza 24, Martha 2
JOHNSON, Mary F. 34, Jane 19, Nancy 10

1850 Census Monroe County Kentucky

OLDHAM, Charles 61*, Judith 63
JOHNSON, Mary 17*
CLEM, Francis 12*
MATHENEY, Joshua 18*
OLDHAM, Richd. 45, Martha 26, Susan 7, John 5, Charles 2
KAYES, James 26, Ailie 22, James 9/12
BROWN, Roland 37, Elizabeth 36, Lucinda 26, Jackson 24, Moses 22, Economy 18, Elizabeth 16, John 13, Tabitha 11, Missouri 9, Hardin 6, James 3
BROWN, John 70*, Sarah 54, Wilson 31, Mary 30, Matilda 26, Hannow 24 (m), Jane 19, William 15, James 11, Lucy 8, William 6

Schedule Page 400

SHORT, John 13*
MOODY, Stephen 56, Elizabeth 54, William 29, Ophelia 26, Demarius 23 (f), James 20, Aaron 18, Elizabeth 13
SIMPSON, Henry 70, Deboraha 32
LYONS, Sarah 56, Elizabeth 21
LYONS, John 31*, Mary 26, Sarah 4, William 2, Merinda 10/12
GIDDINGS, Jessee 15*
YOKELEY, Saml. E. 23, Hannah 25, William 7/12
BROWN, William Sr. 66, Catherine 60, James 34, Nancy 19, Zerena 17
LESTER, Elizabeth 56, Mary 30, Sarah 21, Eveline 19, Canzada 17, Nancy 16, Elbert 9, Jane 6
PITCOCK, Thos. 50, Rebecca 51, Rutha 21, Mary 19, Elijah 18, Isaac 16, Martha 13, Cynthia 12, Powell 10, Stephen 6, Frances 2
PITCOCK, John F. 53*, Sarah 40, Mary 24, Elizabeth 22, John 21, James 18, Stephen 16, Richard 14, Sarah 11, Michael 8, Forster 4
MILLER, Sarah 5*
GOODMAN, Ger. 27, Anny 27, Sarah 7a, Nancy 6, Marcussa 4, Jeremiah 1
GOODMAN, Siney 56, Solomon 15, Margaret 13
NICHOLS, Henry 60, Martha 41, Rachael 24, Thomas 21, William 18, James 6, Elizabeth 1/12
GENTRY, Robert 25, Dilema 33, James 14, John 12, William 6
GENTRY, James 64*, Elizabeth 63, James 24

Schedule Page 401

VANDOVER, John 42*
GENTRY, Benajah 30, Jane 27, Lucinda 9, Cordelia 6, Benjamin 2
TOOLEY, William Sr. 65
TOOLEY, Chas. 24*, Abagail 27, George 8/12
HOGAN, James P. 8*
DICKISON, Emri 28*, Lucy 29
MOODY, Sarah 8*
TOOLEY, George 21*
VAWTER, Joseph 57*, Nancy 47, Amanda 17, Sarah 15, Mary 13, John 9, Josephus 7, Barbara 5
OGDEN, Nancy A. 25*, Martha 3
PAGE, John T. 28*, Martha 27, Samuel 7, Charles 5, Nancy 2
MOODY, Nancy 61*

1850 Census Monroe County Kentucky

KIDWELL, John 49, Margaret 50, Marha 20 (m), Matthew 18, Elizabeth 15, Abigail 14, Martha 12, Amanda 7
KIDWELL, John Jr. 24, Catherine 20, Lucy 10/12
FOSTER, Randolph 40, Nancy 31, Solomon 5, Sarah 2, Thomas 4/12
SMITH, John 34*, Nancy 25, Mary 4, William 1
KIDWELL, Jesse 22*
ANDERSON, Patsey 61*, Mary 19, Warren 15, Holston 13
WHITE, David 21*
SMITH, Saml. 64*, Mary 61, Heuston 28
ROSS, Mary 16*
MURPHY, Robert A. 28, Mary 20
GARMON, Leonard 30*, Mary 25, Susan 3
SHAW, John 20*
MURPHY, William 25, Mary 17
BALL, Elizabeth 43, Edward 21, Joseph 14, Almara 12, Missouri 10, John 8
MARTIN, John 35*, Athen 26, Narcissa 10, Addis 7, Lafayette 4
BALL, Lucretia 19*
AUTREY, Crawford 25*
AUTREY, Mary 61, Fanny 29, Haden 17, Jane 21

Schedule Page 402

RANDOLPH, Dillard 27, Mildred 28, John 10, Mary 7, Robert 6, Vincent 2
LORTON, William 32*, Sarah 25, John 5
WILLIAMS, Tabitha 50*, Mary 25
HICKESON, Danl. 18*, James 23
GERALD, John F. 63, Francis 61, Isham 31, Ebeline 26, Abner 22, Amanda 19
BIGERSTAFF, Aaron 66*, William 35, George 26, Robert 24, Aaron 19
SCONCE, John C. 63*
PETERMAN, Isaac 22, Avy 20, Benjamin 5/12
MCCOMAS, Turner 28, Martha 22
MCCOMAS, Lydia 61, Melinda 36, Merinda 34, Mordecai 24, James 23, Elisha 20, George 16
PATE, Thos. 24, Dolly 23, John 5/12
WESTMORELAND, Shadrick 41, Sarah 39, Mary 22, Martha 20, Catherine 18, James 15, William 13, Jane 11, Robert 8, Prudy 6, Elijah 4, Sarah 2, Milton 3/12
LACKEY, John C. 48, Elizabeth 43, Nancy 13, Henry 11, Mary 2
WILSON, James 57*, Elizabeth 55, Elkiza 30, Nancy 26, Margaret 24, Minerva 22, Naricssa 17, Marion 15, Louisa 12
DYER, Mary 34*
WILSON, Champion 29, Tazy 30, Arminda 7, Martha 5, Elizabeth 3, Eliza 6/12
BIGERSTAFF, Isaac 42, Hetty 53, Eli 18, Vincent 14, Nancy 12
BIGERSTAFF, Wilson 32, Ruth 22, Nancy 6, Mary 3, Parmelia 9/12

Schedule Page 403

STRODE, Henry 38, Frances 33, William 12, Lucinda 10, John 9, James 8, Jesse 6, Hewlet 5, Ferdinand 4
BLAND, Osborne 40, Mary 39, John 8, Jesse 5, Mary 3/12
HUTCHENS, John R. 29, Elizabeth 23, Eliza 6, Nancy 4

1850 Census Monroe County Kentucky

PAGE, John 49, Margaret 49, Smith 18, Arthur 17, Charlotte 15, Samuel 12
PAGE, John B. Jr. 21, Nancy 15
ROSS, Robert A. 41*, Amanda 31, Mary 8, Joseph 4, James 2, Sarah 1
TURNER, Rachael 22*
BALLARD, William 24, Mary 20, Nancy 1
KIDWELL, William 29, Jane 28, Mary 6, Margaret 4, Louisa 3, Keenan 2, William 1
WILSON, John 66*, Nancy 62, Charles 26, Lucinda 21, Leslie 3
DYER, George 19*
HUTCHENS, Reuben B. 42, Mary 39, James 12, Julia 10
SCOTT, Hugh 72, Frances 48, Meryman 18, Hugh 15, Emily 12, William 10, Sarah 5
BIBBART, James 52, Dicey 51, Barrot 19, 'Ezekiah 17, John 14, Thomas 12, George 9, Thompson 12, James 9
MOODY, William W. 49, Nancy 49, James 15, Charles 14, John 12, Mary 8
THOMAS, Lewis 57, Pinkey 50, Sarah 18, Elizabeth 16, Thursey 13, Dicey 12, Mary 9

Schedule Page 404

PITCOCK, Henry P. 27, Louisa 18, Saml. 1
PITCOCK, Leonard J. 25*, Jane 24, Allen 10/12
MCNIGHT, Martha 16*
HOLLAND, John 40, Mary 39, Coral 20, Lewis 17, Lavina 88
TOOLEY, Wm. Jr. 37, Elizabeth 42, Mary 15, Eliza 14, Robert 10, Margaret 7, William 6, Delemiah 3
BRANUM, William A. 40*, Mary 42, Iredel 15, Mary 13, Benjamin 10, Frances 8, Barbara 6, William 5, Martha 4, Amanda 10/12
JENKINS, Frances 63*
HARDEN, Madison 35*, Melinda 43, John 15, Joseph 13, Benjhamin 8, Lucinda 7
PAGE, Dorcas 79*
MAINOR, Jackson 30*, Tabitha 32
KIRBY, Jehu 38*
HARPER, George 39, Melinda 19, Sarah 1
HARPER, Fleming H. 53, Nancy 38, Francis 13, William 11, Fleming 9, Elizabeth 7, Julia 6, Lucinda 4, John 1
PALMORE, Feudal 35*, Ann 35, Nathan 11, James 9, Andrew 7, Jefferson 2, Jonathan 5
ESTHER, Melinda 17*
FERGUSON, Caleb B. 28, Susan 25, Mary 6, Daniel 4, Henry 3, John 1
HOLLOWAY, Grant 39, Mary 30, Green 14, Newton 12, William 9, Mary 7, Christopher 5, Hewlet 3, John 2, Dilly 30
CHAPMAN, Nicholas 41, Nancy 37, John 20, David 16, Melinda 19, William 14, Elizabeth 12, Keziah 9, Minerva 6, James 4, Eliza 2, Feudal 3/12

Schedule Page 405

LACEFIELD, Avary S. 24*
DAVIS, Alley 44*
AHART, Claiborne 17*
WILSON, Hewlet 15*
LACEFIELD, Robert 11*
HEADSPETH, William 55*, Rachael 60

1850 Census Monroe County Kentucky

RACENER, Sarah 45*
STRODE, Sarah 60*
WILSON, Thos. Jr. 40, Letitia 42, John 18, William 15, Prudy 13, Reuben 11, Dorcas 9, Alexr. 7, Samuel 3, Nancy 2
CHAPMAN, Robert 43, Nancy 46, Ruth 21, Hiram 18, Elizabeth 16, James 14, Nancy 12, Andrew 10, Robert 8, Rachael 6
CHAPMAN, David H. 26, Mary 20, Eliza 1
PALMORE, John R. H. 67
CHAPMAN, Jas. L. 32, Nancy 29, Elizabeth 9, Jane 7, David 6, John 3, James 1
STRODE, Jas. R. 25, Nancy 21, Isaac 4, Martha 2, Patsey 60
PICKRELL, Henry 30, Martha 23, Eliza 5, Elizabeth 4, Amanda 4/12
PICKRELL, Thomas 66, Sarah 45, Nancy 20, Daniel 17, Susan 14, Jackson 8, Thomas 22
MORGAN, Isaac 33, Elizabeth 26
GOLDEN, John 40, Sarah 38, Elizabeth 16, Louisa 13, John 11, Sarah 9, Nancy 7, Martha 6, Amanda 3
GENTRY, John W. 37, Jane 47, Jane 12, Edward 11, Elizabeth 7
SHOW, Joseph 26, NAncy 22, Elijah 4, Parmelia 10/12
STRODE, Elijah 36, Arminta 27, James 10, Susan 5, Amanda 3, Harrison 1

Schedule Page 406

BROWN, James 39, Sarah 34, Eliza 17, Sanford 9, Margaret 4, Sarah 2
BROWN, Duvall 27*, Mary 26, Charlotte 6, Sarattha 4, Nancy 9/12
WINFORD, Winney 75*
OSBORNE, M. Henry 40, Elizabeth 36, John 15, Mary 13, Sarah 10, Elizabeth 7, Babe 5, Lucinda 3, Caroline 5/12
BILLINGER, David 34, Sarah 34, Elizabeth 12, Lucinda 10, Mary 7, Rutella 4, Sarah 1
PAGE, Wm. D. 21*, Lucinda 24, Frederick 6/12
HARLING, Marion 16*
PAGE, Fleming S. 47*, Prudy 50
HARLING, William 15*
THOMAS, William A. 23, Lethe 21, Lewis 1
PILAND, Thos. G. 29*, Catherine 26, George 5, Susan 3, William 1, Susan 58
HAGAN, Thos. 30*
BIGGERS, Thos. 56, Catherine 43, Keturah 26, Owen 25, Ruth 23, Martha 21, Mary 20, Thomas 14, Parmelia 12, Prudence 10, Roland 40
SIMPSON, Sarah 40*, Zachariah 23, Elizabeth 20, James 16, Julia Ann 10, Arthur 8, Barney 5, Merinda 1, Barlow 2, Anice 4/12
HAGAN, Jeremiah 44*
COPASS, Thomas 64, Hannah 64, Elhannon 28, Nathan 24
COPASS, Wm. N. 34, Mary 29, John 9, Nathan 7, Eliza 4, Thos. 3, Martha 1
COPASS, Thos. M. 37*, Mary 27, Elizabeth 5, James 1

Schedule Page 407

TOOLEY, William 20*
PITCOCK, Jane 38, Lucinda 8, Elizabeth 6, Susan 2
PITCOCK, Stephen 60, Nancy 63, Jerusa 21
CHISM, Nancy 32, Saml. 11, Alonzo 9, Melissa 7

1850 Census Monroe County Kentucky

CRAWFORD, William 25*, Lucinda 14
STEWART, James 17*
HAMMER, John 14*
HAMMER, Leander 39, Martha 24, Judge 7, Richard 5, William 3, Buena Vista 1
KEYS, Isaac 64, Rebecca 50, Elizabeth 28, Zilpha 24, Josiah 22, Mary 17, Dedrick 15, James 18, Isaac 13, William 9, Sarah 5, Elizabeth 3, William 3
HAYES, John 46*, Elizabeth 45, Eliza 22, Isabel 18, Syreptha 16, Juessa 16, Artimissa 13, Jasper 11, Newton 11, Nancy 6
LOVELADY, Henry 22*, Thos. 19
LAWRENCE, Jas. 49, Margaret 42, Catherine 21, Mary 16, Margaret 14, Verlinda 12, Nancy 8, Delilah 5, Juline 2
HARLING, George W. 31, Elizabeth 30, Mary 9, James 8, William 4
EUBANKS, John A. 26*, Catherine 24, Nancy 5, Hezekiah 4, Mary 2
YORK, John 50*
PAGE, Reuben 22, Minerva 17, Reuben 3, Sarah 3/12
CRAWFORD, James Sr. 74*, Ann 74
CRAWFORD, Saml. 30*, Nancy 26, Henry 4, Elizabeth 2, William 8/12
BARHAM, Robert 17*
ARTERBURNE, Jas. H. 27*, Emily 21, William 1

Schedule Page 408

STEWART, William 1*
WALLER, James 21*
SIMPSON, John C. 49, Mary 47, Rebecca 24, William 21, Sarah 16, James 15, Margaret 10, Eunice 6
MCMURTREY, James 65, Mary 65
WHITE, Jamese 44*, Luvisa 39, William 20, Aaron 17, Rebecca 15, Martha 16, Fletcher 12, Elvira 8, James 7, Luvisa 5, Rufus 4
HULING, Nancy 70*, Elivra 37, Martha 5
JOHNSON, John 53, Elizabeth 46, Elizabeth 10
WILSON, John 31*, Frances 30, Christopher 4, Marcellus 3, Henrietta 1/12
WILLIAMS, Ephraim 67*, Sarah 63
LESTER, Stanford 23*
DICKISON, Wm. H. 26, Catherine 25
RYHERD, David N. 25*, Mary 2-, Parmelia 4, Susan 3, Mary 2, Harriet 1
MARLOW, Nancy 5* (B)
RYHERD, Mary 46*
CHAPMAN, James 70*, Martha 62
VANCE, Mary 34*
MILLER, Martin 16*
BARTLEY, William 49*, Martha 45, William 19, Louisa 16, Luvesta 15, Turner 14, Lucetious 13, Marcus 111
SIMPSON, Catherine 35*, Mary 11
BARTLETT, Simpson 24*
PAGE, John B. Jr. 27*, Lydia 28, Flemay 7, William 4, Samuel 3, Dorcas 1
CARTER, Amanda 22*
RYHERD, William 52*, Susan 51
WATES, William 8*
RYHERD, Lewis 84*

1850 Census Monroe County Kentucky

CUNNINGHAM, Henrey 35*, Martha 32, Mary 9, George 7, James 6
BYERS, Jesse 45, Mary 43, John 20, Elizabeth 17, Frances 16, Catherine 13, Margaret 9, Mary 5, William 2, Catherine 84, Mary 50

Schedule Page 409

LEE, Geo. W. 28, Catherine 32, John 9, James 7, Mary 5, Turner 9/12
MCNIECE, Samuel 28, Delilah 21, William 3, Mary 2, Mary 32, Malachi 1
BENTLEY, John W. C. 40, Malinda 40, William 18, Mary 16, Martha 14, George 12, Chesley 10, David 8, Sarah 2, Parmelia 7/12
ROACH, Saml. P. 25, Mary 19, Danl. 2
MOREHEAD, John 39, Isabel 36, James 15, William 13, Canzada 11, Elizada 9, Euphemia 7, Smith 5, Atcheson 2, Lucinda 1/12
BROWN, William M. 28*, Elizabeth 25, Lindsay 5, Eliza 2, Mary 1
RACENER, Nancy J. 20*
KEEN, Abner 32, Vashti 29, John 10, Nancy 9, Margaret 8, Lair 5, Sarah 1
HOOD, John A. 31, Nancy 35, Mary 6, Nancy 3, Melvina 1, Jesse 23
HOOD, Saml. H. 30, Elizabeth 23
BUSHING, Henry Jr. 43, Mary 36, James 11, William 9, Nancy 7, Aylette 5
HOWARD, John W. 28*, Martha 24, Mary 2, Martha 9/12
GOODMAN, William 19*
HIGH, Mark 77*, Sarah 28, Thomas 34
CLEMONS, William 11*
FERGENSON, Daniel 21, Elizabeth 18, James 2, George 5/12
BACON, John 37?, Marena 33, Charles 15, Margaret 14, James 12, Henry 10, Nelson 8, Elizabeth 6, Eda 4, William 2, Jesse 5/12

Schedule Page 410

HAMMER, Wm. A. 38, Nancy 39, Amanda 14, Leander 13, Elizabeth 11, Oscar 9, Albina 4
HOOD, Jesse 60, Sophia 60, Thomas 19, Sarah 14
PAYNE, Henry 37, Mary 31, William 16, Sarah 12, Jourdan 9, Martha 7, Frances 5, Mary 2
MURRAY, James 28, Sarah 33, John 9, William 7, Jarrot 5, Samuel 3
STRODE, Walter C. 36, Sarah 37, Benjamin 18, Susan 13, Sarah 12, James 10, Rebecca 8, William 6, John 5, Martha 3, Mary 1
EMBERTON, Walter W. 54, Eleanor 40, Henry 33, Mary 32, Narcissa 28, Ann 24, Nancy 21, Renford 17, Celina 12, Nicholas 9, Ibby 7
STEEN, John W. 25, Mary 21
JOURDAN, John 40, Jane 36, Elizabeth 16, Joseph 11, Sarah 7, Nancy 6, John 5, Mary 4, Martha 2, Susan 1
CONKIN, Jeremiah 38, Sarah 36, Allen 13, George 11, William 9, Frances 6, Martha 5, Sarah 1
BUSHING, A. D. 26 (m), Nancy 24, John 4, Sarah 2, William 4/12
HAMMER, Richard 82*, Mancy 60
FISHER, Catherine 70*
BUSHONG, Andrew 58, Feraby 55, James 23, William 21, Mary 18, Frederick 14

1850 Census Monroe County Kentucky

Schedule Page 411

PITCOCK, Margaret 35, William 15, Elizabeth 13, Newton 11, Emily 9, Eliza 7, Stephen 5, Green 2, Christopher 2
PITCOCK, Aaron 47, Blanche 40, Matilda 20, Minerva 18, Margaret 16, Harrison 15, Amanda 13, Cyrus 11, Silas 9, Lucinda 12, Emily 10, Roland 5, Talbot 1
GOODMAN, Mire 24*, Frances 24
YOKELEY, William 22*
PICKRELL, Wm. 65*, Eunice 41
ALVIS, Harris 90*, Rosa 30
ALVIS, Wm. 28, Nancy 28
HALE, Amen C. 44, Melinda 33, Joshua 15, Samuel 11, Mary 8, Louisa 5, Joshua P. 50
MILLER, John 22, Eliza 19
DEWITT, Henry 34, Elizabeth 32, William 12, John 7, Samuel 6, Allen 1
PAGE, James 55, Sarah 48, Mary 32, Eliza 26, Martha 23, James 16, Nancy 12, William 8
CREW?, Jeremiah 33, Lucy 25, Mary 8, George 5, Nancy 1
HARVEY, James 66, Olive 62, Lethe 28, Calvin 26, Warren 21, Julina 18, Lucy 88
WADE, Sarah S. 49, Elizabeth 28, Nancy 24, James 20, Louisaz 17, Rachael 14, Clarissa 12
PARK, Chas. B. 25, Lucy 22, Minerva 10/12, Anna 64
BRYANT, Elisha 31, Lucy 33, James 9, John 8, Bannister 6, Josiah 3

Schedule Page 412

BYRAM, Esther 40, Adeline 13, Henry 8, Ruth 6, Joseph 4, Catherine 1
PAGE, John 31, Nancy 38, James 9, Robert 6, Josiah 2
GEE, Jesse 45, Sciotha 34
FRAZIER, William W. 32, Mary 19, Sarah 2/12
GEARHEART, Saml. 41, Margaret 38, Mary 19, Abraham 11, Lucinda 6
PAGE, Anderson T. 30, Sarah 24, George 7/12
CREW, David N. 57, Elizabeth 56, William 22, David 21, James 19, Catherine 14
PARK, Joseph 22, Ann 23, Ann 4
PARK, James 48, Anna 44, William 17, Jeremiah 14, Charity 11, James 8
CLEMONS, James 69, Mary 77, William 20
CLEMONS, George W. 18, Nancy 16
DARNELL, William 73, Elizabeth 69, Eliza 13, John 10, Jane 8, Henry 5, Mary 16
WRIGHT, James 23, Mary 23, William 6, Nancy 4, Thomas 1
HARBING, George B. 30, Louisa 30, Amanda 12, Letcher 10, Mary 7, Preston 5, Jefferson 3, Samuel 1
RUSH, Dennis 37, Harriet 36, Clarissa 15, James 12, Benjamin 10, Augustine 8 (f), Rachael 6, Elizabeth 4, Harriet 2, Joshua 4/12
JACKSON, Jesse 28, Anna 22, Mary 1
HARVEY, Henry 27, Debby 24, Mary 6, Nancy 1

Schedule Page 413

FERGUSON, Christopher 27*, Rhoda 22, Mary 3, John 1
HAGAN, David 19*
FERGUSON, Erastus 21, Martha 18, Mary 3, Nancy 5/12
LITTLE, James 44*, Mary 50, Josephus 15

1850 Census Monroe County Kentucky

DARNELL, Sarah 20*
LITTLE, David 19, Elizabeth 25
BROWN, John jr. 39, Elizabeth 39, Elizabeth 4, Nancy 2
HAGAN, Francis 34, Anna 25, Elizabeth 12, Nancy 10, Fendal 8, William 7, Elvira 4, James 2, David 1
FERGUSON, A. O. 32 (m)*, Martha 25, Mary 7, Sarah 6, Martha 3, Mary 10/12
HOGAN, John 17*
WALDEN, David 32, Jane 30, John 8, Samuel 6, Margaret 4, James 2, David 1/12
PAGE, Saml. S. 24*, Elizabeth 21, John 2, Martha 6/12
CLEMONS, Francis M. 17*, Mildred 21
HARLING, Reuben 45, Cynthia 24, Mary 13, Sarah 10, Joseph 3, Louisa 11/12
CLEMONS, Saml. 43, Eliza 28, Eleanor 15, Sarah 13, James 9
CLEMONS, Joseph 43, Nancy 36, Lucy 15, Nancy 12, Mary 10, Emily 8, Eliza 5, Thomas 2
CLEMONS, Wm. 30, Martha 22, Julia 7, Mary 6, Sanford 4, Jenetta 1, Mary 87
BARTLEY, John 23, Sarah 19, Green 7/12
BARTLEY, George 45, Nancy 44, Rachael 20, James 18, Zera 16 (m), Francis 14, Martin 10, Mary 7, Feraby 4, Eleanor 3

Schedule Page 414

JACKSON, James R. 21, Elizabeth 20
HARVEY, Nancy 61, Alvira 36, Austin 34, Paulina 33
LAZEWELL, Andrew 42, Mary 31, David 13, John 11, Moses 8, Anny 6, Margaret 4, Elizabeth 1
LIPSON, Marshall 42, Phoebe 41, Julia 17, Elizabeth 13, Alfred 9, Woodford 7, Mary 5, Lucy 4
HUFFMAN, Simeon 37, Sarah 38, Margaret 13, Nancy 11, Thomas 9, Edward 7, Catherine 6, Sarah 1
HARLING, George B. 67, Mary 64, Josiah 12
HUFFMAN, George 48, Rachael 36, Elizabeth 18, Lewis 17, Mary 15, Sarah 14, Christopher 12, Ann 10, James 7, Victoria 6, Ellen 3, Lucy 1
ARTERBURN, William 24, Cynthia 19
HAMILTON, John 75, Thomas 26, Joel 19, Richd. 14
HAMILTON, James 24, Jane 21
BIGGERS, Owen 43, Ailsie 27, John 10
HOOD, Charles 51, Sarah 52, Mary 23, Eli 19, Wyatt 17, Samuel 15
MCPHERSON, George 61, Mary 51, Saml. 26, Jehu 24, Mary 21, Melinda 17
HUFFMAN, S. H. 22 (m), Elizabeth 24, William 3, Mary 1
HAMILTON, Robt. S. 33, Nancy 27, Dilema 7, Ailsie 6, Mary 3
HAMILTON, John jr. 30, Eliza 24, James 6, William 4, Mary 2

Schedule Page 415

LAWRENCE, John 32, Mary 27, Elbert 5, Elizabeth 68
HAMILTON, Thos. 61, Margaret 59, Jacob 27, James 22, Eliza 80
HAMILTON, John 32, Catherine 27, Nancy 6, Margaret 4, Martha 1
JOHNSON, Hiram 34, Nancy 27, William 8, Jane 5, Elizabeth 2, America 6/12
LAWRENCE, Joseph 42, Sarah 43, James 23, Lucy 21, William 18, Riley 15, Catherine 15, Jacob 13, Jeremiah 10, Elizabeth 7, Farner 3
HUFFMAN, Wm. A. 30, Clarissa 31, Harriet 8, Sarah 6, Milped 3, Lucinda 6/12

1850 Census Monroe County Kentucky

BARTLEY, James 25, Nancy 22, Catherine 2, William 2/12, Thomas 21
HARLING, Francis A. 29, Nancy 29, John 8, Rhoda 5, James 4, Clinton 2, William 5/12
HARLING, James 28*, Harriet 27, John 3, Harrison 2
PALMORE, Robert 11*, Emily 12
LAMB, Melinda 17*
HARLING, Charity 48, Willis 25, Lemuel 18, Sarah 16, Julia 11, Joseph 9
HARLING, William H. 42, Mary 37, Anice 18 (m), Hezekiah 15, Amy 13, Zephaniah 11,
   Jeremiah 8, Temple 7 (f), Hulda 4, Zachariah 1
DAVRINGTON, Miles 61, Elizabeth 51, Charlotte 16, Ewing 14
CLEMONS, William 40, Sarah 36, Nancy 10, Kanzada 9, John 4
HOLLOWAY, Green 26, Clarissa 60, Deliah 32

Schedule Page 416

HOWARD, Harmon B. 31*, Rachael 29, Matilda 7, William 5, Smith 3, Harmon 1
EMBERTON, Elihu 9*
HAYES, Mary 41, Jesse 18, James 13
FRAZIER, Jas. G. 20, Mary 16
HALE, Mary 43, Joseph 20, Sarah 17, William 13, Nancy 11, John 7, Henry 2
CLEMONS, Sarah 51, Elizabeth 8
BUSHING, James 24, Elizabeth 20
PROPHET, John J. 35, Nancy 37, Pleasant 13, James 11, Margaret 9, Elizabeth 6
WARHAM, Robert 51, Rebecca 58, John 15, James 13, Lucinda 35
HAMILTON, Wm. L. 34, Feraby 35, Martha 11, Amanda 5, Sarah 2
FINLEY, James 53, Elizabeth 28, James 5
RHEA, Martha 45, Sarah 8
ROBINSON, Danl. 30, Elizabeth 31, William 7, Atcheson 4, Mary 2, Martha 3/12
BARTLEY, Margaret 73*, Benjamin 23, James 10
CLEMONS, Joseph 21*
EMBERTON, David 34, Frances 25, Martha 3, Allen 7/12
BROWN, William 50, Louisa 41, Emeline 23, Matilda 22, Albern 20, Susan 18, Mary 15,
   Catherine 13, Duvall 12, Alfred 11, Martin 10, William 8, Jackson 6, John 5, Louisa 2
HUGHES, Edward 54, Melinda 40, William 18, Patrick 16, Lucy 14, Thomas 12, Benjamin 10,
   Mary 7, Robert 2

Schedule Page 417

SYMPSON, Jacob C. 34*, Elzada 32, Catherine 12, John 12, William 8, James 6, Thomas 4,
   Mary 1
GORDON, Richd. 23*
HAYES, Wm. 32, Charlotte 23, James 4
JACKSON, John 30, Rhoda 25, Paulitha 7, James 4, Isaac 3, John 1
KEEN, James H. 31, Naomaabah 19, John 5, William 4, Elizabeth 8/12
JACKSON, Wm. 24*, Sarah 25, Mary 2, Sarah 1
HUFFMAN, Elizabeth 60*, Stace 20
NORMAN, Joseph 36, Mary 36, Elizabeth 14, Jane 12, Madison 10, James 7, John 1
NORMAN, Caleb 49, Sarah 51, William 25, Simeon 22, Caleb 17, Jacob 14
NORMAN, John M. 27, Richd. 5, Nancy 3, Caleb 3/12
HAMMER, John F. 52, Sarah 53, Margaret 16, Turner 15

1850 Census Monroe County Kentucky

PROPES, Barney 25, Sarah 25
HARVEY, Chas. 27, Catherine 26, Elizabeth 3
WALDEN, Sarah 58, Mary 25, James 18, Thomas 14
BURHONGSEN, Geo. 43*, Nancy 43, Joseph 20, Martha 19, William 18, George 16, Jacob 14, Henry 11, Perry 9, Nancy 7, Sarah 4, Mary 2
BURHONGSEN, George Sr. 82*
BURHONGSEN, Henry 80, Isabel 82
HAYES, James 28*, Jane 23, Sarah 5, Mary 4, Malissa 2
HARLING, Elizabeth 14*
PITCOCK, John 84*, Mary 34
LEWIS, Geo. 20*
PAGE, Calvin 23, Prudence 19, John 1

Schedule Page 418

CARTER, John B. 41, Lucinda 42, Margaret 12, Joseph 9, Rachael 9, Lucinda 6, John 2
WALDEN, Richd. 23*, Melinda 21, Mary 2, John 6/12
CARTER, Louisa 15*
NORMAN, Sarah 74
HARPER, Elizabeth 64, Martha 22, Mary 20
STRODE, Wm. Jr. 31, Julia 21, William 8, Lydia 7, James 6
GIPSON, Miles 35, Minerva 30, Creassy 13, Mahaley 11, John 9, Matthew 7, Jonathan 3, Mildred 8
MURPHY, Elizabeth 67*, Mary 44, Elizabeth 30, Martha 27, Mildred 24, Prudence 23, Beriah 22
CARTER, John B. 12*
PAYNE, Reuben 45*, Sarah 41, Addison 19, Grandison 12, John 10, William 8, Caleb 6, Ibby 1
RACONER, Absalom 238*
DARNELL, Nancy 17*
HAGAN, Nancy 62
MURPHY, Josiah W. 33, Rebecca 30, John 5, George 4, David 4/12
BOLTON, Uriah 25, Mahaley 17
FERGUSON, Moses 56, Sophia 57, Ferdinand 18, Elizabeth 16
FERGUSON, Sparrel 31, Charlotte 28, Julia 12, Sarah 9, Richd. 6, Lemuel 3
CARTER, Chillion 43, Louisiana 38, Byram 18, Hiram 18, Sarah 10, Jane 9, William 7, Camiller 6, Mary 5, Elizabeth 3, Joseph 1
BUSHONG, Henry 27, Nancy 21, John 6, William 3, America 1/12
BUSHONG, Susan 54, Elizabeth 30, Jane 20, John 18, Samuel 15

Schedule Page 419

HARLING, Henry 25*, Mary 25, John 3, George 5/12
BRADBURNE, Mary 56*, America 16
VEST, Saml. R. 22, Ann 22
CARTER, Joseph 48, Sarah 57, William 19, Ann 14
ROBINSON, Danl. W. 40, Martha 37, James 14, John 12, Eliza 9, William 7, Levi 4
BRAY, Henry 45, Pamelia 43, Edward 22, Julia 20, Jasper 18, Pattison 17, Arminta 15, Barton 13, Nancy 11, Mary 9, Richd. 8, Newton 6, HEnry 5, James 3
MILLER, Abraham 46, Nancy 50, George 22, Catherine 18, John 16, Hiram 14

1850 Census Monroe County Kentucky

HIGH, Alsey 40*, Harriet 49, Sarah 19, William 18, Emily 15, Elizabeth 14, Martha 12
ROBINSON, Sarah 47*
JACKSON, Saml. 56, James 21, Catherine 17
CUNNINGHAM, Geo. 56*, Harriet 50, Harvey 18
DICKISON, Josephus 17*
OSBORNE, Priscilla 57, Hannah 25, Sarah 14, Harrison 2
GROVER?, Enoch M. 67, Charlotte 56, Elijah 22
JONES, Marlen 61, Mary 60, Barton 23, Rebecca 21
RAY, Saml. 49*, Mary 45, Samuel 21, Phoebe 14
OLIVE, Priscilla 15*
GIST, Silas 15*
BARTLES, Isaiah 44, Matilda 46, Allen 22, Eliza 20, Thomas 18, William 16, Nancy 14, Mary 12, Narcissa 10, Wilson 8, Josiah 6

Schedule Page 420

HEADRICK, Isaac 44*, Elizabeth 49, John 20, Nathan 18, Joseph 16
JOB, Lydia 68*
BURKES, Joseph 39*, Arilla 28, Sarah 2, Matilda 9/12
DENHAM, Woodson 23*
PENNINGTON, Ephraim 55, Rebecca 50, Tabitha 29, Prestina 17, Susan 14
ROBINSON, Wiley 40, Mary 37, Minerva 19, Susan 16, George 13, Alfred 11, Mary 6, Wiley 4, Thomas 2
HOWARD, John W. 24, Elizabeth 22, Martha 5, Mary 3, Greenberry 2, Chara 5/12
VEST, David W. 50, Hannah 47, Sarah 22, James 23, Washington 18, John 16, David 13, Lilburne 11, Joseph 5, William 4, Martha 1
JACKSON, Wm. Sr. 69, Mary 58, Henry 16
JONES, Harvey 54, Lydia 46, Nathan 19, Clinton 16, Margaret 14
DEWBRE, James 30, Mary 30, Martha 10, Elizabeth 7, John 5, Giles 2
HAYES, Allen J. 23, Mary 19
HOWARD, Jesse 56, Lucy 55, Andrew 19, Eleanor 16
MEADOWS, Ota 48, Susan 39, Elizabeth 19, Sarah 17, Berentha 13, Martha 6, Erastus 5, James 3, Sophina 1
FERGUSON, John K. 65*, Mary 63
EMBERTON, David 10*
EMBERTON, Elizabeth 38, Cornelius 16, Sis 12
BURGER, Jane 49*, James 20, Harvey 15, Elizabeth 10, Thomas 8, Rebecca 3

Schedule Page 421

HAMILTON, Mary A. 18*, Serilda 8/12
BURRIS, Mary 98, Mary 36, William 13, David 10, Simon 9, Frances 7, Adeline 3
BRAY, Rebecca 52*, Mary 14
GRIMSLEY, Joseph 23*
KINGREY, Peter 47*, Sarah 46, James 19, Melinda 12, Elizabeth 17
PAGE, Serilda 10* (B)
QUIGLEY, James 79, Phoebe 30
DANILEL, John 56, Mary 56, Melinda 22, Caroline 20, Norris 19, Richd. 17, Newton 13, William 13

1850 Census Monroe County Kentucky

CORCORAN, John T. 29, Elizabeth 27, Mary 5, Minerva 4, Thomas 1
FRAZIER, Henry 59, Elizabeth 54, Joshua 21, Nancy 18, John 17, James 15, Abigail 12
KELLOW, William C. 54, Elizabeth 43, Nancy 21, William 18, Andrew 16, Jessee 13, Sarah 1
DANIELS, John H. 30, Sarah 25, John 4, Martha 3, Elihu 2
ROBERTSON, Robt. E. 27, Elizabeth 33, Melinda 6, James 5, Elizabeth 3
JOB, Amen 23, Rhoda 19, Sarah 1
ADAIR, Wm. H. 30, Eliza 35, James 6, Elizabeth 4, Harmon 3
ARTERBURNE, John 51, Nancy 51, Sarah 21, Nancy 19, John 17, George 15, Melinda 12, Elbert 8
BILLINGSLY, Jas. 72, Rebecca 72, Alfred 11
PAYNE, James 37*, Rebecca 30, Elizabeth 11, Daniel 9, William 6, Catherine 3, Isabell 1

Schedule Page 422

DAVISON, Elizabeth 56*
KINGREY, Wm. 24, Rebecca 24, Peter 3, John 1
PAYNE, Enoch 28, Nancy 24, Mary 5, John 2, Harmon 7/12, Daniel 70
PAYNE, John 34, Julia 28, Sophia 8, Reuben 6, Elizabeth 4, James 2, Minerva 3/12
QUIMBY, James 48, Jemima 50, Louisa 13, Rutha 11, Martha 7
BARRETT, Thos. C. 22, Clarissa 17, Mary 5/12
WEBB, Hiram 38, Rosanna 27, Melvina 9, William 7, Sarah 5, Lura 4, Susan 3, Mary 2, Alfred 1
JACKSON, Joseph 38, Lavina 32, Jacob 9, Joseph 5, William 2
WEBB, John 59, Frances 60, Madison 25, Frances 21
WEBB, Claiborne 38, Elizabeth 24, Thomas 6, John 4, Edward 2
WATT, Francis 21, Martha 27, Sarah 3, John 2, Elizabeth 2/12
LENTZ, William 40*, Elizabeth 40, Frances 19, Nancy 17, John 14, James 13, Martha 11, Charles 8, Robt. 7, Thomas 6, Jesse 4, Mary 1, Chas. 20
GENTRY, Chas. 20*
FRAZIER, James 64*, Mary 50, Lemuel 18, Henry 16, Benjamin 12, Barlett 9, Franklin 7, Mary 4?
RHODES, John 6*, Sarah 5, Parmelia 2
SLAUGHTER, William 69, Rebecca 62, Elijah 25, Philip 20, Eda 12, Nancy 8

Schedule Page 423

FRAZIER, Elizabeth 27, Hickliffe 2
SABENS, Thos. S. 65, Priscilla 61, John 41, Floyd 27, Sarah 23
SABENS, Thomas 29, Sarah 30, Elizabeth 7, William 4, Eliza 3, John 4/12
MEADOW, Martin 40, Sophia 35, John 17, Judy 15, Richard 13, Martin 12, Brice 10, Mary 7, Sarah 5, Nancy 1
ADWELL, John 25, Phoebe 27, James 9, Lydia 5, Sarah 3, Mary 1
SABENS, Calvin 33, Frances 33, Elizabeth 14, Narcissa 12, Thomas 10, William 8, Floyd 6, John 4, Jacob 1
WILBURNE, Wm. 51, Elizabeth 49, Nancy 22, Eliza 20, John 24, James 18, Hewlet 16, Joseph 14, George 12
WILBURNE, Saml. 28, Elvina 24, Nancy 4, Elizabeth 2
WILBURNE, Jas. R. 45, Mary 28, Margaret 2
SABENS, Washtn. 37*, Tabitha 38, Margaret 14, Samuel 13, Elizabeth 11, James 7, Christine 4, Sarah 2

1850 Census Monroe County Kentucky

WILBURNE, Margaret 70*
WELLS, John 31, Rutha 33, Martha 8, Joshua 6, Abner 5, Jacob 4, Rachael 3, Hugh 1
HEADRICK, Joseph 16, Adeline 18
BIGGERS, Geo. W. 50, Nancy 35, James 12, Carter 9, Mary 5, Narcissa 2
CHESS, Walter W. 41, Rebecca 42, Mary 18, Thomas 16, Martin 14, Jane 12, Isaiah 10, John 8, Washington 6, Jeremiah 3, Louisa 3/12, Rebecca 3/12, Jane Eliza 68

Schedule Page 424

PEELER, Abner 51, Lucinda 33, Matilda 14, Mary 11, James 9, Lydia 8, Elizabeth 7, Mary 5, Henry 3
KINGREY, Harmon 36, Sophonia 17, William 14, Martha 11, Julia 9, Eleanor 7, Ann 5
FRAZIER, Jas. 32, Jane 19
GRIMSLEY, Jas. 23, Frances 21, Joseph 3, Elias 1
KINGREY, Jacob 70*, Leah 68, Sarah 20, Rosa 13, Isaac 11, Sarah 10
PAGE, William 11* (B)
BURGE, John W. 22, Lydia 24, William 1, James 2/12
HEADRICK, Elizabeth 73
JOHNSON, Jas. 85, Catherine 70, Sarah 25, Lydia 23
UPTEGROVE, Francis 32, Mildred 57, Elmus 23
BOWLES, Clifton 19, Lydia 18, Rebecca 6/12, William 8
BOWLES, Martha 45, Elijah 20, Thomas 15
KINGREY, Wm. 44*, Elizabeth 39, Josephine 7, William 4, Jacob 3, John 2, Melinda 10/12
BLACK, Eliza 17*, Gamaliel 12
PAYNE, John P. 40, Susan 36, Louisa 15, William 12, Almida 10, Nancy 8, Cynthia 6, Rachael 4, Elizabeth 2, Isabel 3/12
PAGE, Wm. 26, Jane 22, Henry 6, Elizabeth 5, Jonathan 3, Melinda 3/12
JONES, William 22, Eliza 19, James 3, Harmon 1

Schedule Page 425

CARDER, Saml. 43, Anna 48, Rebecca 21, Ebeline 13, Samuel 5, David 21
CARDER, Jesse 23, Mary 26, Martha 2, Jane 1
MARSHALL, Sam 67
KELLEY, Elvira 32*, William 21, Elizabeth 13, Caroline 12, Samuel 9, James 5, Peter 3, Mary 17
WILSON, Elizabeth 70*
PAGE, Nathan 23, Delilah 16, Nathan 8, Catherine 3, Frances 2, Thomas 1, Elizabeth 29, Catherine 40
JOHNSTON, Wm. 39, Sarah 29, Emily 9, Norris 7, Phoebe 5, Nancy 1
CHISM, Jas. T. 39, Sarah 23, Judith 4, James 3, Wm. 18
LEE, Andw. 55, Elizabeth 58, Sophia 18
KING, Stephen L. 60, Susan 60, Susan 24, Richard 22, Nancy 20, James 19
MULKEY, Jonathan 67, Mary 23, Caleb 4
DONAHAN, Martin 44, Sarah 39, Nancy 17, Melinda 15, Jackson 14, Susan 12, Julia 9
DENHAM, Hardin 38, Alta 23, Sarah 8, Stanford 6, Martha 4, America 2, Ann 5/12
WEBB, William 31, Jane 32, Elizabeth 5, William 1
DANIELS, Reuben 30, Isabella 45, James 18, Richd. 16, Sarah 15, Nancy 14, Catherine 12, Marma 10 (m), John 9, William 6, Nancy 58

1850 Census Monroe County Kentucky

DOSS, Littleberry 79, Martha 70
TYREE, Lucy 22, William 5, James 4, Martha 2, Mary 1

Schedule Page 426

TURNER, Joseph 60, Lydia 60, Martha 19, Joseph 16
JEFFRIES, Peyton G. 35, Mary 39, Marmaduke 13, Martha 11, Samuel 9, Osborne 6, Mary 4, Hannah 3
GERALD, Aikin F. 54, Ginsey 42, George 25, John 23, Samuel 19, Melinda 16, Edith 14, Jane 12, Jasper 9, Barton 8, Martha 5, John 8
SHIRLEY, Jane 49
TURNER, John 26
HOOD, John J. 25*, Martha 21, John 3, William 4/12
RICH, Ann 15*
DEWBRE?, Giles 26, Sarah 26, John 3, William 2
THOMAS, Edward 40, Nancy 6, Martha 3
TURNER, David S. 22, Mary 30, Sarah 8/12
TURNER, Freeland N. 25, Melinda 25, Susan 4, Lydia 7/12
ROBISON, Saml. 48, Martha 54, Elizabeth 21, James 20, William 17
SPRATT, Hilligan D. 60, Nancy 25
GUM, Jesse 25, Sarah 24, Mary 3, Sarah 2
ROBINSON, Jas. 77, Mary 36, Jane 10, William 4
CHESTER, Mark 33, Martha 32, Robt. 11, James 9, Eliza 7, Anne 5, John 4, William 2
EUBANK, Tho. sr. 65, Jane 64
EUBANK, Chasteen 28*, Elizabeth 18, Eliza 1
MASSEY, William 12*, Lorenzo 10, Chasteen 9
EUBANK, Thos. jr. 30, Amanda 18, Merinda 1
THOMAS, Allen 45, Sytha 45, William 20, Mary 17, John 16, Joseph 14, James 12, Jane 8, Melinda 6

Schedule Page 427

OGDEN, Jas. 26, Sarah 27, Susan 5, John 4, Isaac 2, Nancy 1/12
HOOD, Thos. 68*, Lucy 66
GERALD, Henderson 22*
HOOD, Ben 37, Eliza 36, Martha 12, Lucy 10, Thos. 8, Sanford 5, Mary 2, William 1
LANE, Arch 73, Nancy 60, Mary 31
WHEAT, James 39, Lucinda 39, Mary 13, John 11, Wilson 10, Alexr. 6, Archy 5?, Nancy 2
LANE, Anderson 43, Jinsey 38, Jesse 9, Julia 6, Richd. 8, Mary 2
SMITH, Robt. 24, Lucinda 25
RYHERD, Jacob 73*, Jesse 35
RUSSELL, Josiah 16*
FOXSEN, Adam 77, Anny 67, Susan 37
FOXSEN, Adam 24, Mary 26, William 3/12
TURNER, Wyatt 40, Louisa 34, Nancy 12, John 10, Lucy 7, Wm. 5, Robert 2, Hugh 2/12
TURNER, James M. 30, Mahaley 30, William 8, John 2
BUTRAM, Jas. T. 22, Mildred 18
TURNER, Wm. 62*, Frances 61
ENGLAND, Jas. 12*, Wm. 10, Sarah 7

1850 Census Monroe County Kentucky

TURNER, William 26, Jane 23, Sarah 3, James 1
JACKSON, Jas. A. 38, Mary 26, John 7, Samuel 4, Philip 2
JACKSON, Jno. W. 36, Nancy 28, Benjamin 9, Sarah 7, Eliza 4, James 1

Schedule Page 428

PHILPOT, Jose 28, Sarah 27, Elizabeth 4, Martha 2
BARRENS, Amen? 21, Sidney 32, Jane 4, John 3, James 9/12
DANIELS, Zaccheus 55, Mary 61, Anny 30, Elizabeth 28, Sarah 27, Dorathy 17, Mary 15
DOSS, Alfred 22, Sarah 26, Edwd. 1/12
KIEN, Eli 60, Nancy 52, Mary 24, Arabel 22, Joseph 21, Nancy 18, James 16, Matilda 10, Adaline 7, Jane 4
GREENUP, Jas. L. 45*, Kitty 43, Nancy 14, John 12, James 10, Mary 8, Bascom 6, Richard 3
HAMILTON, Robert 23*
MAYBERRY, Elias 45, Sarah 44, Elizabeth 19, Saml. 17, Robt. 14, Margaret 13, Lydia 12, Melinda 11, Jacob 10, Mary 7, Thomas 5, James 2
SMITH, Frances 62, William 24, Mary 23, Sarah 2
ENGLAND, Elisha 41, Sarah 28, Joseph 12, Wm. 10, Martha 7, James 5, Samuel 2
MCGUIRE, Joseph 39, Nancy 25, Julia 13, William 11, Isaiah 9, Elizabeth 7, John 5, Martin 3, John 1
BARTLETT, Solomon Jr. 21*, Elizabeth 19, Harmon 1
BRADEN, Mary 15*, Amanda 16
BARTLETT, Leah 44, Joshua 18, Martha 14, Sarah 12, Jacob 9
BRADEN, Harmon 21, Mary 17

Schedule Page 429

MILLER, Saml. 58, Martha 23, Catherine 16, Newton 4
WILLIAMS, Joshua 70*, Rachael 67, Jacob 40, Margaret 30
LYONS, Wm. 6*
LYONS, Thos. H. 28, Elizabeth 27, Ralph 5, James 2, Susan 4, John 2/12
LYONS, Milton 22, Nancy 21
BRANCH, Mary 50, James 23, Lurani 16
HART, Jesse 30, Louisa 29, Thomas 12, Mary 8, Matilda 6, Francis 4, Susan 2, Jane 4/12
MARTIN, Wm. Sr. 84*, Letitia 76, James 27
SAUNDERS, Augusta 14*
FLOWERS, Joel 53, Elizabeth 53, James 30, Susan 19, John 17, Lilburne 14, Ann 12, Elizabeth 10
PICKENS, Saml. 39, Jemima 39, Mary 17, John 14, Letitia 13, David 10, Martha 9, James 7, William 6, Saml. 3
LEWIS, John M. 32, Nancy 28, Saml. 11, James 9, Francis 7, Henry 5, Hannah 3, Joel 7/12
WILSON, Thos. W. 26*, Meka 24, John 9/12
FRANCES, Mary 18*
SELSER, Raspberry*
COTHRAN, John B. 32*, Ann 30, Elizabeth 1, Rachael 41
MCCUE, Albert 23*
JOHNSON, Saml. 60, Elizabeth 56, Nathaniel 22
JOHNSON, Jas. 35, Jane 30, Jane 10, Martha 6, William 4, Sarah 1
WARD, Clinton 30, Mary 21, Nancy 6, Thomas 3/12

1850 Census Monroe County Kentucky

MCINTYRE, Wm. 23*, Elizabeth 26, Sarah 12, Mary 11, John 8, Charles 5, Ann 1

Schedule Page 430

FURMANN, Nancy 44*
WILSON, John 58, Mary 50, Jane 24, Margaret 20, Elizabeth 19, James 17, John 14, George 12, Isabell 9
HAYES, John H. 52, Lydia 51, Robert 17, Susan 21, Sarah 15, Rhoda 14
PARDUE, John G. 31, Amanda 29, James 7, William 6, John 4, Mary 9/12
ENGLAND, Jane 71*, Joseph 46, Jane 37
TURNER, Toliver 19*
QUINN, Elizabeth 41, Mary 14, William 12, John 9, Nancy 8
BOYD, Woodford 23*, Harriet 19
WITTEY, Bolden 16*
BOYD, Thos. B. 55, Edna 46, Robert 18, Thomas 17
CHISM, Martha 41, John 21, James 17, Robert 16, Martha 14, Nathaniel 11, Samuel 9, Crittenden 5
WEBB, Green 38, Jane 36, Elizabeth 14, Mary 12, William 9, Robert 5, Nancy 3, James 4/12
TAYLOR, Wm. R. 28?, Sarah 24, James 2, Mary 1, Jarrott 77, Mildred 72
ARTERBURNE, John D. 25, Frances 22, Thomas 7/12
WHITEHEAD, Patrick H. 37, Bethany 40, STephen 13, John 9, James 7, William 5, Robt. 3
BURKES, Alexr. 36, Mary 29, William 7, John 4, Elizabeth 1
HILLMAN, Norris Y. 48*, Anna 47
AMERS?, Mary 12*
BARLOW, John S. 48, Jane 37, Harmon 16, Joseph 15, Elizabeth 12, Sarah 10, Smith 8, Jane 6, Derinda 4

Schedule Page 431

431 JOHNSON, Chas. 41, Matilda 39, William 18, Martha 14, John 12, Eliza 11, Mary 9, James 4, Joel 2
431 DICKISON, Isaac 41, Mahaley 33, John 15, Nancy 14, William 12
431 BURKES, L. B. 65 (m), Nancy 55, Elzada 34, Judy 24, Mary 22, John 19, Sarah 15
431 BURKES, Benjamin 33, Frances 20, Nancy 8/12
431 BURKES, Jesse J. 40, Nancy 30, Lydia 7, Nancy 6, Joseph 3
431 TURNER, James M. 31, Lucy 33, Martha 5, Lydia 2, Sarah 4/12
431 TURNER, Jefferson 38, Mary 40, Jane 16, Frances 15, William 12, Robert 11, Elizabeth 9, John 6, Saml. 2
431 HIMES, Christian 36, Emma 31, Elizabeth 9, John 7, James 6, George 5, Addison 4, Mary 2, Ann 2/12
431 LLOYD, Wm. 23, Mary 18, Mary 5/12
431 LANE, Benjamin 60, Mary 50, Susan 23, Letitia 12, Mira 13, Josephus 10, Joseph 6, Canzada 2
431 HOOD, Joseph 21, Ann 21, Sarah 2, William 7/12
431 ISENBERGH, Danl. 50, Lydia 46, Delilah 17, John 16, Harvey 14, Susan 9, Jane 7
431 FOX, John 33, Elizabeth 30, Lydia 10, Danl. 8, Joseph 6, James 14, Samuel 1
HEADRICK, James M. 20, Martha 19
HARVEY, Joseph 28*, Rhoda 22, William 5, Henry 4, Isaac 1
HAYES, Lydia 15*

1850 Census Monroe County Kentucky

ISENBERGH, Joseph B. 35, Matilda 40, Andrew 12, Elizabeth 11, Simeon 9, William 8, Mary 6, Daniel 4
PROPHET, Geo. W. 43, Margaret 41, Matilda 16, Thomas 15, Jackson 11, William 8, Harmon 5, George 2
PRICE, Pharoah 34, Sarah 34, Hannah 10, Catherine 8, Marmaduke 7, Mary 5, Martha 2
JEFFRIES, M. N. 65 (m)*, Hannah 54, Marmaduke 19, Ancen? 17, Robert 13, James 11, Ezekiel 6
WHITE, Nancy 25*
DARNELL, Duncan Mc. 38, Lucinda 36, Julia 12, Nancy 8, John 5, James 2/12
STEVENSON, Geo. 30, Jane 27, Mary 5, James 2
JACKSON, Smith 40, Isabell 35, Mary 9, Henrietta 9/12
EMBERTON, Thos. 64*, Anna 60, Margarete 38, Mary 26, Matilda 20
STRODE, Jourdan 20*
MATHENY, Geo. 14*
RACENER, John 54, Mary 42, Unah 21 (m), Elizabeth 16, Hiram 11, Mary 10, Frances 3
BROWN, Nathan 22*, Jane 20
RACENER, Stephen 18*
BROWN, Thos. 60, Sukey 51, Sarah 18, Nancy 18, Amanda 16, Margaret 14, Eunice 10
ISELY, Hannah 53, Elizabeth 30, James 24, Martin 17, Nancy 16, David 14

Schedule Page 433

MATHENY, Mary 40, Elizabeth 16, William 11, Rebecca 7, Smith 1
EMBERTON, Ally 60 (f), Jane 16, William 18, Catherine 14, Nancy 24, Sarah 6
EMBERTON, Angline 28*, Amanda 1
WALKER, Susan 21*, Mildred 4, William 3
ROBINSON, Mary 34*, Joshua 10, Mary 7, Susan 5, Sarah 2
BUTLER, Joshua 59*
CRUMPTON, Saml. 40, Keziah 33, Bishop 11, Robinson 9, Samuel 7, Sarah 5, Smith 2
THOMAS, Eleanor Y. 43*, Samuel 16
HOWARD, Jane 77*
BEALS, Isaac 46, Anna 44, Mary 21, Catherine 19, Elizabeth 17, Martha 14, James 11, Rebecca 9, John 4, Sarah 2
WATSON, Zerena C. 38, Virginia 11, Russella 7, Mary 5, Stewart 2
ADAMS, William 48, Dorcas 40, John 16, James 14, Saml. 12, Thomas 11, William 6, Jeremiah 2
BLAKELEY, Alexr. 23, Jane 21, James 9/12
BOWMAN, Jacob 37, Mahaley 26, Adilla 13, William 9, Elizabeth 8, Jane 7, Turner 5, Phebe 4, Merinda 1
HAMMER, Sarah 47, Elizabeth 22, Nancy 21, Louisa 17
BIRDWELL, Alexr. 61, Elizabeth 66
HATCHER, John 30, Mary 38, Sarah 5, Thomas 4, Nancy 3, William 8/12
GULLEY, Thos. 27, Jane 34

Schedule Page 434

BIRDWELL, John A. 28, Nancy 34, Eliza 4, Alexr. 1
HUGHES, Wm. 64, Joyce 40, Clementina 22, Lucy 17, Elizabeth 15, Joyce 12, James 8, Mary 5
PEAT, Washington M. 22, Anna 15

1850 Census Monroe County Kentucky

WOOD, William B. 41, Elizabeth 42, John 17, James 14, Rebecca 9, Jesse 6, Elizabeth 2
COPASS, William 65, Anna 55, Eunice 25, Nancy 42, Jacob 19, Ira 13, Sarah 10
COPASS, Henderson 22, Mary 21, Mary 2, Nancy 1
PEAT, Wm. M. 54*, Matilda 54, James 24, William 18, Wallace 15, Nancy 14, Jordan 8
STULTZ, Esther 38*
KING, Zachariah 75, Drusey 62, Mary 30
GUFFEY, Alexr. 25, Santee 23 (f), Alphonse 6, Mary 4, Armilda 1
KING, Alphonso 26, Sarah 22, John 5, Anna 2
STEEN, Catherine 40*, William 14, Amanda 8, Jasper 6, Ann 11/12
CONDRA, William 61*
CURTICE, Elizabeth 42, William 20, Saml. 18, Turner 15, James 14, Isaac 11, Mary 9, Elizabeth 9
RITTER, Henry 58*, Sarah 53, Elizabeth 15, Alexr. 11, George 18
FOWLER, Sarah 29*, Henry 6
ALLEN, Jonas G. 27, Rachael 23
RITTER, Henry jr. 28
STONE, Mary H. 60
SPEEKMAN, Nancy A. 51, Fanny 14, John 11
ALLEN, Lewis J. 22, Lavina 25
STETS?, Joseph 65, Sarah 62, Anna 28, Elihu 5, Margaret 8/12, Samuel 13

Schedule Page 435

CRUMPTON, Sarah 62, Norris 30, Hiram 22, Elizabeth 7
SMITH, Mary 40, Martha 23, Emily 21, Charity 18, Mary 14, Rosa 11, Penelope 5, Carroll 7, Malachi 1
FULKERSON, John 71, Susan 71
CURTICE, Green B. 38, Elizabeth 30, Sarah 11, Josiah 9, Bennet 7, Abigail 4, John 3, Hannah 1, Charity 90
BELCHER, Preston 31, Amanda 21, Henry 5, Elizabeth 4, John 2
EUBANK, Wm. B. 35, Nancy 35, Benjamin 13, Mary 12, Nancy 11, Emeline 8, Susan 3, William 6, Augusta 4, John 1
ISENBERGH, Nicholas 26, Jane 27, Sarah 10
LLOYD, John 55, Nancy 52, Serena 31, Solomon 22, Hannah 17, Lavina 16, Matilda 11, Nancy 8
FRAME, John M. 37, Parmelia 36, Marcus 13, Sarah 11, George 8, Josephine 7, Angeline 7, Lucy 3, James 2, Sarah 65, Jane 30
VAUGHAN, Saml. 35, Hannah 29, Jane 12, John 10, Isaac 8, William 7, Thomas 6, Samuel 4, Mary 7/12
GREENLEAF, Hamilton 38, Mary 38, Julia 17, Harriet 16, Anjeline 14, Narcissa 11, Marion 8, Amanda 6, John 4, Eli 1

Schedule Page 436

BALUS, Joseph 20, Rebecca 24, Ann 1
DOWNING, Sanl. E. 30*, Matilda 23, Catherine 6, James 2, Jane 3/12
MAIZE, Henry 20*
WHEELER, Simon 25, Melinda 18, James 1
CARTER, Thos. 25*, Mary 27, Margaret 2

1850 Census Monroe County Kentucky

WHEELER, Richd. 15*
NEAL, Wm. 47, Parmelia 47, James 22, Thomas 20, George 16, Perry 15, John 14, Hugh 10, Mary 7
VAN, Whitson 33, Sarah 35, Elizabeth 9, Melinda 8, Samuel 6, Mary 4, William 2
GOODALL, Mary 53, Peter 30, Nancy 27, Rhoda 25, Turner 22
NEAL, Benjamin 44, Malinda 39, James 18, Elizabeth 16, Eliza 13, Mary 10, William 8, Hugh 3
ISENBERGH, John 49, Hannah 52, Thomas 16, Henry 14, George 12
CABLE, Jefferson 29, Mary 23, John 2, Nancy 9/12
BROWN, Noah 27, Mary 17
MOODY, Geo. P. 21?, Jane 29, Mary 11, Arch. 9, Thomas 4, Sarah 1
NIEWMAN, John 31*, Louisa 29, Rebecca 8, Mary 4, Rhoda 2
SMITH, Wm. 10*
NEWMAN, Rhoda 67, Rebecca 26
LEWIS, Theodore 30, Susan 29?, Henry 9, Louisa 1
NEAL, Thos. 76, Nancy 60, Allen 31
SWORD, Danl. 40, Mary 42, John 21, Peter 15, Jane 18, Rhoda 13, Eliza 8, Henry 7

Schedule Page 437

ARTERBURNE, Eliza 49, Elizabeth 46, Jane 21, Elizabeth 19, William 17, Thomas 14, Elijah 12, Louisa 10, Julia Ann 8, Samuel 5
GOSNELL, Walton 39, Nancy 35, William 14, Ann 12, Mary 10, Peter 8, SArah 6, Joseph 4, Eliza 1
LEWIS, Wm. H. 53*, Elizabeth 52, John 17, Wm. 16, Charles 14
CABLE, Mary 22*
BURGON, Mary S. 43, Margaret 19, Mary 17, Elizabeth 15, Nancy 13
NEWMAN, George 37*, Jerusah 37, Rhoda 16, John 11, Hannah 4, Rebecca 1
ISENBERGH, Aaron 30*
CAMPBELL, Danl. 34, Jane 24, Sarah 11, Marticia 6, James 3, Moses 1
HUNT, John P. 29, Martha 23, Sarah 7, Mary 5, Melinda 2
FLIPPIN, James 67, Isabel 64, Pleasant 40, Nancy 25, Joseph 26
JENKINS, S. B. 30 (m)*, Sarah 28
QUINN, Wiley 10*
JENKINS, Saml. 63*, Sarah 62, Lucinda 38, Mary 36, Sarah 34, Jane 32, Elizabeth 30, Isabel 28
QUINN, Francis 18*
JENKINS, Saml. M. 34*, Margaret 34, Ann 5, Mary 4, Thomas 1
CREEK?, James S. 13*
JENKINS, Jackson 30, Ann 22, Matthew 4, Docia 3
WEST, Joel Y. 23, Parmlia 15
WEST, Catherine 53*, Elizz 35, Hulda 18
FLIPPIN, Catherine 15*

Schedule Page 438

GLOVER, John G. 34, Mary 30, George 12, Tennessee 11, Nancy 9, Mary 6
GRIDER, Wm. 28, Harriet 24, Ann 3, Mary 1
JORDAN, Wm. 39*, Lydia 34, Mary 15, Jacob 13, Angeline 12, Thomas 10, Solomon 8, Margaret 6, Elisha 4, Jeremiah 2, Catherine 1

1850 Census Monroe County Kentucky

CARTER, Emory J. 23*
AKERS, Abner 33, Harriet 26, Ann 9, Martha 7, John 3, Druscilla 8/12
WEST, Joseph 29, Frances 18
DUNN, Henry B. 26, Rhoda 22, Sarah 1
MAHONEY, Chesley 46, Doshia 50, Reuben 22, James 19, Angeline 16, Sarah 11
JENKINS, Jemima 33, Samuel 13, Rhoda 11, Sarah 9, James 7, John 3
TAYLOR, Isaac 38, Lucinda 34, Louisa 15, Nancy 14, William 13, RAchael 11, John 10, Ann 8, Elvina 6, Lucinda 4, Margaret 4, James 2, Daniel 3/12
MANSFIELD, Jane 40, Thomas 17, Ann 15, James 13
PARSLEY, John 35, Mary 16, William 1, Smith 4/12
WELLS, Gideon 40, Elizabeth 37, Ahaseures 13, Adeline 9, William 6, Louisa 4
HAWTHORNE, Susan 58, Benjamin 38, Rebecca 28, Mary 27, Eli 26, Robert 25
SIMMONS, Thomas 46, Charlotte 41, William 15, Henry 14, Sarah 16, Thomas 12, Martha 8, Frances 6, Nancy 3

Schedule Page 439

MURPHY, John 46*, Nancy 42, Sarah 15, Eveline 13, Ann 11, Malvina 9, Elmina 9, Martha 7, Mary 5, Rebecca 3, Julia 1
CARTER, Chillion 20*
SIMMONS, Wiley J. 44, Mary 36, Ann 17, James 10, Nacey 6, Mary 1
SIMMONS, Nacey 77*
LEWIS, Mary 46*, Sarah 8, Ann 4
MURPHY, Dixon C. 41, Jane 36, Parker 13, Philip 11, William 9, John 7, Joseph 6, James 2
CAMPBELL, Moses 62, Jane 65
SPEAKMAN, John 45, Elizabeth 45, Lucinda 23, William 20, Elizabeth 17, Davis 15, Barney 12, Thomas 10, John 8, Louisa 7, Martha 5, Sarah 3, Margaret 10/12, Fanny 80
FLIPPEN, Roly 39
GIBBS, Thos. 80*, Mary 70
ISENBERGH, Martha 28*, Lydia 1
FLETCHER, Margaret 21*, Mary 23
GIBBS, Simon P. 34, Elizabeth 26, William 8, Simon 7, James 6, Josillian 3, Mary 1
SIMMONS, D. H. 28 (m), Paradine 23, John 4/12
BUSH, A. B. 38 (m)*, Eliza 31, James 7, Mary 6, Matilda 4, Almina 1, Lemora 1
GOODMAN, Margaret 12*
BARLOW, Chas. P. 30, Margaret 25?, James 5, Paradine 3, Eliza 9/12
WALBERT, Hugh W. 25, Mary 22, Ann 3, David 1
DUNCAN, James R. 35, Catharine 24, Margaret 4, Lucy 29

Schedule Page 440

MANION, Thompson 30*, Elizabeth 24, Jane 7, Catherine 4, Elizabeth 2
HOWARD, John 26*
STEEN, Wm. B. 36*, Mary 27, Isaac 5, Nancy 4, Sarah 2, Mary 1/12
MEANS, Thos. 21*
STEEN, Josiah 20*
JACKSON, Isaac 26*
STEEN, Elizabeth 20*
FORTUNE, Elisha 70, Nancy 64, George 33

1850 Census Monroe County Kentucky

GOODMAN, Michael 59, Elizabeth 59, Jacob 17
RAY, Jas. M. 27, Saml. 29
BARLOW, Ambrose 46*, Elizabeth 37, John 15, Joseph 13, Margaret 12, Ambrose 10, Samuel 8, Mary 5, Martha 4, James 1
SHOCKLEY, Willis 19*
GOODMAN, John J. 62*, Nancy 32, Margaret 20, Mary 9, Martha 8, Rebecca 7, Melinda 6, Nancy 4, James 2, Catherine 1, Jacob 88
HUNT, Martha 75*
BISHOP, Cornelius 18*
WALBERT, David 63, Rachael 56, Elmina 17
FLIPPEN, Thomas A. 20*, Mary 15
CAMPBELL, Abraham 30, Mary 27, Joseph 3
HAGAN, Mary 50*
BARLOW, John S. 25*, America 21, Margaret 15, Angeline 12, Mary 9, George 1
GOODMAN, J. T. 25 (m), Mildred 22, Joseph 5, William 3, Ann 1
GOODMAN, David 28, Caroline 24, Sarah 3, Preston 19
SHOCKLEY, Thos. 46, Mary 40, James 16, John 15, Wesley 13
BROWN, Joel 47, Frances 36, John 11, Elizabeth 9, Lucy 7, Mary 5, Nancy 3, Sarah 2

Schedule Page 441

HOWARD, John C. 32*, Phoebe 30, Elizabeth 12, Mary 10, Michael 7, Sarah 5
LANCASTER, John A. 21*
SCOTT, Alexr. 28, Caroline 26, Mary 7, Sarah 5, Abigail 3, Matilda 10/12
SHORT, Dicey 46, James 23, Derinda 26, Hosea 20, Wm. 17, John 14, Elizabeth 9, John 7/12
HUGHES, John P. 32, Feraby 26, Francis 9, Saml. 7, William 5, Ann 2
MAHANEY, F. H. 22 (m)*, elvina 16
QUINN, Julia 14*
PACE, John A. 25, Mary 22, William 1
CREEK, Radford 24, Eleanor 29, Josephine 9, John 7, Sarah 5, Jane 2
PARRISH, Richd. R. 52, Charity 42, John 18
PACE, Thos. 50*, Mary 47, James 18, Elizabeth 15, THomas 12, Mary 10, Robert 7, Francis 5, Rebecca 9/12
HENDERSON, John 18*
PACE, Matthew 24, America 16, Mary 5/12
RAGAN, Eli 22, Sarah 18, James 7/12
GENT, Asa 18, Mary 17
MEHANEY, Jeremiah 53, Delilah 44, Martha 18, Stephen 16, Elizabeth 14, Alvin 12, Catherine 8, Jefferson 6, William 4, Clearmoine? 76
BALLEW, Geo. W. 46*, Mary 40, Rufus 19, Francis 8, Martha 16, Edward 3, Robert 3, John 10/12, Mary 10/12
CAYWOOD, Edward 63*

Schedule Page 442

AKERS, Wm. 44*, Elizabeth 62, Sarah 11, Martha 9, John 9/12
SAUNDERS, Louisa 15*
GRIDER, Martin 50, Mary 50, Tobias 20, Thomas 16, Eliza 14, Henry 10
BRANDON, Wm. 26, Rebecca 21

1850 Census Monroe County Kentucky

AKERS, J. P. 38 (m), Mary 25, John 6, Isaac 4, Ann 2
SMITH, Henry 30, Melinda 24, Samuel 7, Elizabeth 5, William 4, Sarah 1
GUM, Jehu 43, Frances 50, Sarah 22, America 20, John 19, Nancy 16, William 14, Frances 12, James 12
BEECH, John 46, Catherine 36, James 15, Peter 11, George 6, Mary 3, Rebecca 7/12
LUM, Jacob 30, Eliza 27, Ann 7, Zererah 6, Sarah 4, Arcena 10/12
BUSH, Elizabeth 54
LANCASTER, Levi 55, Nancy 48, John 20, Matilda 17, William 15, Levi 22
BUSH, Wm. T. 32, Margaret 24, Sarah 6, Elizabeth 4, James 1
BRANDON, Arthur C. 24, Martha 18
WALKER, James C. 26, Mildred 24, Mary 5, Eliza 2
CREEK, Isaac 41, Jane 16, Talitha 13, William 12, James 11, John 7, Sarah 6
YOKELEY, Sidney 44 (m), Eliza 35, John 15, Eliza 13, Catherine 10, Nancy 4, James 5, William 2, Micajah 1
BYHERD, Elie 40*, Nancy 35, Abraham 13, Thomas 9, Lindsey 7, Jane 6, Margaret 3, Eli 1

Schedule Page 443

MCCOMMET, Elijah 17*
CREEK, John 74, Rebecca 60, Mary 23, Emily 9
CREEK, William 32, Elizabeth 33, James 6, William 5, Norris 2
MCCOMMET, John 95, Martha 90, Andrew 14
LEE, Joseph 49, Mary 49, Siney 16, John 10, Green 9, Thomas 6
BRANDON, John E. 49, Martha 44, Jane 26, Harrison 20, Isaac 19, Sarah 15, John 11
BRANDON, Alexr. 59, Anna 48, James 28, John 24, Harriet 18, Ann 16, Catherine 14, Jonathan 16, Anna 9, Margaret 7
MCNIECE, Edler 30, Elizabeth 28, Jonas 9, Jane 6, Melinda 4, William 2
MCNIECE, A. F. 35 (m), Catherine 36, Sarah 12, Margaret 10, William 8, Simon 6, Rhoda 4, Mary 1
MCNIECE, William 62, Elizabeth 58, Susan 15
ENGLAND, Isaac 37, Lydia 37, Sarah 12, Elisha 9, Smith 2, Ann 5/12
HALL, John 21, Catherine 26
PACE, James 27, Sarah 24, Mary 4, Joseph 3, Samuel 1
GUM, Claiborne 31*, Margaret 30, Sarah 2
WHEELER, Rhoda 21*, Arena 6, William 8, Lewis 58, Isaac 21
HALL, Ira G. 24*
GUM, Nancy 76, Saml. 14
JEFFRIES, A. S. 30 (m), Elizabeth 29, Eliza 6, Marmaduke 4, Smith 2

Schedule Page 444

CARTER, William 19, Mary 20, Sidney 4/12, Emeline 3
ENGLAND, Elisha 60*, Sarah 57, Sarah 16, Francis 14
WHEELER, Elisha 12*
PARRIOTT, Luther 28*, Irene 24, Mary 5, Sarah 4, Jesse 3, Augusta 1
WHEELER, Lewis 10*
ENGLAND, Wm. A. 30, Eliza 30, Harriet 6, Amanda 3, Benjamin 2
PARRIOTT, Mary 50, Martha 24, Mary 22, James 18, Hiram 7, Luther 6, Joseph 4, Lethe 7/12?
JENKINS, Henry B. 38, Sarah 40, Newton 9, Cyrus 7, Marcus 4, Parmelia 11/12

1850 Census Monroe County Kentucky

MCNIECE, Wm. jr. 27, Jane 30, John 4, Nancy 2
BALUS, Wm. F. 19, Delilah 16
COUNTS, Henry 50, Mary 50, Mary 24, Amanda 19, John 17, James 13, Margaret 8
MCNIECE, Wm. P. 27, Jemima 23, Humbolt 3, Louisa 2, L. Ann 10/12
ENGLAND, Leroy 50, Mary 44, Woodford 25, Jesse 23, William 17, Nancy 15, John 16, Sarah 14, Mary 12, Priscilla 10, Turner 8, Joseph 6
GRAMLIN, Henry 52*, Mary 52, Reuben 22, Elizabeth 24, Joseph 18, Henry 16, Mary 14
CURTICE, Elizabeth 4*
HALL, David 28, Mary 24, Elizabeth 4, Kitty 2, Hannah 3/12
BUSHONG, John H. 30, Elizabeth 27, Jane 7, Isaac 5

Schedule Page 445

GOOD, John A. 37, Hannah 53, Saml. 17, Nancy 16, Amanda 12
HIBBITTS, Robt. 28, Elizabeth 22
MEADOR, John H. 56, Lucy 52, Smith 25, Elizabeth 24, Silas 20, John 17, Sarah 14, Meredith 12
GENTRY, Richd. 52*, Emily 50, Simon 18, Mary 18, Isaac 16, Samuel 13, Lewis 10, Richard 6
BYHERD, Catherine 80*
TOOLEY, Isham 28, Elizabeth 26, Caroline 9, William 2
KIRBY, William 38*, Louisa 28, Nancy 6, Kesiah 5, Rawzada 4, Jesse 3, William 1, Jane 12
SPEAKMAN, Robert 15*
HOWARD, Ralph 50* (B)
PARKER, Hickison 48, Isabel 37, William 18, Jesse 12, Silas 10, James 9, Elizabeth 8, Samuel 6, Nancy 5, Elijah 3, Sarah 2
JENKINS, Abraham 42, Jane 37, Henry 16, Thomas 14, James 12, Jeremiah 10
CREEK, Lodwick 46, Nancy 42, Jane 20, William 17, Sarah 15, Nancy 12, Thmas 5, Esther 4
CRAWFORD, Wm. 51*, Elizabeth 49, James 22, John 20, Harling 18, Andrew 15, Joseph 12, William 11
RAY, Jane 27*
HARLING, Priscilla 30, Jane 7, William 4, Jesse 2
COMER, John 31*, Lucinda 31, Jane 7, Gertrude 5, Tobe 1
HARLING, Nancy 60*
HOWARD, Albert 21* (B)

Schedule Page 446

ROACH, Wm. 49, Margaret 45, Wm. 19, Sarah 17, Thomas 14, Margaret 12, Elizabeth 10, Julia 8, Narcissa 3/12
GOAD, John 35, William 6
CRUMPTON, David 39, Lucy 34, Jane 10, Riley 8, Samuel 6, Martha 5, Abigail 4, Hiram 2
FRALEY, Arthur 25, Frances 25, Thomas 1
KERBY, Jesse 21, Lucinda 20, Susan 3, Marcus 1
MAVIS, Richd. F. 25*, Elizabeth 20
OSBORNE, Pleast. 28*
FULKS, Smith 21, Amanda 26, Susan 5, Jane 3, John 2, Esther 6/12
HARLING, Calvin 28, Eliza 21, Micajah 5, Elizabeth 3
BOWMAN, Andw. 31*, Elizabeth 31, James 11, Virginia 10, Missouri 8, John 5, Phoebe 3, Jacob 1, Phoebe 55

1850 Census Monroe County Kentucky

HOWARD, Jefferson 38* (B)
EMBERTON, Ruby? 29 (m), Margaret 26, John 10, Abigail 2, Susan 1/12
MAVIS, Henry B. 49, Mary 49, Abijah 19, William 17, Sarah 15, Emily 13, Frances 8, Eva 5
HAMMER, Wm. C. 20, Mary 16
MARTIN, John 39, Cassa 32, Elizabeth 13, Samuel 12, John 10, Sarah 8, William 7, Hannah 5, James 2, Jane 11/12
SILVEY, Alexr. 27, Susan 32, Sarah 5, Robert 20
EMBERTON, M. H. 23 (m), Amanda 21, Amanda 1
SMITH, Chas. 28*, Martha 21, William 4, George 2

Schedule Page 447

WATSON, Sarah 70*
FORD, John W. 30, Mary 36
FORD, Peter 29, Orleans 21, Rebecca 32, Elizabeth 27, Cassandra 24, Nacha 22, Alexr. 18, Benjamin 17, Louisa 15
FORD, James 34, Rebecca 30, Grant 10, William 9, Simon 7, James 2
GRAMLIN, Thos. C. 20, Mary 23
HOWARD, Geo. 21 (B), Barthena 50
CASEY?, Martin 46, Nancy 42, Catherine 22, Mary 20, Rachael 14, John 16, Lydia 12, Eleanor 2
BURNET, Susan 30, William 11, Benjamin 9, James 5, John 1, Mortman 40
BURGESS, Stephen 47, Elizabeth 45, Elizabeth 7, Charles 3
RUSSELL, Asa 45*, Sarah 36, Josiah 16, Hiram 14, John 12
QUIN, Margaret 32*, Rebecca 27, Greenberry 9, Lydia 6, Milton 3, James 25
QUIN, Hiram 46, Mary 39, John 20, Ann 17, Margaret 13, William 6
TURNER, John A. 42, Ann 38, Leroy 16, Wyatt 15, Elizabeth 14, Mary 12, Joseph 9, Ann 5, Harvey 4, Elisha 3, Lucinda 7/12
WHEELER, Nancy 24, Barton 3, James 2
JENKINS, Jane 33, John 17, James 10, Louisa 13, Turner 6, Margaret 6, Martha 2
FOX, Joseph 25, Susan 23, John 9, Henry 5
HAYES, Christopher 29, Nancy 29, Amanda 5, Kesiah 3, William 2, Aaron 81, Hannah 81

Schedule Page 448

SENTRY, John 25, Sarah 25, William 1
ENGLAND, Barton 24, Catherine 24, Susan 2
BILLINGSLEY, Reuben 44, Mary 43, Benjamin 17, Jesse 16, Elizabeth 13, Patena 12, William 11, Martha 6, John 5, Mary 3
BRANDON, James 82*, Elizabeth 31, Dorinda 28
VAUGHAN, John 18*
GUM, Jesse 47, Susan 39, Benjamin 17, Nancy 15, William 13, Eliza 11, Mary 9, Lucy 6, Minerva 4, John 1
FLIPPEN, Saml. 22, Nancy 20
FLIPPEN, Milton 32, Arceni 30, Nancy 8, Mildred 6, Eliza 4, Elizabeth 1
FLIPPEN, Nancy 54, Emeline 28, Francis 18, John 14
PACE, Wm. 25*, Hannah 24, Mary 1
LANCASTER, Pharoah 25*
HOLLAND, James 38, Lucinda 36, William 14, Mary 13, John 12, James 9, Nancy 7, Frances 4

1850 Census Monroe County Kentucky

BROOKS, John W. 30*, Rebecca 28, Enoch 2, Joseph 1
WEAVER, Sara 30*, Anderson 5
PACE, Jeremiah 54, Tyrece 48, Isabella 17, Margaret 11, James 9, John 7, Piety 19
JOHNSON, James E. 77, Mary 61, Mary 25, Andrew 21, John 19
TAYLOR, Robt. 37, Sarah 37, Robt. 16, Elizabeth 12, James 8, Sarah 6, Catherine 5

Schedule Page 449

HOWARD, Catherine 46, William 17, Margaret 10, Harmon 3
MARTIN, David F. 28, Sarah 27, James 6, William 4, Nancy 2
LANE, Barney 53, Elizabeth 42, James 23, Matilda 17
PATTERSON, Geo. 50*, Margaret 51, Mary 18, Samuel 21, Eleanor 17
PAYNE, Elizabeth 32*, Julia Ann 6
MORROW, Arthur 27*
HOWSER, Thos. 67, Sarah 61
AKERS, John 42*, Eleanor 36, Sarah 16, William 14, Elizabeth 10, Thomas 8, Mary 6, Samuel 4, James 1
DUNN, Saml. H. 38*
NEWMAN, Josiah 44*, Eda 39, Thompson 21, William 19, John 16, Jonathan 14, Josiah 11, Elizabeth 9, Ann 6, Alexr. 4, Jane 1
EUBANK, Francis 23*, James 21
STINSON, Mary A. 48, Esther 15, Louisa 11, Martha 33, Martha 9, Jane 4
HOWSER, Harrison K. 34, Nancy 33, Matilda 6, Jesse 5, Stephen 4, Mary 9/12
POLK, Ezekiel 42*, Martha 25, Ann 8, James 6, George 4, Sarah 1
LAWRENCE, Susan 19*
BUTRAM, Wm. 75, Clara 66, Rachael 30, David 28, Clarissa 25, Rachael 10, James 16
BUTRAM, John 40, Esther 46, Ann 16, Kesiah 13, Elizabeth 11, Nancy 10, Rachael 9, William 6, John 3
BUTRAM, Ota 44 (m), Letitia 42, John 22, Smith 18, Margaret 16, Thomas 14, George 12, Rachael 11, William 10, Sarah 7, Lydia 5, Bishop 3

Schedule Page 450

OBANION, Geo. 27, Sarah 24, James 6, John 4, Margaret 1
BUCHANNON, David 66, Martha 29, Elizabeth 66, Jane 25, George 22, Jane 10
BUCHANNON, David C. 27, Eliza 20, Nancy 2/12
HARLING, Jas. H. 40, Mary 36, Abigail 14, Eliza 12, Lucy 11, John 9, Mary 4, George 2
KEY, Martha 46, Henry 16, Mary 21, Sarah 13, Andrew 9, John 3
HIBBITTS, Andw. J. 25, Jane 26, William 1, Elbert 5/12
MOORE, Jonathan 30, Abigail 27, Daniel 8, Jeremiah 5, Silvenus 4, Luretta 1
HUGHES, Joseph 20, Susan 21
COMER, Susan 52, Thomas 24, Ann 18, Samuel 16, Arcene 14, Eleanor 13, Susan 10, Sarah 6
MCCARROLL, Alex. B. 33, Margaret 29, John 12, Margaret 10, James 8, Nancy 6, Elizabeth 3, Matilda 1
PENDEGAST, John N. 38, Jane 26, William 8, John 6, Samuel 4, Robert 2, Franklin 9/12
PINKLEY, John F. 32, Ann 27, Mary 6, Elizabeth 4, Susan 2, Sarah 9/12
CRUMPTON, Chafen D. 34, Rebecca 28, William 2, Mary 10/12
FOUT, Jacob 33, Mary 25, Sarah 8, Thomas 5, Samuel 2

1850 Census Monroe County Kentucky

Schedule Page 451

BRAY, Anna 53, William 18, Henry 16, Alexr. 15, Rebecca 13, Andrew 11
THOMAS, Saml. 54*, Sarah 50, Elizabeth 23, William 20, Sarah 18, Martha 14, Talbot 11, Samuel 8
NORTHRUP, Jas. 19*
WALSH, Jane 48*, Charles 16, Samuel 14, Robert 12, Martha 2, Nancy 68
WALLACE, Margaret 16*
COMER, Saml. 39, Eliza 21, Thomas 2, Walter 1
BROWNING, Chas. 50, Elizabeth 47, Martha 22, Jane 19, Robert 16, Elizabeth 12, Mary 8
HALLEY, Joseph 31*, Fanny 28, Addison 9, Mary 6, Shields 4, James 1
JAMES, Savary 60 (f)*
JAMES, Harden 32, Parmelia 22, Fanny 10, Minerva 8, William 6
GRIFFETH, Mary A. 28, Elizabeth 9, Emily 7, William 3, Feeby? 1
WELCH, Jane 48, Talitha 28, Miles 20, John 18
CURTICE, John A. 35, Elizabeth 30, Sarah 7, Roscoe 4, George 1
CURTICE, Hannah 56
CRAWFORD, Jane 39, William 12, John 10, Ballew 7
PERRY, Thos. 22*, Nancy 22, James 2/12, William 2
CRUMPTON, Celia 31*, Wm. 3
GOAD, Luke 32, Martha 29, Mary 11, Samuel 9, Sarah 7, William 5, Nancy 2, James 9/12
GOAD, James 25, Elizabeth 25

Schedule Page 452

GOAD, Sarah 58, Sarah 45, Mildred 22
PEDIGO, Robt. 83*, Mary 31, Sarah 11, Mary 8
SILVEY, Adeline 23*, Sarah 2
PEDIGO, Joseph 32, Melinda 22, Martha 4, Johnson 3
KIRBY, John 33, Hannah 32, Andrew 11, Nancy 9, Benjamin 8, James 4, Julina 8/12
SPEAKMAN, Mildred 48 (B), Caroline 8, Lucetta 5
EMMERT, Henry 31
MARTIN, Wm. D. 50*, Sarah 44, John 18, Elizabeth 15, James 11, Ann 7, Tompkins 4, Ellen 2
BRYANT, James 8*
FLIPPEN, James M. 32, Emanuel 9, Joseph 7, William 4

Index

AARONS
  Daniel 42 (A-63)
  George 38* (A-63)
  Killun 36 (A-4)
ABBOT
  George W. 34 (CI-194)
ABBOTT
  William 62* (BA-476)
ABELL
  Cornelius 50 (A-76)
ABLE
  V. 45 (f)* (AL-124)
ABLES
  __ A. 12 (f)* (AL-105)
ABNER
  Joseph B. 14* (BA-425)
  Patsey 30* (BA-427)
  Thomas 16* (BA-415)
ABNEY
  A. 35 (m) (CU-299)
ABREL
  Fountain 44 (A-98)
  John 75 (A-98)
ABSHIRE
  B. 40 (m) (AL-176)
  M. 30 (f) (B) (AL-119)
  Wm. 40* (AL-118)
ABSTAIN
  M. J. 22 (f)* (CU-294)
ABSTAN
  Jessee 28 (CI-197)
  William 55 (CI-197)
ACKERMAN
  Jacob 63 (AL-178)
ACRE
  Green 32 (A-81)
ACREE
  N. K. 41 (m) (A-29)
ADAIR
  Catherine 83* (MN-371)
  Jas. 62 (MN-381)
  John 31* (MN-382)
  Wm. H. 30 (MN-421)
ADAMS
  Elizabeth 43 (CU-321)
  Elizabeth R. 4* (A-97)
  Hardin C. 33 (BA-361)
  James 52* (CU-300)
  James V. 30 (BA-324)
  John 64 (BA-361)
  Margaret 27* (CU-324)
  Mary 53* (CU-324)
  Mary 70* (BA-441)
  Noah 45* (CU-281)
  Susan B. 18* (CU-281)
  William 48 (MN-433)

William 65* (BA-322)
ADCOCK
  Tyra 65 (m)* (AL-138)
ADEN
  John 36 (BA-399)
ADWELL
  Demen 28 (BA-450)
  John 25 (MN-423)
  Mary 53 (BA-405)
  Samuel 53 (BA-400)
AGEE
  Jessie R. 42* (AL-161)
  Martha 50* (AL-169)
  Mary 9* (CI-189)
  Plesent 6* (CI-165)
  Samuel 43 (AL-169)
  Sarah 8* (CI-188)
  Susan 50* (AL-161)
  William 65 (CI-188)
AGERS
  Sally 70* (BA-381)
AHART
  Claiborne 17* (MN-405)
AIKER
  Jas. 16* (A-25)
AILSHIE
  Joseph W. 31* (CU-284)
AKERS
  Abner 33 (MN-438)
  J. P. 38 (m) (MN-442)
  James 34 (BA-359)
  John 42* (MN-449)
  Wm. 44* (MN-442)
AKIN
  Ed 14* (CU-330)
  J. C. 15 (m)* (CU-278)
  Joseph 44 (A-55)
  Lucy M. 10* (BA-481)
  M. G. 33 (m) (CU-330)
  Phineas W. 42 (CU-309)
  Richard 9* (CU-330)
  Samuel 20* (CU-330)
  Virginia 34* (CU-309)
ALDERSON
  Elvin W. 20* (AL-180)
  John B. 33 (AL-177)
ALEXANDER
  (AL-122)
  A. C. 55 (m) (AL-189)
  A. W. 52 (m) (AL-104)
  B. F. 16 (m)* (AL-125)
  C. F. 32 (m) (CU-307)
  C. H. 23 (m)* (AL-101)
  Celia G. 27* (AL-114)
  Dorcas 84 (AL-106)
  E. 68 (f) (CU-315)

F. W. 38 (m) (CU-278)
F.? M. 7 (m)* (AL-105)
Greenwood 60* (CU-306)
H. W. 23 (m)* (AL-124)
J. B. 21 (m)* (CU-278)
J. F. 15 (m)* (AL-114)
James M. 28* (CU-316)
John B. 25* (CU-324)
John E. 39 (CU-317)
John M. jr. 61* (CU-283)
Joseph 70 (CU-307)
Joseph H. 44 (CU-325)
Lewis 65 (B) (CU-325)
M. 52 (m) (AL-106)
M. A. 10 (f)* (AL-138)
Miller 30 (CU-290)
Milton 27 (CU-312)
Milton J. 29 (CU-283)
Mrgaret 61 (AL-139)
Noe? 50 (AL-104)
P. 60 (f)* (AL-124)
Paull 20* (CU-324)
Philip 39 (CU-305)
R. G. 24 (m)* (CU-280)
Reubin 65* (CU-306)
Robert 24 (AL-167)
Robert 74* (CU-333)
S.? M. 20 (m)* (AL-102)
Silas 59 (AL-107)
T. J. 22 (m)* (AL-102)
Thomas T. 27 (CU-279)
William N. 34 (BA-411)
Z. 26 (m) (AL-104)
ALLBRIGHT
  Henry 30* (BA-430)
  Henry 39* (BA-426)
ALLEE
  Amelia M.* (BA-308)
ALLEN
  A. A. 53 (m)* (AL-138)
  Adaline 23* (A-51)
  Adaline 43 (BA-335)
  Asa 40* (AL-180)
  Barbara 40* (B) (BA-403)
  Benjamin 39 (A-72)
  Dicy 52 (f) (BA-318)
  Fantleroy 31 (m) (BA-491)
  George 42 (AL-121)
  George 64 (CU-310)
  George Ann 17* (BA-321)
  Henry 38 (CI-158)
  James 56 (CU-306)
  James 79* (CI-158)
  James D. 35* (CU-290)
  James M. 25* (CU-301)
  John 33* (BA-333)

- 303 -

Index

ALLEN
John 75 (A-3)
Jonas G. 27 (MN-434)
Lee 22 (AL-180)
Lee 49 (AL-180)
Lewis J. 22 (MN-434)
Lucy 66* (A-31)
M. A. 34 (f) (CU-324)
M. C. 37 (m)* (CU-315)
Norman 28 (CU-326)
Peter 29 (CI-158)
R. 9 (m)* (CU-295)
Reuben C. 38 (BA-408)
Reuben H. 23 (BA-319)
Robert 15* (BA-321)
Robert 28 (CU-289)
Sampson 42* (CU-304)
Thomas 43 (CI-188)
William 38 (AL-162)
William 40* (CU-305)
William 63 (AL-162)
William 69 (CU-317)
William Austin 45 (BA-439)
William M. 37* (MN-395)
ALLEY
John 62 (BA-471)
William 28* (BA-421)
ALMONY
David 25 (MN-380)
ALVIS
Harris 90* (MN-411)
Wm. 28 (MN-411)
AMERS?
Mary 12* (MN-430)
AMISS
George W. 25* (BA-316)
AMUS
Charles 37 (CI-209)
AMYX
L. H. 44 (m)* (CU-333)
Matthew 71 (CU-341)
Matthew K. 34 (CU-341)
Preston 38 (CU-332)
ANDERSEN
Barker T. 58 (BA-455)
ANDERSON
A. 29 (m) (AL-109)
Andrew 44 (AL-175)
Barton 32 (BA-431)
Charles C. 26 (BA-396)
D. 37 (m) (CU-300)
D. R. 22 (m)* (AL-110)
David 45* (BA-327)
George 70 (AL-146)
J. A. 19 (m) (AL-107)
J. D. 44 (m) (AL-112)

J. F. 26 (m)* (AL-102)
James 34* (AL-164)
James 40 (BA-430)
James 55 (CU-289)
James C. 62* (CI-191)
Jefferson 30 (CU-302)
Jno. 60 (A-46)
John 12* (BA-442)
John 23 (CU-297)
John 26 (MN-397)
John 40 (AL-107)
John 46 (CU-296)
Joseph 70 (BA-414)
M. 20 (f)* (CU-299)
M. 30 (f)* (AL-103)
M. 40 (f)* (CU-305)
Mark 50* (AL-104)
Martha 75 (BA-451)
Mary 13* (CU-298)
Mary E. 20* (BA-466)
Meredith 22 (BA-310)
Myrey 40* (CU-320)
Nancy 22* (BA-427)
Nathan 28 (BA-431)
P. W. 25 (m) (AL-117)
P. W. 53 (m) (AL-112)
Patsey 61* (MN-401)
Pattrick M. 61* (BA-451)
Peter 69 (AL-107)
Quincy 18* (CU-299)
R. C. 35 (m)* (AL-108)
R. G. 33 (m)* (AL-109)
S.? 46 (m)* (AL-175)
Saml. 52* (AL-139)
Samuel 34* (MN-397)
Samuel 40 (CU-299)
Samuel 68* (BA-456)
Sarah 55* (BA-430)
T. 21 (f)* (AL-143)
Washington 14* (BA-348)
Washinton 38 (BA-431)
William 24* (CU-302)
William 30* (MN-397)
William 48 (BA-370)
William 62 (BA-429)
Wilson 33 (CU-299)
Wm. P. 29 (AL-115)
ANDREW
John C. 42 (CI-157)
William C. 29 (CI-167)
ANDREWS
Varney 30 (MN-395)
William 66 (MN-395)
ANTHONY
George 46 (AL-121)
H. S. 50 (m)* (AL-122)

Joseph 82* (AL-121)
Wm. F. 41* (AL-121)
ANTHONY?
Elizabeth 79* (AL-120)
ANTLE
Henry 70 (A-63)
APPLEBY
Herod 25 (CI-188)
Herrod 25* (CU-278)
Milly? 77* (CI-188)
William 35 (CI-188)
APPOLLOS
John H. 27 (MN-372)
ARMSTRONG
Delila 51* (BA-429)
L. C. 27 (m) (MN-395)
Rufus 27* (CI-206)
William 25* (CI-206)
ARNETT
David F. 23 (BA-318)
James 55 (BA-410)
Samuel 25* (BA-410)
ARNEY
Adam 51 (CU-287)
William J. 22* (CI-206)
ARNOLD
Elisha 25* (BA-406)
Henry E. 38 (BA-461)
James 67* (BA-450)
Lewis 32 (BA-404)
William 24 (A-87)
William 40 (BA-456)
William E. 38 (AL-183)
ARNSPIGER
Jacob 36 (BA-317)
ARP
Joel 47 (BA-464)
ARTERBERRY
Thompson 45* (MN-391)
ARTERBURN
William 24 (MN-414)
ARTERBURNE
Eliza 49 (MN-437)
Jas. H. 27* (MN-407)
John 51 (MN-421)
John D. 25 (MN-430)
ASBERRY
Benj. D. 21* (A-48)
Frances 66 (CI-204)
John A. 29* (BA-483)
John N. 25 (BA-483)
Mary M. 13* (BA-439)
Samuel M. 60 (BA-475)
William 35 (CI-205)
ASBURRY
John 57* (CI-205)

Index

ASERRA
  Hiram 27 (CI-207)
ASHBY
  D. M. 22 (m)* (BA-403)
ASHENHURST
  James 41 (CI-166)
  John A. 33 (CI-184)
  Thomas C. 47* (CI-193)
  William 43 (CI-191)
ASHFORD
  B. 10 (f)* (AL-110)
  J. S. 42 (m) (AL-131)
  W. 23 (m) (AL-157)
  W. 38 (m) (AL-143)
ASHINGHURST
  John 23 (CU-333)
ASHLEY
  John 56 (A-63)
  R. J. 29 (m)* (AL-177)
  R. S. 27 (m)* (AL-121)
  Sarah 38 (BA-345)
  Sarah 79* (AL-165)
ASHLOCK?
  J. B.? 30 (f)* (AL-104)
ASHUNHURST
  Sarah 87* (CI-192)
ATERBURN
  James B. 31 (BA-471)
ATKERSON
  William 51* (A-29)
ATKINS
  Esther 52 (A-30)
  H. G. 40 (m) (A-1)
  Jo G. 30 (A-38)
  Robt. 15* (A-55)
ATKINSON
  Florinda 13* (A-90)
  James M. 30 (A-96)
  Robert 22 (A-86)
  Willm. C. 40 (A-70)
ATKISSON
  John 33* (BA-391)
  Johnson 65 (BA-389)
  Joseph 22 (BA-359)
ATWELL
  Alexander 27 (BA-489)
  Benjamin 43 (BA-436)
  John B. 20 (BA-440)
  John T. 40* (BA-440)
  Richard 37 (BA-480)
  Richard 67 (BA-440)
  Richard N. 39 (BA-436)
  William 26 (BA-440)
ATWOOD
  A. 14 (f)* (AL-153)
  A. C. 37 (m)* (AL-158)

J. 65 (m)* (AL-147)
J. M. 26 (m) (AL-147)
J. M. 45 (m) (AL-148)
J. V. 26 (m)* (BA-307)
L. S. 24 (m) (AL-148)
S. J. 35 (m) (AL-147)
W. M. 28 (m) (AL-140)
AUSTIN
  Charles 53 (BA-380)
  Dory 25 (m) (AL-174)
  J? 61 (m) (AL-127)
  Richard 28 (CU-339)
  William 30 (AL-127)
  Williamson 43 (AL-128)
  Willis 47 (AL-137)
AUTLE
  Willis 38 (A-3)
AUTREY
  Crawford 25* (MN-401)
  Mary 61 (MN-401)
AVERY
  William C. 54 (CI-181)
AYERS
  David 24 (AL-170)
  David 24 (AL-171)
  John 44* (AL-170)
  John 44* (AL-171)
AYRES
  George 48 (CI-173)
  Henry 43 (CI-180)
  Jane 48 (CI-174)
  Thomas 42 (AL-157)
BACK
  Charles 62 (CU-337)
  George 27 (CU-329)
BACON
  John 37? (MN-409)
BACSTER
  Jane 90* (A-47)
BAGBY
  Albert K. 36* (BA-398)
  John H. 23* (BA-433)
  Matilda 75* (BA-444)
  Roderick 52* (BA-447)
  William W. 25 (BA-448)
BAGWELL
  Elizabeth 37 (BA-379)
BAILEY
  Addison 31 (MN-379)
  Andrew J. 21* (A-97)
  Calvin 34 (B) (A-11)
  Carrol 22 (m) (MN-389)
  Cena Ann 10* (BA-357)
  Danl. B. 25 (MN-399)
  David S. 22 (BA-466)
  Eliza J. 34 (BA-452)

Elzey 29 (A-79)
Henry 55 (BA-364)
Henry J. 23 (BA-466)
Hiram 49* (MN-389)
Hiram 50 (A-73)
James M. 12* (BA-459)
James P. 37 (MN-389)
Jeremiah 59 (BA-390)
John G. 23 (BA-412)
John J.? 68 (MN-376)
John P. 28 (MN-376)
K. 69 (f)* (AL-142)
Louis 52 (A-79)
Martin sr. 54 (MN-389)
Nancy 14* (A-91)
Nimrod 54 (A-83)
Radford T. 31* (BA-414)
Susan 87* (MN-389)
Thos. T. 68* (A-31)
William 2* (CU-296)
William 32 (A-80)
William M. 26 (BA-448)
William T. 50* (BA-412)
William W. 60 (BA-465)
William sr. 76 (A-80)
BAILY
  Louisa 37 (AL-124)
BAIRD
  Andrew 70 (BA-492)
  Gersham 42 (BA-445)
  Jeremy 40 (BA-491)
  Moses M. 32 (A-2)
  Obediah 46 (BA-306)
  William 80 (BA-407)
BAISE
  Joseph 31* (CU-313)
BAKER
  A. T. 28 (m)* (CU-319)
  Anny 57 (B) (CU-303)
  Branton J. 35* (BA-474)
  David 45 (CU-286)
  Daniel 36 (CU-284)
  E. K. 49 (f) (A-1)
  Elizabeth 70* (CU-305)
  Frances 52* (CU-330)
  H. Clay 12* (CU-323)
  Harrison 45 (B) (CU-303)
  Hettie 18* (CU-286)
  James 54 (CU-286)
  James 57 (CU-320)
  John Ben 26 (CU-280)
  John H. 69* (BA-361)
  John M. 42 (CU-305)
  Joseph 48 (CU-323)
  Lemuel K. 38 (CU-283)
  Mahmeula 10* (BA-480)

- 305 -

Index

BAKER
  Mariah S. 32* (CU-281)
  Martin 48* (CU-285)
  Rachel 18* (B) (CU-278)
  Samuel K. 23* (CU-279)
  Sarah M. 40 (CU-290)
  Solomon 47* (A-38)
  Thomas 42 (CU-286)
  William E. 23 (A-59)
BALDOCK
  Abijah 39 (BA-421)
  Faulkner 35 (BA-469)
  George 43 (BA-406)
  John 27 (BA-455)
  Levi 44 (BA-348)
  William 20 (BA-356)
  Wm. 49 (MN-373)
BALES
  David 47* (BA-449)
BALEW
  Joseph 31 (CI-188)
BALL
  David C. 48* (BA-490)
  Edison 54* (MN-395)
  Elizabeth 43 (MN-401)
  James 46 (BA-406)
  John 40 (BA-490)
  Lucretia 19* (MN-401)
  Thomas 43 (BA-490)
  William T. 24 (MN-395)
BALLARD
  James 25 (CU-316)
  William 24 (MN-403)
BALLENGER
  Edward T. 46 (BA-370)
  William H. 49* (BA-348)
BALLEW
  Geo. W. 46* (MN-441)
  John 24 (CI-165)
BALUS
  Joseph 20 (MN-436)
  Wm. F. 19 (MN-444)
BALYS
  Margaret 36 (AL-180)
BANDY
  B. O. 21 (m)* (AL-119)
  Drinkard 46 (CI-187)
  J. C. 19 (m)* (AL-134)
  John R. 20* (CI-177)
  M. 30 (f) (AL-119)
  Richd. 52 (AL-120)
  S. E. 24 (m) (AL-119)
BANION
  Thomas O. 18* (CU-281)
BANKS
  Clement P. 51 (A-96)

Elizabeth 10* (A-93)
George L. 15* (A-96)
James A. 24 (A-70)
Vandover 20 (A-85)
BARBEE
  Jane 20* (CU-278)
  John 20 (A-51)
  Wm. W. 65 (A-1)
BARBER
  Levi 51 (CI-182)
  Martin A. 25 (CI-181)
BARBOUR
  Edward 18* (BA-448)
  Edward 80* (BA-389)
  Harden 22* (BA-362)
  Helen 21* (BA-359)
  J. H. 21 (m) (AL-134)
  James 17* (BA-363)
  James 63 (BA-465)
  L. 42 (m)* (AL-134)
BARCLAY
  Jos. W. 18* (BA-356)
BARDEN
  Jos. 34 (A-4)
BARGER
  Eli 44 (CU-329)
  James 37* (CU-328)
  Jno. 47 (A-7)
  William 30 (CU-344)
BARHAM
  Robert 17* (MN-407)
BARLOW
  Ambrose 46* (MN-440)
  Chas. P. 30 (MN-439)
  J. H. 34 (m)* (AL-109)
  J. J. 30 (m) (AL-101)
  John S. 48 (MN-430)
  John S. 25* (MN-440)
  John T. 41* (BA-361)
  Mary T. 54* (BA-357)
  Rhody 73 (BA-361)
BARNER
  Perry W. 34 (CU-315)
BARNES
  G. W. 25 (m) (CU-311)
  James 66 (CU-304)
  Martin 22 (CU-287)
  Mary E. 7* (A-84)
BARNET
  Peter 52 (AL-163)
BARNETT
  J. M. 30 (m) (BA-314)
  Seton G. 31 (A-83)
BARNS
  Berry 25 (CI-159)
  James M. 25 (BA-411)

Willm. 70* (A-56)
Wm. 47 (A-24)
BARRACK
  George W. 29 (BA-328)
  James R. 21* (BA-403)
  Russel 72 (BA-338)
  Russel M. 39* (BA-335)
BARRENS
  Amen? 21 (MN-428)
BARRET
  Willm. H. 31* (A-36)
BARRETT
  John C. 5* (BA-481)
  Joseph L. 19 (BA-486)
  Mary 65* (BA-486)
  Rebecca 40 (BA-486)
  Samuel 44 (BA-407)
  Thomas C. 48 (BA-415)
  Thos. C. 22 (MN-422)
BARRINGER
  Joshua 71 (BA-479)
  Thomas J. _* (BA-489)
BARRON
  Elizabeth 60* (A-48)
  J. H. 32 (m) (A-23)
BARROT
  John M. 33 (CI-190)
BARRY
  Colby B. 38 (MN-393)
  Fanny 31* (BA-359)
BARTEN
  Abraham 44 (MN-388)
  John 27* (BA-488)
BARTLES
  Isaiah 44 (MN-419)
BARTLETT
  Joshua 35 (MN-381)
  Leah 44 (MN-428)
  Simpson 24* (MN-408)
  Solomon 26 (MN-381)
  Solomon Jr. 21* (MN-428)
  Thomas 39 (MN-377)
BARTLEY
  George 45 (MN-413)
  James 25 (MN-415)
  John 23 (MN-413)
  Margaret 73* (MN-416)
  William 49* (MN-408)
BARTON
  F. H. 13 (f)* (AL-134)
  James 24* (BA-474)
  James 31 (BA-429)
  John M. 29 (BA-385)
  Mary 77* (BA-385)
  Mary Ann D. 19* (BA-331)
  Noah sr.? 46 (BA-430)

- 306 -

Index

BARTON
 Tilman 55 (BA-385)
 William 13* (CU-316)
 William 36* (BA-385)
 William C. 53* (CU-290)
 Willis 20* (BA-422)
 Winnifred 75* (BA-430)
BASHAW
 Nathan 33 (BA-320)
BASTEN
 John 39 (BA-480)
 Thomas jr. 32* (BA-480)
 Thomas sr. 66* (BA-480)
BATEMAN
 John 26* (CI-202)
BATES
 James P. 39* (BA-331)
 John A. 32 (BA-491)
 Reuben 79 (BA-329)
 William E. 37 (BA-330)
 Willis H. 34 (BA-329)
BAULT
 Cinthia V. 43 (A-83)
 Jacob 40 (A-86)
 William 43 (A-83)
 William 75 (A-96)
BAXTER
 Henry 34 (MN-390)
 William 30* (MN-385)
BAYAN
 James 37* (BA-402)
BAYLESS
 Price 41 (MN-372)
BAYLEY
 John 28 (CI-190)
 John 63 (A-29)
 Major 63 (B) (A-29)
BAYS
 Bev* (CU-308)
 James 24 (CU-321)
 John 23* (CU-313)
BEALS
 Isaac 46 (MN-433)
BEAM
 Jacob 88* (BA-388)
BEAN
 Catharine 20* (CI-160)
 John W. 45 (CU-318)
 Joseph 47 (A-79)
BEARD
 Allen W. 43 (CI-168)
 Andrew 24* (BA-478)
 C. G. 45 (m) (CI-168)
 Chas. 37 (A-33)
 David 58 (AL-137)
 Elijah 21 (A-73)

 Elizabeth 41 (A-97)
 Isaac 51* (AL-166)
 Jefferson? 45 (A-67)
 Jno. 76* (A-33)
 John A. 38* (A-68)
 John J. 26 (A-70)
 Josiah 57 (A-73)
 Margaret 63 (A-68)
 William D. 47 (CI-168)
 Willim 53 (BA-478)
 Willm? 37 (A-68)
BEASLEY
 Columbus 19* (BA-414)
BEATY
 Abner 47 (CI-173)
 Alexander 80 (CI-173)
 James 40 (CI-171)
 John 30 (CI-173)
 Plesant 33 (CI-173)
BEBEE
 John 30 (BA-483)
BEBY
 Martha D. 38 (CU-338)
BECK
 Aaron 57* (CI-180)
 Ann 87 (CI-176)
 Jesse H. 37 (CU-334)
 John C. 32* (CU-311)
 John R. 29* (BA-481)
 Mary E. 17* (BA-428)
 Samuel 22* (CU-283)
BECKETT
 Albert R. 25 (CI-210)
 Elza 35 (m)* (CI-182)
 Josiah 67 (CI-210)
BECKHAM
 Samuel 43 (BA-329)
 William 26 (BA-339)
 William M. 55 (BA-335)
BECKMAN
 Marshal 23 (CI-181)
BEDFORD
 Ben 43 (MN-379)
 Edward 66* (B) (MN-392)
 Stephen 38 (MN-395)
 Susan 24* (MN-394)
BEECH
 John 46 (MN-442)
BEHELER
 E. A. 3 (f)* (AL-127)
 J. 75 (m) (AL-125)
 Saml. 50 (AL-124)
 W. C. 28 (m) (AL-126)
BELCHER
 Elias 38 (BA-409)
 Hopkins 33 (MN-399)

 John 62 (MN-397)
 Preston 31 (MN-435)
BELL
 Elisha 21* (CI-208)
 Eliz. 51* (A-25)
 J. 35 (m) (AL-133)
 J. E. 30 (m) (AL-103)
 Jacob 40 (A-96)
 James 38 (AL-169)
 James 54 (CI-176)
 Jesse 46* (CI-179)
 Maria 28 (BA-322)
 Martha 37* (BA-416)
 Robert W. 22 (BA-366)
 Robert W. 32 (BA-464)
 S. C. 29 (m) (A-24)
 Samuel 21* (BA-468)
 Thomas 71* (BA-468)
 W. W. 36* (BA-368)
 William 50* (CI-182)
BELLAMY
 Elizabeth 22* (BA-471)
 John E. 25 (BA-473)
 Samuel D. 31* (BA-468)
 William 36 (BA-473)
BENEDICT
 A. 44 (m) (AL-185)
 Harrison 37 (AL-129)
 J. C. 30 (m) (AL-152)
 John 45 (AL-129)
 M. 71 (f)* (AL-142)
 Polly 38 (BA-344)
BENNET
 James 50* (AL-177)
 Joseph 57 (AL-117)
 O. H. 39 (m) (MN-373)
 Solomon 36 (A-34)
BENNETT
 Alex 37* (A-10)
 Arthur F. 46* (BA-358)
 Elisha 25* (A-11)
 Mary 54 (A-11)
 Nancy 50 (BA-453)
 Thomas 48 (BA-484)
 Willm. 23 (A-36)
BENTLEY
 John W. C. 40 (MN-409)
 Rebecca 40* (CU-313)
BEOCHAMP
 John W. 46* (BA-425)
 Newell 14* (BA-491)
 Robinson P. 36 (BA-425)
BERNARD
 Henry C. 33* (BA-413)
BERNETT
 Joshua 34* (A-30)

Index

BERRY
E. 63 (m)* (AL-130)
Edward 16* (BA-320)
Enoch 25 (AL-130)
Ephraim Jr. 37 (AL-130)
Hezekiah 21 (BA-320)
Joseph 22* (BA-319)
Joshua 16* (CI-209)
Matilda A. 17* (BA-450)
Milton 34 (BA-375)
Sarah 52 (AL-132)
Silous J. 29 (A-40)
Thompson C. 60 (BA-311)
Willm. 70 (A-41)
BERRYMAN
Green B. 23* (BA-368)
William 56 (BA-466)
BESS
Elias L. 26* (BA-455)
BETHEL
Mary 50* (BA-360)
Richard F. 24* (BA-343)
William A. 27 (BA-308)
BEVIL
Anon 33 (MN-370)
Granville 30 (MN-374)
Howell 22 (MN-375)
Howell 65* (MN-371)
Ira 27* (MN-375)
James 24* (MN-372)
BIBB
Catharine 35 (BA-313)
BIBBART
James 52 (MN-403)
BIBY
G. W. 21 (m) (CU-341)
Thos. W. 50 (CU-298)
BIDWELL
Cornelius 44* (MN-389)
Daniel P. 22* (MN-389)
BIGERSTAFF
Aaron 66* (MN-402)
Elizabeth 49 (MN-394)
Hiram 45 (MN-397)
Isaac 42 (MN-402)
Saml. 25 (MN-394)
Wilson 32 (MN-402)
BIGGERS
Fanny 70* (BA-392)
Geo. W. 50 (BA-423)
John 54 (BA-366)
Owen 43 (MN-414)
Thos. 56 (MN-406)
BIGGERSTAFF
J. B. 50 (m) (CU-296)
Woodford 22* (CU-313)

BIGGS
John 55 (A-4)
Joseph 26 (A-84)
Wm. M. G. 32 (A-49)
BILLINGER
David 34 (MN-406)
BILLINGSLEY
Reuben 44 (MN-448)
BILLINGSLY
Benjamin 41 (CI-209)
J. D. 45 (m) (AL-187)
Jas. 72 (MN-421)
Thomas H. 18* (AL-173)
BINNS
Martin 43* (CU-308)
Tenns 73 (m)* (CU-310)
BINNS?
William 26* (CU-334)
BIRAM
Isham 16* (CU-332)
BIRD
Geo. 43 (A-20)
Jane 62* (BA-326)
John M. 31* (BA-324)
Joseph A. 25* (BA-335)
Simeon G. 29 (BA-311)
Susannah 58 (BA-332)
Thomas J. 39 (BA-332)
BIRDWELL
Alexr. 61 (MN-433)
John A. 28 (MN-434)
William 40 (MN-375)
BIRGE
R. H. 23 (m) (CU-278)
BISE
Rachael 32* (CU-307)
BISHOP
A. E. 61 (f) (AL-129)
Betsey M. 75* (BA-455)
Cornelius 18* (MN-440)
John 42 (BA-324)
Laurence 26* (BA-459)
Samuel M. 34 (BA-381)
BIVENS
James 31* (CU-333)
BIVINS
Thomas 50 (CU-329)
BLACK
Eliza 17* (MN-424)
John 46 (CU-324)
John 50* (MN-394)
Joseph T. 21 (MN-375)
M. 55 (f)* (A-8)
BLACKBURN
E. 59 (f)* (AL-184)
John 44 (A-20)

Stephen 22 (AL-185)
William 42* (AL-173)
BLACKWOOD
Curtis 41* (CU-304)
BLADES
Wlaker J. 63 (A-34)
BLAIR
Benjamin 46* (BA-316)
Dicy 49 (A-18)
Elsey 33* (A-18)
Geo. 23* (A-18)
John 24 (A-4)
John M. 55 (A-4)
John R. 45 (A-80)
Robert 22 (A-18)
Thomas F. 25 (A-81)
William 46 (A-4)
BLAKELEY
Alexr. 23 (MN-433)
BLAKEMAN
Isabella D. 13* (BA-488)
Margaret P. 17* (BA-427)
BLAKEY
Maria 25 (B) (BA-402)
BLALOCK
Sarah 37* (AL-184)
BLAND
Huram D. 30 (MN-395)
Osborne 40 (MN-403)
BLANKENSHIP
Barnabas 49 (CI-190)
E. M. 27 (f)* (AL-120)
Elijah 75 (BA-308)
Elzy 42 (m) (BA-312)
Gideon 49* (CI-175)
John 24 (AL-166)
John 30 (CU-319)
M. 47 (f)* (CU-308)
Martha 46 (CU-343)
Nancy 7* (A-48)
Samuel 28 (AL-166)
Thomas 33 (CU-284)
William 26* (CU-291)
William H. 17* (CU-333)
Willm. 50 (A-56)
BLARE
Abraham 46* (CI-208)
BLAYDES
Dabney 36 (A-34)
Madison 33 (A-35)
BLEDSOE
Elijah 78 (CU-339)
Geo. 34* (CU-314)
J. H. 8/12 (m)* (CU-297)
Joseph S. 44* (CU-279)
Letta 48 (B) (CU-338)

Index

BLEDSOE
S. F. 6 (f)* (CU-337)
Thomas 38 (CU-338)
BLITHE
Peggy 45* (CU-325)
BOAM
James R. 47 (BA-384)
BOARDMAN
Clarissa F. 15* (BA-394)
BOATMAN
John 32* (BA-346)
Nancy 52 (BA-340)
Robert 47* (BA-340)
BOBBITT
William 22* (BA-438)
BOCOCK
John 27 (MN-374)
BOHANNEN
Malinda J. 40 (BA-435)
BOHANNON
Nancy 47* (CU-281)
Wm. 23* (CU-312)
BOITER?
Elizabeth 66 (CI-171)
BOLES
Elam F. 51 (CU-279)
James M. 24* (CU-278)
S. M. 8 (f)* (MN-378)
William 31* (MN-376)
BOLLS
Jane 39 (CI-185)
BOLTON
George 35 (MN-379)
Uriah 25 (MN-418)
BOMB
Ann 12* (CU-293)
BOMER
Benjamin 75 (A-65)
BOND
B. T. 14 (m)* (AL-106)
James 18* (CU-318)
John 16* (CU-288)
W. C. 17 (m) (AL-105)
BOOKER
John 35 (CI-195)
BOON
Elisha 100* (B) (AL-145)
BOONE
Mahale 30 (MN-391)
BOOYER
Joseph 72 (A-74)
BORAKIN?
John B. 62 (CI-186)
BORDERS
Henry 40 (BA-353)
L. Abshire 16* (AL-119)

Polly 50 (AL-119)
W. 25 (m) (AL-120)
Wesley 20 (BA-353)
BORDERS?
David 54 (AL-117)
M. 25 (m) (AL-117)
BORDEZ
David 13* (AL-121)
BOREN
A. H. 39 (m) (CU-336)
James 33 (AL-178)
BOSLEY
Robert 10* (A-66)
Robert E. 10* (BA-443)
BOSTON
Abner 44 (BA-437)
Benjamin F. 26* (BA-481)
Reuben 52* (BA-485)
Richard 32 (BA-485)
Thomas W. 64* (BA-322)
BOTTOMS
Abner 73 (A-96)
James 26 (A-97)
Micajah 32 (A-96)
William 24 (A-97)
BOTTS
Henry 26 (A-29)
Thompson 64 (A-32)
BOUCHER
Harison 36 (AL-156)
Isaac 50 (AL-166)
Peter 80 (AL-157)
BOULDIN
James J. 9/12* (BA-425)
Nancy 72* (CU-324)
Richard C. 37 (CU-284)
Susan 15* (CU-324)
BOULES
Austin W. 29 (BA-461)
Clarissa 25 (B) (BA-435)
John 58* (BA-458)
John A. 23* (BA-451)
BOWCOCK
Hiram 38 (A-46)
BOWDRY
Samuel P. 53 (BA-491)
BOWE
Jacob 60* (CU-301)
James 22 (CU-301)
Jesse R. 40* (CU-289)
John 57 (CU-289)
L. D. 32 (m)* (CU-294)
Squire 29 (CU-301)
BOWEN
Daniel 32 (CU-315)
David 66* (CU-305)

Lindsey 40 (m) (CU-336)
Patsy 70 (A-43)
William 31 (CU-336)
BOWINAN
Sencaris 50 (m) (CU-278)
BOWLES
C. C. 21 (m)* (BA-403)
Cilla 47* (B) (BA-317)
Clifton 19 (MN-424)
Henry C. 27 (BA-416)
Henry H. 24 (BA-331)
Henry P. 29 (BA-416)
Lucinda 22* (B) (BA-433)
Martha 45 (MN-424)
Mary 51 (BA-331)
Nathan 46* (BA-451)
Nathaniel V. 65 (BA-337)
Peter 30 (BA-400)
Wilburn 30 (BA-416)
William W. 26* (BA-333)
BOWLEWS
William A. 30 (BA-419)
BOWLS
William 7* (CI-182)
BOWMAN
Amanda 22* (CU-339)
Andw. 31* (MN-446)
David 21 (BA-375)
Gr. B. 8 (m)* (CU-280)
Isaac 45 (BA-369)
Jacob 37 (MN-433)
John 50* (BA-471)
John 69* (CU-307)
John A. 57* (CU-314)
Rice D. 24* (BA-471)
Robert 18* (BA-464)
Stephen 31 (CU-332)
BOWRING
Isaac 56 (CI-201)
BOYD
A. 26 (m) (AL-140)
Betsey 18* (BA-457)
Francis 29 (BA-352)
Hiram 55 (BA-444)
Sally 65* (BA-337)
Sarah 23* (AL-141)
Silas 16* (AL-140)
Silas 16* (AL-140)
Thos. B. 55 (MN-430)
William 54 (BA-374)
Woodford 23* (MN-430)
BOYER
Mary 43 (A-71)
BOYERS?
W. __ 26 (m)* (AL-102)

Index

BRACKEN
 Gran. C. 26 (AL-120)
 J. 30 (m) (AL-120)
 Wm. 34 (AL-120)
BRADBERRY
 Elizabeth 52* (A-37)
BRADBURN
 William 30 (AL-179)
BRADBURNE
 Mary 56* (MN-419)
BRADEN
 Harmon 21 (MN-428)
 Mary 15* (MN-428)
BRADFORD
 Samuel C. 42* (BA-443)
BRADLEY
 Beverly 22 (BA-313)
 Beverly 34* (BA-476)
 Cassandra 28* (MN-385)
 Danl. 53 (MN-386)
 E. 51 (m)* (AL-125)
 George 59* (BA-476)
 James 51 (BA-476)
 James C. 34 (BA-432)
 Joel 58 (BA-432)
 Nathan 28 (BA-418)
 Reuben W. 24 (BA-432)
 William C. 28* (BA-432)
BRADSHAW
 Albin 42 (A-95)
 Allen 35 (BA-355)
 Ann 84 (A-82)
 Ashur 43 (A-63)
 Dolphus 30* (A-26)
 Elizabeth 34* (BA-359)
 Gallatin 22* (A-7)
 Isaiah 56 (A-62)
 John R. 40 (BA-354)
 Madison 23 (BA-354)
 Seth 45 (A-71)
 Seth 55 (BA-354)
 Tazewell 20 (BA-354)
 William 27* (A-6)
 William 33 (A-73)
 William 62 (A-82)
 Willis D. 24 (BA-354)
 Willm. A. 33 (A-96)
BRAGG
 James 40 (A-53)
 John J. 42 (BA-488)
 John R. 6* (A-44)
 Russel M. 28 (BA-426)
 Thos. M. 44 (A-50)
 William L. 70 (CU-283)
BRAKE
 Jacob 63 (CU-288)

 John 45* (CU-344)
BRAMLETT
 Ambros S. 60 (CI-178)
 Thomas E. 33* (CI-181)
BRANCH
 Judith 75* (BA-376)
 Mary 50 (MN-429)
BRANDON
 Alexr. 59 (MN-443)
 Arthur C. 24 (MN-442)
 James 82* (MN-448)
 John E. 49 (MN-443)
 Wm. 26 (MN-442)
BRANHAM
 Benjamin 84 (CU-318)
 Elizabeth 46 (CI-181)
 G. W. 33 (m) (CU-300)
 George 59* (CI-162)
 H. 38 (m)* (CU-299)
 James 27 (CI-181)
 John 20* (CU-311)
 M. A. 30 (f)* (CU-298)
 William 23 (CI-174)
 William 52* (CI-193)
BRANSFORD
 Thomas 83* (BA-401)
 Thomas L. 44 (BA-402)
BRANSTETTER
 Eli M. 36 (BA-460)
 Elizabeth 61 (BA-473)
 Frederick 21* (BA-326)
 John 59* (BA-472)
 John W. 29* (BA-461)
 Matthew 27 (BA-420)
 Peter S. 38 (BA-461)
BRANT
 James 80 (AL-140)
BRANUM
 William A. 40* (MN-404)
BRAODY
 William 31 (BA-448)
BRASWELL
 B. R. 50 (m) (CI-179)
 Egbert H. 32 (BA-377)
 Eli C. 29 (CI-158)
BRATCHER
 David 53* (BA-323)
 Simeon 29 (A-18)
BRATTON
 David 20 (BA-376)
 James 44 (BA-373)
BRAWNER
 Nancy 85* (A-92)
BRAY
 Anna 53 (MN-451)
 Henry 45 (MN-419)

 Rebecca 52* (MN-421)
BREEDING
 Francis M. 23 (A-49)
 Geo. 79* (A-21)
 Geo. W. 41* (A-21)
 H. S. 24 (m)* (A-18)
 Jane 44* (A-20)
 Jas. 46* (A-49)
 Jas. H. 34 (A-47)
 John 38 (A-49)
 Lydia 45 (A-87)
 Nathan 42 (A-90)
 Robt. M. 31 (A-20)
 William 58 (A-94)
 Willm. P. 47 (A-85)
BRENTS
 Peter 12* (CI-201)
 Peter 79 (CI-192)
 Samuel 41 (CI-191)
 Samuel W. 31* (BA-447)
BRIANT
 Alexander 29 (A-82)
 Charles 27 (A-82)
 James 26 (A-85)
 Joseph 29 (A-85)
 Joseph 31 (A-79)
 Milton 25 (A-85)
 Peter 50 (A-82)
 William 53 (A-85)
BRIDGEFARMER
 Christiana 40 (m) (CU-315)
BRIDGES
 E. 15 (m)* (CU-299)
 James T. 28* (BA-336)
 John 26 (BA-385)
 Nancy 37 (BA-387)
 Nancy 40 (CU-295)
 P. H. 26 (m)* (AL-130)
 P. O. 13 (f)* (CU-298)
 Richard 52 (BA-315)
 Saml. 21* (BA-336)
 Samuel 41 (BA-384)
 T. J. 37 (m)* (AL-129)
 Thomas 56 (BA-384)
 Uriah S. 27 (BA-328)
 William 48* (BA-371)
 Z. 64 (m) (AL-141)
BRIDGEWATER
 Henry 17* (A-12)
 Wm. 55* (A-27)
 Wm. P. 33 (A-2)
BRIDGWATER
 John F. 39 (A-74)
 Saml. 44 (A-68)
BRIGHT
 Goodwin 43 (A-96)

Index

BRIGHT
  James A. 32* (AL-113)
  John 35* (AL-159)
BRILEY
  Andrew J. 36 (CI-157)
  Geo. 38 (A-8)
  J. A. 58 (m) (AL-165)
  William 34* (AL-164)
BRILY
  Ruth 76 (CI-157)
BRIM
  William 47 (CI-202)
BRINKLEY
  Chas. 48 (A-5)
  E. 22 (f)* (A-10)
BRINSFIELD
  John 51 (BA-391)
BRINTY
  Robert 37 (CI-166)
BRISAN
  Lucrecy 16* (CI-190)
  Ruben 74* (CI-205)
BRISTOW
  Ballard 34 (CI-204)
  Francis 27 (CI-200)
  Leven 67 (CI-198)
  Martha 73 (CI-191)
  Thomas 45 (CI-191)
BRIT
  George 30 (AL-178)
  John 68* (AL-178)
BRITT
  Ann Eliza 22* (BA-382)
  Ann Eliza 32* (BA-352)
  George W. 26* (BA-381)
  John 21 (BA-352)
  John 34 (BA-381)
  John W. 44 (BA-351)
  Lucinda 34 (BA-387)
  Nelson 42 (BA-350)
  Obediah jr. 51 (BA-352)
  Obediah sr. 87* (BA-350)
  William 58 (BA-367)
BRITTON
  Hannah 41* (BA-309)
BROADY
  James W. 23 (BA-453)
  John 57 (BA-433)
  John jr. 38 (BA-454)
  Joseph 26 (BA-454)
BROCK
  George 33 (A-93)
  Hezekiah 56 (A-54)
  Jno. 31 (A-54)
BROCKMAN
  John 54* (BA-481)

  William 41 (A-61)
BRODEY
  Vesta A. 8* (A-12)
BROMLY
  Robert D. 47 (CI-180)
BRONSON
  J. A. 27 (m) (AL-146)
  Moses 49 (AL-146)
BROOK
  Jane Ben 39* (AL-187)
BROOKS
  George W. 42 (CU-335)
  James 40 (BA-343)
  Jesse Jr. 34 (BA-356)
  Jesse sr. 67 (BA-318)
  John 20* (CI-163)
  John 31 (BA-310)
  John W. 30* (MN-448)
  Joseph D. 24 (BA-319)
  Martin 51 (AL-135)
  Samuel 40 (CU-303)
  Sarah 22* (CI-199)
  Stewart 26 (CI-180)
  W. W. 28 (m) (AL-135)
  William 41 (BA-308)
BROWN
  Abraham 24 (A-84)
  Abraham 60 (CI-205)
  Allen 51 (AL-139)
  Alsey 59 (m)* (AL-113)
  Andrew 30 (CI-165)
  Andrew 55* (CI-162)
  Burton 48 (AL-189)
  C. A. 12 (m)* (AL-101)
  Callaway 35* (CI-195)
  Charles 32* (BA-459)
  Christopher 88 (A-6)
  Clayburn 18* (CI-189)
  D. B. 25 (m) (AL-101)
  D. D. F. 14 (m)* (AL-110)
  David W. 24 (BA-319)
  Drury D. 38 (AL-189)
  Duvall 27* (MN-406)
  Eli 39* (CI-189)
  Elzey 10* (CI-194)
  Elzey 37 (CU-327)
  Emily J. 7* (BA-310)
  George 38 (CI-156)
  Green 22 (CI-164)
  H. 30 (m) (AL-115)
  H. 55 (m) (AL-138)
  Harmon 30 (CI-156)
  Harmon 60 (CI-156)
  Henry 35 (CI-182)
  Henry 42 (CI-156)
  Henry 59* (BA-331)

  Henry J. 34 (BA-369)
  Hetta 64* (CI-176)
  Hezekiah 74 (CI-156)
  Isaac 39* (BA-332)
  Jackson 36 (CI-156)
  Jacob 33* (CI-188)
  James 26 (MN-375)
  James 31 (CI-193)
  James 39 (MN-406)
  Jane 69 (CI-194)
  Joel 47 (MN-440)
  John 38 (CI-165)
  John 42 (MN-388)
  John 68* (BA-319)
  John 70* (MN-399)
  John A. 25 (A-86)
  John H. 33* (AL-189)
  John M. 29 (BA-308)
  John jr. 39 (MN-413)
  Joseph 27 (CI-179)
  Joseph 38 (CI-193)
  Joseph 38 (CI-194)
  Joseph 72 (CI-196)
  Kinyon 50 (CI-187)
  Lewis 22 (CI-180)
  Lewis 60 (CI-165)
  Mary 28 (MN-382)
  Michael 38 (CI-172)
  Nancy 36 (MN-384)
  Nathan 22* (MN-432)
  Neri 61 (BA-319)
  Noah 27 (MN-436)
  Oliver 29 (AL-115)
  R. 27 (m) (AL-115)
  R. 39 (m) (AL-130)
  Roland 37 (MN-399)
  Samuel 35 (MN-370)
  Shelton 20 (MN-374)
  Stephen 56 (A-6)
  Thomas 33 (BA-319)
  Thomas 49 (CI-156)
  Thomas 60* (AL-159)
  Thos. 39 (MN-386)
  Thos. 60 (MN-432)
  William 50 (MN-416)
  William M. 28* (MN-409)
  William Sr. 66 (MN-400)
  Wm. A. 30* (AL-114)
  Wm. S. 30 (BA-400)
BROWNING
  A. D. 30 (m) (A-93)
  Chas. 38 (A-44)
  Chas. 50 (MN-451)
  Francis 80* (A-36)
  Henry W. 24* (BA-358)
  James 38 (A-86)

Index

BROWNING
- James Y. 43 (A-36)
- John S. 43* (A-86)
- Joseph 63* (BA-359)
- Samuel 56 (BA-357)
- Samuel 63 (BA-316)
- William 19* (BA-398)
- William 57 (BA-313)
- William D. 45 (A-83)

BROWNLEE
- Andrew 59 (BA-437)

BRUFF
- Thomas H. 55 (AL-163)

BRUMMALL
- L. D. 26 (m)_ (CU-302)

BRUMMET
- Elijah 11* (CU-284)
- James 47 (CU-343)
- John A. 14 (CI-156)
- Lindsey 30 (CI-159)
- Thomas 40 (CI-158)

BRUMMETT
- Thomas 13* (CU-321)

BRUNSON
- J. 63 (m)* (AL-146)
- Lucinda 30* (BA-321)

BRYAN
- Henry 31* (BA-411)

BRYANT
- B. 45 (m)* (CU-332)
- Charles 45 (A-62)
- Daniel 47 (A-65)
- David 43 (A-62)
- Edmond 30 (CU-332)
- Elisha 31 (MN-411)
- Elizabeth 85 (A-98)
- Geo. W. 51 (CU-312)
- George 22 (CU-312)
- James 52 (A-66)
- James 8* (MN-452)
- Jesse 67 (CU-330)
- John 23 (A-70)
- John 58 (A-92)
- Samuel 28 (A-92)
- William 35 (A-67)

BRYLEY
- Jessee 33 (CI-189)

BRYOM
- Albert 33* (BA-457)

BRYSON
- Warner 30 (CU-293)

BUCHANNON
- David 66 (MN-450)
- David C. 27 (MN-450)

BUCKHANNON
- Alexander 26 (AL-166)

H. 69 (m)* (AL-115)
J. J. 38 (m) (AL-151)
Joshua 80 (AL-165)
T. P. 35 (m) (AL-165)
William 46 (AL-150)
Willis 28 (AL-159)

BUCKINGHAM
- Louisa 8* (BA-365)
- Zachariah 37 (BA-468)

BUCKINHAM
- John B. 36 (BA-374)
- Thomas 72 (BA-367)

BUCKLEY
- William T. 39 (BA-451)

BUCKNER
- Jeremiah 25 (A-48)
- Jeremiah 25* (BA-429)

BUFORD
- Giles Y. 23* (BA-361)

BULEMAN
- Euley 26 (m) (CI-192)

BULEY
- George 27 (BA-385)
- Jesse 37 (BA-383)
- Jessee sr. 67 (BA-383)
- Nathan 36 (BA-383)
- William 46 (BA-386)

BULLINGTON
- David J. 33 (A-43)
- Francis 21* (BA-478)
- Josiah 71* (BA-425)
- Robert C. 43 (BA-487)

BULLOCK
- John W. 43 (BA-366)

BULY
- Thomas 45* (BA-383)

BUNCH
- Barton 47 (CI-194)
- Calven 20 (CI-202)
- Calvin 20 (CI-200)
- Dow 29 (CI-201)
- James 51* (CI-192)
- Joseph 48 (CI-200)
- Joseph 50 (CI-202)
- Milton 21 (CI-198)
- Sally 30* (CU-314)
- Sarah 50 (CU-335)

BUNNELL
- Jeremiah 37 (BA-441)
- Samuel W. 21* (BA-445)

BUNT
- Martha 41* (BA-404)
- Phebe 57* (BA-334)
- William 19* (BA-406)

BURBIDGE
- Sawney 67 (B) (A-62)

BURBRIDGE
- Catharine A. 45 (A-3)
- M. A. 23 (f) (A-10)
- Wm. 30 (A-10)

BURCH
- James J. 32* (BA-433)
- Lemuel L. 25 (BA-463)
- Phillip 23 (BA-452)
- Robert 52 (BA-414)
- William 28 (BA-464)

BURCHETT
- Bartlett 75 (CI-175)
- Isel? 53 (m) (CI-158)
- Jesse 54* (CI-177)
- John 47 (CI-161)
- Judith 48* (CI-177)
- Mary 15* (CI-182)
- William 25 (CI-155)

BURGE
- Hartwell 35 (A-49)
- John W. 22 (MN-424)

BURGER
- Jane 49* (MN-420)

BURGESS
- Armstead 40 (BA-391)
- Moses 24 (A-38)
- Oliver A. 30 (BA-369)
- Spiral E. 24 (BA-369)
- Stephen 47 (MN-447)

BURGON
- Mary S. 43 (MN-437)

BURHONGSEN
- Geo. 43* (MN-417)
- George Sr. 82* (MN-417)
- Henry 80 (MN-417)

BURKES
- Alexr. 36 (MN-430)
- Benjamin 33 (MN-431)
- Jesse J. 40 (MN-431)
- Joseph 39* (MN-420)
- L. B. 65 (m) (MN-431)

BURKS
- Henry H. 36 (BA-475)
- Mary 40 (BA-475)
- Sally E. 3* (BA-449)
- Sarah F. 9* (BA-493)
- William M. 42 (BA-437)

BURNET
- Mary 52 (BA-341)
- Susan 30 (MN-447)

BURNETT
- Jackson 22* (BA-343)
- John J. 38* (BA-315)
- Obediah 48 (BA-334)

BURNS
- Isaac 20* (CI-174)

Index

BURPOE
  James 60* (A-10)
BURRASS
  America A. 19* (BA-416)
  Thomas 43 (BA-441)
  Zebidee 49 (m)* (BA-416)
BURRIS
  Charles 23 (CI-164)
  Henry 18* (A-31)
  John 36* (A-33)
  Martin 46 (CI-159)
  Mary 98 (MN-421)
  Milly 35 (A-33)
BURROWS
  R. 64 (f)* (AL-114)
BURRUS
  Francis M. 20* (A-48)
BURRUSS
  Joseph 52 (AL-174)
BURTON
  Arta 56 (A-71)
  George 16* (CU-322)
  James 34 (A-72)
  John 34 (A-72)
  John 54 (AL-159)
  John D. 26 (A-59)
  Joseph 51 (A-59)
  Mary 62* (AL-164)
  Moses 39 (BA-318)
  Sarah Ann 44* (BA-347)
  Thomas S. 27* (AL-149)
  William 36 (A-95)
BUSH
  A. B. 38 (m)* (MN-439)
  Charles 37* (BA-372)
  Cynthia 50 (BA-353)
  Elizabeth 54 (MN-442)
  Jemima 38* (BA-319)
  John V. 44 (BA-394)
  Josiah 45 (BA-363)
  Lucy 39 (BA-388)
  Matilda 35 (BA-315)
  S. C. 16 (f)* (CU-311)
  William A. 19 (BA-363)
  Wm. T. 32 (MN-442)
BUSHING
  A. D. 26 (m) (MN-410)
  Henry Jr. 43 (MN-409)
  James 24 (MN-416)
BUSHONG
  Andrew 58 (MN-410)
  George 28 (CU-331)
  Henry 27 (MN-418)
  J. H. 24 (m) (CU-332)
  John H. 30 (MN-444)
  Samuel 46 (MN-374)
  Susan 54 (MN-418)
BUSKY
  Thomas 50 (CI-197)
BUSTER
  Darwin 24 (BA-346)
  John P. 35* (CI-208)
  Michael 23 (CI-167)
BUTLER
  Adison 39* (BA-344)
  Champness 50 (A-78)
  Creed F. 43 (A-29)
  Daniel 29 (BA-328)
  Elizabeth 65 (BA-345)
  George 24 (BA-328)
  Isaac 38 (CI-200)
  James 69* (BA-439)
  Jas. A. 35 (A-42)
  John 39 (BA-329)
  Joseph 38 (BA-328)
  Joshua 59* (MN-433)
  Margaret 50* (CU-344)
  Martha 70* (A-29)
  Merriman 27 (BA-346)
  Preston R. 27 (BA-490)
  Robert 23* (BA-341)
  Robt. B. 30 (A-42)
  Samuel 35 (AL-171)
  Samuel 35* (AL-171)
  Shirley 35 (A-77)
  Susannah 63 (BA-345)
  William 47* (MN-371)
  Willm. T. 42 (A-29)
  Zidner 55* (A-42)
BUTRAM
  Jas. T. 22 (MN-427)
  John 40 (MN-449)
  Ota 44 (m) (MN-449)
  Wm. 75 (MN-449)
BUTTON
  Alfred 31 (BA-473)
  B. F. 36 (m) (BA-338)
  C. C. 17 (m)* (A-28)
  Elam H. 33 (BA-406)
  Elias M. 26 (BA-345)
  Elizabeth J. 20* (BA-473)
  Elzy 43 (m) (AL-150)
  Felix G. 29* (BA-385)
  Festus A. 19 (BA-349)
  Frances 26* (BA-461)
  James 11* (BA-460)
  Jefferson 30 (BA-421)
  John 64 (BA-348)
  John 68 (BA-346)
  John D. 31 (BA-328)
  John W. 41* (BA-341)
  Jordan 36 (BA-445)
  Lucy 74 (BA-420)
  Martin 60* (BA-353)
  Nancy 59 (BA-345)
  Nathl. G. 34 (BA-346)
  Theophilus E. 27 (BA-345)
  Thomas M. 37 (BA-328)
  Whitfield 10* (BA-460)
  Whitfield 42* (BA-421)
  William 47 (BA-467)
  Zacheus 65* (BA-473)
BUTTRAM
  Rachael 21* (A-72)
BYBEE
  Albert H. 12* (BA-460)
  Alexander 26 (BA-381)
  Benjamin 55 (BA-381)
  Caroline 31 (BA-402)
  Fleming 38 (BA-402)
  G. W. 21 (m)* (CU-333)
  James H. 23 (BA-308)
  John L. 40 (BA-453)
  Joseph 24* (BA-404)
  Lee 32* (BA-473)
  Mary J. 20* (BA-421)
  Neal M. 37 (BA-460)
  Rebecca 17* (BA-378)
  Susan A. 10* (BA-315)
  Thomas L. 16* (BA-459)
  Wilbourn 29 (BA-403)
  William 46* (BA-456)
BYERS
  Jesse 45 (MN-408)
BYHERD
  Catherine 80* (MN-445)
  Elie 40* (MN-442)
BYRAM
  Esther 40 (MN-412)
CABAL
  Caroline 20* (A-31)
CABLE
  Hiram 36 (MN-398)
  Jefferson 29 (MN-436)
  Mary 22* (MN-437)
  Stephen 27 (MN-391)
  Washington 44 (BA-367)
  William 20* (A-60)
CAFFEY
  James 22* (A-72)
  Wayne 11* (A-85)
CAGE
  Andrew 50 (BA-439)
  John 13* (BA-438)
CAIN
  J. 60 (m) (CU-296)
  Jacob 25 (CU-296)
  John 26* (CU-297)

- 313 -

Index

CAKE
Anthony 48 (BA-398)
CALAHAN
Garret 28 (A-46)
John 70 (A-46)
CALDWELL
George A. 36 (A-99)
H. B. 23 (m)* (AL-166)
Henry 45 (A-27)
Isaac 26 (A-99)
J. D. 11 (m)* (A-27)
James S. 34 (BA-407)
Jas. C. 21 (A-34)
Jos. 37* (A-27)
Junius 30* (A-99)
William 74* (A-99)
CALHOUN
George W. 47 (A-61)
James 41 (A-91)
James sr. 75 (A-82)
Napolion B. 30 (BA-442)
CALLAHAN
E. M. 27 (m) (BA-456)
CALLIHAN
Harriet 37 (AL-166)
Solomon 21* (AL-166)
CALLISON
Elizabeth 56 (A-78)
James 24 (A-87)
CALVERT
Toliver 26 (BA-379)
CAMERON
Elvira 34* (CI-162)
CAMP
Hawkins 50* (BA-324)
CAMPBELL
Abraham 30 (MN-440)
Alexander 19 (CI-193)
Alexander 9* (A-76)
Danl. 34 (MN-437)
Elizabeth E. 23* (CI-164)
Fanney 42 (CI-207)
G. H. 23 (m)* (BA-347)
Gr. 21 (m)* (CU-322)
J. 12 (m)* (AL-130)
Jane 40 (CI-179)
Jas. W. 21 (A-17)
John 9* (MN-386)
John S. 40 (A-70)
Jos. M. 23* (B) (A-32)
Joseph 14* (CU-338)
Joseph 32 (A-70)
M. 26 (m)* (CU-292)
Moses 62 (MN-439)
Nancy 16* (BA-335)
Robert 11* (AL-134)

S. G. 16 (f)* (AL-175)
Woodson A. 34 (CI-181)
CAMPTON?
Mary 15* (CU-330)
CANDLES
Alexander M. 56 (BA-481)
CANE
Isaac 39 (AL-117)
CANNON
John L. 19* (BA-337)
Milton 26 (CU-310)
CANTERBERRY
McFarland 44 (A-1)
CAPS
Bennet 33 (CU-298)
Moses 46 (CU-299)
CARAWALL
Peter 19* (AL-162)
CARDEN
Christopher 22* (BA-433)
James 62* (BA-332)
CARDER
Jesse 23 (MN-425)
Saml. 43 (MN-425)
CARELOCK
George W. 38 (AL-159)
CAREY
Abner 52* (CU-334)
Archer 43 (CU-340)
George H. 39 (CU-321)
Green B. 31* (BA-492)
J. R. 26 (m)* (CU-309)
Jane 35 (CU-340)
Nancy 65* (CU-309)
Robert 36* (CU-304)
CARGIL
Leander J. 36 (CI-192)
CARGILE
John 66* (CI-192)
CARLER
Wm. T. 7* (A-49)
CARNES
Mary 37 (A-86)
CARNS
Joseph 20* (A-30)
CARPENTER
Andrew 39* (BA-342)
Benjamin 29 (AL-134)
Elizabeth 78* (BA-352)
Free Dick 61 (B) (AL-132)
J. W. 28 (m) (AL-183)
Joseph D. 35 (AL-133)
L. 45 (f) (AL-187)
Mary E. 11* (BA-321)
Rachael 85* (AL-184)
Richard 65* (AL-182)

S. E. 57 (m)_ (AL-132)
CARR
Burton W. 58 (BA-485)
Elijah J. 25 (BA-483)
Jas. A. 30 (m)* (A-35)
Jas. W. 62* (A-35)
John R. 30 (BA-483)
Nancy 60* (BA-415)
CARRIER
John 46* (BA-384)
CARRINGER
John 50 (CI-207)
CARRINGTON
Ephram 55* (A-50)
CARROL
Betsy 55* (BA-316)
CARSEY
James 18* (AL-152)
CARTER
Amanda 22* (MN-408)
Amy 28* (CU-282)
Benjamine 62 (A-20)
Chillion 20* (MN-439)
Chillion 43 (MN-418)
David C. 37 (BA-475)
E. 63 (f)* (CU-311)
Edmund 54* (BA-439)
Edmund B. 26* (BA-477)
Elizabeth 34 (AL-177)
Elizabeth 78 (A-81)
Emory J. 23* (MN-438)
F. 39 (f)* (CU-318)
Geo. W. 43 (A-16)
George 66 (BA-344)
George W. 31 (BA-427)
Henry 22 (AL-115)
Henry C. 28 (MN-377)
Henry P. 38 (BA-357)
J. 50 (m) (AL-136)
J. H. 30 (m)* (CU-301)
Jacob 49* (CU-323)
James 52* (BA-430)
James J. 31 (BA-430)
James R. 8* (BA-323)
John 23* (CU-338)
John 35 (CI-210)
John 45* (CU-321)
John B. 12* (MN-418)
John B. 41 (MN-418)
John O.* (CU-310)
John W. 34 (BA-328)
Joseph 27 (MN-377)
Joseph 48 (MN-419)
Joshua 31 (CI-205)
Josiah 30* (CU-321)
Leeann 55 (CI-185)

Index

CARTER
Louisa 15* (MN-418)
M. 10 (m)* (CU-316)
Martha 16* (CU-329)
Mary 54 (BA-344)
Mary A. 14* (A-45)
Peter 28 (A-19)
Peter 32 (CI-185)
Phillip 36* (BA-371)
Tabitha 21* (BA-377)
Thomas 17 (A-98)
Thomas 63 (CU-283)
Thos. 25* (MN-436)
William 19 (MN-444)
William 32 (CU-323)
William H. 34 (BA-427)
Winson 33 (m)* (CI-199)
Wm. P. 23* (BA-347)
CARUTH
G. W. 8 (m)* (AL-102)
John 51* (AL-138)
M. 45 (m) (AL-157)
Tabitha 38* (AL-127)
Thomas 38 (AL-127)
CARVER
A. 11 (m)* (AL-147)
Bartholomew 29 (BA-384)
E. 20 (f)* (AL-142)
E. 20 (m)* (AL-142)
Elisha 28 (BA-388)
Elizabeth E. 16* (BA-480)
H. C. 5 (m)* (AL-147)
Henry 26* (AL-144)
Henry 26 (BA-384)
James 32 (BA-388)
James D. 28 (BA-387)
Joel 23 (BA-386)
John 62 (BA-388)
Joseph 37 (BA-385)
Louis? 29 (BA-387)
M. 3 (m)* (AL-131)
Margaret 44 (BA-353)
Parthena 8* (AL-147)
Polly 40* (AL-132)
Reuben 52 (BA-375)
Susan 18* (AL-142)
Susannah 56 (BA-377)
Thomas 18* (BA-354)
William 47 (CU-293)
CASEY
E. R. 37 (m) (CU-333)
G. W. 10 (m)* (AL-167)
M. M. 16 (m)* (CU-304)
CASEY?
Martin 46 (MN-447)

CASH
Jarrett 42 (CU-308)
John 32 (CU-309)
John 8* (CU-290)
L. D. 46 (m) (CU-286)
CASKEY
Robert H. 29 (A-76)
CASSADAY
John B. 31 (BA-484)
Petter 23 (BA-484)
William 43 (BA-428)
CASSADY
Daniel 28 (BA-483)
Label 10 (m)* (BA-343)
CATES
Aaron 65* (CI-184)
CATHARINE
George 25 (CI-210)
CATRON
Isaac 31 (CI-176)
CAUTHAN
Joseph 23 (BA-426)
CAVE
Anna 75 (A-84)
William D. 22 (A-84)
CAWLEY
R. V. 30 (m)* (BA-360)
CAWTHON
David 23* (A-47)
Martin B. 50 (A-47)
CAYWOOD
Edward 63* (MN-441)
CEGRAVES
J. 31 (m)* (AL-159)
Jonathan 60 (AL-159)
M. 17 (m)* (AL-123)
Thomas 29 (AL-159)
CENTER
Freeman 31 (AL-179)
S. 40 (m) (AL-138)
Willis 64 (AL-122)
CHAMBERS
Allen 53 (A-57)
Edward 30 (BA-355)
Francis 34 (BA-364)
George W. 30 (BA-355)
Josiah 35 (BA-354)
Mary J. 28 (BA-363)
Samuel 60 (BA-364)
Silas G. 39 (BA-355)
Thomas 31 (BA-363)
CHANCEY
Susannah 52 (CU-288)
CHANEY
W. 38 (m) (AL-178)
W. B. 30 (m) (AL-122)

CHAPLIN
Betsey 65* (BA-443)
CHAPMAN
Andrew 47* (BA-310)
Bird 65 (BA-319)
David H. 26 (MN-405)
James 32 (BA-323)
James 70* (MN-408)
James F. 21 (BA-310)
James T. 22 (BA-313)
Jas. L. 32 (MN-405)
Neal 71 (BA-323)
Nicholas 41 (MN-404)
Patience 44 (BA-307)
Robert 43 (MN-405)
Rolly 57 (m) (CI-176)
Sally 65* (CU-338)
Thomas J. 42 (BA-314)
William 44 (BA-322)
William B.? 45 (BA-316)
CHARLETON
Esther 60* (MN-383)
CHARLTON
A. 50 (m) (AL-117)
John 24* (AL-117)
John 28 (BA-472)
CHARTER
Margaret 72* (BA-377)
CHASE
James E. 38 (AL-178)
Mary J. 23* (BA-325)
Richard 50* (BA-325)
CHASTEEN
Jo. 49 (A-33)
CHEATHAM
Elizabeth 66* (A-59)
Elvin? 32 (CU-329)
James 65* (B) (CU-309)
John 31 (CU-323)
Lucy 50 (B) (A-59)
M. H. 36 (m)* (A-25)
N. B. 31 (m)* (CU-284)
Nicholas 21 (A-77)
Owen 26 (CU-344)
Pheby C. 50* (CU-291)
Richard 31 (CU-320)
Thomas C. 8* (CU-305)
William A. 24 (MN-372)
CHEEK
Henry 48 (A-73)
James H. 41* (CU-280)
Mabane 35 (CI-164)
Mary 20* (CU-291)
Mary 39* (A-23)
Silas 34 (A-60)
Thomas E. 24 (A-72)

Index

CHEEK
  William 50* (CU-286)
CHELF
  James 30 (A-96)
  John 30* (A-97)
CHERRY
  William 21 (BA-378)
CHESS
  Walter W. 41 (MN-423)
CHESSY
  Lemuel 34 (BA-464)
CHESTER
  Mark 33 (MN-426)
CHILDERS
  Royal 77* (A-52)
CHILDRESS
  A. P. 30 (m) (BA-355)
  Fleming C. 35 (BA-366)
  Henry 58* (BA-374)
  Joshua 52* (BA-408)
CHILTON
  Joshua L. 37 (CI-187)
  W. W. 39 (m) (CU-308)
CHINOWTH
  Archibald S. 37* (BA-463)
CHISM
  Jas. T. 39 (MN-425)
  L. 36 (f)* (AL-151)
  M. 14 (f)* (AL-113)
  Martha 41 (MN-430)
  Mary 14* (AL-164)
  Michael 32 (MN-375)
  Nancy 32 (MN-407)
  William 65 (MN-375)
  William G. 30* (MN-371)
  Wm. 16* (AL-159)
CHITWOOD
  Creed C. 25 (BA-447)
  Robert 19* (BA-447)
CHOIDOIN
  Stephen 23 (BA-437)
CHRISTERSON
  James 23 (A-89)
CHRISTMAS
  Thomas 62 (BA-391)
CHRISTY
  Andrew 63 (BA-338)
  Larkin 34 (BA-328)
  Margaret 37 (CU-293)
  Virlinder 77 (f)* (BA-308)
  Wyatt 38 (BA-478)
CHURCH
  Arthur 23* (BA-401)
  Christopher 24 (BA-348)
  Joseph 29 (BA-369)
  Milly 50 (BA-369)

  Pleasant 28 (BA-406)
CLACK
  George B. 14* (BA-476)
  James M. 36 (BA-313)
  John 75 (BA-312)
  John W. 19* (BA-476)
  William W. 50* (BA-492)
CLARK
  Abram 62 (BA-484)
  Agnes 75 (CU-287)
  Ben 24 (CU-344)
  Benjamin 25 (CI-166)
  C. 20 (m) (AL-164)
  Celia 50 (B) (BA-401)
  D. 21 (f)* (AL-144)
  Drury 59 (BA-407)
  E. N. B. 39 (m) (AL-108)
  Elijah 19* (BA-317)
  Elizabeth 27* (BA-475)
  Elizabeth 52* (BA-463)
  Eveline 32 (AL-159)
  George A. 29 (BA-429)
  Harley 23 (A-42)
  Henry 29 (BA-424)
  Isaac A. 16* (AL-183)
  J. A. 40 (m) (AL-179)
  James 21* (BA-485)
  James 22* (BA-406)
  Jaquis 35 (AL-159)
  Jesse 42 (AL-164)
  John 17* (BA-485)
  John 25 (CI-182)
  John 40 (CI-166)
  John 58* (BA-465)
  John M. 33 (BA-465)
  Jonathan 68 (BA-422)
  Joseph J. 23 (BA-461)
  Louisa 45 (B) (BA-486)
  Nathan 35 (B) (BA-473)
  Ned 49 (B) (BA-455)
  Patsey M. 53* (BA-483)
  Paulina 4* (BA-485)
  Peter 39* (CU-283)
  Pleasant 48 (BA-342)
  Rachel 60 (B) (BA-473)
  Rhoderick 61 (BA-429)
  Richard 45 (CU-308)
  Samuel 75* (CI-182)
  Sarah 53 (BA-320)
  Susan 32* (BA-481)
  Thomas J. 44 (BA-447)
  Thomas N. 27* (BA-461)
  Thos. 20* (A-57)
  Thos. J. 41* (A-44)
  William 22* (BA-410)
  William 36 (CU-341)

  William H. 26* (BA-461)
CLARKE
  John 29* (BA-485)
CLARKSON
  James L. 57 (BA-380)
CLARY
  E. 56 (f)* (AL-101)
CLAY
  George W. 25* (BA-328)
CLAYPOOL
  J. W. 21 (m)* (AL-154)
CLAYTON
  John 58 (BA-343)
  M. 25 (m)* (AL-147)
  Mary 21* (AL-156)
CLAYWELL
  Elizabeth 63 (CU-280)
  Milton 33* (CU-315)
  Obedience 48* (CU-315)
  William 48* (CU-281)
CLEM
  Francis 12* (MN-399)
CLEMONS
  Francis M. 17* (MN-413)
  George W. 18 (MN-412)
  James 69 (MN-412)
  Joseph 21* (MN-416)
  Joseph 43 (MN-413)
  Saml. 43 (MN-413)
  Sarah 51 (MN-416)
  William 11* (MN-409)
  William 40 (MN-415)
  Wm. 30 (MN-413)
CLENDENEN
  Wm. 16* (B) (BA-356)
CLENDENNEN
  Martha 6* (B) (BA-354)
CLIBURN
  B. 55 (f)* (AL-135)
  G. 30 (m)* (AL-133)
  John 28* (AL-105)
  M. E. 41 (m) (AL-136)
  M. H. 40 (m) (AL-115)
CLIFTON
  Jane 50* (B) (A-91)
CLINE
  George 26 (AL-119)
  J. 30 (m) (AL-181)
  John 34* (AL-119)
  John 65 (AL-120)
  M. 45 (m) (AL-120)
  Sarah 53 (AL-119)
CLOYD
  Albina 13* (CU-313)
  Carey 50 (CU-313)
  David 40* (MN-372)

Index

CLOYD
  Jim 24 (CU-297)
  John 19* (CU-304)
  John 42* (CU-308)
  Lafayette 17* (MN-371)
  Susannah 54* (CU-325)
  Thomas 38* (CU-312)
  Wm. S. 11* (CU-306)
CLYMER
  Emory 50 (BA-436)
COATES
  William S. 33 (A-59)
COATS
  Hiram 31 (CU-329)
  John 21 (A-36)
  Olover 27 (A-53)
COCKRAM
  Elizabeth 49* (BA-418)
  Preston 34 (BA-418)
COCKRILL
  J. J. 66 (m) (AL-140)
  J. V. 39 (m) (AL-153)
  John B. 31 (BA-333)
  Joseph G. 61 (BA-332)
  Travis 29 (BA-396)
  William W. 30 (BA-343)
CODDINGTON
  Lucinda 53 (BA-407)
COE
  Benjamin 31 (A-7)
  Jefferson 30* (CU-325)
  Jesse 39 (MN-392)
  John 65* (CU-340)
COFER
  Hiram 40 (A-73)
COFFEY
  Benjamin S. 19* (A-2)
  E. A. 20 (f)* (A-65)
  Humphrey 45* (CU-337)
  Martial L. 31 (A-36)
  Robert T. 33 (A-60)
  Sale 68* (A-57)
  Vilitha 41 (A-81)
  Zidner 40 (A-23)
COIL
  Clay 45* (CI-172)
  Sarah 21* (CI-181)
COLBERT
  G. G. 40 (m) (AL-177)
  John 67* (AL-130)
  L. 53 (f)* (AL-141)
  Orpah 42* (BA-378)
  Valentine 67 (BA-407)
  Wesley 21* (BA-378)
COLE
  A. 25 (m) (AL-104)

A. 50 (f) (AL-123)
Andrew H. 64 (BA-339)
Anne 23* (CU-291)
David 72 (CI-202)
Elizabeth 35 (CU-333)
George W. 35 (CI-186)
Ira 39 (BA-445)
James 40 (CI-201)
James 59* (AL-119)
John 40* (AL-116)
John 61 (BA-339)
John A. 21 (AL-167)
John H. 18* (CU-329)
M. 67 (f)* (AL-105)
M. A. 56 (f) (AL-104)
Martha A. 4* (CU-278)
R. G. 32 (m)* (CU-319)
R. S. 22 (m) (AL-113)
Rachael 35* (AL-173)
S. A. 22 (f)* (AL-166)
Thomas 70* (CU-291)
Wesley 30 (AL-172)
William H. 68 (BA-316)
Wm. 44* (AL-105)
Wm. C. 25 (AL-104)
Wm. W. 27 (AL-124)
Z. 49 (m) (AL-116)
Zacheus jr. 21 (AL-116)
COLEMAN
  Benj. S. 32 (A-44)
  Elizabeth 68 (BA-344)
  James W. 35 (BA-427)
  John 27 (BA-352)
  John S. 45 (A-42)
  Jorday 23 (m) (AL-149)
  Lucy 83* (BA-348)
  Micajah 24* (BA-343)
  Polly 39 (A-21)
  S. F. A. 11 (f)* (AL-182)
  Sally 50* (A-32)
  Thomas 35* (AL-161)
  W. 25 (m) (AL-149)
COLLIE
  Daniel 16* (CU-299)
COLLINS
  Aaron 40 (A-64)
  Carrol 32 (m) (CU-282)
  Edna 65 (A-63)
  Henry 78* (AL-139)
  Mathew 56 (CI-191)
  Richd. P. 30 (BA-351)
  Thomas 40 (A-63)
  William 22 (BA-367)
  William 26* (A-67)
  William 32 (A-62)
  William L. 37* (BA-349)

Zachariah 28 (A-7)
COLVERT
  Ann 43 (AL-133)
  Jesse 28 (AL-133)
  R. W. 37 (m)* (AL-122)
COLVIN
  Samuel 66* (BA-335)
COMBS
  Benjamin 53 (BA-491)
  Danl. H. 32 (MN-385)
  James 18* (BA-475)
  John 21* (BA-434)
  John 59 (MN-385)
  Parallee 19* (CI-171)
  Thomas 79* (AL-129)
  William 22 (BA-446)
  Zur 44 (BA-371)
COMER
  Francis M. 20* (BA-372)
  John 31* (MN-445)
  Saml. 39 (MN-451)
  Susan 52 (MN-450)
COMPTON
  Jos. 6* (A-22)
  Joseph R. 35* (BA-429)
CONAWAY
  James 18* (AL-132)
  R. M. 71 (m)* (AL-132)
CONDRA
  William 61* (MN-434)
CONKEN
  John C. 40 (MN-380)
CONKIN
  James P. 35* (MN-383)
  Jeremiah 38 (MN-410)
CONNER
  Elijah 37 (AL-157)
  Thomas 32 (AL-163)
CONOVER
  Martha A. 34* (CU-344)
CONYERS
  Thomas A. 13* (BA-440)
COOK
  A. 31 (m) (AL-123)
  A. G. 37 (m)* (BA-324)
  Asa 42 (BA-364)
  C. 40 (m) (AL-125)
  Elizabeth C. 55 (BA-428)
  George W. 36 (BA-488)
  George W. 37* (CU-328)
  Green 39 (AL-138)
  Jacob 73* (AL-137)
  James 46 (A-17)
  Jane 18* (BA-320)
  Lucinda 43* (CI-164)
  Sion Jr. 32 (AL-126)

- 317 -

Index

COOK
  Sion Sr. 75 (AL-126)
COOKENDOFFIE?
  R. H. 35 (m) (CI-167)
COOKSEY
  B. J. 40 (m) (AL-170)
  Emeline 18* (CU-315)
  John 26 (A-17)
  John 59* (CU-314)
  John 60* (CU-324)
  Leemaster 29 (CU-314)
  M. E. 32 (f)* (CU-314)
  N. 65 (f) (AL-170)
  Samuel 37 (CU-288)
  Samuel 49* (CU-312)
  Sophia 16* (CU-314)
  Vol. 34 (m) (CU-336)
  William 59 (CU-341)
COOLEY
  Ermine 13* (A-98)
COOMER
  Benj. 32 (A-24)
  E. A. 2 (f)* (A-41)
  Elijah 45 (A-42)
  George 41 (A-36)
  John 54 (A-42)
  Leander 25 (A-37)
  William 47 (A-52)
  Willm. R. 19 (A-36)
COOPER
  Elizabeth 50* (CI-210)
  Enoch 13* (B) (BA-343)
  F. 20 (m) (AL-111)
  F. 62 (m) (AL-125)
  Isabella 25 (BA-343)
  J. 22 (m) (AL-116)
  J. 49 (f) (AL-111)
  Martin 26 (AL-113)
  Wm. 39 (AL-104)
COPASS
  C? W. 30 (m)* (CU-313)
  Henderson 22 (MN-434)
  John H. 33 (MN-380)
  Jonas 32 (MN-382)
  Thomas 64 (MN-406)
  Thos. M. 37* (MN-406)
  William 65 (MN-434)
  Wm. N. 34 (MN-406)
CORBETT
  Eli 28 (BA-419)
CORBIN
  Geo. R. 14* (A-32)
  James 25 (A-92)
  James 69 (A-98)
  Louis 21 (A-98)

CORCEILUS
  George 54 (CI-175)
CORCORAN
  John T. 29 (MN-421)
  Keziah 49* (BA-363)
CORDER
  R. B.? 38 (m)* (AL-159)
CORNELIUS
  Cyrenius 24 (CU-292)
CORNWALL
  Daniel 25* (AL-168)
  J. 20 (m) (AL-166)
  Phebe 55 (AL-159)
  Sally 50 (AL-162)
  Sephus 10* (AL-172)
  William 31 (AL-165)
COSBY
  Amy 30* (BA-340)
  David 54* (B) (BA-341)
  Nathan Y. 55* (BA-327)
  Priscilla 86 (B) (BA-400)
  Voluntine 51* (BA-331)
COSTLOW
  Alexander 46 (AL-175)
COTHRAN
  John B. 32* (MN-429)
COTTON
  Benja. 50 (BA-372)
  Stephen 22* (A-93)
  William 20* (BA-368)
COTTRELL
  Lydia 54 (BA-323)
COUNTS
  Henry 50 (MN-444)
COUP
  E. 20 (m)* (CU-297)
COURTS
  Ellison P. 33* (BA-406)
  Margaret A. 10* (BA-323)
  William D. 34* (BA-429)
  William P. 32* (BA-492)
COWAN
  Andrew 59* (CI-164)
  David C. 26 (CI-162)
  Eliza J. 26 (B) (CI-169)
  James C. 31 (CI-163)
  John 78 (CI-169)
  Margarett 43 (CI-162)
  Mary 56 (CI-162)
  Matilda 19* (B) (CI-181)
  Phebe 45 (B) (CI-169)
  Sarah 46 (B) (CI-169)
  Thomas J. P. 29 (CI-168)
  William H. 34 (CI-169)
COWDEN
  J. B. 72 (m) (AL-130)

J. M. 41 (m) (AL-130)
COWNOVER
  Andrew J. 35 (A-61)
  David 32 (A-82)
  David 58 (A-61)
  Dominicus 63 (A-65)
  James 23 (A-68)
  John 39 (A-65)
  John Sr. 54 (A-13)
  Levi 19 (A-67)
  Levi 37 (A-81)
  P. F. 70 (m) (A-13)
  Peter 28 (A-82)
COX
  America A. 34 (BA-445)
  Bowling T. 35 (BA-404)
  Caroline P. 7* (BA-401)
  Elizbth. 66 (A-47)
  Enoch 34* (CU-322)
  Harvey 40 (BA-438)
  Henry J. 12* (CU-285)
  Isham 35 (BA-430)
  Israel 49* (BA-447)
  James 10* (BA-471)
  Jas. 689 (A-47)
  Jas. T. 31 (A-22)
  Jesse 69* (BA-404)
  John 27 (BA-430)
  John 45 (BA-453)
  John P. 42 (BA-436)
  John S. 35 (CI-188)
  John W. 41 (BA-478)
  Joseph 32* (BA-431)
  Lucrecy 66* (CI-191)
  Lucy 65* (BA-430)
  Marion 25* (BA-419)
  Martha 66 (CU-319)
  Mary E. 43* (CI-206)
  Robert 45* (BA-424)
  Robert J. 25 (CU-309)
  S. P. 37 (m)* (AL-143)
  S. R. 33 (m)* (A-28)
  Sally 68 (BA-445)
  William 35 (A-89)
  William 45 (BA-446)
  William B. 23* (BA-492)
COYLE
  Stephen 32 (CU-301)
COZENS
  George 39 (B) (CI-167)
CRABB
  Richard M. 52* (BA-416)
CRABTREE
  Alexander F. 35 (BA-328)
  Isabell 58* (BA-335)
  Sarah 75* (CI-172)

Index

CRADDOCK
  Catharine 66* (BA-481)
CRAFT
  Anderson M. 40 (CI-210)
  Charlot 45 (CI-206)
  Elizabeth 84 (CI-205)
  John A. 49 (CU-289)
CRAIG
  James 42* (CI-161)
  James B. 30* (BA-326)
  Jane 65 (CI-178)
  Jas. B. 47* (A-40)
  John 25 (CI-169)
  Joseph 57 (A-38)
  Joseph M. 25 (A-37)
CRAIN
  Eli B. 43* (BA-434)
CRARY
  Juliet 12* (AL-168)
CRAVENS
  Elijah 50 (A-26)
  Timoleon 26* (A-59)
CRAWFORD
  Fisher 40 (BA-456)
  Isaac 37* (MN-387)
  James Sr. 74* (MN-407)
  James jr. 40 (MN-377)
  Jane 39 (MN-451)
  John 47 (MN-387)
  Saml. 30* (MN-407)
  Saml. jr. 21 (MN-398)
  William 25* (MN-407)
  Wm. 51* (MN-445)
CRAWHORN
  James 28 (A-32)
  Lucy 50 (A-33)
CRAWLEY
  Keeton 25 (CU-334)
  W. M. 60 (m) (A-32)
  William 29* (BA-331)
CREASEY
  J. H. 34 (m) (CU-331)
  John 59* (CU-342)
  Joseph 64 (CU-331)
  Robert 56 (CU-331)
CREASY
  Edmund 37 (BA-374)
CREEK
  Isaac 41 (MN-442)
  James R. 9* (BA-317)
  John 74 (MN-443)
  Lodwick 46 (MN-445)
  Radford 24 (MN-441)
  William 32 (MN-443)
CREEK?
  James S. 13* (MN-437)

CREEL
  Cager 31* (A-39)
  Elzy 30 (m)* (A-3)
  Simeon 32 (A-50)
CRENSHAW
  Anderson 51* (BA-432)
  B. Mills 49* (BA-403)
  Benja. R. 25 (BA-370)
  Elizabeth 48 (BA-311)
  Gloster 65 (B) (BA-318)
  Henry 23* (BA-396)
  L. P. 27 (m)* (BA-396)
  Thompson 67* (BA-408)
CRESSEY
  Robert 55 (BA-482)
CREW
  David N. 57 (MN-412)
CREW?
  Jeremiah 33 (MN-411)
CREWS
  Redmund 34 (BA-318)
CRIDER
  E. 15 (f)* (CU-319)
  Humphrey 10* (CU-326)
CRISP
  John 30* (CI-155)
CROCKETT
  David 27 (CI-171)
  Martha 46 (CI-171)
  Nancy 45 (CI-171)
  Robert P. 37 (CI-171)
  William 27* (CI-171)
CROMEANS
  John 34 (CU-328)
  Moses 37 (CU-344)
CROMENES
  Moses 35 (A-8)
CROSS
  A. E. 29 (m) (AL-136)
  D. 68 (f)* (AL-122)
  Elisha 56 (CU-316)
  Harvey 22* (BA-438)
  Henry 31 (BA-437)
  J. W. 7 (m)* (B) (AL-174)
  James 28 (CI-186)
  James E. 39 (CI-198)
  Jeff. 37 (MN-383)
  Joel H. 27 (CI-181)
  Joseph 30* (CI-203)
  William 21 (CI-203)
  William 63 (CI-186)
CROUCH
  Charles R. 51* (BA-396)
  Elvira M. 17* (BA-410)
  James 82* (CI-186)
  James A. 25 (CI-210)

John 53 (CI-183)
CROW
  J. W. 44 (m)* (AL-113)
  Joseph 42 (AL-112)
  Thomas W. 24* (CU-335)
  W. J. 22 (m) (AL-111)
CROWDER
  C. 47 (m)* (AL-182)
  J. 36 (m) (AL-154)
  Rachael 46* (CI-171)
CROWLEY
  Peter 53 (CU-300)
CRUMP
  B. B. 48 (m)* (BA-396)
  Hannah 21* (BA-316)
CRUMPTON
  Celia 31* (MN-451)
  Chafen D. 34 (MN-450)
  David 39 (MN-446)
  Saml. 40 (MN-433)
  Sarah 62 (MN-435)
  William 45* (BA-357)
CRUTCHER
  Henry 73 (BA-399)
  James L. 34* (BA-396)
CULLENS
  Sarah 60 (MN-373)
  Thomas 27 (BA-418)
  William 65* (BA-418)
CUMMINGHAM
  Elizabeth 21* (MN-380)
CUMMINS
  James 53 (BA-432)
CUMPTEN
  P. D. 6 (m)* (A-41)
CUMPTON
  Bethel 45 (A-54)
  Fielden 47 (A-47)
  James 36 (A-53)
  John J. 41 (A-36)
  L. 10 (m)* (CU-316)
  M. J. 8 (f)* (A-29)
  Mary 15* (CU-320)
  Sarah 52* (A-5)
CUMSTOCK
  Joseph 35 (CI-177)
  Owen 23 (CI-171)
  William 75 (CI-164)
CUNDIFF
  George W. 39 (A-60)
  John 46 (A-77)
  Perry 32 (A-79)
CUNDUFF?
  Sarah 65* (CI-183)
CUNINGHAM
  John 63* (A-75)

Index

CUNNING
John R. 55 (CI-199)
CUNNINGHAM
Elias 29 (MN-373)
Geo. 56* (MN-419)
George B. 20* (MN-370)
Henrey 35* (MN-408)
Jacob J. 32 (BA-472)
James 46 (BA-468)
James 66 (A-74)
Malinda 61* (A-25)
CURD
B. D. 24 (m) (BA-316)
Fanny 65* (BA-356)
Jesse 82 (BA-360)
John J. 45 (BA-352)
Obediah E. 42* (BA-363)
CURL
David R. 39* (BA-429)
John M. 42 (BA-436)
CURRY
Andrew J. 29 (A-77)
Benjamin 45 (A-77)
Benjamin F. 23 (BA-468)
Genetta 16* (A-86)
George A. 4* (A-78)
George A. 4* (A-87)
Horban L. 46 (BA-468)
John 51 (A-16)
Joseph 49 (A-81)
Josiah T. 26 (A-49)
Margaret 70* (A-16)
Matilda 46 (A-86)
Micajah 45* (A-14)
N. W. 44 (m) (A-14)
Robert 24 (A-88)
William 36 (CU-343)
William 39 (A-87)
CURTICE
Elizabeth 4* (MN-444)
Elizabeth 42 (MN-434)
Green B. 38 (MN-435)
Hannah 56 (MN-451)
John A. 35 (MN-451)
Lenny 48 (MN-384)
Llewellyn 25 (MN-384)
CURTISS
J. D. 31 (m)* (AL-141)
CUSHENBERRY
J. 55 (m)* (AL-148)
CUSHENBURY
H. 37 (m) (AL-183)
H. C. 22 (m)* (AL-147)
CUSHINBERRY
Virginia 35 (A-69)

DABNEY
William J. 39* (CI-158)
DAFFRON
John G. 51 (BA-338)
Mordecai 21 (BA-340)
DALE
Elizabeth 22* (BA-474)
Elizabeth 50* (BA-430)
Henry 15* (BA-419)
Isaac 53 (BA-416)
Isaac M. 24* (BA-433)
Maria 26 (B) (BA-476)
DALTON
Booker (AL-105)
C. W. 20 (m) (AL-115)
Daniel 33 (AL-106)
J. W. 34 (m) (AL-116)
James 65* (AL-115)
Jeremiah 31 (BA-340)
Jesse 76* (BA-329)
Thomas 56 (AL-108)
Wm. 62 (AL-105)
DAMRON
George M. 22 (A-85)
John S. 60* (A-85)
Robert W. 23* (A-89)
Samuel 57 (A-92)
DANCE
John E. 30* (AL-101)
DANIAL
Hardon 29* (CI-206)
John 22 (CI-206)
John W. 9* (CI-205)
William 26 (CI-206)
DANIEL
R. E. 43 (m) (CU-314)
DANIELS
John H. 30 (MN-421)
Reuben 30 (MN-425)
Winfrey 32* (MN-378)
Zaccheus 55 (MN-428)
DANILEL
John 56 (MN-421)
DARNELL
Duncan Mc. 38 (MN-432)
Elizabeth M. 10* (MN-381)
John 45 (A-91)
Nancy 17* (MN-418)
Sarah 20* (MN-413)
William 73 (MN-412)
DAUGHERTY
E. 74 (f) (CU-281)
Thomas J. 21* (CU-334)
DAVIDSON
Albert 37* (BA-332)
Alen 39 (BA-331)
Alexr. 23* (BA-324)
Elijah G. 32 (CI-161)
Floyd 22* (CU-302)
Herndon 37* (BA-343)
Isaac 64* (BA-344)
Isaac W. 33* (BA-358)
James 44 (CI-160)
James N. 37 (CU-288)
John 42 (CI-173)
Joseph W. 32 (BA-332)
Luke 36* (CI-210)
Michael 43 (CU-300)
Samuel 55* (BA-344)
Thomas 73* (BA-336)
Thompson E. 34* (BA-343)
William 32 (BA-359)
William P. 30 (BA-358)
Young 53 (BA-324)
DAVIE
Allen J. 65* (BA-396)
DAVIS
A.? 35 (f)* (AL-104)
Absalom 53 (CI-160)
Alley 44* (MN-405)
Angiletta 15* (CI-174)
Asa 62 (BA-408)
Ben S. 37 (A-6)
Benjamin F. 29* (BA-402)
Celron J. 27 (m) (CI-182)
Clement 46 (BA-488)
Edmund 47 (BA-347)
Elias 33 (BA-407)
Elizabeth 65 (BA-408)
Francis 44 (A-70)
Green B. 26* (CI-174)
Greenberry 36 (BA-430)
Hardin 79* (BA-384)
Henry R. 35 (BA-479)
J. H. 29 (m) (CU-316)
James 48 (CI-156)
James M. 42 (BA-480)
James N. 44 (A-74)
Jameson 40 (BA-327)
Jane 70* (BA-443)
John 38 (AL-113)
John 49 (BA-356)
John G. 43* (BA-397)
John M. 32 (CI-155)
John M. 49* (CU-333)
John S. 25 (CU-311)
Jonathan 59* (AL-167)
Joseph 35 (BA-408)
Joseph C. 37 (BA-417)
Josiah 58 (BA-482)
Lean 8 (f)* (CI-177)
Martha 60* (CI-163)

Index

DAVIS
- Miles H. 24* (CI-180)
- N. R. 36 (m)* (AL-130)
- Peter 52* (CI-160)
- Peter 58 (B) (CI-158)
- Robert 67 (MN-399)
- Saml. 7* (A-13)
- Samuel T. 38 (BA-310)
- Susan 41* (BA-360)
- Thadeus 26 (BA-482)
- Thomas 40 (BA-492)
- Warren 50 (CU-290)
- William 22 (MN-376)
- William 57 (CI-159)
- William F. 29 (CI-159)
- Wm. 53 (CU-311)
- Wyley W. 25 (AL-172)
- william W. 21 (CI-174)

DAVISON
- Elizabeth 56* (MN-422)

DAVNEY
- Elizabeth 76* (CI-173)

DAVRINGTON
- Miles 61 (MN-415)

DAWSON
- Amanda 37 (A-28)
- Nancy 61* (CU-339)
- Thomas M. 32* (BA-414)

DAY
- Sophia W. 52 (BA-394)

DEARING
- Harrison 26* (CI-180)
- John W. 39 (BA-438)
- Mary A. 30* (BA-409)

DEATON
- John P. 34 (A-12)
- John P. 43 (A-39)

DEBERRY
- Allen 53 (AL-121)
- H. 74 (m)* (AL-120)
- James 21* (AL-121)

DEEN
- Jones A. 38 (BA-453)
- Joseph 33 (BA-453)
- William A. 42 (BA-453)

DEENER
- Willm. 24 (A-38)

DEERING
- Elisha 76* (BA-321)
- Elizabeth 45 (BA-333)
- Emily 31* (AL-163)
- Geo. T. 64 (BA-400)
- John 35 (AL-164)
- M. N. 20 (m) (AL-122)
- Matthew 40 (BA-333)
- W. 38 (m) (AL-110)
- William 34 (AL-164)
- William 65* (AL-165)
- William D. 40 (BA-332)
- William W. 21 (BA-333)
- Wm. W. 28 (BA-398)

DEFRIES
- Archabald P. 40 (BA-458)
- John 24 (BA-458)
- William T. 45 (BA-458)

DEHART
- Catharine G. 31* (BA-371)

DEHONEY
- Thos. R. 31 (A-60)

DELPH
- Merriman 62* (BA-322)

DEMONBRUN
- John F. 38 (A-48)
- Willm. 29 (A-48)

DENEER
- William 58 (A-66)

DENHAM
- Alexr. 19* (MN-384)
- David 56 (MN-374)
- Emory P. 32 (BA-463)
- Hardin 38 (MN-425)
- Isaac N. 66 (BA-468)
- John C. 51 (BA-467)
- Lee R. 45 (MN-370)
- Michael N. 43 (BA-467)
- Nancy 19* (BA-471)
- Nicholas H. 20* (BA-374)
- Sanford 28 (AL-186)
- Thomas 13* (MN-383)
- Thomas J. 25 (MN-374)
- William R. 24 (BA-468)
- Woodson 23* (BA-420)

DENISON
- Jacob 38 (BA-404)
- James 20* (BA-404)
- John 44* (BA-407)
- John W. 23 (BA-404)
- William 25 (BA-407)

DENTON
- Charles 42 (BA-327)
- Cornelius 40 (MN-388)
- George N. 41 (CI-184)
- Joseph C. 39 (CI-210)
- Thomas S. 59* (BA-335)
- William 50* (BA-327)

DEPP
- Albert M. 30 (BA-403)
- Elizabeth 55* (BA-401)
- James 34 (BA-399)
- Peter 55 (BA-452)
- Thomas 44 (BA-468)
- Walter H. 30* (BA-419)

DESSAUSERE
- Sally J. 22* (BA-396)

DEVASHER
- Alexr. L. 39 (BA-387)
- William 46 (BA-379)

DEVASIER
- E. 70 (f) (AL-143)
- John H. 36 (AL-143)

DEVENPORT
- M. 60 (f)* (MN-376)

DEWBRE
- James 30 (MN-420)

DEWBRE?
- Giles 26 (MN-426)

DEWEEESE
- William 19* (BA-445)

DEWEESE
- Daniel 39 (CI-162)
- David 66* (BA-457)
- John 57 (BA-409)
- John C. 26 (BA-457)
- Martha J. 16* (B) (BA-408)
- Nancy 32* (BA-446)
- Nancy 46 (BA-457)
- Samuel H. 38 (BA-457)

DEWITT
- Henry 34 (MN-411)

DICE
- Benjamin 59 (A-66)
- Elijah K. 25 (A-80)

DICK
- Archibald 58 (CU-305)

DICKEN
- Emma 22* (CU-286)
- Isaac 25 (CI-165)
- Isham 52* (MN-399)
- Jefferson 36 (CI-167)
- William 25 (CI-190)

DICKENS
- Eliza 25* (CU-283)
- Sarah 20* (CU-334)

DICKENSON
- Valentine 35 (AL-152)

DICKERSON
- A. G. H. 41 (BA-340)
- Archer 55* (BA-340)
- Eliza J. 24* (BA-309)
- F. 38 (f)* (AL-142)
- Holland 25 (BA-471)
- James F. 36 (BA-322)
- Joel 70 (BA-340)
- John 34 (BA-428)
- John 56 (BA-340)
- Nancy 49* (BA-312)
- Thomas C. 42 (BA-399)
- Thomas J. 44* (BA-308)

Index

DICKERSON
- Thomas M. 30 (BA-320)
- William 60* (BA-325)
- William H. 33 (BA-324)
- William H. 34 (BA-328)

DICKEY
- B. F. 35 (m)* (BA-317)
- Elisha 64 (BA-312)
- William 57 (BA-315)

DICKINSON
- Benjamin T. 61 (BA-456)
- Mary 57 (BA-464)

DICKISON
- Emri 28* (MN-401)
- Isaac 41 (MN-431)
- Jesse 56 (CI-181)
- Josephus 17* (MN-419)
- Lydia 21* (CI-178)
- Oliver 21 (CI-175)
- Wm. H. 26 (MN-408)

DICKSON
- John 40* (CI-165)
- Richard 30 (CI-166)

DIDDLE
- Benj. S. 33* (A-37)
- James 29 (A-51)

DILLARD
- Henry 18* (BA-443)
- J. W. 38 (m) (AL-147)

DILLEN
- John 18* (CI-183)
- Sarah J. 15* (CI-208)

DILLEY
- James G. 43 (BA-425)
- Joel W. 41 (BA-426)

DILLIAN
- M. C. 23 (m) (CU-305)

DILLINGHAM
- Champness 36 (A-75)
- Champness 77 (A-76)
- James B. 39 (A-76)
- Wm. 37* (A-10)

DILLION
- Eliza J. 2* (BA-363)
- Jacob 37* (BA-364)
- Silas 30 (BA-359)

DILLON
- William 38 (CU-305)

DINKINS
- Wm. C. 34 (AL-121)

DINSMORE
- James H. 30* (BA-399)

DINWIDDIE
- A. H. 65 (m)* (AL-179)
- Clabourn 34 (AL-179)
- Hiram 26 (AL-175)

DINWIDDIW
- M. 29 (m)* (AL-112)

DISHMAN
- James A. 29 (BA-320)
- John C. 22 (BA-325)
- Robert C. 27 (BA-325)
- Susan 65 (BA-359)
- William 60 (BA-325)
- William S. 28 (BA-321)

DIVINDE
- Jonathan 20* (AL-154)

DIVINE
- A. 16 (m)* (AL-157)
- L. 25 (m) (AL-163)
- S. A. 20 (f)* (AL-170)
- S. A. 20 (f)* (AL-171)
- Sally 22 (AL-161)
- Thomas 22 (AL-154)

DIXON
- Benjamin 34 (AL-183)
- Jas. B. 28 (A-55)
- John 30 (BA-461)
- John 37 (AL-184)
- Joseph 45* (MN-385)
- T. R. 19 (m) (AL-101)
- William 76* (AL-183)

DOBBS
- E. 32 (f)* (AL-118)
- H. 29 (m) (AL-117)
- H. S. 71 (m)* (AL-175)
- Henry S. 27 (AL-171)
- Henry S. 27 (AL-171)
- J. D. 27 (m) (AL-109)
- John 57 (AL-117)

DOBSON
- T. 52 (m)* (AL-154)

DODD
- Bradford 47 (BA-331)
- Haiden 49* (BA-401)
- James 58 (BA-357)
- John 55 (BA-344)
- Sabra 55 (B) (BA-404)
- Sarah 18* (BA-362)
- William F. 27* (BA-403)
- Wm. B. 29* (BA-357)

DODSON
- A. 40 (f) (AL-188)
- Armsted 32 (AL-186)
- D. 21 (m) (AL-181)
- Dillinham 73* (AL-186)
- Joseph 50 (AL-186)
- Robert 65 (CU-340)
- Thomas 45* (BA-465)
- William A. 40 (CI-157)
- Wm. 42* (AL-115)

DOHONEY
- Chapman 51* (A-27)
- Joseph 38 (A-30)
- N. B. 28 (m) (A-27)
- Rhody 53 (A-29)
- Wm. R. 28 (A-13)

DOHONY
- Peyton 42 (A-32)

DOHORITY
- Alfred 33 (CU-302)
- Wilson 24* (CU-299)

DOLLINS
- Joseph A. 23* (BA-402)
- Mahany 44 (BA-341)

DONAHAN
- Martin 44 (MN-425)

DONALDSON
- Cornelius D. 28* (A-38)

DONAN?
- Elizabeth 45* (BA-436)

DONLEY
- James D. 61* (CU-291)
- M. A. 49 (f)* (CU-291)

DONNALD
- James 18* (CU-332)

DOOLEY
- Isam B. 50 (A-55)
- Jassee 18* (A-11)
- Milton 22 (A-77)
- Paulina 31 (A-31)

DOOLIN
- Mathew 39 (A-43)

DOORS
- James W. 50 (BA-369)

DORSEY
- Marth 34 (AL-129)

DOSS
- Alfred 22 (MN-428)
- Chilton L. 24 (BA-352)
- Drucilla 55* (BA-335)
- Edward W. 20* (BA-443)
- George W. 38 (BA-333)
- James 40 (BA-489)
- Littleberry 79 (MN-425)
- Margaret D. 46 (BA-366)
- Sally A. 9* (CU-307)
- Thomas 11* (BA-490)
- Thomas 12* (CU-321)

DOSSEY
- A. P. 49 (m)* (BA-377)
- Joanna 69* (BA-381)
- Jonathan 20* (BA-377)
- Parker M. 27 (BA-376)

DOSSY
- J. M. 25 (m)* (BA-380)
- John A. 23 (BA-378)

Index

DOSSY
  Kincheon D. 51* (BA-376)
DOTY
  James M. 28 (BA-337)
DOUGHERTY
  James R. 8* (BA-430)
  Mark 33* (BA-463)
  Mary 32 (BA-455)
  Mary 44 (BA-416)
  Michael 63* (BA-463)
  Robert S. 46* (BA-429)
DOUGHTY
  Reuben 57 (BA-330)
DOUGLASS
  Asahel 59 (BA-486)
  Elizabeth 49 (BA-493)
  Hugh J. 25* (A-30)
  Samuel 72* (BA-442)
  Sarah 49 (A-61)
DOUTY
  Jefferson 26 (MN-376)
DOWEL
  Thomas 20* (A-35)
  William 29* (AL-180)
DOWNING
  B. Sr. 62* (AL-127)
  L. A. 20 (f)* (AL-136)
  Sanl. E. 30* (MN-436)
  Wm. R. 29* (AL-127)
DOYL
  Robert 21* (BA-448)
DOYLE
  John 25* (BA-322)
DRAKE
  Edward 54 (A-97)
  Elizabeth 55* (A-90)
  Jackson 35* (A-90)
DRANE
  Anthony 46* (AL-101)
  Judson S. 42 (BA-349)
  Thomas J. 37 (BA-350)
  William W. 37* (BA-350)
DRISKILL
  F. M. 21 (m)* (BA-331)
  James L. 23 (BA-309)
DRY
  Jacob 71? (AL-151)
DUBREE
  John 63 (CU-281)
  William 44 (CU-282)
DUDLEY
  Alfred 16* (B) (A-32)
  Jas. 42* (A-32)
  John 50 (A-12)
  Nancy 4* (MN-386)
  Wm. 90 (A-26)

DUEESE
  Jacob 47* (CI-199)
DUERSON
  Marthaa 4* (CU-306)
  Thomas C. 32 (CU-290)
DUFF
  Chilton 48* (BA-344)
  Edmund 55* (BA-410)
  Fielding 61* (BA-341)
  Nancy 50* (BA-361)
  Thomas Q. 28 (BA-443)
  William W. 30 (BA-341)
DUFFER
  Sarah 50 (AL-167)
  Wm. 55 (AL-114)
DUGLAS
  L. 58? (m) (AL-185)
  Mary 42 (AL-185)
DUGLASS
  Anderson 37 (AL-125)
DUKE
  Albert 31 (BA-311)
  Elizabeth 37 (BA-321)
  Fountain 35 (BA-311)
  John E. 29* (BA-321)
  Sarah 68 (BA-313)
  Thomas T. 43 (BA-321)
DULANY
  Elender 72* (AL-132)
DULWORTH
  James 45 (CU-328)
  John 47 (CU-297)
DUNAGAN
  Thomas 58* (BA-439)
DUNAWAY
  Aquilla 35 (m) (BA-447)
DUNBAR
  Sydney S. 42 (CI-189)
DUNCAN
  A. 32 (m)* (AL-112)
  Hiram 43 (A-46)
  James R. 35 (MN-439)
  Joseph 46 (AL-183)
  L. A. 27 (f)* (AL-136)
  Oliver 41 (AL-183)
  Sarah E. 14* (BA-452)
  Thomas 66* (BA-393)
  William 33 (BA-331)
  William 41* (BA-365)
DUNHAM
  Allen 37 (MN-384)
DUNIGAN
  John 22 (BA-440)
DUNLAP
  William 52 (MN-380)

DUNN
  Henry B. 26 (MN-438)
  James 50 (A-94)
  Margaret 53* (AL-136)
  Saml. H. 38* (MN-449)
DURHAM
  Benjamin 22* (AL-140)
  Berry 34 (BA-350)
  Henry 83 (AL-140)
  J. 40 (m)* (AL-140)
  J. G. 37 (m)* (AL-107)
  Robert 49 (AL-141)
  Sallya 45 (BA-322)
  Thomas 69* (BA-453)
  V. 24 (f)* (AL-159)
  W. 21 (m) (AL-132)
  Willis 16* (BA-315)
DUVALL
  Edward 29 (BA-335)
  Jacob 37 (CU-280)
  James J. 25* (CI-170)
  Lewis 61* (CI-170)
  Lewis W. 24* (CI-170)
  Oliver P. 36* (CI-193)
  Samuel S. 35* (BA-336)
  Sylvester K. 31 (BA-334)
  William C. 34 (CI-170)
DYE
  Elizabeth 65 (AL-173)
DYER
  Calvin 28* (CI-170)
  George 19* (MN-403)
  Mary 34* (MN-402)
DYSON
  D. D. 45 (m)* (AL-123)
  John 40 (AL-135)
EAPLIN
  Phillip 43* (BA-378)
EARL
  Obediah 40 (A-19)
EARLES
  Ransom 22 (CU-343)
  Thomas 30 (CU-343)
EARLS
  Elisha 27 (BA-489)
  Meredith 61 (A-9)
  Wm. 25 (A-15)
EAST
  John 23 (A-87)
  Joseph 57* (A-99)
EASTER
  Ephraim 65* (CU-314)
  Jourdon 26* (CU-314)
  Thomas 25 (CU-314)
EASTES
  William 64 (A-78)

Index

EASTON
  Jas. B. 38 (A-45)
  T. C. 33 (m) (AL-151)
EATON
  Carrol 23 (BA-375)
  Harrison 31 (BA-485)
  John 29 (BA-388)
  Leonard 55 (BA-376)
  Thomas 30 (BA-483)
ECKLES
  H. L. 24 (m) (A-12)
EDDY
  G. 48 (m) (AL-172)
EDENS
  Job 34 (AL-181)
EDMANTALLER
  Sarah 40 (A-94)
EDMONDS
  Cecelia 50 (A-67)
EDMUNDS
  Charles P. 38 (BA-343)
  Elizabeth 40* (BA-307)
  George T. 14* (BA-329)
  James A. 34* (AL-174)
  John 68 (BA-329)
  Porter 16* (BA-403)
  R. W. 48 (m) (AL-114)
  William 73* (BA-344)
  William B. 43 (BA-337)
  William H. 25* (BA-403)
EDRINGTON
  Barrett 42 (A-84)
  George 37 (A-68)
  John 43 (A-84)
  Thomas 75 (A-83)
EDWARD
  Sally 14* (BA-459)
EDWARDS
  Alexander 40* (BA-449)
  America 25* (BA-424)
  Cader K. 59 (m) (BA-450)
  Cader jr. 38 (m) (BA-410)
  Cader sr. 74 (m)* (BA-441)
  Catharine 58* (BA-449)
  Charlotte F. 14* (BA-461)
  Edward S. 24 (BA-434)
  Garland 29* (BA-477)
  Henry 33* (BA-446)
  Isaac H. 48 (BA-435)
  James 52 (A-9)
  James 7* (BA-418)
  John 29 (A-9)
  John 58 (BA-424)
  John B. 34* (BA-434)
  Joseph 18* (BA-416)
  Joseph 40* (BA-424)
  Joseph 6* (BA-418)
  Joseph W. 28 (BA-394)
  Margaret 39* (BA-491)
  Natthaniel 53 (BA-424)
  Stephen R. 32 (BA-476)
  Thomas J. 28 (BA-450)
  William 42 (A-17)
  William M. 50 (BA-477)
  William R. 26 (BA-424)
  Wm. 23 (A-14)
EKILL
  George W. 51 (BA-477)
ELDER
  James D. 34 (A-12)
  John M. 35* (CI-158)
ELDRIDGE
  A. 26 (m)* (CU-298)
  James 26 (CU-298)
  James 39 (CI-188)
  Kizzey 21 (f)* (CU-340)
  Polly 57 (CU-325)
ELIOTT
  Alexr. Jr. 55 (A-39)
  Alexr. Sr. 88 (A-40)
  Geo. C. 58 (A-39)
ELLINGTON
  D. A. H. 42 (m) (CU-324)
  Nancy 60 (CU-324)
  William 33* (CU-305)
ELLIOD
  Jo. 40 (m)* (CU-315)
ELLIOTT
  Daniel 31 (CU-319)
  Elizabeth 91* (CI-178)
  Granville 21 (CU-344)
  Milly 86 (BA-473)
  Moses 31 (BA-392)
  Robert 30* (CU-329)
  Robert 49* (CU-319)
  William 25 (CU-328)
  William 60 (BA-367)
  William jr. 25 (BA-390)
ELLIOTTE
  George 53 (CU-328)
ELLIS
  A---- 40 (f) (A-9)
  Alfred 29 (BA-354)
  Asa _3 (BA-362)
  Christopher 80 (CU-287)
  George 53 (BA-373)
  George B. 40 (BA-349)
  Isaac B. 19 (BA-313)
  James 32 (AL-136)
  Jesse 67 (CI-166)
  Joel 56 (A-70)
  Joel 63* (CI-187)
  Luann 25* (BA-403)
  M. E. M. 30 (m) (AL-178)
  Mary 39 (CI-181)
  Patsy 65 (B) (BA-376)
  Rober F. 39 (m)* (AL-178)
  Samuel 58 (AL-181)
  Sarah J. 19* (CU-292)
  William 55 (BA-374)
  William N. 34 (BA-442)
ELLISON
  Thomas S. 51* (CU-278)
ELMANTALLOW
  Jane 23* (A-14)
ELMONTALLER
  George 60 (A-90)
  Jacob 35 (A-90)
ELMORE
  Abram 20 (BA-341)
  Abram 47 (BA-353)
  Athanatius 65 (BA-352)
  Catharine 66* (BA-353)
  Charles 21 (BA-345)
  Hugh 21* (BA-347)
  Hugh 24 (BA-353)
  James 58 (BA-353)
  John 26 (BA-387)
  John 36 (BA-387)
  John H. 26 (BA-353)
  John T. 32 (BA-353)
  William 28* (BA-352)
EMBERTON
  Ally 60 (f) (MN-433)
  Angline 28* (MN-433)
  David 10* (MN-420)
  David 34 (MN-416)
  Elihu 9* (MN-416)
  Elizabeth 38 (MN-420)
  James 43 (MN-380)
  John 27 (MN-375)
  John 66* (MN-383)
  Jonas 41 (MN-372)
  M. H. 23 (m) (MN-446)
  Rachael 20* (MN-375)
  Richard 59* (MN-370)
  Ruby? 29 (m) (MN-446)
  Silas 36 (MN-382)
  Thos. 64* (MN-432)
  Thos. jr. 46 (MN-378)
  Walter W. 54 (MN-410)
  William 23 (MN-374)
EMBREE
  Benjamin 18* (MN-390)
  Joshua T. 37 (MN-392)
  Nancy 66* (CU-334)
  Richard 30 (BA-481)

Index

EMERSON
Fanny 80* (B) (CU-279)
Jesse 42 (BA-336)
John C. 47 (BA-344)
John M. 38* (CU-278)
R. A. 32 (m) (CU-278)
Robert H. 23* (CU-279)
Thomas M. 59 (CU-278)
W. P. 29 (m)* (CU-326)
EMMERSON
Asa 21 (BA-339)
Henry jr. 65 (BA-339)
Henry sr. 73 (BA-328)
Joel 35 (BA-349)
Pleasant 50 (BA-347)
William 58 (BA-327)
Zachr. 79 (BA-347)
EMMERT
Henry 31 (MN-452)
Philip 27 (MN-386)
Philip sr. 55* (MN-387)
William 33 (MN-387)
EMORY
John 25* (CI-158)
John 33 (BA-435)
Sarah 52 (BA-432)
Virginia 70* (BA-490)
ENGLAND
Alexr. 33 (A-56)
Barton 24 (MN-448)
Daniel 18* (A-56)
Daniel 24 (A-56)
Elisha 41 (MN-428)
Elisha 60* (MN-444)
Elzy 37* (A-22)
Geo. W. 34* (A-48)
Isaac 37 (MN-443)
James 44 (A-56)
Jane 71* (MN-430)
Jas. 12* (MN-427)
Leroy 50 (MN-444)
Milton 21 (A-49)
Milton 22 (A-56)
Nathaniel 64 (A-41)
Saml. 22 (A-41)
Timothy 39* (A-30)
Willm. 49 (A-29)
Willm. H. 36 (A-40)
Wm. A. 30 (MN-444)
ENGLISH
James 56* (CU-320)
ENNIS
John 60* (BA-436)
EPELING
D. R. 40 (m)* (AL-173)
E. C. 18 (f)* (AL-126)

Erastus 22 (AL-132)
J. K. 37 (m) (AL-132)
EPPERSON
Charles F. 33 (A-83)
David 44 (CU-280)
John J. 26 (A-83)
Mary 43* (A-12)
William 77 (A-83)
William L. 35 (A-62)
ERVIN
Joseph 62* (BA-334)
ERWIN
George W. 45* (BA-346)
ESCUE
Mary 74* (A-22)
Parthena 35* (A-56)
ESKEW
John 43 (CU-304)
Kitty 10* (CU-334)
ESQUE
John 25 (BA-376)
P. 15 (f)* (CU-324)
William 46 (A-67)
ESTES
Harvey 25 (A-30)
Jas. G. 51 (A-53)
Jas. W. 26 (A-44)
Jno. G. 58 (A-22)
Lewis 33* (A-40)
Littleton 39 (A-44)
Thos. 43 (A-23)
Thos. H. 22* (A-44)
Warfield 28 (A-20)
Yelverton 43 (A-21)
ESTHER
D. Haggard 44* (CU-314)
Melinda 17* (MN-404)
ESTIS
George A. 38 (BA-421)
George M. 51 (BA-474)
John 65 (BA-423)
Sally 27* (BA-483)
William P. 29 (BA-423)
Woodfolk 68 (BA-483)
ESTON
Jenkins 69* (CU-279)
William 36* (CU-279)
EUBANK
Chasteen 28* (MN-426)
Edward W. 62 (BA-404)
Francis 23* (MN-449)
Henry 54 (BA-371)
James 44* (BA-401)
Jno. F. 24* (BA-401)
John 20* (BA-403)
Joseph Sr. 87* (BA-356)

Joseph jr. 52 (BA-371)
N. N. 37 (f) (A-1)
Rewben B. 25* (BA-433)
Richardson 59* (BA-357)
Sarah 40* (BA-464)
Susannah 85 (BA-356)
T. A. 34 (m) (BA-368)
Tho. sr. 65 (MN-426)
Thomas 60 (BA-401)
Thomas W. 34* (BA-356)
Thos. jr. 30 (MN-426)
William 37 (BA-318)
Wm. B. 35 (MN-435)
EUBANKS
Carson 39* (AL-178)
Edward 22 (A-71)
Elizabeth 40* (BA-450)
John A. 26* (MN-407)
Jonathan 66 (AL-178)
Willis 33* (MN-387)
EVANS
Barbara 51 (A-94)
Boyl? 47 (AL-113)
Edmund G. 41 (BA-311)
Edward 45* (BA-398)
Eleanor 49 (MN-372)
Henry C. 22 (BA-423)
Isaac 32 (BA-422)
James B. 42 (AL-101)
James H. 26 (A-89)
John 48 (BA-424)
Joseph W. 47* (BA-410)
Matilda 42* (BA-406)
Pyrtle 26 (m)* (BA-425)
Robert 30 (BA-420)
Robert 60* (BA-485)
S. K. 29 (m) (AL-103)
Susan 53* (BA-432)
Thomas 22* (MN-372)
William 22 (BA-493)
William 29* (CU-286)
William 56 (BA-425)
William sr. 62 (BA-460)
Wm. F. 44 (AL-103)
EVERETT
William G. 44* (BA-448)
EVERITT
E. N. 46 (m)* (BA-341)
Jesse 73* (BA-356)
Samuel 41 (BA-356)
Samuel sr. 69 (BA-348)
William 55* (BA-402)
EWERS
Mary 76* (A-27)
EWING
Andrew 80 (A-20)

- 325 -

Index

EWING
  Elizabeth 47 (A-42)
  George W. 26 (A-59)
  Jas. F. 27* (A-19)
  Jesse 30* (CI-178)
  John A. 28 (BA-396)
  M. A. 16 (f)* (CU-310)
  Mary 53* (BA-347)
  Mathew 26 (CU-290)
  Matthew 25* (CU-285)
  Milton 23 (BA-428)
  Nancy 64* (CU-307)
  Robert 66 (A-19)
FAGG
  Joseph A. 22* (BA-437)
FAIRLEE
  Henry 22 (A-13)
FALKNER
  M. 38 (f)* (AL-128)
FALLIS
  G. 50 (m)* (AL-114)
  Joseph T. 15* (BA-468)
  R. S. 50 (m)* (AL-108)
  S. B. 34 (m) (AL-102)
  Thomas O. T. 21* (AL-117)
FANSHER
  John 59 (BA-436)
  William 34 (BA-436)
FANT
  Frances 74 (AL-152)
  G. H. 37 (BA-346)
FARLEE
  Wm. 25 (CU-329)
FARMER
  William 48 (CI-207)
FARR
  Aley F. 24 (f) (CI-170)
  Elijah 32 (CI-179)
FARRIS
  Absalom 65 (CU-303)
  Isaac H. 41* (BA-306)
  John T. 21 (BA-370)
  Saml. S. 44* (BA-306)
  Samuel 38 (CU-292)
  William B. 25* (BA-442)
FAULKNER
  Frances A. 16* (BA-480)
  John 58* (BA-438)
  Mary Ann 11* (BA-477)
  Permelia 58 (BA-477)
FEESE
  Samuel 35 (A-60)
FEGETT
  Daniel 51 (BA-441)
FELAND
  John C. 37 (BA-397)

Sarah L. 12* (BA-311)
FENIX
  D. 34 (m) (AL-177)
FENTON
  Mary 57 (A-53)
FERGASIN
  Jane 49 (CU-304)
FERGASON
  Mary 40 (CI-199)
  Sandford H. 40 (CU-306)
FERGENSON
  Daniel 21 (MN-409)
FERGERSON
  James 48 (CI-177)
FERGESIN
  Woodson 49 (CU-332)
FERGISON
  James 37 (CU-309)
  Samuel 50* (CU-305)
FERGUS
  Robert G. 30 (CU-337)
FERGUSON
  A. O. 32 (m)* (MN-413)
  Albert 27* (MN-392)
  Anderson 13* (BA-436)
  Archibald 45 (CU-330)
  Benjamin 27 (CI-178)
  Caleb B. 28 (MN-404)
  Chaniss? 29 (m) (CI-178)
  Christopher 27* (MN-413)
  Daniel 52* (MN-376)
  David E. 26 (BA-477)
  Dougal G. 35 (BA-373)
  Elizabeth 6* (BA-457)
  Erastus 21 (MN-413)
  James 25 (CI-178)
  James H. 22 (BA-449)
  Jasper 17* (CI-157)
  Jemima 67 (CI-178)
  John 53 (CI-157)
  John H. 28 (CI-164)
  John K. 56 (MN-376)
  John K. 65* (MN-420)
  Joseph 20 (BA-472)
  Moses 56 (MN-418)
  Moses B. 30 (MN-375)
  Sally 45 (BA-477)
  Sarah 70 (BA-472)
  Sparrel 31 (MN-418)
  Stephen D. 25* (BA-325)
  William 30* (MN-378)
  William 35 (MN-378)
  William 49* (BA-438)
  William G. 43 (AL-158)
  William R. 50 (CI-178)

FERGUSSON
  Virinda H. 35 (A-88)
FERIL
  J. C. 10 (m)* (AL-146)
FERQUERIN
  Joseph 32 (CU-290)
FERREL
  Gabriel 43* (BA-323)
  Jefferson 34* (CI-200)
  Mary 60* (CI-203)
  Thomas 37 (CI-184)
FERRELL
  Robert B. 54 (A-75)
  William 25 (BA-424)
  William 35* (CU-335)
FERREN
  John 40 (BA-441)
FERRETT
  Elizabeth 24* (BA-428)
FERRILL
  Edmund 68 (CU-336)
  Willm. A. 27* (A-98)
FERRINGTON
  C. 60 (f) (AL-107)
FERRY
  Joseph W. 53* (CU-335)
FEUQUAY
  Elizabeth 14* (CI-175)
FEUQUAY?
  Elizabeth 16* (CI-180)
FIELD
  E. C. 36 (m)* (A-50)
  John 23* (A-52)
  John F. 41 (A-3)
  S. B. 46 (m) (A-51)
  Sarah 67 (BA-407)
  Wm. B. 43 (A-3)
FIELDS
  Robert B. 32 (BA-389)
  Sally 27 (BA-348)
  Sally 53 (BA-401)
FIERS?
  Ausman D. 43 (BA-415)
FINLEY
  James 53 (MN-416)
FINN
  Barnett 34 (A-33)
  Coleman 27 (A-33)
  Jno. 36 (A-34)
  Lewis 24* (A-32)
  Rhoda 66 (A-34)
  William 49 (AL-181)
  Wm. 37 (A-33)
FINNEY
  Franklin 27 (BA-440)

Index

FINREY
  A. 54 (m) (AL-146)
FISHBACK
  James 38* (AL-152)
  William 36 (BA-309)
FISHBURN
  J. 30 (m) (AL-117)
FISHER
  Betsy 60* (BA-343)
  Catherine 70* (MN-410)
  David 22* (BA-386)
  Elizabeth 60 (BA-386)
  George W. 39 (BA-389)
  James 67* (BA-358)
  James R. 32* (BA-389)
  John 27 (BA-362)
  Nancy 30* (BA-313)
  Sally 37* (BA-389)
  Solomon 29 (BA-466)
  Sophia 27 (BA-361)
  Thomas 42 (AL-128)
FITZGERALD
  Jas. 30 (MN-378)
  Jesse 22 (MN-381)
FITZGERRALD
  Enoch 38 (BA-310)
  Susan 86 (BA-310)
FITZPATRICK
  A. L. M. 25 (m) (BA-374)
  John N. 34 (AL-130)
  Pamelia 23* (A-90)
  William 62 (AL-132)
FLANAGAN
  B. A. 51 (m) (BA-314)
  Thomas 19* (BA-314)
FLETCHER
  Andrew 49 (A-9)
  Barton S. 24 (CU-319)
  Edward 23 (A-51)
  Eliz. 76* (A-13)
  James 23 (CU-320)
  James 30 (CU-319)
  Jno. C. 23 (A-15)
  Jno. H. 52* (A-50)
  John 12* (BA-378)
  John 24* (CU-329)
  John Jr. 39 (A-25)
  Jos. 2 (f)* (A-9)
  Joseph 17* (BA-380)
  Lewis 27 (CU-344)
  M. 30 (f)* (CU-302)
  M. 30 (f)* (CU-320)
  Margaret 21* (MN-439)
  Mary 38 (A-14)
  Mary 8* (BA-398)
  P. J. 18 (f)* (CU-320)

Silous 46 (A-38)
W. J. 31 (m) (AL-128)
William 38 (CU-303)
William 57 (CU-301)
William T. 22 (BA-476)
Willm. 36 (A-40)
FLINT
  Thornall 47 (BA-490)
FLIPPEN
  James M. 32 (MN-452)
  Milton 32 (MN-448)
  Nancy 54 (MN-448)
  Roly 39 (MN-439)
  Saml. 22 (MN-448)
  Thomas A. 20* (MN-440)
FLIPPIN
  Catherine 15* (MN-437)
  James 30* (BA-380)
  James 67 (MN-437)
FLORA
  Ja. 68* (A-14)
  Wm. M. 4* (A-91)
FLOURNOY
  James 30* (CU-280)
FLOWERS
  Elisha 59* (CU-319)
  G. B. 34 (m)* (CI-183)
  Henry B. 60 (A-39)
  Jas. W. 30 (A-31)
  Joel 53 (MN-429)
  Roland 26 (CI-183)
  Thos. 61 (A-31)
  William 30 (CU-318)
  William H. 33 (BA-366)
FLOYD
  James L. 24 (A-82)
  James P. 41 (A-7)
  John H. 29 (BA-491)
FOLDING
  James H. 13* (BA-377)
FORBES
  Frances 22* (BA-440)
  Jas. 28* (A-19)
  John H. 36 (BA-478)
  Nathaniel 49 (BA-443)
FORBIN
  Felix G. 33 (BA-444)
FORBIS
  Elizabeth 72* (BA-479)
  Finley 24* (BA-439)
  Henry M. 44 (BA-477)
  Sarah 67 (BA-406)
FORBUSH
  Anne 55* (CU-327)
FORD
  Alexander 29 (BA-477)

Austin D. 29 (BA-462)
Ben. 35 (MN-386)
Benjamin 21* (MN-383)
Clement 37 (BA-325)
Frances 69 (BA-325)
Garland 44 (BA-325)
James 26 (CI-202)
James 34 (MN-447)
John 33* (CI-199)
John 45 (BA-318)
John W. 30 (MN-447)
Peter 29 (MN-447)
Richard S. 53 (AL-101)
Susanna 62* (BA-477)
FOREST
  Alexander E. 36 (BA-434)
  Gains 23* (BA-434)
  George W. 42 (BA-417)
  John M. 29 (BA-434)
  Simpson 31 (BA-432)
FORRESTER
  James M. 28 (BA-316)
  Mary 36* (BA-360)
  Parks T. 22* (BA-316)
  Thomas 25 (BA-356)
FORRISTER
  James 53* (BA-404)
  Samuel 23* (BA-404)
FORSHE
  Mary 47 (AL-124)
FORSHEE
  M. A. 20 (f)* (AL-122)
  R. 21 (f)* (AL-124)
  S. M. 15 (f)* (AL-114)
FORTH
  Ewing 25 (BA-386)
FORTUNE
  Elisha 70 (MN-440)
FOSTER
  A. S. 23 (m) (AL-117)
  Austin 52* (BA-336)
  Bartlett 58 (BA-465)
  Booker A. 26 (AL-114)
  George B. 35* (AL-131)
  H. R. 29 (m) (BA-362)
  J. 10 (m)* (AL-139)
  J. F. 7 (m)* (AL-114)
  J. W. 35 (m) (AL-104)
  James W. 32* (BA-465)
  John W. 22 (BA-337)
  Joseph H. 35 (BA-465)
  Lucinda 45 (BA-452)
  Martha 60* (BA-316)
  P. C. 24 (m) (AL-118)
  Patsy 79* (BA-356)
  Price 46 (AL-146)

Index

FOSTER
  R. J. 34 (m)* (AL-103)
  Randolph 40 (MN-401)
  Sally B. 10* (AL-132)
  Susan H. 49 (BA-309)
  Wm. 62 (AL-114)
FOUT
  Jacob 33 (MN-450)
FOWLER
  A. M. 9 (f)* (AL-101)
  Rawley 25* (MN-383)
  Samuel 60 (BA-396)
  Sarah 29* (MN-434)
FOX
  Charles J. 29 (BA-444)
  John 33 (MN-431)
  Joseph 25 (MN-447)
  Joshua 30* (BA-381)
  Lucy 54* (B) (BA-488)
FOXSEN
  Adam 24 (MN-427)
  Adam 77 (MN-427)
FRALEY
  Abijah T. 28* (BA-429)
  Arthur 25 (MN-446)
  Christian 39* (MN-373)
  Edward 56* (MN-398)
  Elizabeth 84* (MN-385)
  Isaac 31* (MN-389)
  John U. jr. 33* (CU-283)
FRAME
  John 19* (MN-384)
  John M. 37 (MN-435)
FRANCE
  Elizabeth 24* (BA-443)
FRANCES
  J. 22 (m)* (AL-134)
  James A. 41 (AL-116)
  John 39* (AL-144)
  M. 60 (m) (AL-127)
  M. A. 11 (f)* (AL-142)
  Mary 18* (MN-429)
  Mary 36* (AL-129)
FRANCIS
  Armstead 32 (BA-369)
  Bartlet 60* (BA-389)
  James 23 (BA-390)
  Kitty 12* (BA-363)
  Matilda 31* (BA-349)
  Nancy 10* (BA-378)
  Richard 21* (BA-369)
  William 37 (BA-379)
FRANK
  J. P. 30 (m)* (CU-278)
  John 46 (BA-397)
  William 39* (BA-403)

FRANKLIN
  George H. 18* (BA-454)
  George W. 37 (BA-459)
  Henry T. 51 (BA-370)
  James 23* (BA-315)
  James C. 34 (BA-422)
  James M. 38 (CU-303)
  Jeremiah 48* (BA-454)
  Joel 22* (BA-336)
  John 56 (CU-328)
  John 67 (CU-343)
  John G. 25 (BA-330)
  Lewis 45* (BA-458)
  Martin 55 (BA-326)
  Nancy 34* (BA-408)
  Nathan I? 43 (A-63)
  Reuben 81 (BA-383)
  Richard 27 (A-47)
  Roger T. 40 (BA-478)
  S. G. 29 (m) (CU-331)
  S. H. 37 (f) (AL-127)
  Stephen 64 (BA-421)
  William H. 24* (BA-326)
FRANKUM
  Hiram 60* (A-99)
  Washington 28 (A-82)
  William 58 (A-82)
  Willm. 22 (A-82)
FRASIER
  Thomas 22 (CU-332)
FRAYLEY
  E. 24 (f)* (A-44)
FRAZER
  Catharine A. 50* (A-1)
  Lewis H. 29 (A-23)
  Thos. A. R. 27 (A-42)
  Willm. 61 (A-42)
FRAZIER
  Achilles 38 (BA-422)
  Elizabeth 27 (MN-423)
  H. R. 24 (m) (MN-376)
  Henry 59 (MN-421)
  J. B. 43 (m) (CU-317)
  James 64* (MN-422)
  Jas. 32 (MN-424)
  Jas. G. 20 (MN-416)
  Joshua 45 (MN-380)
  M. H. 1 (f)* (MN-379)
  P. T. 22 (m) (CU-317)
  William W. 32 (MN-412)
  Zebulun 23 (BA-483)
FREE
  William 27 (BA-422)
FREEMAN
  George W. 27 (BA-492)
  John 85 (BA-492)

  Mary C. 52 (BA-442)
  Sally 38* (BA-320)
  Thomas 65 (BA-310)
  William B. 40 (BA-310)
FRENCH
  Benjamin 53* (BA-449)
FRIEND
  John 12* (BA-344)
FROGG
  Arthur R. 13* (CI-170)
  J. 40 (m) (CU-296)
  Lewis 8* (CI-180)
  Lewis D. 15* (CI-193)
  Lucrecia 22* (CI-172)
  Milly 28* (CI-173)
  Nancy 16* (CI-170)
  T. C. 28 (m) (AL-102)
  William R. 10* (CI-170)
FROST
  Anderson 29 (AL-111)
  Eli 39 (AL-111)
  H. C. 21 (m)* (AL-164)
  J. 52 (m) (AL-111)
  James 24 (AL-174)
  Jeremiah 25 (AL-111)
  Nimrod B. 33 (A-91)
  Thomas 16* (CI-163)
  Thomas 36 (AL-116)
  W. B. 44 (m) (AL-165)
FROST?
  Micajah 35 (CI-188)
FRY
  David 60 (CI-196)
  David 63* (CU-294)
FUDGE
  Fred 67* (CU-326)
  John 31 (CU-326)
  John M. 25 (CU-313)
  William 48 (CU-335)
FUGATE
  Harmon J. 26* (CI-208)
FULCHER
  Hamlet 29 (AL-132)
  John 68 (BA-378)
FULCHURE
  E. M. 34 (f)* (AL-129)
FULKERSON
  John 71 (MN-435)
FULKES
  John 20* (MN-395)
  Mary 78* (MN-371)
FULKES?
  Catherine 33* (B) (MN-395)
FULKS
  John 42 (MN-371)
  Smith 21 (MN-446)

Index

FULKS
  Thomas 22 (BA-471)
FUNK
  Susan 44* (BA-341)
  William 40* (AL-144)
FURGUS
  John 25* (CU-337)
FURLONG
  Fountin 38? (BA-328)
  Samuel 45 (BA-343)
  Thomas 24 (BA-348)
FURMANN
  Nancy 44* (MN-430)
FURR
  William 27 (CU-294)
FURV?
  John 21* (MN-371)
GABBERT
  John 69 (CI-188)
  Rice 36* (CU-324)
GADBERRY
  Jas. 30* (A-13)
  John F. 20* (BA-448)
  Sally 73* (BA-318)
  Thomas 65 (BA-433)
  Thomas J. 24* (BA-447)
  William 55 (A-69)
GADDIS
  John 21 (CI-160)
  Thomas 30 (CI-160)
  William 58 (CI-160)
GAHEART?
  Nancy O. 12* (CU-305)
GAINES
  B. J. 33 (m) (AL-121)
  F. B. 45 (m) (AL-179)
  James H. 50* (CU-334)
  John W. 73 (BA-328)
  Wm. 20* (CU-305)
GAINSTEAD
  James 60* (BA-450)
GAITHER
  Nathan 64* (A-31)
GALEWOOD
  Rice M. 6* (CI-183)
GALLIHER
  M. 30 (m)* (CU-315)
GALLOWAY
  David 15* (BA-432)
  Wesley 35* (BA-427)
  Willis 33 (BA-417)
GALVIN
  John 31* (AL-118)
GALYEN
  Isaac 40 (BA-368)

GAMBLING
  R. 44 (m) (CU-294)
GAMM
  H? P. 39 (m) (AL-110)
GAMMON
  Adam jr. 24 (CU-327)
  Henderson 26 (CU-327)
  James 38 (CU-327)
GAMSTEAD
  Phillip W. 41* (BA-444)
GANNON
  Adam 70 (CU-330)
  Edy 15* (CU-332)
  John 47 (CU-331)
GARDER
  Israel 27 (CI-190)
GARDNER
  James T. 36 (BA-313)
  John 40 (BA-313)
  Marshal 33 (BA-319)
  Sally 43 (BA-322)
  Thompson 72 (BA-319)
  William D. 38 (BA-316)
GARERA
  Franida 12* (BA-436)
GARMAN
  Adam 45* (AL-132)
GARMON
  Adam 26 (A-23)
  Andrew J. 31 (CU-316)
  David 47* (CU-316)
  Isac 81* (BA-378)
  Jacob 40 (CU-316)
  John 34 (BA-378)
  Leonard 30* (MN-401)
  Rhodes 28* (CU-316)
  Saml. 52* (A-23)
GARNER
  Freeman 32 (CI-170)
  Henry 38 (CI-157)
  Henry 75 (CI-176)
  Isaac 25 (CI-157)
  James 14* (CI-161)
  John K. 40 (CI-196)
  Sarah E. 18* (CI-167)
  Stephen 33 (CI-201)
  William 28 (MN-392)
GARNETT
  Cynthia 60 (B) (BA-404)
  Fielding 20* (BA-398)
  James P. 28 (BA-396)
  Joseph R. 33 (BA-404)
  Judy 40 (B) (BA-397)
  Mary A. P. 48 (A-3)
  Richard 24* (A-12)
  Richard 74* (BA-356)

  Richard W. 22* (BA-475)
  Robert W. 55 (BA-442)
  Sarah A. 41* (BA-397)
  William 34 (BA-397)
GARRARD
  America A. 30 (BA-481)
GARRET
  Albert 10* (CU-326)
  George 23* (CU-321)
  Pleasant 40 (CU-307)
  William 26 (CU-285)
GARRETT
  Curtis 5* (CU-314)
  John 56 (CU-286)
  William 28 (CU-281)
  William B. 14* (BA-425)
  William S. 60* (BA-307)
GARRISEN
  James jr. 29 (BA-466)
GARRISON
  A. D. 16 (f)* (A-28)
  A. W. 30 (m)* (AL-102)
  C. A. 33 (m) (AL-111)
  Eli D. 43* (AL-102)
  Greenville 31 (A-34)
  Hannah 23 (AL-112)
  J. M. 62 (m) (AL-112)
  James 53 (BA-445)
  John R. 25 (BA-445)
  L. 33 (m) (AL-108)
  R. 25 (m) (AL-111)
  William 21* (BA-445)
GARVIN
  Samuel L. 18* (BA-434)
GARVIS
  M. L. 16 (m)* (CU-285)
GASH
  Sarah F. 13* (BA-358)
GASSAWAY
  Benjamin 79 (BA-336)
  Elisha 47* (BA-315)
  George P. 45* (BA-406)
  Hanibal H. 21 (BA-406)
  James 24* (BA-336)
  James H. 51* (BA-331)
  James M. 25* (BA-457)
  Nancy 76* (BA-441)
  Robert D. 35* (BA-438)
GASSOWAY
  Patrick H. 26 (BA-456)
GATEWOOD
  Achilles J. 36* (BA-408)
  F. 43 (m) (AL-109)
  Marshal 24* (CI-163)
  Mary 48 (BA-408)

Index

GEARHART
  Nancy 12* (CU-321)
GEARHEART
  Joseph M. 39 (CU-328)
  Robert A. 31 (CU-289)
  Saml. 41 (MN-412)
GEARING
  Jehu 24 (BA-337)
GEE
  Jefferson 42 (MN-370)
  Jesse 45 (MN-412)
  John B. 49 (MN-394)
  John J. 26* (MN-370)
  John S. jr. 35 (BA-472)
  John S. sr. 75 (BA-472)
  Lucas 31 (BA-459)
  Neavil 47 (BA-461)
  William J. 27* (MN-395)
GENT
  Asa 18 (MN-441)
GENTRY
  Benajah 30 (MN-401)
  Chas. 20* (MN-422)
  Harden 33* (MN-396)
  James 64* (MN-400)
  John W. 37 (MN-405)
  Luther 26 (BA-479)
  Nathaniel 22 (A-88)
  Richd. 52* (MN-445)
  Robert 25 (MN-400)
GEORGE
  H. G. 91 (m)* (AL-130)
GERALD
  Aikin F. 54 (MN-426)
  Henderson 22* (MN-427)
  James F. 50 (MN-395)
  John F. 63 (MN-402)
GERALDS
  Isham 82 (MN-396)
  William 27* (MN-396)
  William F. 57* (MN-395)
GEY?
  Elizabeth 25* (AL-118)
GIBBENS
  Edmond 45 (CI-170)
  James E. 43 (CI-168)
GIBBON
  Mary A. 48* (AL-173)
GIBBS
  Sarah T. 5* (B) (AL-180)
  Simon P. 34 (MN-439)
  Thos. 80* (MN-439)
  William 37* (BA-371)
GIBSON
  Azel 12* (BA-325)
  Calvin 34* (BA-334)

  Elizabeth 42 (A-43)
  Elvira 15* (BA-314)
  James 9* (BA-468)
  James T. 8* (BA-351)
  Jas. 43 (A-25)
  Jessee 64* (CI-190)
  Job 70* (A-24)
  Louisa 21* (A-40)
  Robert 53 (BA-382)
  Robt. 34 (A-24)
  Thomas B. 34 (BA-385)
  William 50* (CI-155)
GIDDINGS
  Jessee 15* (MN-400)
  Saml. 17* (MN-386)
  William 24 (MN-398)
GIFFORD
  James 48 (A-3)
GILBERT
  John 34 (CU-321)
GILES
  Eli 30* (AL-104)
  John 103* (AL-104)
GILKEY
  Thomas 42* (CU-306)
GILL
  Chas. A. 38 (A-22)
  Edward 37 (BA-458)
  George W. 28 (BA-458)
  Harrison M. 64* (A-60)
  Henry H. 26 (BA-453)
  John S. 45 (BA-455)
GILLACK
  Elizabeth 63 (BA-370)
GILLAM
  Richard B. 30 (m) (AL-172)
GILLASPY
  Mary 71* (BA-321)
GILLCRISS
  Frances 60 (A-60)
  Willm. L. 27 (A-60)
GILLELAND
  David 28 (BA-364)
  Elizabeth 68 (BA-368)
  Jonathan 42 (BA-365)
GILLILAND
  James 45 (BA-360)
GILLMORE
  Thomas 20* (A-90)
GILLOCK
  A. G. 34 (m)* (BA-359)
  Celia 64 (BA-358)
  H. P. 25 (m)* (BA-362)
  James M. 40 (BA-358)
  John 57 (BA-410)
  Lawrence 53 (BA-362)

  R. R. H. 28? (BA-358)
  Simsberry 27 (BA-358)
  William G. W. 28* (BA-362)
  William P. 21* (BA-358)
GILLUM
  W. T. 16 (m)* (AL-167)
GILMER
  Annia 36 (B) (A-43)
  John 70* (B) (A-57)
  Martha 60 (A-13)
  Robt. 47* (A-49)
  Shedrick 50 (B) (A-11)
GILMORE
  James 23* (CU-290)
GILPIN
  Samuel 26 (CI-170)
  Savil 31 (A-97)
  Virginia A. 57* (BA-402)
GILREATH
  J. H. 52 (m)* (CU-289)
  William 20 (CU-325)
GIPSON
  A. 18 (m)* (CU-318)
  A. C. 24 (m)* (AL-167)
  George 35* (AL-178)
  James D. 33 (AL-116)
  James H. 38 (AL-150)
  Miles 35 (MN-418)
  Randolph 60 (AL-173)
  Susanna 33* (CU-326)
GIST
  Elizabeth 62* (MN-387)
  Silas 15* (MN-419)
GITTINGS
  Milton 21 (MN-392)
GLASS
  Benjamin 68* (BA-455)
  David 49 (BA-455)
  James 38 (BA-462)
  John C. 28 (BA-318)
  Lewis F. 36 (BA-455)
  William 21 (BA-455)
GLAZEBROOK
  Austin 30* (MN-371)
  Joseph 40* (BA-401)
  William 70 (BA-350)
GLIDEWELL
  Anderson 22 (CI-204)
  Lucinda 17* (CI-204)
  Maston 40 (CU-314)
  Nash 23 (CI-163)
  Nashville 64 (m) (CU-345)
GLOSS
  Stephen 31 (BA-318)
GLOVER
  Campbell 30* (BA-474)

Index

GLOVER
  J. G. 14 (m)* (B) (AL-113)
  James 61 (BA-464)
  James T. 36 (BA-463)
  Jane 33* (AL-130)
  John A. 36 (BA-467)
  John G. 34 (MN-438)
  Judith B. 50* (BA-463)
  K. 45 (f)* (B) (AL-109)
  P. A. 20 (m)* (AL-177)
  Richard 27 (CU-311)
  Richard 30* (CU-307)
  William 67 (Esq.) (BA-467)
  William H. 37 (BA-412)
GOABY
  John S. 24* (AL-152)
GOAD
  James 25 (MN-451)
  John 35 (MN-446)
  Luke 32 (MN-451)
  Sarah 58 (MN-452)
GOALY
  J. S. 45 (m)* (AL-151)
GODLY
  Timothy C. 37 (CI-164)
GOFF
  H. F. 33 (m)* (CU-338)
GOGGIN
  Jubilee 59* (CU-326)
  William 26* (CU-336)
GOLDEN
  John 40 (MN-405)
GOOD
  Edward 40 (A-97)
  Ellen 36* (A-75)
  Henry 29 (CU-283)
  John A. 37 (MN-445)
  William 14* (A-93)
GOODALL
  Mary 53 (MN-436)
  Turner 54* (MN-370)
GOODE
  Ann 52 (BA-444)
  Sarah 62 (BA-352)
GOODEN
  Charlotte 65 (BA-432)
  James 18* (BA-477)
  John 31 (BA-418)
  John 66 (A-80)
  Marshall 25 (BA-418)
  Robert 13* (BA-418)
  Samuel 26* (BA-417)
  Thomas 44 (BA-432)
GOODHEN
  M. 17 (f)* (CU-311)

GOODIN
  Elizabeth 41 (BA-446)
GOODMAN
  Amanda J. 19* (BA-481)
  Andrew 64 (CI-164)
  Andrew 65 (CI-156)
  Benjamin 19* (AL-128)
  David 28 (MN-440)
  Ger. 27 (MN-400)
  Hagan 33 (AL-128)
  J. T. 25 (m) (MN-440)
  Jacob 37 (AL-130)
  Jessee 36* (AL-128)
  John J. 62* (MN-440)
  Katharine 14* (B) (AL-141)
  L. B. 33 (m)* (AL-112)
  Margaret 12* (MN-439)
  Michael 59 (MN-440)
  Mire 24* (MN-411)
  Sally 53 (AL-162)
  Siney 56 (MN-400)
  Solomon 15* (MN-380)
  William 19* (MN-409)
GOODNIGHT
  Isaac 48* (AL-173)
  J. P. 18 (m)* (AL-173)
  Nancy 46* (BA-344)
  Thomas M. 32* (AL-149)
GOODRAM
  E. 15 (f)* (AL-168)
GOODRUM
  M. 18 (f)* (AL-160)
GORDON
  Rachael 35 (MN-381)
  Richd. 23* (MN-417)
GORE
  J. C. 30 (m) (AL-107)
  Notley 46 (m) (BA-479)
GORIN
  Elizabeth 58 (BA-336)
  Franklin 52* (BA-394)
  James M. 29 (BA-396)
  John H. 29* (BA-400)
  Rowan 24 (BA-336)
  Thomas J. 42* (BA-402)
GOSNEL
  Benja. 53 (BA-375)
  Joseph Jr. 30 (BA-374)
  Joseph Sr. 39 (BA-375)
  Reuben 26 (BA-380)
GOSNELL
  Walton 39 (MN-437)
GOSSET
  P. A. 12 (f)* (CU-345)
GOSSETT
  Henry 30 (BA-432)

James 27* (BA-418)
Peter 23* (CU-316)
Robert 24* (CU-290)
William 7* (CU-336)
GOULD
  Crichton 24 (A-88)
GOWDY
  James L. 30 (A-89)
GOWEN
  Frederick 53* (A-52)
  Willm. 30 (A-42)
GRACE
  James 42 (MN-377)
  John 32 (MN-391)
GRADY
  Jas. 58 (B) (A-28)
  Philip R. 25 (A-39)
  Thos. M. 28 (A-25)
  Willm. F. 47* (A-39)
GRAGG
  John 25* (CI-159)
GRAHAM
  Anderson 33 (CI-187)
  Clary 35 (B) (AL-187)
  Durham 31 (CI-187)
  Henry 50 (CU-289)
  Janie 36 (AL-142)
  Jasper 14* (A-60)
  Jno. N. 14* (A-38)
  Jonathan 58 (CI-187)
  M. F. 17 (f)* (A-2)
  Mary 66 (BA-346)
  Matthias 59 (CI-176)
  Nancy 38 (AL-171)
  William E. 17* (AL-142)
GRAMLIN
  Henry 52* (MN-444)
  Thos. C. 20 (MN-447)
GRANT
  Benjamin 29 (A-87)
  Eli 37* (A-7)
  James 48 (A-6)
  John W. 41 (A-7)
  Nancy 12* (A-91)
  Sarah J. 22* (A-86)
  William 15* (A-86)
GRAVES
  A. 24 (m) (AL-175)
  Cassandra 48 (CU-338)
  D. 50 (m) (AL-119)
  F. 60 (m)* (AL-119)
  Green B. 20 (CU-341)
  H. 21 (m) (AL-119)
  James 32 (AL-120)
  James 56 (B) (CU-338)
  James H. 26 (MN-395)

Index

GRAVES
John 29 (AL-119)
John W. 25* (CU-338)
Marlay P. 47 (f)* (CU-305)
Phereby 46 (CU-318)
W. 19 (m)* (AL-117)
GRAVIN
Alvin 40 (BA-466)
Robert 33 (BA-468)
Samuel 30 (BA-421)
GRAY
Charles 34 (CI-161)
Edward B. 30 (BA-332)
George 33* (BA-336)
Joseph 21 (CU-281)
Lewis 35* (CU-281)
Nathaniel 37 (BA-327)
Powell 33 (CU-342)
Richard D. 46 (BA-327)
Sally 67* (BA-326)
William 38 (BA-327)
William 66* (CU-311)
GRAYSON
Jane 85 (BA-445)
GREEN
Andrew J. 36* (BA-346)
Benjamin 25 (A-89)
Greenville 27 (CU-335)
Hiram 31* (A-30)
James 23* (CU-328)
James 24* (CU-329)
John 26 (CU-303)
John C. 32* (BA-475)
Lucy 77* (CI-167)
Mary 59* (CU-323)
Mary 60* (BA-346)
Nicholas 68* (A-19)
Robert D. 28 (BA-340)
Robert W. 35 (BA-330)
Thomas 87* (BA-319)
William 11* (AL-189)
GREENLEAF
Hamilton 38 (MN-435)
GREENSTREET
Thomas 35 (BA-439)
GREENUP
Jas. L. 45* (MN-428)
GREER
B. H. 35 (m) (BA-326)
B. W. 38 (m) (AL-128)
Catharine J. 24 (BA-327)
Charles S. 42 (BA-334)
Ezekiel 24 (BA-404)
G. 32 (m) (AL-153)
Isaac 65* (BA-324)
Isaac 77* (BA-371)

Isaiah 70 (BA-362)
J. J. 22 (m)* (AL-127)
James 28 (BA-363)
John 24 (BA-355)
John sr. 26 (BA-363)
Laura 44 (BA-334)
Matthew 67* (BA-363)
Moses 30 (BA-360)
William 30 (BA-355)
William S. 50 (BA-423)
GREY
Clitus A. 25 (m) (CI-158)
GRIDER
Frances 44 (A-17)
Frederick 30 (A-82)
Isabella 22* (A-50)
Isabella 29 (A-80)
Jacob 41 (CI-165)
James V. 30 (CU-306)
Joseph M. 25 (CI-189)
Martha 21* (CI-189)
Martha 30* (AL-160)
Martin 50 (MN-442)
Mary 17* (CU-306)
Mary 60 (A-54)
Wm. 28 (MN-438)
GRIEVER
Sarah 43 (A-94)
GRIFFEN
Thomas 32* (CI-204)
GRIFFETH
Mary A. 28 (MN-451)
GRIFFIN
Bushrod 23 (A-95)
Elijah 33* (AL-143)
Harrison 68* (BA-340)
James 20* (AL-147)
John 64 (AL-149)
Lazarus 20* (B) (BA-335)
R. 50 (m) (AL-154)
GRIFFON
Robert 83 (B) (A-90)
GRIGG
Joseph W. 48 (CU-317)
GRIGGS
A. 38 (m)* (AL-103)
Daniel B. 30 (BA-490)
Squire 36* (BA-457)
Wm. 70* (AL-103)
GRIMES
Obediah 45 (A-92)
GRIMMET
Solomon 82 (BA-335)
GRIMSLEY
Jas. 23 (MN-424)
Joseph 23* (MN-421)

GRINDSTAFF
Jane 79 (A-95)
John 28 (MN-387)
Moses 26* (MN-387)
Nicholas 56* (MN-387)
GRINSTEAD
Reuben 33 (BA-398)
William 48* (BA-397)
GRISSOM
Elcaney 26 (A-46)
Franklin 40 (A-19)
Henry T. 32 (BA-435)
John 29 (A-20)
John 78 (A-31)
Thos. 76* (A-45)
Thos. J. 34 (A-20)
Willis 45 (A-46)
Willm. G. 45* (A-18)
Wm. 28 (CU-306)
GROCE?
John 40 (CI-177)
GROOM
John 49 (CI-208)
John W. 23* (BA-358)
Thomas 30 (BA-361)
William 27* (CI-157)
GROSS
David 20* (CI-202)
David 34 (CI-203)
Henry 43* (CU-293)
Jacob 54 (CI-203)
Owen 25* (CI-202)
Pleasant 32* (CI-200)
Robert 21 (CI-201)
William 58* (CI-185)
GROVER?
Enoch M. 67 (MN-419)
GROVES
James M. 22* (AL-173)
GROWES
Thomas 23* (CU-334)
GRUBBS
D. J. 22 (m)* (A-48)
David J. 21* (BA-425)
Polly 71* (BA-351)
GRYDER
Sally 37* (CU-320)
GUESSFORD
Joel 24* (A-88)
John 22 (A-89)
Joshua 65* (A-93)
Willm. D. 26* (A-89)
GUFFEY
Alexr. 25 (MN-434)
Barny 45* (CI-174)
Ephraim 41 (CI-159)

- 332 -

Index

GUFFEY
- Ephraim 43* (CI-180)
- John 24* (CI-174)
- Richard 68 (CI-174)
- Thompson 23 (CI-182)
- William 42 (CI-182)
- William 55* (CI-164)

GUFFY
- William 30 (BA-373)

GULLEY
- Daniel 22 (MN-371)
- Thos. 27 (MN-433)

GULLY
- J. 30 (m) (AL-174)
- L. 66 (m) (AL-186)
- S. 24 (f)* (AL-115)

GUM
- Claiborne 31* (MN-443)
- Jehu 43 (MN-442)
- Jesse 25 (MN-426)
- Jesse 47 (MN-448)
- Nancy 76 (MN-443)

GUNN
- Henry 46 (B) (A-89)

GUNNEL
- Katharine 75* (AL-152)
- William 34 (AL-151)

GUNNELS?
- W. 14 (m)* (AL-151)

GUTHERY
- Adam 32 (CI-205)
- Albert 35 (CI-206)
- Arminius 31 (CI-205)
- James 73 (CI-206)
- James A. 41 (CI-206)
- Noah 14* (CI-184)
- Ransom 15* (CI-205)

GUTHREY
- Dempsey 34 (CI-163)

GUTHRIE
- Abijah 44* (CI-166)

GUY
- B. W. 26 (m) (AL-188)
- Benjamin 43 (AL-188)
- G. L. W. 29 (m) (AL-174)
- L. 45 (m) (AL-108)
- L. J. 22 (m) (AL-188)
- Lucy 49* (BA-446)
- Mariah 36 (AL-188)
- Saml. 22* (AL-188)
- Samuel 52 (AL-174)
- William 17* (AL-188)
- William 55 (AL-188)

GUYE
- Benjamin F. 30* (A-93)
- John F. 45 (A-93)

GWINN
- George 49* (CI-163)
- James 21 (CI-172)
- James 46* (CU-337)
- James 76 (CI-163)
- Jeremiah 45 (CI-172)
- Rebecca 54* (CI-180)
- William F. 30 (CI-161)

GWYNN
- Katharine 27* (CI-191)

HAGAN
- Alfred 34 (AL-128)
- Anne 29* (CU-279)
- Arthur 18* (MN-389)
- David 19* (MN-413)
- Elizabeth 58 (AL-128)
- Fendel 28 (MN-378)
- Francis 34 (MN-413)
- Hiram 42 (MN-370)
- Jeremiah 44* (MN-406)
- Jonas 66* (MN-397)
- Malinda 5* (BA-471)
- Mary 50* (MN-440)
- Nancy 62 (MN-418)
- Robert 38 (AL-129)
- Thos. 30* (MN-406)
- Wm. B. 40* (MN-380)

HAGANS
- Campbell 57* (AL-170)
- Campbell 57* (AL-171)
- Jesse 55 (AL-170)
- Jesse 55 (AL-171)
- John 65 (AL-187)

HAGAR
- T.? J. 33 (m) (AL-102)

HAGEN
- Eliza 33* (A-55)
- William 34 (A-3)

HAGGARD
- A. 9 (m)* (CU-314)
- D. R. 32 (m)* (CU-345)
- Nancy (Mrs.) 74* (CU-279)

HAIL
- John 42 (A-83)
- Thomas 35 (A-80)

HAINES
- Charles 38 (BA-339)
- Eli 22* (BA-340)

HALE
- Amen C. 44 (MN-411)
- Elizabeth 45* (AL-187)
- Elizabeth 48* (MN-393)
- Mark 40* (BA-391)
- Mary 43 (MN-416)
- Nelson 19 (BA-391)
- Sarah 36* (MN-396)

- William L. 29 (MN-393)

HALL
- C. B. 31 (m) (BA-316)
- Charles 11* (BA-396)
- David 28 (MN-444)
- Edmund G. 36 (BA-317)
- Geo. B. 40* (A-10)
- George 17* (AL-140)
- Green B. 20 (CI-155)
- Harriet 26* (BA-434)
- Ira G. 24* (MN-443)
- James 21* (MN-394)
- James 36* (BA-346)
- James 44 (CI-189)
- James 67* (BA-317)
- James R. 11* (BA-409)
- Jeriny 68 (f) (B) (BA-394)
- John 21 (MN-443)
- John 56 (CI-168)
- John A. 32* (BA-316)
- Joseph U. 26* (BA-347)
- Josiah 20* (AL-151)
- L. B. 30 (m)* (BA-331)
- Manen? 15 (m)* (CI-174)
- Phillip 44 (CI-157)
- Reubin B. 24* (CU-323)
- Richd. 56* (AL-125)
- Sophia 52* (BA-306)
- William 30* (BA-320)

HALLEY
- Joseph 31* (MN-451)

HALSELL
- Edward 44* (A-73)
- Mordecai 30 (MN-392)
- Thomas 62* (MN-390)

HAM
- James 44* (AL-166)
- Lankston 40 (AL-173)

HAMBLE
- Leroy 32 (B) (AL-174)

HAMBLETON
- James H. 21* (CU-284)
- Nancy 35 (BA-413)

HAMBRITE
- Katharine 40 (AL-177)

HAMELTON
- Vina 16* (A-93)

HAMEY
- J. W. 22 (m) (A-22)

HAMILTON
- Calvin 20 (CI-168)
- Edward 31 (A-48)
- Edwin 27 (BA-449)
- James 24 (MN-414)
- Jas. 26* (A-28)
- Jas. H. 49* (A-21)

- 333 -

Index

HAMILTON
Jas. L. 26 (MN-378)
John 32 (MN-415)
John 45 (A-40)
John 49 (MN-386)
John 75 (MN-414)
John jr. 30 (MN-414)
Margaret 22* (MN-387)
Margaret 51 (A-43)
Mary 19* (A-88)
Mary A. 18* (MN-421)
Merit 49 (A-31)
Robert 23* (MN-428)
Robt. S. 33 (MN-414)
Thos. 61 (MN-415)
William 62 (A-48)
Wm. 28 (MN-386)
Wm. L. 34 (MN-416)
HAMM
Jennetta 75 (AL-173)
HAMMELL
James 44 (BA-433)
Robert 49 (BA-453)
HAMMER
E. B. 40 (m)* (BA-409)
E. Wesley 34 (MN-373)
Emory 25* (BA-463)
John 14* (MN-407)
John E. 27 (MN-374)
John F. 52 (MN-417)
Kaziah 63 (MN-388)
Leander 39 (MN-407)
Richard 31* (MN-375)
Richard 82* (MN-410)
Richd. H. 30 (MN-381)
Sarah 47 (MN-433)
Wm. A. 38 (MN-410)
Wm. C. 20 (MN-446)
HAMMET
James M. 41 (AL-131)
Willis G. 49 (AL-125)
HAMMETT
A. 50 (m) (AL-134)
Didamy 73 (f)* (AL-142)
Woodson 47 (AL-142)
HAMMONS
J. E. 25 (f) (AL-101)
HAMPTON
Nancy 55 (BA-334)
Perry 25 (BA-331)
William 37 (BA-328)
HANCOCK
Burrill 37 (A-99)
Charles 66 (AL-187)
Creed T. 32 (A-60)
Daniel 40 (CI-180)
Edward 52 (A-79)
George 37 (A-60)
J. M. 35 (m) (A-34)
James 22 (A-79)
John 25 (A-86)
Mary A. 10* (A-86)
Nancy E. 27* (A-59)
Oliver 32 (A-61)
Perry 35 (A-72)
Simon 75 (A-59)
William 68 (A-91)
Willm. M. 26 (A-72)
HANDLEY
George E. 24 (A-75)
HANDY
John W. 38 (BA-417)
Robert A. 46 (BA-416)
Sally 35* (BA-440)
HANNES?
Charles 60 (CU-341)
HANSFORD
John 19* (BA-398)
Mary 19* (BA-336)
HARBING
George B. 30 (MN-412)
HARBISON
Adam B. 29 (BA-421)
Andrew J. 22* (BA-396)
Eli 28 (BA-459)
Eliza J. 18* (BA-407)
Joshua 23 (BA-458)
Matthew 57* (BA-459)
Saml. W. 53 (BA-399)
William 31 (BA-459)
HARBOR
Thomas 46 (CI-202)
HARDCASTLE
Reuben 31 (AL-165)
HARDEN
Jackson 26 (A-86)
Joseph 32 (A-83)
Madison 35* (MN-404)
Sarah 54* (BA-378)
HARDIN
Alexander 65* (A-86)
Alexander jr. 46 (A-76)
Enoch W. 34 (A-97)
Esther 88* (MN-388)
Parker C. 48 (A-1)
Sarah A. 12* (A-94)
Singleton 39 (A-86)
HARDING
Dolly 68* (B) (BA-488)
John S. 47 (BA-447)
Marcus 63 (BA-425)
Marion 27* (BA-425)
HARDISON
Samuel 34 (CU-314)
HARDWICK
John 65* (A-98)
Philip 32 (A-98)
William 38 (A-71)
HARDY
Barbara 64 (BA-435)
David C. 26 (BA-483)
James G. 55 (BA-434)
Samuel H. 21 (BA-434)
William G. 43 (BA-441)
HARE
R. E. 25 (m)* (BA-397)
William 39* (BA-433)
HARGIN
Wm. S.? 43 (A-68)
HARGISS
R. G. 22 (f)* (AL-141)
Samuel W. 24* (AL-147)
HARGROVE
Fanny P. 52 (BA-467)
HARISON
William F. 32* (CI-208)
HARLAN
George B. 29 (BA-397)
John L. 24* (BA-433)
John M. 24 (BA-472)
L. D. W. D. 47(m) (AL-137)
Neal Mc. 27* (BA-403)
Stephen 36 (BA-467)
Stephen C. 47* (BA-420)
Thomas 64* (BA-452)
HARLAND
Allen 16* (MN-378)
P. W. 17 (m)* (CU-282)
aron 37 (CU-283)
HARLING
Calvin 28 (MN-446)
Charity 48 (MN-415)
Elijah 53 (MN-398)
Elizabeth 14* (MN-417)
Francis A. 29 (MN-415)
George B. 67 (MN-414)
George W. 31 (MN-407)
Henry 25* (MN-419)
James 22* (MN-384)
James 28* (MN-415)
Jas. H. 40 (MN-450)
Marion 16* (MN-406)
Nancy 60* (MN-445)
Priscilla 30 (MN-445)
Reuben 45 (MN-413)
William 15* (MN-406)
William H. 42 (MN-415)

Index

HARLOW
  Albert 40 (BA-493)
  Claiborn 33 (BA-433)
  Elizabeth 41 (BA-318)
  Henry H. 36* (BA-474)
  John H. 39 (BA-319)
  Marshal 35 (BA-320)
  Thomas 62* (BA-319)
  William 42* (BA-475)
  William D. 65 (BA-317)
HARMAN
  William C. 32 (BA-413)
HARMON
  Aaron 50 (AL-170)
  Adam 10* (AL-115)
  Clayton 25 (A-69)
  Daniel 55 (BA-405)
  Elizabeth 39* (AL-171)
  Henry 23 (A-90)
  John 35 (A-92)
  Joseph 25 (AL-158)
  Lewis 43 (AL-167)
  Louis 38 (A-88)
  Mary 46* (AL-169)
  Mary 58 (A-90)
  Otho 22* (A-10)
  T. S. 20 (m) (AL-168)
  Thomas S. 28 (CI-158)
  William 38 (A-90)
  William T. 23 (CI-158)
  William sr. 65 (A-90)
HARPER
  Absalom 26* (CI-162)
  Elizabeth 64 (MN-418)
  Finley V. 42 (MN-393)
  Fleming H. 53 (MN-404)
  Frances 45 (BA-459)
  George 39 (MN-404)
  Jacob M. 30 (CI-193)
  James 64 (CI-181)
  James W. 38* (BA-459)
  Margaret S. 33* (BA-424)
  Nancy 62* (CI-200)
  William 36 (CI-196)
HARRIS
  Amos 60 (AL-112)
  Benja. 52 (BA-390)
  C. 18 (m)* (AL-171)
  Clinton 59* (B) (CU-345)
  D. 64 (m) (AL-186)
  Drewry 40 (CU-322)
  Elizabeth 60* (BA-341)
  Francis 74* (MN-374)
  Green 25 (B) (A-70)
  J. H. 44 (m) (AL-112)
  James M. 36 (BA-485)

John R. 46 (BA-393)
John W. 22 (CU-343)
Josiah 41* (A-1)
Josiah G. 33 (CI-202)
L. D. 26 (MN-381)
M. L. 26 (m) (CU-310)
Martha A. 42* (CU-286)
Mary 50* (BA-416)
N. 16 (m)* (AL-182)
R. 47 (m)* (AL-182)
Robert 23 (CU-319)
Robert 40 (MN-375)
Robert 54 (CI-166)
S. H. 43 (m)* (AL-180)
Sally A. 15* (CU-344)
Washington 45 (MN-373)
William 22 (MN-375)
William 27* (CU-328)
William 50* (BA-486)
William H. 24* (BA-485)
HARRISON
  A. 63 (m) (AL-121)
  James 37 (BA-354)
  James 5* (MN-372)
  M. T. 34 (m)* (AL-104)
  Reuben 33 (BA-363)
  Robert 71 (BA-385)
  Samuel 56 (BA-384)
  Seth 34 (BA-363)
  Thomas 52 (AL-121)
  Thomas F. 58 (BA-396)
  Thornton 39 (MN-374)
  W. G. 30 (m)* (AL-121)
HARROLD
  Raba 62 (m) (AL-178)
HARROLL
  Bland 21* (BA-341)
HARSTON
  Samuel 69* (AL-145)
  Thomas 43 (AL-143)
  William 37* (AL-146)
HART
  Grundy 11* (A-89)
  Jesse 30 (MN-429)
HARTON
  James 63 (A-83)
HARTOW
  Jane A. 6* (BA-407)
HARVEY
  A. A. 42 (m) (AL-108)
  Adam 32? (A-66)
  Ann 51 (BA-482)
  C. F. 33 (m)* (AL-102)
  Chas. 27 (MN-417)
  Daniel 55* (A-38)
  E. J. 27 (BA-493)

Elizabeth 73* (A-19)
F. G. 35 (m) (AL-102)
Henry 27 (MN-412)
Henry 32 (BA-420)
J. Milton 25 (A-15)
James 66 (MN-411)
John 27 (CU-333)
Joseph 28* (MN-432)
Martin L. 30* (BA-421)
Micajah 42* (A-9)
Micajah 44* (A-50)
Milton 23 (BA-430)
Milton 31 (A-15)
Nancy 34* (CU-316)
Nancy 61 (MN-414)
Piner Sr. 39 (A-11)
Piner jr. 28? (A-15)
Russell 43 (A-15)
Saml. 53 (A-15)
Samuel 33 (BA-476)
William 56* (MN-376)
Wm. 40 (A-15)
HASEY?
  Sherod W. 6* (CI-193)
HASKINS
  Robt. 53 (A-13)
HASLIP
  Jonathan 20 (AL-172)
  Rachael 31* (MN-389)
HASTEND
  Alex 41* (MN-386)
  Danl. 80* (MN-386)
  Elizabeth 65 (MN-385)
  Henry 33 (MN-385)
  John 12* (MN-398)
  John S. 43 (MN-385)
  Joshua 38 (MN-386)
  Kenzada 17* (MN-398)
  Mary 12* (MN-389)
  Mary 43 (MN-386)
  Philip 41 (MN-386)
  Samuel 28 (MN-385)
  Spencer 43 (MN-383)
HATCHER
  Benjamin 49* (BA-309)
  Daniel 38 (BA-448)
  E. M. 30 (m) (BA-314)
  James 49 (B) (A-66)
  John 30 (MN-433)
  Joshua 35 (A-95)
  Josiah 33 (A-95)
  Josiah 46 (BA-308)
  Martin P. 42 (BA-315)
  Nancy F. 22* (BA-396)
  Nathan 34 (BA-308)

Index

HATCHETT
  Archbald 60 (BA-428)
  Tunstall 30* (BA-428)
HATLER
  B. J. 20 (m)* (AL-101)
  C. 14 (m)* (AL-138)
  E. 12 (f)* (AL-112)
  F. M. 17 (m)* (AL-114)
  Jack 19* (AL-137)
  John 9* (AL-175)
  M. 31 (f) (AL-133)
  Peerson 12* (AL-167)
HATTER
  A. J. 20 (m)* (AL-128)
  E. A. J. 36 (m) (AL-129)
HATTON
  Elizabeth 40* (BA-433)
HAUTZMAN
  A. 34 (f) (AL-107)
  E. 23 (f)* (AL-113)
  H. 22 (m) (AL-111)
  Henry 64 (AL-105)
  J. 26 (m) (AL-104)
  P. 33 (m)* (AL-105)
  R. 13 (f)* (AL-117)
  William 27 (AL-104)
  Wm. 19 (AL-111)
  __ 18 (f)* (AL-107)
HAWKINS
  A. L. 36 (m) (BA-322)
  B. 12 (m)* (AL-123)
  Elizabeth 8* (BA-399)
  Henry G. 59* (BA-329)
  James 37* (CU-318)
  John 36 (AL-128)
  John 6* (BA-344)
  Joseph 25 (CI-187)
  Kitty 40* (BA-403)
  Sarah 52 (BA-338)
  Sarah J. 11* (BA-397)
  Signey 28 (f)* (BA-388)
HAWKS
  Richard H. 42* (BA-330)
HAWLEY
  John 27 (BA-367)
HAWTHORNE
  Susan 58 (MN-438)
HAY
  G. 25 (m)* (AL-167)
  James 46 (CI-207)
  John 27* (CI-196)
  Peter A. 39 (BA-415)
  William 25 (CI-194)
  William 49 (CI-198)
  William 77* (BA-416)

HAYDEN
  A. J. 34 (m) (CU-337)
  R. D. 29 (m)* (CU-292)
  Robt. D. 37* (CU-308)
HAYES
  Allen 62 (MN-381)
  Allen J. 23 (MN-420)
  Christopher 29 (MN-447)
  James 28* (MN-417)
  John 46* (MN-407)
  John H. 52 (MN-430)
  Lydia 15* (MN-432)
  Mary 41 (MN-416)
  Milton B. 26* (MN-376)
  Stephen 16* (MN-379)
  Wm. 32 (MN-417)
HAYNES
  S. B. 23 (m) (AL-105)
  Samuel 48* (AL-143)
  Tillitha 91* (AL-143)
HAYS
  Alexander 81* (CI-178)
  Dick 60 (B) (BA-488)
  Henry 88* (BA-419)
  James 46 (BA-419)
  John 35 (A-5)
  John 49 (BA-478)
  John J. 21* (CU-307)
  L. 27 (m)* (AL-126)
  Lewis 32 (CI-160)
  Louisa 28 (B) (BA-415)
  Louisa P. 42 (BA-431)
  Nathan sr. 57 (A-3)
  Peter 69 (B) (A-92)
  Richard H. 36* (BA-474)
  Robert 36 (A-30)
  Robert J. 21 (CU-318)
  Thomas T. 32 (CI-178)
  William H. 25 (BA-430)
HEADRICK
  Elizabeth 73 (MN-424)
  Isaac 44* (MN-420)
  James M. 20 (MN-432)
  Joseph 16 (MN-423)
HEADSPETH
  William 55* (MN-405)
HEARD
  George 30 (CU-313)
  Levi B. 38 (CU-341)
  Nancy 51* (CU-313)
HEATH
  W. 24 (m) (AL-107)
HEATHER
  Richard 59 (BA-330)
HEAVENTON
  J. 37 (m) (AL-160)

HEETER?
  J. W. 32 (m)* (AL-103)
HELM
  James 50 (CI-177)
  Thomas J. 46 (BA-398)
HELTON
  Mary 60* (BA-415)
  Nathaniel N. 40 (BA-404)
HEMMONS
  Asher W. 29 (BA-419)
HENDERSON
  C. B. 42 (m) (AL-155)
  J. 41 (m) (AL-123)
  J. W. 39 (m) (AL-152)
  John 18* (MN-441)
  Nancy 70* (BA-405)
  Nelly A. 73* (BA-381)
  Reuben 41 (A-38)
  Sarah 65 (AL-166)
  Thomas 53 (BA-381)
HENDRICK
  Albert W. 39 (BA-376)
  Duke R. 42 (BA-329)
  Jesse 42* (MN-376)
HENDRICKS
  Darias N. 29 (AL-156)
  David G. 37* (A-66)
  George 14* (A-78)
HENDRICKSON
  Felix 32 (A-75)
  John 57 (A-78)
  Levi 48 (A-69)
  Michael 53 (A-74)
  Rosanna 77 (A-78)
  William 30 (A-98)
HENDRIX
  B. J. 28 (m) (AL-189)
HENINGS
  Samuel 8* (A-93)
HENNES?
  James 23* (CU-312)
HENRY
  Joseph 42 (BA-427)
  William P. 14* (BA-443)
HENSLEY
  Edmund 33 (BA-423)
  John 60 (BA-488)
  John W. 26* (BA-424)
HENSON
  L. 52 (m) (AL-140)
HENSTERY
  Burwell 22* (BA-429)
HENTON
  E. 29 (m) (AL-106)
HERBERT
  Martha A. 35 (A-86)

Index

HERDMAN
  Polly 28* (BA-326)
HERLAND
  George 45 (MN-384)
HERNDON
  John 77* (BA-319)
  William 37 (BA-343)
HERRIFORD
  James 29* (CU-278)
HERRING
  Mary A. 7* (BA-480)
  William 63* (BA-424)
HESTER
  Andrew W. 8* (BA-445)
  Benjamin 40 (BA-416)
  John 25* (BA-405)
  Thomas J. 24 (BA-356)
  Thomas J. 29 (BA-318)
  Washington 23 (BA-444)
  William 37 (BA-306)
  William J. 26 (BA-444)
HETER
  Sebaston 38 (AL-114)
HETER?
  Tillhman 56 (AL-159)
HIBBITS
  John C. 35* (MN-374)
HIBBITTS
  Andw. J. 25 (MN-450)
  Robt. 28 (MN-445)
HICKERSON
  A. 48 (m)* (AL-120)
  L. 15 (f)* (CU-282)
  Supra R. 19 (BA-437)
  W. 37 (m) (AL-117)
HICKESON
  Danl. 18* (MN-402)
HICKISON
  John 50 (CU-281)
HICKMAN
  J. 35 (m) (AL-158)
  M. A. 60 (f) (AL-158)
  Martha 64 (AL-167)
  Mary 16* (AL-184)
  T. A. 22 (f)* (AL-163)
HICKS
  Elizabeth 60* (A-44)
  John 28 (CU-284)
  Josiah 34 (CU-291)
  Tayler 33 (BA-345)
  Thomas 56* (AL-158)
  Thomas 60* (AL-109)
HIDE
  B. 80? (m)* (AL-145)
  E. 50 (m) (AL-145)
  John 22* (BA-374)

John 9* (BA-380)
Joseph 49 (AL-145)
Seary 26 (f) (BA-383)
Wyley 46 (AL-155)
HIGDON
  Ishmael 51 (BA-391)
  Joseph 46 (BA-375)
  Mary 31* (BA-390)
  Sally D. 37* (BA-358)
HIGH
  Alsey 40* (MN-419)
  Mark 77* (MN-409)
  Norris 31 (MN-375)
HIGNIGHT
  Mary 40* (A-52)
HILL
  Anna 47 (AL-162)
  Ben 22* (CU-301)
  E. 23 (f)* (AL-169)
  Edward 71 (CU-305)
  Francis 67 (MN-393)
  Hezekiah 31 (BA-336)
  James M. 28 (CI-167)
  James R. 25* (BA-394)
  Jas. M. 27 (A-23)
  Jethro 44* (CI-184)
  John 25 (A-16)
  John 28 (BA-431)
  John 66 (A-81)
  John 85 (AL-181)
  John A. 36 (BA-323)
  M. 36 (f) (AL-162)
  Nelson 36* (BA-317)
  Permelia 50 (CU-324)
  Robert F. 32* (MN-393)
  Sarah 53 (BA-423)
  Susan F. 16* (A-44)
  William 28 (A-5)
  William R. 27* (MN-394)
HILLIS
  Eunice 75 (CU-305)
HILLMAN
  Norris Y. 48* (MN-430)
HIMES
  Christian 36 (MN-431)
  James M. 24 (CI-171)
HIND
  Samuel 24 (BA-485)
  Thomas S. 16* (BA-485)
HINDMAN
  Alexr. 36 (A-37)
  Lydia 48 (BA-407)
  Robert 48 (BA-311)
  Saml. 39 (A-29)
  William 63* (BA-317)
HINDS

Hiram M. 35* (BA-410)
HINKLE
  James C. 33 (CU-328)
  Lemuel 24 (BA-369)
  M. D. 35 (m) (CU-336)
  William 65* (CU-328)
HINSON
  Julia 25* (CU-286)
HINTON
  Bennet 29 (AL-118)
  E. 49 (f) (AL-152)
  E. 56 (m)* (AL-174)
  J. 39 (m) (AL-118)
  James 36 (AL-118)
  Jeremiah 84* (AL-118)
  John 35 (AL-182)
  Malachi 48 (AL-154)
  Matthew 50 (AL-153)
  Obediah 32 (AL-175)
  P. 25 (m)* (AL-120)
  S. J. 20 (f) (AL-189)
  Uriah 33 (AL-119)
  Walker 51 (AL-111)
HIPKINS
  Andrew 56* (A-23)
HISER
  Aaron 44* (BA-440)
  Benjamin 57 (BA-479)
  Marion 23 (m)* (BA-439)
  Mary A. 10* (BA-480)
  Reuben 49* (BA-436)
  Sarah 87* (BA-438)
HIX
  Green B. 32 (MN-375)
  Isaac 26 (MN-383)
  Jacob 25 (CI-174)
  James G. 35 (MN-383)
  L. J. 7 (f)* (MN-376)
  Mary 50 (MN-386)
  Reubin 35* (CU-309)
  Thomas 23 (CI-180)
HJARVEY
  John 52 (A-14)
HOBDY
  M. C. 29 (m)* (AL-177)
HOBSON
  Susan 54* (AL-161)
HODGE
  David M. 20 (BA-328)
  Thomas J. 37 (CI-210)
  William 46* (BA-335)
HODGES
  Alfred D. 27 (BA-469)
  Edmund 67 (BA-469)
  Samuel H. 29 (BA-425)
  William H. 32* (BA-469)

Index

HOFF
Danial 46 (CI-192)
Pleasant 35 (CI-210)
William 22* (CI-197)
HOGAN
James 59 (BA-469)
James P. 8* (MN-401)
Jerome M. N. 17* (BA-315)
John 17* (MN-413)
Romolous 5* (CI-189)
Sally 48* (BA-314)
HOGES
Allen 80 (BA-469)
HOGG
Jesse T. 30* (BA-385)
Ozias 31 (AL-130)
HOLDER
D. 40 (f)* (AL-132)
Danl. 54* (AL-132)
Edward 36 (AL-132)
Fielding 16* (AL-135)
J. P. 7 (f)* (AL-131)
John 39* (AL-132)
Levi 32 (BA-379)
William 25 (BA-364)
HOLEMAN
Edgar 42 (BA-347)
Elizabeth 70 (BA-344)
John E. 22* (BA-347)
Joseph H. 40* (BA-347)
L. R. 30 (m) (AL-113)
Nathaniel H. 39* (BA-333)
S. T. 30 (m) (AL-160)
HOLLAND
James 21 (CU-341)
James 38 (MN-448)
John 40 (MN-404)
M. 16 (m)* (AL-134)
M. Y. H. 25 (m) (AL-168)
Mary 46 (AL-137)
Pleasant A. 26 (BA-488)
Robert 57 (A-43)
Sarah 52* (BA-332)
Thomas 51 (CU-341)
W. D. 37 (m) (AL-168)
W. O. 45 (m)* (AL-173)
HOLLIDAY
Joseph 45 (A-72)
William 47 (A-79)
HOLLIS
Zachariah 50 (CI-205)
HOLLOWAY
Clarissa 24* (BA-462)
Grant 39 (MN-404)
Green 26 (MN-415)
Robert M. C. 27 (BA-380)

Thomas 25 (BA-321)
HOLODAY
Mariah 42* (A-3)
HOLSAPPLE
Peter 42* (CI-185)
William 46* (CI-190)
HOLSCLAW
Henry 74* (BA-468)
Henry jr. 33 (BA-470)
HOLT
Alla 65 (CU-339)
Allison 21 (A-80)
Clinton 28 (A-62)
Harper 20* (CI-200)
Isham R. 31 (CU-308)
Jackson 30 (A-72)
James 41* (CI-200)
Martha 12* (CI-182)
Powell 52 (A-62)
Sarah 60 (A-81)
Wahington 27 (A-81)
William 50 (A-62)
HONEYCUT
Wm. B. 19 (BA-390)
HOOD
Ben 37 (MN-427)
Charles 51 (MN-414)
E. 26 (m) (CU-297)
Eliphalett 49 (A-78)
George 42 (MN-382)
James __ (BA-318)
Jesse 60 (MN-410)
Jessee 35* (A-30)
Jessee 38 (A-73)
John A. 31 (MN-409)
John J. 25* (MN-426)
Joseph 21 (MN-431)
Karan H. 31 (A-78)
Mathew 45* (CU-340)
Pleasant 45* (AL-124)
Rebecca 30 (AL-150)
Richd. 20* (MN-379)
Robert 27 (CU-332)
S. A. 19 (f) (CU-340)
Saml. H. 30 (MN-409)
T. J. 39 (m)* (AL-145)
Thos. 68* (MN-427)
Wm. N. 26 (MN-380)
HOOK
Nicholas D. 36 (BA-436)
HOOKS
Elizabeth 49* (BA-377)
HOOPER
Matthew 35 (BA-490)
HOOTEN
Moses L. 21* (AL-115)

HOPE
Minor 43 (BA-470)
HOPKINS
Dennis 53* (CI-192)
Dennis 58 (CI-175)
Dennis 90 (CI-175)
Elijah 35* (CI-192)
Eliza 40 (CI-191)
George 24 (CI-175)
George W. 31* (CI-195)
George W. 50 (CI-194)
J. B. 4 (m)* (CU-310)
Mary 60* (CU-319)
P. H. 27 (m) (CI-192)
Robert L. 26 (CU-334)
Thoms 52 (CI-166)
HOPPER
Albert 33 (A-21)
Geo. F. 28 (A-42)
Jesse 42 (CU-296)
Joseph 65 (A-42)
Stephen 60 (A-21)
Thos. 26 (A-25)
HORD
Catharine C. 60 (BA-449)
Tho. 24 (m)* (CU-292)
Thomas H. 31 (BA-420)
HORN
Thomas 47* (AL-184)
HORVELL
William A. 42 (BA-466)
HOSEY
James 28 (CI-199)
John B. 44 (CI-193)
Thomas 35 (CI-199)
Thomas 76 (CI-199)
HOSKINS
Thomas 17 (AL-166)
HOUCHENS
J. R. 28 (m)* (AL-144)
Robert 64 (BA-347)
William N. 22 (BA-387)
HOUK
Elizabeth 65* (BA-368)
Harmon 29 (BA-365)
Henry C. 2* (BA-440)
Joseph 20* (BA-489)
Michael 72 (BA-438)
William S. 39* (BA-480)
HOUNDSHELL
H. 44 (m)* (AL-171)
HOWARD
Albert 21* (B) (MN-445)
Catherine 46 (MN-449)
G. W. 37 (m)* (CU-291)
Geo. 21 (B) (MN-447)

Index

HOWARD
- Harmon 55 (MN-383)
- Harmon B. 31* (MN-416)
- James W. 41 (CU-334)
- Jane 77* (MN-433)
- Jefferson 38* (B) (MN-446)
- Jesse 56 (MN-420)
- John 26* (MN-440)
- John C. 32* (MN-441)
- John W. 24 (MN-420)
- John W. 28* (MN-409)
- Julia 25 (CU-323)
- Martha 49* (MN-371)
- P. 53 (m) (AL-174)
- Ralph 50* (B) (MN-445)
- Richard H. 36 (CU-283)
- William G. 66 (MN-379)

HOWEL
- James 50 (AL-105)
- Joseph 24 (AL-172)
- R. 26 (m) (AL-157)
- William 49 (AL-123)

HOWELL
- Joel D. 49* (BA-433)

HOWSER
- Harrison K. 34 (MN-449)
- Rosanna 66* (BA-464)
- Thos. 67 (MN-449)

HUBBARD
- Jane 11* (A-78)
- John 26 (BA-484)

HUCKABY
- Joseph 58* (BA-388)
- Joseph jr. 25 (BA-388)
- Joshua 66* (BA-379)
- William 33 (BA-323)

HUDGENS
- John 70* (CU-306)
- William 44 (CU-282)

HUDSON
- Catlette 50 (m) (CI-191)
- George W. 30 (BA-333)
- H. W. 29 (m)* (AL-135)
- James L. 25* (BA-334)
- John 40 (BA-337)
- Miles W. 31 (BA-345)
- Polly 49 (BA-345)
- Susan 20* (BA-319)
- William 87 (BA-469)

HUDSPETH
- David 66* (B) (MN-399)
- Elizabeth 60* (B) (MN-392)

HUFF
- Jessee 22* (CU-300)
- Lewis 46* (CI-169)
- Nancy 18* (CU-281)

Wm. 21 (CU-299)

HUFFMAN
- Barnett 57 (BA-420)
- Burket 46* (BA-346)
- Edward 59 (BA-472)
- Elizabeth 60* (MN-417)
- Elizabeth 61 (BA-469)
- Emerline 34 (BA-339)
- Gavin 47 (BA-330)
- George 48 (MN-414)
- Henry 49 (BA-471)
- Jesse 47 (BA-473)
- John 53* (BA-335)
- John C. 32 (BA-447)
- Marion 27 (BA-462)
- Mary 46 (BA-392)
- Nancy 60 (BA-431)
- Reuben 43* (BA-330)
- S. H. 22 (m) (MN-414)
- Simeon 37 (MN-414)
- Thomas 67 (BA-463)
- Uriah 53 (BA-431)
- William E. 32 (BA-431)
- William H. 24 (BA-463)
- Wm. A. 30 (MN-415)

HUGGARD
- Solomon 33* (A-50)

HUGGINS
- Nancy L 11* (BA-332)
- Z. R. 41 (m) (BA-402)

HUGHART
- Rhody A. 32* (A-42)
- Young 41 (A-44)

HUGHES
- Anthony 43 (CU-298)
- Blackmore 29 (A-39)
- C. 22 (m)* (CU-318)
- Calvin 25* (MN-394)
- E. A. 51 (f)* (A-32)
- Edward 54 (MN-416)
- Hiram 27 (CU-299)
- J. M. 29 (m) (A-32)
- J. H. 68 (m) (CU-296)
- John P. 32 (MN-441)
- Joseph 20 (MN-450)
- Margaret 50 (A-39)
- Orlando 24 (CU-318)
- Orlando 72 (CU-318)
- William B. 26* (MN-377)
- Wm. 64 (MN-434)

HUGHS
- A. P. 24 (m) (AL-136)
- Absolum 24 (A-52)
- Ambros 62 (B) (A-55)
- Elizabeth 55 (AL-127)
- James 42* (AL-123)

John 23* (CI-172)
- Joseph 56* (BA-492)
- M. 47 (m) (AL-139)
- Mary 49 (A-39)
- P. 58 (f)* (AL-146)
- Robert 42* (BA-457)
- Thomas 30 (AL-134)
- Turner 45 (A-52)
- William D. 26 (BA-466)
- Willm. T. 28* (A-50)

HULBERT
- Ellen J. 22 (CI-167)

HULING
- Nancy 70* (MN-408)

HULL
- James M. 35* (BA-381)

HULSEY
- Adonijah 60 (m) (BA-409)
- Wales 22* (BA-360)
- William 27 (BA-320)

HULSY
- Jesse 42 (BA-370)

HUMES
- Alexr. 24* (MN-396)

HUMPHREY
- Abiga 19 (m)* (CU-281)
- David 17* (BA-405)
- James 85 (BA-463)
- John 49 (CU-279)
- Susan 17* (BA-313)
- William M. 17* (BA-319)

HUMPHRIES
- John 27 (A-74)
- Nancy 12* (A-83)
- Stephen 35 (A-84)
- Willm. 49 (A-69)

HUNDLEY
- Eliz 10* (A-16)
- Jemima 37 (BA-455)
- Polly 38* (BA-435)
- Robert 30* (BA-425)
- Thomas 29* (BA-446)

HUNLEY
- James 24* (A-17)
- Willm. 49 (A-19)

HUNN
- Elizabeth 62* (BA-422)
- James 30 (BA-439)
- John 28* (BA-480)
- Thomas G. 39 (BA-445)
- William H. 40 (BA-480)

HUNNALLY
- William L. B. 37* (BA-473)

HUNT
- Chasteen D. 26(m)* (AL-183)

Index

HUNT
H. 54 (m) (AL-133)
H. J. 24 (m) (AL-133)
J. B. 33 (m)* (AL-127)
Joel T. 27 (BA-382)
John 37 (BA-467)
John 58* (BA-381)
John 70 (MN-386)
John 77 (AL-177)
John P. 29 (MN-437)
M. E. 9 (f)* (AL-178)
Martha 75* (MN-440)
Mary 19* (AL-121)
Owen 32 (MN-385)
Riley 48 (AL-180)
Smith 55 (AL-173)
T. 25* (BA-403)
William R. 25 (AL-173)
HUNTER
A. J. 35 (m) (CU-312)
Charity 68* (CU-313)
David 49 (CU-285)
Elson E. 29 (CI-174)
John F. 25 (CI-156)
Josiah 45 (A-26)
Mary 21* (CU-319)
Micajah 23 (CI-176)
Nancy 42* (CU-336)
Nathan 41 (CI-184)
Solomon J. 47 (CI-156)
William 16* (CI-163)
HUNTSMAN
B. C. 30 (m) (AL-124)
HUNTZMAN
E. A. 34 (f)* (AL-119)
HURDLE
Abel 47 (BA-357)
HURT
Burrell 12* (A-60)
Elsey 19 (m)* (CU-317)
Ermine 10* (A-99)
F. M. 23 (m) (A-26)
Isaac 46 (A-45)
Jackson 31 (CU-327)
James 34 (CU-327)
Joel 34 (A-11)
Joel 45* (AL-144)
John 81 (CU-327)
Mary 46 (A-47)
Samuel 35 (CU-327)
Washington 26 (CI-181)
William B. 20 (A-62)
Wm. B. 36 (A-13)
Wm. W. 64* (A-13)
Young E. 32 (A-13)

HUTCHEN
James M. 26 (BA-399)
HUTCHENS
George M. 22 (BA-361)
George W. 45* (CU-317)
Hamilton 35* (BA-474)
John 87 (BA-474)
John R. 29 (MN-403)
Madison G. 40 (CU-333)
Reuben B. 42 (MN-403)
HUTCHERSON
Geo. 21* (A-26)
James 25* (A-51)
Thomas 25* (CI-174)
HUTCHESON
Luke 62 (CI-204)
Ruben 30 (CI-205)
HUTCHINS
Amanda 17* (MN-394)
F. J. 50 (m) (CU-331)
James T. 59 (MN-397)
HUTCHINSON
Willis 47 (A-77)
HYDEN
Thomas 45 (CI-175)
INGRAM
Benjamin 19* (A-72)
James 34 (A-84)
Jeremiah 22 (A-73)
Jese. 53* (A-27)
IRVIN
John 62 (CI-178)
IRVINE
John 56 (A-73)
Thomas J. 29 (A-73)
IRWIN
Croft 27 (CI-178)
Dory 63 (MN-380)
Francis 30* (CI-189)
Jesse 26* (BA-489)
Joel 29* (BA-442)
ISAACS
John 56 (A-67)
Mary 62* (A-10)
ISBELL
James 46 (BA-447)
ISELY
Hannah 53 (MN-432)
ISENBERG
Henry 24 (BA-467)
ISENBERGH
Aaron 30* (MN-437)
Danl. 50 (MN-431)
John 49 (MN-436)
Joseph B. 35 (MN-432)
Martha 28* (MN-439)

Nicholas 26 (MN-435)
ISLER
Willm. 26 (A-36)
JACKMAN
Hannah 50* (B) (CU-337)
JACKSON
Arthur A. B. 38 (BA-472)
B. F. 26 (m) (AL-161)
Benjamin 52* (AL-183)
Elizabeth 45* (AL-160)
Green 41* (AL-182)
Isaac 26* (MN-440)
Isaac N. 29* (BA-470)
Jacob 49 (MN-374)
James R. 21 (MN-414)
Jarret 68 (CU-283)
Jas. A. 38 (MN-427)
Jesse 28 (MN-412)
Jno. W. 36 (MN-427)
John 26 (MN-384)
John 30 (MN-417)
John 51* (AL-187)
Joseph 38 (MN-422)
Judy 20* (MN-372)
Montgomery 27* (MN-370)
N. 56 (f)* (AL-141)
Nancy 65 (MN-383)
Saml. 56 (MN-419)
Samuel 45 (AL-183)
Smith 40 (MN-432)
W. 39 (m) (AL-140)
W. R. 28 (m)* (AL-146)
William 28* (AL-180)
William 30 (MN-383)
William 39* (BA-319)
William G. 45* (BA-311)
Willis 46* (AL-182)
Wm. 24* (MN-417)
Wm. Sr. 69 (MN-420)
JAMES
George 37 (A-82)
George W. 37 (CI-196)
Harden 32 (MN-451)
Henry 17* (BA-425)
James 52 (BA-336)
Martha 76 (BA-337)
Richard 47* (BA-321)
Savary 60 (f)* (MN-451)
Smith S. 50 (BA-337)
William C. 35 (BA-484)
JAMESON
B. F. 22 (m)* (BA-308)
Hervey W. 40 (BA-417)
J. A. 19 (m)* (AL-146)
James 67* (BA-449)
Kesiah 32* (BA-434)

Index

JAMESON
  Maria 50* (BA-321)
  Robert F. 41* (BA-321)
  Sarah E. 22* (BA-436)
JANES
  Benj. 46 (A-56)
  David 74* (A-41)
  Franklin 17* (A-39)
  John 48 (A-57)
  John Jr. 30 (A-21)
  Littleberry 69 (A-48)
  Preston B. 43 (A-48)
  Saml. 36* (A-52)
  Spencer 46 (A-56)
  Thos. J. 44 (A-22)
  Thos. M. 40 (A-12)
  Thos. Sr. 62 (A-49)
  Willm. D. 22* (A-39)
JARVIS
  Elizabeth 66* (BA-326)
  John 36 (CI-202)
  Malinda 34* (BA-438)
  Nathan 37 (CI-204)
  Peter 70* (CI-202)
  Pinkney 46* (BA-441)
JEANES
  Joseph 37 (CU-304)
  Sylas 41 (CU-282)
JEFF
  Mary 40 (CI-182)
JEFFERS
  Hetty 33 (A-53)
JEFFREYS
  Ryalls 53 (BA-475)
  William 38 (CI-186)
JEFFRIES
  A. S. 30 (m) (MN-443)
  Israel 21* (CI-173)
  James 53 (BA-401)
  Joseph T. 24 (BA-401)
  M. N. 65 (m)* (MN-432)
  Peyton G. 35 (MN-426)
JEMASON
  Q. G. 27 (m)* (AL-152)
JENKINS
  Abraham 42 (MN-445)
  Frances 63* (MN-404)
  Henry B. 38 (MN-444)
  Jackson 30 (MN-437)
  Jane 33 (MN-447)
  Jemima 33 (MN-438)
  Marcus 21 (BA-378)
  Missouri 13* (BA-434)
  S. B. 30 (m)* (MN-437)
  Saml. 63* (MN-437)
  Saml. M. 34* (MN-437)

JENNINGS
  Edmund 40 (MN-393)
  Fred 31 (CU-287)
  Mark 21* (CI-209)
JENT
  Jesse 56 (AL-137)
  John 43 (AL-135)
  Polly 63* (AL-136)
JENTLE
  Nathaniel 42 (CI-197)
JESSE
  J. H. 40 (m) (CU-335)
  J. J. 37 (m) (A-23)
  Matthew M. 22* (BA-427)
JESSEE
  Benj. 34* (A-41)
  Elizabeth A. 60 (A-41)
  Joseph 21 (A-40)
  M. W. 33 (m) (A-21)
  Mary 44* (A-56)
  William 46 (A-41)
  Willm. 25 (A-40)
JEWELL
  Andrew 35 (BA-479)
  Benson 61 (BA-488)
  Elijah 39 (BA-491)
  Elizabeth 53 (BA-479)
  Geo. D. 52* (BA-350)
  James J. 31 (BA-436)
  John 45 (BA-489)
  John A. 27 (BA-489)
  Jonathan 46 (BA-351)
  Nancy 65* (BA-331)
  Nancy 68 (CU-323)
  Robert R. 37 (BA-431)
JOB
  Amen 23 (MN-421)
  Hiram 35 (MN-381)
  John 41 (BA-470)
  Lydia 68* (MN-420)
JOBSON
  Wm. S. 35* (MN-370)
JOHNS
  H. N. 45 (m) (AL-121)
  James 26 (AL-162)
  Martha 53 (BA-414)
  William 49 (BA-414)
JOHNSON
  A. 24 (m)* (CU-279)
  Angelina 11* (BA-460)
  B. 54 (m)* (AL-105)
  C. 80 (f) (CU-300)
  Calvin 35* (CU-300)
  Cath. 24 (f)* (CU-315)
  Charles M. 50 (AL-153)
  Chas. 41 (MN-431)

  Daniel 32 (BA-350)
  Elias 26 (AL-153)
  Father 78* (BA-483)
  Fleming T. 25* (BA-442)
  George 80* (CI-209)
  George M. 27 (CI-197)
  George M.? 40 (MN-390)
  Henderson 33 (BA-374)
  Henery 50 (CI-203)
  Henry 27 (BA-374)
  Henry 46* (AL-158)
  Henry 62 (AL-126)
  Hiram 34 (MN-415)
  J. M. 13 (m)* (AL-153)
  James 47 (CU-298)
  James 49 (AL-153)
  James A. 23* (BA-365)
  James E. 77 (MN-448)
  Jas. 35 (MN-429)
  Jas. 85 (MN-424)
  Jinny 35 (CU-301)
  John 11* (CU-283)
  John 35* (BA-351)
  John 53 (MN-408)
  John 57* (AL-156)
  John 70 (CU-343)
  John F. 28 (CU-343)
  John H. 27* (BA-372)
  John H. 35 (CU-279)
  John L. 39 (CU-292)
  John P. 40 (BA-441)
  Kitura 53 (CU-303)
  Lucinda 30 (BA-413)
  M. 28 (f) (CU-301)
  M. 64 (m) (AL-137)
  M. Jr. 30 (m) (AL-137)
  Mary 17* (MN-399)
  Mary F. 34 (MN-399)
  Micajah 51* (BA-442)
  Mitchael 48 (CI-207)
  Nathan T. 31 (BA-400)
  Oxley 51 (BA-413)
  R. 32 (m) (AL-123)
  Richard 25* (BA-321)
  Robert 65* (AL-169)
  Rosannah 50 (CU-310)
  Saml. 60 (MN-429)
  Tandy 52 (m) (CI-186)
  Thomas 25* (AL-170)
  William 31 (AL-168)
  William 55 (BA-382)
  William 57* (AL-126)
  Wm. 41* (AL-122)
JOHNSTON
  David 40 (A-47)
  Edmond 32 (CI-179)

- 341 -

Index

JOHNSTON
  James 45 (A-68)
  James B. 32 (A-59)
  Jas. L. 36 (A-1)
  John 23 (CI-203)
  John W. 41 (A-49)
  Jonathan 48* (A-36)
  Lucy 100 (B) (A-59)
  Martha 37* (A-13)
  Stephen 31 (A-59)
  Thos. B. 76* (A-51)
  William 43 (A-85)
  Willm. P. 40 (A-47)
  Wm. 39 (MN-425)
JONES
  Ada 13* (MN-395)
  Alexander 23 (A-71)
  Ambros 27* (AL-112)
  Cadwallader 55(m) (BA-366)
  Charles 32 (BA-366)
  Charles 38* (MN-394)
  Charles 64 (A-75)
  Charles H. 26 (A-71)
  David 26 (BA-387)
  David 39 (BA-426)
  David 43 (MN-393)
  David 78* (CI-171)
  Edmund 27 (BA-388)
  Edwin 54 (BA-342)
  Eleazer 57* (BA-367)
  Elizabeth 10* (A-37)
  Elizabeth 24* (BA-444)
  Elizabeth 36* (MN-375)
  Elizabeth 41* (BA-384)
  Elizabeth 62 (A-71)
  F. M. 30 (m)* (CU-280)
  Florinda 27 (A-75)
  Francis 27 (CU-335)
  Garland 13* (BA-324)
  George 42 (CI-175)
  George 50 (CU-329)
  George 70 (CI-180)
  Green R. 37 (A-69)
  Green W. 40 (A-70)
  Harvey 54 (MN-420)
  Hiram 48 (A-71)
  Hiram W. 32 (BA-376)
  Hully J. 12 (f)* (CU-279)
  Ira jr. 25 (BA-491)
  J. 40 (m) (AL-112)
  J. 83 (m) (CU-297)
  Jacob 75 (BA-339)
  James 22* (A-36)
  James 44* (AL-117)
  James M. 25 (CI-164)
  Jeremiah 24* (CI-169)
  Joel A. 23 (BA-324)
  John 24 (CU-326)
  John 29 (MN-394)
  John W. 60 (BA-380)
  John Y. 23* (BA-419)
  Jonathan 28* (A-26)
  Jonathan 36* (CI-162)
  Jordan 38 (A-99)
  Josiah 29 (A-86)
  L. M. 22 (m) (AL-130)
  Levi 48* (CU-287)
  Levi 63 (A-71)
  Lewis 57 (CU-343)
  M. G. 22 (m) (CU-328)
  Marlen 61 (MN-419)
  Martin 62 (BA-324)
  Mary 49 (CU-324)
  Mary 71* (BA-380)
  Milton 27 (CU-326)
  Moses 41 (BA-367)
  Nicholas W. 45 (BA-444)
  Oselridge J. 26 (BA-457)
  Philip A. 30 (A-75)
  Philip F. 29 (A-88)
  R. E. 24 (m) (CU-329)
  Rachael 25* (A-64)
  Richard 25 (CU-335)
  Richard 37 (A-37)
  Richd. 30 (MN-382)
  Robert 21* (BA-434)
  Robert 22 (CU-344)
  Robert L. 32 (A-59)
  Sampson jr. 35 (BA-475)
  Sampson sr. 78 (BA-475)
  Samuel 51 (MN-382)
  Sina 44 (CI-171)
  Smith 25 (BA-369)
  Susannah 77* (BA-350)
  Thomas 42* (BA-399)
  Thomas E. 32 (CU-285)
  Thomas H. 14* (AL-101)
  Thompson 20 (BA-369)
  Thornton 36 (A-37)
  W. T. 50 (m) (CU-323)
  Wesley 25 (CI-176)
  William 22 (MN-424)
  William 45 (BA-391)
  William 48 (BA-373)
  William 66* (BA-334)
  William B. 33 (CU-283)
  William F. 32 (MN-393)
  William S. 50 (BA-397)
  William jr. 32 (BA-367)
  William sr. 51 (BA-366)
  Wilson L. 47* (CI-182)
  Wm. 35 (CU-299)
JONS
  Smith 43 (BA-467)
JORDAN
  Chas. 42 (MN-380)
  H. A. 25 (m) (BA-333)
  J. S. 30 (m)* (BA-345)
  J. T. 35 (m) (BA-347)
  James 27 (BA-332)
  Polly 65* (BA-332)
  Samuel 35* (BA-336)
  Wm. 39* (MN-438)
JOSEPHS
  Jonathan 35* (BA-334)
JOURDAN
  John 40 (MN-410)
  William Sr. 75 (BA-376)
  Wm. D. 48 (BA-398)
JOURDON
  William 17* (CU-284)
JUDD
  John J. 35 (A-87)
  Joseph 52 (A-94)
  Lucy 44 (A-98)
  Robert 40 (A-90)
  Squire 54 (A-92)
  Warner 27 (A-94)
  William 29 (A-94)
JUSTICE
  Ezekiel 49 (AL-180)
  Poxey 28 (m) (AL-186)
KANADA
  David 78 (AL-177)
  Samuel 28 (AL-177)
  Thomas 35* (AL-178)
KAYES
  James 26 (MN-399)
KEAN
  John H. 41 (A-35)
  Mary 17* (A-35)
KEATON
  Irwin 43 (A-7)
  Jno. 38 (A-8)
KEEL
  James F. 23 (BA-427)
  Jane 50* (BA-454)
KEEN
  Abner 32 (MN-409)
  Francis 65 (CU-287)
  James H. 31 (MN-417)
  John 30 (CU-303)
  Mary 69* (CU-303)
  Sally 68 (CU-287)
  William 41* (CU-315)
KEENE
  Elijah W. 35 (CI-191)

Index

KEETON
- Celey 70 (f)* (CU-325)
- Clifton 56 (CU-335)
- James 33 (CU-329)
- Joel M. 39* (CU-285)
- John 17* (CU-329)
- L. B. 37 (f)* (CU-319)
- Riley 42 (CU-344)
- Therissa 7* (CU-335)
- William 22* (CU-344)
- William 33* (CU-320)

KELLEY
- Elvira 32* (MN-425)

KELLIE
- A. G. 28 (m) (MN-370)

KELLOW
- William C. 54 (MN-421)

KELLY
- H. 27 (m)* (AL-122)
- J. W. 34 (m) (AL-145)
- John 35 (AL-106)
- John 37* (BA-322)
- John 65 (CI-168)

KELSAY
- James 35* (CI-164)
- John 62 (CI-168)
- Thomas 18* (CI-208)

KELSEA
- M. 63 (f)* (AL-134)

KELSEY
- James 11* (BA-372)
- William 58 (CI-180)

KELSLOE
- Jacob 32 (CU-330)

KELSO
- Hugh 40* (CI-170)

KELSOW
- John H. 22 (CI-208)

KELTNER
- Ephram 38 (A-37)
- Henry 28 (A-37)
- John 45 (A-36)
- Mary S. 18* (A-22)
- Nancy 65 (A-37)
- Wm. 44* (A-22)

KEMP
- J. R. 2 (m)* (A-34)
- John M. 27 (A-37)
- Lucy 56* (A-37)
- M. 35 (f)* (A-34)
- Robt. W. 41 (A-34)
- Thos. 30* (A-35)
- William T. 30 (CU-279)
- Wyatt 35 (A-28)

KENADA
- A. 39 (m)* (AL-129)

D. L. 35 (f) (AL-103)

KENARD
- Mary E. 17* (BA-482)

KENISON
- C. W. 45 (m) (AL-165)

KENNARD
- Elijah 36 (A-51)
- H. F. 35 (m) (A-24)
- Mary 66 (A-44)
- S. H. 37 (m) (A-24)

KENNEDY
- J. W. 42 (m) (BA-398)

KERBY
- Jesse 21 (MN-446)

KERNAL
- Bwin 34* (CI-189)

KERNEY
- William 36 (CI-183)

KERR
- Francis M. 23* (MN-393)
- Thomas 32* (CU-309)
- William 25* (MN-393)

KESSLER
- Gross L. 36 (CU-317)

KEY
- Martha 46 (MN-450)
- Priscilla 40* (CU-311)
- William 57 (BA-454)

KEYES
- Feradon 23 (MN-388)
- Saml. 24* (MN-381)
- Samuel 65 (MN-371)
- William 37* (MN-370)

KEYS
- Isaac 64 (MN-407)

KID
- James 45* (AL-135)

KIDD
- George S. 27 (BA-330)
- James 56 (BA-327)
- William 35 (BA-314)

KIDWELL
- Jesse 22* (MN-401)
- John 49 (MN-401)
- John Jr. 24 (MN-401)
- William 29 (MN-403)
- William 52 (MN-397)

KIEN
- Eli 60 (MN-428)

KIGER
- Ann 25* (AL-129)

KILGORE
- Wm. B. 51 (BA-396)

KILLMAN
- Calvin 21* (MN-393)
- J. 50 (m) (AL-175)

J. 55 (m) (CU-296)
- Levin 23* (CU-296)
- R. 26 (m) (CU-296)
- Stephen 40 (MN-392)

KILMAN
- H. C. 46 (m)* (AL-175)

KILPATRICK
- William 31 (CI-189)

KIMBLE
- Caroline 28* (BA-315)
- Catharine 56 (BA-333)
- Charles 23* (BA-404)
- James A. 27* (BA-333)

KIMMONS
- J. S. 45 (m) (AL-171)
- J. S. 45 (m) (AL-171)
- Samuel 71 (AL-171)
- Samuel 71 (AL-171)

KINCADE
- Spencer 13* (CU-328)

KINCHELOE
- Elijah 28 (BA-390)
- Enos 25 (BA-390)

KIND
- William W. 22* (BA-484)

KING
- Alfred 44 (CU-278)
- Alphonso 26 (MN-434)
- Charles 50 (BA-309)
- Edmond 65 (B) (A-16)
- Edmund 24* (B) (A-26)
- Elijah W. 26* (CI-194)
- Elizabeth 14* (CU-279)
- Elizabeth 53 (BA-320)
- G. A. 33 (m)* (AL-137)
- Hegasar 70 (m) (CI-209)
- Henery H. 37 (CI-193)
- Henry 28* (B) (A-19)
- Hiram 55* (A-48)
- James 43* (BA-417)
- John G. A. 26* (CU-279)
- John T. 25 (CI-186)
- Lewis 40 (B) (A-6)
- Mahala 22* (BA-424)
- Margaret 16* (CU-285)
- Milton 50* (CU-285)
- Nancy 25* (A-48)
- Nancy 55* (A-26)
- Nathan 18* (B) (A-16)
- Robert A. 19* (CU-320)
- Robt. 58 (B) (A-6)
- Stephen L. 60 (MN-425)
- William 33* (CU-292)
- William A. 43 (BA-310)
- Zachariah 75 (MN-434)

Index

KINGREY
  Harmon 36 (MN-424)
  Isaac 38 (MN-381)
  Jacob 70* (MN-424)
  Peter 47* (MN-421)
  Wm. 24 (MN-422)
  Wm. 44* (MN-424)
KINGRY
  Isaac 26* (CU-303)
KINNAIRD
  Joseph 31* (BA-457)
KINSER
  Andrew 45 (BA-480)
  Peter 26 (BA-484)
KINSLOW
  Aaron 37 (BA-359)
  Aaron T. 5* (BA-393)
  Adam 65 (BA-383)
  Allen 29 (BA-358)
  Ambrose 72* (BA-350)
  Andrew C. 49 (BA-347)
  Andrew J. 22* (BA-361)
  E. H. 31 (m)* (BA-321)
  Granville 26* (BA-359)
  John P. 23 (BA-383)
  Joshua 60 (BA-358)
  Massy 30 (BA-352)
  Page 11* (BA-388)
  Peter A. 36* (BA-356)
  Reuben 36 (BA-391)
  Reuben 61 (BA-360)
  Stephen 22* (BA-343)
  William S. 33 (BA-361)
KIRBY
  Jehu 38* (MN-404)
  John 33 (MN-452)
  S. 12 (f)* (AL-170)
  William 38* (MN-445)
KIRGAN
  Shed 47 (CU-307)
KIRKENDOLL
  George M. 40 (BA-429)
KIRKLAND
  H. A. 37 (m) (AL-172)
KIRKPATRICK
  Elijah 24 (MN-393)
  Elizabeth 61* (MN-396)
  Hugh 53 (MN-395)
  M. 23 (m)* (CU-329)
  Moses 26 (MN-393)
  Moses 41 (MN-389)
  William 64 (MN-397)
KIRTLEY
  Paschal J. 48* (BA-443)
KISTLER
  C. W. 21 (m)* (AL-102)

KITCHES
  Jesse C. 16* (AL-182)
KIZER?
  C. C. 21 (m) (AL-103)
KIZOR
  Wilson H. 36* (BA-378)
KNAPPER
  Isaac 72 (CU-288)
KNIFFLEY
  Joseph 40* (A-75)
  Philip 71 (A-74)
  Reuben 61 (B) (A-77)
  Sampson 32 (A-69)
KNIGHT
  Charles 15* (BA-405)
  John 23 (BA-393)
  Middleton 19 (BA-393)
  Silvester G. 8* (CU-334)
  Thomas 51* (BA-426)
KOGAR
  Anderson 28 (CI-171)
  Elijah 54 (CI-171)
  Elisha 19* (CI-161)
  Eliza 35 (CI-173)
  John 59* (CI-172)
LACEFIELD
  Avary S. 24* (MN-405)
  Robert 11* (MN-405)
LACEY
  Helon 34 (m) (CU-343)
  O. 24 (m)* (CU-284)
LACKEY
  Elizabeth 40* (CU-314)
  Ellen 8* (CU-319)
  James 24* (CU-292)
  John C. 48 (MN-402)
  Suckey 38 (f) (CU-322)
LACY
  Henry 66* (A-20)
LADD
  G. T. 30 (m) (MN-370)
  James W. 27* (MN-378)
  Mary 59 (MN-371)
LAFOE
  James 50* (BA-485)
LAINHART
  James W. 32 (A-76)
LAIR
  James F. 40 (BA-335)
  Younger 48 (BA-333)
LAMB
  A. 55 (m)* (AL-185)
  E.? 18 (m) (AL-185)
  Melinda 17* (MN-415)
  Susan 43* (AL-183)
  William 51 (AL-185)

LAMBERTH
  John 50 (BA-486)
LAMBETH
  D. C. 59 (m)* (BA-327)
LANCASTER
  A. 6 (f)* (AL-104)
  John A. 21* (MN-441)
  Levi 55 (MN-442)
  P. 4 (f)* (AL-104)
  Pharoah 25* (MN-448)
  Tillitha 12* (AL-114)
LAND
  John 46 (CI-177)
  Nancy 20* (CI-204)
LANDERS
  Phebe 74* (AL-154)
LANDES
  Hezekiah 42 (AL-156)
  Isaac 56 (AL-156)
  Mary 16* (A-28)
  Solbidon? 34 (m) (AL-156)
LANDRUM
  A. W. I. 30 (m) (BA-361)
  Elizabeth 65 (BA-348)
  Jerome B. 27 (BA-362)
  John 59 (BA-362)
  John T. 23* (BA-362)
  John T. 27 (BA-338)
  Robert L. 23* (BA-333)
  William 49 (BA-338)
LANE
  Anderson 43 (MN-427)
  Arch 73 (MN-427)
  Barney 53 (MN-449)
  Benjamin 60 (MN-431)
  Booker 50 (BA-382)
  Carrolus 22 (BA-376)
  Elizabeth 75 (BA-383)
  John 27 (BA-446)
  John R. 26 (MN-370)
  Moses 55 (BA-383)
  Nancy 31 (BA-477)
  Samul 41 (BA-445)
  Thomas 30 (BA-386)
  William T. 32 (BA-471)
LANGFORD
  Josiah B. 24 (MN-390)
  Robert 53 (MN-392)
LANGLEY
  Sally 35* (BA-404)
LANORE
  John 2* (BA-487)
LARD
  Ellen 21* (BA-416)
LARIMORE
  Barnett G. 25* (BA-435)

Index

LARK
  Nancy 30* (CU-342)
LARRANCE
  Amid 30 (m) (BA-329)
  Argible 74 (BA-339)
  Carter 26 (BA-339)
  Rebecca 60 (BA-340)
  Sally 63* (BA-341)
LASTLEY
  John 14* (A-38)
LASWELL
  John A. 26 (CU-331)
  Moses 40 (CU-332)
  Patrick 37* (B) (BA-421)
LAUREN
  Aaron 59 (BA-452)
LAURENCE
  John 31 (CI-169)
  Richard 70 (CI-168)
LAUSON
  Bennet 32 (BA-454)
LAWHON
  James 30 (CI-204)
  John 39 (CI-203)
  Joshua 36 (CI-204)
  Thomas 70 (CI-203)
LAWLESS
  Burwell 45* (BA-394)
  Peter 57 (BA-443)
LAWRENCE
  Jas. 49 (MN-407)
  John 32 (MN-415)
  John P. 67? (BA-320)
  Joseph 42 (MN-415)
  Susan 19* (MN-449)
  Thos. G. 28* (BA-399)
  Wm. W. 38 (BA-322)
LAWSON
  Aaron 30 (CU-291)
  Aaron jr. 17* (BA-461)
  Elisha 56 (CU-307)
  Elizabeth 28 (CU-335)
  J. R. 20 (m)* (CU-319)
  Robert 26 (CU-309)
  Thomas 35 (CU-309)
LAY
  Bartley 80 (CI-191)
  Henry 36 (BA-342)
  John 75* (BA-343)
  Stephen B. 43 (BA-342)
  William 40 (BA-371)
LAZEWELL
  Andrew 42 (MN-414)
  Dicey 65* (CU-331)
LAZRUS
  Lemmen 28* (BA-475)

LEA
  Elizabeth 55 (BA-344)
LEACH
  Benjamin P. 26 (A-65)
  Elijah 23 (A-80)
  Elijah 24* (A-50)
  Elijah 37 (A-82)
  Elizabeth 55* (A-79)
  Jeremiah 29 (A-80)
  John 26* (BA-398)
  Mathew 23 (A-82)
  Mathew 63 (A-80)
  Mathew jr. 24 (A-80)
  Nathan 24 (BA-312)
  Samuel 58 (A-80)
LEACH?
  William 35 (A-68)
LEAVELL
  Benja. 59 (BA-348)
  Dolly 88* (BA-348)
LEE
  Abel 48 (AL-154)
  Andw. 55 (MN-425)
  Brisan 30 (CI-199)
  Eli 36* (BA-380)
  Elizabeth 14* (MN-389)
  Geo. W. 28 (MN-409)
  Grissom 48 (A-96)
  Henry J. 34 (BA-375)
  Henry Sr. 61 (BA-376)
  Isaac 19* (CU-289)
  Isaac 25 (AL-154)
  Isaac 32 (BA-377)
  Isaac 86* (AL-154)
  J. N. 22 (m) (CU-339)
  John 52 (CI-201)
  John G. 17* (CI-200)
  John M. 24 (BA-377)
  Joseph 24 (MN-372)
  Joseph 49 (MN-443)
  N. W. 36 (f) (AL-102)
  Preston M. 43 (BA-489)
  Radford 26 (BA-380)
  Richard 22 (CI-200)
  Richard 44 (CI-201)
  Samuel Sr. 65 (BA-377)
  Samuel T. 39 (BA-379)
  Solomon 53 (B) (AL-180)
  Stephen 69 (AL-126)
  T. A. 36 (m) (AL-188)
  Tobias 49 (AL-188)
  William J. 27 (AL-165)
LEEPER
  James 50 (BA-420)
  James 58* (BA-357)
  Weston 54 (BA-459)

William 54* (BA-357)
William 66* (BA-487)
LEETON
  James 24 (AL-173)
  Thomas 9* (AL-173)
LEFARELL
  Raney 40 (CI-198)
LEFTWICH
  Robert 52 (A-4)
  S. G. 27* (A-25)
LEFTWICK
  Jas. T. 31 (A-37)
LEGRAND
  Agnes 55 (AL-151)
  E.? A. 38 (m) (AL-150)
LELLAR
  R. 64 (m)* (CU-298)
LELLER
  D. C. 30 (m)* (CU-299)
LEMINGS
  William 21* (BA-348)
LEMMEN
  William S. 25 (BA-472)
LEMMON
  Jacob 62 (BA-472)
  James G. 29 (BA-472)
LEMMONS
  Abby 67 (BA-379)
LENTZ
  William 40* (MN-422)
LEOPER
  Alexander 60 (BA-420)
LESLIE
  Ellison 27 (CI-179)
  P. H. 31 (m) (MN-380)
  Sarah 33 (MN-396)
  Sarah 51 (MN-397)
LESLY
  Mary 61* (BA-357)
LESSENBERRY
  James 31* (BA-336)
  Joseph 29 (BA-331)
LESTER
  A. J. 24 (f)* (MN-372)
  Elizabeth 56 (MN-400)
  Jeremiah 36* (MN-379)
  Stanford 23* (MN-408)
  Thomas 53 (MN-391)
  Woodford 30 (MN-391)
LETCHER
  Thomas 68* (BA-429)
LETTERELL
  Carter 30* (CU-339)
LEVALDS?
  Jesse F. 43 (MN-382)

- 345 -

Index

LEVI
- Benja. S. 28 (BA-386)
- Louis 28 (BA-401)
- Robert 36 (AL-144)

LEVINGSTON
- Thomas 26 (CI-208)

LEVRIDGE
- Abram 26 (CI-176)
- Jesse 29 (CI-159)

LEWIS
- A. A. 25 (m)* (AL-108)
- A. T. 27 (m) (BA-345)
- Albert W. 26* (B) (CU-337)
- B. F. 29 (m) (BA-327)
- Bery 37 (A-16)
- Betsy 50* (BA-345)
- Catharine 64 (CU-335)
- Charles 66 (BA-345)
- Daniel 49 (A-16)
- Frances 76 (BA-393)
- Geo. 20* (MN-417)
- Isaac D. 39 (BA-345)
- James M. 33 (BA-340)
- Jane 36* (BA-347)
- Jane 66 (BA-467)
- John 32 (BA-340)
- John 40 (A-15)
- John 46 (BA-326)
- John 57 (BA-386)
- John B. 37 (A-72)
- John C. 42* (CU-330)
- John H. 44 (BA-309)
- John M. 32 (MN-429)
- Joseph H. 25 (BA-396)
- Joseph H. 26 (BA-318)
- Lucilla 8/12* (A-15)
- Mary 46* (MN-439)
- N. 45 (f)* (AL-178)
- Nancy 68* (A-15)
- Oschar 26 (BA-466)
- Phillip T. 40* (BA-385)
- Randolph 14* (CU-323)
- Simeon C. 33 (BA-325)
- Squire 26* (CU-285)
- Theodore 30 (MN-436)
- Thomas 46* (CU-314)
- Thomas F. 22* (BA-308)
- William 45 (AL-180)
- William 54 (BA-317)
- William 73 (BA-338)
- William C. 36* (BA-328)
- William F. T. 30 (BA-318)
- Wilson 41 (A-16)
- Wm. H. 53* (MN-437)

LIGHT
- Henry 40 (A-99)

LIGHTFOOT
- John 53 (AL-173)
- Turner 30 (AL-173)

LILE
- Sally 36* (BA-435)

LILES
- Robert G. 23 (BA-412)

LINDER
- Thomas 60 (BA-415)

LINN
- E. 26 (m)* (AL-161)

LINSEY
- James 44 (BA-438)

LIPSON
- Marshall 42 (MN-414)

LIST
- Benjamin 23 (MN-378)

LITCHMOND
- J. H. 40 (m)* (CU-283)

LITHGOW
- James 21* (CU-292)

LITTERELL
- Polly 39 (CU-337)

LITTLE
- Andrew 33 (MN-385)
- David 19 (MN-413)
- Greenberry J. 27 (CI-200)
- Isaac 58 (CI-200)
- James 44* (MN-413)

LITTRELL
- Benja. 33 (BA-385)
- Elias 31 (BA-386)
- James 53 (BA-327)
- Ruth 26 (BA-386)
- Sarah 23* (BA-340)

LLOYD
- James 45 (AL-107)
- James 60* (BA-414)
- James G. 25 (BA-413)
- John 55 (MN-435)
- Judah 24 (f)* (AL-116)
- Lucy 40 (CU-344)
- Polly 46 (CU-304)
- Polly 46 (CU-345)
- Preston 30 (CU-343)
- Sally 32 (AL-113)
- Stephen 43 (AL-106)
- Susan 59* (BA-412)
- Thomas 29* (CU-328)
- William 20* (CU-308)
- Willm. 21 (A-47)
- Wm. 23 (MN-431)

LLOYS
- Robert 22 (AL-107)

LOAFMAN
- H. P. 24 (m) (AL-140)

J. _. 15 (m)* (AL-141)
M. 34 (m) (AL-141)
S. W. 31 (m) (AL-141)
Sarah 56 (AL-141)

LOCK
- David 59* (BA-397)
- Easter 47 (BA-310)
- Jacob 38 (BA-318)
- Jacob B. 34 (BA-449)
- Jacob H. 26 (BA-310)
- James 44 (BA-312)
- John jr. 31 (BA-310)
- John sr. 42 (BA-307)
- Madison 12* (BA-356)
- Patsy Ann 7* (B) (BA-401)
- Richard 26 (BA-435)
- Richard 61* (BA-313)
- William H. 26* (BA-477)

LOCKETT
- Daniel 58 (A-2)
- Solomon 46 (A-32)

LODGEN
- James 25* (A-29)

LOGAN
- Daniel 27* (CU-340)
- Hannah 60* (B) (BA-400)
- James 31* (CU-340)
- James 34* (MN-390)
- Joab 33 (AL-186)
- Joab 52 (AL-182)
- Judy 74 (CU-340)
- R. C. 29 (m)* (CU-278)
- R. S. 64 (m)* (AL-186)

LOGSDEN
- James 65 (CI-193)

LOGSTIN
- Phillip 26* (CI-169)

LOGSTON
- Lewis 38 (CU-320)

LOHOM
- Henry 25* (CU-345)

LOLLAR
- Jacob 44 (CU-333)
- James 39* (CU-340)
- James 70* (CU-314)

LONDON
- Joseph 36* (BA-439)

LONG
- Ailcy 41 (CU-300)
- Benjamin 81* (AL-154)
- G. P. 30 (m) (AL-128)
- Henry 23* (BA-347)
- James 46* (AL-151)
- James H. 35 (AL-139)
- John 25* (CU-340)
- John 26* (BA-341)

Index

LONG
  Mary 55 (CI-171)
  Nelson 50 (AL-138)
  Polly 27 (CU-300)
  Richard W. 24 (BA-378)
  Samuel 42* (CI-209)
  Sol. 23 (m) (CU-298)
  Strawther 50 (CU-294)
  T. E. 28 (m) (AL-102)
  William 63 (AL-139)
  William T. 33 (CI-155)
LORREL?
  Richard 22* (CU-330)
LORTON
  William 32* (MN-402)
LOU
  Thomas 62* (CU-321)
LOUGH
  Christopher H. 25 (BA-464)
  Solomon 49 (BA-464)
LOVE
  James M. 40 (CI-161)
  Laurinda 32* (BA-425)
  Robert 40* (BA-425)
  Thomas 40 (BA-424)
  William jr. 23 (BA-432)
  William sr. 51 (BA-444)
LOVEALL
  Absolum 26 (A-51)
  Catherine 42 (A-95)
  James 46 (A-71)
  Jonathan 61 (A-52)
  Malinda 31 (A-86)
  Micajah 52 (A-95)
  Stephen 20* (A-52)
  Stephen 73 (A-74)
  William 33 (A-71)
LOVEL
  Elizabeth 76* (AL-118)
  Thomas C. 8* (AL-142)
  William 23* (AL-139)
LOVELADY
  Henry 22* (MN-407)
LOVELESS
  James 37 (AL-178)
  Saml. 61* (AL-122)
LOVELL
  William 28 (BA-342)
LOVER
  John 34 (CI-172)
LOVING
  Jas. 60 (A-15)
LOW
  Caleb 36 (BA-339)
  David 63 (BA-329)
  Joseph 23 (BA-339)

LOWE
  George 34* (CU-281)
  Saml. L. 26* (MN-393)
LOWERMAN
  George W. 54 (BA-390)
LOWERY
  Charles 70 (CI-207)
LOWHORN
  George 14* (CI-167)
  Noah 21* (CI-195)
LOWRY
  Allen 60 (BA-399)
  Betsy 45* (BA-362)
  Joseph B. 26 (BA-362)
  Nancy 12* (BA-341)
LOY
  Jacob 42 (A-9)
  Jerry 31 (A-10)
  M. J. 16 (f)* (A-10)
  Martin 48 (A-6)
  Mary 71 (A-10)
  Michael 30 (A-5)
  Sellers 25 (A-10)
LOYALL
  William 17* (BA-411)
LUM
  Jacob 30 (MN-442)
LUMPKINS
  Abraham 50 (A-71)
LUSTER
  John L. 65* (CI-158)
LUSTRE
  M. 11 (f)* (AL-120)
LUTTERAL
  Richard 32 (CI-190)
LYEN
  David 44 (BA-314)
  David R. 37 (BA-314)
  Joseph 52 (BA-368)
  Martha 39 (BA-312)
  William 55 (BA-313)
LYLES
  J. M. 32 (m) (AL-186)
  J. W. 43 (m) (AL-174)
  John H. 25 (AL-165)
  Thomas H. 57 (AL-123)
LYNN
  M. F. 12 (f)* (AL-149)
LYON
  Duncan 22 (A-68)
  Hiram K. 24 (BA-342)
  John R. 25 (BA-368)
  P. 8 (f)* (CU-312)
  Robert 31 (BA-368)
  Thomas 48 (A-68)

LYONS
  John 31* (MN-400)
  Milton 22 (MN-429)
  Robert 39 (A-88)
  Sarah 56 (MN-400)
  Thos. H. 28 (MN-429)
  Wm. 6* (MN-429)
MACKEY
  Albert 16* (BA-430)
  Alexander 48 (CI-195)
  John 19* (BA-428)
  John 20* (BA-424)
  Mary 67* (CI-195)
MADDOX
  Ignatius 57 (BA-308)
  William P. 22 (BA-313)
MADERIS
  Elijah 40* (A-99)
MADISON
  Azariah 36* (BA-320)
  Grandville 17* (CU-278)
  Green 22 (CU-317)
  John 31 (CI-210)
  John 66* (CU-308)
  Miles 24 (CU-306)
MADORIS
  Barbara 65? *(A-67)
MAGGARD
  Henry T. 22 (BA-449)
MAHANEY
  F. H. 22 (m)* (MN-441)
MAHONEY
  Chesley 46 (MN-438)
MAIDEN
  Abner 59* (A-66)
  John 29 (A-66)
MAINARD
  Adeline 26* (MN-396)
  Henry 70* (MN-395)
MAINER
  Wm. 24* (CU-308)
MAINOR
  Jackson 30* (MN-404)
  Rosa 53* (MN-370)
MAIZE
  Henry 20* (MN-436)
MAJORS
  William 16* (BA-334)
MALONE
  Benjamin 35* (BA-479)
  Benjamin 61 (MN-386)
  Biram 35 (MN-387)
  C. 42 (m) (AL-118)
  Charter 20* (BA-394)
  David 50 (CI-180)
  Jehu 26 (BA-385)

Index

MALONE
  John 44 (CI-155)
  Jones 61* (BA-440)
  Joseph 26 (CI-156)
  Paschal L. 39 (BA-440)
  Pleasant 36* (BA-336)
  Rewben 58 (B) (A-11)
  Samuel P. 67 (BA-447)
  Sarah A. 10* (AL-141)
  William W. 29 (BA-479)
  Williamson 74* (MN-387)
MANION
  F. 59 (f)* (AL-127)
  Thompson 30* (MN-440)
MANLY
  C. 11 (m)* (AL-150)
  Jonathan 42* (BA-320)
  Obediah 38 (AL-131)
MANN
  James H.? 26* (BA-418)
  John 26 (A-84)
  M. Amanda 45* (CU-345)
  Nancy 58 (BA-418)
  Thomas 74 (A-84)
  William 37 (BA-418)
MANRY
  Alfred P. 33 (BA-365)
MANSFIELD
  Eliza J. 24* (BA-351)
  G. W. 54 (m)* (AL-102)
  Hannah 44* (BA-346)
  Isaac 24* (BA-332)
  James 67 (BA-329)
  Jane 40 (MN-438)
  Jesse 39 (BA-357)
  Jesse 72* (BA-360)
  John 36 (BA-359)
  Joseph 31 (BA-357)
  Nancy 65 (BA-342)
  Saml. J. 18* (BA-325)
  Sarah 4* (BA-392)
  Thomas 49 (BA-357)
  William 33 (BA-347)
  William 39 (BA-342)
  William 75* (BA-348)
  Wm. 45 (AL-110)
MAR
  A. W. 22 (m) (AL-151)
  Daniel 46 (AL-149)
  Sarah 25* (AL-151)
MARCUM
  James S. 26* (CI-174)
  Marvel 29 (CI-174)
  Plesant 26 (CI-174)
MAREWELL
  Charles H. 38 (CI-208)

MARION
  S. 79 (m) (AL-138)
MARKCRUM
  P. 28 (m) (AL-120)
  Wm. C. 31 (AL-112)
MARKERUM
  A. 58 (m) (AL-110)
  G. 25 (m) (AL-160)
  P.? 45 (m) (AL-105)
MARKHAM
  B. G. 33 (m) (CU-288)
MARKRUM
  William 30 (AL-168)
MARLEN
  Mark 58 (CI-166)
MARLEY
  Susan 17* (MN-393)
MARLON
  William 53* (CI-166)
MARLOW
  Nancy 5* (B) (MN-408)
MARR
  John 77 (BA-339)
  Robert 42* (BA-330)
  Thomas 12* (BA-351)
  Thomas 46 (BA-338)
MARRS
  Abijah 60 (MN-373)
  James F. 26 (BA-429)
  Saml. W. 55 (A-23)
MARS?
  John 26 (CI-167)
MARSH
  Henry 48* (CU-334)
MARSHAL
  Andrew 44 (BA-393)
MARSHALL
  Abagail 64 (BA-451)
  Elizabeth 74 (MN-384)
  James H. 31 (BA-450)
  Lemuel 11* (BA-482)
  Robert 33 (BA-482)
  Sam 67 (MN-425)
MARTIN
  Benja. H. 49* (BA-341)
  Brice 45 (A-89)
  Charles 73 (BA-336)
  David F. 28 (MN-449)
  Edward 22* (BA-401)
  Elbridge G. 15* (BA-341)
  Elizabeth 56* (CU-310)
  Elizabeth 65 (BA-310)
  George 25 (AL-188)
  George 48* (MN-394)
  Hartwell 31 (A-76)
  Hiram W. 33 (BA-454)

  Hudson 38 (BA-340)
  Hudson 68* (BA-344)
  Hudson W. 38 (BA-448)
  Isaac 65 (BA-312)
  J. C. 41 (m) (AL-113)
  J. W. 58 (m) (AL-124)
  James 23 (A-86)
  James 25 (BA-392)
  James 72* (BA-315)
  James H. 41* (BA-454)
  James L. 34 (CU-279)
  Jesse G. 32 (BA-473)
  John 29* (CU-278)
  John 35* (MN-401)
  John 39 (MN-446)
  John 65 (BA-341)
  John B. 64 (BA-456)
  John J. 47 (BA-485)
  John P. 30 (AL-164)
  Joseph 21 (A-92)
  Joseph G. 16* (A-69)
  Joseph W. 40 (AL-112)
  Lucy B. 14* (BA-356)
  Malekiah 24* (BA-391)
  Martha 43 (CI-179)
  Mary 53 (A-94)
  Mary 76* (AL-113)
  Mary A. 30* (BA-389)
  Michael 62 (CU-306)
  Nathan 28 (BA-391)
  P. M. 55 (m) (AL-188)
  Sarah E. 34* (MN-399)
  Solomon 36 (BA-311)
  Susan 51 (BA-391)
  Uriah 29 (BA-359)
  William 20* (MN-370)
  William 22 (A-87)
  William 82 (BA-363)
  William F. 40 (AL-168)
  William N. 38 (BA-419)
  William P. 27 (MN-394)
  Wm. D. 50* (MN-452)
  Wm. Sr. 84* (MN-429)
MASH
  George 16* (CI-160)
MASON
  J. H. 26 (m)* (AL-101)
  Joel 50* (CI-175)
  John 49 (CI-162)
  L. 16 (f)* (AL-119)
  Mary 58 (CI-158)
  Nancy 79* (CI-164)
  William 37 (AL-148)
MASSEE
  Henry 40* (B) (A-52)

Index

MASSEY
 Fanny 49* (CI-167)
 William 12* (MN-426)
MASSIE
 Ellen 37 (B) (A-72)
 Elzey 24 (A-66)
 Milley 32 (B) (A-86)
MASSIE?
 Charles 19? (A-68)
MASSY
 James A. 26 (BA-384)
MASTERS
 Daniel F. 37 (BA-493)
 Emily 37 (BA-490)
 John 74 (A-36)
MATHENEY
 Joshua 18* (MN-399)
MATHENY
 Geo. 14* (MN-432)
 Mary 40 (MN-433)
MATLOCK
 S. 90 (f)* (CU-314)
 Sally 90* (CU-339)
MATNEY
 George 34 (A-64)
MATTHEWS
 Allen 37 (BA-349)
 Anderson 36 (BA-451)
 Elizabeth 64 (BA-350)
 Felix G. 42 (BA-348)
 H. B. 31 (m) (A-28)
 Isaiah 36 (BA-451)
 James 41 (BA-451)
 John 45 (BA-343)
 John N. 73* (BA-451)
 William 21 (MN-390)
MAUPIN
 Robert D. 61 (BA-402)
MAURY
 Leonard H. 70* (BA-365)
 Thomas F. 39 (BA-366)
MAVIS
 Henry B. 49 (MN-446)
 Richd. F. 25* (MN-446)
MAWK
 George 40* (BA-414)
MAXEY
 Alfred H. 32 (MN-372)
 Elzy D. 19 (m)* (BA-393)
 John 62 (MN-395)
 John L. 26* (MN-375)
 Pennington 23 (MN-370)
 R. J. 27 (m)* (MN-372)
 Radford 64* (MN-395)
 Rice 51* (CI-183)
 Sally S. 80* (CU-323)

 William 24 (MN-398)
 William 59 (MN-379)
 robert 53 (MN-394)
MAY
 George W. 29* (BA-418)
MAYBERRY
 Elias 45 (MN-428)
MAYFIELD
 John 43 (BA-443)
 Powhattan 45 (BA-369)
MAYHEW
 A. A. 27 (m) (AL-176)
 C. 24 (m) (AL-176)
 H. 42 (m) (AL-114)
 J. C. 96 (m) (AL-176)
 James 25 (AL-181)
 James 50 (AL-120)
 John H. 30* (AL-177)
 Jones C. 36 (AL-176)
 Justice 51 (AL-176)
 M. 42 (m) (AL-107)
 R. L. 36 (m) (AL-116)
 Reason A. 38 (AL-122)
 Reason L. 84 (AL-114)
 W. 38 (m)* (AL-114)
MAYNARD
 Braxton B. 24 (BA-369)
 Edward 32 (BA-355)
 James 25 (BA-392)
 Thomas 44 (BA-365)
 William 27 (BA-365)
MAYS
 Henry 38 (A-59)
 Nancy 54 (CU-335)
 Rachel 34* (BA-326)
 William 55 (AL-158)
MAYSE
 Robert B. 51 (A-89)
 Simon P. 27 (CI-192)
MCADAMS
 William 20* (BA-373)
 William R. 20 (BA-380)
MCALAREY
 M. 63 (f)* (A-10)
MCALARRY
 E. 2 (f)* (A-10)
 M. D. 30 (m)* (A-12)
MCBEATH
 Geo. W. 39 (A-1)
MCCAFFERY
 James 26* (CU-344)
 Simeon 27 (A-73)
 William 31* (CU-344)
MCCAIN
 Robert M. 45* (A-3)

MCCALISTER
 Samuel 42 (A-77)
MCCALLISTER
 James 65* (AL-150)
MCCALLY
 A. E. 12 (m)* (AL-146)
MCCAMPBELL
 William A. 49 (AL-101)
MCCAMUS
 Elizabeth 30 (CI-209)
MCCAN
 Washington 22* (BA-493)
MCCANDLES
 John 55 (BA-486)
 John L. 28* (BA-490)
 William 34* (BA-486)
 William P. 26* (BA-481)
MCCARNING
 Hyugh 60 (A-30)
 Thos. 36 (A-29)
MCCARROLL
 Alex. B. 33 (MN-450)
MCCARTA
 J. J. 31 (m) (A-28)
MCCAWLEY
 John 14* (CI-192)
 Parellee 17* (CI-202)
MCCAY
 Jeremiah 64 (CI-185)
MCCHERE
 John R. 21* (CU-338)
MCCLAIN
 Mary S. 19* (A-64)
MCCLANAHAN
 Sarah 80 (BA-311)
MCCLARY
 D. 27 (m) (AL-130)
 R. 69 (m)* (AL-104)
MCCLELLAN
 Adden 54 (m) (CI-204)
 Elizabeth 4* (MN-387)
MCCLERRIN
 Mary 23* (MN-391)
MCCLURE
 Manly 49 (BA-368)
 Pleasant 47 (BA-368)
MCCLUSKEY
 John 48 (CU-284)
MCCLUSKY
 Gilbert R. 25 (CI-206)
 John 35 (CI-206)
 Nancy 21* (CI-196)
MCCOLLOM
 Jonathan 42 (CI-191)
MCCOMAS
 Lydia 61 (MN-402)

Index

MCCOMAS
Turner 28 (MN-402)
MCCOMBS
J. W. 15 (m)* (AL-145)
Jane 10* (BA-335)
John R. 39* (BA-460)
Samuel 50 (BA-324)
MCCOMMET
Elijah 17* (MN-443)
John 95 (MN-443)
MCCONALEY
Alexander 20* (BA-487)
MCCONNEL
D. J. 27 (m)* (BA-322)
Eliza A. 27* (BA-348)
John B. 20* (BA-316)
O. P. 29 (m) (BA-319)
Simeon 23* (BA-336)
MCCOUN
James 20* (BA-307)
MCCOY
James P. 31 (CU-282)
MCCUBBIN
Nancy 13* (BA-439)
MCCUE
Albert 23* (MN-429)
MCCULLA
Samuel 22* (BA-414)
MCCULLOCK
Sarah 78 (BA-482)
MCCULLOUGH
Archd. 39* (CU-331)
James 75 (CU-342)
MCCURRY
John F. 21* (CI-195)
MCDANIAL
Charles 53 (CI-190)
MCDANIEL
Ambrose 67* (BA-404)
Dabny 32* (BA-323)
Gideon 26* (BA-404)
Janings 45 (m) (BA-489)
John 23* (CU-333)
John 74 (BA-477)
John C. 30 (A-95)
John S. 34 (BA-493)
MCDARNELL?
William 9* (MN-387)
MCDEARMAN
Nancy 47* (BA-479)
MCDONALD
James 13* (MN-387)
Louisa 7* (MN-383)
Nancy 11* (MN-383)
MCDOWEL
Benjamin 69* (CI-163)

MCDOWELL
James 24 (A-69)
Joshua A. 38* (BA-403)
MCELROY
A. 50 (f) (AL-183)
Alfred 28* (AL-180)
David 29 (A-81)
Francis 24 (A-67)
Francis 64 (A-81)
Lytton 31 (A-66)
W. J. 24 (m) (AL-183)
William 21 (A-81)
Willliam B. 48* (AL-171)
Wm. B. 21 (A-72)
MCFARLAN
J. B. 22 (m) (AL-114)
Martha 47 (AL-148)
MCFARLAND
William 25 (CI-175)
MCFELEA
James W. 20* (BA-476)
Sarah A. 17* (BA-476)
MCFELEA?
Thomas 53 (BA-436)
MCFERRAN
Wm. R. 55 (BA-394)
MCGEE
Elizabeth 46 (BA-453)
Elizabeth 84* (BA-456)
Sarah 40* (CU-345)
MCGINNIS
Anderson 31 (A-18)
Asa 21* (A-29)
Green B. 35 (A-14)
James 37 (BA-373)
William 67 (BA-372)
Wm. M. 28 (A-31)
MCGLASSEN
Gloud 33* (BA-482)
MCGLASSON
Frances 48* (CU-343)
Jane 90* (CU-320)
Jas. 39 (A-41)
Jas. 78 (A-7)
P. Soc. 40 (CU-328)
Tho. H. 52 (CU-326)
MCGLOUGHLAN
Mosby 40 (BA-464)
MCGOE
Polly 24* (CU-279)
MCGUIRE
Andrew 65 (BA-481)
Daniel 13* (BA-323)
Danl. 13* (BA-322)
Joseph 39 (MN-428)
Lucy A. 15* (CI-180)

Owen 31* (AL-107)
P. 16 (f)* (AL-110)
Rachel 42* (BA-324)
MCGWIRE
G. W. 32 (m) (AL-131)
John 28* (AL-131)
Joshua 43 (AL-168)
L. F. 19 (f)* (AL-161)
Milly 62* (AL-143)
Nelly 27* (AL-141)
Obedeah 48 (AL-169)
Peggy 45 (AL-171)
MCHENRY
James 36 (CU-329)
MCINTEER
Adah 60 (BA-489)
John T. 24 (BA-490)
William H. 39 (BA-489)
MCINTIRE
Alexander 45 (BA-381)
James 22 (BA-377)
Martin 44 (CU-343)
Wm. 20 (CU-333)
MCINTYRE
Wm. 23* (MN-429)
MCKAY
John 59 (BA-339)
Tayler 26 (BA-340)
MCKENDREE
E. C. 16 (m)* (AL-102)
MCKINNEY
Charles F. 48* (BA-438)
Chas. 31 (A-35)
Elizabeth 18* (BA-440)
Franklin M. 25 (BA-435)
Geo. W. 26 (A-41)
J. 76 (m) (CU-339)
Jno. 35 (A-40)
Rainey 65* (A-12)
Rainey C. 56 (A-19)
William J. 15* (BA-310)
MCKINSEY
Alexr. 21 (A-25)
Eli 47 (A-25)
MCKITRICK
Jane J. 48* (BA-307)
MCKNEELY
Cyrus 30 (A-5)
William 78* (A-5)
MCLEAN
Susan 36 (BA-397)
MCLENEN
John H. 67 (MN-389)
MCLERRAN
George 28* (MN-389)

Index

MCLERREN
  Martha 19* (MN-389)
MCLISTER
  A. J. 23 (m)* (A-4)
  Andrew 68 (A-6)
  James 39 (A-6)
  John 29 (A-3)
MCMILLAN
  Francis jr. 22* (BA-410)
  William 26 (BA-410)
MCMILLEN
  Archibald 49 (MN-373)
  Edward 54* (MN-389)
  James 39 (CU-298)
  Jas. A. 28 (MN-394)
  John 17 (A-68)
  John H. 41* (MN-399)
  John O. 23* (MN-399)
  Keen 61 (MN-398)
MCMURRAY
  Sally 50 (BA-478)
MCMURRY
  Isaac 36* (AL-157)
  Stephen 61 (B) (A-76)
  William H. 38* (BA-401)
MCMURTREY
  James 65 (MN-408)
  Solomon 40 (MN-377)
  William 37 (MN-375)
MCMURTRY
  Josephus 35* (CU-279)
  Samuel 42 (BA-460)
MCNEELY
  Elizabeth 70 (A-42)
  James 5* (A-41)
  Jno. 18* (A-50)
MCNIECE
  A. F. 35 (m) (MN-443)
  Edler 30 (MN-443)
  Hugh 33 (MN-379)
  Samuel 28 (MN-409)
  William 62 (MN-443)
  Wm. P. 27 (MN-444)
  Wm. jr. 27 (MN-444)
MCNIGHT
  Martha 16* (MN-404)
MCPEAK
  Ann E. 3* (BA-430)
  Isam 34 (A-30)
MCPHERSON
  Ben 40* (MN-372)
  George 61 (MN-414)
  John 30* (MN-379)
  John 61 (BA-367)
  Willm. H. 29 (A-43)

MCQUERTER
  Richard 46 (A-96)
MCREYNOLDS
  Anderson 49 (AL-138)
  John 52 (AL-124)
  Leonard 25 (AL-165)
  Robert 80* (AL-114)
  S. 30 (m) (AL-106)
  W. 25 (m)* (AL-138)
  Wiley 29 (AL-126)
MCTETERS?
  S. B. 22 (m)* (AL-102)
MCTHURMAN
  Wm. 88 (B) (CU-308)
MEADER
  Benja. 73 (BA-390)
  Benja. G. 29 (BA-389)
  Jubal O. 23 (BA-390)
  Lucy 44 (BA-389)
  Nehemiah 49 (BA-389)
  Tyre D. 23 (BA-389)
MEADOR
  B. 23 (m) (AL-177)
  G. S. 22 (m)* (AL-121)
  Giles 22 (BA-362)
  John H. 56 (MN-445)
  Pleasant 54 (AL-136)
  Rhoda 41 (AL-129)
  Sally 62* (AL-177)
  Susan 44 (AL-138)
MEADOW
  L. W. 33 (m) (AL-118)
  Martin 40 (MN-423)
MEADOWS
  J. 37 (m) (AL-114)
  Ota 48 (MN-420)
MEAN
  Adam 43 (CI-192)
MEANS
  Abijah 23 (CI-201)
  Azle 45 (m) (CI-201)
  Henery 40 (CI-200)
  James 60 (MN-379)
  John 24 (MN-388)
  Sarah 67 (CI-200)
  Thomas 77* (MN-388)
  Thos. 21* (MN-440)
MEASLES
  Peyton 14* (BA-367)
MECHUM?
  William 73* (BA-456)
MEDARIS
  Moses 37 (A-65)
MEEK
  John 35 (CI-162)
  Penelope 75 (CI-162)

MEHANEY
  Jeremiah 53 (MN-441)
MELSON
  James 31 (A-7)
MELTON
  Absolam 65 (CI-203)
  Anderson 20* (CI-204)
  John 36* (CU-289)
  John 40* (CI-203)
  John L. 29 (CI-206)
  Richard 31 (CI-206)
  Richard 60 (CI-207)
  Simon 24 (CI-203)
  William 28 (CI-204)
MERCER
  Silas 43 (MN-383)
MEREDITH
  Armsted 44 (AL-163)
MERIDAY
  Thomas 32 (A-70)
MERIDETH
  T. A. 60 (m) (AL-153)
MERIDITH
  Sally 20* (BA-434)
MERIT
  D.? 66 (f)* (AL-143)
MERRETT
  L. H. 34 (m) (BA-374)
MERRIMAN
  A. J. 29 (m) (AL-180)
MERRIT
  M. 22 (m)* (AL-158)
  Obediah 25* (AL-141)
MESSAKER
  Paradine 12 (f)* (BA-389)
MIDDLETON
  Dicy 71* (BA-315)
  George T. 35 (BA-311)
  Hezekiah T. 19* (BA-336)
  John M. 46 (BA-315)
MIERS
  Agness 18* (BA-409)
MIFFLIN
  John 24 (AL-159)
  Preston A. 37 (AL-177)
  Steward 55 (AL-177)
MIFLIN
  P. 44 (f)* (AL-119)
MILES
  L. 49 (m)* (AL-140)
MILLER
  Abraham 46 (MN-419)
  Absolem 57 (BA-431)
  Alexander 70 (A-85)
  Allen 59 (A-60)
  Anderson 22 (BA-426)

Index

MILLER
- Anstress 22 (f)* (BA-341)
- Braxton W. 24 (BA-431)
- Brittind 30 (f)* (CU-339)
- C. 33 (m)* (AL-138)
- C. V.? 25 (m)* (A-63)
- Clayton 52 (A-2)
- Clinton 27 (CU-306)
- D. 38 (m) (AL-123)
- Dewit C. 41 (A-32)
- Elizabeth 37* (AL-189)
- Elizabeth 75* (A-57)
- Elswick S. 33* (CU-278)
- Gaither 30 (A-59)
- George 27 (MN-377)
- Henry 59* (CI-178)
- Jacob 30 (AL-137)
- Jacob 45 (CU-291)
- James 23 (MN-377)
- James 31 (BA-459)
- James 44 (A-62)
- James 56 (BA-399)
- John 22 (MN-411)
- John 32 (AL-148)
- John 33 (CI-209)
- Joseph 23* (B) (CU-280)
- Joseph 51 (MN-377)
- Joshua 59 (B) (BA-459)
- Lewis 70* (B) (A-91)
- Louisa 30 (BA-483)
- Madison 40 (A-77)
- Margaret 22* (MN-383)
- Marion 26 (m)* (A-36)
- Martin 16* (MN-408)
- Michael 60 (MN-384)
- Morton 49 (CI-192)
- Nathan 59 (A-60)
- Otho 28 (CI-209)
- Polly 60 (B) (CU-342)
- Saml. 58 (MN-429)
- Samuel 53 (BA-437)
- Samuel 69* (AL-159)
- Sarah 5* (MN-400)
- Susanah 18* (CI-194)
- William 26* (BA-363)
- William 49 (BA-390)
- Willm. W. 35 (A-85)
- Wm. 57 (AL-124)
- Wm. C. 22 (AL-124)
- Wm. H. H. 9* (AL-105)

MILLIGAN
- Charles A. 26* (BA-333)

MILLS
- Caleb W. 35 (A-53)
- Edward C. 33 (A-70)
- Filmore 23 (A-53)
- George W. 29 (BA-362)
- Isaac 10* (A-98)
- Jacob 57* (A-91)
- Jessee 50* (CI-192)
- John 50 (CU-322)
- Louisa 4* (CI-165)
- Thomas 21* (CU-322)

MILLSAPS
- W. 25 (m)* (CU-325)

MILUM
- William 31 (CU-298)

MINER
- Edward H. 27 (BA-408)

MING
- R. W. 36 (m) (AL-121)

MINOR
- John 38 (BA-359)
- Robert H. 33 (BA-434)

MINTON
- Clarissa 50* (BA-438)

MINYARD
- John 61* (AL-151)

MIRES
- Saml. 25 (A-53)

MISE
- Williamson 48 (AL-167)

MITCHEL
- George 41 (AL-115)
- H. C. 24 (m)* (AL-101)
- H. S. Esq. 43 (AL-122)
- J. W. 21 (m)* (AL-115)
- L. 19 (f)* (AL-126)
- Willis 69 (AL-111)
- Wm. 16* (AL-122)
- Wm. 47 (AL-106)

MITCHELL
- Carter 25 (BA-326)
- Charles C. 28* (BA-486)
- Charter 43 (m) (BA-486)
- Eldrid 52 (BA-365)
- Isaac 45 (BA-365)
- John 60 (BA-374)
- Nancy 43 (BA-485)
- Ruth 15* (BA-313)
- Susan 39* (BA-351)
- Susanna 23* (BA-469)
- Thomas 23 (BA-374)
- William 49 (BA-492)
- William P. 39* (BA-485)

MIZE
- Albert 22* (BA-432)
- David 60 (BA-488)
- James H. 32 (BA-426)

MOLES
- Carrol 27 (CI-173)
- Narcissa 15* (CI-162)

Thomas 33 (CI-161)

MONDAY
- Charles H. 27 (A-75)
- Christopher 64 (A-97)
- Frances E. 33* (BA-457)
- George W. 36 (BA-446)
- Mathew 31 (A-75)
- Minetree 17 (A-75)
- Minetree 65 (A-75)
- Noah J. 25 (A-89)
- Richard H. 40 (BA-457)
- William H. 21 (A-85)
- Willm. H. 22 (A-77)
- Wm. H. 21 (A-60)

MONK
- John W. 34 (CU-334)
- Z. 55 (m) (CU-293)

MONROE
- James 50* (BA-323)
- John P. 45 (BA-414)
- John W. 24 (BA-323)
- Lucy A. 17* (CI-169)
- Martha 18* (BA-322)
- Matthew H. 50 (BA-323)
- Nathl. P. 23 (BA-321)
- William J. 22 (BA-322)

MONTAGUE
- William 60* (BA-401)

MONTGOMARY
- John 35* (AL-143)

MONTGOMERY
- Cyrus C. 55 (A-43)
- David H. 25 (BA-476)
- Elizabeth 71* (BA-449)
- George 23* (BA-439)
- James M. 22 (A-65)
- Jane E. 27 (BA-478)
- Jas? 54 (A-66)
- Joel A. 24 (A-65)
- Lockey 56 (A-79)
- Nathan 42* (A-1)
- Quintillian 27 (A-60)
- Robert 58* (A-60)
- Robt. M. 55* (A-50)
- Ruth 60 (BA-476)
- Simpson K. 37 (BA-475)
- Thomas V. 32 (BA-417)
- Willm. B. 29 (A-61)
- Wm. F. 32 (A-65)

MOODY
- G. S. 29 (f) (AL-166)
- Geo. P. 21? (MN-436)
- John W. 25* (MN-372)
- M. A. 4 (f)* (CU-311)
- Martin 63 (AL-163)
- Mercer 32 (MN-370)

Index

MOODY
Nancy 61* (MN-401)
S. C. 23 (m)* (AL-170)
S. C. 23 (m)* (AL-171)
Sandford 30* (CU-281)
Sarah 8* (MN-401)
Stephen 56 (MN-400)
William 54* (MN-399)
William W. 49 (MN-403)
MOOR
E. 28 (AL-142)
E. C. 35 (m) (AL-184)
J. W. 26 (m) (AL-152)
James W. 57 (AL-152)
Sympson 30 (AL-152)
V. 20 (m)* (AL-152)
Wm. 23* (AL-122)
MOORE
Abner 72 (BA-408)
Alfred 32 (MN-392)
F. 22 (m)* (AL-135)
Geo. 57 (A-51)
George 24* (BA-349)
Henry 47* (A-57)
James 55* (A-55)
John 32 (BA-408)
John 54 (BA-388)
John 68 (MN-385)
John W. 37 (BA-325)
John W. 46 (MN-373)
Jonathan 30 (MN-450)
M. H. 55 (f)* (AL-121)
Philip 20 (MN-385)
Thomas 55 (AL-141)
Thos. 36 (MN-390)
William 36 (MN-391)
Wm. 49 (A-32)
MOORHED
E. L. 33 (m)* (AL-151)
T. J. 31 (m)* (AL-152)
MOPPIN
William 69 (A-46)
Willm. G. 32 (A-46)
MORAN
John 76* (BA-483)
Price P. 34 (BA-357)
Robert P. 39 (BA-361)
Saml. 46 (A-45)
William 29 (BA-357)
MOREHEAD
John 39 (MN-409)
MOREHOUSE
C. G. 33 (m) (BA-398)
MORELAND
John 60 (CI-167)

MORGAN
Catharine 36 (CU-329)
Eliz. 25* (CU-344)
Elizabeth 30* (CU-320)
Enos 24* (CU-328)
Henry 44 (MN-377)
Isaac 33 (MN-405)
James 32* (CU-306)
Jessee W. 38 (AL-142)
John P. 51* (CU-326)
Levi 40 (CU-313)
Nathaniel 24 (CU-343)
Nathl. Sr. 52* (CU-305)
Reece 48 (A-73)
MORIS
Rachael 63* (AL-171)
MORRIS
Dicy 50 (CI-173)
Elizabeth S. 45 (BA-424)
Hiram A. 26 (BA-431)
Hiram A. 26 (BA-492)
James F. 27 (A-65)
John 24* (A-95)
Samuel 76 (A-65)
Samuel C. 49 (BA-474)
William 45 (CU-338)
MORRISON
Eliz. 54* (A-13)
Elizabeth 58* (BA-393)
Geo. E. 34* (A-5)
H. M. 29? (m) (AL-148)
Hezekiah M. 22 (BA-411)
J. R. 28* (A-25)
James 47* (CI-174)
James _. 66* (AL-148)
John 65 (A-27)
Joseph 29 (CU-321)
Joseph 50 (BA-380)
L.? J. 21 (m)* (AL-149)
Lucy 60 (A-5)
Martha 53 (A-99)
Oliver O. 32 (A-14)
Rebecca 65 (A-14)
Walton 44* (BA-491)
Warfield 40 (A-8)
William B. 32* (BA-359)
William B. 52 (BA-450)
Wm. L. 29 (A-14)
MORRISS
Carlton R. 27* (BA-333)
Carter C. 44* (BA-329)
Elizabeth 56* (BA-346)
Frances 81 (BA-345)
James 43 (BA-339)
John 38 (BA-313)

Rebecca 47 (BA-341)
Thomas L. 33 (BA-338)
MORROW
Arthur 27* (MN-449)
James 32* (BA-381)
John B. 35 (BA-377)
MORTON
John 21* (BA-401)
Thomas 45 (BA-401)
MOSBY
O. F. 23 (m)* (BA-363)
Thomas H. 55* (BA-364)
MOSEBY
Cornelius 20 (A-20)
Elisha 17* (A-20)
Jessee 24 (A-41)
Jno. D. 23* (A-48)
Saml. 20 (A-48)
Waid 22* (A-49)
Willm. 30 (A-41)
MOSELEY
B. 25 (m)* (AL-145)
MOSER
Henry 27 (BA-469)
MOSLEY
Joseph 30 (BA-405)
William 22* (BA-405)
MOSS
Francis C. 49 (A-35)
Henry S. 30 (BA-399)
Jno. W. 45* (A-38)
John C. 51 (BA-410)
Josiah 65* (BA-403)
Patsy B. 65* (A-35)
MOTLEY
E. 24 (m) (AL-163)
J. 39 (m) (AL-154)
John 34* (AL-158)
John P. 25 (CU-303)
Lynn 45 (m) (AL-167)
Matthew 47 (AL-157)
Patsey 65 (AL-154)
Reuben 24 (AL-161)
Thomas 56 (AL-156)
Zachariah 45 (AL-157)
MOTLY
Feraby 52 (AL-153)
H. 61 (m)* (AL-153)
J. P.? 31 (m) (AL-153)
John A. 32* (AL-153)
MOURNING
John D. 28 (A-78)
Saml. 38* (A-65)
MOY
George 28 (AL-180)

Index

MULKEY
  Howard 23* (MN-390)
  Jesse H. 69 (MN-388)
  John H. 28 (BA-392)
  John S. 24* (MN-386)
  Jonathan 67 (MN-425)
  Joseph 26 (MN-386)
  Margaret 36 (MN-371)
MULLENS
  John 46 (CI-201)
  Valentine 75* (CI-201)
MULLIGAN
  G.? M. 28 (m) (AL-102)
  J. C. 55 (m) (AL-101)
MUNDAY
  Ellison 30* (MN-396)
MUNFORD
  Robert W. 37 (BA-311)
  Wm. E. 48* (BA-399)
MUNSON
  William 50* (CU-291)
MURCER
  Andrew 30 (A-1)
  Catharine 45 (A-1)
MURLEY
  Amanda 27 (CU-340)
  Jackson 21 (CU-340)
  Milton 36* (CU-340)
  Milton 40* (CU-326)
  Thomas 22* (CU-325)
  William 30 (CU-298)
MURPHEY
  Alex 37* (CU-339)
  C. 40 (m)* (CU-319)
  Elizabeth 45 (CU-339)
  J. J. 34 (m) (CU-322)
  James 21 (CU-336)
  James 29* (CU-302)
  John 23 (CU-339)
  Joseph 36* (CU-333)
  L. E. 41 (m) (CU-339)
  Missouri 14* (CU-304)
  Obed 27 (CU-323)
  William 25* (CU-325)
MURPHY
  C. 55 (f) (AL-118)
  Dixon C. 41 (MN-439)
  Elizabeth 67* (MN-418)
  John 46* (MN-439)
  Josiah W. 33 (MN-418)
  Moses 44 (BA-392)
  Robert A. 28 (MN-401)
  William 25 (MN-401)
  William 60* (BA-313)
MURRAY
  Danial 28 (CI-207)
  Eli 44 (BA-419)
  James 28 (MN-410)
  John 23 (MN-378)
  John L. 36* (BA-466)
  John M. 24* (BA-456)
  Nancy 67* (CI-194)
  Nancy M.? 18* (BA-442)
  Smith 47 (CI-197)
  Solomon S. 34 (BA-437)
  Virginia F. 20* (BA-418)
  William 25 (MN-371)
MURREL
  John D. 21 (A-1)
MURRELL
  Elijah M. 29 (A-90)
  Eliz. 64* (A-26)
  Harriet 38 (BA-402)
  James 50 (A-2)
  Jesse P. 39* (BA-434)
  Jessee 38 (A-61)
  John 47 (A-59)
  Josephine 20 (A-91)
  Margarett 42 (A-91)
  Mary G. 71 (A-61)
  Nicholas 36 (A-81)
  Robert 41 (BA-394)
  S. H. 45 (m) (BA-314)
  Samuel H. 40 (A-91)
  Susan 85 (BA-394)
  William 38* (A-66)
  William 40 (BA-348)
  Willis 31 (A-85)
MURRELL?
  Anderson 33 (A-67)
MURRY
  Dorothy B. 15* (A-1)
  F. 14 (m)* (CU-332)
  James P. 28 (A-77)
  John 13* (CU-342)
  John W. 50 (BA-415)
  Joseph 55* (A-64)
  Joshua 49 (A-96)
  Martha 44* (A-77)
  Mary J. 12* (A-72)
  Sidney 28* (A-64)
  Thos. W. 41* (A-29)
  William J. 11* (BA-311)
MUSGROVE
  Henson 50* (BA-396)
MUSTAIN
  James W. 63 (BA-314)
MYERS
  Christopher 74 (CI-186)
  George W. 37* (BA-475)
  Heirland P. 42 (BA-478)
  Hervey S. 39* (BA-443)
  James M. 30* (BA-441)
  Jessee 37 (CI-210)
  John 40* (AL-189)
  Michael 56* (BA-409)
  Robert 33* (BA-409)
  W. 35 (m) (AL-156)
  Wilson 34 (BA-408)
MYNETT
  Calvin S. 35 (MN-396)
NAILOR
  Otha 45 (m) (BA-428)
NALLEY
  William 50 (A-72)
NANCE
  Allen 32 (BA-427)
  Buckner 68 (BA-487)
  Edmund R. 25 (BA-487)
  Henderson 30 (CU-331)
  Martin 19 (BA-482)
  William 35 (CU-342)
NANNEY
  J. H. 61 (m) (AL-186)
NAPIER
  Frances 52 (A-74)
  J. 39 (m) (AL-123)
  Patrick W. 22 (A-75)
  Richard C. 30 (A-74)
  Thomas 33 (AL-125)
NAYLOR
  Alexander 30 (A-90)
  James 42 (A-61)
NEAGLE
  Adley 44 (m) (BA-327)
  Andrew 40 (BA-327)
NEAL
  B. F. 43 (m) (AL-151)
  Ben T. 13* (AL-149)
  Benjamin 44 (MN-436)
  Berrynean 37 (m) (AL-164)
  E. P. 28 (m)* (AL-151)
  Ezekiel 49* (BA-481)
  Frances 18 (BA-481)
  Henry T. 20 (BA-481)
  John 19* (BA-341)
  John 33* (BA-377)
  Obediah 50 (CI-156)
  Rachel 50 (BA-377)
  Thomas 44 (CI-155)
  Thos. 76 (MN-436)
  William 23 (CI-176)
  William 76 (AL-164)
  Wm. 47 (MN-436)
  william 41 (BA-474)
NEATHERIE
  Robert 29 (CU-337)

Index

NEATHERY
  Daniel 36 (CU-308)
  James 51 (CI-165)
NEELEY
  Mary 17* (CU-285)
  Nancy 74* (CU-286)
  Ruthey 20 (CU-294)
NEELY
  James H. 52 (CU-325)
  Thomas 35* (BA-405)
NEET
  David 56 (A-75)
  Jacob 60 (A-93)
  Jacob H. 27* (A-70)
  John 72 (A-71)
NEIGHBORS
  Benjamin 29 (BA-364)
  Henry 26 (CU-287)
  John 21 (CU-288)
  John 53 (CU-297)
  Marshal 34? (BA-364)
  William 25* (CU-294)
NEIGHBOURS
  Arastee? 19 (m)* (AL-159)
NELL
  Dory 49 (m)* (A-19)
  Edmund 34 (BA-317)
  George 56 (A-39)
  James 40 (A-10)
NELSON
  Alexr. B. 55* (A-39)
  DeMarquis 28 (BA-414)
  Geo. A. 8* (A-57)
  George W. 44 (MN-384)
  J. H. 7 (m) (A-27)
  Jesse 29 (MN-378)
  John 31* (MN-374)
  John 49 (A-83)
  Jos. 73* (A-52)
  M. J. 17 (f)* (A-40)
  N. J. 15 (f)* (A-51)
  Pyrrhus 25 (A-38)
  William 28 (MN-374)
  William H. 13* (BA-411)
NETHERY
  Austen 35 (CI-188)
  Robert 59 (CI-188)
  Tilford 24 (CI-188)
NEVILL
  Carroll 34 (BA-325)
  John 38 (BA-334)
  John J. 31 (BA-421)
  John sr. 70 (BA-334)
  Joseph D. 27 (BA-458)
  Phebe 67 (BA-313)
  Thomas R. 48* (BA-314)
  William 36 (BA-326)
NEVILLE
  Joseph 65 (BA-455)
NEWBERRY
  Joseph B. 42 (BA-443)
  Levi 65 (BA-443)
NEWBY
  E. W. 34 (m) (CU-285)
  Elisha W. 30* (CU-345)
NEWCOMB
  Wm. H. 29 (A-22)
NEWELL
  Mary 69* (MN-395)
NEWLAND
  Isaac 49 (BA-407)
  John 45 (BA-307)
NEWMAN
  A. J. 38 (m) (AL-181)
  Benja. 67* (BA-344)
  Billingsly 31 (BA-433)
  Christopher 50* (BA-345)
  Elizabeth 35* (AL-137)
  F. 42 (m) (AL-181)
  George 37* (MN-437)
  Isaac 44 (CU-313)
  James 27 (BA-385)
  Josiah 44* (MN-449)
  R. J. 31 (m) (AL-175)
  Rhoda 67 (MN-436)
  Thomas E. 41* (BA-437)
  William D. 30* (BA-427)
NEWTON
  Henry 45 (AL-172)
NICELY
  W. B. 28 (m)* (CU-326)
NICHOLAS
  Ned 69* (CU-344)
  T. J. 26 (m)* (AL-152)
  Thomas G. 22* (CI-189)
NICHOLS
  Abner 42 (BA-411)
  E. 18 (m)* (AL-153)
  Elias 52 (BA-454)
  G. 26 (m)* (AL-153)
  George W. 35 (BA-411)
  Henry 60 (MN-400)
  John 50* (BA-414)
  John 60 (AL-158)
  John 80* (BA-414)
  Joseph 26 (BA-492)
  Leroy 33* (BA-414)
  M. 34 (f)* (AL-154)
  Margaret F. 55* (BA-452)
  Phillip M. 48 (BA-452)
  Thomas 43 (BA-413)
  Thomas Y. 22 (BA-404)
  William 47* (AL-155)
  William H. 35* (AL-176)
NICKOLS
  Lewis 47 (BA-318)
NIEWMAN
  John 31* (MN-436)
NIPP
  Anderson 32 (BA-487)
  Wm. 24* (A-28)
NIXON
  H. R. 34 (m) (CU-319)
NOBLE
  John C. 27* (BA-396)
  Malinda 17* (BA-465)
NOEL
  Lucy 65 (AL-124)
  Wm. H. 29 (A-11)
NOLAND
  Jessee 50 (CI-183)
NORMAN
  Caleb 49 (MN-417)
  John M. 27 (MN-417)
  Joseph 36 (MN-417)
  Mary 22* (MN-374)
  Sarah 74 (MN-418)
  William 44 (MN-377)
NORRIS
  Eliza 44* (CU-343)
  H. P. 10 (f)* (CU-310)
  John 44 (CU-307)
  John H. 29 (BA-422)
  Joseph A. 30 (BA-482)
  Joshua 54* (CU-332)
  M. A. L. 37 (m)* (CU-330)
  N. 28 (m)* (CU-299)
  Nathan 42* (CU-330)
  Richardson 46 (CU-284)
  Robert 36* (CU-330)
  Samuel 66 (BA-427)
  Samuel B. 32* (CU-342)
  W. W. 15 (m) (CU-312)
  William 51* (CU-341)
  William 53 (CU-292)
  Wm. 44* (CU-307)
  Zebulon 48 (CU-285)
NORTHORP
  Solomon 19 (A-62)
NORTHRUP
  Jas. 19* (MN-451)
NORVEL
  Phebe 63* (A-3)
NORVELL
  Moses L. 38 (BA-464)
NOVRIS?
  Tilmon 45 (BA-400)

Index

NUCHOLS
　David 59　(BA-451)
NUCKOLS
　Andrew 72　(BA-389)
　H. P. 48 (m)　(BA-382)
　William 22*　(BA-385)
　Willis P. 18*　(BA-421)
NUNALLY
　Josiah W. 33　(BA-394)
NUNN
　Alfred J. 44　(BA-406)
　E. G. 41 (m)　(CU-316)
　Frank 21　(CU-316)
　G. W. 36 (m)　(CU-317)
　George S. 21　(CU-307)
　Ingram 55　(CU-312)
　John 34*　(CU-304)
　Julian 26 (m)　(CU-323)
　Martha 10*　(CU-306)
　Martin 28　(A-49)
NUNNALLY
　John B. 46　(BA-462)
　Morris 50　(BA-469)
　Robert 54　(BA-462)
　Thomas G. 28*　(BA-463)
　William B. 22　(BA-468)
NUTALL
　M. J. 24 (f)*　(CU-332)
OAKS
　Hiram 45　(BA-485)
OAR
　R. J. 24 (m)*　(AL-112)
OBANION
　Alfred 38　(CU-282)
　Geo. 27　(MN-450)
　J. 66 (m)*　(CU-282)
　John 27　(CU-281)
　John 79*　(CU-341)
　Preston 23　(MN-378)
　Wm. 24　(CU-311)
ODAM
　Jane 41　(AL-140)
ODLE
　John 26　(CU-298)
OGDEN
　Jas. 26　(MN-427)
　Nancy A. 25*　(MN-401)
OGLES
　John 45　(AL-179)
　Mary 34　(AL-119)
　William 23　(AL-179)
OGLESBY
　Micajah 39　(MN-373)
OLDACRE
　Levi 25*　(A-83)

OLDHAM
　Amy 70*　(BA-490)
　Charles 61*　(MN-399)
　John T. 29　(BA-419)
　Richd. 45　(MN-399)
　William 52*　(BA-415)
OLIFANT
　Abija P. 34　(AL-140)
　D. S. 57 (m)　(AL-141)
OLIVE
　Priscilla 15*　(MN-419)
OLIVER
　C. 44 (f)*　(AL-186)
　George W. 33　(BA-467)
　George W. 39*　(BA-339)
　J. M. 23 (m)　(AL-149)
　J. N. 20 (m)　(AL-154)
　James 50　(AL-158)
　James M. 28　(AL-155)
　John W. 27　(AL-161)
　L. J. 18 (f)*　(AL-145)
　R. W. F. 42 (m)　(CI-177)
　T. 54 (m)　(AL-153)
　T. J. 46 (m)　(AL-149)
　W. R. 20 (m)*　(AL-182)
　William 77　(AL-155)
　William D. 43　(AL-155)
　William V. 24　(AL-158)
　Wm. W. 56　(AL-160)
ONEAL
　Bennett 66　(BA-429)
　H. 36 (m)　(AL-117)
　James R. 53　(BA-453)
　William H. 30*　(BA-314)
ORE
　A. L. 25 (m)　(AL-129)
　Campbell 35*　(AL-141)
　Nancy 54*　(AL-129)
ORMS
　Eliza 32　(CI-168)
ORR
　Alexander 33　(A-87)
　J. J. 25 (m)　(A-28)
　John B. 54*　(A-28)
　William 30　(A-87)
　Wm. 33*　(AL-135)
OSBORNE
　M. Henry 40　(MN-406)
　Pleast. 28*　(MN-446)
　Priscilla 57　(MN-419)
OSTIN
　F. J. 18 (f)*　(CU-287)
OSTON
　S. 16 (f)　(CU-283)
OVERSTREET
　Franklin 39　(BA-338)

　John D. 33　(BA-457)
　Susan C. 19*　(BA-441)
OVERTON
　James 65　(CI-157)
　Wm. 47　(A-2)
OWEN
　Allen 24*　(AL-170)
　Brooks 40　(CI-179)
　David 53　(BA-321)
　Elizabeth 72　(BA-340)
　Felix G. 25　(BA-308)
　Henry L. 29　(BA-309)
　John G. 52　(BA-312)
　Johnson 58*　(BA-308)
　Nancy 58　(BA-321)
　Presley T. 19　(BA-312)
　Robert 66　(CI-177)
　Thos. J. 32*　(BA-321)
　West 48　(BA-312)
OWENS
　Abram 38　(AL-170)
　Bayley 46　(CU-283)
　Dolly 70*　(A-55)
　George 29　(CU-309)
　H. 21 (m)*　(AL-157)
　Hector O. F. 39　(A-61)
　Joel G. 36　(A-64)
　John 24　(CI-176)
　Margarett 50　(A-61)
　Martin B. 28　(CI-159)
　Mary 67　(A-59)
　Rebecca 45*　(CI-159)
　Samuel 46　(CI-182)
　Sarah 76　(CI-159)
　William 57　(CI-186)
OWENSBY
　Willm. 14*　(A-48)
OWSLEY
　Joel 59*　(CU-279)
　W. F. 36 (m)*　(CU-278)
OXENDINE
　Charles 78*　(BA-405)
OXFORD
　Mary Jane 18*　(AL-179)
OXINDINE
　Jesse 41　(BA-393)
　John 23　(BA-393)
PABILO
　Jos. Massilenia 14*　(A-50)
PACE
　Barret 44*　(BA-306)
　David F. 37　(BA-306)
　Fountain B. 21　(BA-481)
　Jackson 33　(CU-313)
　James 24　(BA-405)
　James 27　(MN-443)

Index

PACE
  Jeremiah 54 (MN-448)
  John A. 25 (MN-441)
  John J. 43 (BA-471)
  Joseph C. 21* (A-45)
  Joseph W. 30 (BA-421)
  Lucy 16* (BA-405)
  Matthew 24 (MN-441)
  Milly 65 (CU-313)
  Newson 40 (BA-421)
  Sally 72 (BA-421)
  Sanford R. 44 (BA-421)
  Thomas N. 48 (CU-281)
  Thos. 50* (MN-441)
  W. J. 34 (m) (CU-317)
  William 31* (BA-410)
  William O. 26 (BA-473)
  Wm. 25* (MN-448)
PADGET
  James 28 (BA-398)
PADGETT
  Tabbitha 52 (BA-450)
PAGE
  Alfred 14* (MN-376)
  Anderson T. 30 (MN-412)
  Calvin 23 (MN-417)
  Chas. O. 27 (MN-399)
  Chas. S. 29* (A-38)
  Dorcas 79* (MN-404)
  Fleming S. 47* (MN-406)
  George B. 23 (MN-397)
  George M. 33 (BA-351)
  Henrietta 70 (BA-351)
  James 55 (MN-411)
  James 62* (A-91)
  James 80* (CI-194)
  James G. 38* (BA-351)
  John 31 (MN-412)
  John 49 (MN-403)
  John B. Jr. 21 (MN-403)
  John B. Jr. 27* (MN-408)
  John H. 41 (m) (AL-145)
  John S. 33* (CI-170)
  John T. 28* (MN-401)
  Miles C. 36 (A-77)
  Nathan 23 (MN-425)
  Powel 40 (CI-198)
  Powell 35 (CI-209)
  Powell 40 (CI-203)
  Reuben 22 (MN-407)
  Robert 75 (A-73)
  Saml. 52 (MN-397)
  Saml. S. 24* (MN-413)
  Serilda 10* (B) (MN-421)
  Shelton 34 (A-77)
  W. W. 40 (m) (A-12)

Weston 38 (CI-189)
William 11* (B) (MN-424)
William J. 22* (BA-403)
Willis 27 (A-17)
Wm. 26 (MN-424)
Wm. D. 21* (MN-406)
PALMER
  James A. 22 (BA-408)
  Jno. D. 8* (CU-332)
PALMORE
  Elijah 33 (CU-282)
  Fendall 21 (m)* (BA-398)
  Feudal 35* (MN-404)
  John R. 39 (MN-377)
  John R. H. 67 (MN-405)
  Robert 11* (MN-415)
  William 63* (BA-410)
  William P. 36* (CU-316)
  William W. 25 (BA-449)
PANEE?
  George 57 (B) (CU-302)
PARBERRY
  James 26* (BA-449)
  John L. 24* (BA-448)
PARDUE
  Francis 60 (BA-382)
  Hezekiah 26 (BA-381)
  John G. 31 (BA-430)
  Joseph 38 (BA-372)
  Nasy 23 (m)* (BA-382)
  William H. 35* (BA-382)
PARING?
  Samuel 39* (CI-171)
PARIS
  G. W. 16 (m)* (AL-116)
  R. G. 24 (m) (AL-116)
  R. H. 58 (m)* (AL-109)
PARISH
  Almira 16* (A-64)
  Elizabeth 36* (AL-127)
  J. S. H . 20 (m)* (AL-130)
  Wm. D. 67 (A-65)
PARK
  Chas. B. 25 (MN-411)
  James 48 (MN-412)
  Joseph 22 (BA-481)
  Joseph 20 (MN-412)
  Joseph W. 22 (BA-472)
  Levi 25* (MN-376)
  Timothy S. 28* (BA-400)
PARKER
  Elijah H. 47 (BA-342)
  Elizabeth 70 (BA-337)
  Henry G. 40 (BA-337)
  Hickison 48 (MN-445)
  James B. 27* (BA-489)

James M. 29 (BA-417)
Joseph 40 (BA-323)
Richard W. 45 (BA-338)
Robert C. 45 (BA-358)
Thomas 45 (BA-470)
Thomas A. 61 (AL-136)
Thomas J. 27 (BA-492)
William 51 (BA-337)
PARKS
  Carter 48* (B) (BA-422)
  Thomas S. 32 (BA-456)
  William D. 34 (BA-423)
PARMLY
  Elizabeth 36* (CI-175)
PARR
  John 27 (BA-355)
  Judith 40 (BA-361)
PARRIOTT
  Luther 28* (MN-444)
  Mary 50 (MN-444)
PARRISH
  Conna 11 (f)* (BA-378)
  George W. 35 (BA-379)
  James 34* (BA-360)
  John 74* (CU-291)
  John A. 40* (CU-323)
  Juliann 39 (BA-306)
  Mary 43 (BA-433)
  Nancy 36* (BA-359)
  Nath. H. jr. 37 (BA-441)
  Nathaniel H. 55 (BA-442)
  Parks T. 50* (BA-492)
  Richd. R. 52 (MN-441)
  Robert 38* (BA-370)
  William 39 (BA-378)
  William W. 54* (BA-442)
PARSLEY
  John 35 (MN-438)
PARSONS
  Sarah 49* (A-10)
PATE
  Thos. 24 (MN-402)
PATTEN
  Brutus 32 (CI-175)
PATTERSON
  Adaline P. 41* (BA-393)
  Allen D. 50 (A-99)
  Barnett T. 34* (A-17)
  Daniel 6* (BA-470)
  Geo. 50* (MN-449)
  James 47 (A-95)
  Jas. M. 22 (A-17)
  Jno. N. 29 (CU-313)
  John 73 (A-16)
  John K. 26* (BA-398)
  Mary 55 (CU-313)

Index

PATTERSON
  Micajah 49* (BA-334)
  Squire S. 29 (A-16)
  Thomas 30 (A-97)
PATTESON
  Ann 63?* (A-12)
  B. M. 28 (m) (A-24)
  Bailus 45 (A-20)
  Jackson 34 (A-18)
  Martitia 32 (A-43)
  S. B. 29 (m) (A-18)
  Thos. W. 39* (A-45)
PATTON
  Berry 39 (AL-150)
  J. S. 30 (m) (AL-140)
  John 30 (AL-150)
  John 79 (AL-150)
  William 57 (AL-149)
PAULL
  R. B. 39 (m) (CU-302)
  W. E. 30 (m)* (CU-326)
PAULL?
  H. J. 28 (m) (CU-302)
PAXTON
  William L. 31 (BA-407)
PAYNE
  Asa M. 38 (CI-164)
  Benja. M. 42 (BA-390)
  D. G. 21 (m) (AL-137)
  Daniel 32 (BA-468)
  Dudley 40 (BA-370)
  Elizabeth 32* (MN-449)
  Elvira 39 (BA-460)
  Enoch 28 (MN-422)
  Frances E. 15* (CU-280)
  Henry 37 (MN-410)
  James 37* (MN-421)
  James M. 46 (BA-332)
  Jesse 19 (BA-373)
  Joel 22 (BA-363)
  John 34 (MN-422)
  John 62 (BA-416)
  John P. 40 (MN-424)
  Jubal 62 (BA-354)
  Jubal jr. 22* (BA-363)
  Leo 41 (B) (BA-401)
  Louisa J. 10* (BA-350)
  Martin 32 (BA-374)
  Mary E. 2* (BA-362)
  Nancy 3* (BA-455)
  Nancy 60 (BA-373)
  Nathan 34 (BA-462)
  Reuben 45* (MN-418)
  Richard H. 39 (BA-355)
  Simeon 28 (BA-355)
  Vincent 31 (BA-458)

PEAK
  Elizabeth 50 (A-45)
  Jessee 34 (A-45)
  Jno. S. 37 (A-45)
  Joel 49* (BA-425)
PEARCE
  Ambrose 54* (CI-209)
  John M. 43* (CU-322)
  Katharin 19* (CI-190)
  Sally 30* (BA-485)
  William 38 (BA-437)
  William 41* (BA-481)
PEARCEALL
  George W. 30 (BA-408)
  Samuel 65* (BA-409)
PEARCY
  Noah 34 (CI-189)
PEAT
  Washington M. 22 (MN-434)
  Wm. M. 54* (MN-434)
PECK
  George B. 36* (A-59)
  Jacob 70* (BA-388)
  Joseph 37 (BA-354)
  Lewis 36 (MN-370)
  Lewis W. 43 (BA-354)
  Salisbury 27 (BA-388)
PEDEN
  Aliazer 53 (m) (BA-465)
  Benjamin 45* (BA-393)
  Benjamin 56 (BA-367)
  Benjamin S. 27 (BA-466)
  John 60 (BA-393)
  Maria 24 (BA-393)
  Moses 35 (BA-451)
  Stephen 44 (BA-392)
  Thompson 28 (MN-378)
  Thompson 61 (BA-392)
PEDIGO
  Betsey 23* (BA-460)
  Charles 30 (BA-431)
  Elizabeth 16* (MN-398)
  George E. 31 (BA-430)
  George W. 23 (BA-430)
  George W. 23 (BA-435)
  Harriet 19* (BA-415)
  Henry 47 (BA-462)
  James A. 25 (BA-474)
  James R. 22* (BA-401)
  Jesse 30 (BA-416)
  Jesse B. 56 (BA-416)
  John 40 (BA-434)
  John P. 49* (BA-453)
  John P. 51* (BA-415)
  John sr. 61 (BA-423)

Joseph 32 (MN-452)
  Joseph 39 (BA-463)
  Joseph E. 33 (BA-426)
  Lewis T. 24 (BA-423)
  Preston P. 19* (BA-463)
  Robt. 83* (MN-452)
  Thomas 54 (BA-426)
  Thomas E. 22* (BA-414)
  William 32 (BA-417)
PEEBLES
  Elizabeth 52* (A-12)
PEELER
  Abner 51 (MN-424)
PEERS
  Elizabeth 71* (BA-320)
  James H. 42 (BA-309)
PELLY
  Colbert M. 40 (A-88)
  Hickman 39* (A-93)
  James 35 (A-88)
PEMBERTON
  Buford 35 (BA-417)
  John W. 39 (BA-448)
  Sim 54 (B) (A-76)
PENDEGAS
  John 10/12* (BA-470)
PENDEGAST
  John N. 38 (MN-450)
PENDERGRASS
  Miles 30 (CI-168)
PENDLETON
  Abner 25 (A-53)
  Chesley 26 (A-36)
  George L. 30* (CU-323)
  John H. 24 (A-36)
  John jr. 55 (A-90)
  John sr. 77* (A-87)
  Joseph 49* (A-91)
  Samuel 39 (A-90)
  T. 48 (f)* (CU-291)
PENICK
  Jesse 69* (A-22)
  Quintis H. 25 (A-51)
PENINGTON
  Samuel 29 (MN-390)
PENNINGTON
  Boone 44 (MN-371)
  Danl. 69* (MN-385)
  Ephraim 55 (MN-420)
  Fraley 38 (MN-378)
  Isaac 25 (MN-384)
  Wilson 41 (MN-387)
PENTECOST
  E. B. 20 (m)* (CU-318)
PENTICUFF
  John 35 (CI-176)

Index

PERDUE
  Ezekiel 67 (CI-181)
  Henry H. 35 (CI-157)
  J. 56 (m) (AL-125)
  William 19 (CI-179)
  William B. 34 (CI-176)
PERGUSON
  J. T. 19 (m)* (A-27)
PERGUSSON
  Thos. 52 (A-67)
PERKINS
  David 59 (BA-404)
  Henry 51 (BA-423)
  James jr. 21 (BA-461)
  James sr. 54 (BA-462)
  Joel S. 38 (BA-491)
  Joseph 25* (BA-462)
  Margaret 45* (BA-326)
  Martha 51* (BA-343)
  Nancy 16* (A-26)
  Reuben 28 (BA-461)
  Thomas 14* (BA-324)
  Thomas 45 (AL-176)
  William W. 27 (BA-461)
  Willis 50* (A-19)
  Willis 51 (A-95)
PERRICK
  Thomas H. 38* (BA-449)
PERRY
  Aaron 31* (AL-123)
  Abednego 45* (BA-483)
  Azariah 69 (BA-486)
  Edward 64* (A-35)
  James A. 30 (BA-376)
  Thos. 22* (MN-451)
PERRYMAN
  Jas. H. 28* (A-30)
  Lucinda 38* (A-30)
  Richard 55 (A-82)
  Wm. A. 22 (CU-313)
PETERMAN
  Benjamin T. 24 (MN-397)
  Isaac 22 (MN-402)
PETIT
  Milbra 22* (CI-164)
PETITT
  William 38 (CU-294)
PETTIE
  Daniel T. 34 (AL-157)
  J. W. 30 (m) (AL-157)
  James 64 (AL-157)
  Matthew M. 43* (AL-157)
PETTY
  Benjamin 84* (MN-389)
  Garton 50 (A-17)
  Henry 34 (BA-437)

Joshua 30* (BA-476)
  Ralph 82 (BA-455)
PHARAS
  Axam 9 (m)* (CI-197)
PHARES
  Samuel 27 (CU-280)
PHELPS
  Betheany 43* (CU-335)
  Joseph S. 42 (A-50)
  William 19 (BA-471)
  William 51* (BA-470)
PHEMISTER
  Mary 16* (CU-281)
  Mary 80* (BA-404)
  Wesley 23 (CU-318)
PHIFER
  Henry 44 (CU-341)
  J. H. 10 (m)* (CU-325)
PHILLIPS
  W. R. 19 (m)* (CU-294)
PHILPOT
  Barton 50 (CU-344)
  Jose 28 (MN-428)
  M. 65 (f)* (MN-377)
  Raney H. 13 (m)* (CI-163)
  William K. 38 (BA-368)
PHILPOTT
  David 41* (BA-438)
  Isaac J. 25* (BA-438)
  Jose 76 (BA-438)
  L. E. 32 (m) (CU-296)
  P. J. 28 (f) (CU-336)
  Sidney 57 (CU-312)
  William 66 (BA-437)
PICKENS
  Elizabeth 32* (CI-191)
  Jonathan P. 30 (CI-208)
  Peter 50* (CI-158)
  Saml. 39 (MN-429)
PICKETT
  Bob S. 46 (BA-335)
  Chas. 61 (A-34)
  Jeff. T. 27 (A-34)
  William 69 (BA-411)
PICKRELL
  Henry 30 (MN-405)
  Thomas 66 (MN-405)
  Wm. 65* (MN-411)
PIERCE
  Francis M. 25 (CI-157)
  Jefferson 22 (CI-179)
  Lewis 42 (CI-163)
  William 50 (CI-169)
PIERCY
  Fountain 41 (CI-166)

PIERSON
  Buiz 34* (AL-168)
PIKE
  James 46 (A-69)
  Thomas 47 (A-84)
PILAND
  Henry 57* (AL-139)
  J. M. 33 (m) (AL-109)
  Thomas 51 (AL-122)
  Thos. G. 29* (MN-406)
PILE
  Willm. A. 38 (A-37)
PINKLEY
  George 58 (BA-388)
  John F. 32 (MN-450)
PINSON
  James W. 45 (AL-164)
PIPER
  Catharine 65 (BA-490)
  James C. 22* (BA-410)
  John 52 (BA-317)
  John A. 26 (BA-410)
  John sr. 55 (BA-454)
  Robert 31 (BA-478)
  Thomas M. 26 (BA-476)
PIPOCK
  Enoch 42* (MN-392)
PITCHFORD
  Cyrus 22 (BA-369)
  Eli 42 (BA-369)
  Fleming 35 (BA-363)
PITCOCK
  Aaron 47 (MN-411)
  Henry P. 27 (MN-404)
  Jane 38 (MN-407)
  Jesse J. 36 (MN-370)
  John 84* (MN-417)
  John F. 53* (MN-400)
  Labron 41 (MN-374)
  Leonard J. 25* (MN-404)
  Margaret 35 (MN-411)
  Stephen 60 (MN-407)
  Susan 27* (MN-397)
  Thos. 50 (MN-400)
PITMAN
  Anderson 24 (CI-190)
  John 25 (CI-187)
  Richard 8* (CI-180)
  Sterling 16* (CI-192)
PITTMAN
  John 56* (CI-175)
  Nancy T. 56 (A-2)
  Silas 28* (CI-164)
PITTSFORD
  Cyrus 41* (AL-138)
  D. 47 (m) (AL-133)

Index

PITTSFORD
  V. 22 (f)* (AL-138)
POE
  B. 32 (m) (AL-171)
  B. 32 (m) (AL-171)
  B. 42 (m)* (AL-134)
  James M. 47 (CI-174)
  Johnson 34? (AL-135)
  Johnson 72 (AL-172)
  William 22 (AL-172)
  Wm. 72 (AL-135)
  Wm. F. 8* (AL-126)
POGUE
  Wm. 31 (AL-122)
POINDEXTER
  Arch 16* (MN-392)
  J. R. 12 (m)* (CU-300)
  John 21* (CU-299)
  John 36* (MN-390)
  Micajah 38 (MN-392)
  Sally R. 16* (CU-299)
  Sarah 45 (MN-391)
POINTER
  Harrison 35 (BA-484)
  Jackson 34 (BA-484)
  James 43 (BA-425)
  John 27 (BA-483)
  John 70 (BA-484)
  John A. 22 (BA-478)
  Martha 18* (BA-491)
  Sarah 69 (BA-463)
POLK
  Ezekiel 42* (MN-449)
POLLARD
  Mahala 56 (A-27)
  Thomas 8* (BA-403)
POLLY
  William 60* (A-9)
POLSON
  Delila 65* (BA-415)
  James B. 35* (BA-415)
  William 26* (BA-492)
  Willis 47 (BA-415)
PONSTON
  Henry 25* (CI-179)
  Isaac 37 (CI-167)
  Israel 58* (CI-167)
  James M. 24 (CI-169)
POOL
  John 41* (BA-425)
  Mary A. 15* (BA-428)
  William C. 43 (BA-427)
POOR
  Banjamin 33 (BA-487)
  Thomas G. 20* (A-99)

POPE
  Gabriel R. 28* (B) (AL-114)
  James R. 31* (AL-187)
  N. K. 55 (m) (AL-187)
  N. W. 21 (m) (AL-187)
  Sarah 28 (AL-187)
  Solomon H. 14* (AL-180)
  W. 17 (m)* (AL-112)
  Wesley 14* (AL-112)
POPPLEWELL
  James D. 47 (A-75)
PORTER
  Denton S. 68 (AL-159)
  E. W. 35 (m) (AL-160)
  Elias 46 (BA-341)
  Frances T. 41* (BA-474)
  Martha E. 35 (BA-402)
  Susan 58* (BA-316)
  Uriah 38* (AL-164)
  William T. 21* (BA-489)
PORTMAN
  Osborne 4/12* (B) (A-77)
  Osborne 43 (A-74)
POTTS
  James 21 (AL-120)
POULSTON
  E. 35 (m)* (CU-298)
  Moses 36 (CU-295)
  Sarah 74 (CU-295)
  Solomon 50 (CU-295)
POWEL
  John 17* (A-9)
  Kelsoe 53 (A-9)
POWELL
  Benjamin 25 (A-80)
  Benjamin 84 (A-62)
  E. H. 4 (f)* (CU-291)
  Edley 25 (m) (A-80)
  Elijah 46 (A-67)
  Eliza A. 47* (BA-350)
  Ella ____ 24 (A-67)
  Elzey 30 (A-61)
  Geo. 17* (A-15)
  Isaac D. 37 (BA-387)
  James 63 (A-80)
  John 17* (A-50)
  John M. 21* (CU-345)
  Mary 76 (A-83)
  Nicholas 47 (A-79)
  Oliver 38 (A-94)
  Virgin M. 17* (BA-359)
  William 11* (A-79)
  William 41 (A-95)
POWNS
  Thomas 35 (B) (BA-479)

POWNS?
  Rachel 23* (B) (BA-481)
POYNTER
  Elizabeth J. 10* (BA-350)
  Harrison 27 (BA-306)
  James N. 26* (BA-309)
  Lewis 52 (BA-313)
  Nathan 23 (BA-363)
  Nathan 47 (BA-317)
PRENTISS
  John 50 (A-41)
PRESTON
  Aggy 45 (f)* (AL-182)
  Booker 41 (BA-448)
  David 33 (BA-325)
  Elle F. 7* (AL-144)
  Eudosia 50 (A-55)
  John 22 (BA-336)
  Middleton 35 (AL-144)
  Otho 21 (A-55)
  Samuel J. 22 (BA-314)
  Susan F. 43* (BA-332)
PREVE?
  James 51* (CI-161)
PREWETT
  Ab. 35 (m) (CU-295)
  E. 63 (m) (CU-295)
  George 50 (BA-440)
  Granville 20 (CU-300)
  Jacob 27 (CU-302)
  Peggy 44 (CU-300)
  Solomon 49 (CU-297)
PREWITT
  Solomon 108 (CU-328)
PRICE
  Meridy 29 (A-49)
  Patsy 30* (CU-314)
  Pharoah 34 (MN-432)
  Robert W. 39 (BA-477)
  Robt. W. 51 (A-35)
  Tilford 22* (A-38)
PRITCHET
  Elisha 40* (AL-165)
PRIVETT
  John A. 21* (A-16)
  Wm. H. 23* (A-4)
PROCTOR
  Caroline 17* (A-52)
PROPE
  Daniel 55 (CU-330)
PROPES
  Barney 25 (MN-417)
  J. D. 45 (m) (AL-135)
PROPHET
  David 29* (MN-380)
  Geo. W. 43 (MN-432)

Index

PROPHET
  John J. 35 (MN-416)
PROWELL
  James 75 (A-66)
PRUET
  Abraham 62 (AL-169)
  Ewing 25 (AL-166)
  F. G. 29 (m) (AL-168)
  Katharine E. 28 (AL-169)
  Moses B. 29 (AL-169)
  Obed? 33 (m) (AL-168)
  William 60* (AL-169)
PRUETT
  Elijah 38 (AL-166)
PRUIT
  Jesse 31 (AL-162)
  Robert 49 (AL-140)
PRUITT
  A. 36 (m)* (AL-109)
PRYOR
  Edward 26 (CI-183)
PUCKET
  Frances 66 (BA-326)
  Joseph M. 29 (BA-326)
PUCKETT
  William W. 36 (BA-326)
PULLIAM
  A. B. 12 (m)* (AL-158)
  Barnabas 84 (BA-404)
  Benjamin 43* (AL-146)
  George Ann 24* (BA-347)
  George B. 22* (AL-164)
  H. C. 44 (m) (AL-145)
  J. P. 29 (m) (AL-148)
  Jesse 54* (BA-309)
  John 22* (BA-309)
  R. F. 45 (m) (AL-108)
  Thompson 52* (BA-312)
  William 71 (AL-150)
  William P. 36 (BA-348)
PULLUM
  Rhody 43 (A-44)
PURKINS
  Christopher 41 (CI-190)
  John 42 (BA-459)
  Joseph 65 (CI-193)
  Lewis 37 (CI-193)
PURLSEY
  John J. 45 (BA-452)
PURSELL
  Merida 24 (m)* (CI-176)
  N. 58 (f)* (AL-110)
PURSLEY
  George W. 41 (BA-465)
  Joseph T. 34* (BA-452)
  William 63 (BA-452)

QUICK
  Charles 52 (BA-466)
  Wm. A. 23 (CU-311)
QUIGLEY
  Andrew 27* (BA-469)
  James 79 (MN-421)
  Jonathan 58 (BA-470)
  William R. 27* (BA-470)
QUIMBY
  James 48 (MN-422)
  James T. 23 (BA-469)
QUIN
  Hiram 46 (MN-447)
  Margaret 32* (MN-447)
QUINN
  Elizabeth 41 (MN-430)
  Francis 18* (MN-437)
  Julia 14* (MN-441)
  Wiley 10* (MN-437)
QUISINBERRY
  Solomon 43 (BA-411)
RACENER
  John 54 (MN-432)
  Nancy J. 20* (MN-409)
  Sarah 45* (MN-405)
  Stephen 18* (MN-432)
RACONER
  Absalom 238* (MN-418)
RADFORD
  C. T. 50 (m) (BA-343)
  Cole 25* (CU-323)
  Luford 41 (m)* (CU-324)
  Raymond 50 (CU-309)
  Thomas 61 (CU-322)
  William 22* (CU-323)
  Wm. L . 52* (CU-309)
RAGAL
  Jefferson 23 (CI-194)
RAGAN
  Eli 22 (MN-441)
  James 43 (AL-136)
RAGLAN
  Franklin 21* (CI-199)
RAGLE
  George 30 (A-6)
  John 20* (CI-165)
RAGSDALE
  T. J. 23 (m)* (AL-103)
  Thomas M. 32 (CI-197)
RAILEY
  E. R. 62 (f)* (CU-302)
  John W. 37 (CU-302)
RAINBY
  William B. 40 (BA-373)
RAINER
  James 70* (A-37)

RAINEY
  Matthew 76 (BA-348)
RAINS
  Isaac E. 56* (CI-208)
  John 23* (AL-147)
  Nathan 24* (CI-160)
  Sarah 55 (CI-168)
RAINY
  John 50 (AL-125)
  Polly 48* (AL-126)
RALEIGH
  John 46* (AL-161)
  L. S. 20 (m)* (AL-161)
  P. S. 38 (m) (AL-167)
RALSTON
  A. B. 37 (m) (BA-347)
  John 51 (BA-370)
  Matthew 79 (BA-350)
  Robert W. 53* (BA-370)
  Sarah 74 (BA-360)
RAMBO
  Elizabeth 60 (A-80)
  Jehu 23* (A-80)
  Lytle 29* (A-80)
RAMEY
  Mary A. 26* (BA-409)
RAMSEY
  Pleasant 31 (A-83)
RANDLES
  John 40 (BA-482)
RANDOLPH
  Dillard 27 (MN-402)
RANES
  Nancy 72* (BA-414)
RANESS
  Jane 46 (BA-373)
RATHER
  J. C. 22 (m) (AL-185)
  James 45 (AL-185)
RATLIFF
  Stephen 54* (BA-432)
RAY
  Brace 47 (m) (CU-342)
  Charles 53 (BA-361)
  George 26 (CU-307)
  James C. 27* (MN-370)
  Jane 27* (MN-445)
  Jas. M. 27 (MN-440)
  John 23* (MN-371)
  John 26 (MN-370)
  Nancy 54 (B) (AL-171)
  Nicholas 67* (BA-428)
  Presley S. 26 (BA-425)
  Saml. 49* (MN-419)
  Saml. J. 27* (BA-345)

Index

RAYBOURN
  William 31 (CI-178)
RAYBURN
  Sarah 22* (A-13)
RAYSEN
  John 55 (MN-384)
READ
  Charles W. 24* (BA-321)
  Chloe 24* (BA-329)
  Daniel 65* (B) (BA-450)
  E. D. F. 36 (m)* (AL-108)
  E. T. 26 (m) (AL-155)
  G. D. 19 (m)* (AL-174)
  George D. 48 (AL-158)
  James 32* (AL-178)
  James W. 21* (AL-159)
  Jane 5* (AL-176)
  John 52 (BA-446)
  John J. 41 (AL-148)
  Joseph 61* (BA-431)
  Joseph jr. 27* (BA-476)
  Matthew 47 (BA-487)
  R. G. 73 (m) (AL-157)
  S. J. 42 (m)* (AL-109)
  Sinia 46 (B) (BA-447)
  Susan A. 6* (BA-344)
  T. A. 29 (m) (AL-101)
  Thomas 52* (BA-428)
  William F. 51 (BA-337)
READY
  John 54 (BA-337)
  Robert H. 20 (BA-337)
REALL
  Alfred 23* (CI-183)
REAMS
  Obediah 44* (A-5)
REDFORD
  Caleb 12* (BA-385)
  Fanny 27 (B) (BA-417)
  Francis 60 (BA-308)
  Joseph 14* (BA-385)
  Josephas 33 (m) (BA-418)
  Samuel 41 (BA-306)
  Silas 55* (BA-307)
  William 17* (BA-307)
  William P. 28 (BA-306)
REDMOND
  Jas. 62 (A-43)
  Mary 62 (A-94)
  Thomas J. 42 (A-94)
  Willm. H. 30 (A-94)
REECE
  Geo. W. 29 (A-56)
REED
  Andrew 37 (A-18)
  Immanuel 51 (A-18)
  Jas. M. 34 (A-43)
  Jeremiah 40 (BA-405)
  M. W. 19 (f)* (AL-108)
  Mary 10* (CI-171)
  Philip 89 (A-17)
  W. B. 25 (m) (A-17)
REESE
  David 58 (A-21)
REEVES
  Arthur D. 34* (CI-199)
  B. A. 19 (m)* (AL-176)
  J. A. 30 (m) (AL-107)
  John C. 26 (CU-330)
REID
  Hugh C. 48* (CU-307)
REMRO
  Wm. 26 (A-28)
RENCAN?
  William 25* (CU-286)
RENFRO
  Beverly C. 28* (BA-360)
  James R. 22 (BA-344)
  Jesse 64* (BA-349)
  Joseph 48 (BA-352)
  Joshua 54 (BA-359)
  Roberson 29* (BA-385)
  Robert R. 26 (BA-360)
  Schuyler M. 27* (BA-356)
RENNEAU
  Isaac T. 44 (CI-178)
RENNICK
  Henry 21* (BA-457)
  James 74 (BA-457)
  Nancy L. 17* (BA-458)
  Samuel 35 (BA-459)
RENOW
  Jonathan M. 27 (CI-199)
RETHERFORD
  Jno. 51 (A-34)
  Mary 65* (A-33)
  Stephen 48 (A-33)
  W. 10 (m)* (A-33)
REYNOLDS
  James H. 29 (A-79)
  Joseph 41* (A-91)
  M. S. 42 (m)* (BA-397)
  Malinda 37 (BA-324)
  Nancy 67 (A-79)
  Robert 32 (BA-446)
  Wellington 32 (BA-334)
  William 35 (A-88)
  William 69 (BA-324)
RHEA
  Martha 45 (MN-416)
  Richard 14* (MN-376)
  Thomas 21 (MN-372)
  William 60* (BA-310)
RHINEHEART
  Rudolph 44 (CU-286)
RHODES
  John 6* (MN-422)
  M. L. 8 (f)* (MN-374)
RIALL
  Ben F. 23* (CU-279)
RICE
  C. L. 14 (m)* (A-10)
  David 32* (BA-426)
  Green 39 (B) (A-26)
  W. J. 26 (m) (A-10)
RICH
  Ann 15* (MN-426)
  Jacob 53* (CI-160)
  James 27 (MN-389)
  Mary E. 10* (BA-470)
  Wm. A. 25 (MN-382)
RICHARDS
  Aaron 27 (A-81)
  Daniel 33 (A-81)
  H. C. 28 (m) (AL-187)
  Hannah 2* (A-80)
  Hiram 60* (AL-187)
  James 9* (A-80)
  James M. 39 (BA-405)
  Mary 36 (A-72)
  N. 42 (f)* (AL-113)
  P. A. 30 (f)* (AL-117)
  S. J. 31 (m) (AL-113)
  Samuel 28* (A-37)
  Sidney B. 30 (A-35)
  Thomas 25 (BA-492)
  Thomas J. 43 (BA-405)
  W. 38 (m) (AL-174)
RICHARDSON
  C. 70 (f)* (CU-303)
  David 24* (BA-410)
  David 80 (BA-406)
  Dudley 41 (BA-409)
  Eliza A. 17* (BA-397)
  Elizabeth 59 (BA-445)
  Feilding J. 43 (BA-441)
  John J. 45* (A-30)
  Mary 64* (BA-322)
  R.? P. 22 (m)* (AL-143)
  Robert 26 (MN-396)
  Thomas 57 (AL-155)
  William H. 24 (MN-396)
  Wyley 50* (B) (AL-189)
RICHEY
  A. A. 15 (f)* (AL-143)
  A. J. 37 (m) (AL-158)
  John 74* (AL-145)
  Lemuel 28 (BA-411)

Index

RICHEY
S. L. 43 (m)* (AL-144)
Samuel 48* (AL-151)
Thomas 46 (AL-145)
W. C. 28 (m)* (AL-146)
William 39 (AL-146)
William 67 (AL-144)
Willis S. 23 (AL-145)
RICHMOND
L. 7 (f)* (AL-138)
RICKETTS
Fanny 40* (BA-378)
Geo. W. 16* (CU-332)
Henry 26* (CU-311)
Mary 55 (CU-341)
RIDDLE
Davis 48 (CI-190)
J. F. 33 (m)* (CU-297)
James 44* (CU-336)
James 70 (CU-296)
Joseph 73* (CU-318)
Nathan 38 (CU-288)
Nathan 29* (CU-293)
William 54 (CU-318)
RIGDON
E. 19 (f)* (AL-146)
Francis 21* (BA-383)
Jesse 43 (BA-385)
John 28 (BA-383)
William jr. 23 (BA-382)
William sr. 56 (BA-382)
RIGGS
G. B. 27 (m) (AL-117)
John 67 (AL-117)
RIGNEY
William 45 (CI-172)
RIGSBY
A. F. 13 (f)* (AL-123)
Bethany 32 (AL-160)
E. 15 (f)* (AL-123)
H. J. 46 (m) (AL-160)
J. F. 24 (m) (AL-151)
J. V. 8 (m)* (AL-148)
J. W. 20 (m) (AL-161)
J. W. 38 (m)* (AL-159)
James 45 (AL-161)
RITCHEY
Cath. 55 (f) (CU-317)
James 66 (CU-303)
RITTER
Bushrod 22* (BA-443)
China 21 (f)* (BA-399)
David B. 62* (BA-469)
Elijah 30 (BA-393)
Emily J. 28* (BA-404)
Henry 58* (MN-434)

Henry jr. 28 (MN-434)
Isaac 53 (BA-463)
John W. 45* (BA-492)
John sr. 82* (BA-406)
Lewis 45 (BA-470)
Lucy A. 8* (BA-378)
Lydia 64 (B) (BA-414)
Nancy 50 (BA-405)
Narcissa 19* (BA-471)
W. B. 24 (m) (AL-144)
Wilson 56* (BA-311)
ROACH
David 56 (A-21)
Jas. A. 42 (A-50)
John 28 (A-21)
Merida 35 (A-22)
Saml. P. 25 (MN-409)
Wm. 49 (MN-446)
ROADY
Lorenzo D. 30 (BA-375)
ROARK
A. 38 (f) (AL-137)
Wm. 29* (AL-135)
ROBERSON
Jeffry G. 47* (BA-362)
Kitty 54 (B) (BA-400)
Richard 33* (BA-331)
ROBERTS
Benj. 63 (A-41)
Drury 56 (BA-442)
Green 23 (AL-176)
John 38 (CI-155)
Mary C. 80* (BA-475)
Nancy 49* (CI-174)
Prudence 38* (CU-305)
Willm. S. 22* (A-20)
ROBERTSON
A. 22 (f)* (AL-103)
Christopher 56 (BA-490)
E. 45 (f)* (AL-166)
F. A. 40 (m) (A-31)
James J. 29* (BA-483)
Jordan 46 (AL-162)
Leroy 93 (AL-162)
M. 14 (f)* (AL-154)
Parmenas 44 (m) (AL-162)
Reuben 41 (BA-481)
Richmond 48 (BA-492)
Robert 51 (BA-464)
Robt. E. 27 (MN-421)
Wm. N. 28 (A-1)
ROBINSON
A. D. 27 (m)* (CU-279)
Danl. 30 (MN-416)
Danl. W. 40 (MN-419)
Elizabeth M. 44* (BA-336)

Jas. 77 (MN-426)
John 51* (MN-382)
Joseph 40* (CU-284)
Margaret 39 (CU-320)
Mary 34* (MN-433)
Mathew 37 (A-62)
S. E. 13 (f)* (A-60)
Sarah 47* (MN-419)
Wiley 40 (MN-420)
ROBISON
Saml. 48 (MN-426)
ROBTON?
S. 20 (f)* (AL-166)
ROCHET
Sally 25* (CU-287)
ROCK
Dorcas 46* (BA-479)
John 44 (BA-479)
Margaret 22* (BA-438)
RODDY
Thomas 30* (AL-110)
Wm. H. 7 (m)* (AL-123)
RODES
John 48 (A-43)
william G. 39 (BA-336)
RODGERS
Benoni 35 (A-69)
Calvin M. 40 (A-34)
Elizabeth 54* (A-84)
Elly 27 (m)* (A-34)
Isiah 29 (A-33)
J. B. 79 (m) (A-27)
Jackson H. 33 (A-37)
James 24* (A-21)
James W. 25 (A-69)
Joel 23 (A-83)
Josiah 56 (A-84)
Martha 18* (A-99)
Martha B. 46* (A-34)
N. A. 7/12 (f)* (A-33)
S. G. 24 (m) (A-34)
Starling C. 24 (A-37)
Willm. S. 26* (A-37)
Windle 29 (A-84)
Wm. B. 45 (A-24)
RODMAN
J. M. 35 (m)* (BA-425)
ROE
Elizabeth 47 (CU-314)
ROGERS
Edmonia T. 23* (BA-425)
George 55 (BA-401)
James 48 (BA-413)
John G. 31 (BA-396)
John J. 30 (BA-412)
John T. 36* (BA-351)

Index

ROGERS
  Joseph 19 (B?) (BA-412)
  Joseph 45 (BA-330)
  Joseph 71 (BA-412)
  Mary A. 29* (BA-468)
  William 62 (BA-411)
  William B. 46* (BA-444)
ROLSTON
  Andrew 63* (BA-440)
ROOPE
  Mary 65* (BA-447)
ROSE
  Cynthia 58 (AL-158)
  James 10* (A-30)
  John 15* (A-51)
  John H. 31* (AL-149)
  Mary 38* (A-35)
  Mary A. 17* (A-56)
ROSS
  Cornelius 56 (A-17)
  Francis M. 42 (A-97)
  G. W. 25 (m) (CU-339)
  Hilton 28 (A-17)
  M. C. 32 (m)* (CU-338)
  Martin 61 (CU-310)
  Mary 16* (MN-401)
  Robert A. 41* (MN-403)
  Sally J. 32 (BA-381)
  Willis 30 (A-16)
ROTEN
  Eli 45* (MN-384)
  Eli jr. 34 (MN-387)
  Jacob 53 (MN-384)
  John 23 (MN-387)
  M. 69 (f)* (AL-124)
ROUNTREE
  Jane 99 (B) (BA-405)
  Richard 41* (BA-404)
ROUS?
  S___ 48 (m) (A-67)
ROUSE
  Henry W. 22 (A-88)
ROW
  Abner 52 (A-55)
  Jesse 43 (A-55)
  John Jr. 22 (A-55)
  Thos. K. 35* (A-54)
  Thos. Sr. 69* (A-54)
ROWE
  A. H. 23 (m) (A-25)
  Green 13* (CU-323)
  James F. 47 (CU-329)
  Jas. 34 (A-25)
  John 40 (A-24)
  John E. 34 (CU-308)
  Wm. 22 (A-24)

ROWLAND
  John 22* (CU-316)
  Mary 60 (CU-341)
  Nancy 49* (CU-324)
  Samuel 33* (CU-281)
  Winneford 45 (CU-334)
ROYSE
  Hiram 49 (A-17)
  John 44* (A-17)
  Solomon 86* (A-17)
  William 51 (A-12)
RUBERTS
  Joseph 32 (A-93)
  Samuel 45 (A-93)
  William 48 (A-93)
RUCKER
  Reuben 78 (A-13)
  Robertson 59 (A-30)
RUCKMAN
  Amos 44 (BA-390)
RUNIEN
  Chrishanna 33* (BA-465)
RUNNELS
  Charles 59 (CI-196)
  Mary 63 (CI-196)
RUNNION
  Joseph S. 42* (BA-422)
RUNYON
  Hiram 25 (BA-482)
  James 45 (BA-482)
  Thomas J. 36 (BA-482)
  Wilson 48* (BA-427)
RUPE
  Wm. C. 31* (A-25)
RUSH
  Aaron 23 (MN-398)
  Dennis 37 (MN-412)
  Ephram 22* (A-52)
  Hiram C. 31 (MN-374)
  J. 40 (m) (AL-133)
  James 48 (BA-421)
  James 51 (MN-385)
  John W. 19 (A-34)
  Joshua 29 (MN-378)
  Malinda 22* (AL-129)
  Margaret 48 (A-52)
  Rachael 64* (MN-398)
  William 38 (MN-388)
  William 56* (MN-371)
RUSSEL
  G. H. 25 (m) (AL-150)
  James F. 28 (BA-378)
  Jesse 60 (CI-155)
  Rhoda 38* (CI-158)
  Samuel 24? (BA-379)

RUSSELL
  Anderson 67 (MN-382)
  Andrew J. 50 (A-85)
  Asa 45* (MN-447)
  E. M. 26 (m)* (MN-372)
  Eliza 24* (BA-429)
  F. 17 (m)* (AL-145)
  F. A. 15 (f)* (AL-146)
  G. 31 (m) (AL-187)
  Harvey 44 (A-37)
  Henry 40 (A-85)
  James M. 41 (A-59)
  Jas. L. 30 (A-52)
  John 29 (AL-187)
  Josiah 16* (MN-427)
  M. 72 (f)* (AL-171)
  Mary 58 (AL-187)
  Seth 62 (MN-383)
  Timoleon 22 (A-85)
  William 36 (AL-182)
RUSSLE
  S. M. 35 (f)* (AL-133)
RUTHERFORD
  Isaac 35 (BA-327)
RUTLEDGE
  W. W. 21 (m) (A-33)
  WM. 23 (CU-301)
RUTSH
  John 50 (CU-301)
RYAN
  George W. 37 (CI-166)
  Harvy R. 27* (CI-208)
  Joseph R. 34 (CI-209)
  William 64* (CI-194)
RYBERD
  Henderson 26 (MN-382)
RYHERD
  David N. 25* (MN-408)
  Jacob 73* (MN-427)
  Lewis 84* (MN-408)
  Mary 46* (MN-408)
  William 52* (MN-408)
RYON
  John B. 39 (CU-291)
SABENS
  Calvin 33 (MN-423)
  Thomas 29 (MN-423)
  Thos. S. 65 (MN-423)
  Washtn. 37* (MN-423)
SADDEZ
  J. S. 25 (m)* (AL-154)
SAILOR
  N. 7 (m)* (AL-166)
  Robert 12* (AL-119)
SALLEN
  Jesse 40 (CI-165)

Index

SALLIE
  Jacob 48 (A-87)
SAMONS
  Jas. D. 49 (A-46)
SAMPLE
  Benja. 35* (BA-326)
  Isaac N. 52 (BA-378)
SAMPSON
  William 32* (BA-402)
SAMS
  James 11* (CU-287)
  Joseph 14* (CU-287)
SAMUELS
  W. M. 29 (m)* (CU-278)
SANDERS
  Archibald 36 (BA-367)
  Augusta M. 27* (BA-364)
  George 26 (A-75)
  Henrey S. 34 (BA-356)
  Henry 36* (BA-362)
  James 64 (A-75)
  James H. 32 (BA-361)
  John 41 (A-97)
  Lot 29 (BA-355)
  Louisa 14* (A-15)
  Michl. S. 38 (BA-400)
  Nelson A. 62* (BA-392)
  Robert 36 (A-83)
  Robert J. 29 (BA-361)
  Sarah 55 (BA-362)
  Thomas H. 31 (A-76)
  Thompson 46 (A-91)
  Washington 33* (BA-369)
  William H. 59 (BA-354)
  William N. 30* (BA-356)
SANDERSON
  John E. 29* (BA-310)
  R. M. 22 (m)* (BA-309)
SANDIGE
  Micajah 14* (BA-447)
SANDUSKY
  John 42* (CI-170)
  Samuel 38 (CI-168)
SANFLEY
  Charles H. 43* (CU-278)
SANSOM
  W. 26 (m)* (AL-147)
SARTAIN
  Alfred 33 (BA-461)
  Joel 58* (BA-462)
  John 52 (MN-398)
  Lewis 31 (BA-461)
SARTIN
  William 35 (CI-172)
SARVER
  H. R. 31 (m) (AL-113)

M. 75 (f)* (AL-108)
SATER
  Lucy 12* (BA-411)
SATTERFIELD
  Dorcas 43 (AL-167)
  H. 39 (m) (AL-124)
  Polly 25* (AL-155)
  Ruth 65* (AL-161)
SAUNDERS
  Augusta 14* (MN-429)
  Joel 39 (A-66)
  John M. 18* (BA-465)
  Louisa 15* (MN-442)
  Robert N. 26* (BA-451)
  Thomas M. 35 (B) (BA-471)
  Willm. H. 38 (A-59)
SAVAGE
  Eliza Ann 22* (BA-356)
  Elizabeth 40 (BA-313)
  George 20* (BA-306)
  Hamilton 33 (MN-390)
  John 36 (MN-391)
  Thomas 41 (CI-170)
  William 30* (BA-317)
SAY?
  George W. 36? (A-68)
SCARLETT
  Alfred 28 (BA-413)
  John 70 (BA-471)
SCHOOLER
  Lewis E. 11* (BA-450)
SCIMMEHORN
  Nath. 17* (CU-306)
SCONCE
  John C. 62 (CU-340)
  John C. 63* (MN-402)
SCOTT
  A. 31 (m) (CU-291)
  Albert 27* (A-41)
  Alexander 20 (BA-445)
  Alexr. 28 (MN-441)
  Allen C. 29 (CU-287)
  Ann 24 (CU-295)
  Daniel 58 (A-46)
  Francis 29 (BA-400)
  G. W. 27 (m) (CU-299)
  George W. 40* (CU-292)
  H. J. 16 (f) (CU-340)
  Hugh 72 (MN-403)
  J. B. 45 (m) (A-24)
  J. H. 16 (m)* (CU-340)
  Jack 20* (CU-299)
  James 19* (CU-317)
  James 38 (CU-291)
  James S. 28 (BA-465)
  Jas. 28 (A-41)

Jas. 30 (A-46)
Jerry 58 (CU-280)
John 21* (BA-393)
John 27 (CU-339)
John 46 (BA-439)
John 50 (BA-464)
John 50 (MN-393)
John H. 53 (BA-482)
John S. 36 (CU-292)
John T. 19* (CU-278)
Moses T. 44 (A-55)
Nancy 24* (MN-397)
Nathaniel 70 (CU-340)
Nimrod 45 (CU-325)
Phereby 26* (CU-325)
Philipina 65 (f) (CU-292)
Polly 44* (CU-339)
R. 77 (m)* (CU-295)
Reubin jr. 23 (CU-340)
Robert 32 (CU-298)
Samuel 45 (BA-399)
Solomon 43 (CU-325)
Thomas 17* (MN-393)
Thompson 55* (A-22)
Valentine 29* (CU-291)
Wiley 38 (CU-302)
William 56 (CU-298)
William B. 37* (BA-380)
William R. 27 (BA-392)
William T. 11* (BA-335)
Wingfield 28 (CU-314)
SCRIMIGER
  Ann 15* (BA-334)
  Susan 12* (BA-391)
SCRIMINGER
  John 48 (BA-457)
  Joseph 31 (BA-488)
SCRIVNER
  Isaac M. 45 (BA-357)
  James W. 49* (BA-356)
  John H. 47 (BA-360)
  Thomas 75* (BA-356)
  Thomas T. 20* (BA-349)
  William 21* (BA-468)
SCROGGY
  Mary A. 5* (BA-416)
SEAMSTER
  Greenberry 41 (AL-153)
  J. S. 7 (m)* (AL-147)
SEARS
  Albert 32 (AL-148)
  Austin 37 (AL-148)
  C. C. 32 (m) (AL-133)
  F. T. 30 (m)* (AL-116)
  H. S. 64 (m) (AL-148)
  Henry 40 (AL-149)

Index

SEARS
  Nancy 57* (AL-147)
  Samuel 36* (AL-150)
  William 54 (AL-149)
SEAY
  J. R. 48 (m) (AL-127)
  Matilda J. 36* (AL-127)
SEDWELL
  Margaret 70* (CI-206)
SEGRAVES
  Mary 40 (AL-159)
SELBY
  James 33 (CI-183)
SELF
  Allen 49* (BA-315)
  E. J. 20 (f)* (CU-325)
  E. J. 20 (f)* (CU-329)
  Edward 44* (BA-315)
  G. P. M. 52 (m) (CU-335)
  John 36* (CU-344)
  John P. 24 (BA-321)
  Presley 39 (BA-316)
  William 37 (BA-324)
SELLERS
  Joseph H. 45 (CI-161)
SELSER
  Raspberry* (MN-429)
SELSOR
  Hardin 65* (AL-129)
  J. 29 (m) (AL-128)
SENTRY
  John 25 (MN-448)
SETTLE
  Allen D. 30 (BA-330)
  Edward 31* (BA-360)
  Elizabeth 56* (BA-344)
  Felix 49* (BA-354)
  Franklin 53* (BA-347)
  French 51 (BA-346)
  George M. 30* (BA-347)
  Isaac 35 (BA-331)
  Isaac W. 52* (BA-454)
  James D. 44 (BA-329)
  John M. 36 (BA-327)
  Lucian J. 21* (BA-457)
  Sally 63 (BA-344)
  T. J. 33 (m)* (AL-101)
  William 42 (BA-334)
  Willis 66 (BA-411)
  Willis F. 24* (BA-448)
SETTLES
  Abraham 58 (A-71)
  Fouchie T. 25 (m) (A-93)
SEWELL
  James 65* (CU-288)
  Jesse 50 (CU-308)

Joseph 44* (CI-163)
SEXTON
  Elijah 40* (BA-484)
  Jas. W. 24* (A-50)
  Jno. W. 22* (A-54)
  Pinkney 29 (A-53)
  Silous 47 (A-50)
  William 40 (BA-484)
  Willm. R. 33 (A-40)
SHA
  Thomas 47* (AL-113)
SHACKEFORD
  P. D. 22 (m)* (A-31)
SHACKLEFORD
  Edmund 28* (BA-492)
  Sally 42* (BA-322)
  William 21* (BA-322)
SHADWICK
  Willm. 28 (A-52)
SHANKS
  John 48* (AL-168)
  Juliet A. 51* (AL-168)
SHANNON
  John 42* (BA-480)
  Samuel jr. 41 (BA-490)
  Samuel sr. 78 (BA-489)
  William P. 52 (BA-457)
SHARP
  Buly A. 37* (A-29)
  Fanny 48 (BA-483)
  Myra 20 (A-78)
  Robert J. 37 (BA-392)
SHAW
  Charles 25 (CU-327)
  D? M. 38 (m) (AL-136)
  David 73 (AL-137)
  Eber 32 (m) (BA-440)
  Elizabeth 45 (BA-314)
  Evan 40 (A-47)
  Evans 18* (CU-342)
  G. W. 22 (m) (CU-327)
  Geo. W. 39 (A-46)
  J? J. 20 (m) (AL-136)
  Jacob 56 (CU-342)
  James 24* (BA-423)
  James 50 (AL-134)
  Jane 10* (BA-472)
  Jane 16* (BA-424)
  John 20* (MN-401)
  John 21* (CU-342)
  John W. 23 (BA-449)
  Joseph 40* (A-47)
  Joseph 45 (CU-327)
  Joseph 80 (CU-327)
  Thomas J. 16* (BA-435)
  Wm. 23* (CU-306)

Wm. 40 (AL-137)
Wm. 73* (AL-137)
SHEEK
  James A. 29* (CI-163)
SHELBEY
  John 66 (CI-193)
SHELLEY
  Danial 56 (CI-194)
  Henery 50 (m) (CI-197)
  John 27 (CI-196)
  Peter 55 (CI-196)
  Pleasant 25 (CI-195)
  Sarah 25* (CI-193)
  Simon P. 28 (CI-194)
SHELLY
  Anderson 30 (CU-315)
  John 10* (CU-294)
SHELTON
  Curtis J. 40 (CI-159)
  Isaac 49 (CI-172)
  John 22* (CI-164)
  Robert D. 52 (CI-159)
  Sarah 24* (CI-177)
  Sarah 35 (CI-182)
SHEPHERD
  America 27* (A-77)
  John 47 (A-89)
  Milton 28 (A-60)
SHERFEY
  Jacob 46 (BA-464)
SHERLEY
  George 66 (A-54)
  Henry 45 (B) (A-54)
  Norman P. 26 (A-36)
  Richard W. 52 (A-54)
SHERRELL
  Charlotte A. 20* (BA-401)
  Granderson 44* (A-69)
SHERRY
  J. M. 20 (m) (AL-171)
  J. M. 20 (m) (AL-171)
  John 72 (AL-173)
  R. 45 (m) (AL-171)
  R. 45 (m) (AL-171)
SHEY
  P. P. 39 (m)* (CU-293)
SHIELDS
  E. 66 (m) (AL-183)
  F. M. 9 (m)* (AL-128)
  G. W. 23 (m)* (AL-151)
  Noah 30 (AL-161)
  Thomas 60 (AL-161)
SHIKLE
  Barbara 76 (AL-144)
  E. 27 (f)* (AL-144)
  Joseph D. 40* (BA-391)

Index

SHIKLE
  William 28 (AL-150)
SHIKLES
  A. 25 (m) (AL-143)
  Greenberry 20* (BA-341)
SHILTON
  Macky 55 (AL-117)
SHIPLEY
  Bird 20* (AL-131)
  Robert 37 (BA-385)
  Zechariah 35 (BA-450)
SHIPLY
  N. 80 (m) (AL-130)
SHIRE
  George W. 22 (CU-316)
SHIRLEY
  Benjamin 28 (BA-460)
  Elijah 47 (BA-459)
  Emerine 7* (BA-321)
  George 35 (BA-420)
  George 41 (BA-418)
  George W. 24* (BA-418)
  Harriet H. 47 (BA-400)
  Henry 51 (BA-446)
  J. W. 38 (m) (A-23)
  James 46 (BA-446)
  James A. 21* (BA-402)
  Jane 49 (MN-426)
  John 35* (BA-434)
  John M. 48* (BA-425)
  Thomas 53 (MN-382)
  Thomas 75 (BA-434)
  Thomas jr. 38 (BA-409)
  William 24* (BA-399)
  William 6* (BA-409)
  William T. 17* (BA-424)
SHIRLY
  Reuben 54 (MN-381)
SHIVE
  James M. 25 (BA-419)
  John 52 (BA-424)
  Joseph 32 (BA-379)
  Philip (CU-307)
  Phillip A. 27* (BA-461)
SHIVES
  Charles 28 (CU-327)
SHNIDER
  W. 50 (m)* (AL-172)
SHOAT
  James 27 (CI-159)
  Valentine 32 (CI-159)
SHOCKEY
  Nancy 34* (CI-162)
SHOCKLEY
  Carroll 30 (m)* (BA-415)
  Medford D. 33 (BA-427)

Thomas J. 30 (BA-458)
Thos. 46 (MN-440)
Willis 19* (MN-440)
SHOFFNER
  David 68* (BA-485)
SHOFTNER
  Mary A. 25* (BA-480)
SHOOTMAN
  Katharine 19* (CI-185)
  William 48 (CI-185)
SHORT
  Adam 70 (CU-296)
  Dicey 46 (MN-441)
  Fleming 69* (BA-318)
  James 27 (CU-325)
  John 13* (MN-400)
  John 25 (CU-298)
  Polly 9* (CU-309)
  Polly A. 5* (CU-325)
  W. 18 (m)* (CU-325)
  William 32 (CU-296)
SHOW
  Joel 14* (CU-316)
  Joseph 26 (MN-405)
SHUFFIELD
  William 45 (CI-163)
SHUFFITT
  Thomas 49* (BA-479)
  William B. 24* (BA-479)
SHUGART
  Jane 65* (CU-315)
  John 81* (CI-169)
  Zachariah 38* (CU-285)
SHULTZ
  John 28* (AL-105)
SHURFEE
  George 39 (BA-367)
SHY
  John 50 (AL-177)
  R. 25 (m)* (AL-122)
SIBLEY
  Ellen 28* (CU-327)
SIDWELL
  John 50 (CI-207)
  Nancy 40 (CI-206)
SIKES
  Daniel H. 40 (BA-470)
  E. P. 10 (f)* (AL-140)
SILKEY
  John 50 (A-39)
  Joseph 22 (A-39)
SILLS
  George W. 50 (BA-349)
SILVERS
  Charles 69* (CI-168)

SILVEY
  Adeline 23* (MN-452)
  Alexr. 27 (MN-446)
  Johnson 23 (MN-380)
SIMANS
  Wm. 37 (AL-126)
SIMMERMAN
  A. 57 (f) (CU-290)
SIMMONS
  D. H. 28 (m) (MN-439)
  Elizabeth 20* (MN-374)
  Euclid 32 (BA-373)
  George 22 (BA-369)
  George D. 23* (CU-321)
  Henry G. 34 (BA-377)
  J. B. 18 (m) (A-61)
  James 50 (A-65)
  John B. 20 (MN-381)
  John G. 22* (BA-381)
  Jordan H. 53* (BA-382)
  Martin 22* (AL-115)
  Nacey 77* (MN-439)
  Thomas 46 (MN-438)
  Wiley J. 44 (MN-439)
  Wm. 58 (AL-127)
SIMMS
  Beverly 34 (BA-420)
  Nancy 46* (BA-418)
SIMPSON
  Azel 63 (m) (BA-328)
  B. D. 10 (m)* (A-38)
  Caroline 25* (MN-397)
  Catherine 35* (MN-408)
  Dorinda 20* (A-17)
  Ellison 15* (CU-289)
  Frank 23* (A-26)
  Henry 30 (BA-326)
  Henry 70 (MN-400)
  J. A. J. 33 (m)* (A-5)
  Jackson 25* (CU-305)
  James 30* (A-57)
  James 54 (A-8)
  James M. 27 (MN-380)
  John 65 (CI-165)
  John C. 49 (MN-408)
  Mary 39 (A-15)
  Milton 27 (A-11)
  S. D. 30 (m)* (CU-294)
  Saml. 52 (A-8)
  Samuel 39 (CI-165)
  Sarah 40* (MN-406)
  Solomon 8* (A-29)
  William 28 (CU-342)
  William 43 (CU-293)
SIMS
  Burrel 38 (MN-381)

Index

SIMS
  Elvira 19* (BA-325)
  James 42 (MN-394)
  John 56 (MN-390)
  M. F. 20 (f)* (AL-130)
  Parrish 52 (MN-372)
  Patterson 35 (MN-390)
  Reuben 55 (A-11)
  Richard 47 (BA-312)
  Thomas 20 (MN-392)
  William 76 (MN-394)
  William B. 27 (MN-392)
SINCLAIR
  Alvira 27 (A-86)
  Anna 12* (A-91)
  Joel 46 (A-86)
  John 16* (A-85)
  Martha 13* (A-87)
  Mary 16* (A-30)
  Mary 35* (A-99)
  William 22* (A-78)
  William 23* (A-87)
SKAGGS
  Francis M. 20 (BA-484)
  James 42 (BA-486)
  Sarah 14* (BA-426)
SKEEN
  Hiram 21* (A-1)
SKEGGS
  Thos. M. 43 (A-27)
  W. C. 33 (m) (A-27)
SKEIN
  Warler 19* (A-51)
SKIFFINGTON
  John 21* (MN-371)
SKINNEHOM
  Elijah 28 (CU-326)
  Sally 60 (CU-326)
SKIPWORTH
  Ashford 40* (CU-302)
SLATEN
  Callum 6* (BA-358)
SLATON
  Holman 50 (BA-412)
  John G. 23 (BA-412)
  Joseph 25 (BA-411)
SLAUGHTER
  Phillip L. 28 (BA-456)
  William 69 (MN-422)
SLEMMENS
  John C. 31 (BA-455)
  John W. 24 (B) (BA-434)
SLEMMONS
  Elizabeth 60 (BA-430)
  James W. 27* (BA-433)

SLINKER
  America 25* (BA-477)
  Finley M. 31 (BA-488)
  John 42 (BA-437)
  John 63 (BA-488)
  John W. 30 (BA-490)
  Lewis 60 (BA-490)
  Liberty 35 (BA-426)
SLOAN
  Allen 45 (CU-337)
  Henry 39 (BA-446)
  Jane 37* (BA-418)
  John 21 (BA-446)
SMILEY
  Esther 76 (CU-281)
  Samuel 31 (CU-324)
  William 41 (A-98)
SMITH
  Abba 39 (A-86)
  Alexr. 33 (MN-395)
  Allen 35* (CI-163)
  Allen 36 (BA-488)
  Allen 64 (CU-342)
  Ambrose 15* (CI-209)
  Ann 33 (CI-195)
  Ann 65 (CI-207)
  Anthony 51 (MN-382)
  Barbara 53 (BA-481)
  Bazel G. 44* (BA-390)
  Bird 38* (CU-340)
  Brittan 52 (m)* (CU-291)
  Caleb 46 (BA-456)
  Charity 47 (A-78)
  Charles 40* (CU-317)
  Charles A. 33 (BA-367)
  Charles L. 23 (BA-338)
  Charles W. 30* (CU-334)
  Chas. 28* (MN-446)
  Darkis 65 (CI-197)
  David C. 40 (BA-332)
  David R. 54* (BA-479)
  Ed. 50 (m) (CU-297)
  Edward 22* (MN-394)
  Elias 69* (BA-475)
  Elizabeth 41* (A-36)
  Elizabeth 8* (BA-426)
  Elizabeth 8* (BA-426)
  Evander M. 31 (CI-155)
  Fanny 52 (B) (BA-447)
  Finis E. 33 (BA-411)
  Frances 40 (A-96)
  Frances 62 (MN-428)
  Francis 29 (CU-289)
  Francis 46 (BA-339)
  Francis A. 40* (CI-175)
  Francis L. 28* (BA-449)

Francis P. 30* (A-96)
Franklin 22 (BA-493)
G. W. 25 (m) (MN-381)
George 28 (CI-169)
George W. 25 (BA-422)
George W. 27 (BA-354)
Greenville 31 (BA-476)
H. S. 45 (m) (AL-168)
Harde 48 (CU-342)
Henry 21* (BA-456)
Henry 30 (MN-442)
Henry 46 (AL-182)
Henry 65 (A-69)
Hiram 47* (BA-346)
Holman 46 (BA-493)
Isaac 28* (BA-316)
Isaac 28 (CU-339)
Isaac 47 (BA-390)
Ishmael 30* (BA-393)
J. C. 34 (m) (CI-199)
J. M. 38 (m)* (CU-294)
J. S. 35 (m) (AL-160)
Jackson 35* (BA-440)
Jacob 27 (BA-365)
James 15* (BA-344)
James 18* (BA-416)
James 21 (MN-377)
James 27 (A-76)
James 37* (CU-321)
James 39 (CI-207)
James 45* (CU-335)
James B. 21* (BA-445)
James D. 59 (BA-389)
Jane 69* (A-89)
Jas. 48 (A-22)
Jefferson J. 42 (CI-181)
Jeremiah M. 34 (BA-398)
Jesse 50 (BA-320)
Jessee 50 (CI-208)
Jessee M. 26 (CI-196)
Jobe 34* (CU-326)
Joel 25* (A-72)
John 24 (A-87)
John 30 (CU-336)
John 34 (A-71)
John 34 (CU-335)
John 34* (MN-401)
John 40 (CI-160)
John 55 (A-91)
John 65 (A-70)
John A. 20 (BA-406)
John C. 22 (A-71)
John C. 44 (BA-342)
John G. 71 (A-71)
John M. 32* (BA-421)
John M. 50* (CU-280)

- 368 -

Index

SMITH
John R. 38* (BA-493)
John W. 7* (BA-447)
Jonathan 27 (CI-187)
Joseph 24* (BA-410)
Joshua 44* (BA-401)
Josiah 70* (CU-332)
Letty 17* (CU-344)
Lewis E. 31* (CI-196)
Lucy 70* (A-25)
Lydia 70* (AL-176)
M. W. N. 48 (f) (AL-160)
Margaret 73 (BA-422)
Maria 45 (A-73)
Mary 40 (MN-435)
Mary 52 (AL-169)
Mary 55 (CI-198)
Mary 60* (BA-445)
Mary 76* (BA-330)
Mary N. 68 (A-73)
Meridy 54 (m) (CU-336)
Mildred 50 (BA-445)
N. C. 1 (f)* (CU-305)
Nancy 50 (CU-305)
Noah 40* (BA-403)
Ovid 33 (AL-163)
Parmeley 39 (m) (CI-207)
Pleasant H. 31 (CI-184)
Polly 23* (BA-332)
Polly 56 (BA-337)
Rachael 10* (CU-329)
Ransom A. 32 (CI-160)
Reece B. 43 (CI-161)
Reuben 40 (BA-307)
Richard 54* (CU-303)
Robert 25 (CI-208)
Robert 3* (AL-103)
Robert 44 (CI-198)
Robert 45* (CI-181)
Robert C. 49 (CI-195)
Robt. 24 (MN-427)
Sally 40 (BA-479)
Saml. 47* (MN-392)
Saml. 64* (MN-401)
Sampson J. 31 (BA-390)
Samuel 34 (CU-337)
Samuel 39 (CI-196)
Samuel 45* (CI-172)
Samuel 95 (CU-335)
Sanford 42* (AL-166)
Sarah 47 (CI-194)
Silas 25 (CU-336)
Thomas 17* (BA-476)
Thomas 25 (BA-317)
Thomas 25 (CU-344)
Thomas 39 (CU-306)
Thomas 43 (BA-366)
Thomas C. 44 (BA-488)
Thomas F. 34* (BA-346)
Thomas G. 41* (BA-445)
Thomas J. 49 (A-74)
William 18* (BA-354)
William 25 (CI-198)
William 35 (A-84)
William 36 (CI-172)
William 37 (BA-477)
William F. 45 (BA-453)
William P. 24 (BA-322)
William R. 65 (CU-285)
William S. 34 (BA-422)
Willm. T. 23 (A-84)
Wilson 25 (CU-305)
Wiott 24 (A-38)
Wm. 10* (MN-436)
Wm. 18* (BA-396)
Wm. C. 37* (CU-299)
Wyatt 47* (A-92)
Z. 34 (m) (AL-169)
Zeb. 25 (CU-312)
SMOOT
Edwd. L. 27 (BA-344)
William W. 35 (BA-345)
SNELL
Thomas 40 (CU-285)
SNIDER
Elias 22* (BA-455)
Phillip J. 33 (BA-438)
SNODDY
C. A. 53 (m)* (BA-403)
Carey Allen 50(m) (BA-412)
Daniel 78 (BA-412)
John J. 48 (BA-450)
Robert C. 24 (BA-398)
SNOW
Abner H. 53 (BA-417)
Elizabeth 47 (CI-182)
J. 57 (f) (AL-120)
James S. M. 39* (CI-165)
John L. 47 (BA-379)
O. H. P. 30 (m) (CI-161)
Samuel 50 (CI-189)
William 22* (BA-432)
William 82* (CI-165)
William O.? 37* (AL-176)
SOLOMON
Alexs. 42 (A-29)
SOMERS
George D. 24* (CI-182)
Hayden 55 (CI-177)
Simeon 29 (CI-164)
Thursey J. 22 (CI-159)
SOUTHALL
James T. 25* (BA-330)
SOUTHER
William 40 (BA-377)
SOVRIN
Henry 32 (BA-314)
SPAN
A. F. 24 (m) (AL-176)
Elizabeth 21* (AL-159)
M. 27 (m) (AL-176)
N. 50 (f)* (AL-119)
Solomon 41 (AL-118)
SPANN
N. L. 45 (m) (AL-166)
SPARKS
Jeremiah 42* (A-51)
Jos. A. 28* (A-5)
Josiah 24 (A-40)
Mary 47 (A-6)
Mathew 20* (A-41)
Mathew 67* (A-56)
Nancy 52 John 58 (A-53)
Stphen 28 (AL-143)
Thos. 53 (A-5)
Willm. 30* (A-40)
Willm. 44 (A-56)
Willm. B. 29* (A-56)
SPEAKMAN
John 45 (MN-439)
Mildred 48 (B) (MN-452)
Rebecca 23* (MN-387)
Robert 15* (MN-445)
Sam 24 (MN-383)
SPEAR
A. 25 (m) (CU-300)
Benjamine 32* (CU-287)
Joseph 63* (CU-287)
M. C. 38 (m) (CU-298)
Wm. 40 (CU-300)
SPEARMAN
William 51* (CU-306)
William D. 38* (CU-317)
SPEARS
Bennet 30* (MN-388)
C. A. 34 (m)* (AL-121)
James 40* (AL-132)
Jourdan 47 (MN-391)
Levi 56 (MN-391)
Mary 49 (MN-391)
Riley 22 (MN-388)
Thompson 45 (AL-106)
Wm. 67 (AL-125)
Wm. W. 44 (AL-115)
SPEARSON
Bennet 50 (MN-391)

Index

SPECK
Jacob 77 (CI-199)
Jessee 41 (CI-199)
Michael 32 (CI-200)
SPEEKMAN
Nancy A. 51 (MN-434)
SPEER
Abraham 59 (CU-295)
Benjamin 66* (CU-318)
Harvey 41* (BA-405)
Isaac 66 (CU-295)
James 29 (CI-187)
Joseph 71 (CI-187)
Susanah 48* (CI-187)
William 31 (CU-295)
SPENCER
Cloe 64 (AL-145)
Daniel 39 (BA-455)
George M. 32 (BA-457)
J. W. 25 (m)* (AL-169)
John H. 50 (BA-452)
Samuel 44* (CU-344)
William 46* (AL-145)
William 49* (BA-455)
William 54 (AL-169)
William H. 25* (BA-455)
SPILLMAN
Lucy L. 37 (BA-345)
SPILMAN
A. F. 45 (m) (AL-150)
D. B. 28 (m) (AL-143)
Levi 51* (AL-147)
M. 35 (f)* (AL-147)
N. A. 15 (f)* (AL-150)
Samuel 59* (AL-147)
T. B. 25? (m)* (AL-139)
Thomas 53* (AL-142)
Willis 39 (AL-147)
Wm. F. 29 (AL-139)
SPINDLE
William E. 36 (BA-483)
SPOON
S. C. 26 (f)* (CU-307)
SPOTTSWOOD
Sally 47* (BA-446)
SPRADLING
Edward 45 (BA-391)
Elisha 38 (BA-335)
SPRATT
Hilligan D. 60 (MN-426)
SPROWL
Charles D. 45 (CI-187)
Rachel 37* (CI-188)
SPROWLE
John 30* (MN-385)

SPROWLES
Isaac 26 (MN-399)
SQUIRES
James 35 (A-60)
Martin 40 (A-26)
Winfield 28 (A-78)
STALCUP
William R. 27 (CU-341)
STALEY
Adam 63 (CI-184)
STALKUP
Nancy 18* (MN-393)
STALLSWORTH
Harrison 36 (BA-313)
Nancy 65* (BA-309)
Thomas J. 23 (BA-309)
STAMPS
Charles 52 (AL-175)
Eliza 30* (AL-170)
Eliza 30* (AL-171)
J. W. 32 (m) (AL-186)
Jane 20* (AL-187)
Lucy 55 (AL-185)
Milly 75* (AL-187)
T. 28 (m) (AL-181)
William 23 (AL-185)
STAMPS?
D. 20 (m)* (AL-173)
STANTON
Isaac? 32 (A-67)
STAPLES
G. H. 17 (m)* (AL-164)
Jane 20* (BA-316)
Patsy 27* (BA-318)
R. T. 45 (m) (A-5)
Rowland 49 (BA-317)
Thomas 36 (BA-371)
William 34* (BA-317)
STAPP
Sarah 62* (A-83)
STARK
Amanda 16* (BA-431)
Amanda 35* (AL-151)
Amanda F. 14* (BA-433)
C. C. 46 (m)* (AL-152)
C. D. J. 38 (m) (AL-146)
D. G. 36 (m) (AL-155)
Daniel 28* (AL-152)
Daniel 37* (BA-489)
Emily D. 17* (BA-434)
James 73 (AL-152)
James M. 33 (BA-307)
Jemima 77 (AL-152)
Lucy 40 (AL-146)
Sally 61* (AL-160)

STARKEY
Nancy 35* (AL-145)
STARNES
John W. 29 (CU-345)
STARR
Augusta 6* (BA-396)
Augustus 6 (f)* (BA-344)
STATON
E. J. 34 (m)* (AL-130)
Hiram A. 28 (CU-337)
James 38 (A-70)
James C. 31 (CI-189)
John C. 41 (A-76)
Joseph 75 (A-76)
Raney 45 (A-89)
William 23* (CU-336)
William M. 30 (A-89)
STAYLEY
Enoch 44 (CI-183)
STEAGER
Machimas 43 (A-99)
STEEL
Kitty 90* (B) (A-88)
Sam 15* (MN-379)
STEEN
Catherine 40* (MN-434)
Elizabeth 20* (MN-440)
John W. 25 (MN-410)
Josiah 20* (MN-440)
Wm. B. 36* (MN-440)
STEENBERGEN
Hugh M. 50* (BA-388)
John L. 38 (BA-373)
Joseph 37 (BA-372)
R. P. 75 (m) (BA-372)
Thomas 25 (BA-388)
STEFFY
Benja. 49 (BA-370)
Daniel 50 (BA-371)
Ephraim 46 (BA-330)
Joseph 72 (BA-369)
Lawrence K. 34 (BA-342)
Rufus 44 (BA-332)
STEMS
David H. 27* (CI-165)
John 55* (CI-165)
STEPHENS
Ancil E. 26 (MN-398)
Elijah 53 (A-36)
Hial P. 23 (A-35)
John E. 59 (MN-397)
John O. 23 (MN-398)
Joseph 53 (BA-380)
Joshua 31 (MN-378)
Lucretia 59 (MN-398)
Mary 40 (A-22)

Index

STEPHENS
  Peter 36* (MN-397)
  Sherwood 34 (A-21)
  Thos. A. 37 (MN-379)
  Wm. M. 27 (MN-379)
STEPHENSON
  John 48 (CI-173)
STERGUS
  John 35 (CI-186)
STETS?
  Joseph 65 (MN-434)
STEVENS
  Alexander 34 (AL-149)
  B. R. 33 (m) (A-70)
  L. 25 (f)* (AL-147)
  M. 30 (f)* (AL-143)
  Robert 45 (AL-158)
  T. T. 46 (m) (AL-164)
STEVENSON
  Geo. 30 (MN-432)
STEWARD
  A. 30 (m) (AL-157)
  David 40 (AL-133)
  E. B. 26 (m) (AL-137)
  Ellen 15* (AL-161)
  Henry 24* (AL-133)
  J. M. 18 (m)* (AL-109)
  James 69 (AL-133)
  John B. 39 (CU-303)
  Robert 9* (AL-134)
STEWART
  Alfred 42 (BA-398)
  Edward 16* (MN-384)
  Harriet 6* (A-26)
  James 17* (MN-407)
  John 54 (A-26)
  Martha 50 (B) (A-88)
  Sarah 54* (MN-386)
  William 1* (MN-408)
  William 41* (CI-170)
  William 48 (CI-162)
STILLWELL
  Elizabeth 69* (A-85)
STILTS
  George 51* (BA-479)
STINSON
  Daniel 52 (AL-135)
  Fielding 50 (AL-136)
  James 21 (AL-136)
  John 28 (AL-134)
  Joseph 25 (AL-135)
  Joseph 40 (AL-136)
  Mary 67 (AL-134)
  Mary A. 48 (MN-449)
  Nancy 50* (A-95)
  Perry 19* (AL-134)

Polly 50 (BA-473)
William 27 (CI-172)
Wm. 51 (AL-135)
STOCKTON
  F. B. 47 (m) (CU-326)
  George 28 (CI-202)
  Hiram 29 (CI-160)
  Jesse 36 (CI-160)
  Jesse 68 (CI-160)
  John 44 (CI-202)
  John W. 11* (CU-291)
  Joseph B. 52* (BA-427)
  Lemuel 22 (CI-178)
  Peter H. 85* (CI-174)
  Rebecca 50 (CI-178)
  Samuel 34 (CI-201)
  Thomas 58* (CI-185)
  William 36* (CI-170)
STOKES
  Bennet 55 (BA-372)
STONE
  Elijah 22 (AL-143)
  Enoch 24* (BA-351)
  G. 10 (f)* (AL-103)
  Isachiah 60 (CU-311)
  James L. 20* (CI-202)
  Jenetta 49 (A-14)
  John 40* (AL-131)
  John 46 (A-49)
  Manoah 68 (A-13)
  Mary 7* (A-12)
  Mary H. 60 (MN-434)
  Merodith M. 50 (CI-202)
  N. J. 30 (m) (CU-312)
  Samuel 22* (CU-311)
  Sarah 10* (BA-400)
  Stephen 40 (A-56)
  T. C. 28 (f)* (AL-152)
  William H. 33 (AL-142)
  Wm. 33 (A-26)
  Wm. H. 62 (BA-351)
STONER
  M. L. 52 (m) (CU-325)
STORY
  Benjamin 44 (CI-155)
  Isaac 72 (CI-155)
  John 44 (CU-333)
  Robert 24 (CI-196)
STOTT
  Benjamin S. 34 (A-2)
STOTTS
  Alexr. 31 (A-49)
  Ben 27 (AL-18)
  Francis M. 23 (A-17)
  Jas. 55 (A-14)
  Jas. A. 30 (A-14)

John 37 (A-18)
John Jr. 40 (A-55)
Oliver 30 (A-3)
Ruth 55* (A-25)
Solomon 64 (A-18)
Thomas 41 (A-18)
Wm. 65 (A-26)
Wm. Jr. 32 (A-14)
STOUT
  Ephraim 56 (BA-451)
STOVAL
  Bartholomew 52 (AL-151)
  Daniel 47* (AL-151)
  James 41* (AL-154)
  Nancy 64 (AL-161)
  Thomas 28 (AL-154)
STOVALL
  Ceasar 80 (B) (BA-438)
  Creed 19* (BA-434)
  Elizabeth 59* (BA-340)
  George 37 (BA-340)
  George 61* (BA-346)
  James 16* (BA-492)
  Mary S. 4* (BA-479)
STRADER?
  John W. 27* (BA-438)
STRAIN
  John 41 (AL-182)
STRAIT
  C. 51 (f) (AL-187)
  Enoch 37* (AL-160)
  G. B. 42 (m)* (AL-155)
  Wm. L. 43 (AL-155)
STRANGE
  A. A. 38 (m)* (A-6)
  A. A. 70 (m) (A-8)
  Abraham 42 (A-6)
  Damania A. 41 (A-16)
  John C? 46 (A-64)
  John G. 17* (BA-433)
  Larkin A. 31 (A-5)
  Levi A. 33* (A-16)
  Lewis A. 40* (A-8)
  Robert 54 (BA-361)
  Winston 31 (A-64)
STREET
  S. A. 30 (f)* (CU-309)
  Wm. 23 (A-24)
STRINGER
  Richard S. 13* (CI-180)
STRINGFIELD
  Perry 25 (BA-316)
  Sophia 45 (BA-358)
STRODE
  Elijah 36 (MN-405)
  Henry 38 (MN-403)

Index

STRODE
  James B. 33 (MN-375)
  Jas. R. 25 (MN-405)
  Jourdan 20* (MN-432)
  Sarah 60* (MN-405)
  Walter C. 36 (MN-410)
  William 56* (MN-379)
  Wm. Jr. 31 (MN-418)
STRONG
  John 44* (CU-310)
STROSBURG
  Daniel 40 (BA-351)
STUART
  John 21* (CI-210)
STUBBLEFIELD
  R. C. 31 (m)* (AL-182)
STULTS
  Jeremiah 12 (f)* (A-33)
  M. C. 33 (m)* (A-28)
STULTZ
  Esther 38* (MN-434)
SUBLETT
  Permelia 14* (CI-169)
SUBLETT?
  Nancy 18* (A-68)
SUDDARTH
  Saml. G. 28 (A-60)
SUDDATH
  Daniel 56 (A-30)
SULLIVAN
  Elizabeth 50 (A-79)
  J. 42 (f)* (CU-318)
  James 27* (A-82)
  Samuel 22 (A-79)
  Willm. 42* (A-48)
SULLIVENT
  John 25 (A-62)
SUMMERS
  Ann R. 45* (BA-474)
  James M. 29 (CI-196)
  John 49 (BA-483)
  William 23 (BA-483)
SUPENEY
  Jacob 45 (AL-162)
SUTHERLAND
  James C. 34* (CU-278)
SUTTON
  John 29 (BA-421)
SWAIN
  Joseph 45 (AL-102)
SWEARENGIN
  S. 46 (m)* (AL-103)
SWIFT
  Susan 22* (CU-304)
SWINNEY
  Aaron 45 (BA-420)

  Andrew H. 20* (BA-420)
  William 23* (BA-420)
SWOPE
  George 29* (BA-456)
  George 75* (CI-173)
SWORD
  Danl. 40 (MN-436)
SYDDENS
  J. S. 37 (m)* (AL-134)
  J. S. 46 (m) (AL-126)
SYKES
  J. C. 16 (m) (AL-141)
  Jesse 48 (AL-131)
  Logan 23* (AL-141)
SYMPSON
  Jacob C. 34* (MN-417)
  John C. 18* (A-21)
SYMS
  Thomas 22* (CU-280)
SYRE
  Archibald 45 (BA-427)
  Eliza J. 35* (BA-422)
  Elizabeth 16* (BA-423)
  Thomas 33 (BA-423)
TABOR
  George 47 (AL-160)
  Hezakiah 22* (AL-155)
  Jacob 28 (AL-157)
  William 27* (AL-160)
TABOUR
  Thomas W. 43 (CI-164)
TADE
  William 36 (MN-391)
TADLOCK
  John B. 27* (BA-425)
TALBOTT
  Charles P. 35 (CI-195)
  F. G. 34 (m) (CI-196)
  F. W. 36 (m) (CI-199)
  Jane 75 (CI-199)
TALLENT
  Enoch 38 (CI-166)
TALLY
  E. 21 (f)* (AL-136)
  L. F. 20 (m)* (AL-126)
  Obadiah 44* (AL-126)
  William 22* (BA-346)
TANNER
  Elizabeth 55* (BA-420)
  John S. 24 (BA-416)
  William P. 27 (BA-446)
TAPSCOT
  Gorge A. 35 (AL-110)
  W. R. 27 (m) (AL-124)
TAPSCOT?
  Rolly 70* (AL-189)

TAPSCOTT
  E. N. 46 (m) (BA-310)
TARTAR
  Alfred 42 (A-52)
TAWNER?
  Martha 31* (BA-446)
TAYLER
  Charles P. 28 (BA-354)
  Charles P. 60 (BA-401)
  David 43* (BA-377)
  Garrett 50* (BA-373)
  John 33 (BA-361)
  Sarah 2* (BA-326)
  Thomas 25 (BA-380)
TAYLOR
  B. 32 (m)* (AL-143)
  Charles 23 (A-64)
  Charles P. 62* (BA-406)
  Chesley G. 32* (A-12)
  Clay 17* (B) (CU-278)
  Cornelius 27 (BA-374)
  Daniel 30 (AL-172)
  Daniel 52 (CU-321)
  David M. 43 (BA-467)
  Disey 37 (BA-461)
  Frances 55 (A-78)
  Francis N. 40 (A-74)
  Geo. W. 59 (A-4)
  H. R. M. 52 (m)* (BA-411)
  Harvey 27* (A-55)
  I. N. 2 (m)* (AL-151)
  Isaac 38 (MN-438)
  J. V. 14 (m)* (CU-284)
  Jas. G. 36 (A-39)
  Jere. 45 (A-14)
  Jeremiah 8* (AL-118)
  John 49* (AL-183)
  John 68 (MN-373)
  Joseph P. 30* (MN-372)
  Joseph S. 32 (MN-376)
  M. 37 (m) (AL-185)
  Nancy 22* (CI-209)
  Persia 17 (f)* (CI-196)
  R. 61 (f)* (CU-278)
  R. C. 34 (m) (CU-303)
  Robt. 37 (MN-448)
  Shederick 55 (B) (CU-290)
  Simon P. 28 (A-64)
  Tarlton 26 (CU-302)
  Thomas 50 (CI-207)
  Vincent 64* (CU-280)
  William 28 (AL-185)
  William 33* (MN-373)
  Wm. R. 28? (MN-430)
  Zachariah 29 (A-61)

Index

TEAL
  Barsheba 59 (AL-124)
TEEL
  Rebecca 37 (CU-288)
  T. J. 38 (m) (CU-292)
  Thomas J. 26 (CI-197)
TEMPLEMAN
  Letty* (CU-326)
TENISON
  William H. 29 (BA-311)
TERRILL
  David D. 31 (A-72)
  Grandison 45 (AL-179)
TERRY
  Bennett W. 48 (BA-491)
  Charles W. 29* (BA-398)
  Elizabeth 62* (BA-414)
  Henry 31 (BA-423)
  John A. 46* (BA-450)
  Joseph 53 (BA-428)
  Nathaniel 41 (A-73)
  Nathaniel G. 20* (BA-407)
  Natthaniel D. 52 (BA-442)
  William 24 (BA-427)
THACKER
  Martha 31* (BA-325)
  Robert 10* (BA-326)
  W. J. 28 (m) (CU-285)
  William D. 32* (AL-170)
  William D. 32* (AL-171)
THACKSTON
  H. 82 (f) (AL-186)
  Paul 54 (AL-148)
  Z. B. 84 (m) (AL-148)
THIGH
  McCampbell 44 (CI-191)
THOMAS
  Adam 57* (BA-374)
  Alexander 36 (AL-184)
  Allen 45 (MN-426)
  Ann 21 (B) (BA-402)
  B. P. 46 (m) (AL-148)
  Carol 22 (m)* (AL-185)
  Chas. 13* (A-12)
  Cluff S. 34 (A-78)
  Daniel 42 (AL-181)
  David 52 (BA-373)
  Edward 40 (MN-426)
  Eleanor Y. 43* (MN-433)
  Elizabeth 35* (BA-418)
  Ephraim 54 (BA-375)
  Ephraim D. 22 (BA-376)
  Flemming 79 (A-85)
  H. 37 (m) (AL-184)
  Hardin 33 (A-90)
  Henry 35 (A-29)
  Henry K. 24 (BA-376)
  Hugh 42 (A-29)
  James 28 (BA-429)
  James 58* (CU-319)
  Jas. 39 (A-29)
  Jas. B. 25* (MN-370)
  Jefferson 39 (A-93)
  John 21* (MN-370)
  John 77 (AL-184)
  John H. 44 (AL-183)
  John L. 38 (CU-280)
  L. 11 (f)* (AL-148)
  Lewis 57 (MN-403)
  Lucinda 46* (A-78)
  M.? 41 (m) (AL-139)
  Martha 53* (CU-302)
  Nancy 60 (A-29)
  Nelson 31* (A-85)
  Nicholas 35 (A-85)
  Presley N. 64 (BA-493)
  Redmond 23 (BA-375)
  Saml. 54* (MN-451)
  Shelby 38 (A-93)
  Stephen? 46 (AL-184)
  U. G. 14 (m)* (A-22)
  W. 22 (m)* (AL-147)
  Walter 66* (AL-147)
  Wesley 35* (AL-114)
  William 18* (BA-325)
  William 26 (BA-376)
  William 30 (BA-376)
  William 43* (AL-173)
  William 67 (A-93)
  William A. 23 (MN-406)
  William D. 33 (BA-314)
  Wm. H. 36 (A-31)
  Wm. H. 46 (A-28)
THOMASSON
  Christopher 47 (BA-365)
  Creed T. 44 (BA-362)
  Joseph G. 30* (BA-364)
THOMKINS
  D. D. 33 (m) (CI-205)
THOMPSON
  Arthur S. 32 (BA-466)
  Asa 38 (BA-452)
  Catlett 5* (BA-479)
  Ebzrai? K. 42 (m)* (MN-398)
  George W. 31* (BA-489)
  Henry C. 17* (BA-474)
  J. C. 36 (m)* (AL-102)
  James 51 (MN-371)
  James A. 25 (BA-461)
  James G. 39* (BA-402)
  James sr. 80 (BA-387)
  Jane 31 (MN-398)
  John 34 (MN-388)
  John B. 42 (BA-488)
  John C. 27 (BA-476)
  Lucy 50 (BA-488)
  Mary 35 (MN-398)
  Mary R. 37* (BA-476)
  Memory J. 33* (BA-489)
  Narcissa 15* (MN-399)
  Nathan 32 (BA-476)
  Randen 81 (MN-398)
  Richard 33 (BA-387)
  S. M. 30 (m) (AL-101)
  Samuel W. 49 (BA-458)
  Sarah 65 (AL-174)
  Waddy 37 (m)* (BA-437)
  Wesley 40 (BA-387)
  William 27 (BA-488)
  William B. 26* (BA-394)
  William D. 25 (BA-475)
  William W. 45 (BA-449)
THORNHILL
  Leonard 36 (BA-390)
THORNTON
  Henry 12* (BA-332)
  John 32* (AL-167)
  Wm. W. 19* (BA-326)
THRASHER
  D. J. 21 (m) (CU-293)
  Samuel 60 (CU-289)
  William 62 (CI-184)
THRELKILL
  Polly 68 (BA-340)
THURMAN
  Berry 53* (CU-286)
  Edward 32 (CU-284)
  Hayman 31 (CU-304)
  Henry L. 23 (BA-306)
  James 21* (CU-285)
  John 26 (CU-280)
  Pleasant 32* (CU-290)
  Powhatten 37 (CU-323)
  Thos. P. 27 (CU-304)
  William B. 49* (CU-284)
THURSTON
  Hanibal 30 (BA-332)
TIBBS
  D. M. 6 (m)* (A-32)
  Elijah 35 (BA-366)
  J. D. 22 (m)* (AL-161)
  William J. 31 (BA-442)
TIDEROW?
  Ruben 45 (CI-183)
TIDWELL
  Mary 35 (CI-195)
  Thomas 41 (CI-205)

Index

TIFFANY
  C. 74 (f) (AL-109)
  W. C. 40 (m) (AL-109)
TILLMAN
  J. R. 47* (A-13)
TILLY
  P. 40 (m) (AL-187)
TIMBERLIC
  Danl. 33 (A-99)
TINDAL
  William H. 30 (CI-195)
TINDLE
  Henry 46 (BA-356)
  John 49 (BA-409)
  Joseph 24* (BA-404)
  Patrick 22 (CI-194)
TINSLEY
  Elijah 74 (AL-142)
  Isaac 60 (BA-328)
  J. 32 (m)* (AL-132)
  J. M. 30 (m)* (AL-123)
  John 46 (AL-144)
  John 57 (BA-381)
  Mary 74 (AL-145)
  Moses 38 (AL-142)
  Phillip 33 (BA-382)
  Thomas 44 (AL-142)
  Thomas 50 (BA-384)
  Thomas 69 (AL-132)
  William 30* (AL-164)
  William 33 (BA-383)
  William 40* (AL-142)
TINSLY
  John T. 20 (AL-144)
TIPTON
  Esaw 39 (CI-200)
TISDALE
  Eliza 50 (BA-442)
  Frances 54 (BA-433)
  Frank 22* (BA-433)
TOBIN
  J. H. 62 (m) (CU-313)
  James 40 (CU-290)
  Warren 42 (CU-290)
TOBY
  Elza 13 (m)* (BA-425)
  Henry V. 44 (BA-481)
TODD
  Hugh 38 (BA-384)
  Jane 75 (A-78)
  Manly G. 30 (BA-378)
  William N. 6* (BA-384)
  Wm. 44* (A-26)
  Wm. Jr. 23 (A-26)
TOLBERT
  Dunivan 29* (CU-310)

  Milton 38* (CU-310)
TOLL
  Mary 42 (BA-413)
  Mary Ann 33 (BA-413)
  Samuel B. 44 (BA-413)
  William 64* (BA-412)
TOLLE
  David B. 32 (BA-371)
  Saml. R. 25 (BA-370)
  Sophia 50 (BA-371)
  Thomas 24 (BA-362)
TOMLIN
  John 39* (BA-418)
  Lewis 28* (BA-430)
  Lewis 36 (BA-426)
TOMPKINS
  C. 70 (m)* (BA-397)
  George W. 21* (BA-416)
  Polly 75* (CU-322)
TONEY
  Polly 48* (BA-326)
TOOLEY
  Arthur 57* (MN-397)
  Chas. 24* (MN-401)
  George 21* (MN-401)
  Isham 28 (MN-445)
  James 24 (MN-396)
  James Sr. 30 (MN-396)
  William 20* (MN-407)
  William Sr. 65 (MN-401)
  Wm. Jr. 37 (MN-404)
TOOLY
  Arther 33 (MN-381)
TOOMEY
  John 31 (BA-454)
TOOMY
  Robert 25 (BA-454)
TOW
  Riley 33 (AL-180)
TOWNSEND
  H. C. 35 (m)* (A-28)
  Wm. Jr. 28* (A-28)
  Wm. Sr. 59* (A-28)
TRABUE
  Benj. M. 22 (A-59)
  George W. 57* (BA-396)
  Willm. 55* (A-50)
TRACEY
  Asa 27 (AL-116)
  J. 33 (m) (AL-125)
  James 29 (AL-126)
  James R. 15* (BA-409)
  M. 30 (m) (AL-115)
  M. D. 27 (m) (AL-138)
TRACY
  Isaac 56 (BA-364)

TRAMEL
  Daniel 24 (AL-105)
  M. J. 16 (f)* (AL-105)
TRAVELSTEAD
  John 42* (AL-120)
  Peter 28 (AL-121)
TRAVELSTED
  Abram 43 (AL-181)
  Andrew 32 (AL-176)
  B. 25 (m) (AL-119)
  F. 61 (m) (AL-118)
  John 23 (AL-176)
  M. E. 2 (f)* (AL-119)
  William 16* (AL-177)
TRAVIS
  Mahala 44 (CI-173)
  Thomas 40* (CI-162)
  Thomas 60* (CI-178)
TRAYLOR
  Joseph A. 25 (CU-334)
  Lavina 37* (A-20)
  M. A. 13 (f)* (A-19)
  Nancy 65 (CU-334)
TRENT
  Susan 35 (BA-480)
  Thos. 35* (A-36)
  William 47* (BA-480)
TRIGG
  Alanson 58* (BA-399)
TRIPLET
  Lewis 29 (A-26)
TRIPLETT
  Thomas 51 (A-98)
TROTT
  Thos. 24 (A-28)
TROUGH
  Andrew 30 (CU-330)
  Christeener 54 (A-47)
  S. F. 23 (m) (CU-331)
  William 24 (CU-332)
TRUE
  Simeon 25 (MN-387)
  William M. 28 (BA-439)
TRUSTY
  Jane 36 (BA-490)
TUCKER
  C. H. 18 (m)* (AL-101)
  Howard 29 (A-92)
  J. N. 23 (m) (AL-114)
  M. M. 28 (m) (A-39)
  Spotswood D. 40 (A-74)
TUDER
  Gabrael S. 42 (BA-470)
  Haiden 33* (BA-460)
  Henry 69* (BA-460)
  Henry A. 16* (BA-468)

Index

TUDER
James H. 40 (BA-472)
John 75 (BA-460)
Joseph M. 21 (BA-473)
Mary 51* (BA-460)
Overton 35* (BA-473)
Robinson 43* (BA-431)
Watson 40 (BA-473)
Wiley 42* (BA-460)
William 24* (BA-473)
TUPMAN
Joel 28 (A-87)
John 36 (A-87)
William 58* (A-86)
TURK
Caleb P. 30 (A-51)
E. A. 15 (f)* (A-21)
Hiram K. 46 (A-55)
James 11* (A-18)
Margaret 69* (A-51)
Noah 43 (A-19)
Thomas C. 23* (CU-316)
William 22* (A-90)
William H. 37 (A-2)
TURNER
Adin D. 54 (m) (BA-330)
Albert 24* (CU-282)
Ann 17* (BA-307)
Asa 3 (A-9)
Benjamin 50 (BA-419)
Charles 28 (A-57)
David S. 22 (MN-426)
Edmund 40 (CU-282)
Elizabeth 11* (MN-396)
Enoch 50 (A-8)
Ezekial 71 (A-57)
Felix 48 (BA-438)
Freeland N. 25 (MN-426)
Geo. 33 (A-8)
Geo. W. 40 (A-16)
George P. 57* (CU-316)
Green B. 33 (A-16)
Henry B. 14* (BA-325)
Hiram 39 (A-45)
James 28 (MN-392)
James 52* (CU-341)
James 66* (CU-304)
James M. 30 (MN-427)
James M. 31 (MN-431)
Jane 16* (BA-316)
Jas. 64 (A-27)
Jas. B. 25* (A-46)
Jefferson 38 (MN-431)
Jno. 56* (A-15)
John 26 (MN-426)
John A. 42 (MN-447)

John F. 26 (BA-461)
Joseph 47 (A-8)
Joseph 60 (MN-426)
Larken 52* (CU-282)
Lewis 34 (CU-311)
Margaret 3* (BA-327)
Nancy 50* (CU-341)
R. 15 (f)* (AL-101)
Rachael 22* (MN-403)
Rachael 73 (CU-342)
Robet 27 (A-15)
Robt. J. 29 (MN-376)
Sarah 24* (A-17)
Shadrick 37 (MN-379)
Thos. 75* (A-8)
Toliver 19* (MN-430)
W. McH. 28 (m)* (CU-316)
W. S. P. 31 (m) (A-23)
William 26 (MN-427)
Willis M. 43 (BA-377)
Wm. 32* (CU-311)
Wm. 62* (MN-427)
Wm. 78 (A-15)
Wyatt 40 (MN-427)
TURNSTALL
Leonard H. 64 (BA-460)
TUTT
John 49 (A-37)
Richard 47 (A-51)
TWEEDY
Hugh 44* (CU-311)
James 25* (CU-318)
Mary 23* (CU-333)
Moses 38 (CU-281)
Thompson 32* (CU-311)
William 35* (CU-302)
TWYMAN
Abram 78 (BA-446)
John 65 (BA-446)
William 40 (BA-446)
William 84 (BA-493)
TYLER
Alfred 50* (BA-437)
TYREE
Lucy 22 (MN-425)
UNDERWOOD
David 22 (BA-465)
Elijah 30 (BA-368)
Nancy 52 (BA-392)
UPTEGROVE
Francis 32 (MN-424)
VAN
Whitson 33 (MN-436)
VANCE
Abram 37* (A-28)
Albert 30* (BA-318)

J.? 49 (m)* (AL-105)
James H. 12* (BA-322)
Martin 21* (BA-420)
Martin S. 32* (BA-471)
Mary 34* (MN-408)
Samuel 60 (CI-205)
Thomas 38 (MN-379)
Tobias 32* (MN-375)
Tobias 63 (BA-317)
William 33 (BA-316)
William 42 (MN-372)
Willm. 48 (A-38)
VANDOVER
Georg 19 (MN-396)
Haden 16* (MN-397)
John 35* (MN-399)
John 42* (MN-401)
Lewis 46* (MN-396)
VANFLEET
Joshua 20* (BA-350)
VANHOY
John 21* (CI-177)
VANN
William 26* (CI-158)
VANZANT
Garrard 51* (BA-487)
Hugh 54* (BA-487)
James M. 25 (BA-487)
VARVEL
John 84 (AL-172)
VAUGHAN
Ben B. 39* (CU-285)
Hardy 46 (CU-288)
James 50* (CU-320)
Jeremiah 27* (CU-320)
John 18* (MN-448)
Polly 65 (CU-288)
Saml. 35 (MN-435)
Thomas 36 (CU-288)
VAUGHN
George W. 34 (CI-197)
Nelly 45 (A-4)
William R. 31 (BA-412)
VAWTER
Joseph 57* (MN-401)
Thos. S. 34 (MN-390)
VEACH
B. H. 21 (m)* (AL-127)
Kinsey 21* (BA-382)
N. 64 (m) (AL-139)
VENABLE
John 45 (AL-186)
Joseph 36 (AL-111)
Presley 47 (AL-174)
VEST
B. 80 (f)* (AL-109)

Index

VEST
  David W. 50 (MN-420)
  Saml. R. 22 (MN-419)
VIBERT
  James 22* (MN-397)
VICKORY
  John 32 (CI-174)
VIGUS
  James 58?* (A-64)
  Jourdon 36 (A-9)
  William T? 24 (A-64)
VILUZETTE
  Lewis 52* (BA-419)
  Wade 30 (BA-419)
VINCANT
  Allen 83 (CI-204)
VINCENT
  A. C. 9 (f)* (CU-293)
  Edward 75 (CU-322)
  Henry 31 (CI-177)
  Jacent 47 (m) (CU-293)
  Jackson 35 (CU-322)
  James A. 33* (CI-195)
  John 37 (CU-318)
  Tim 40 (CU-293)
  asa 75 (CI-196)
VINING
  Wm. T. 21* (CU-310)
WADE
  A. 25 (m) (AL-123)
  Augustine T. 39 (BA-471)
  David 29* (BA-471)
  David 44* (BA-386)
  David 74 (B) (BA-471)
  David S. 39* (BA-406)
  Elisha 26 (CI-181)
  Elizabeth 26* (BA-461)
  Fielding T. 47* (BA-325)
  George 16* (CU-283)
  H. 30 (m) (AL-134)
  James 40 (CU-280)
  James 63 (BA-472)
  James 72 (BA-471)
  Jeremiah 30 (BA-445)
  John 51 (AL-185)
  John 68 (CI-155)
  John B. 22 (AL-185)
  Mat 38 (CU-331)
  Nancy 10* (CU-321)
  Pearce 65 (BA-406)
  Richard 55* (CI-180)
  Sarah S. 49 (MN-411)
  Sidney P. 23* (BA-406)
  William E. 25 (BA-401)
WADKINS
  Alfred 27 (AL-172)

Frances 18* (AL-172)
J. 11 (m)* (AL-102)
J. R. 27 (m) (AL-111)
James 40* (AL-172)
James 46 (AL-111)
John 60* (AL-171)
Larkin 21 (AL-111)
Mary 24* (AL-141)
N. A. 34 (f)* (AL-176)
S. D. 22 (m) (AL-111)
Tho. 23 (AL-111)
WAGGENER
  H. G. 56* (CU-306)
  Martin F. 45 (BA-406)
  Simeons 44 (A-11)
  W. M. 38 (m) (A-19)
WAGGONER
  A. G. 48 (m) (CU-280)
  David 44* (AL-188)
  Elizth. 12* (A-59)
  Georg 73* (AL-188)
  Henderson 24* (MN-387)
  Henry 25* (MN-385)
  Jane 60 (A-65)
  R. M. 27 (m)* (A-3)
  S. 49 (m) (AL-104)
  W. 40 (m) (AL-106)
  Wm. W. 57 (A-88)
WAGLEY
  Eliza 46* (A-99)
WAID
  Willm. 46* (A-30)
WALBERT
  Daniel 59 (CU-305)
  David 24 (A-47)
  David 63 (MN-440)
  Herrell 23* (A-47)
  Hugh W. 25 (MN-439)
  Jas. B. 48* (A-46)
  Jno. S. 53* (A-40)
WALDEN
  David 32 (MN-413)
  Jackson 34* (A-12)
  James 32 (MN-386)
  John 39* (AL-134)
  Joseph 28* (MN-386)
  Milton 29 (CI-180)
  Richd. 23* (MN-418)
  Sarah 58 (MN-417)
  Stephen 38 (MN-378)
WALDROP
  Archibald 37 (BA-400)
WALKER
  A. 13 (f)* (AL-182)
  A. S. 39 (m) (AL-101)
  Benjamin 27 (A-99)

David 46 (AL-178)
Elijah 16* (MN-379)
Eliz. 61 (A-31)
Florus T. 15* (CI-183)
Francis 44 (MN-397)
George 55* (A-97)
H. K. 50 (m) (A-31)
Ithema? H. 43* (AL-118)
James C. 26 (MN-442)
James G. 28* (BA-415)
Jesse 39 (MN-381)
John T. 36 (CI-192)
Lewis F. 32* (A-52)
Lysander 34 (A-39)
M. 33 (m) (AL-176)
Mariah 48* (B) (AL-103)
Moreau 42* (A-55)
Nancy 39 (CI-208)
R. B. 29 (m) (AL-176)
Rebecca 17* (AL-182)
Samuel 30 (BA-386)
Saunders 77* (BA-492)
Sinclair 34 (BA-492)
Susan 21* (MN-433)
Thomas G. 30 (A-57)
William 58 (AL-109)
Willm. L. 25 (A-50)
Wm. H. 28 (A-2)
WALKUP
  Jno. A. 42 (A-23)
  John 45 (A-4)
  Joseph B. 44 (A-40)
  Latitia 60 (A-41)
  Mathew 70 (A-26)
  O. G. 36 (m) (A-9)
  R. M. 36 (m)* (A-44)
  Robt. 40* (A-4)
  Wm. 30 (A-4)
WALLACE
  Benj. 17* (A-35)
  George W. 28 (BA-484)
  J. Y. 42 (m) (A-24)
  Margaret 16* (MN-451)
  Mort. B. 24 (A-22)
  Polly 17* (CU-293)
  Richard 26 (A-74)
  Robt. 18* (A-36)
  William H. 11* (CI-178)
WALLER
  Davidella 10* (BA-370)
  Elizabeth J. 37 (BA-337)
  James 21* (MN-408)
  William E. 39 (BA-331)
WALLIS
  Samuel 50 (CI-199)
  Thomas 14* (CI-203)

Index

WALSH
James C. 26 (MN-376)
Jane 48* (MN-451)
WALTERS
Joel 64 (BA-485)
Rebecca 64* (BA-306)
WALTHALL
John H. 48* (CU-294)
Richard 67 (CU-290)
Wesley L. 27* (CU-307)
William H. 29* (CU-291)
WALTON
Dandridge C. 49 (BA-432)
Emanuel J. 22 (AL-117)
George H. 43* (BA-449)
John L. 52* (BA-444)
Thomas S. 36* (BA-433)
William A. 39* (BA-433)
WALTZ
Aaron 39 (AL-169)
Judah 64 (AL-168)
WAMMACK
Mary 75 (A-90)
WARD
Campbell 20 (BA-424)
Clinton 30 (MN-429)
Josiah 42 (A-7)
Martha J. 12* (BA-414)
Nancy B. 33* (BA-391)
Robert H. 35 (BA-452)
Saml. H. 35* (BA-391)
Serepta 15* (BA-368)
William J. 14* (BA-414)
WARDEN
Asa 36* (AL-165)
F. 69 (f)* (AL-164)
Martha 46 (AL-164)
N. E. 24 (m) (AL-165)
Rebecca 50 (AL-165)
WARDER
John 16* (BA-401)
John E. 41 (BA-448)
Joseph W. 29 (BA-405)
Joseph sr. 68 (BA-411)
Marshal 19* (BA-399)
Warfield 16* (BA-419)
William P. 40 (BA-419)
WARHAM
Robert 51 (MN-416)
WARREN
Mary 73* (BA-337)
William 36 (BA-428)
Zilpha 38* (CI-174)
WARRENER
James P. 41 (CU-338)
Joseph S. 37 (CI-187)

Sally 65 (CU-338)
Wash 30 (CU-338)
William 34* (CU-314)
WASHAM
A. 19 (m)* (MN-376)
Dennis 18 (MN-382)
WATERS
A. 35 (m)* (AL-101)
Catherine 40 (MN-371)
Elias D. 28* (BA-307)
Owen D. 35 (BA-306)
P. B. jr. 38 (BA-306)
P. B. sr. 66 (m)* (BA-307)
Thomas H. 30 (BA-309)
WATES
William 8* (MN-408)
WATKINS
Anselm 54 (BA-444)
Thomas 54 (CU-318)
Thomas M. 28 (BA-408)
WATSON
Archablad 33 (A-76)
Doctor 27 (A-8)
E. 63 (m) (AL-162)
Elizabeth 59* (A-86)
Fleming 46 (CU-294)
George 31* (A-68)
H. J. 26 (f) (A-51)
James 67* (CU-301)
Joel 36 (BA-417)
Joel 36 (CU-295)
Joel 54* (A-83)
John 25 (CU-301)
John? 60 (A-68)
Johnathan 13* (A-8)
Joshua 27 (CU-339)
Levin 40 (BA-394)
Malinda A. 17* (BA-435)
R. C. 53 53 (f) (AL-109)
Robert 36* (CU-297)
Samuel 39 (A-77)
Sarah 19* (A-10)
Sarah 70* (MN-447)
Stephen 58 (A-55)
Thos. J. 24* (BA-347)
Warren 24 (A-64)
Washington 29 (MN-373)
Washington 39 (CU-300)
William 27 (A-86)
Zerena C. 38 (MN-433)
WATT
David 48 (BA-473)
Francis 21 (MN-422)
WATTERS
Andrew 55* (BA-314)

WATTS
Bennett S. 40 (BA-450)
Elizabeth 34* (CU-281)
WEATHEREE
Wilson Y. 30 (AL-115)
WEATHERFORD
E. R. 25 (f)* (AL-110)
WEATHERHEAD
Lucien 13* (CU-328)
WEATHERINGTON
James 30 (A-76)
Joseph 68* (A-75)
Richard 38 (A-77)
Willm. 35 (A-77)
WEATHERSPOON
Ewing 29 (AL-163)
Hardy 70* (AL-162)
Major 52* (AL-163)
Nancy 31 (AL-162)
Samuel 26 (AL-168)
WEAVER
Eliza 53 (AL-155)
James 57 (AL-160)
Joel 49 (AL-163)
P. D. 32 (m) (AL-156)
Patsey 80 (AL-163)
Sara 30* (MN-448)
WEBB
A. 40 (f)* (AL-172)
Claiborne 38 (MN-422)
Green 38 (MN-430)
Henry 46 (CU-313)
Hiram 38 (MN-422)
James 39 (A-81)
John 48 (CU-286)
John 59 (MN-422)
Mary 17* (MN-373)
N. 65 (f)* (AL-124)
Robert* (BA-357)
Thomas 25 (MN-378)
Washington B. 49 (BA-441)
William 31 (MN-425)
WELCH
Amasa 50 (AL-176)
James 33 (BA-422)
Jane 48 (MN-451)
John 25 (CU-332)
Joseph 22* (BA-421)
P. A. 15 (f)* (CU-331)
P. E. 43 (m) (AL-188)
Patrick 46 (AL-154)
S. 19 (m)* (AL-103)
Thomas 42 (AL-107)
Z. J. 9 (f)* (AL-164)
WELLS
Abner 55* (BA-391)

Index

WELLS
- Barnett 43 (BA-465)
- Gideon 40 (MN-438)
- James J. 30 (BA-411)
- Jesse 66 (BA-411)
- John 31 (MN-423)
- John 47 (CI-183)
- John B. 26 (BA-438)
- Mary 35* (BA-411)
- Reubin 26* (CU-338)
- Silas 30 (CU-297)
- Solomon 51 (CI-189)
- Syrus 26* (CI-188)
- Thomas 39 (BA-392)
- Washington 28 (BA-465)
- William 53 (BA-379)
- William jr. 32 (BA-474)

WEST
- Ailsey 27* (AL-113)
- Asa F. 24 (A-6)
- Catherine 53* (MN-437)
- Claibourn 22 (BA-314)
- Edward 31 (BA-324)
- Frances 48 (A-333)
- Isaa(sic) 30* (BA-323)
- Isaac 55 (A-64)
- Joel Y. 23 (MN-437)
- Joseph 29 (MN-438)
- N. P. 33 (m) (BA-378)
- Robert 21* (BA-322)
- Robert 48* (BA-448)
- S. M. 1 (f)* (A-5)
- Samuel H. 23 (CU-303)
- Thomas 23 (BA-322)
- W. 29 (m) (AL-107)
- William 26* (BA-322)
- William T. 19* (BA-448)

WESTERFIELD
- Isaac 46 (BA-402)

WESTMORELAND
- George 27 (CU-287)
- John 60 (CU-287)
- Shadrick 41 (MN-402)
- William 36 (CU-288)

WETHERED
- D. G. 32 (m) (A-31)

WHEAT
- Basil A. 38 (BA-428)
- Cyrus 24 (A-82)
- Eli 45 (A-2)
- George 47 (B) (A-88)
- James 39 (MN-427)
- Milton P. 55 (A-1)
- Samuel 49 (A-63)
- Sinclair 20* (A-1)
- Theodore 67 (BA-378)

- Vernon A. 31 (A-90)
- Willis 43* (A-2)
- Willm. O. 49 (A-44)
- Z. D. 44 (m) (A-24)
- Zachariah 44 (A-11)

WHEATLEY
- Sarah 77* (A-73)

WHEELER
- Archalus 72 (A-18)
- Benja. 27 (BA-352)
- David 64 (BA-326)
- Elisha 12* (MN-444)
- Elzey 23 (A-94)
- Harmon 21 (A-60)
- James M. 29* (A-12)
- Joel 35 (CI-194)
- Joel 74 (BA-360)
- John 34 (BA-364)
- John B. 24 (A-18)
- John H. 40 (BA-320)
- Joshua 61 (BA-350)
- Lewis 10* (MN-444)
- Madison P. 26 (CI-169)
- Micajah 54 (BA-344)
- Micajah B. 34* (BA-348)
- Micajah E. 42* (BA-353)
- Nancy 24 (MN-447)
- Nathaniel 67* (BA-319)
- Obediah 35 (BA-367)
- Rhoda 21* (MN-443)
- Richd. 15* (MN-436)
- Silas 37 (CI-201)
- Simon 25 (MN-436)
- William 55 (A-86)
- William E. 43 (BA-348)
- Wm. T. 37* (BA-400)
- Zachariah 63* (BA-352)

WHEELOCK
- George 47 (BA-475)

WHITAKER
- George W. 45 (MN-390)

WHITE
- Abrel 34 (A-94)
- Albert 27 (A-19)
- Alfred 36 (A-97)
- Alfred C. 34* (B) (A-77)
- Barret 60 (CU-290)
- David 21* (MN-401)
- Elisha T. 32* (BA-349)
- Elizabeth 41* (BA-460)
- Hiram 19 (A-89)
- J. 28 (m) (AL-135)
- James 38 (MN-372)
- James B. 26 (CU-290)
- James C. 26* (CU-311)
- Jamese 44* (MN-408)

- Jas. B. 50* (A-2)
- Jno. C. Sr. 56 (A-49)
- John 35 (BA-359)
- John 47 (A-66)
- John 50 (A-76)
- John M. 21* (BA-370)
- John M. 7/12* (BA-458)
- Joseph 71 (BA-355)
- Juliann 21 (BA-360)
- Lucy 80* (BA-421)
- Martin G. 33 (A-62)
- Michael 47* (B) (A-88)
- Nancy 25* (MN-432)
- Nancy F. 1 (A-91)
- Robert 20* (B) (A-12)
- Samuel 29 (CU-302)
- Simeon 65* (BA-350)
- Stephen 28 (A-51)
- Stephen 45 (A-11)
- Thomas 51 (MN-376)
- Thomas 68 (MN-375)
- Thompson 35 (A-98)
- Thompson 40 (A-91)
- Thos. 62 (A-11)
- W. 30 (m) (CU-282)
- William 44 (A-69)
- William 74 (A-76)
- William 74 (A-97)
- William S. 33 (BA-307)
- Wm. 55 (A-13)
- Wm. 60 (CU-301)

WHITEHEAD
- C. M. 26 (m) (A-7)
- Patrick H. 37 (MN-430)
- Wm. 25* (AL-140)

WHITESIDES
- O. H. P. 36 (m) (A-7)

WHITLEY
- Axem 29 (MN-376)

WHITLOCK
- D. P. 34 (m) (AL-167)

WHITLOW
- Abram 17* (BA-462)
- Greenville 47 (BA-420)
- Henry 59 (BA-386)
- James 21 (BA-420)
- Jesse W. 42 (AL-139)
- Jessee 52 (CI-194)
- John 49 (AL-131)
- Margaret A. 46 (BA-462)
- P. R. 22 (m)* (AL-143)
- Pleasant sr. 85 (BA-423)
- William 22* (CU-319)
- Willis 39 (BA-423)
- Wilson 30 (CU-331)

WHITNEY
Alfonzur 33 (BA-312)
Hermon 39* (AL-131)
J. G. 50 (m) (AL-144)
Jerimiah 33 (AL-144)
Kinchen 28 (m)* (BA-469)
Loammi (m) 60* (BA-372)
M. 70 (f) (AL-131)
Octavius 5* (BA-353)
Samuel 49 (BA-386)
Samuel 57 (BA-347)
Simon W. 46* (AL-142)
Thomas 60 (BA-385)
Uriah 24 (BA-388)
Uriah 50* (AL-131)
William 31 (BA-342)

WHITSELL
Elizabeth 35* (BA-397)
William C. 37 (BA-396)

WHITSETT
Haiden C. 4* (BA-404)

WHITTAKER
Nancy A. 16* (A-91)

WIERN
Tabbitha 62* (BA-469)

WILBOURN
Ralph 24 (BA-366)
Thompson 25 (BA-467)
Ziba 26 (m) (BA-366)

WILBRON
William 49 (CI-168)

WILBURNE
Jas. R. 45 (MN-423)
Margaret 70* (MN-423)
Saml. 28 (MN-423)
Wm. 51 (MN-423)

WILCHER
Elisha 59 (CI-164)
Herrod 22 (CI-165)

WILCOX
Benj. 51 (A-41)
Geo. W. 22 (A-52)
Noah 25 (A-40)

WILCOXEN
Franklin 22* (BA-435)
George 67 (BA-435)
George F. 27 (BA-441)
Isaac 34 (BA-435)
John L. 26* (BA-438)
Moses 65 (B) (BA-438)
Nancy 42* (BA-441)
William 56* (BA-435)

WILHAM
Washington 18* (CI-166)

WILKERSON
Anderson 48* (BA-392)
Batly 51 (BA-393)
Edward 44 (BA-358)
Jassee 53 (A-5)
Lewis 40* (BA-393)
Meriot B. 31 (A-5)
Thos. S. 30 (A-5)

WILKINS
Alexander 55 (AL-110)
Stanly 28* (BA-315)

WILKINSON
Aston 33 (A-89)
G. G. 28 (m)* (A-64)
Samuel 25 (A-76)
Sarah 60* (A-75)
Thomas 27 (A-70)
William R. 32 (BA-427)

WILKS
Samuel J. 30* (BA-435)

WILLBURN
Sarah 17* (BA-451)

WILLCUT
John 37 (A-43)

WILLIAMS
A. 3 (m)* (CU-324)
A. G. 43 (m) (AL-150)
A. J. 32 (m) (CU-321)
Alexander 21* (BA-480)
Alfred 32* (CU-310)
Allen 52 (BA-369)
B. A. 13 (m)* (AL-124)
B. T. 40 (m) (AL-160)
Bayless 50 (A-72)
Benjamin 60* (AL-179)
Booker 27* (AL-180)
Caleb 52 (CU-315)
David 41 (CU-325)
E. 26 (m) (CU-307)
E. 52 (f) (AL-124)
E. R. 26 (m)* (BA-307)
E.? 21 (m) (AL-105)
Edward 26 (AL-146)
Elijah 37 (BA-348)
Elijaha 24* (AL-125)
Elizabeth 22* (CU-284)
Ellen 29* (CU-281)
Emily 33 (CU-309)
Ephraim 67* (MN-408)
Foy 55 (CU-304)
Frances M. 26 (m) (BA-357)
Franklin 31* (BA-439)
G. 42 (m) (AL-108)
Garrard L. 30 (BA-472)
Geo. W. 13* (A-54)
George 22 (AL-133)
George C. 33 (MN-390)
Hansy 56 (f) (AL-145)
Horatio 38 (BA-325)
Isaac 36 (CU-341)
J. A. 47 (f) (CU-324)
J. F. 25 (m) (AL-108)
Jabez 36 (BA-472)
Jacob 1* (CU-301)
Jacob 21 (CU-322)
Jacob 22 (BA-327)
James 46 (AL-180)
James N. 26 (BA-393)
Jane 40* (CI-167)
Jas. C. 37 (A-4)
Jesse 36 (CU-283)
John 33 (AL-175)
John 36 (BA-454)
John 63 (BA-329)
John 7* (B) (AL-151)
John D. 32 (BA-420)
John H. 31 (CI-167)
John O. 49 (CU-279)
John W. 43 (MN-397)
Joseph 27* (A-38)
Joseph T. 32 (CU-290)
Joseph W. 31 (AL-144)
Joshua 70* (MN-429)
Judy 32* (CU-281)
Keeton 54* (CU-324)
Lemuel 70* (CU-283)
Lemuel H. 30* (CU-292)
Leroy 27 (A-20)
Levi 28 (BA-439)
Louisa 26* (A-26)
Lucy 70 (A-82)
M. 45 (f) (AL-164)
M. L. 10 (f)* (A-54)
M. L. 38 (m) (CU-312)
Malinda J. 24 (BA-460)
Martha 29* (CI-162)
Mat. 37 (m) (CU-297)
Mathew 49 (A-45)
Miles 43* (CU-294)
Nancy 74* (BA-479)
Nancy L. 17* (BA-440)
Ozbourn 77* (CU-281)
Pegram 40 (CU-334)
Pleasant H. 54* (CI-209)
R. 22 (m)* (CU-297)
Raleigh 23 (A-99)
Ralph 56 (AL-182)
Richard 70 (CU-301)
Robert 59 (BA-370)
Robert J. 40* (BA-426)
Robert L. 33 (CU-290)
Ruth 66 (AL-188)
S. S. 30 (m) (AL-180)
Sally 16* (BA-484)

Index

WILLIAMS
  Sarah 66* (BA-307)
  Seth 57* (CU-312)
  Shelby 26 (CI-193)
  Spencer J. 41* (BA-348)
  T. T. 38 (m) (AL-188)
  Tabitha 50* (MN-402)
  Thomas 15* (BA-334)
  Thomas 18 (CU-294)
  Thomas 23* (BA-486)
  Thomas 32 (BA-387)
  Thomas 33 (BA-457)
  Thomas M. 36 (AL-146)
  Warner W. 49 (A-88)
  William 19* (AL-144)
  William 31* (CU-315)
  William 48 (A-99)
  William T. 35* (MN-390)
  Winneford 70 (CU-334)
  Wyat 49 (AL-163)
WILLIAMSON
  H. F.? 18 (m)* (AL-101)
  J. R. 40 (m) (AL-147)
  James 44* (BA-440)
  John T. 18* (BA-319)
  Patrick T. 41 (BA-360)
WILLIS
  Benjamin R. 35 (A-64)
  E. T. 23 (m)* (CU-333)
  Edmund 41 (A-60)
  Elizabeth 43* (BA-307)
  Hannah 45* (BA-345)
  James H. 25* (BA-401)
  John 54* (CU-283)
  Manerva 31 (CU-334)
  Mathew 34* (CU-284)
  Merry 60 (m)* (A-72)
  P. 23 (m) (CU-300)
  Paschal 26* (A-64)
  Sally 59 (BA-452)
  Wm. 7* (A-22)
WILLOUGHBY
  Reuben 26 (AL-170)
  Samuel 63* (AL-170)
  Vincent 42 (AL-156)
  William 49 (AL-161)
WILLS
  Anderson 24 (CI-177)
WILMORE
  Jas. 47 (A-51)
WILOBY
  Jas. 40 (A-54)
WILSEN
  William R. 9* (BA-469)
WILSON
  A. J. 39 (m) (AL-106)

Alexr. 32 (MN-396)
Alice 6* (MN-373)
Andrew 48 (A-18)
Benjamin 46 (BA-408)
C. E. 3 (f)* (AL-179)
Caroline E. 34* (CU-302)
Champion 29 (MN-402)
D. M. 31 (m)* (MN-370)
Daniel 58 (A-54)
David 52 (A-18)
Delila 40* (BA-398)
Derastus 57 (BA-400)
Elijah 61 (A-78)
Elizabeth 50 (MN-396)
Elizabeth 70* (MN-425)
Erastus 17* (BA-488)
F. A. 27 (m) (AL-104)
F. H. 36 (m)* (CU-281)
H. W. 31 (m)* (A-12)
Harvey 29 (MN-395)
Hewlet 15* (MN-405)
Hosea 55 (BA-469)
Isaac 36* (BA-408)
Isaac 57* (BA-404)
J. M. 24 (m) (AL-110)
J. Mc. 34 (m) (AL-106)
James 20* (MN-379)
James 30 (A-78)
James 39 (BA-400)
James 57* (MN-402)
James 68 (MN-395)
James H. 38 (MN-396)
Jane 97* (MN-371)
Jas. M. 23 (A-52)
John 58 (MN-430)
John 31* (MN-408)
John 59 (BA-321)
John 66* (MN-403)
John A. 20* (BA-421)
John B. 53 (BA-442)
John N. 35 (AL-179)
John P. 53 (BA-413)
Joshua 50* (BA-462)
Jubal 71 (BA-405)
Kitty 34 (MN-372)
L. 34 (f)* (AL-167)
Marion 18 (m)* (BA-468)
Martha J. 20* (BA-409)
Mary 42 (BA-434)
Matthew 30 (BA-458)
Merida 33 (BA-487)
Moses 37 (BA-398)
Napolion 21* (BA-440)
Nathaniel 46 (A-54)
Owen P. 37 (BA-470)
Rebecca 26* (AL-104)

Robert 25 (BA-323)
Robert D. 25 (BA-342)
Rufus M. 25 (MN-396)
S. 51 (f)* (AL-120)
Saml. B. 40 (MN-394)
Susanna 77 (A-54)
Thos. Jr. 40 (MN-405)
Thos. W. 26* (MN-429)
Thos. sr. 44* (MN-396)
William 22 (A-54)
William J. 35 (BA-469)
William K. 55 (BA-426)
William M. 27* (BA-434)
Willm. Sr. 50 (A-54)
Wm. C. 47 (BA-400)
Wm. R. 26 (BA-400)
WILTSHIRE
  Agness 42* (BA-341)
WINEBRIMMER
  Eli 50 (AL-109)
  W. 26 (m) (AL-109)
WINES
  James 46 (BA-316)
  Melissa 40 (BA-448)
WINFORD
  Winney 75* (MN-406)
WINFREY
  Charles 14* (A-70)
  Clinton 22* (CU-338)
  F. H. 55 (m) (CU-338)
  Hamilton 29 (A-85)
  Henry 47 (A-91)
  Israel 47 (CU-337)
  Reubin S. 47 (A-71)
  Sims A. 50* (A-93)
  William 58* (CI-189)
WINLOCK
  Theodore 26* (BA-343)
  William M. 30 (BA-474)
WINN
  Elizabeth 59 (BA-349)
  Elmore 25 (BA-349)
  James M. 26* (BA-468)
  John E. 51 (BA-349)
  Thomas H. M. 28 (BA-396)
  William K. 22* (BA-403)
WINNEFORD
  Judith 89* (A-85)
WINNEHAM
  Betsey 47 (BA-393)
WINNIHAM
  Elizabeth 9* (BA-405)
WINTERS
  Wm. H. 35 (MN-389)
WISDOM
  Benja. 30 (BA-375)

Index

WISDOM
  Dillard 32* (CU-317)
  Elijah 31* (A-48)
  G. M. 29 (m) (CU-316)
  Jas. 68 (A-48)
  Joseph 35 (BA-376)
  L. R. 23* (A-40)
  Susannah 42 (BA-376)
  Thomas L. 27* (CU-309)
WISE
  S. J. 6 (f)* (CU-305)
WITCHER
  C. D. 41 (m) (AL-127)
WITHEROW
  John 30 (MN-396)
WITHERS
  Charles jr. 30* (BA-441)
  James T. 31 (BA-476)
WITT
  Charles 28 (BA-474)
  J. 32 (m) (AL-132)
WITTEY
  Bolden 16* (MN-430)
WITTY
  Bird D. 30 (BA-462)
  Lindsey 36 (BA-307)
  Melden 38* (BA-471)
  Milton 47 (BA-460)
WOLCUT
  Sarah 19* (A-24)
WOLF
  Andrew 25* (AL-133)
  D. 19 (m)* (AL-130)
  F. 58 (f)* (AL-132)
  J. 49 (m) (AL-108)
  Jacob 97 (AL-116)
  John 27 (BA-378)
  Leonard 49 (AL-116)
WOMACK
  Eliza 40* (A-82)
  Jessee 55 (A-81)
  John 28 (A-80)
  Westley 26* (A-80)
WOOD
  Alexander J. 40 (BA-449)
  Anderson T. 26 (BA-387)
  Ann 3* (BA-405)
  Anna 65 (MN-384)
  Barnett S. 16* (BA-408)
  Buford 42 (BA-428)
  Catharine 24* (BA-379)
  Delilah 84* (MN-384)
  James 79 (BA-452)
  James sr. 65 (BA-383)
  Jesse 36 (MN-383)
  John 30* (BA-443)

  John 66* (CI-186)
  John J. 24 (CI-186)
  Joseph W. 36* (BA-433)
  Lewis 35 (BA-386)
  Lucy 70 (B) (BA-481)
  Malinda 30 (BA-372)
  Martha 10* (BA-445)
  Martin 27 (BA-394)
  Mary 77* (CI-178)
  Oran 43 (BA-355)
  Reuben B. 45 (CI-178)
  Richard 62* (BA-442)
  Robert F. 38 (BA-407)
  Sarah 65 (BA-386)
  Twyman 48 (BA-493)
  Warren 32 (BA-388)
  Washington R. 35* (CI-184)
  William 76 (CI-184)
  William B. 41 (MN-434)
  William G. 37 (CI-185)
  William J. jr. 35 (BA-443)
  William jr. 70 (BA-447)
  Wm. J. sr. 78 (BA-493)
WOODARD
  Abraham 62 (BA-486)
  Nancy 36* (BA-474)
WOODCOCK
  Andrew 32 (BA-353)
  E. 19 (f)* (AL-137)
  G. B. 36 (m)* (AL-122)
  H. 38 (m) (AL-132)
  Hiram K. 27 (BA-352)
  P. 55 (m) (AL-133)
  Parris H. 24* (BA-353)
  Robert 37 (BA-354)
  S. B. 25 (m) (AL-133)
  Smith 37* (AL-134)
  Wm. 33 (BA-387)
WOODS
  Josiah 23 (AL-136)
  Mary 39 (AL-144)
WOODSON
  Betsy 62 (BA-358)
  Frederick T. 41 (BA-358)
  Richard 37 (CI-202)
WOODWARD
  Julius 32 (A-42)
WOODY
  Beverly 61 (CI-163)
  Carter 54 (CI-155)
  Edmon 62 (CI-210)
  James 98* (CI-175)
WOOLCEY
  Isaac 21* (CI-208)
WOOLERY
  Zephaniah 67 (CI-185)

WOOLEY
  Alfred 30 (AL-115)
WOOLY
  B. 60 (m) (AL-138)
WOOTEN
  Anderson 41* (BA-443)
  Joseph 26* (MN-372)
  Sarah 60* (BA-468)
WOOTON
  Elisha 50 (CI-197)
  Spotswell 37 (CI-209)
WORD
  Joel 27* (BA-309)
  John 21* (BA-461)
  William jr. 23* (BA-462)
  William sr. 60 (BA-462)
  Willis 33 (BA-420)
WORKMAN
  Christopher 49 (A-9)
  John V. 25 (A-70)
  Peter 27 (A-17)
  Thomas 37* (A-93)
  William 65 (A-93)
WORLER
  Agness C. 17* (A-51)
WRAY
  Daniel 52 (CI-167)
  Elisha G. 21 (CI-160)
  John C. 30 (CI-167)
  Solomon 46 (CI-167)
WREN
  Isaac N. 40* (BA-336)
  Narcissa 27* (BA-456)
WREN?
  Isaac 72 (BA-428)
WRIGHT
  Abner 53 (CI-204)
  Angelina 13* (CI-162)
  Balenger 26* (CI-209)
  Blakely 20?* (CU-317)
  Edmonson 31 (CI-206)
  Elizabeth 35* (B) (CI-209)
  Elizabeth 51* (CI-177)
  Ezekiel 83 (MN-388)
  George 83* (BA-335)
  Gipson 23* (MN-399)
  Isaac 61 (CI-186)
  Jacob 60 (BA-338)
  James 23 (MN-412)
  James Kenson 50 (AL-174)
  Jesse L. 47 (AL-184)
  John 75* (CI-177)
  John H. 31 (CI-196)
  Joshua 49 (CI-195)
  Lewis 61* (CI-162)
  Louisa 35* (AL-158)

Index

WRIGHT
N. W. 75 (f) (AL-184)
Nancy V. 33 (AL-172)
Philbert 73* (CI-177)
Pryor 19 (BA-338)
Riley 54* (AL-172)
Samuel 47 (CI-179)
Sarah 68* (CI-180)
Thomas 48 (CU-293)
Uberto 38 (BA-365)
Washington 37 (AL-184)
William 28 (BA-335)
William 35 (A-72)
William 55 (CU-315)
Wilson 43 (CI-197)
Wm. D. W. 22 (CU-310)
Wm. J. 42 (CU-329)
Wm. L. 41 (CU-310)
WYATT
John 71 (BA-372)
Patsy 38 (BA-372)
WYGAL
A. 26 (m)* (AL-109)
J. 56 (m) (AL-175)
S. E. 16 (f)* (AL-113)
Thomas 25 (AL-181)
WYLE
William 25 (BA-409)
WYNN
Harmon 76* (CI-170)
Lewis 31 (CI-187)
YANCEY
Jane F. 29* (BA-408)
Joel 46 (BA-478)
Martha 72* (BA-434)
YARBOROUGH
Henry 33* (BA-410)
John 38* (BA-409)
William 60 (BA-410)
YATES
Alfred C. 23 (A-44)
Avory 50 (CI-175)
Charles 42 (BA-429)
Eliza J. 21* (BA-428)
Emeline 31 (CI-199)
Isaac P. 22 (A-35)
Jane 15* (BA-429)
Jas. L. 26 (A-23)
Jas. T. 25 (A-21)
Jno. M. 43 (A-15)
John B. 52 (A-39)
John M. 27* (BA-428)
Malinda 42 (BA-483)
Mary C. 50* (A-44)
Milton 45 (A-53)
Rachael 65 (A-45)

Susan 63* (A-36)
Weeden S. 35 (BA-448)
Willm. W. 21 (A-45)
YEISER
Adam 53 (A-66)
YOKELEY
Adam 33 (MN-377)
Saml. E. 23 (MN-400)
Sidney 44 (m) (MN-442)
William 22* (MN-411)
YOKELY
Marcus 64 (MN-374)
YORK
Armsted 75* (A-44)
J. 56 (m) (AL-156)
John 50* (MN-407)
Richard R. 65 (CI-190)
YOUNG
Alfid M. 24 (CI-209)
Allen 28* (A-48)
Allen 30 (CU-319)
Asa 55 (BA-365)
Barnet G. 33 (BA-351)
Charles 42 (CU-322)
Chesley 16* (CU-336)
Edith 41 (CI-171)
Edmond 48 (B) (A-42)
Elizabeth 48* (CU-278)
Elizabeth 53 (CU-323)
Frances 18* (BA-425)
Geo. S. 45 (A-38)
George 67 (A-65)
James 19* (CU-294)
James C. 59* (CU-314)
James L. 24* (BA-463)
Jeremiah 20 (CI-171)
John 13* (CU-281)
John 21 (CI-190)
John 35 (BA-330)
Johnson 80 (AL-142)
Joseph 48 (CI-188)
Lavina 58 (BA-419)
Louisa 18* (CU-278)
Margaret 83 (W?) (B) (BA-428)
Mary 27 (B) (BA-422)
Mary A. 38* (BA-346)
Richard 38* (BA-348)
Robert H. 34* (CU-323)
Robert H. 40* (BA-447)
Robt. 55 (A-9)
Samuel R. 38* (BA-406)
Sarah N. 22* (CI-190)
Scynthia 15* (CU-322)
Thomas 18* (BA-346)
Thomas E. 29 (BA-416)

William 40* (BA-356)
William 5* (BA-419)
William 59 (CU-321)
William H. 37* (BA-358)
ZIMMERMAN
Elizabeth 66* (CI-177)
William 28 (CI-162)

Mary D. 1* (A-68)

www.ingramcontent.com/pod-product-compliance
Lightning Source LLC
Chambersburg PA
CBHW071232290426
44108CB00013B/1378